ein Ullstein Buch

PROPYLÄEN WELT GESCHICHTE

Eine Universalgeschichte
Herausgegeben von
GOLO MANN
unter Mitwirkung von
ALFRED HEUSS
und
AUGUST NITSCHKE

Band I
Vorgeschichte · Frühe Hochkulturen
Band II
Hochkulturen des mittleren und östlichen Asiens
Band III
Griechenland · Die hellenistische Welt
Band IV
Rom · Die römische Welt
Band V
Islam · Die Entstehung Europas
Band VI
Weltkulturen · Renaissance in Europa
Band VII
Von der Reformation zur Revolution
Band VIII
Das neunzehnte Jahrhundert
Band IX
Das zwanzigste Jahrhundert
Band X
Die Welt von heute
Band XI
Summa Historica

Elf Bände in zweiundzwanzig Halbbänden

Achter Band
1. Halbband

Das neunzehnte Jahrhundert

RICHARD BENZ
WALTHER GERLACH
A. R. L. GURLAND
GOLO MANN
RICHARD NÜRNBERGER
ROBERT R. PALMER
MAX RYCHNER

Karten und graphische Darstellungen im Text von Uli Huber.

*Der Beitrag von Robert R. Palmer ist von Dr. Karl Danz
in die deutsche Sprache übertragen worden.*

*Das Namen- und Sachregister befindet sich im 2. Halbband und
verweist auf die zwei Halbbände des 8. Bandes.*

CIP-Kurztitelaufnahme der Deutschen Bibliothek

Propyläen-Weltgeschichte:
e. Universalgeschichte; 11 Bd. in 22 Halbbd. /
hrsg. von Golo Mann unter Mitw.
von Alfred Heuss u. August Nitschke. –
Frankfurt/M, Berlin, Wien: Ullstein.
 ([Ullstein-Bücher] Ullstein-Buch;
 Nr. 4720)
 ISBN 3-548-04720-3
NE: Mann, Golo [Hrsg.]

Bd. 8. → Das neunzehnte Jahrhundert

Das neunzehnte Jahrhundert. –
Frankfurt/M, Berlin, Wien: Ullstein.
Halbbd. 1. Richard Benz... – 1976.
 (Propyläen-Weltgeschichte; Bd. 8)
 ([Ullstein-Bücher] Ullstein-Buch;
 Nr. 4735)
 ISBN 3-548-04735-1
NE: Benz, Richard [Mitarb.]

*Ullstein Buch Nr. 4735
im Verlag Ullstein GmbH,
Frankfurt/M – Berlin – Wien*

*Der Text der Taschenbuchausgabe
ist identisch mit dem der
Propyläen Weltgeschichte*

**Umschlag: Hansbernd Lindemann
Alle Rechte vorbehalten
© 1960 by Verlag Ullstein GmbH,
Frankfurt a. M./Berlin
Printed in Germany 1976
Gesamtherstellung: Ebner, Ulm
ISBN 3 548 04735 1**

INHALTSVERZEICHNIS

Golo Mann

11 EINLEITUNG

Robert R. Palmer

29 DER EINFLUSS DER AMERIKANISCHEN REVOLUTION AUF EUROPA
Der Sinn einer neuen Epoche *(35)* Die Abkehr von der alten Ordnung *(38)* Die amerikanischen Verfassungen *(45)* Die spätere Bedeutung der amerikanischen Revolution *(54)*

Richard Nürnberger

59 DAS ZEITALTER DER FRANZÖSISCHEN REVOLUTION UND NAPOLEONS
Die Einberufung der Generalstände *(61)* Die Konstituierung des Dritten Standes zur Nationalversammlung *(67)* Bastillesturm und neue Verfassung *(70)* Mirabeaus Rettungsversuch *(75)* Finanzkrise und Kirchenkonflikt *(81)* Die zweite, die radikale Revolution *(84)* Die Revolution und Europa *(89)* Die Katastrophe der Monarchie *(94)* Das Werk des Konvents *(96)* Die Ausbreitung des Krieges *(101)* Robespierre und die Diktatur der Ausschüsse *(105)* Der neunte Termidor und seine Folgen *(108)* Basel und Campo Formio *(110)* Der 18. Brumaire *(113)* Frankreich unter dem ersten Konsul *(115)* Lunéville und Amiens *(121)* »Le Grand Empire« *(128)* Das Kontinentalsystem *(132)* Der Widerstand: Spanien *(141)* Der Widerstand: Preußen *(146)* Die preußischen Reformen *(151)* Der Widerstand der Großmächte gegen das Europa Napoleons *(163)* Der Zusammenbruch der napoleonischen Europapolitik *(169)* Die Restauration der europäischen Staatenwelt *(181)*

Richard Benz

193 DIE ROMANTISCHE GEISTESBEWEGUNG
Geistige Bewegungen *(195)* Romantisches Vorspiel England *(196)* Empfindsamkeit *(198)* Die Schweizer *(199)* Sturm und Drang *(200)* Ossian und die Lieder alter Völker *(201)* »Der hohe Nord« *(202)* Von der barocken zur klassischen Antike *(205)* Roman-Romantik *(207)* Der Klosterbruder *(209)* Bruderschaften *(212)* Einbruch des Politischen *(214)* Das Nationale *(216)* Spätromantik *(217)* Die Musik *(219)* Rückblick *(220)* Frankreichs romantische Wendung *(222)* Le Génie du Christianisme *(223)* De l'Allemagne *(225)* Das romantische Theater *(227)* Oper und Musik *(229)* Englisches Finale *(231)*

INHALTSVERZEICHNIS

Walther Gerlach

235 FORTSCHRITTE DER NATURWISSENSCHAFT IM 19. JAHRHUNDERT

Die Bedeutung der Naturforschung im 19. Jahrhundert *(237)* Die exakten Naturwissenschaften vom 17. bis zum 19. Jahrhundert *(241)* Das Gesetz von der Erhaltung der Energie *(245)* Die Voltasche Entdeckung und die Entwicklung der Elektrizität *(248)* Das Wesen des Lichts *(252)* Die Atomistik *(255)* Astronomie *(258)* Chemie *(260)* Die beschreibenden Naturwissenschaften *(263)* Der Einfluß der Naturwissenschaft auf die Technik *(272)*

A. R. L. Gurland

279 WIRTSCHAFT UND GESELLSCHAFT IM ÜBERGANG ZUM ZEITALTER DER INDUSTRIE

Untergang und Fortschritt *(281)* Mehr Menschen in einer reicheren Welt *(283)* Das Erbe des Merkantilismus *(287)* Bastille *(289)* Industrielle Revolution *(291)* Klassischer Kapitalismus? *(294)* Politik mischt sich ein *(296)* Land der Bauern *(299)* Gebremste Entwicklung *(302)* Bleigewichte der Revolutionen *(304)* Deutschland sucht Anschluß an die neue Zeit *(307)* Verspäteter Industriedurchbruch *(310)* Arbeiterbewegung und bürokratisierte Gesellschaft *(312)* Weltverkehr — Freihandel — Weltwirtschaft *(316)* Stahl und Elektrizität *(321)* Zölle und Rüstungen *(324)* Zeitalter des Imperialismus? *(327)* Organisiertes Verhängnis *(331)*

Max Rychner

337 DER ROMAN IM 19. JAHRHUNDERT

Golo Mann

EINLEITUNG

Jede Generation muß sich ihren Begriff von der Vergangenheit selber machen. Keine begnügt sich mit dem, was andere vor ihr leisteten, mögen sie auch Meister gewesen sein. Immer hat Geschichte zwei Komponenten: das, was geschehen ist, und den, der das Geschehene von seinem Orte in der Zeit sieht und zu verstehen sucht. Nicht nur korrigieren neue sachliche Erkenntnisse die alten; der Erkennende selber wandelt sich. Die Vergangenheit lebt; sie schwankt im Lichte neuer Erfahrungen und Fragestellungen. Das Spätere kommt aus dem Früheren; es wirkt aber auch auf das Frühere zurück, durch welches es bedingt ist. Können wir heute über den sogenannten ersten Weltkrieg noch so denken wie vor dreißig Jahren? Über den Nationalstaat und Nationalismus des 19. Jahrhunderts? Über die Bedeutung Europas für die Welt und für die Weltgeschichte? Über den »Fortschritt«? Damals herrschte, trotz schon erfahrener Katastrophen, trotz schriller Warnungen, die von Einzelgängern kamen, unter europäischen Gelehrten noch eine philosophische Selbstsicherheit, die uns mittlerweile verlorenging. Damals war es noch möglich, europäische Geschichte und Weltgeschichte nahezu gleichzusetzen und die »Entstehung des Weltstaatensystems« gewissermaßen als einen Zusatzband darein zu geben. So geht es heute nicht mehr. Ein jedes Geschichtsbuch sagt etwas über die Zeit aus, von der es handelt, und etwas über die Zeit, in der es geschrieben wurde; im Rückblick manchmal mehr über diese als über jene.

So ist denn die Aufgabe: Kenntnisse, alte wie neue, neu zu organisieren, neue Aufgliederungen und Gewichtsverteilungen vorzunehmen, neuen Autoren zu einer alten Geschichte das Wort zu geben.

In welchem Sinne sie schreiben sollten, lag bei ihnen allein. Ein Werk wie das unsere entwickelt keine These, keine bestimmte Geschichtsphilosophie; schon allein darum nicht, weil das Denken so vieler Beitragender sich nicht auf eine einzige Bahn hätte zwingen lassen. Wenn wir aber jetzt, da der moderne Teil druckfertig vor uns liegt, uns in seine mannigfachen Erzählungen vertiefen, finden wir dann, ob sie vom frühen 19. oder mittleren 20. Jahrhundert handeln, von China oder Rußland oder Westeuropa, nicht doch etwas wie einen gemeinsamen Geist? Ich glaube, ja. Es sind Grundüberzeugungen, die nur dann bewußt werden, wenn man sie mit dem Denken jener, die sie aufgegeben haben, vergleicht. Es sind Voraussetzungen, die uns selbstverständlich erscheinen mögen, es aber nicht sind; und die wichtig genug sind.

Wir setzten alle voraus, daß es eine Geschichte des Menschen oder der Menschheit gibt; Weltgeschichte ist Menschheitsgeschichte. Nicht Geschichte einzelner Kulturen, die, völlig getrennt voneinander, immer dasselbe Lebensgesetz abwandelnd wiederholten, wie Oswald Spengler es sah; nicht Geschichte von Nationen, Rassen, Kontinenten; sondern eben Menschheitsgeschichte. Daß es etwas gebe, wie ein Schicksal, ein großes Abenteuer des Menschen, unser eigenes Abenteuer, so viel setzten wir voraus; auch, daß es sich lohne, dies Abenteuer zu erforschen und zu erzählen, daß Sinn und Schönheit in ihm zu finden seien. Nicht ein einziger, bestimmter, durchgehender, zuverlässig zu ergreifender Sinn, wie etwa »Fortschritt«, Sieg des Guten über das Böse, Triumph der Freiheit. Solche allumfassenden Sinngebungen sind uns fremd geworden. Leugnung jedoch jedes Sinnes, Zynismus, Verzweiflung mußten aus unserem Unternehmen ausgeschlossen sein. Ausgeschlossen bleiben mußte andererseits jede sinngebende Theorie, die den Schlüssel zum Ganzen zu besitzen glaubt. Wir alle, die wir an diesem Werk mitarbeiten, setzen die Wahrheit über die Doktrin. Die Wahrheit nicht als das Erreichte, sicher Besessene, sondern als das zu Erstrebende. Jeden Typ von Ursache und Wirkung festzustellen, dort, wo er festgestellt werden kann, keine unliebsame, der eigenen Interpretation widersprechende Erkenntnis zu verschweigen, kein Wissen zu behaupten, dessen, was nicht gewußt werden kann, bescheiden zu sein gegenüber dem Rätsel – in solchen Grundsätzen stimmten wir, ohne viel Aufhebens davon zu machen, alle überein. Wären es »liberale« Grundsätze? Der Name, oft nur auf irgendeine von der Geschichte überholte politische Partei bezogen, ist heute nicht mehr modisch; ist viel geschmäht. Aber schließlich bedeutet er ja freiheitlich. Freiheit und Wahrheit gehören zusammen.

»Liberal«, wenn man will, war auch die Auswahl der Mitarbeiter. Nicht jeder, den wir uns wünschten, fand sich bereit, das lag in der Natur der Dinge; jedoch wurde das Ziel erreicht, einen Kreis von Autoren zu bilden, der den gegenwärtigen Stand des Wissens und der Meinungen zu reflektieren geeignet ist. Dabei mußten und sollten verschiedene Ansichten zur Geltung kommen; nicht in der verneinenden Annahme, daß es die Wahrheit nicht gibt, aber in der bejahenden, daß sie viele Aspekte hat. Handelte es sich um Schriftsteller berühmten Namens, so ahnte man wohl schon vorher etwas von dem Winkel, unter dem sie Ausschau halten würden; erriet es um so leichter, wenn sie Nationen angehörten, deren augenblickliche geschichtliche Situation ihnen bestimmte energische Urteile nahelegte. Daß zum Beispiel ein indischer Historiker-Staatsmann über Verdienst, Schuld und Ende des europäischen Imperialismus anders urteilen würde als ein Franzose oder Engländer, dies vorauszusehen bedurfte es geringen Scharfsinns. Indem in unserem Werk sowohl Inder wie Franzosen und Engländer zu Wort kommen, entstand hin und wieder zwangsläufig das, was man Widerspruch nennt; der eine sieht es so und der andere anders. An solcher Widersprüchlichkeit ist nichts zu bedauern. Die Wahrheit ist vielseitig und kommt uns aus vieler Zeugen Mund.

Entstehen sollte ein zugleich deutsches, europäisches und universales Werk. Dem entsprach zwanglos die Wahl der Mitarbeiter ihrer Herkunft nach. Es mögen etwas mehr Deutsche als Nicht-Deutsche sein, mehr Europäer als Nicht-Europäer. Von deutscher aber wie von europäischer Egozentrizität uns frei zu halten, haben wir versucht.

Nicht nur kommen unsere Autoren aus vieler Herren Ländern; sie sind auch Vertreter tief verschiedener Wissensgebiete. Neben dem politischen oder allgemeinen Historiker, neben dem in einem Kultur- oder Sprachkreis Spezialisierten finden sich der Literarhistoriker, der Kulturkritiker, der Philosoph; neben ihm der Physiker, der Sternkundige, der Arzt. Hier ist eine Erklärung notwendig.

Die Frage, welche Bereiche von der Wissenschaft der Geschichte behandelt werden sollten, war strittig von dem Moment an, in dem man die Beschränkung auf das Nur-Politische preisgab; und von eben dem Moment an war sie mit Sicherheit nicht mehr zu beantworten. Denn schließlich ist alles Sein geschichtlich oder zeitlicher Prozeß und wird, in diesem Sinn, von Geschichte der Erde, des Himmels, ohnehin von Naturgeschichte gesprochen. Verstehen wir aber unter »Geschichte«, ohne Präfix, Geschichte des Menschen – und natürlich tun wir das –, so ist des Menschen Tun und Leiden längst in unzählige Arten und Abarten aufgespalten, und es gibt, konsequenterweise, so viele Zweige der Geschichte, wie es Zweige des Wissens und Könnens, des Forschens und Schöpfens, des Glaubens und Aberglaubens, des Erwerbens und Spielens, des Macht-Ausübens und Macht-Erleidens, des Bauens und Zerstörens gibt. Konsequenterweise. Was aus solcher Konsequenz entstünde, wäre gerade keine »Geschichte« mehr, ein Wort, das zugleich Geschichtswissenschaft und Erzählung bedeutet. Erzählt werden soll, wo Geschichte getrieben wird; Erzählung fordert Ereignis und Einheit. Will Geschichte des Menschen Geschichte alles dessen bieten, was der Mensch getrieben hat, Geschichte der politischen Kunst nicht nur, auch der Baukunst, der Kriegskunst, der Erziehungskunst, der Schauspielkunst, der Kochkunst, so kommt die Erzählungskunst gar zu kurz. Wir erhalten eine Enzyklopädie, keine Geschichte.

Einzelne bedeutende Schriftsteller haben den Weg gewiesen, indem sie sich von dem alten, nur-politischen Geschichtsbegriff befreiten, ohne der enzyklopädischen, geschichtszerstörenden Forderung zu erliegen. Sie wählten aus, was ihnen für Bild und Leistung einer Epoche, für das Schicksal des Menschen selbst am wesentlichsten schien; Formen des Politischen, des Gesellschaftlichen, des Künstlerischen, des Religiösen. Sie legten sich nicht auf, alles zu erzählen, was in jenen Sphären geschah; die Regel, unter die sie sich stellten, war die eines, wenn man so sagen darf, verantwortlichen Impressionismus. Indem sie eine historische Landschaft von weitem schauten, registrierten sie das, was ihnen für deren Charakter wesentlich bestimmend schien. So hat schon Voltaire gearbeitet, zumal in seinem »Zeitalter Ludwigs XIV.«; so H. G. Wells in seiner Weltgeschichte, einem Werk, das man als großartig gelungen bezeichnen muß, auch wer des Autors optimistischen Glauben nicht mehr teilt. Wells selber hat ihn gegen Ende seines Lebens plötzlich preisgegeben – seine unfundierte Hoffnungsfreudigkeit schützte ihn zuletzt nicht vor Verzweiflung.

Ein solches Auswählen ist nun freilich für die einzelne Schriftstellerpersönlichkeit, die ihren Entwurf selber ausführt und allein für ihn zeichnet, natürlicher als für das Sammelwerk. Hier muß Kunst die Natur ersetzen; muß so getan werden, als ob ein einziger Geist und Wille hinter dem Ganzen stünde, da doch in Wirklichkeit viele divergierende Geister zu ihm beigetragen haben. Das Ergebnis wird fragender Kritik immer offen sein. Unsere Weltgeschichte bietet Kapitel über die Philosophie des Hochmittelalters, des 17., des

18. Jahrhunderts in Europa; keine über die des 19.; und zwar, weil die mittelalterliche Metaphysik und das Denken der Aufklärung geschichtsbildend, den Charakter der Gemeinschaft wesentlich mitbestimmend war, die Philosophie des 19. Jahrhunderts dagegen, jedenfalls seit Hegels Tod, eine vergleichsweise marginale, unmächtige Sache. Durch Verzicht auf enzyklopädische Vollständigkeit wurde das Minimum von Einheit gerettet, ohne das es keine Geschichte gibt.

Gegenständliche Aufspaltungen waren, wenigstens für die neueren Zeiten, unvermeidlich. Nicht ein und derselbe Autor konnte sich mit der gesellschaftlichen und politischen Entwicklung, mit dem Fortschreiten der Wissenschaft, mit den Wandlungen religiösen Denkens befassen. Aber jeder Beitrag bezieht sich auf ein Ganzes, bringt zur Erscheinung, daß der ihm eigene Bereich ein nur zu Zwecken der Darstellung abgegrenzter Teil des Ganzen ist.

Übrigens möchte der alte Begriff von Geschichte als überwiegend politischer sich am Ende doch verteidigen lassen; wenn man nämlich die Bedeutung des Wortes so weit faßt, wie Aristoteles sie faßte. Wer sich gegen den Primat des Politischen in der Geschichtsschreibung richtet, meint die Könige und Minister, die Kriege und Machtkämpfe. Diesen Protest wollen wir anerkennen, obgleich in Grenzen; zuzeiten haben Könige und Machtkämpfe auf menschliches Schicksal einen beträchtlichen Einfluß ausgeübt. Hätten sie ihn heute noch? – Jedenfalls umfaßt der Begriff des Politischen mehr. *Politeia*, das ist zugleich Staat und Gesellschaft; der Gegensatz dazu wäre der Mensch in seiner Einsamkeit, *Privatus*, *Idiotes*. Und von ihm handelt Geschichte bestimmt nicht. Von den Formen des Zusammenlebens handelt sie, den Hierarchien und Machtgebilden, den Machteinheiten und dem geregelten oder ungeregelten, freundlichen oder feindlichen Verhältnis zwischen ihnen, den kollektiven Energien und ihrem Gebrauch, den daseinsordnenden Ideen in ihrem Wandel. Davon der Gesamtbegriff gleichwohl der politische ist und bleibt. Wir können uns denen nicht anschließen, denen Politik eigentlich parasitär erscheint gegenüber den schöpferischen Bereichen, dem der Arbeit, der Lebenserhaltung und Steigerung, dem des Gedankens, der Wissenschaft, der Kunst, der Religion. Darum können wir es nicht, weil wir die Trennung dieser Bereiche voneinander nicht nachvollziehen können, uns Religion, Wissenschaft, Wirtschaft ohne Politik nicht vorstellen können. Eines ist mit dem anderen, durchdringt das andere.

Praktisch gesprochen, solche politischen Ereigniskomplexe, wie »Die Französische Revolution«, und solche politischen – kulturellen, wirtschaftlichen, geistigen, formal gesehen aber eben doch politischen, durch Macht zur Einheit zusammengezwungenen, als Einheit erhaltenen – Gebilde, wie »Rom« oder »Rußland«, gaben zu einem guten Teil die Anordnung unseres Werkes ab. Andere Kapitel haben unpolitische Namen, »Fortschritte der Naturwissenschaft«, »Die europäische Musik« und so fort. Fragte man aber nach dem Inbegriff, in dessen Zeichen alles dies gesammelt wurde und der alledem Einheit gibt, so wüßten wir dennoch keinen anderen als den politischen; und würden in diesem Sinn zu der alten Auffassung stehen, wonach politische und allgemeine Geschichte ein und dasselbe ist.

Hier ist noch etwas über die Einteilung des Werkes zu sagen. Es ist nicht mehr europazentrisch. Von zehn Bänden wurden nur zwei bis drei dem Aufstieg und besonderen Schicksal Europas bestimmt. Es galt, das einzigartige Abenteuer Europa herauszuarbeiten, zu zeigen, wann und wann erst Europa anfing, andere Kulturen zu überflügeln, und welche Tendenzen den gewonnenen Vorsprung früh gefährdeten. Die großen Kulturen Asiens werden nicht behandelt, als seien sie Nebenschauplätze, vom »Geist« verlassene Schauplätze der Geschichte.

Dabei wurde eine Definition, im Stil Spenglers oder Toynbees, dessen, was eine »Kultur« sei, als unnotwendig erachtet. Nur soviel wurde, negativ, angenommen: daß wir es hier mit festen Grenzen in Zeit und Raum, mit der Sprödigkeit von Individuen nicht zu tun haben. Freilich mußte Hellas getrennt von Ägypten oder Indien behandelt werden, auch Rom getrennt von Hellas, das europäische Mittelalter getrennt von Rom; aber die lebendigen Kontakte zwischen diesen Kulturkreisen galt es immer wieder lebendig zu machen, sei es in den Haupttexten, sei es in eingeschobenen Betrachtungen. Den beiden Schauplätzen der westlichen Zivilisation in modernen Zeiten, Europa und Amerika, weist unser Plan dieselben Kapitel zu; sie gehören wesentlich zusammen.

Den Manen Oswald Spenglers ist zuzugestehen, daß, wenn die mediterrane und europäische Kultur nicht mehr den Mittelpunkt abgibt, auch die Trias Altertum - Mittelalter - Neuzeit ihren Sinn verliert. Aus praktischen Gründen entschieden wir uns für eine Anordnung, die dem Leser drei künstlerisch geschlossene Teile bietet, muten ihm aber deswegen nicht die Annahme zu, das ägyptische Alte Reich gehöre zur »Antike«, oder das »Mittelalter« sei etwas anderes als eine sinnvoll so zu benennende Epoche in der Geschichte Europas. Was vollends die »Neuzeit« betrifft, so rennt offene Türen ein, wer sich mit diesem Begriff noch kritisch auseinandersetzen wollte. Es hat sich denn auch so gemacht, daß Mittelalter und ein guter Teil der Neuzeit demselben, zweiten, Teil zugeordnet wurden.

Wie sehr wir uns nun aber auch bemüht haben, ältere Beschränkungen zu überwinden – eigentlich standortlose Geschichtsbetrachtung gibt es nicht. Dies Werk ist überwiegend von Abendländern, nicht von Chinesen geschrieben, die anders schreiben würden; es beginnt im Jahre 1960 zu erscheinen. Aus diesen beiden Tatsachen ergeben sich Perspektiven, ergeben sich Anliegen und Sorgen, die man weder verleugnen kann noch soll. Benedetto Croce hat den gegenwärtigen Charakter alles Geschichtlichen behauptet: reine Objektivität sei unmöglich, es müsse eine Frage gestellt werden, ein gegenwärtiges Problem auf Lösung drängen. Der große Schriftsteller mag seine These mit der ihm eigenen Energie überspitzt haben; widerlegt worden ist sie nicht. Warum denn würde man Vergangenes wissen, Vergangenes darstellen wollen, wenn nicht ein gegenwärtiges Anliegen dazu drängte? In diesem Sinn ist Geschichtsbetrachtung kein glückliches Wort; immer geht es um Ergründung, Ordnung, Wertung, um »Gedanke und Tat«, nicht um bloße Kontemplation. Unmöglich, dabei von dem abzusehen und gleichsam es fortzuzaubern, was wir selber sind und was die Gegenwart ist.

Wenn der »modernen Zeit«, beginnend mit der Französischen Revolution, nahezu ein Drittel des Gesamtwerkes gewidmet ist und wieder ein Drittel dieses Drittels den letzten fünfzehn oder zwanzig Jahren, so könnten wir das durch Gründe, welche in der Sache liegen, zu rechtfertigen versuchen. Der Stoff, könnten wir sagen, wird immer reicher und vielfältiger, der Geschichtsprozeß immer schneller; was früher Jahrhunderte brauchte, geschieht nun in Jahrzehnten. Moderne Geschichte ist nicht wie eine Reihe gleich großer

Steine an einer Kette. Sie ist wie ein Strom, der immer reißender fließt, den Katarakten des 20. Jahrhunderts zu; wie ein Lichtkegel, der immer gewaltiger wird, je näher er auf uns zukommt. Dies sei so, der Sache nach, jede Statistik beweise es; unsere Einteilung habe ihm Rechnung tragen müssen ... Aber schiere Quantität bestimmt das Interesse an der Geschichte nicht, und die Volksrepublik China ist nicht darum tausendmal schöpferischer und historisch wichtiger als das alte Hellas, weil sie tausendmal mehr Einwohner hat. Daß unser Werk mit einem Band über »Die Welt von heute« schließt, hat einen wahreren Grund: Das Heute ist für uns die Zeit aller Zeiten, obgleich es dies für spätere Generationen wohl nicht sein wird.

Um nun zu dem dritten Teil, der »Geschichte der modernen Zeit«, und zu deren erstem hier erscheinendem Band zu kommen, so ist der Anfang konventionell genug. Mit der Französischen Revolution hat schon so manche moderne Geschichte begonnen; der Schreiber dieser Zeilen erinnert sich, daß er in seinem Abiturienten-Examen Geschichte überhaupt nur von der Französischen Revolution an zu kennen hatte. Unvermeidlich hat aber auch unsere Anordnung ihre Problematik.

Dies nicht nur, weil jeder Anfang willkürlich, jede Einteilung wie ein Sieb ist, das man in den immer fließenden Strom der Geschichte hält. Auch in einer bestimmteren Beziehung. Die Französische Revolution bildet den Höhepunkt einer sehr breiten, sehr internationalen Bewegung, die älter ist als sie und die, in ihrer Gesamtheit, wohl auch im gleichen Atem, im gleichen Bande darzustellen wäre. Das konnte hier nicht geschehen. Und so wird der Leser anzunehmen gebeten, daß die Genfer Revolution von 1768, die amerikanische Revolution von 1776, die Reformen Kaiser Josephs II., Wirren in England, Wirren in Holland und anderen Orts schon stattgefunden haben und daß sie, wie auch die Gedankenarbeit, die Zeit- und Modeströmungen, welche alles das vorbereiten halfen, in einem anderen Band dargestellt sind.

Auch die Einrichtung der neuen amerikanischen Republik wird anderswo behandelt. Wenigstens aber sollte das Revolutions- und Napoleon-Epos eingeleitet werden durch einen Rückblick auf die amerikanische Revolution, auf die Stimmungen, welche sie fand oder erzeugte, auf die Einflüsse, die ihr zuzuordnen sind. Der Autor dieses Kapitels, Professor Robert R. Palmer von der Universität Princeton, war wie wenige geeignet, es zu schreiben. Denn gerade er hat in seinen Schriften den universalen »atlantischen« Charakter der Revolution in den letzten Jahrzehnten des 18. Jahrhunderts herausgearbeitet; eine Revolution, die, wie deutlich sie auch überall aus besonderen Bedingungen aufstieg, doch auch überall vergleichbare, innerlich zusammenhängende Merkmale aufwies. Sein Beitrag gibt ein Resümee dieser Ansicht. Palmer zeigt die Bereitschaft der Europäer für große, ihnen tief erfreuliche Ereignisse, ihr Bewußtsein, in einer einzigartigen Epoche der Menschheitsgeschichte zu leben, ihr Gefühl der Entfremdung gegenüber den obwaltenden Herrschaftssystemen und Traditionen. Es sind eigentlich revolutionäre Erwartungen, obwohl der Begriff der Revolution selber, diese Schreckenswissenschaft des 19. und 20. Jahrhunderts, noch durchaus fehlt. Die amerikanischen Ereignisse dienen ihnen als Schirm, auf dem sie ihre eigenen Gefühle und Erwartungen projizieren. Die amerikanische Unabhängigkeit nimmt so einen beispielhaften, radikaleren Charakter an, als sie im Denken des ameri-

EINLEITUNG

kanischen Patriziats eigentlich hatte. Dazu kommen handfestere Lehren: die von der geschriebenen, rational geplanten Verfassung, und wie und durch wen sie zu schaffen sei.

Da Palmer in seinem letzten Abschnitt der räumlichen und zeitlichen Fernwirkungen der amerikanischen Revolution gedacht hat, bis in unsere Tage hinein, so mag gleich hier ein Charakterzug unseres Werkes berührt werden, für den dieser Abschluß des Kapitels ein Beispiel ist. Eine Weltgeschichte wie die unsere kann nicht Enzyklopädie, sie kann auch nicht Chronik sein, kann nicht einfach und immer dem Lauf der Zeiten folgen. Sie wird manchmal weit zurück, manchmal weit vor greifen müssen. Nur dort, lehrt uns Croce, wo man der Vergangenheit Fragen stellt, ist sie Geschichte; eine Frage liegt in jeder Kapitelüberschrift; und wenn auch diese Frage sich auf eine Zeitstrecke, eine Epoche vornehmlich bezieht, so wird sie sich doch von ihr nicht fest umschränken lassen.

In einer anderen Beziehung dient das Kapitel über den Einfluß der amerikanischen Revolution als Einleitung in die Geschichte der modernen Zeit. Es trifft sich, daß Professor Palmer gleich eingangs auseinandersetzt, was er unter »modern« versteht. Modern ist das, was jetzt ist und unlängst war. Das Wort bedeutet aber auch eine Lebens- und Geisteshaltung, so daß der Geist etwa des 13. Jahrhunderts niemals »modern« war, auch dann nicht, als es eben begonnen hatte. Modern ist die Weigerung, sich von der Vergangenheit beherrschen zu lassen. Glaube an die Wissenschaft und auf die nutzbringenden Gaben der Wissenschaft gesetzte Erwartung; Anpassungswille, Beweglichkeit der Gesellschaft und innerhalb der Gesellschaft; Auswertung aller Energien und Fähigkeiten; Ersetzung des Absoluten durch Zweckhaftigkeit, die jederzeit sich neu bewähren, neu befragen lassen muß; Regierung, nicht geheiligt durch Tradition, sondern gerechtfertigt durch ihre allen und jedem geleisteten Dienste, und so letztlich auf der Zustimmung der Regierten beruhend, letztlich nach der Demokratie hin tendierend; Freiheit des Denkens, Freiheit der Kritik – so die Elemente des ebenso schwierig zu bestimmenden wie geschichtsmächtigen Modernitätskomplexes. Er ist älter als die letzten Jahrzehnte des 18. Jahrhunderts. Nach Modernität strebten vielfach schon die absoluten Monarchien, modern waren die philosophischen Kritiker Ludwigs XIV. Aber – dies ist Palmers These – der Durchbruch der Modernität ins Breite der Gesellschaft, ins Politische, ins Institutionelle geschah durch die Kette der Revolutionen, die in der Französischen gipfelt. So lassen wir denn mit ihr unsere moderne Geschichte beginnen. Und wenn eingewandt wird, daß auch nach der Französischen Revolution in Frankreich nicht alles »modern« war, viel weniger in England oder Deutschland oder Italien, so wäre darauf zu antworten, daß auch heute noch nicht überall alles modern ist; daß moderne Geschichte nicht sosehr Geschichte des Modernen ist wie des Kampfes zwischen Modernität und Tradition; daß jene, die nur modern handeln wollten, die Kommunisten, doch das Atavistische, Irrationale zur Hintertür wieder hereinließen; daß bis heute ausschließlich »moderne« Gesellschaften nur in Utopien und Satiren zu finden sind.

Schließlich handelt Professor Palmer von europäisch-amerikanischer Geschichte. Der Begriff einer atlantischen Kultur, meint er anderswo, sei im 18. Jahrhundert der Verwirklichung näher gewesen als im 20. Wir lassen das dahingestellt. Jedenfalls bemüht unser Plan sich, den historischen Kontakt zwischen Westeuropa und den Vereinigten Staaten auch in den Zeiten nicht abreißen zu lassen, in denen er vergleichsweise dünn war, auf der Höhe des 19. Jahrhunderts, und es war darum passend, gleich eingangs zu großen Dingen, die beiderseits des Ozeans sich abspielten, einem amerikanischen Gelehrten das Wort zu geben.

So vorbereitet nun das Kapitel über die Französische Revolution. Ob ihre Geschichte mit der des Napoleonischen Reiches so eng, wie nun geschehen, verbunden werden sollte, war einer Überlegung wert, ehe man sich entschied. Die Revolution, könnte man einwenden, war 1799 zu Ende, bald darauf stand auch der neue französische Staat fest da; das Kaiserreich gehört so wenig zur Französischen Revolution wie die Herrschaft Stalins zur Russischen. Übrigens gibt es ja die Jahrhundertgrenze; unser Band verspricht, »das 19. Jahrhundert« darzustellen ... Oft habe ich gelesen, das 19. Jahrhundert beginne erst 1815 (und ende 1914), das 18. ende 1789. Wäre dem so, dann läge die Revolutionsepoche zwischen den Jahrhunderten, ein Niemandsland. Aber schließlich ist das Zusammenfallen bloßer Zahleinheiten mit historischen ein sehr ungefähres; die unseren Bänden gegebenen Titel beanspruchen nicht, einer scharfen Prüfung standzuhalten. Das Argument, welches die innere Zusammengehörigkeit von Revolution und Empire bestreitet, ist ernsthafter. Läßt man die Revolution nicht 1799 enden, so ist die Frage, ob sie überhaupt je geendet habe und nicht noch heute weitergehe – die Ansicht Jakob Burckhardts. Demgegenüber haben wir uns einer alten Überlieferung angeschlossen, die auch wohl im Erleben dessen, was hier überliefert wird, ihre Basis hat. Gibt es in der Geschichte keine Generationen im biologischen Sinn (außer bei den Dynastien), so gibt es sie doch im geschichtlichen. Eine solche hat die Jahre zwischen 1789 und 1815 als Einheit erlebt, hat bald nach 1789 gewußt, daß hier etwas Ungeheures im Werden sei, und hat 1814/15 das Ziehen eines großen Schlußstriches erwartet. Sogar könnte man Gestalten nennen, deren öffentliche Laufbahn 1789 begann und 1815 mit einem Schlage endete.

So wird denn hier noch einmal das Weltgeschehen vom Zusammentritt der Generalstände bis zum Wiener Kongreß in einen und denselben Rahmen gestellt.

Richard Nürnberger hat Clemenceaus Forderung, die Französische Revolution »en bloc« gutzuheißen (oder aber, sie en bloc zu verneinen), nicht angenommen. Er unterscheidet die Perioden, die Tendenzen, die Folgen. Der liberale, zentralisierte, säkularisierte Nationalstaat ist eine Schöpfung jener Jahre, und eine so geschichtsmächtige, daß ihr gegenüber der Historiker weder zu bejahen noch zu verneinen, sondern eben nur zu verstehen hat. In der kurzfristigen Diktatur des Wohlfahrtsausschusses erscheint aber auch schon ein Vorbote des gar nicht liberalen, des totalen Staates, im Jakobiner-Klub ein Vorbote der einen Staatspartei – Erscheinungen, die man in der Mitte unseres Jahrhunderts wohl anders bewerten mag als im neunzehnten. Wenn dem 19. Jahrhundert, das uns gemeinhin als optimistisch gilt, auch eine Komponente von Angst und Düsternis eigen ist, so stammt sie aus der nie vergessenen Erfahrung des Terrors von 1794. Die von Robespierre selber früh erkannte Dialektik der bewaffneten Befreiungsmission wird in dem Kapitel stark unterstrichen; aus der Befreiung fremder Völker, die so nicht befreit werden wollen, wird Herrschaft und Ausbeutung; im neuen Gewand erscheinen uralte Traditionen bourbonischer Außenpolitik. Manches Revolutionsereignis ist nicht in großem historischem Zusammenhang, nur psychologisch, nur moralisch zu verstehen. Das Irrationale fordert seinen Zoll; Ringen um Macht, blinde Leidenschaft, Massenhysterie, Gier, Angst; Schlechtigkeit.

Ambivalent ist auch die Haltung unseres Historikers gegenüber Napoleon. Er zeigt die Herkunft, die schwere Belastung des neuen Herrn durch das, was er vorfindet, und für das er nicht verantwortlich, genauer, nicht allein verantwortlich ist; der Anführer des Feldzugs von 1796 hat allerdings ein gerüttelt Maß von Mitschuld an der Politik des Direktoriums. Das aufbauende Werk des Ersten Konsuls und seine weithin ausstrahlende Wirkung werden bewundernd gewürdigt. Nürnberger zögert, den Kaiser zu einem bloßen Eroberer zu machen; er weiß von den nie ganz eindeutigen Verursachungen der Napoleonischen Kriege, die immer auch von der Gegenpartei gewollt wurden, gewollt werden mußten, von den nie ganz eindeutigen Absichten der Napoleonischen Friedensschlüsse, die Waffenstillstände blieben, auch wenn sie im Geist ihres Autors vielleicht als etwas Besseres gemeint waren. Eindeutig aber erscheint die Unmöglichkeit, auf Napoleons Art und Weise eine dauernde Friedensordnung zu stiften. Das Maßlose seines Wesens, das ungeduldig Experimentierende, Improvisierende, das, trotz aller Sehnsucht nach dem Traditionellen und Festen, tief Revolutionäre vertragen sich mit der Ruhe Europas nicht. Indem Nürnberger diese Ansicht der Dinge sehr scharf herausbringt, ergibt sich ihm zugleich eine positive Bewertung des Friedenswerkes von 1814/15, zumal der Politik Metternichs, wie sie uns in den letzten Jahrzehnten schon vertraut geworden ist.

Lag es an sich nahe, daß ein deutscher Schriftsteller die Reformen in Preußen ausführlicher darstellte, als dies etwa ein französischer getan hätte, so ist der Platz, der dem Freiherrn vom Stein und seinen Nachfolgern eingeräumt wird, durch besondere Sympathie mehr noch als durch den Standort des Historikers zu erklären. In den Bestrebungen Steins und Hardenbergs sieht Nürnberger ein drittes Prinzip neben dem der Revolution, dem seine Liebe nicht gehört, und dem des bloßen Erhaltens oder Restaurierens, dessen Untauglichkeit er durchschaut. Dabei wird, stärker als es gemeinhin geschieht, die Kontinuität unterstrichen, in welcher die Stein-Hardenbergschen Reformen zum preußischen *Ancien régime* stehen. Gezeigt wird aber auch, und wieder deutlicher, als deutsche Leser es gewohnt sind, daß die Reformer am nur-restaurativen Willen ihrer preußischen Gegner scheiterten, nachdem sie einen nur geringen Teil ihres Programms hatten verwirklichen können; und daß von hierher in die politische Entwicklung Preußen-Deutschlands im 19. Jahrhundert eine Verkrampfung kam, die das Ausweichen vor der Französischen Revolution allein nicht erklären würde.

Unvermeidlich konzentriert sich die Darstellung der Revolutions- und Kaiserzeit auf das Politische. Über die geistige Bewegung jener Jahrzehnte, die bei Nürnberger nur gelegentlich anklingen konnte, unterrichtet der folgende Beitrag von Richard Benz. Wieder haben wir hier, der These Croces folgend, wonach Einheit und Sinn einer historischen Schrift aus der vom Historiker gestellten Frage kommen müssen, nicht Zeit und Raum allein als Medium der Anordnung dienen lassen. Benz fragt, was die Romantik gewesen sei, und gibt eine gründliche, reich nuancierte Antwort. Der Begriff des Romantischen deckt viel. Romantik war nicht nur ein Gegenschlag gegen den Rationalismus der Französischen Revolution, dann gegen Liberalismus und »Fortschritt«; sie war schon viel früher da, war eine Grundtendenz des 18. Jahrhunderts. Sie wirkte nicht bloß gegen die Französische Revolution, auch in ihr selber, zum Beispiel durch Rousseau. Und wenn die konservativen

Politiker der Nachkriegszeit aus historisch-romantischem Denken begierig Nahrung zogen, so ist ihnen – den Metternich, Gentz, de Maistre – auch wieder ein rationalistischer Zug eigen, wie umgekehrt italienische und deutsche Patrioten – Manzoni, Görres, Uhland – zugleich Romantiker und Liberale waren. Will das sagen, das Wort bedeute so viel, daß es zum Ergreifen des Wirklichen nicht tauge? Kaum; oder doch nur in dem Sinn, in dem von allen begrifflichen Unterscheidungen und Schemen gilt, daß sie gegenüber dem lebendigen Geist versagen müssen. Die polemischen Verneinungen einerseits, andererseits die Neigungen, Sehnsüchte, schöpferischen Triebe, die wir unter dem Sammelwort »Romantik« zusammenfassen, waren so breit und tief, daß, wer in den sechs oder sieben Jahrzehnten, in deren Mitte etwa das Jahr 1800 läge, am öffentlichen Geist überhaupt teilhatte, auch an ihnen teilhaben mußte; aber stets auf eigene, persönliche Art und nicht notwendiger-, ja, nicht einmal möglicherweise an ihnen allen. So werden Dichter und Denker tief verschiedenen Charakters der Romantik zugerechnet, Goethe und Chateaubriand, Scott und Heine, Hegel und Hoffmann. Die deutsche Klassik, literargeschichtlich so oft der Romantik entgegengesetzt, ist, wie Benz erinnert, doch selber nur ein Kapitel in der umfassenden Geschichte der Romantik, die hier sich klärte und überwand; aus romantischem Sturm und Drang ging sie hervor, zum Romantischen wandte ihr gefeiertster Träger sich zurück. So kann und soll denn eine Darstellung der romantischen Geistesbewegung nichts anderes sein als die Darstellung einer schöpferischen Epoche des abendländischen Geistes überhaupt, in Literatur und Malerei, Architektur und Musik, Philosophie und Religion; des Begriffes »Romantik« als eines Ordnungsprinzips sich bedienend; zurückgehend zu den tiefsten Wurzeln in der Zeit dessen, was dann ein alles beschattender Baum wurde, vorblickend auch zu den spätesten Ausläufern und Spuren.

Unser Werk, wurde versprochen, sei nicht mehr europa-zentrisch. Gerade der vorliegende Band hält nun freilich dies Versprechen nicht; er handelt fast ausschließlich von Europa und seiner amerikanischen Tochterzivilisation. Das 19. Jahrhundert war das par excellence europäische, die große europäische Expansion der achtziger und neunziger Jahre sein folgerichtiges Ende. Von den noch im Werden begriffenen Vereinigten Staaten abgesehen, sind die Schicksale anderer Erdregionen von Europa bestimmt; im passiven Sinn – Indien, China, zuletzt Afrika – oder im aktiven, Japan, Lateinamerika. So im Reich des Politischen; Macht ist damals europäische Macht, deren Begrenzung in der westlichen Hemisphäre lange Zeit englischer, mehr als amerikanischer, Politik zu verdanken ist. So im Reich des Geistes und Forschens. Walther Gerlachs Bericht über »Fortschritte der Naturwissenschaft im 19. Jahrhundert« wurde notwendig zu einem Bericht über europäische Wissenschaft.

Daß die Leben und Denken umschaffende Macht des Wissens von der Natur, »des Menschen allerhöchste Kraft«, in einem Werk wie dem unseren nicht außer acht gelassen werden durfte, bedarf keines Beweises. Fraglich konnte höchstens sein, ob man Wissenschaft zusammen mit anderem, etwa der gesellschaftlichen Entwicklung, oder isoliert behandeln sollte; ob die Reise durch die Zeit nur einmal, auf sehr breiter Straße, oder mehrfach, auf schmaleren und bestimmteren, zu machen war. Unser Plan entschied sich grundsätzlich für das letztere. Er ordnet nach Gegenständen, nach Abstraktionen, wenn man will, nicht, oder nur in Ausnahmefällen, nach Ländern, und kann eben darum den hervorragenden Spezialisten zu Wort kommen lassen.

Ein hübscher Zufall will, daß Walther Gerlach auf sozusagen negative Weise an das Romantikkapitel anknüpft: eine gewisse romantische Naturphilosophie habe dem Fortschritt der Wissenschaft gerade in Deutschland nicht gut getan, habe echtes Forschen behindert und nachmals eine übertriebene Reaktion gegen alles spekulativ Verallgemeinernde hervorgerufen. Ein Beispiel dafür, wie im Reich des Geistes alles zusammenhängt. Daß Romantik auch positiv mit Wissenschaft zusammenhing, auch befruchtend auf sie wirken konnte, zeigt Richard Benz, und auch dafür fehlt es in Gerlachs Darstellung nicht an Beispielen. Andere große Zusammenhänge treten hervor: zwischen Wissen, Weltbild und Weltanschauung; zwischen Theorie und Praxis, Physik und Technik, die erst jetzt, im 19. Jahrhundert, zu ihrem gewaltigen Eigenen kommt; zwischen den verschiedenen Sektoren des Wissens; zwischen den Staaten, deren forschende Untertanen keine politischen oder Sprachgrenzen kennen. Mit Interesse erfahren wir, daß russische Wissenschaft schon im 19. Jahrhundert mitführend gewesen ist – eine Tatsache, die besonders in den Vereinigten Staaten, mehr als heute geschieht, gewürdigt werden sollte; daß die aktivsten Forschungszentren bis gegen die Mitte des Jahrhunderts in Frankreich und England lagen, Deutschlands Einrücken in die vorderste Linie mit seinem machtpolitischen Aufstieg ungefähr zeitlich zusammenfällt; daß in Amerika die eigentliche Forschung spät, der technische Genius aber früh sich einbürgerten. Wir lernen auch etwas über die ursprüngliche Freiheit der Wissenschaft von staatlichen, militärischen Zwecken und den Beginn einer neuen Ära, in diesem Betracht, bald nach der Jahrhundertmitte. – Dort, wo Professor Gerlach für diesmal halt macht, wo die tausend Patente Edisons oder Emil Rathenaus »AEG« die technischen Umwälzungen einer nahen Zukunft ankündigen, wird er im nächsten Band fortfahren.

Getrennt von der Wissenschaft, reiner wie angewandter, erscheint die Ökonomie, wie von dieser die Politik. »Getrennt darstellen, vereint denken« – unter diesen Grundsatz könnte unser ganzes Unternehmen gestellt werden. Wenn aus A. R. L. Gurlands Beitrag über die gesellschaftliche und industrielle Entwicklung des Abendlandes eine einzige immer und überall gültige Wahrheit dem Leser sich aufdrängt, so ist es diese: politische und wirtschaftliche Entwicklung gehören zusammen. Und zwar nicht in dem so lange angenommenen Sinn, daß das Politische vom Wirtschaftlichen abhinge, sondern so, daß wir es hier mit einem Felde von Wechselwirkungen erst dann zu tun haben, wenn die aufeinanderwirkenden Faktoren aus der einen konkreten Wirklichkeit menschlichen Tuns abstrahiert worden sind. Die Revolutionen und Kriege, mit denen das 19. Jahrhundert beginnt, sind nach dem landläufigen Sprachgebrauch politische: aber gleich zu Anfang seines Kapitels erinnert Gurland daran, daß sie auch auf die Ökonomie Europas, sei es beengend, sei es schöpferisch erweiternd, in jedem Fall mächtig eingewirkt haben. Damit ist das Grundmotiv des ganzen Kapitels angetönt. Manche Legende muß fallen. So die vom »klassischen Kapitalismus«, als ob im England der Jahrhundertmitte, unabhängig von historischen Vorbedingungen und Einmaligkeiten, unabhängig von Staat und Politik, der Lehrbuch-Grundsatz des *Laissez-Faire* mit willkürlicher Vollständigkeit verwirklicht worden wäre. So auch jene, den Anhängern der Marxschen Schule teure, vom unvermischten, durch keinen kampf-fremden

Schiedsrichter gemilderten Kampf der Klassen. Wie sehr der Staat, selbst im England des klassischen Kapitalismus, fördernd und verbessernd die Entwicklung der Wirtschaft beeinflußt hat, wie wenig das »Proletariat« ohne die Hilfe des Staates und der öffentlichen Meinung wirken konnte, wie wenig es auch auf dem Kontinent selbst in jenen Revolutionen aktiv war, die ihm als seine eigensten zugeschrieben wurden: solche wesentlichen Korrekturen der Tradition werden uns hier von einem Gelehrten geboten, der keineswegs auf irgendeine konservative oder sozialismus-feindliche Theorie schwört. Es sind die Ergebnisse unvoreingenommenen Forschens. Dessen zentraler Gegenstand ist überall derselbe: die Grundlegung der modernen Industrie. Die Zeiten, die Formen, die Rhythmen ihrer Entwicklung waren überall verschieden, überall bedingt durch historische Vorgegebenheiten und Nachwirkungen: die Leistungen der absoluten Monarchie, die Praktiken des Merkantilismus, die Lebensgesetze des Nationalstaates oder des Fürstenstaates, die aus grauer Vorzeit überkommenen, so oder so abgewandelten gesellschaftlichen Strukturen.

Dem soziologischen Kapitel folgt ein Essay über die Kunstform, die so direkt wie keine andere Wehen und Lüste der industriellen Revolution, den Geist des Bürgertums, die politischen Kämpfe, Protest, Vereinsamung und Auflösung widerspiegelt: über den großen Roman des 19. Jahrhunderts. Allein die erstaunliche Zusammenstellung von Geburtsdaten, die Max Rychner uns gibt, eine Milchstraße im Laufe von zwei Jahrzehnten erscheinender Sterne würde uns lehren, daß dies in der Tat das Jahrhundert des Romans war. Diese Kunstform hat damals die stärksten geistigen, moralischen Energien an sich gezogen, auf ihrer Ebene wurden die leidenschaftlichsten Schlachten geschlagen. Die europäische Gesellschaft, in den Worten des Schweizer Literaturkritikers, war in ihr »episches Stadium« eingetreten.

Wieder waren Überkreuzungen mit anderen Kapiteln nicht zu vermeiden. Vielmehr, sie wurden absichtlich nicht vermieden; eben sie erinnern ja daran, daß das in Wirklichkeit eines ist, was durch die Fragestellungen der Spezialisten auseinandergelegt wird. In Rychners Darstellung erscheinen, in einem anderen Licht, Gestalten, die wir schon aus dem Romantik-Kapitel kennen, Chateaubriand zum Beispiel und Frau von Staël. Der, vor allem, erscheint wieder, von dem vorher so ausführlich hatte die Rede sein müssen und der nun, obgleich abwesend, obgleich lange tot, der Held so vieler Romane ist: Napoleon. Was könnte die Einheit von Wirklichkeit und Kunst, übrigens die Einheit Europas merkwürdiger verdeutlichen als die Tatsache, daß der französische Cäsar seinen beherrschenden Schatten noch in die Geisteswelt Dostojewskijs wirft? Das Wort Napoleons: »Die Politik ist das Schicksal« könnte der Geschichte des Romans im 19. Jahrhundert als Motto dienen. – Freilich nicht als das einzige. Neues wucherndes Leben fordert sein Recht gegenüber dem Toten. Neue Klassen und Mächte, neue Lebensweisen, neue Sehnsüchte, Begierden, Ängste, Zweifel, Leiden drängen nach Gestaltung; neue Kommunikationsmittel wirken auf die Form, selbst in den Händen der Größten. Diese sind alle zeit-typisch, sind eminent historisch, ob sie bejahend und bewundernd im Wirbel hauptstädtischen Lebens oder im stillen, abseitigen Protest zu ihm stehen.

Auf der nächsten Reise durch den Großteil des Jahrhunderts, 1815 bis 1871, findet der Leser das in einer »Geschichte« älteren Stils vor allem Erwartete: politische Ereignisse und Ideen. In der Einleitung zu dem Kapitel wird ausgeführt, warum die politische Entwicklung der Vereinigten Staaten hier einmal zusammen mit der europäischen betrachtet wurde – der abwegigen Vorstellung, als habe Amerika damals auf einem anderen Stern gelegen, der erst 1917 sich mit der europäischen Masse plötzlich vereinigte, sollte auf drastische Weise begegnet werden.

Der spätere deutsche Reichskanzler Hohenlohe, welcher der Königin Viktoria gelegentlich Berichte über Politik und Stimmungen in Deutschland lieferte, meinte im Frühling 1865, eine der vier brennendsten Sorgen der Deutschen in diesem Augenblick sei der amerikanische Bürgerkrieg; Stendhal, drei Jahrzehnte früher, war wie behext von der großen Republik und ihren Lebensweisen. Solchem Erleben kann man nicht Rechnung tragen, solange man der amerikanischen Geschichte einen abgesonderten Platz, womöglich am Ende des Gesamtwerks, anweist. Daß vollends französische, deutsche, italienische Geschichte gerade im 19. Jahrhundert, gerade in der Napoleon-Cavour-Bismarck-Zeit schlechterdings eine ist, wird keines Argumentes mehr bedürfen. – Der Autor hat an dem altmodischen Grundsatz festhalten wollen, nicht nur das »Daß«, sondern auch das »Wie« und »Durch-wen« herauszuarbeiten; nicht einen Essay über das Heraufkommen der neuen Nationalstaaten zu schreiben, sondern einen Bericht darüber, wie der italienische und der deutsche Nationalstaat sich bildeten. Selbst auf die Gefahr hin, die Geduld des Lesers auf eine harte Probe zu stellen, durften daher so verwirrend ineinander verschlungene Niederlagen des Liberalismus wie die von 1848/49, so verstaubte Staatsränke wie die um Schleswig-Holstein, nicht unentwirrt bleiben. Sie haben Folgen gehabt. Übrigens soll Geschichte ja wohl nicht bloß das betrachten, was Folgen hatte, auch bloße Episoden, wenn sie an sich charakteristisch oder farbig sind; auch »Geschichten« werden von ihr erwartet.

Zwei Völkern und Machtkonzentrationen wurden getrennte Kapitel gewidmet.

Auf die Frage, in welchem Sinn Rußland im 19. Jahrhundert zu Europa gehörte oder nicht gehörte, gibt Theodor von Laue eine vorsichtige Antwort. Sie erklärt zugleich, warum eine gesonderte Behandlung des Zarenreiches sich empfahl. Dies, obwohl St. Petersburg in der europäischen Politik jederzeit eine Hauptrolle spielte. Rußland, der Leser unseres Kapitels wird sich noch einmal davon überzeugen, war anders; anders in einem tieferen Sinn als selbst die Vereinigten Staaten. Man mag dies Anderssein mit Hilfe des Begriffes der Modernität definieren, von dem eingangs die Rede war. Amerika hatte es leichter als Westeuropa, modern zu werden, es war, seiner Anlage nach, modern von Anfang an; Rußland hatte es ungleich schwerer. Es konnte moderne Schlagkraft, Konkurrenzfähigkeit im Bereiche der Machtpolitik nur als »Dienststaat«, als absolutistischer Staat erwerben; also indem es gerade das von seinen Grenzen fernzuhalten versuchte, was die Quelle von Europas »Modernität« war, den Geist des Liberalismus. Die Spannungen, welche dies tief widerspruchsvolle Unternehmen hervorrief, soziale, geistige, politische Spannungen, Versuche, sie zu lösen, Versuche, sie zu unterdrücken, Reformen, Kompromisse, Rückschläge – sie sind russische Geschichte im 19. Jahrhundert. Von Laue hält die Sache des russischen Liberalismus für eine von vornherein wenig aussichtsreiche; eine Ansicht der Dinge, von der es nicht weit zu dem Schlusse ist, das Ende, Lenins Revolution, sei historisch stimmig und nicht durch den einen Mann hereingezwungen gewesen. Es gibt andere Auffassungen, zumal unter russischen Liberalen selber; der greise Kerenskij etwa, der im Moment, in dem dies niedergeschrieben wird, noch lebt und wirkt, würde an Laues Darstellung wenig Freude haben. Wir stehen hier vor Interpretationsfragen, die bündig beweisbare Lösungen nicht zulassen. Immerhin sei darauf hingewiesen, daß der Schweizer Historiker Valentin Gitermann, dessen Geschichte der Russischen Revolution ein Kernstück unseres nächsten Bandes bilden wird, im wesentlichen die Ansicht von Laues teilt; wie denn die Schriftsteller, die glauben, Rußland sei zu Beginn unseres Jahrhunderts auf gutem Weg gewesen, ein liberal-demokratischer Staat zu werden wie die anderen und nur von Lenin daran gehindert worden, heute entschieden in der Minderheit sein dürften.

An die Darstellung des russischen Sonderfalls schließt Herschel Webbs Japan-Kapitel passend sich an. Auch hier die Notwendigkeit, sich modern zu machen, der Entwicklung des Westens sich anzupassen; ohne daß freilich eine langwierige Symbiose mit Europa, eine Existenz in Europa und am Rande Europas vorhergegangen wäre. Es ist ein ungleich äußerlicher, gezwungenerer – und geglückterer Prozeß. Von den Schicksalen Chinas in dieser Epoche wird anderswo die Rede sein. Die Modernisierung Japans, tief erstaunlich an sich selbst, stellt zu offenbar eine Parallele zu etwas früheren Vorgängen in Rußland, Westeuropa und Amerika dar, gehört zu offenbar in den Zusammenhang des Sich-in-Form-Bringens der europäisch-amerikanischen Staatenwelt für die großen Aufgaben der Zukunft, als daß sie in unserem Bande hätte übergangen werden dürfen.

Zu Beginn des Jahrhunderts erschien in Deutschland eine Weltgeschichte – Herausgeber Hans F. Helmolt –, die den Stoff nach »ethnogeographischen Gesichtspunkten« anordnete. So viele Völkerkreise, so viele Bände; einer über Amerika, einer über Ozeanien und Ostasien, einer über Westasien und Afrika und so fort, jeweils vom Anbeginn bis zur Gegenwart. Der große Max Weber hat sich über diesen Plan, der die Schlacht von Marathon und eine Prügelei zwischen zwei Kaffern- oder Indianerstämmen gleich werte, lustig gemacht: »Der Gedanke einer Art von ›sozialpolitischer Gerechtigkeit‹, der die so schnöde vernachlässigten Indianer- und Kaffernstämme in der Geschichte gern – endlich, endlich! –, doch mindestens ebenso wichtig nehmen möchte wie etwa die Athener, und der, um diese Gerechtigkeit auch recht deutlich zu markieren, zu einer geographischen Stoffanordnung greift, ist eben kindlich.« Der Platz, welchen das Kapitel »Afrika vor dem Kommen der Europäer« in unserem Bande einnimmt, rechtfertigt sich durch den genau entgegengesetzten Gedanken: erst dann werden die inneren Regionen des ehemals dunklen Kontinents dem Leser vorgestellt, wenn die Europäer Afrika zu erforschen und unter sich aufzuteilen im Begriff sind. Unbestreitbar bedeutet diese Methode einen Rückfall in die alte Europazentrik, von der wir uns befreien wollten. Ja, man könnte hier an den alten Herodot denken, der die Geschichte seiner mediterranen Welt nach den Reisen anordnet, die er gemacht hat; die Europäer beginnen Innerafrika zu bereisen, und nun erst wird erzählt, was für ein Kontinent das ist ... Kaum brauchen wir zu sagen, daß wir beim Worte einer so subjektiveuropäischen Logik nicht ernsthaft genommen werden wollen. Das ägyptische, das hellenistische, das römische, das christliche, das mohammedanische Afrika, sie alle werden in früheren Bänden behandelt. Hier handelt es sich, in erster Linie, um ein Afrika, das man, mit aller gebührenden Vorsicht, vor dem Kommen der Europäer als noch nicht vom großen Gang der Weltgeschichte ergriffen bezeichnen darf. Was das war, worauf der neue

Imperialismus sich stürzte, was binnen fünfzehn Jahren zwischen den europäischen Staaten aufgeteilt wurde, sollte in großen Zügen dargestellt werden. Gestehen wir, daß auch ein künstlerischer Gesichtspunkt im Spiele war. Es erschien wünschbar, in die Einheit unseres fast ausschließlich mit der modernen europäisch-amerikanischen Welt sich befassenden Bandes eine ganz andere Farbe zu bringen, das Exotische, Primitive noch einmal aufleuchten zu lassen, ehe es von den auflösenden Kräften der Zivilisation erfaßt wird. Der Beitrag von Pierre Bertaux, ehemaligem Senator des Sudan, einem Kenner und Liebhaber Afrikas, gibt uns diese erwünschte Farbe.

Von den Bestrebungen, alten und neuen, das Verhältnis der Mächte zueinander unter rationale Regeln zu bringen, handelt ein Klassiker des Völkerrechts, Alfred Verdross. Der Geist einer Zeit kann auf keinen einzigen Nenner gebracht werden. Wenn das 19. Jahrhundert mit einer Apotheose der Macht endet, die durch nichts anderes als ebenbürtige Macht sich begrenzen läßt, so endet es auch mit der Ersten Haager Friedenskonferenz, so wird es auch durch die Pariser Seekriegs-Ordnung von 1856, durch die Gründung des Roten Kreuzes, durch die großen Schiedsgerichtssprüche zwischen England und den Vereinigten Staaten charakterisiert. Irgendwo in der Geschichte der modernen Zeit galt es, das Völkerrecht sowohl nach seiner historischen Herkunft wie nach seiner ausgearbeiteten Systematik darzustellen, so wie es war, bevor es in die Mühle der Revolutionen des 20. Jahrhunderts geriet. Das 19. Jahrhundert brachte die Vollendung des *Jus Publicum Europaeum* zugleich mit den Anfängen seiner Enteuropäisierung, seiner Expansion ins Weltweite.

Es wurde schon daran erinnert, daß Jahrhunderte keine echten historischen Einheiten sind. Praktische Motive, nicht innere Notwendigkeit, ließen uns eine Zweiteilung der Zeit zwischen 1870 und 1914 vornehmen, so, daß die Geschehnisse des beginnenden 20. Jahrhunderts im folgenden Bande betrachtet werden. Wenn aber schon geteilt werden mußte, meint Geoffrey Barraclough, Autor des Kapitels »Das europäische Gleichgewicht und der neue Imperialismus«, so eignen die Jahre 1898 bis 1900 sich in der Tat besser als andere für den Trennungsschnitt. Der spanisch-amerikanische Krieg meldet mit einem Schlag das Auftreten der Vereinigten Staaten als Weltmacht an; der Burenkrieg bedeutet eine schwere Krise des englischen Imperialismus; mit dem Boxeraufstand setzt die Reaktion Asiens gegen den Herrschaftsanspruch der Weißen im Ernste ein. Wichtiger: mit der Aufteilung Afrikas und Ozeaniens, der Fixierung von »Einflußzonen« in China hat die europäische Expansion ihren Höhepunkt erreicht, von nun an liegt das Schwergewicht der europäischen Politik wieder in Europa selber, die Machtkonkurrenz der Staaten wird eine direktere, nicht mehr auf dem Umweg eines Wettstrebens nach Kolonien sich vollziehende, 1914 beginnt, sich vorzubereiten.

Professor Barraclough, ein Gelehrter, dessen Interessengebiet vom deutschen Mittelalter bis zur Weltdiplomatie der Gegenwart reicht, hat das Kapitel in universalhistorischem Geist entworfen. Nicht »Ländergeschichte« konnte hier getrieben werden, die Länder, die Staaten Europas sind ja nun auch ungefähr, was sie bis 1914 bleiben, ihr gemeinsames Schicksal wird zum Gegenstand. Schon auf der ersten Seite klingt ein Hauptthema an: wichtig waren gewiß die Folgen des deutsch-französischen Krieges; aber was sind sie, verglichen mit jenen, die aus der Fertigstellung der ersten transkontinentalen Eisenbahn in

Amerika, aus der Modernisierung Japans, aus der asiatischen Expansion und Kolonisation Rußlands sich ergaben? Was sind sie, verglichen mit den Schöpfungen der neuen Technologie, der neuen, zu riesenhaften Kombinationen sich verdichtenden Ökonomie? Wohl tauchen uns vertraute Figuren noch einmal flüchtig auf, Bismarck, Disraeli, Gladstone und andere. Aber nicht sie sind es, die den Historiker vor allem interessieren, sie kommandieren nicht mehr, »machen« nicht mehr Geschichte wie ehedem. Die langen, mächtigen Stimmungswellen interessieren ihn, die nun über die westliche Welt schlagen, die Wellen des Imperialismus, des Protektionismus, einer neuen, auf neue Wählermassen sich richtenden Demagogie. Merkwürdig, eigentlich dialektisch wird dabei das letzte große Ausbreitungsabenteuer Europas gesehen. Wohl erreicht Europa erst um 1900 den Höhepunkt seiner äußeren Macht, bedecken damals seine Farben die Weltkarte wie nie zuvor. Trotzdem, betont Barraclough, die Zeit arbeitet gegen Europa; während es sich noch riesige Territorien aus Afrika und Asien schneidet, ist es schon im Begriff, von neuen Mächten eingeholt und überflügelt zu werden; hinter einer »Weltpolitik«, die zunächst noch nichts anderes ist als europäische Politik, erscheint bereits Weltpolitik im wahren Sinn des Wortes, geführt von Souveränitäten, deren Schwerpunkte außerhalb Europas liegen. Besonders die unruhige Außenpolitik des Deutschen Reiches seit Bismarcks Fall versteht Barraclough im Lichte dieser »Zeitgrenze«; was deutsche Macht jetzt nicht gewinnt, wird sie später nicht mehr gewinnen können. Warum aber überhaupt Machtstreben im neuen »weltpolitischen« Stil, warum Imperialismus? Geoffrey Barraclough zeigt sich beim Umgange mit Ursachen von preisenswerter Vorsicht. Wohl weiß er von wirtschaftlichen Depressionen, von vorübergehenden Marktschrumpfungen, die zur imperialen Sicherung von Märkten und Rohstoffquellen einladen. Er weiß aber auch von den Neigungen der Massenseele und den schlimmen Künsten derer, die auf ihr spielen, vom »Zeitalter der Phrasendrescher«, wie er es nennt, von Furcht, verborgen hinter Prahlerei und Pomp, vom irrationalen Wesen der Machtpolitik. Sogar hat dies Irrationale zum Gegenstand eines theoretischen Kultes werden können; davon wird im nächsten Band die Rede sein.

Ein »letztes Wort« fehlt. Wir konnten dem 19. Jahrhundert weder ein glückliches Ende noch überhaupt ein Ende andichten – der seinerzeit sogenannten »Fin de Siècle«-Stimmung ungeachtet. Die historische Zeit setzt sich zusammen aus unzählbar vielen Perspektiven, jedes Lebensalter trägt seine eigene mit sich. Gegen Ende des Jahrhunderts sind noch viele da und tätig, die schon um 1870 da waren, und sie werden ihre Erinnerungen und Stimmungen bis tief ins 20. Jahrhundert tragen; und andererseits ist Jugend da und schon tätig, welche die Höhe ihres Lebens in den dreißiger oder vierziger Jahren erreichen wird. Die ephemeren Aufregungen, Zank und Drohung, von denen die Tagespresse berichtet, und die fortzeugenden Schöpfungen der Wissenschaft, die Pläne der ordenbehängten Strategen und der Revolutionäre in den Literatencafés, die langsam-unaufhaltsamen Umschichtungen der Gesellschaft, die schwankenden Abenteuer des Geistes – sie alle setzten sich über die Jahrhundertschwelle als ein gar nicht Existierendes hinweg. Und so werden die hier behandelten Themen alle weiter gespielt; ohne eine Sekunde Unterbrechung in der darzustellenden Wirklichkeit, mit einer halbjährigen nur gemäß dem Programm des Propyläen-Verlages.

Robert R. Palmer

DER EINFLUSS DER AMERIKANISCHEN
REVOLUTION AUF EUROPA

Viele der alten Weltkulturen haben in den letzten zwei Jahrhunderten versucht, sich zu modernisieren; die westeuropäische war die erste, der das gelang. Der die ganze Welt ergreifende Modernisierungsprozeß war keineswegs einheitlich, und die sich daraus ergebenden Spannungen sind der eigentliche Inhalt der Geschichte der Neuzeit. Modern bedeutet nicht immer neu; der Begriff ist umfassender, er vermag eine ganze Lebenshaltung zu kennzeichnen. Er ist nicht ganz einfach zu definieren, denn selbst die allermodernste Gesellschaft besteht aus einer Mischung von alten und neuen Elementen. Einige Merkmale sollen dennoch angedeutet werden: Eine moderne Gesellschaft muß geistig wandlungs- und anpassungsfähig und wissenschaftlichen Erkenntnissen aufgeschlossen sein. Sie muß den Wohlstand heben, das Wissen erweitern und fruchtbare Ideen hervorbringen. Jedem einzelnen, gleich welcher Abstammung, muß es zur Pflicht werden, seine Fähigkeiten voll zu entfalten. Es darf keine sozialen Schranken geben, weil eine Gesellschaft sich schneller modernisiert, wenn jedermann seine Beschäftigungsart frei wählen kann und wenn es keine Vorurteile gegenüber neuen oder fremden Berufen gibt. Alle müssen außerdem das Gefühl haben, daß sie gleichberechtigt am Staat als Ganzem teilhaben und nicht nur zu einer bestimmten Klasse, Gruppe oder örtlichen Gemeinschaft gehören. Sie müssen überzeugt sein, daß die Regierung ihre Regierung und daß sie zu ihrem Nutzen da sei und daß die Regierung ihre Berechtigung allein aus ihrem Votum erhalte. Eine moderne Gesellschaft erhebt keinen Anspruch auf göttliche Sanktionierung ihrer einzelnen Einrichtungen. Religiöse Gesetze und religiöse Autoritäten haben keinerlei säkulare Zwangsrechte; Anhänger verschiedener Religionen werden als Glieder der Gemeinschaft akzeptiert. Modern sein bedeutet, der Tradition gegenüber einen kritischen Standpunkt einnehmen, jegliche Routine brechen, gegen Gewohnheiten angehen, die ihre Berechtigung allein aus sich selbst ziehen; es bedeutet frei sein von überlieferten Beschränkungen oder, solange das weder möglich noch wünschenswert ist, den Willen haben, das Überlieferte sinnvoll zu verändern, zu erweitern, damit zu experimentieren und für die Gegenwart fruchtbar zu machen.

Die westliche Welt hat sich zwar jahrhundertelang in dieser Richtung entwickelt, ist aber über keimhafte Anfangsstadien lange nicht hinausgelangt. Die Geburt der modernen westlichen Gesellschaft mit allen ihren Qualen, ihren Hoffnungen, ihren Kämpfen und ihren Träumen ereignete sich erst in der großen revolutionären Ära am Übergang des 18. in das 19. Jahrhundert. Die wichtigste Einzelerhebung war die Französische Revolution von 1789, weil Frankreich damals in vieler Hinsicht das führende Land war. Die Umformung fand in verschiedenen Graden und in verschiedener Weise, durch tatsächliche oder versuchte Revolutionen, durch Agitation und ihre Unterdrückung, durch Regierungsprogramme oder durch direktes Eingreifen der französischen Revolutionsarmeen statt, und zwar in dem Gebiet von Irland bis Polen, von Schweden bis Neapel. Aber zur westlichen Kultur gehörten auch die beiden Amerika. Das Halbjahrhundert der Revolution begann mit der Unabhängigkeitserklärung der Vereinigten Staaten im Jahre 1776 und endete fünfzig Jahre später mit der Unabhängigkeit der spanisch-amerikanischen Republiken und des brasilianischen Kaiserreichs.

Die amerikanische Revolution – gemeint ist die Revolution im britischen Amerika, aus der die Vereinigten Staaten hervorgingen – war an sich nur ein bescheidenes Ereignis. Als die Amerikaner von England unabhängig wurden, übernahmen sie sehr viel aus ihrer eigenen kolonialen und britischen Vergangenheit. Gewiß, es gab Veränderungen, die Regierungsform wurde demokratisiert, und die Klassenstruktur lockerte sich, das nationale Selbstbewußtsein und die Zukunftserwartung hoben sich, aber die Gesellschaft wurde nicht wie in Frankreich nach 1789 oder in Rußland nach 1917 erschüttert. Dennoch bedeutete die amerikanische Revolution für die westliche und schließlich für die ganze Welt ein wahrhaft revolutionäres Ereignis. Wir wollen in unserem Kapitel zeigen, wie sie die Revolutionsära der modernen Geschichte eröffnet hat.

Manche Wirkungen der amerikanischen Unabhängigkeit waren ungewollt oder automatisch. Die französische Intervention im amerikanischen Krieg – sie kostete zwei Milliarden Francs – trieb die Bourbonenmonarchie in den Bankrott, der sechs Jahre nach Friedensschluß die Französische Revolution auslöste. Der gleiche Krieg erfaßte auch die Holländer und führte zu der verfehlten Erhebung der »Patrioten« in Holland in den achtziger Jahren des 18. Jahrhunderts. Der Verlust der amerikanischen Kolonien zwang die britische Regierung, dem Parlament von Irland Konzessionen zu machen. Einige Jahrzehnte später schloß die Unabhängigkeit der Vereinigten Staaten und Latein-Amerikas allen Ländern weite Gebiete für Handel und Industrie auf. Indem es die britischen, spanischen und portugiesischen Kolonialsysteme abschüttelte, wurde Amerika, wie Thomas Paine 1776 sagte, in einem gewissen Sinn die Kolonie von ganz Europa. Das hat eine ungeheure transatlantische Auswanderung ermöglicht und eine gewaltige Anlage europäischen Kapitals in beiden Amerika. Die Zeit bis 1914 war durch diese der westlichen Welt neue Größe verleihende Bewegung charakterisiert.

Andere Auswirkungen waren geistiger und gefühlsmäßiger Art. Die Erregung über die amerikanische Revolution war von Land zu Land verschieden stark, aber Spuren davon lassen sich überall finden. In Rußland begrüßte Aleksandr Radischtschew in seiner »Ode an die Freiheit« von 1782 Amerika als Vorbild. Die Freimaurer in Budapest nannten damals ihre Rote Loge auch Amerikanische Loge. In Finnland führten Verschwörer gegen den schwedischen König den Namen Washington im Munde. In Polen stand im Arbeitszimmer

Die Vereinigten Staaten von Amerika
Huldigungsblatt auf die von den dreizehn Neuengland-Staaten
angenommene Verfassung vom 17. September 1787
Kupferstich von Amos Doolittle. Providence / R. I., John Carter Brown Library

Thomas Jefferson
Kupferstich von Fevret de Saint-Mémin, 1805
Washington, Library of Congress

des Königs Stanislaus, der sich mit der Mai-Konstitution von 1791 beschäftigte, eine Büste Washingtons, und in der Toskana benutzte Großherzog Leopold ein Exemplar der Verfassung von Virginia, als er selbst eine Verfassung für sein Großherzogtum entwarf. Benjamin Franklins »Ratschläge für Personen, die nach Amerika auswandern wollen«, geschrieben im Jahre 1784, wurden unmittelbar darauf in die italienische, deutsche und französische Sprache übersetzt. In Spanien wie in Lateinamerika gab es weniger unmittelbare Auswirkungen, weil der Religionsunterschied und die Politik der Mutterländer das britische und lateinische Amerika in einem Zustand gegenseitiger Unkenntnis gehalten hatten. Dennoch reiste der Venezueler Miranda, den Gedanken der Unabhängigkeit seines eigenen Landes bereits im Kopf, 1783 in die Vereinigten Staaten. Im Jahre 1787 führte ein Brasilianer in Frankreich Gespräche mit Thomas Jefferson in der Hoffnung, die Vereinigten Staaten würden eine in Brasilien geplante Rebellion unterstützen. Als die holländischen Bürger in Kapstadt die Neuigkeit von durchfahrenden Schiffen erfuhren, ersuchten sie Amsterdam im Jahre 1777 um bestimmte Reformen. Auf den Komoren zwischen dem afrikanischen Festland und Madagaskar lehnten sich die Bewohner gegen ihre arabischen Herren auf, und als ein europäischer Schiffskapitän sie nach ihren Sorgen befragte, sollen sie geantwortet haben: »Amerika ist frei. Warum sollen wir es nicht auch sein?« So wirkte das amerikanische Beispiel bereits in die nichteuropäische Welt.

In Großbritannien erreichte die Forderung nach einer Parlamentsreform ihren Höhepunkt in den Jahren 1780 bis 1785. Sie fand ihren Ausdruck in öffentlichen Versammlungen und in der Bildung von Vereinen; während dieser Zeit schlug die Unzufriedenheit in Irland und Holland noch höhere Wellen, dort bildeten sich bewaffnete, ja sogar uniformierte Verbände, Patrioten begannen mit militärischer Ausbildung und politischer Schulung und verfaßten Petitionen. Alle diese Bewegungen erhielten einen gewissen Antrieb von der amerikanischen Revolution. In diesen Ländern konnten die Unzufriedenen aber wenigstens ihre eigene Sache in die Hand nehmen, während in Frankreich und Deutschland – obwohl dort von der amerikanischen Revolution genaueres bekannt war – keine derartigen Organisationen oder Aktionen möglich waren. Ebensowenig konnte man unter den Zensurverhältnissen irgendwelche Kritik an der Regierung oder deren Politik wagen. Das hatte zur Folge, daß in Frankreich und Deutschland stärker als in anderen Ländern eine Art Aktivitätsersatz in Erscheinung trat: ein ungeheurer philosophischer und literarischer Enthusiasmus für die amerikanische Revolution, eine Flut von Gedichten, Essays, Diskursen, Traktaten und geschichtlichen Darstellungen, in denen Amerika verherrlicht, die amerikanische Revolution erläutert oder mißverstanden wurde, eine große Welle der Erregung, die eine Zeitlang kein anderes Ventil besaß.

In alldem lag etwas Paradoxes. Als die Vereinigten Staaten unabhängig wurden, waren sie ein geringfügiges Gemeinwesen. Sie hatten wenig Kapital, keine Banken, keine Universitäten von Weltrang, keine großen Städte, kein nennenswertes Straßennetz wie Westeuropa. Der Krieg gegen England war mit Geld und Munition der Franzosen und Holländer gewonnen worden. Mit drei Millionen Einwohnern waren die Vereinigten Staaten nur halb so volkreich wie Irland, und ihre freie weiße Bevölkerung übertraf nicht wesentlich die der Bretagne oder der holländischen Republik. New York war etwa so groß wie Genf;

Philadelphia, die größte Stadt, hatte rund dreißigtausend Einwohner. Die Bevölkerung war nicht nur vorwiegend ländlich, die Städte waren obendrein so weit voneinander entfernt, daß es amerikanische Farmer gab, die kaum jemals eine Stadt sahen. Nicht ohne Grund stellten sich die Europäer Amerika als Wildnis vor, als ein Land im Naturzustand, unverdorben durch Probleme und Verpflichtungen der Zivilisation. Schon John Locke hatte geschrieben: »Im Anbeginn war die ganze Welt Amerika.«

Andererseits war Amerika sozusagen von Geburt an »modern«, wie mehr als ein Beobachter bemerkt hat. Madame de Staël nannte es die »Vorhut des Menschengeschlechts«. Es repräsentierte die Zukunft, und von der amerikanischen Revolution bis zu Tocqueville (und zahlreichen anderen) haben europäische Reisende Amerika in der Hoffnung besucht, dort einen Blick in die Zukunft Europas, ja der ganzen Welt zu tun.

Land einer primitiveren Vergangenheit oder Symbol kommender Zeiten bedeutete gefühlsmäßig im Grunde das gleiche. Amerika war nicht das Land der europäischen Gegenwart. Es gehörte zwar offensichtlich zur europäischen Kultur, aber es war Europa mit einem Unterschied, nämlich Europa ohne das alte Regime. Könige hatten in Amerika niemals viel gegolten. Lords, Adlige, Grundherren, Gilden, Zünfte, gesetzlich privilegierte Klassen, erbliche Behörden, hierarchische und korporative Einrichtungen, soziale Ordnungen und Stände, Prälaten, Bischöfe, geistliche Orden, die als Teil der öffentlichen Autorität oder als erster Stand in der Gesellschaft wirkten, sie alle waren entweder gänzlich unbekannt oder bekannt höchstens als schwache Spiegelbilder ihrer Gegenstücke in Europa. Ihre Reise über den Atlantik brachte ihnen in der Regel wenig Erfolg. Daher war Amerika frei von manchen Konflikten, von bitteren Erinnerungen und alten Feindseligkeiten in Europa. Als Goethe 1827 hörte, es gebe in Amerika keinen Basalt, schrieb er:

> Amerika, du hast es besser
> Als unser Kontinent, das alte,
> Hast keine verfallene Schlösser
> Und keine Basalte.
> Dich stört nicht im Innern
> Zu lebendiger Zeit
> Unnützes Erinnern
> Und vergeblicher Streit.

Das Fehlen eines alten Regimes war für Amerika ein Gewohnheitszustand. Für Europa aber war die Befreiung vom alten Regime der eigentliche Kern der Revolution.

Drei Ideen lassen sich in dem geistigen Aufruhr unterscheiden, den die amerikanische Revolution hervorrief. Zuerst das Gefühl eines neuen Zeitalters, die gesteigerte Erwartung eines Umschwungs, dann eine Entfremdung von der europäischen Gesellschaft, eine Ablehnung der bestehenden Ordnung. Und schließlich der Glaube, Europa könne von den Vereinigten Staaten ganz bestimmte Lektionen über Gesetzgebung und Regierungsform erhalten. Alle diese Ideen hatten ihren Ursprung in Europa, in den Lebensbedingungen der europäischen Gesellschaft und im Denken der Aufklärung. Die Ereignisse in Amerika brachten sie nur schärfer in das Blickfeld. Amerika war gleichsam ein Bildschirm, auf den Europa seinen eigenen Zustand projizieren konnte, indem es Ideen in Bilder und Gedanken in ein Drama umsetzte. So verhalf die amerikanische Revolution Europa zu einem revolutionären Bewußtsein.

Der Sinn einer neuen Epoche

Die »Boston-Republik«, wie ein königstreuer Lateinamerikaner die Vereinigten Staaten in ihrem Kindheitszustand nannte, erweckte auf vielen Gebieten das Interesse für alles Amerikanische. So veröffentlichte der deutsche Pädagoge Joachim Heinrich Campe ein Kinderbuch über die Entdeckungen des Kolumbus. Es blieb lange Zeit in Deutschland beliebt und wurde vor 1800 in die englische, französische und holländische Sprache übersetzt, später in die spanische, schwedische, dänische und sogar serbokroatische. Die »Geschichte Amerikas« des Schotten William Robertson, 1777 erschienen, war bald in Frankreich, Deutschland, Holland, Spanien und Griechenland als Übersetzung zu haben, und 1784 erschien sie sogar in armenischer Fassung in Triest. Wichtiger war aber das große Werk des französischen Abbé Raynal »Die philosophische Geschichte der europäischen Niederlassung in beiden Indien«, zuerst erschienen 1770 in sechs Bänden. In verschiedenen Neuausgaben, Übersetzungen und gekürzten Fassungen brachte sie es vor 1800 zu nicht weniger als fünfundfünfzig Ausgaben in französischer, englischer, deutscher, holländischer, italienischer und spanischer Sprache. Inhaltlich eine lange Aufzählung aller durch europäische Habgier und durch das Kolonialwesen in die Welt gekommenen Übel, gewöhnte diese Geschichte ihre Leser an ein Denken in weltweitem Maßstab. Raynal selbst war zu alt und zu starrsinnig, um besonderen Enthusiasmus für die amerikanische Revolution zu empfinden, aber viele seiner Leser sahen in der Befreiung der Neuen Welt einen Akt der Wiedergutmachung von kosmischer Bedeutung. Raynals Leserschaft war sehr breit, zu ihr gehörten die Damen in den Pariser Salons wie der schwarze Sklave Toussaint l'Ouverture, der um 1790 die Unabhängigkeit Haïtis durchsetzte.

Überall ließ die amerikanische Revolution einen Glauben oder besser ein Gefühl aufkommen, daß eine neue Ära der Weltgeschichte begonnen habe. Damit war aber nur zum Teil ein besonderes Vertrauen in Vernunft oder Freiheit verknüpft. Eine große Rolle spielte auch die Feindseligkeit gegen England, das von vielen Europäern seit dem Siebenjährigen Krieg für ein modernes Karthago, für den tyrannischen Beherrscher der Meere gehalten wurde. Daß England so bald nach seinem Sieg über die europäischen Rivalen große Teile des Empire durch Rebellion seiner eigenen Untertanen verlor, wurde in Europa mit beträchtlicher Genugtuung begrüßt. Gelegentlich deutete man den Sinn der neuen Epoche auch geopolitisch und neigte dazu, die Weltbegebenheiten in interkontinentalen Begriffen zu sehen. Vor 1770 wußte man in Europa so gut wie nichts von den Angloamerikanern, wie man sie nannte, um sie nicht mit den Lateinamerikanern oder mit eingeborenen Indianern zu verwechseln, für die man das Wort »Amerikaner« hauptsächlich reserviert hatte. Doch gab es bereits unmittelbar nach der amerikanischen Revolution Europäer, die voraussagten, die Vereinigten Staaten würden eines Tages Europa beherrschen. Ein Franzose, ganz unbekannten Namens, trat mit einer Theorie vom zyklischen Verlauf der Weltgeschichte hervor und sagte voraus, die Alte Welt werde von der Neuen unterjocht werden; darauf werde Amerika zu einem noch späteren Zeitpunkt »unter den Händen von Menschen untergehen, die es zu seinem eigenen Unglück entdeckt habe«. Ein anderer Franzose, der bald in der Französischen Revolution berühmt werden sollte, Roland de la Platière, sah eine Zeit kommen, in der das Englische, seit es in Amerika gesprochen wurde, die internationale Sprache werden würde. Gelehrte Gesellschaften stellten als Thema für Preisarbeiten die Frage nach den endgültigen Folgen der Entdeckung Amerikas für Europa. Besonders in Frankreich wurden solche Abhandlungen verfaßt. Eine von ihnen schrieb Henrik Steffens in seiner Jugend auf der Universität Kopenhagen, und in Uppsala erschien ein lateinischer Diskurs über den gleichen Gegenstand. Ein so erfahrener und sachlicher Beobachter wie der venezianische Gesandte am Hofe von Versailles berichtete seiner Regierung über die Unterzeichnung des Friedensvertrages von 1783 und bemerkte, die Amerikaner würden, da sie ja im Besitz der europäischen Künste und Wissenschaften seien, wenn sie nur vereinigt blieben, »die furchtbarste Macht der Welt« werden.

Meist war viel mehr gemeint, wenn von einer neuen Ära die Rede war. Die Aufklärung hatte die Idee vom Fortschritt propagiert, den Glauben also, das menschliche Leben und die menschliche Gesellschaft würden sich mit der Zeit verbessern. Die amerikanische Revolution schien nun den Beweis zu erbringen, daß die Zukunft, wie die Philosophen sie sich vorstellten, begonnen habe.

Für Christian Dohm, der 1776 in Wielands »Deutschem Merkur« schrieb, lag die Bedeutung der Ereignisse in Amerika darin, daß der Bruch des britischen Handelsmonopols in Amerika Handel und Industrie von ganz Europa anregen werde. Auf die Dauer gesehen, war dies eine richtige Voraussage. Aber sogar dem praktischen Dohm wollte es schließlich scheinen, daß ein amerikanischer Sieg »der Aufklärung größere Weite, der Denkart der Völker neue Kühnheit, neues Leben dem Freiheitsgeist geben« werde.

Was die Aufklärung kennzeichnete, war vor allem ein großes Vertrauen in die menschlichen Kräfte, der Glaube an die Güte der menschlichen Natur, die Überzeugung, daß das Böse leicht zu korrigieren sei, weil es hauptsächlich auf Unwissenheit und Vorurteilen beruhe, mit denen Vernunft, Erziehung und guter Wille schon fertig werden würden. Es herrschte gefühlsmäßig die Meinung, man habe die Wahrheit über den Menschen, über die Gesellschaft und das Universum entdeckt und das 18. Jahrhundert sei daher das wunderbarste und verheißungsvollste Jahrhundert in der Geschichte der Menschheit. Die amerikanische Revolution verstärkte diese Gefühle. Für viele war es eine Genugtuung, daß in der Ferne Menschen unter günstigen Umständen ihre Hoffnungen auf Humanität verwirklichen konnten, während es zweifelhaft war, daß dies den Europäern ebenfalls gelingen werde. Für die Optimisten waren die Amerikaner nur ein Vortrupp, dem andere folgen würden. Gerade weil sie unter einfachen Verhältnissen in einer Art Naturzustand lebten, unverdorben durch die europäische Vergangenheit, konnten sie von ihrem Verstand freien Gebrauch machen und die Grundwahrheiten über Leben und Gesellschaft begreifen, die der Europäer nur auf dem Umweg über den Intellekt und nach weiterer Ausbreitung der Aufklärung allmählich verstehen konnte. So dachten Condorcet und viele andere in Frankreich. Ein Rechtsanwalt in Toulouse, der später im Konvent sitzen und für den Tod Ludwigs XVI. stimmen sollte, schrieb: »Bald wird es nichts mehr geben, was der Mensch nicht erreichen könnte.« Der ältere Lacretelle, ein französischer Enthusiast, beneidete alle, die das Ende des glorreichen 18. Jahrhunderts erleben würden, von dessen

Wundern die amerikanische Revolution nur ein Anfang sei. Der Deutsche Isaac von Gerning begrüßte in seinem Gedicht »Das achtzehnte Jahrhundert« die neue Epoche:

> Und der Mensch war wieder nun Mensch: der Edlen
> Viele pflanzten emsig den Kern der Wahrheit,
> Fern an Philadelphias Ufer glühte
>   Milderes Frühroth.
>
> Welch ein großer schreitender Tag, Jahrhundert,
> Warst du, dort vom Nordengestirne Peters
> Bis zu jenem Himmel der Abendwelt, wo
>   Washington glänzte!
>
> Her von Franklins Küsten entschlüpft ein warmer
> Hauch der Freiheit; faßte der Seine Fluren
> Höher schlug die Menschliche Brust, ihr Wunsch sah
>   Tage des Glücks blühn.

Der Baseler Staatsgelehrte Isaac Iselin, dem poetische und gefühlvolle Ergüsse gewiß nicht lagen, glaubte, daß sich in Nordamerika »Verstand und Humanität schneller entwickeln würden als irgendwo anders«.

Es gab natürlich auch andere Meinungen. Konservativere Ansichten über die amerikanische Revolution wurden laut, denn kein Jahrhundert, auch nicht das der Aufklärung, zeigt ständig gleiche Meinungen. Die Engländer, mit Ausnahmen wie Richard Price, sahen keine neue Ära in Amerika, sie sahen nur eine Revolte gegen Parlament und Königtum oder höchstens einen Streit unter britischen Untertanen über Gesetzes- und Verfassungsfragen. Ähnliche Ansichten waren auch in Deutschland geläufig, besonders in Hannover, wo der britische Einfluß stark war. Viele Zeitungsschreiber in dieser Zeit des schnell wachsenden Journalismus in Deutschland zogen es vor, eine gewissenhafte Schilderung der amerikanischen Revolution zu geben, die Argumente beider Seiten darzulegen und die Ereignisse aus realen historischen Ursachen zu erklären, aber der Philosophie des Naturrechts oder den durch die Revolution aufgeworfenen Rechtsfragen wenig Aufmerksamkeit zu schenken. In Deutschland herrschte, im ganzen gesehen, in einfachen Kreisen mehr Begeisterung für die Amerikaner als in gelehrten. In Frankreich ging die Idealisierung der amerikanischen Revolution am weitesten, aber selbst dort gab es Skeptiker, welche die extremen Anhänger Amerikas als Phantasten und Utopisten lächerlich machten. Auch ist zu bemerken, daß die Amerikaner selbst in dem Taumel, den ihre Revolution hervorgerufen hatte, eine gemäßigte Haltung einnahmen. Thomas Jefferson war von 1784 bis 1789 amerikanischer Gesandter in Paris. Er war einer der eigentlichen Schöpfer der Unabhängigkeitserklärung und wurde in Amerika als fortschrittlicher Demokrat angesehen. Während er in Frankreich lebte, sah er dort weder eine Revolution voraus, noch wünschte er sie, bis sie sich plötzlich ereignete. Er glaubte, Frankreich unterscheide sich viel zu sehr von Amerika, um es praktisch irgendwie nachahmen zu können, ja, er meinte sogar, wenigstens bis zum Mai 1789, daß die Franzosen gerade die Formen der britischen Verfassung, insbesondere der Monarchie und des erblichen Oberhauses übernehmen sollten, die er selber grundsätzlich verachtete und in Amerika keinen Augenblick lang geduldet hätte.

Daß man die amerikanische Revolution nicht in ihrer Heimat, sondern erst in Europa für ein universales Ereignis hielt, zeigt der Fall St.John de Crèvecœur. Er war ein Franzose, der nach Amerika ausgewandert war und dort über zwanzig Jahre gelebt hatte. Er wurde amerikanisiert und schrieb in englischer Sprache ein Buch mit dem Titel »Briefe eines amerikanischen Farmers«. Dieses Buch ist in Amerika klassisch geblieben, denn es ist ein Werk mit tiefen Einsichten in die Eigentümlichkeiten des amerikanischen Lebens, in die besondere Art von Freiheit und Gleichheit, deren sich die Amerikaner erfreuten, aber es enthält keinen Hinweis, daß Europa in seiner vielschichtigen Struktur das amerikanische Beispiel nachahmen könnte. Er verteidigte nicht einmal die amerikanische Revolution, während der er unter der Gewalttätigkeit beider Seiten zu leiden hatte; er kehrte sogar im Jahre 1780 als Flüchtling nach Frankreich zurück. Hier schloß er sich einem literarischen Klub an, dem Lacretelle, Saint-Lambert und die Gräfin d'Houdetot angehörten. Man drängte ihn, sein Buch ins Französische zu übersetzen, aber er wehrte sich dagegen, weil er seine Muttersprache zum Teil verlernt hatte. Tatsächlich schrieben seine Freunde das Buch für ihn neu. Diese französische Fassung von 1784, die sich vom englischen Original stark unterscheidet, wurde bald ins Deutsche übersetzt. Was war dazugekommen? Wie unterschied sich das europäische Buch von dem amerikanischen? Es war umfangreicher, idyllischer, delikater im Gefühlsmäßigen und im Ton allgemeiner gehalten. Es erweiterte jedes Urteil über Amerika so, daß die europäische Gesellschaft dagegengehalten unerträglich erschien, ohne Rücksicht darauf, ob die Urteile nun wahr, falsch oder übertrieben waren. »Die Europäer, erschöpft und gequält durch die gewaltigen Unterschiede zwischen arm und reich, durch die Primogenitur, durch die Hierarchien, durch grausame Beschränkungen, welche die Bürger voneinander fernhalten, durch sich widersprechende Gesetze, durch verwirrende Jurisdiktionen, durch die Menge der Vorurteile...«, diese Europäer werden »besonders beeindruckt« sein von den weisen und einfachen Grundsätzen, durch welche die Menschen in Amerika untereinander und mit ihrer Regierung verbunden sind. Französische Gönner bestimmten Crèvecœur dazu, im Namen der Amerikaner einen Appell an die Welt zu richten: »Wenn wir auch die Letztgeborenen sind, so ist gerade unser Volk dazu ausersehen, der Menschheit die tröstliche Revolution zu schenken.«

Die Abkehr von der Alten Ordnung

Das revolutionäre Bewußtsein, das gegen Ende des 18.Jahrhunderts sich in Frankreich und dem größten Teil von Westeuropa Bahn brach, mußte, um wirksam zu sein, eine neue Ära, eine bessere Zukunft propagieren. Entsprechend mußte es stark genug sein, die bestehende soziale Ordnung abzulehnen, zu bekämpfen oder sich von ihr zu isolieren. Eine solche Entfremdung war in Frankreich und anderswo bereits sichtbar geworden, wenigstens seit der Mitte des Jahrhunderts, als Rousseau mit seinen beiden berühmten »Diskursen« eine Sensation hervorgerufen hatte. Ein Außenseiter für die elegante Welt, fasziniert von ihr, aber von ihr zurückgestoßen, niemals mit ihr im reinen und sie niemals in seinem Innersten anerkennend, hatte Rousseau sich danach gesehnt, allem zu entgehen, was er als Anmaßung, als Intellektualismus und als Künsteleien empfand. Er hatte sich in Sehnsucht verzehrt nach einer Welt, die ihn in seiner Bedeutung zu würdigen verstand, nach einer Welt, in der alle Freundschaft echt, alle Gefühle ungezwungen waren und alle guten Menschen sich gegenseitig achteten. Er idealisierte die Natur, wünschte aber nicht, zu einem Urzustand zurückzukehren, sondern wollte die Zivilisation gleichsam natürlicher machen. Er idealisierte die Republik Genf, ohne sie – obwohl einer ihrer Bürger – eigentlich zu kennen. Er glaubte, ihre Einwohner besäßen einen echten Bürgersinn, das Gefühl gegenseitiger Solidarität und einen berechtigten Selbstrespekt, den er in der verfeinerten Gesellschaft Frankreichs vermißte. Wäre Rousseau dreißig Jahre jünger gewesen, er hätte Amerika idealisiert.

Die ersten Jahre der amerikanischen Republik fielen in Europa mit einer Zeit zusammen, in der man den Glauben an die bestehenden gesellschaftlichen Normen zu verlieren begann. Selbst Marie Antoinette versuchte, in Versailles die Etikette zu mildern, und baute sich ein kleines Dorf auf dem Schloßgrund, und viele ihrer Höflinge fanden, wie der junge Graf de Ségur es ausdrückte, die Gleichheit bequem. Ségur war während des Unabhängigkeitskrieges in Amerika gewesen, aber seine egalitären Gefühle stammten nicht nur von dort. Andere, wie der Schwede Axel von Fersen, der ebenfalls mit dem französischen Heer in Amerika gewesen war, kehrten mit der alten aristokratischen Voreingenommenheit zurück. Das Unbehagen über das Wesen der europäischen Gesellschaft entsprang europäischen Bedingungen (die einen empfanden es tief, andere überhaupt nicht). Jene, die etwas fühlten, empfanden es noch tiefer angesichts des amerikanischen Beispiels, und eben dies Beispiel mag auch die Zahl der Protestierenden erhöht haben. Denn es ist ja ein Unterschied, ob Ideen nur im Reich des Abstrakten, in der Welt der Bücher existieren, oder ob sie in die Welt der Wirklichkeit eintreten und zur Lebensbasis wirklicher Menschen werden. Bedenklich muß es für jede gesellschaftliche Ordnung sein, zerstörend für die Loyalität, auf der sie beruht, wenn eine große Zahl von Menschen sich geistig ein für allemal für ein anderes Land entschieden hat, das, wie sie meinen, von den Schwächen und Sünden ihres eigenen frei ist und wo sie ihre tiefsten Sehnsüchte erfüllt glauben.

Eine solche Entfremdung zeigte sich in verschiedenen sozialen Schichten, zumal in Frankreich. Die Gräfin d'Houdetot, Crèvecœurs aristokratische Gönnerin, gestand einmal Benjamin Franklin, falls sie noch einmal geboren werde, wünsche sie in der Schweiz oder in den Vereinigten Staaten das Licht der Welt zu erblicken. Die bürgerliche Madame Roland, die ihrem Mann, wenn er in Staatsgeschäften abwesend war, lange Briefe schrieb und ihm meist von Dienstboten, Kindern, Essen und nachbarlichen Besuchen, Lektüren und ihrem Gesundheitszustand erzählte, empörte sich einmal über die Schwierigkeiten, die ihr Mann mit einigen Kollegen hatte. Sie war außer sich, daß ein »tugendhafter Mann« sich mit so niedrigen Kreaturen abgeben müsse. Sie verabscheue die französische Regierung und wünsche sich, sie könnten beide in die Wildnis von Pennsylvanien fliehen. Weder die d'Houdetot noch die Roland hatten ernstliche Absichten, Frankreich zu verlassen. Aber ihr Unbehagen über die französischen Lebensumstände wuchs mit den Träumen von Amerika.

Einige gekrönte Häupter Europas, besonders Ludwig XVI. und Friedrich II. von Preußen, begünstigten aus Abneigung gegen England die amerikanischen Rebellen und hielten es für ungefährlich, wenn sich ihre Untertanen für das republikanische Experiment begeisterten, weil es dreitausend Meilen jenseits des Ozeans stattfand. Auch viele Adlige, besonders in Frankreich, hegten glühende Sympathien für Amerika, wie die Gräfin d'Houdetot, der Marquis de La Fayette oder der Herzog de La Rochefoucauld. Aber die stärkste Anziehungskraft hatte Amerika für das Bürgertum. Dazu kamen in anderen Ländern Kreise, die sich außerhalb des staatlichen Gemeinwesens, das ist der Staatskirche, befanden, wie die Dissenter in England, die Presbyterianer in Irland, die protestantischen und katholischen Minderheiten in der holländischen Republik, deren Religion zwar geduldet wurde, denen aber die Teilnahme an der Regierung oder dem öffentlichen Leben versagt war. Solche Nonkonformisten gehörten meist zum Bürgertum; aber gleichviel, ob das Klasseninteresse oder die Religion der Grund waren, sie wurden in zunehmendem Maße von einem Gefühl des Ausgeschlossenseins und der Mißachtung beherrscht.

Das Bürgertum war in Europa seit dem Mittelalter stetig gewachsen. Im 18. Jahrhundert war es wohlhabend und zahlreich. Es war durchaus keine rein kommerzielle Klasse. Außerhalb Englands und Hollands waren ihm seine Verbindungen mit der Staatsautorität, das Innehaben öffentlicher Ämter, so gut bekommen wie Handel und Industrie. Madame Roland sagte zwar einmal, sie halte Handelsgeschäfte für geschmacklos, weil sie des hohen moralischen Tones entbehrten. Das Bürgertum erstrebte ganz allgemein jede Erweiterung von Handelsbeziehungen, daneben natürlich auch Karrieren im Staatsdienst, im Heer, in der Kirche und in den freien Berufen. Dieser Ehrgeiz fand jedoch rasch seine Grenzen an der europäischen Gesellschaftsordnung, an den Zunftregeln, örtlichen Bestimmungen, Privilegien, an der Rechtsunsicherheit und am Klassenbewußtsein der Aristokratie. Immer mehr glich sich der Bürgerliche dem Adel an, wurde gebildet und pflegte in schönen Häusern seinen Lebensstil. Es war selbstverständlich, daß die Aristokratie nun die noch bleibenden Unterschiede betonte: Geburt, Vorfahren, Familienbeziehungen, Autorität und manche schon in früher Kindheit angelernte, aber schwer definierbare persönliche Standeseigenschaften. Sogar die Rassentheorien des 20. Jahrhunderts lassen sich auf gewisse französische Adlige des 18. Jahrhunderts zurückverfolgen, die von den kriegerischen germanischen Franken abstammen wollten und sich dem gewöhnlichen französischen Volk überlegen fühlten, das nach ihrer Meinung von den weniger begabten Kelten abstammen sollte.

In der zweiten Hälfte des 18. Jahrhunderts geriet das Bürgertum in eine Krise. Sie wurde verschärft durch rasches Wachstum der Bevölkerung: Bürger wie Adlige hatten nun für mehr Söhne passende Stellungen zu finden. Für das Bürgertum wurde das zusehends schwieriger. Während sich der Große Kurfürst noch ohne weiteres mit drei bürgerlichen Generälen an den Mittagstisch gesetzt hatte, gab es in der Armee Friedrichs des Großen keine solchen Generäle mehr. In Frankreich war es nach 1780 für einen Nichtadligen sehr schwierig, ein Offizierspatent zu erwerben oder Bischof zu werden oder gar in das Parlament von Paris einzutreten. Dagegen war der junge Aristokrat in allen Laufbahnen, die beiden Klassen offenstanden, bevorzugt. In Schlesien betrug das Durchschnittsalter der Adligen bei Antritt einer Regierungsstellung siebenundzwanzig, das des Bürgerlichen zweiundvierzig Jahre. In England war das Durchschnittsalter der Edelleute im Parlament zweiunddreißig, das der Bürgerlichen vierzig Jahre. In allen Ländern konnte man sehen, wie junge Leute aus den bevorrechteten Familien Ehrenstellen in frühem Alter bekamen, ja, wie man ihnen wichtige Stellungen in Staat und Kirche übertrug, gleichgültig, ob sie dafür geeignet waren oder nicht. Der Bürger mußte arbeiten, um das zu erreichen, was dem Aristokraten ohne Mühe zufiel. Das erzeugte ein bourgeoises Klassenbewußtsein, ein moralisches Überlegenheitsgefühl gegenüber einer müßigen, überflüssigen und verdienstlosen sozialen Elite und eine Empörung über Nichtachtung oder Unterbewertung des eigenen Standes. Die psychologischen Erfahrungen Rousseaus verbitterten nun das Leben einer großen Zahl von durchaus normalen Männern und Frauen. Ein Klassenbewußtsein entstand, so scharf, daß es der Vorbote gesellschaftlicher Desintegrierung, einer Auflösung der normalen Bande der Gesellschaft zu sein schien. Ein in Frankreich im Januar 1789 veröffentlichtes Pamphlet drückte dies präzise aus. Es betitelte sich »Das letzte Wort des Dritten Standes an den französischen Adel« und formulierte die Dinge so: »Da sie den Dritten Stand durch Verachtung degradieren, schuldet er ihnen nichts.«

Die europäische Reaktion auf die amerikanische Revolution kann man eigentlich nur vor diesem Hintergrund begreifen. Das europäische Bürgertum sah mit tiefer Genugtuung, wie in Amerika niemand sozial bevorrechtet wurde und wie persönliche Tüchtigkeit verdiente Anerkennung fand. Der französische Offizier Barbé-Marbois erzählte, wie er und seine Freunde während des amerikanischen Krieges einen amerikanischen Farmer trafen, dem sie die Begriffe Adel und privilegierte Klassen in Europa zu erklären versuchten. Der Amerikaner konnte damit nichts anfangen, er konnte sich das Leben eines Bauern auf einem Herrengut einfach nicht vorstellen und war äußerst erstaunt, von der Existenz eines Grundherrn zu hören. »Er blieb dabei«, sagt Barbé-Marbois, »daß wir ihm etwas über einen Friedensrichter erzählen wollten. Stand jemand höher auf der Leiter der Gesellschaft, dann mußte es ein Beamteter sein; er kannte nichts anderes.« Ein französischer populärer Schriftsteller, Hilliard d'Auberteuil, dessen zweibändiges Werk über die Vereinigten Staaten ebenfalls in deutscher Sprache erschien und dessen phantastisch-unzuverlässige Schreibereien ihm einen Namen gemacht hatten, erkannte dennoch die solide Grundlage des Bürgertums in Amerika. Es blühte, wie er sagte, nachdem die englische Kontrolle abgeschüttelt war, im milden Klima der Handels- und Industriefreiheit auf, in der so viele Fertigwaren aus Eisen oder Wolle erzeugt werden konnten, wie nur wünschenswert erschien. Vor allem förderte das Regierungssystem die Fähigkeiten der einzelnen, jedes Talent konnte seinem Land auf seine Weise dienen, und Begabung brauchte nicht wie so oft in Europa ein trauriges und nutzloses Gut zu sein. Im französischen Auswärtigen Amt gab es einen bürgerlichen Angestellten namens L. G. Bourdon. Über seine persönlichen Verhältnisse und Schwierigkeiten ist nichts bekannt, aber im Jahr 1786 schrieb er ein Gedicht über Amerika, das er als Zufluchtsort der Tugend ansah. Er sehnte sich nach

> einem Asyl, wo unabänderlich die Regel gilt,
> sei gut, gerecht und fromm und duldsam;
> Wo ohne Ansehn von Geburt und Blut
> Gemeinnutz, Anstand, Ehrlichkeit
> Die größten Tugenden der Menschen sind...

Das Gedicht strotzt von Gemeinplätzen über die Aufklärung und die Revolution:

> An die Philosophie richtet ein ganzes Volk
> Sein Gelübde der Vernunft und Menschlichkeit...

oder

> Gewissensfreiheit ist ihr tiefster Friede,
> Ein Volk von Brüdern sind sie in Amerika.
> Seht, wie die Gleichheit, Einigkeit und Milde
> In ihrem schönen Land das Glück umfaßt.
> Fern von Europa, ohne bittre Knechtschaft,
> Sind ihnen Sprach' und Sitten unserer Städte fremd.

Die Amerikaner ziehen keusche Schönheit und schlichte Rede vor, denn

> Man sieht die Söhne der Natur in ihnen.

Der Natur nachsinnend, haben die Amerikaner ihre Gesetze geschaffen. – Als Beschreibung der Vereinigten Staaten sind solche Phrasen freilich absurd, man kann sie nicht als politische Erkenntnis werten; wichtig sind sie jedoch, weil sie die geistige Verfassung des Mannes, der sie schrieb, charakterisieren.

Obwohl es in Deutschland nicht wie in Frankreich zur Revolution kam, gab es dort, vorwiegend im Bürgertum, die gleichen Gefühle. In Frankreich setzte sich das alles innerhalb von wenigen Jahren in politische Aktion um, während in Deutschland, wo Aktion aus verschiedenen Gründen unmöglich war, ein literarisches Republikanertum und die Romantik entstanden; das Gefühl der Unzufriedenheit mit der aristokratischen und feudalen Gesellschaft war das gleiche. So erschien zum Beispiel von 1775 bis 1779 in Frankfurt und in Mainz eine Monatsschrift »Neuste Staatsbegebenheiten«. Ihr Herausgeber H. M. G. Köster widmete den rebellischen Kolonisten ein überaus schmeichelhaftes Interesse. Sie waren nach seinen Worten »die glücklichsten Leute, die es dermalen wenigstens unter den kultivierten Völkern auf dem ganzen Erdboden gibt..., von tausend Beschwerlichkeiten, welchen die Untertanen in Europa ausgesetzt sind, wissen sie nicht einmal die Namen«. Er pries ihre Republik, »von deren Vorzügen und Vorteilen niemand ausgeschlossen ist«. Und er wunderte sich darüber, »daß nicht schon halb Europa in dieses Land der Freiheit ausgewandert ist«. Nun, ein Deutscher, J. C. Schmohl, wanderte aus politischen Gründen 1782 tatsächlich nach Amerika aus. Bevor er an Bord ging, publizierte er eine Art Manifest an Europa, »Nordamerika und Demokratie«, in dem er die Europäer aufforderte, sich »zu dem Gefühl der Würde eines freien Mannes« zu erheben. Im nächsten Jahr erschien in der »Berlinischen Monatsschrift« anonym ein Gedicht »Die Freiheit Amerikas«, in dem der Friedensvertrag, der die Unabhängigkeit der Vereinigten Staaten bestätigte, gefeiert wurde. Man ist versucht, darin die ganze seelische Unzufriedenheit Deutschlands im 18. Jahrhundert herauszulesen, denn es enthält gleichzeitig einen Gruß an Amerika und drückt eine kühne Verachtung für die Fürsten Europas, eine Sehnsucht nach einer besseren Welt jenseits des Meeres, eine gefühlsmäßige Flucht vor der Wirklichkeit und am Ende die Resignation aus:

> Frei bist du! (sag's in höherem Siegeston,
> Entzücktes Lied!) frei, frei nun, Amerika!

Der Dichter läßt Amerika zu Europa sagen:

> Und du, Europa, hebe das Haupt empor!
> Einst glänzt auch dir der Tag, da die Kette bricht,
> Du, Edle, frei wirst, deine Fürsten
> Scheuchst und, ein glücklicher Volksstaat, grünest.

Dann wendet er sich an Amerika:

> O Land, dem Sänger teurer, als Vaterland...
> Wo süße Gleichheit wohnt, und Adelbrut,
> Europens Pest, die Sitte der Einfalt nicht
> Befleckt, verdienstlos bessern Menschen
> Trotzt, und vom Schweiße des Landmanns schwelget.

Er möchte dorthin fliehen, aber er vermag es nicht:

> O, nehmt, Geliebte! Nehmet den Fremdling auf,
> Den müden Fremdling; laßt mich an eurer Brust
> Geheimer Leiden bittre Schmerzen,
> Langsam verzehrenden Kummer lindern.
>
> Was säum' ich? — Doch die eiserne Fessel klirrt,
> Und mahnt mich Armen, daß ich ein Deutscher bin.
> Euch seh' ich, holde Scenen, schwinden,
> Sinke zurück in den Schacht, und weine.

In »Werthers Leiden« findet sich die gleiche Unzufriedenheit mit dem alten Europa und der gleiche Traum von der Flucht, aber Goethe schließt »Hier oder nirgends ist Amerika« mit einem Realismus, der phantastische Lösungen ausschließt. Goethe, der wohlgebettete Sproß einer Frankfurter Patrizierfamilie, hatte unter dem nagenden Gefühl sozialer Minderwertigkeit wenig zu leiden und hatte daher kaum Grund, Wunschträumen vom Lande der Gleichheit nachzuhängen.

Meist war es eine Flucht in Gedanken, eine moralische Absage an ältere Werte, ein Wunschleben in einem besseren Lande als dem eigenen. Die meisten Menschen, die Bücher und Gedichte oder gemütvolle Briefe wie Madame Roland schrieben und die daher in der Geschichte am bekanntesten sind, waren zu Hause viel zu gut situiert, als daß sie wirklich in die Wildnis der Neuen Welt aufgebrochen wären. Wirkliche Emigranten stammten hauptsächlich aus den ärmeren Schichten. Es gab genug davon, so viele, daß Benjamin Franklin in seinem Traktat über die Auswanderung, der in den achtziger Jahren in vier Sprachen erschien, falsche Vorstellungen von dem neuen Land zu entkräften suchte. Es ist eine Tatsache, die man festhalten sollte, daß von den dreißigtausend deutschen Soldaten, die im Solde Englands die amerikanische Rebellion unterdrücken sollten, zwölftausend in Amerika blieben und sich in dem Lande für immer niederließen, dessen Unabhängigkeit sie durch ihre Anwerbung verhindern sollten. Die Emigration im großen begann nicht vor der Mitte des folgenden Jahrhunderts. Aber schon in der Revolutionsära gab es auch unter den Gebildeten Auswanderer, und es beleuchtet das Verhältnis von Europa zu Amerika, wenn man prüft, was sie aus der Heimat trieb. Während der Französischen Revolution waren einige von ihnen Royalisten, wurden doch 1793 sogar Pläne geschmiedet, Marie Antoinette nach Pennsylvanien zu entführen. Aber diese Menschen suchten nur eine Zuflucht auf Zeit, und wenige blieben drüben. Die echten Emigranten hatten dagegen jede Hoffnung auf eine Revolution in Europa oder wenigstens auf einen echten liberalen Umschwung aufgegeben. Der Fall Schmohl wurde schon erwähnt. Ein junger Schweizer, den die Berner Regierung wegen revolutionärer Agitation ins Gefängnis geworfen hatte, entkam und floh 1792 nach Amerika. Als die patriotische Bewegung 1787 in Holland unterdrückt wurde, begab sich einer ihrer Führer, der Mennonitenprediger van der Kemp, der 1784 die amerikanische Fassung von Crèvecœurs Buch übersetzt hatte, in den Staat New York, wo er dreißig Jahre lang lebte. Der Unterdrückung der Reformbewegung in England folgte die Auswanderung einer Anzahl Engländer, deren berühmtester Joseph Priestley war. Auch viele Iren emigrierten zu dieser Zeit aus politischen Gründen. Für die Franzosen oder wenigstens für die Revolutionäre von 1789 hatte Amerika natürlich kaum eine größere Anziehungskraft als das republikanische Frankreich. Immerhin fand Alexis de Tocqueville, als er im Jahre 1832 die Vereinigten Staaten besuchte, einen im amerikanischen Westen lebenden alten Jakobiner, der in der Neuen Welt ein zufriedener und behaglicher Bürger geworden war.

Wie sehr Europa von Amerika als dem Land der sozialen Gleichheit fasziniert war, dafür ist folgende Episode ein Beispiel. Gegen Ende des Krieges (1783) hatten sich amerikanische und französische Offiziere (nicht Mannschaften!), die in der Revolution gefochten hatten, zu einer Organisation der »Cincinnati« zusammengeschlossen. Jeder Cincinnatus sollte zu seinem Pflug zurückkehren und sich friedlicher Arbeit widmen. Trotzdem wollte man zusammenhalten, sich periodisch versammeln und ein Vereinsvermögen unterhalten. Mitgliedschaft und Ehrenabzeichen sollten sich vom Vater auf den Sohn vererben. Zwar wurden sofort in den Vereinigten Staaten Bedenken laut, eine solche Gesellschaft könnte aristokratisch werden; unter den europäischen Intellektuellen aber, besonders unter den französischen, brach ein wahrer Aufruhr los.

Es schien unglaublich, daß die Amerikaner so bald, nachdem sie die Gleichheit der Menschen proklamiert hatten, wieder mit erblichen Standesunterschieden experimentierten. Man fürchtete, daß Orden, Stände und privilegierte Körperschaften in Amerika entstehen könnten, daß das neue Land der Verheißung, das Land der Zukunft, sich anschicke, die Fehler aller Gesellschaften von der Antike bis zur Gegenwart zu wiederholen, wie es eine lange Abhandlung über die Cincinnati in der Encyclopédie Méthodique formulierte. Man meinte, die klügeren und erfahreneren Europäer müßten die unschuldigen Amerikaner vor diesen Gefahren warnen. La Fayette schrieb an Washington, und die Amerikaner in Europa – Franklin und Jefferson in Frankreich, Adams in Holland –, die alle jeder auf seine Weise diese Gesellschaft ablehnten, sahen sich in lange Diskussionen mit ihren europäischen Freunden verwickelt. Sie versuchten, die Besorgnis zu zerstreuen und zu erklären, daß die Offiziere, die jene Gesellschaft begründet hatten, durchaus keine reaktionären Absichten hegten. Zwei oder drei Jahre lang gab es kein französisches Buch über Amerika ohne eine Auseinandersetzung mit diesem Thema. Benjamin Franklin gab ein Exemplar eines amerikanischen Pamphlets gegen die Cincinnati dem Grafen Mirabeau, dem großen Mirabeau der Französischen Revolution. Der bearbeitete es und schrieb es 1785 in ein eigenes Pamphlet um, die »Betrachtungen über den Cincinnatus-Orden«. Es war die erste Schrift, über die Mirabeau öffentlich seinen Namen setzte; sie enthielt nicht nur die Auseinandersetzung mit dem spezifisch amerikanischen Problem, sondern wurde zu einem Protest gegen die Aristokratie überhaupt. Die Cincinnati, so schrieb er, könnten Amerika »die ewige Rasse der Aristokraten ins Land bringen, die dort nur allzubald die erniedrigenden Rechte für sich in Anspruch nehmen würden, mit denen der europäische Adel den einfachen Bürger, sein Ebenbild und seinen Bruder, in den Staub tritt«. Die Philippika Mirabeaus wurde wie so viele französische Werke sofort ins Holländische und Deutsche übersetzt. In Leipzig erschien 1789 ein seltsames Buch, dem ein französisches Werk zugrunde lag, die »Amerikanischen Anekdoten«. Es nennt als Gegenstände des öffentlichen Interesses: die Bürgerarmee, die Indianer, die Quäker, die Negersklaverei, das Papiergeld, die Auswanderung, den Handel und die Cincinnati.

Die amerikanischen Verfassungen

Zum Thema Regierungsform konnte Europa nicht allzuviel von seinen Kindern in den Kolonien lernen. Die Amerikaner von damals waren eben Kolonialengländer oder Kolonialeuropäer, und nur wenige ihrer politischen Ideen waren in der alten Heimat unbekannt. Die Theorien vom Naturrecht und vom contrat social, die Idee von der Souveränität des Volkes, der Glaube, Freiheit sei besser als Despotismus, Vorstellungen von der Teilung der Gewalten oder von bundesstaatlichen Vereinigungen, das Prinzip, daß die Gewalt nicht willkürlich sein dürfte, daß eine Regierung für das öffentliche Wohl dasein solle, daß Richter untadlige Männer und Beamte ehrlich zu sein hätten, alle diese Theorien waren Europa ganz und gar geläufig. Selbst die Idee der Gleichheit der Menschen war als ein rein abstraktes Prinzip nicht eigentlich revolutionär. »Im Naturzustand sind alle Menschen gleich und erfreuen sich der gleichen Rechte, denn in diesem Zustand unterscheiden sie sich nur durch Geistesgaben und körperliche Eigenschaften, durch welche die einen die anderen übertreffen mögen.« Kein Amerikaner hat dies gesagt, auch kein französischer Jakobiner oder gar ein Philosoph der Aufklärung; es war ein Theologieprofessor an der Sorbonne in einem lateinischen Buch, das 1752 »nach der scholastischen Methode« erschienen war. Alles hing von der Anwendung solcher allgemeinen Ideen ab. In einem reinen Naturzustande befand Europa sich nicht; sein sozialer Aufbau beruhte auf allen möglichen Ungleichheiten; und was andere solche schöne Grundsätze betraf, so waren sie in der Praxis oft nicht eben genau durchgeführt. Weit weniger oft wurden die Grundsätze selbst in Zweifel gezogen.

Eine solche Ideengemeinschaft, ein solches gemeinsames Erbe politischen Denkens erleichterte jetzt die öffentliche Diskussion. Europäer erteilten Amerika Ratschläge, wie man gelegentlich der Cincinnati-Episode bemerkt hat. Manchmal boten sie ausgearbeitete Programme an. Ein Holländer widmete 1781 ein Buch über die Regierung von Republiken John Adams, dem amerikanischen Gesandten im Haag. Franklin in Paris wurde von Personen belagert, die Experten der politischen Wissenschaften zu sein vorgaben und die Frankreichs neuen amerikanischen Schützlingen helfen wollten. »Es ist erstaunlich«, berichtete der skeptische Franklin, »wie viele Gesetzgeber mir wohlmeinend immer neue

Pläne bringen, wie man die Vereinigten Staaten regieren soll.« Nachdem Adams an Mably ein paar Fragen gerichtet hatte, hielt sich in Frankreich eine Zeitlang das Gerücht, der amerikanische Kongreß habe diesen ältlichen Philosophen als offiziellen Ratgeber herangezogen. All das zeigt, wie intensiv sich die Franzosen mit der Neuschöpfung von Staat und Gesellschaft beschäftigten.

Im ganzen aber war es freilich Europa, das von Amerika lernte. Die enttäuschten Europäer gaben Condorcet recht, wenn er meinte, »daß in den Wäldern der Neuen Welt Männer lebten, welche die Prinzipien der Gesellschaft ergründet hatten und die Europa Lehren erteilen konnten«. Die große Frage bestand nach Mirabeau darin, ob für die Erhaltung von Frieden und Gerechtigkeit unbedingt die Unterwerfung unter einen einzelnen Mann notwendig sei. »Die menschliche Gesellschaft richtet diese Frage an die Vereinigten Staaten von Amerika.« Allerdings fügte er hinzu, daß, wenn die Amerikaner diese Frage etwa nicht beantworten könnten, man dann die Vernunft selbst befragen müsse.

Der interessanteste Beitrag der Amerikaner zum politischen Ideenschatz der westlichen Welt war der praktische Weg, auf dem sie gewisse Grundsätze in die Wirklichkeit überführten. Es war die Idee einer geschriebenen Verfassung, aber es war mehr als dies, denn es schloß die Idee einer verfassunggebenden Versammlung ein als einer Körperschaft, der die Souveränität des Volkes innewohnte und die noch wie außerhalb des Staates stand, im juristischen Sinn früher da war als der Staat, gleichsam im Naturzustande. Diese Versammlung, in Amerika Konvent genannt, brachte Staat und Regierung ins Dasein. Sie schuf die Regierung und verlieh ihr alle Autorität, welche die Regierung hatte; sie rief die öffentlichen Verantwortlichkeiten und Ämter ins Leben, ein jedes mit einer ausdrücklich ihm verliehenen Befugnis; sie begrenzte diese Befugnisse und wog sie gegeneinander ab, um ein Gleichgewicht zu schaffen. Das Dokument, durch welches das Volk seinen Staat, seine Regierung auf so formelle Art schuf und organisierte, war die Verfassung, der eine Erklärung der Rechte beigefügt werden mochte. Diese Rechte galten als »früher« als der Staat, als unabhängig von Staat und Regierung, deren Zweck es eben war, sie zu schützen. Der Konvent, immer im Namen des Volkes handelnd, stellte die Rechte der Persönlichkeit fest und begründete gleichzeitig eine öffentliche Autorität. Während der amerikanischen Revolution gaben elf von dreizehn amerikanischen Staaten sich neue Staatsverfassungen auf diese Art, und auf die gleiche Weise entstand im Jahre 1787 die neue Unionsverfassung. Nicht der Gedankengehalt dieser Verfassungen war das Neue für Europa. Neu waren die verfassunggebenden Versammlungen und die geschriebenen Verfassungen selbst. Immer pragmatisch, fanden die Amerikaner einen Weg, um gewisse Ideen in reibungslos funktionierende Einrichtungen umzusetzen. Wie John Adams von der Verfassung von Massachusetts sagte, deren Hauptautor er selber war: »Es ist Locke, Sidney, Rousseau und de Mably auf die Praxis reduziert.«

Vor allem und am direktesten haben die Verfassungen von Massachusetts, Pennsylvania und Virginia die politischen Ideen in Europa beeinflußt. Die Bundesverfassung, die heutige Verfassung der Vereinigten Staaten, wurde erst am Vorabend der Französischen Revolution bekannt. Sie lag den Europäern gedanklich näher, während die Unabhängigkeitserklärung – in späteren Zeiten berühmter als damals – voller rechtstechnischer Beschwerden gegen

England und daher in Europa nicht so verständlich war. Die Verfassungen der amerikanischen Einzelstaaten wurden in Frankreich bereits 1776 veröffentlicht, später in anderen Ländern, oft in den Zeitungen, gelegentlich in Buchform oder in der Encyclopédie Méthodique. Benjamin Franklin ließ vom Herzog de La Rochefoucauld eine neue und vollständige Übersetzung anfertigen und überreichte allen fremden Gesandten in Paris Exemplare davon. Er erreichte sogar die Unterstützung der französischen Regierung, die den Effekt dieses Beitrages zur Aufklärung auf ihr eigenes Schicksal wohl kaum ahnte.

Die Diskussion über die amerikanischen Verfassungen, die nun in Zeitungen, Kaffeehäusern, Salons und allenthalben gegründeten Lesezirkeln begann, schärfte zweifellos das politische Selbstbewußtsein. Ernst Brandes meinte, daß ein Disput über die Grundsätze der Staatsverfassungen, von einem welthistorischen Ereignis angeregt, eine ganz andere Bedeutung habe als das übliche akademische Gezänk gelehrter oder ungelehrter Doktoren im luftleeren Raum. Und doch scheint es, daß in Deutschland, trotz allen intellektuellen Tumultes und des vagen Republikanismus, den die amerikanische Revolution erzeugte, das konkrete Interesse an den Verfassungen nicht gar groß gewesen ist. Verfassungsfragen konnten in Deutschland keine Vitalität haben; die Menschen in den kleinen Staaten blieben unpolitisch, und in Preußen war das Bürgertum stolz auf die Aufgeklärtheit seiner Monarchie. Außerhalb Frankreichs war das Interesse an den amerikanischen Verfassungen nur sporadisch. Radischtschew in Rußland bezog sich einige Male darauf, hauptsächlich um zugunsten einer größeren Pressefreiheit zu argumentieren. Radischtschew sei schlimmer als Pugatschew, meinte die Kaiserin Katharina, weil er Benjamin Franklin lese. Großherzog Leopold bezog sich auf die Verfassungen, als er eine eigene für Toskana entwarf, die niemals in Kraft getreten ist. Während der sogenannten Brabanter Revolution in Belgien von 1789 hielt man sich bewußt an die amerikanischen Vorgänger. Als die Provinz Flandern ihre Unabhängigkeit von Österreich proklamierte, übernahm man einige Passagen der amerikanischen Unabhängigkeitserklärung, und die Partei der privilegierten Klassen entschied sich für eine lockere föderative Union nach dem Vorbild der ersten Artikel der ursprünglichen amerikanischen Konföderation, betitelte ihren Bund »Vereinigte Staaten«, ernannte eine föderative Vertretung und bezeichnete sie als Kongreß. Ihre Gegner, die Demokraten, stützten sich dagegen auf die amerikanischen Staatsverfassungen, um ihre Willensmeinung zu artikulieren. Eine der Fragen, die von den amerikanischen Verfassungen neu aufgeworfen wurden, war die nach dem Wesen der politischen Repräsentation. Repräsentation an sich war eine alte europäische Idee; die Frage war nur, wer oder was vertreten werden sollte, ob Stände, Kollektive oder der einzelne als Bürger. Die Ständevertretung war die ältere, geläufige Idee, sie wurde von den konservativen Gruppen der belgischen Revolution begünstigt. Auch die englische Verfassung sah – wenigstens in der Theorie – diese Art der Vertretung vor. Aber schon begannen dort die Reformwilligen die persönliche Vertretung zu propagieren, sie verwarfen die Theorie von der »virtuellen Repräsentation«, eine Theorie, welche die Engländer übrigens 1775 gegen die Amerikaner ins Gefecht geführt hatten. Sie besagt, daß ein Volk vertreten sei, gleichgültig ob es Vertreter gewählt habe oder nicht. »Das Geheimnis der Unzulänglichkeit dieser Vertretung ist dem Volk unter dem Donner des amerikanischen Krieges offenbart worden«, rief Henry Flood 1790 im englischen Parlament. Auch die englischen Dissenter in ihrem vergeblichen Kampf um die gleichen politischen Rechte verwiesen auf die amerikanischen Verfassungen. Pitt lehnte ihre Argumente mit der Bemerkung ab, die englische und die amerikanische Verfassung seien grundverschieden. Und tatsächlich wurde in England in den nächsten vierzig Jahren nichts geändert.

Es war in Frankreich während des Jahrzehntes vor 1789, daß die amerikanischen Verfassungen ihre erregendsten Wirkungen taten. Sie vermischten sich dort mit Wirkungen aus anderen Quellen. Da war Montesquieu und die ganze Schriftstellergruppe der Aufklärung; da war der Streit zwischen dem König, dem Parlament von Paris und den anderen Parlamenten des Reiches, die parlamentarische Verteidigung gewisser Grundgesetze, durch welche der König zu regieren hätte, und die gleichfalls von den Parlamenten aufrechterhaltene These, wonach der Unterschied zwischen den drei Ständen samt allen von ihm begründeten gesetzlichen Ungleichheiten ein wesentlicher Bestandteil der Verfassung des Königreiches sei. Dergleichen konnte die Aufmerksamkeit der Geister wohl auf Verfassungsfragen lenken. Das Wesen und der Träger politischer Souveränität, das Wesen des Rechts und individueller Rechte, das Wesen echter politischer Repräsentation, die Übel unverantwortlicher Macht, geheimer, willkürlicher Staatsgewalt, ministerieller Despotismen und erblich privilegierter Amts-Oligarchien, der immer mehr veraltende Charakter rechtlicher Unterschiede in der Stellung von Adel und Bürgertum, erstarrte Absurditäten in Rechtspflege und Verwaltung, barocke Verhältnisse zwischen Kirche und Staat – all das bot Fülle des Stoffes zum Nachdenken und zu Diskussionen.

Die amerikanischen Verfassungen erreichten Frankreich genau in dem Augenblick, als sie für die Franzosen am aktuellsten waren. Sie enthielten im Kern die Ideen der Aufklärung: Freiheit und Gleichheit, Bürgerrechte ohne kirchliche Bindung und Pressefreiheit, Beteiligung durch gewählte Vertreter an der Regierung, Kontrolle der politischen Macht und schließlich eine vom Volke ausgehende Autorität. Vor allem enthielten diese Verfassungen nicht eine Menge von unbestimmten und unbestimmbaren Gewohnheitsrechten, die durch irgendwelche althergebrachten Bräuche und Traditionen sanktioniert waren, sondern reale und rationale Definitionen, die freie Wahl einer nach allen Seiten durchdachten Regierungsform; sie waren klare, vollständige und bindende Dokumente, ausgearbeitet von einer zu diesem Zweck gewählten Versammlung. Diese praktischen Vorschläge wurden nun aufgegriffen: Wenn die meisten Franzosen 1789 glaubten, die Reichsstände müßten sich in eine konstituierende Versammlung umwandeln, wenn diese Versammlung für sich selbst Souveränität beanspruchte, wenn am 20. Juni 1789 der Dritte Stand nahezu einmütig im Ballhaus von Versailles schwur, sich nicht vor der Vollendung einer Verfassung zu trennen, wenn die Verfassung ein Hauptthema der Revolution wurde, wenn Versuche, eine Verfassung abzufassen, 1791, 1793, 1795 und abermals 1848 gemacht wurden, wenn durch das Beispiel Frankreichs der Ruf nach einer konstituierenden Versammlung in jeder revolutionären Bewegung bis ins 20. Jahrhundert laut wurde – die russische Revolution von 1917 machte keine Ausnahme –, dann ist die Ursache ohne Zweifel in der gesamten Geistesgeschichte des 18. Jahrhunderts zu suchen, aber eben besonders in dem Widerhall der Verfassungen der amerikanischen Revolution.

Wenn die Franzosen die neuen amerikanischen Verfassungen lasen, so waren sie kaum in erster Linie von irgendeiner bestimmten Vorkehrung, von der Garantierung dieser oder jener besonderen Freiheit beeindruckt. Ihre Phantasie entzündete sich an dem Akt des Verfassung-Machens selbst. Das zeigte sich auf sehr verschiedenen Bildungsstufen; selbst sehr naive Leser waren offenbar an dem Prozeß interessiert. So zeichnete Hilliard d'Auberteuil, ein Verfasser populärer und ziemlich wertloser Bücher, in seinem Buch über Amerika ein romantisches Bild vom Verfassungskonvent in Virginia. Danach trafen gewisse ältere und ehrbare Bürger in einem friedvollen Wald zusammen. Sie saßen auf Graspolstern, wählten einen Vorsitzenden und beauftragten drei aus ihrer Zahl, jeder solle nach seinen Ansichten das Grundprinzip einer Regierung niederlegen. Einer sagte Freiheit, der nächste Maßhalten, der dritte Tugend. Jeder hielt eine Rede, die Versammlung rief Beifall und dekretierte, daß Freiheit, Maßhalten und Tugend die Grundlagen der Verfassung von Virginia sein sollten. »Sobald diese Verfassung niedergeschrieben war, wurde die Verbindung dieser drei Grundzüge von allen Völkern bewundert.« Leser, deren Gemüter von Hilliard d'Auberteuil gespeist wurden, mochten nicht viel politischen Verstand haben, aber sie waren vorbereitet, manche Wunderlichkeiten der Französischen Revolution zu akzeptieren. Die amerikanischen Verfassungen wurden vor 1789 in Frankreich aber auch von Köpfen wie Turgot, Mably, Condorcet, Du-Pont de Nemours, Morellet, Mirabeau und Brissot ernsthaft studiert.

Der Fall Brissot ist besonders interessant. Brissot tauchte 1792 als einer der Revolutionsführer auf, er plädierte für ein stärkeres Engagement Frankreichs in dem damals beginnenden europäischen Krieg. Vor 1789 gab es keine überlegte und vorbereitete revolutionäre Bewegung; die Französische Revolution war im wesentlichen nicht geplant, die Menschen befanden sich zwar in einem revolutionären Gemütszustand, aber unmöglich konnten sie einen Umsturz vorbereiten, weil sie überhaupt nicht wußten, was eine Revolution im modernen Sinn sei. Erst die Französische Revolution schuf den Typ des Berufsrevolutionärs, nicht umgekehrt. Diese Verallgemeinerungen treffen auf Brissot nur bedingt zu. Er war schon vor 1789 ein in verschiedene Streitigkeiten verwickelter Agitator; im Jahre 1787 entwarf er eine Art von Revolutionsprogramm, das er durch seine Beziehungen zum Herzog von Orléans zu verwirklichen hoffte. Die Schwäche der Revolutionäre in Holland und Belgien bestand nach seiner Meinung darin, daß sie nicht wußten, was sie wollten. Sein Plan für Frankreich war, eine starke Partei zu organisieren, die Streitigkeiten zwischen dem Parlament von Paris und dem König auszunützen, laut nach den Reichsständen zu rufen und eine Erneuerung der Verfassung auf die Tagesordnung zu setzen.

Brissots Ideen waren bis zu einem gewissen Grad von seinen Kenntnissen über Amerika geformt, obwohl er an genaueren Einzelheiten nicht sehr interessiert war. Freimütig gab er zu, daß seine Vorstellung von Amerika wohl eine Art »Verzauberung« oder eine »Illusion« sein mochte. Im Jahre 1787 gründete er zusammen mit Crèvecœur und dem Schweizer Flüchtling Clavière eine galloamerikanische Gesellschaft in Paris. Sie war nicht sonderlich erfolgreich, und Brissot ging bald nach Amerika, um das neue Land kennenzulernen und sich über die Möglichkeit von Bodenspekulationen zu informieren. Er war gerade in den Vereinigten Staaten, als der Konvent in Philadelphia die Bundesverfassung ausarbeitete

Die »Bill of Rights« von Virginia vom 12. Juni 1776

Eine Erklärung der Rechte, verkündet von den Vertretern der rechtschaffenen Bevölkerung von Virginia, die sich in vollzähliger und freier Versammlung zusammengefunden haben, welche Rechte für sie und ihre Nachkommenschaft als Grundlage und Rechtsquelle ihrer Regierung Geltung besitzen.

Artikel 1: Alle Menschen sind von Natur gleichermaßen frei und unabhängig und besitzen gewisse angeborene Rechte, deren die ihre Nachkommenschaft bei der Begründung einer politischen Gemeinschaft durch keinerlei Abmachungen berauben oder zwingen können, sich ihrer zu begeben; nämlich das Recht auf Leben und Freiheit und dazu die Möglichkeit, Eigentum zu erwerben und zu behalten und Glück und Sicherheit zu erstreben und zu erlangen.

Artikel 2: Alle Macht ruht im Volke und leitet sich daher von ihm ab; alle Amtspersonen sind seine Treuhänder und Diener und ihm jederzeit verantwortlich.

Artikel 3: Die Regierung ist eingesetzt oder soll eingesetzt werden um des gemeinsamen Wohles, Schutzes und der Sicherheit des Volkes, der Nation oder des Gemeinwesens willen; von all den verschiedenen Regierungen und Regierungsformen ist diejenige die beste, die ein Höchstmaß an Glück und Sicherheit zu bieten vermag und die am wirksamsten gegen die Gefahr des Machtmißbrauches gesichert ist; und wenn irgendeine Regierung sich als dieser Aufgabe nicht gewachsen erweist oder ihr zuwiderhandelt, so soll die Mehrheit der Gemeinschaft ein unleugbares, unveräußerliches und unverletzliches Recht haben, sie zu reformieren, umzugestalten oder zu beseitigen, so wie es für das allgemeine Wohl am zweckmäßigsten erachtet wird.

Artikel 4: Kein Mensch und keine Gruppe von Menschen haben ein Recht auf alleinige oder besondere Zuwendungen oder Vergünstigungen seitens der Allgemeinheit, es sei denn in Anerkennung von der Allgemeinheit geleisteten Diensten; und so wie diese nicht übertragbar sind, so sollen auch Beamtenstellen und die Ämter von Abgeordneten und Richtern nicht erblich sein.

Artikel 5: Die gesetzgebende und ausführende Gewalt des Staates soll von der richterlichen getrennt und klar geschieden sein, und damit die Angehörigen der beiden ersteren vor Machthunger dadurch bewahrt werden, daß sie die Lasten der Bevölkerung ebenfalls zu fühlen bekommen und an ihnen mittragen, sollen sie in regelmäßigen Abständen ins Privatleben zurückkehren, und zwar in diejenige Gemeinschaft, aus der sie ursprünglich kamen. Und die frei gewordenen Stellen sollen durch häufige im voraus bestimmte und regelmäßig stattfindende Wahlen wiederbesetzt werden, bei denen die vormaligen Amtspersonen sämtlich oder zum Teil nach Maßgabe der Gesetze wiedergewählt werden dürfen oder nicht.

Artikel 6: Die Wahlen der Männer, die als Abgeordnete des Volkes in die Volksvertretung entsandt werden, sind frei; alle Männer, die ihr ständiges Interesse an der Gemeinschaft und ihre dauernde Anhänglichkeit an sie hinlänglich unter Beweis gestellt haben, genießen das Wahlrecht und können ohne ihre Einwilligung oder die ihrer so gewählten Vertreter weder zugunsten der öffentlichen Hand besteuert oder enteignet noch irgendeinem Gesetz unterworfen werden, dem sie nicht in gleicher Weise in Ansehung des öffentlichen Wohls zugestimmt haben.

Artikel 7: Die Ausübung irgendeiner Gewalt durch irgendeine Behörde, insbesondere der Vollzug oder die Suspendierung von Gesetzen, ohne Zustimmung der Volksvertretung verletzt die Rechte des Volkes und ist daher unstatthaft.

Artikel 8: Bei allen schwerwiegenden Amtsvergehen und in Strafsachen hat jedermann das Recht, Grund und Art der Anklage zu erfahren, Anklägern und Zeugen gegenübergestellt zu werden und Entlastendes vorzubringen, und auf die unverzügliche Durchführung des Verfahrens vor einem unparteiischen Gerichtshof von zwölf Geschworenen aus den Reihen seiner Mitbürger, ohne deren einstimmigen Spruch er nicht für schuldig befunden werden kann; auch kann er nicht gezwungen werden, gegen sich selbst auszusagen; kein Mensch kann seiner Freiheit beraubt werden, außer auf Grund der Landesgesetze oder eines Urteilsspruchs von seinesgleichen.

Artikel 9: Unbillig hohe Bürgschaften dürfen nicht gefordert, übermäßige Geldstrafen nicht auferlegt und grausame und gewöhnliche Strafen nicht verhängt werden.

Artikel 10: Allgemeine Durchsuchungs- oder Verhaftungsbefehle, durch die ein Beamter oder Beauftragter angewiesen wird, verdächtige Plätze ohne stichhaltige Verdachtsmomente für ein begangenes Unrecht zu durchsuchen oder irgendeine Person oder Personen, die nicht genau bezeichnet sind oder deren angebliches Vergehen nicht unter Angabe der Verdachtsmomente genau bezeichnet wird, zu verhaften, sind unrecht und despotisch und dürfen nicht ausgestellt werden.

Artikel 11: In Vermögensstreitigkeiten und bei Privatklagen ist die alte Prozeßform der Geschworenenhandlung jeder anderen vorzuziehen und soll unangetastet bleiben.

Artikel 12: Die Pressefreiheit ist eines der stärksten Bollwerke der Freiheit und kann niemals, außer durch despotische Regierungen, eingeschränkt werden.

Artikel 13: Eine wohldisziplinierte Miliz aus den Reihen der Bürgerschaft, die in den Waffen geübt ist, ist der geeignete, natürliche und sichere Schutz eines freien Landes; stehende Heere sollen in Friedenszeiten als der inneren Freiheit gefährlich nicht unterhalten werden, und das Militär soll unter allen Umständen der Zivilgewalt klar untergeordnet sein und von ihr beherrscht werden.

Artikel 14: Das Volk hat das Recht auf eine einheitliche Regierung. Daher soll keine Regierungsgewalt, die von der Regierung Virginias abgesondert oder unabhängig ist, innerhalb seiner Grenzen errichtet oder eingesetzt werden.

Artikel 15: Eine freie Regierung und die Segnungen der Freiheit können einem Volke nur durch strenges Festhalten an den Idealen der Gerechtigkeit, Mäßigung, Enthaltsamkeit, Bescheidenheit und Tugend und durch ein ständiges Besinnen auf die grundlegenden Prinzipien bewahrt bleiben.

Artikel 16: Religion oder die Ergebenheit, die wir unserem Schöpfer schuldig sind, und die Art, wie wir sie erfüllen, kann lediglich durch Vernunft oder Überzeugung bestimmt werden, nicht durch Zwang oder Gewalt, und deshalb haben alle Menschen einen gleichen Anspruch auf freie Ausübung der Religion nach den Geboten ihres Gewissens. Und jeder hat die Pflicht, christliche Vergebung, Liebe und Barmherzigkeit untereinander zu üben.

Erklärung der Rechte des Menschen und des Bürgers

beschlossen von der französischen Nationalversammlung, 20. bis 26. August 1789

Präambel. Die als Nationalversammlung vereinigten Vertreter des Französischen Volkes betrachten die Unkenntnis der Menschenrechte, die Vergessenheit oder Mißachtung, in die sie geraten sind, als die einzigen Ursachen der öffentlichen Mißstände und der Verderbtheit der Regierungen. Daher haben sie beschlossen, in einer feierlichen Erklärung die angestammten, unveränderlichen und heiligen Rechte des Menschen darzulegen, damit diese Erklärung allen Gliedern der menschlichen Gesellschaft ständig vor Augen sei und ihm seine Rechte und Pflichten immer wieder ins Gedächtnis rufe; damit die Handlungen der gesetzgebenden und die der ausübenden Gewalt jederzeit am Endzweck jeder politischen Einrichtung gemessen werden können und um so mehr Achtung finden mögen; damit die Forderungen der Bürger, nunmehr auf klare und unerschütterliche Prinzipien gegründet, stets der Aufrechterhaltung der Verfassung und dem Wohle aller dienen.

So erkennt und verkündigt die Nationalversammlung, angesichts des Höchsten Wesens und unter seinen Auspizien, die Rechte des Menschen und des Bürgers wie folgt:

1. Artikel. Frei und gleich an Rechten werden die Menschen geboren und bleiben es. Die sozialen Unterschiede können sich nur auf das gemeine Wohl gründen.

2. Artikel. Der Zweck jeden politischen Zusammenschlusses ist die Bewahrung der natürlichen und unverlierbaren Menschenrechte. Diese Rechte sind Freiheit, Eigentum, Sicherheit und Widerstand gegen Bedrückung.

3. Artikel. Jegliche Souveränität liegt im Prinzip und ihrem Wesen nach in der Nation; keine Körperschaft und kein einzelner kann eine Autorität ausüben, die sich nicht ausdrücklich von ihr herleitet.

4. Artikel. Die Freiheit besteht darin, alles tun zu können, was anderen nicht schadet. Also hat die Ausübung der natürlichen Rechte bei jedem Menschen keine anderen Grenzen als die, den anderen Mitgliedern der Gesellschaft den Genuß der gleichen Rechte zu sichern. Diese Grenzen können nur durch das Gesetz bestimmt werden.

5. Artikel. Das Gesetz hat nur das Recht, Handlungen zu verbieten, die der Gesellschaft schädlich sind. Was nicht durch Gesetz verboten ist, darf nicht verhindert werden, und niemand kann gezwungen werden, etwas zu tun, was das Gesetz nicht befiehlt.

6. Artikel. Das Gesetz ist der Ausdruck des allgemeinen Willens; alle Bürger haben das Recht, persönlich oder durch ihre Vertreter an seiner Schaffung mitzuwirken. Es muß für alle das gleiche sein, mag es nun beschützen oder bestrafen. Alle Bürger sind vor seinen Augen gleich. Sie sind in der gleichen Weise zu allen Würden, Stellungen und öffentlichen Ämtern zugelassen, je nach ihrer Fähigkeit und ohne andere Unterschiede als ihre Tüchtigkeit und Begabung.

7. Artikel. Niemand kann angeklagt, verhaftet und gefangengehalten werden in anderen als den vom Gesetz festgelegten Fällen und in den Formen, die es vorschreibt. Wer Willkürakte anstrebt, befördert, ausführt oder ausführen läßt, ist zu bestrafen; aber jeder Bürger, der ein Gesetz gerufen oder erfaßt wird, muß augenblicklich gehorchen; durch Widerstand macht er sich schuldig.

8. Artikel. Das Gesetz darf nur unbedingt und offensichtlich notwendige Strafen festsetzen, und niemand darf bestraft werden, es sei denn kraft eines bereits vor seinem Delikt erlassenen, veröffentlichten und legal angewandten Gesetzes.

9. Artikel. Jeder wird so lange als unschuldig angesehen, bis er als schuldig erklärt worden ist; daher ist, wenn seine Verhaftung als unerläßlich gilt, jede Härte, die nicht dazu dient, sich seiner Person zu versichern, auf dem Gesetzeswege streng zu unterdrücken.

10. Artikel. Niemand darf wegen seiner Überzeugungen, auch nicht der religiösen, behelligt werden, vorausgesetzt, daß ihre Betätigung die durch das Gesetz gewährleistete öffentliche Ordnung nicht stört.

11. Artikel. Die freie Mitteilung seiner Gedanken und Meinungen ist eines der kostbarsten Rechte des Menschen. Jeder Bürger darf sich also durch Wort, Schrift und Druck frei äußern; für den Mißbrauch dieser Freiheit hat er sich in allen durch das Gesetz bestimmten Fällen zu verantworten.

12. Artikel. Die Sicherung der Menschen- und Bürgerrechte macht eine öffentliche Gewalt notwendig; diese Gewalt wird demnach zum Nutzen aller eingesetzt, nicht aber zum Sondervorteil derjenigen, denen sie anvertraut ist.

13. Artikel. Für den Unterhalt der öffentlichen Gewalt und für die Ausgaben der Verwaltung ist eine allgemeine Steuer vonnöten; sie ist gleichmäßig auf alle Bürger zu verteilen nach Maßgabe ihres Vermögens.

14. Artikel. Die Bürger haben das Recht, selbst oder durch ihre Vertreter die Notwendigkeit einer öffentlichen Auflage zu prüfen, sie zu bewilligen, ihren Gebrauch zu überwachen und ihre Teilbeträge, Anlage, Eintreibung und Dauer zu bestimmen.

15. Artikel. Die Gesellschaft hat das Recht, von jedem öffentlichen Beauftragten ihrer Verwaltung Rechenschaft zu fordern.

16. Artikel. Eine Gesellschaft, deren Rechte nicht sicher verbürgt sind und bei der die Teilung der Gewalten nicht durchgeführt ist, hat keine Verfassung.

17. Artikel. Da das Eigentum ein unverletzliches und heiliges Recht ist, darf es niemandem genommen werden, es sei denn, daß die gesetzlich festgestellte öffentliche Notwendigkeit es augenscheinlich verlangt, und nur unter der Bedingung einer gerechten und im voraus zu entrichtenden Entschädigung.

und darüber debattierte. Es ist eine Ironie der Geschichte, daß gerade Brissot, einer der unverantwortlichsten der von der Revolution an die Oberfläche geschwemmten Politiker, von den gewichtigen Herren des Konvents in Philadelphia sichtlich beeinflußt wurde, den »Founding Fathers« der Vereinigten Staaten, wie man sie jetzt nennt.

Brissot kehrte spät im Jahre 1788 nach Frankreich zurück. Das Land war mitten in den Vorbereitungen für den bevorstehenden Zusammentritt der Reichsstände, für die Brissot sofort Richtlinien ausarbeitete. Hier brachte er die amerikanische Doktrin eines konstituierenden Konvents an. Eine Versammlung, die selber bereits ein konstitutioneller Bestandteil des Staates sei, lehrte Brissot, könne keine Verfassung machen. Kein Zweig der Regierung könne sich selber eine solche Autorität geben. Eine rechte Verfassung gehe den Regierungsorganen, welche sie zuerst begründe, vorher. Die Generalstände hätten aber keinen solchen Auftrag, keine konstituierende Gewalt. Folglich seien sie durch eine wahre verfassunggebende Versammlung zu ersetzen, dem Repräsentanten nicht der drei Stände, sondern des souveränen Volkes. Woher kam ihm diese Idee einer konstituierenden Versammlung? »Wir verdanken ihre Entdeckung den freien Amerikanern, und der Konvent, der gerade den Plan eines föderativen Systems aufgestellt hat, hat sie unendlich vervollkommnet... Plan und Methode der freien Amerikaner können leicht den Umständen, unter denen Frankreich jetzt lebt, angepaßt werden.«

Während der zehn Jahre vor der Französischen Revolution hatten sich die Politiker in ihrer Beschäftigung mit den amerikanischen Verfassungen recht eigentlich auf die Debatten in der französischen Nationalversammlung von 1789 vorbereitet. Die Erklärung der Menschenrechte als Anhang der Verfassungen wurde allgemein gutgeheißen. Über den Aufbau der Regierung gab es keine Unstimmigkeit mehr. Alle amerikanischen Verfassungen, mit Ausnahme der von Pennsylvania, sahen Legislativen mit zwei Kammern vor. Massachusetts besaß sogar eine starke Exekutive oder einen Gouverneur, der durch das Volk gewählt und mit dem Vetorecht ausgestattet war, um seine Unabhängigkeit gegenüber der Legislative zu sichern. Mably hatte sich vor seinem Tode im Jahre 1784 stark für die Verfassung von Massachusetts und die dreifache Teilung der Gewalten ausgesprochen. Der berühmte Turgot, der 1781 starb, hatte der Verfassung von Pennsylvania mit ihrem Einkammersystem den Vorzug gegeben. Turgot, dessen eigenes Reformprogramm vom Pariser Parlament zu Fall gebracht worden war, fürchtete Interessengruppen und korporative Zusammenschlüsse innerhalb des Staates. Er glaubte, daß ein Oberhaus nur Sonderinteressen verfolgen werde (wie das Parlament von Paris), und bestand darauf, daß eine einzige Legislative die »Nation« vertreten sollte. Seine geistigen Nachfolger Condorcet, Du-Pont de Nemours und andere brachten wiederholt die gleichen Argumente vor. Sie hielten wie einige Amerikaner daran fest, daß die Idee eines Zweikammersystems mit einer von der Legislative unabhängigen Exekutive nur eine Nachahmung der englischen Verfassung mit ihrer gemischten Regierung von König, Lords und Bürgerlichen sei. Das war nicht ganz richtig, denn die englische Verfassung sollte dem König und den Lords das erbliche Recht, an der Regierung mitzuwirken, gegen jeden Druck des Volkes sichern, während die Verfassung von Massachusetts die Wahl des Gouverneurs, der Senatoren und Abgeordneten für ein Jahr durch alle Stimmberechtigten vorsah. Aber Condorcet, Du-Pont und ihre

Anhänger waren an einer Nachahmung auch anderer amerikanischer Regierungsformen gar nicht interessiert. Sie wollten das Interesse des Volkes für die amerikanischen Vorgänge nur für drei Zwecke ausnutzen: die Idee der Verfassungsschöpfung durch eine konstituierende Versammlung zu verbreiten, die Vorzüge einer besonderen Erklärung der Menschenrechte hervorzuheben und eine Nachahmung der bisher vielbewunderten englischen Verfassung in Frankreich zu verhindern.

Die französische Nationalversammlung, die im Juni 1789 aus den Generalständen hervorging, befaßte sich in den Monaten Juli bis September mit der Aufstellung der Grundprinzipien einer Verfassung. Im August wurden die Menschen- und Bürgerrechte erklärt. Sie wurden Richtschnur und Parole der Revolutionäre nicht nur in Frankreich, sondern in ganz Europa und in Lateinamerika. Ihre Wirkung in Zeit und Raum ist bis auf den heutigen Tag noch nicht abgeschlossen. Daher kann man sie nicht, wie konservativ eingestellte Historiker es oft getan haben, als leere Abstraktionen einer Versammlung von Rednern und Doktrinären abtun. Die Erklärung am 26. August 1789 war ein Musterbeispiel politischer Taktik. Sie sammelte und einte die verschiedenartigsten Revolutionsparteien, sie errichtete ein Symbol, an das sich Menschen vieler Bildungsschichten und unterschiedlicher politischer Einsicht halten konnten. Die fundamentalen Prinzipien hoben das neue Regime scharf vom alten ab. Gleichzeitig wurde aber die Schlichtung der sich bekämpfenden Interessen von alt und neu schwieriger, weil die Streitfragen, um die es ging, als Fragen von Gut und Böse ausgewiesen waren und Erwartungen erweckt wurden, die keine Staatsform jemals erfüllen konnte.

Es ist möglich, daß man diesen entscheidenden Schritt der Revolution ohne das Beispiel Amerikas nicht getan hätte. Doch kann man in solchen Dingen nicht mit unbedingter Sicherheit urteilen. Die Betonung menschlicher und bürgerlicher Grundrechte war eine Folge des Denkens und der Lebensbedingungen im Frankreich des 18. Jahrhunderts. Daß aber solche Rechte in einer numerierten Folge getrennt von der Verfassung aufgestellt und als ein Kriterium, nach dem die Verfassung selbst beurteilt werden sollte, angeboten wurden, ist in der europäischen Aufklärung nicht vorgezeichnet gewesen und kann auch von den aktuellen Problemen des Sommers 1789 in Frankreich kaum ausgelöst worden sein. Angesichts der Tatsache, daß die Franzosen die amerikanischen Erklärungen der Menschenrechte ein Jahrzehnt lang diskutiert hatten, daß Jefferson 1789 in Paris La Fayette und anderen bei der Abfassung einer solchen Erklärung geholfen hatte und daß diese Erklärung textlich der Erklärung der Rechte von Virginia von 1776 ähnelt, scheint es offensichtlich, daß das amerikanische Vorbild in diesem kritischen Augenblick bei der Bildung der westlichen revolutionären Tradition schwer ins Gewicht fiel.

Die französische Nationalversammlung beschäftigte sich nun mit den Verfassungsfragen, deren Entscheidung die Struktur der neuen Regierung bestimmen sollte. Vor allem wurde die Frage des Zweikammersystems und des exekutiven Vetorechts debattiert. Man setzte auch damit die Debatte über die amerikanischen Verfassungen aus den vorangegangenen Jahren fort. Wer ein Oberhaus und ein starkes Vetorecht des Königs befürwortete, wurde als Anglomane verdächtigt, obgleich Mounier, Lally-Tollendal und andere, indem sie dafür sprachen, wiederholt und korrekt die amerikanischen Vorläufer, die neue Bundesverfassung der USA und die neue Verfassung von Pennsylvanien, zitierten, die das Einkammersystem von 1776 abgeschafft hatten. Die opponierende Partei mit Condorcet siegte. Es gelang ihr, Mounier als Anglomanen beiseite zu drängen und den Ruhm der amerikanischen Revolution an die eigenen Fahnen zu heften. Für seine neue Verfassung nahm Frankreich das Einkammersystem an, dazu die königliche Exekutive mit einem nur aufschiebenden Vetorecht.

Das verwirrte die Lage und ließ die Beziehungen zwischen der amerikanischen und der Französischen Revolution nicht mehr in einem eindeutigen Licht erscheinen. Während in den Vereinigten Staaten die Zweikammer-Legislative und die davon unabhängige Exekutive durchaus eine demokratische Staatsform ermöglichten, mußte man im Frankreich von 1789 die Rechte der Exekutive einem König reservieren, der weder gewählt war noch abgesetzt werden konnte. Auch konnte hier ein Oberhaus nur eine Sonderkammer für Fürsten, Adel und Geistlichkeit sein, gegen deren Vorrechte die Französische Revolution ja kämpfte. Zwar hatten die Franzosen dieselben Grundrechte im Auge wie die Amerikaner, aber sie konnten sie nicht durch eine einfache Befolgung der amerikanischen Verfassungsmaßnahmen verwirklichen. Sie hatten es mit einem alten Regime zu tun, wie es Amerika niemals besessen hatte. Frankreich und Europa mußten viel revolutionärer sein als Amerika, wenn sie die gleichen Ziele erreichen wollten.

Die spätere Bedeutung der amerikanischen Revolution

Mit der Französischen Revolution begann für Europa eine eigene revolutionäre Bewegung. Unzufriedene brauchten nicht mehr über den Ozean zu sehen. Die Auswirkungen der amerikanischen Revolution und der Einfluß der Vereinigten Staaten auf andere Länder sind im Strom der Geschichte von nun an schwieriger zu verfolgen. Die Tatsache, daß in einem Zeitraum von fünfzehn Jahren zwei Revolutionen, in Amerika und in Frankreich, ähnliche Grundsätze und Ziele entwickelt hatten, war geeignet, den Sinn für eine weltweite Befreiungsbewegung zu stärken. Französische und europäische Revolutionäre sympathisierten weiter mit den Vereinigten Staaten, und auch in Amerika empfand die aufsteigende demokratische Partei Jeffersons in den neunziger Jahren starke Sympathien für die Französische Revolution, selbst in der Zeit des Terrors.

Die Wirren dieser Jahre waren die erste große internationale Revolution. Aber eben, weil es sich um eine zunehmend internationale Bewegung handelte, ist es schwer, bestimmte Einflüsse im einzelnen Fall zu identifizieren.

Als zum Beispiel die Lateinamerikaner nach 1810 darangingen, unabhängige Republiken zu gründen, bedienten sie sich konstituierender Versammlungen, schriftlich fixierter Verfassungen und sogar bestimmter Züge einer Präsidial- und Kongreßregierung, die an die Vereinigten Staaten erinnerten. Aber die Lateinamerikaner sahen sich keineswegs nur bei den Vereinigten Staaten nach Ideen um. Sie blickten auch auf Spanien und die spanische Verfassung von 1812 und damit indirekt auf die französische Verfassung von 1789 bis 1791. Seitdem haben nordamerikanische und europäische Einflüsse in Lateinamerika miteinander gerungen.

Die Vereinigten Staaten blieben lange das Land der Zukunft. Lord Byron meinte, als er sich mit einem Amerikaner unterhielt, er käme sich wie ein Verstorbener vor, der vom Ufer des Styx zur lebendigen Nachwelt spreche. Das Grundparadox blieb immer das gleiche. Amerika kündigte eine Zivilisation der Zukunft an; gleichzeitig war und blieb es das jungfräuliche Land, frei von den zivilisatorischen Gebresten der Gegenwart. Romantiker besuchten es, um seine weite Einsamkeit, die Majestät seiner großen Naturszenen zu genießen. Selbst in Tocquevilles großem Werk »Demokratie in Amerika«, dem Versuch, in die in Amerika sich abzeichnende Zukunft zu blicken, findet man als Nebenthema die Freude an tiefsinnigen Betrachtungen über den Naturzustand. Reine Romantiker aber waren fast immer enttäuscht, weil das, was sie suchten, etwas Unwirkliches war. Der deutsche Dichter Lenau, der Europa verließ und Begrüßungsverse an die freie Neue Welt ausstreute, kehrte angewidert von dem, was er gesehen hatte, zurück. Auch Romantiker, die in mittelalterlicher Tiefgründigkeit schwelgten, fanden nichts Anziehendes jenseits des Atlantik. Die Vereinigten Staaten waren im Grund kein Land der Romantik, sie waren ein Land der Aufklärung.

Dennoch waren sie die Traumwelt der europäischen Emigration, der wirklichen wie der eingebildeten. Im Jahre 1838 erschien in Deutschland ein Roman »Die Europamüden« von E. A. Willkomm. Erst am Ende des Buches schiffen sich die Personen nach Amerika ein; die ganze Handlung spielt in Deutschland und besteht zum größten Teil aus langen Unterhaltungen über die trügerischen Werte und die abgenutzten Sitten Europas. Damals wanderten realistisch veranlagte Menschen tatsächlich aus, und zwar in großer, nach der Unterdrückung der Revolution von 1848 steigender Zahl. Im Jahre 1855 kam in Deutschland abermals ein Roman heraus, »Der Amerikamüde« von Ferdinand Kürnberger. Er sollte der Faszination durch die Neue Welt entgegenarbeiten und den Lesern den Geschmack am Leben in Deutschland beibringen. Mit dem Untertitel »Ein amerikanisches Kulturbild« stellte dieser Roman die Vereinigten Staaten als ein kaltes, materialistisches und kulturloses Land hin, aus dem sein Held wie Lenau mit zerstörten Illusionen zurückkehrt. Beide Bücher mögen als Beispiele für eine Meinungsverschiedenheit gelten, die lange Zeit in vielen Teilen Europas bestanden hat. Menschen, die in der europäischen Gesellschaft einen gewissen Rang einnahmen und voll an ihrer Kultur teilhaben konnten, wollten nichts mehr von Amerika hören, sie fanden, daß es dort keine Kultur gebe. Die Europamüden waren Amerikas Anhänger; mochten sie ruhelose Romantiker sein, die von der amerikanischen Wirklichkeit enttäuscht wurden, oder politisch Verfolgte wie die deutschen Achtundvierziger. Meist waren sie nichts als einfache Leute, die wegen ihres Standes oder wegen ihrer beschränkten wirtschaftlichen Verhältnisse an der Kultur Europas keinen Anteil hatten und die ohne viel Bedauern nach Amerika auswanderten. Nach ihrer Ankunft drüben waren sie meist weit mehr befriedigt als Angehörige der höheren europäischen Schichten. Sechzig Millionen Menschen verließen Europa in den hundert Jahren vor 1940, mehr als die Hälfte gingen in die Vereinigten Staaten, die Mehrzahl der übrigen in andere Teile Amerikas. Zweifellos die bedeutendste Wanderung der Geschichte!

Amerika blieb das Symbol der Zukunft, der Inbegriff einer neuen Zeit so lange, wie man die Zukunft im Geiste der Aufklärung sah. Solange man auf friedlich-vernünftigen Fortschritt setzte, und zwar vor allem im Felde der Regierung und Gesetzgebung, solange Freiheit die Befreiung des Individuums bedeutete und politische Demokratie als das vornehmste Ziel galt, solange erschienen die Vereinigten Staaten als das Land, das am weitesten auf der Bahn vorgerückt war, auf welcher auch die anderen Nationen sich vorwärtskämpften. Wer im 19. Jahrhundert ein Demokrat war, war auch ein Freund der Vereinigten Staaten, und wer die Demokratie fürchtete, fürchtete die Vereinigten Staaten oder verachtete sie. Für die einen war Amerika ein kraftvoller Pionier, für die anderen war es ein gewöhnliches und rohes Land. Für Harriet Martineau bewies Amerikas überquellende Lebenskraft den Wert der Demokratie; für eine andere Engländerin, Frances Trollope, bewies die gleiche Lebenskraft, die für sie nichts war als Roheit, das genaue Gegenteil. Derselbe Gegensatz zeigte sich zur Zeit des amerikanischen Bürgerkriegs, als Europas führende Kreise im allgemeinen die Partei des aufständischen Südens ergriffen, während die mittleren und unteren Klassen den Norden begünstigten und die Erhaltung der großen Republik erhofften. Alle sahen in den Vereinigten Staaten das Experiment, dessen Erfolg oder Mißlingen für Europa bedeutsam sein müßte.

Gegen Ende des 19. Jahrhunderts, hundert Jahre nach der Französischen Revolution, war der Mechanismus der politischen Demokratie in Europa im allgemeinen durchgesetzt. Zur gleichen Zeit wurden die Vereinigten Staaten mehr und mehr industrialisiert und urbanisiert. Nach 1900 und besonders nach den Zerstörungen des ersten Weltkrieges in Europa fingen die Vereinigten Staaten sogar an, mit ihren technischen Errungenschaften, mit ihrem Massenmarkt, ihrer Arbeitsproduktivität, mit ihrem Kapitalreichtum und ihrem hohen Lebensstandard Europa zu überflügeln. Nach 1890 befestigte sich zunehmend die Auffassung, daß die Vereinigten Staaten das Land der Zukunft im Sinne einer technologischen Zivilisation seien, gekennzeichnet durch Riesenbauwerke, schnelle Transportmittel und ein anonymes Leben in Großstädten, daß aber seine politischen Einrichtungen etwas altmodisch seien. Nur wenige Kenner verstanden die Beziehungen zwischen dem wirtschaftlichen Fortschritt und den politischen Ideen und damit auch zu den Grundzügen der amerikanischen Revolution. Man begriff nicht in vollem Umfang, wie der Wohlstand, der Erfindungsreichtum und die Produktivität des amerikanischen Wirtschaftssystems aus einer früheren politischen Situation hervorgewachsen waren, die Wert auf persönliche Freiheit und soziale Gleichheit gelegt und die Initiative, Freude an der Neuerung, Wandern von Beruf zu Beruf, von Ort zu Ort und von Schicht zu Schicht begünstigt hatte.

In der Vergangenheit war es immer die europäische Linke gewesen, die am meisten mit Amerika sympathisierte; als sie sich dem Sozialismus zuwandte, ließ ihre Bewunderung für Amerika nach. Andererseits verstanden die Amerikaner, die in der Vergangenheit die liberalen und revolutionären Parteien Europas begünstigt und sogar Ludwig Kossuth offiziell geehrt hatten, in zunehmendem Maße nicht mehr die revolutionären Kräfte in der modernen Welt. Opposition gegen das Ancien régime konnten die Amerikaner verstehen. Aber Opposition gegen das kapitalistische Wirtschaftssystem war ihnen ebenso unverständlich wie Sozialprobleme in der Privatwirtschaft; ein aus dem Gefühl der Minderwertigkeit

Marie Joseph Motier, Marquis de La Fayette
Zeichnung von Benjamin Duvivier, 1790
Versailles, Museum

Abschaffung der Sklaverei durch den Konvent am 4. Februar 1794
Aus einer lavierten Zeichnung von Nicolas André Monsiau
Paris, Musée Carnavalet

und Unterdrückung resultierendes Klassenbewußtsein oder eine revolutionäre Psychologie lag außerhalb der typischen Erfahrung Amerikas. Amerikaner, die solche Dinge eingehender studierten, mochten sie wohl begreifen, für die amerikanische öffentliche Meinung waren sie höchst verwirrend. Denn Probleme hatten in Amerika eigentlich immer eine verhältnismäßig leichte Lösung gefunden, nur nicht der Konflikt, der zum Bürgerkrieg führte, nur nicht die Rassenfrage, die man lange Zeit dilatorisch behandelte. Unbelastet, wie schon Goethe bemerkte, von nutzlosen Erinnerungen und von sinnlosem Hader der Alten Welt, hatten sich die Amerikaner auf praktische Tätigkeiten konzentrieren können. Sie nahmen leichtgläubig an, die amerikanische Art, eine Sache anzupacken, ließe sich auch andere Völker lehren. Es fehlte ihnen das Verständnis für Schwierigkeiten, denen andere gegenüberstanden. Daher sind amerikanische Ratschläge in fremden Ländern entweder als irrelevant oder zu billig empfunden worden. Für einen Amerikaner war es schwierig, den sozialen Revolutionsgeist des 20. Jahrhunderts zu verstehen, weil in Amerika die erstarrten Klassenunterschiede und das bittere Klassenbewußtsein fehlten, die zu diesem Geist geführt hatten. Und obwohl die Amerikaner als erstes Kolonialvolk die Unabhängigkeit erlangten, war es für sie schwierig, die revolutionäre antikoloniale und antiwestliche Mentalität Asiens und Afrikas im 20. Jahrhundert voll zu begreifen, und zwar weil sie im Grunde doch immer westlich und europäisch eingestellt waren.

Die amerikanische Revolution hat in der westlichen Welt eine über fünfzig Jahre dauernde Revolutionsepoche eingeleitet. Ihre weltgeschichtliche Bedeutung und die Bedeutung Amerikas als Zukunftssymbol sind stets ebenso bewertet worden wie die Aufklärung und die westliche Revolutionsära als Ganzes. Jeder von der Rechten oder von der Linken inspirierten Geisteshaltung, für die das revolutionäre Halbjahrhundert, das 1776 begann, eine Sache von vorübergehender Wichtigkeit, eine bloße Episode in der als Ganzes nur kurzen Geschichte der liberalen oder bourgeoisen Gesellschaft war, entsprach ein stark reduzierter Begriff von der Wichtigkeit der amerikanischen Revolution. Hegel hat in seinen Vorlesungen über die Philosophie der Geschichte ein paar bezeichnende Bemerkungen über Amerika gemacht. Wie jeder aus seiner Generation, nannte er es das Land der Zukunft, aber damit meinte er nichts anderes, als daß Amerika unreif sei. Es werde, so prophezeite er, ein ganz anderes Land werden, wenn es keine offenen Grenzen mehr habe – denn wäre Deutschland 1789 ein unbevölkertes Waldgebiet gewesen, hätte es keine Französische Revolution gegeben. Wenn die Vereinigten Staaten einmal voll besiedelt und ausgefüllt seien, würden sie nach Hegel wie Europa eine Fülle von Konflikten und Spannungen, eine starre Klassenstruktur, eine größere Scheidung von reich und arm und damit einen mächtigen Staat entwickeln. Da ihm dies alles im Augenblick fehle, stünde es außerhalb der Geschichte, weil der echte Gegenstand der Geschichte die Aufeinanderfolge solcher Konflikte sei. Gerade jene Seite Amerikas, die es für Fortschrittler im Geiste der Aufklärung historisch bedeutsam machte – weil es kein altes Regime besaß –, machte es für Hegel buchstäblich unreal. Im Marxismus, der das Hegelsche System – wenn auch mit umgekehrtem Vorzeichen – übernommen hatte, ergab sich das gleiche Problem. Der Marxismus verkündete eine bestimmte Auffassung von Weltgeschichte, verbindlich für Vergangenheit, Gegenwart und Zukunft. Nach dieser Anschauung war es schwer, für ein Land eine Erklärung zu finden, in dem die Bourgeoisie nie gegen einen feudalen Adel gekämpft hatte, um dann selbst von einem klassenbewußten, revolutionären Proletariat bekämpft zu werden. Entweder mußte Amerika, koste es, was es wolle, so interpretiert werden, daß sich das marxistische Modell eines Klassenkonflikts enthüllte, oder es mußte peripherisch und bedeutungslos bleiben wie bei Hegel. Unter diesen Umständen und angesichts der Tatsache der Ausbreitung des Marxismus war es um die Mitte des 20. Jahrhunderts eine der großen Schwierigkeiten, daß nicht nur die Amerikaner die übrige Welt schwer begreifen konnten, sondern daß es dieser mit den Vereinigten Staaten ebenso erging. Es bestanden zu viele Meinungsunterschiede, nicht allein über Geschichte und Politik, sondern auch über das, was in der Zukunft geschehen konnte oder sollte.

Richard Nürnberger

DAS ZEITALTER
DER FRANZÖSISCHEN REVOLUTION
UND NAPOLEONS

Die Einberufung der Generalstände

So charakteristisch für die Intensität des revolutionären Erlebnisses und die ihm folgende Legende das Bewußtsein von der Einzigartigkeit der großen Tage des Sommers 1789 gewesen ist: auch die Französische Revolution hatte ihre Vorgeschichte. Allerdings meinte Tocqueville, daß es niemals ein bedeutenderes Ereignis gegeben habe, das von langer Hand besser vorbereitet, aber weniger vorhergesehen worden sei. Die Einsicht oder Sorge, daß der bestehenden politischen und sozialen Ordnung Gefahr drohe, daß ihr Einsturz bevorstehen könnte – Kassandra-Rufe oder Zukunftshoffnungen –, hat es zumindest seit der Mitte des 18. Jahrhunderts gegeben; wie das drohende Schicksal der französischen Monarchie praktisch im Staub der Alltagsgeschäfte abzuwenden und wie es möglich sei, den drängenden Aufgaben, die sich der Krone stellten, mit wirksameren Methoden und Organisationen gerecht zu werden, an solchen Fragestellungen hat es nicht gefehlt; auch nicht an energischen Versuchen, das alte Staatswesen zu reformieren. Es heißt, die Geschichte vom Ende her sehen, wenn man der französischen Monarchie im 18. Jahrhundert keine Chance mehr gibt.

Immer wird es eine der schwierigsten und zugleich wichtigsten Feststellungen sein, wann die entscheidenden Schritte getan oder unterlassen worden sind. Es war gewiß kein Zufall, daß es gerade in Frankreich zur Revolution kam; von den französischen Literaten wurde »la belle révolution« mit Inbrunst und Entzücken erhofft und erwartet. Das hieß für Voltaire und das gebildete Bürgertum die Eroberung des Königtums durch die Aufklärung und Kampf gegen den auf religiöser Grundlage beruhenden Absolutismus. »Die Mehrzahl der Franzosen dachte wie Bossuet, aber auf einmal denken die Franzosen wie Voltaire: es ist eine Revolution« (Hazard). Sie wollten nicht etwa einen Umsturz des Staates, sondern eine Revolution im Denken der Regierenden, der Könige und ihrer Berater, der Minister und Beamten. Überschwenglich hat noch der achtzigjährige Voltaire nach dem Regierungsantritt Ludwigs XVI. im Jahre 1774 die Ernennung Turgots, des Intendanten der Provinz Limousin, der zugleich Mitarbeiter der »Encyclopädie« und Gesinnungsgenosse der »Physiokraten« war, zum Finanzminister begrüßt. Turgot galt als einer der Besten der Nation. Voltaire bedauerte, daß er selbst zu alt sei und das Reich der Tugend und der Vernunft nur noch von ferne schauen könne; sein Herz sei aber von heiliger Freude erfüllt, er sehe einen neuen Himmel und eine neue Erde.

Der neue, völlig unerfahrene und hilflose König hatte jedoch gleichzeitig den Kanzler Maupeou entlassen, seit der Jahrhundertmitte einer der sachkundigsten und energischsten Ratgeber der französischen Krone, besonders in Finanzfragen. Maupeou wußte, daß das Werk der französischen Könige und Staatsmänner der letzten Jahrhunderte noch nicht vollendet war; es sollten die hemmenden Zwischengewalten, vor allem die hohen, mit wichtigen politischen Aufgaben betrauten Gerichtshöfe, die sogenannten »Parlamente«, abgebaut und die gesellschaftliche und politische Verfassung Frankreichs weiterentwickelt werden, um Königtum und aufgeklärtes Bürgertum in Verwaltung und Judikatur enger zu verbinden. Statt Maupeous Reformen fortzusetzen, ihm das königliche Vertrauen zu erhalten, glaubte Ludwig XVI., die alten Vorrechte wiederherstellen zu sollen, um die »noblesse de robe« zu versöhnen. Die Schärfe der Auseinandersetzung klang aus den Abschiedsworten, mit denen angeblich Maupeou den Hof verließ: »Il est foutu!« Echt oder unecht, das harte Wort sollte sich bewahrheiten. Mit der Absage an die Reform und dem Zugeständnis an die Reaktion schürzte der König, wie Ranke gesagt hat, »den Knoten seines ganzen Schicksals«.

Turgots mit so großen Erwartungen und so viel Energie begonnene Rationalisierung und Modernisierung der Staatsverwaltung, seine Reformen, blieben in den Anfängen stecken, blieben ein »Möglichkeitsmoment« der Vernunft und der Einsicht, an die der Minister in den Präambeln seiner Gesetze zu appellieren pflegte. Das Hauptstück war eine Steuerreform auf der Grundlage einer einheitlichen Grundsteuer ohne Rücksicht auf die noch vorhandenen Privilegien und eine durchgreifende Vereinfachung und Vereinheitlichung des Steuerwesens. Die Reformen Turgots scheiterten dann aber an den Gesetzesvorlagen zur Aufhebung der Frondienste und der Zünfte; sie griffen mit der »Liberalisierung« der bestehenden Sozial- und Wirtschaftsordnung am tiefsten in die bestehenden Verhältnisse ein. Nicht nur im engsten Kreis der Ratgeber des Königs, sondern auch in der Öffentlichkeit sind sie sofort lebhaft diskutiert worden. Vor allem die von Ludwig XVI. wiederhergestellten Parlamente opponierten gegen die Tendenzen zur Egalisierung. Dieser Opposition fiel Turgot 1776 zum Opfer. In die »unverschämte Freude« seiner Gegner fielen die beschwörenden Worte des scheidenden Ministers: »Vergessen Sie nicht, Sire, daß es eine Schwäche war, die Karl I. auf das Schafott brachte, Karl IX. grausam werden ließ, die Liga gegen Heinrich III. ins Leben rief und die aus Ludwig XIII. einen gekrönten Sklaven machte.« »Mein Gott, was für eine unheilvolle Nachricht habe ich erhalten«, schrieb Voltaire unter dem Eindruck der Entlassung Turgots. »Frankreich würde zu glücklich gewesen sein. Was wird nun aus uns werden? Ich bin niedergeschmettert und verzweifelt.«

Nicht nur das Scheitern der »Revolution von oben«, sondern auch der außenpolitische Zusammenhang machte die Entlassung Turgots zu einer Epoche der französischen Geschichte des 18. Jahrhunderts. Der englisch-amerikanische Konflikt, der zur Unabhängigkeitserklärung der englischen Kolonien in Nordamerika führte, fiel in dieselben Monate des Sommers 1776. Vor einer Teilnahme Frankreichs an diesem Konflikt, zu der es 1778 auf der Seite der Amerikaner freilich doch kommen sollte, hat Turgot damals, während der umfassenden Reorganisation des Staates, eindringlich gewarnt.

Die Entschlüsse dieses Sommers sind für das königliche Frankreich verhängnisvoll gewesen. Die hoffnungslose Finanzlage des Staates nötigte zu immer neuen, aber unzulänglichen Aushilfen. Die Autorität der Krone wurde zusehends ausgehöhlt; der Kredit der königlichen Finanzpolitik schwand dahin. Am Ende aller Versuche sah sich der Finanzminister Calonne im Sommer 1786 gezwungen, dem König die ausweglose Situation zu eröffnen. Er empfahl, Zuflucht zu einer Notabelnversammlung zu nehmen, wie sie schon in den Notzeiten des 16.Jahrhunderts berufen worden war, ehe die Katastrophe der Religions- und Bürgerkriege Frankreich für Jahrzehnte verwüstet hatte, ohne daß damals allerdings die Einberufung der Generalstände (1560) den Ausbruch der Krise verhindern konnte. Nachdem Calonne in einer glänzenden Rede einen Überblick über die Staatspolitik im Lichte der Finanzlage gegeben und eine grundlegende Neuorganisation der völlig veralteten Staatsverwaltung gefordert hatte, ließ Ludwig XVI. auch ihn fallen. Zwar hatte Calonne mit einer Zusammenfassung seiner Reformgedanken, die er gedruckt erscheinen ließ, die Flucht in die Öffentlichkeit riskiert, aber die Beratungen der Notabelnversammlung blieben dennoch ohne Ergebnis. Die Forderung Calonnes, einen Finanzrat als oberste Überwachungsbehörde einzusetzen und alljährlich den Staatshaushalt zu veröffentlichen, schnitt die Lebensfrage des königlichen Absolutismus an, enthielt schon das schärfste Mißtrauensvotum gegen die Zuverlässigkeit der Geschäftsführung der Krone. La Fayette, der gefeierte General der amerikanischen Freiheitskriege, erklärte jetzt sogar, daß neue Steuern überhaupt nur mit einer Vertretung der Nation beraten werden könnten. Bei aller Kritik an der königlichen Politik haben die politischen Gewalten des alten Staatswesens die Verantwortung für die öffentliche Not nicht übernommen, sondern sich auf Empfehlungen und Ratschläge, die der König von ihnen erbeten hatte, beschränkt. Schritt für Schritt traten sie jetzt aber aus ihrer bisherigen Isolierung hervor und appellierten – wie Calonne es schon getan hatte – selbst an die Nation. Das war im Grunde nichts anderes als eine Verzichterklärung der Notabeln, so lebhaft in der allgemeinen Vertrauenskrise diese Wendung auch begrüßt wurde. Radikale Reaktionen der Regierung gegen die mit Erschrecken zur Kenntnis genommene Opposition haben die Lage nicht verändern, die Entwicklung nicht aufhalten können. Im Gegenteil, im Herbst 1787 mehrten sich die Stimmen kritischer Beobachter, die das Ende des königlichen Absolutismus für unvermeidlich hielten. Hinzu kam, daß die Krone eine diplomatische Niederlage in den Niederlanden erlitten hatte, als preußische Truppen im Einverständnis mit den Engländern ohne Rücksicht auf französischen Einspruch die Anhänger der oranischen Erbstatthalterschaft gegen die von Frankreich unterstützte Partei der »Patrioten« deckten. Napoleon hat später in dieser Schlappe einen Hauptgrund für den Ausbruch der Revolution gesehen; die französische Politik war gedemütigt und ihr Ansehen überhaupt auf einen Tiefpunkt gesunken. Die finanzielle Schwäche der Regierung verbot jede energische außenpolitische Aktivität.

In dem erbitterten Kampf zwischen der Regierung und dem Parlament von Paris stellte sich sehr bald die Alternative: Staatsstreich durch die Krone oder revolutionäre Erhebung durch das Parlament. In ihm forderte um die Wende der Jahre 1787/88 die öffentliche Meinung immer stärker die Teilnahme der aufgeklärten, von englisch-amerikanischen Verfassungsideen bewegten bürgerlichen Gesellschaft an der Lösung der Schicksalsfragen der französischen Politik. Im Gegensatz zu früheren Notzeiten versagte jetzt auch der Klerus der Krone seine finanzielle Unterstützung; auch der Klerus wurde dem königlichen Absolutismus gegenüber immer kritischer und wies von sich aus auf die Generalstände und deren Steuerbewilligungsrecht als letzte Instanz zur Behebung der Not hin.

Die Lage wurde so gespannt, daß selbst die Regierung die Berufung der Generalstände erwog. Unübersehbare Schwierigkeiten türmten sich freilich vor ihrer Verwirklichung auf; seit 1614 waren die Generalstände nicht mehr zusammengetreten, so daß eine Fülle von Verfahrensfragen zuvor gelöst werden mußte, Fragen der Berufung, Zusammensetzung, Beratung und Abstimmung der drei Stände: Geistlichkeit, Adel, Dritter Stand. Der König entschloß sich trotz allem, am 8. August 1788 die Generalstände auf den 1. Mai 1789 einzuberufen, »une date capitale«, wie Mirabeau, die Bedeutung des Tages sofort erfassend, gesagt hat. Das war die Kapitulation des königlichen Absolutismus vor den bevorrechteten Gewalten des alten Staates. Die Regierung offenbarte ihre Unentschlossenheit und Hilflosigkeit, den Mangel eines klaren Programms, als sie erklärte, daß sie die Versammlung der Generalstände des Königreichs abwarten wolle, ehe die notwendigen Reformen beginnen sollten. Ende des Jahres beschloß eine neue Notabelnversammlung wenigstens, daß die Zahl der Vertreter des Dritten Standes verdoppelt werden solle, um gegenüber Geistlichkeit und Adel zusammen Stimmengleichheit zu erhalten. An den nach Ständen getrennten Beratungen sollte jedoch festgehalten werden.

Eine Flut von Broschüren, erfüllt vom Pathos der Freiheit, überschwemmte jetzt Frankreich. Ihre Verfasser waren vor allem »aufgeklärte« Bürger, Advokaten, Verwaltungsbeamte, Literaten. Die leidenschaftliche Reaktion des Dritten Standes richtete sich gegen die Beratungen der Notabelnversammlungen, gegen den königlichen Absolutismus und gegen die Parlamente, die nur ihre Privilegien verteidigen wollten. Über die notwendige Finanzreform hinaus wurde eine Veränderung der Verfassung des Königreiches gefordert. Dazu habe die »Nation«, zu welcher Klerus und Adel nicht zählten, ein Recht. »Eine vollständige Nation ist der Dritte Stand«, erklärte Abbé Sieyès in seinem im Jahre 1789 erschienenen Traktat »Was ist der Dritte Stand?«. Reformen könne man sich nur auf den Trümmern der Privilegien denken.

Die neue gemeinschaftsbildende Kraft war die Nation, die, wie vorher der Staat des fürstlichen Absolutismus im 17. und 18. Jahrhundert, alles in ihrem Interesse mediatisieren wollte; die Nation wurde zur alles beherrschenden Gruppenform, die Solidarität der Nation trat vor alle anderen Solidaritäten. Die Nation identifizierte sich mit dem Staat. Die Publizisten wollten die Monarchie nach englischen, amerikanischen und Schweizer Vorbildern reformieren, sie wollten vor allem die Souveränität der Nation an Stelle der Souveränität des Königs. Als »Pforte zu dem zu errichtenden Gebäude« sollte die Erklärung der Menschenrechte wie in den USA dienen. Die Nation erhob sich über alle Stände, es gab nur eine einzige und brüderliche Gesamtheit von Bürgern, eine einzige gesetzgebende Repräsentation der Nation auf der Grundlage von Rechtsgleichheit und Freiheit. So radikal und revolutionär diese Gedanken waren, sie setzten nicht von vornherein eine Beseitigung der Monarchie voraus. Für die Franzosen blieb die Monarchie noch immer von großem Gewicht. Die Reorganisation des Staates sollte nicht ohne den König geschehen; die in Übereinstimmung mit ihm durchgeführten Reformen sollten Frankreich mit einer neuen Energie erfüllen und ihm eine größere Machtstellung verschaffen. Auf den König waren die Hoffnungen gerichtet, und man glaubte, das Königtum und die Nation würden ein neues Frankreich schaffen und repräsentieren, nachdem der Adel und alle Privilegierten entrechtet seien.

In diesen Monaten organisierte sich der Dritte Stand als Partei der Reformer, als »partie nationale«. Geistliche und Adlige schlossen sich den Gruppen, Zirkeln und Clubs an, die früher verboten waren, jetzt aber in Paris und in der Provinz eine steigende Bedeutung für die Meinungsbildung gewannen. Von neuen Impulsen bewegt, regte sich, von der wirtschaftlichen Entwicklung und dem wachsenden Reichtum der französischen Bürger gefördert, der Gemeingeist. Diese neue Dynamik drängte über alte Ordnungen und Einhegungen des kommunalen Lebens hinaus. Gleichgesinnte schlossen sich zusammen, im öffentlichen Leben bildeten sich neue Fronten. Die königlichen Intendanten berichteten aus den Provinzen von der höchst beunruhigenden Gärung unter den Gruppen des Dritten Standes; ein Funke genüge zur Explosion. Auch die Vorbereitungen zur Versammlung der Generalstände bargen die Gefahr von Unruhen in sich. Noch bedrohlicher wurde die Situation durch Versorgungskrisen im Frühjahr 1789. Mit der Depression, von der hauptsächlich die Manufakturbetriebe in Nordfrankreich und in Lyon betroffen waren, breitete sich Arbeitslosigkeit aus, die fast die Hälfte aller Arbeiter brotlos machte. Sie wanderten vielfach nach Paris und trugen dazu bei, das Elend und die Unruhe in den Vorstädten zu vergrößern. Eine gewitterschwüle, gefahrdrohende Atmosphäre vor der Entladung. Hungerrevolten brachen aus, als der Brotpreis im Winter 1788/89 infolge der Mißernte des Sommers immer höher stieg. Die Truppen weigerten sich, gegen die Aufrührer einzuschreiten.

In diesen unheilschwangeren, sich der Anarchie zuneigenden Tagen fanden die Wahlen zu den Generalständen statt. Es zeigte sich, wie viele Unterschiede im königlichen Frankreich noch bestanden und wie unvorbereitet die Regierung der Versammlung der Generalstände entgegenging. Höchst aufschlußreich für die Übertragung der allgemeinen Ideen der Aufklärung in konkrete politische Forderungen sind die »cahiers de doleances«, die »Beschwerdehefte«, die nach altem Brauch bei der Ausschreibung der Wahlen zu den Generalständen in den einzelnen Wahlbezirken entstanden. Das waren keine Tatsachenberichte über die Zustände, sondern Meinungsäußerungen von repräsentativer Bedeutung. Besonders bemerkenswert waren die »cahiers« der Städte mit Parlamenten. Jedes »Heft« wurde beraten und genehmigt – »wie ein zuverlässiges Testament der alten französischen Gesellschaft« (Sagnac) –, Zeugnisse des französischen Geistes jener Zeit in seiner landschaftlichen Mannigfaltigkeit. Allen gemeinsam ist die Ablehnung des »ministeriellen Despotismus«, die Forderung in einer Verfassung »die Rechte der Nation« genauso festzulegen wie die Rechte der Menschen: Freiheit, Sicherheit, Rechtsgleichheit, Eigentum. Allen gemeinsam ist auch der »Royalismus«, ihr Ideal ist noch nicht eigentlich die rationale Konstruktion eines Verfassungsstaates auf dem Ruinenfeld der Vergangenheit; auch der Provinzial- und Gemeindegeist regte sich noch energisch; freilich die Rechte und Interessen der Gesamtnation wünschten die Abgeordneten »als Franzosen« zu behandeln. Die Nation sollte durch die Generalstände repräsentiert sein, und alle drei Stände waren sich einig, daß die verfassunggebende Gewalt bei dieser Versammlung liegen müsse. In der Verfassung sollten die Menschenrechte festgelegt werden: Pressefreiheit, Toleranz, gesetzliche Sicherheitsgarantie, Rechtsgleichheit, das hieß Abschaffung der Steuerprivilegien, Zulassung aller Franzosen zu allen öffentlichen Ämtern. Die Generalstände sollten periodisch in jedem dritten Jahr zusammentreten, daneben sollte es Provinzialversammlungen geben, eine Art Selbstverwaltung an Stelle der Intendanten, den Agenten der königlichen Zentralgewalt. Auf derselben Grundlage wurden Gemeindeversammlungen geplant. Im ganzen genommen wünschten die Franzosen in allen Ständen eine Liquidation der »monarchie classique«. An die Stelle der monarchischen Zentralisation sollte eine regionale Dezentralisation treten, wodurch der Sinn für die öffentlichen Angelegenheiten gesteigert werde. Die Erfahrungen in der Verwaltung der allgemeinen Interessen, die Kenntnisse der örtlichen Verhältnisse wären die Voraussetzungen für eine im einzelnen gegliedert und im ganzen organisiert lebende Nation, deren allgemeinste Gewalt die Gesetzgebung sei, während die ausführende Gewalt beim König bleibe. Die Gesetzgebung solle einer großen Nation würdig, das heißt vom Geiste der Aufklärung bestimmt sein. Im »cahier« des Dritten Standes von Paris wurde vorgeschlagen, daß jedes Jahr in den Kirchen, Gerichten, Schulen und Kasernen die »charte nationale«, die Verfassung, vorgelesen werden solle. Dieser Verfassungstag sollte in ganz Frankreich ein Festtag sein.

Unvermeidlich traten jetzt auch die alten Gegensätze zwischen den Geistlichen, dem Adel und dem Dritten Stand hervor. Die Reformvorschläge des Dritten Standes wurden vom Adel meist abgelehnt, und der Klerus erhob Einspruch gegen die zu proklamierenden Menschenrechte der Freiheit des Gewissens und der Pressefreiheit. Der Dritte Stand war sich mit dem Adel in der alten Forderung einig, kirchliche Besitzungen zu nationalisieren und die Klöster zu säkularisieren, wenn diese nicht karitative oder gelehrte Interessen verfolgten. Auffallend war auch, daß die Pfarrer radikalere Forderungen anmeldeten als die Bischöfe: sie gingen bis zur Abschaffung des Konkordats, bis zur Bischofswahl durch das Volk und durch die Geistlichkeit. Sie waren bereit, über eine Neuverteilung des kirchlichen Besitzes, ja eine Nationalisierung des Kirchengutes zu debattieren. Die radikalen Reformbestrebungen innerhalb des katholischen Klerus gingen sogar so weit, eine gegenüber Rom selbständige Kirche in der gallikanischen Tradition zu fordern. Ähnliche Verschiedenheiten finden sich auch innerhalb des Adels zwischen hohem Adel, Hofadel und dem wirtschaftlich vielfach bedrängten niederen Adel, dem wegen der Käuflichkeit der Offizierspatente die hohen Dienstgrade unerreichbar waren. Die Gleichheitsforderungen im Adel begegneten sich mit dem allgemeinen Ruf nach Gleichheit in der Nation. Um so bemerkenswerter ist, daß die Bürger in den »cahiers« die Beschwerden der Bauern dämpften. Das Interesse der aufgeklärten Bürger konzentrierte sich auf die großen politischen Reformen, die in der Verfassungsfrage ihren Schwerpunkt hatten und nicht in den Agrarfragen. Gegensätze zwischen reich und arm, Unabhängigen und Abhängigen, Kapitalisten und Zünften waren nicht unbekannt. Dennoch blieb das Wesentliche der Gegensatz zwischen den Privilegierten und dem Dritten Stand, der aus dem niederen Klerus und dem liberalen Adel schon damals Zuzug erhielt. Die nationale Integrationskraft des Dritten Standes wuchs zusehends, bis sich schließlich eine große Mehrheit der Vertreter der Generalstände in ihm zusammenfand, um Frankreichs innere Ordnung umzuschaffen.

Die Konstituierung des Dritten Standes zur Nationalversammlung

Trotz aller Erregung verliefen die Wahlen zu den Generalständen ruhig, so auch in Paris, wo nur etwa jeder zehnte Einwohner das Wahlrecht besaß. Gewählt wurden vom Klerus vor allem die Pfarrer; der Adel wählte oft die oppositionellen liberalen Standesgenossen, die aber doch in der Minderheit blieben; die Deputierten des Dritten Standes stammten meist aus dem Bildungs- und Besitzbürgertum: Vertreter von Handel und Gewerbe, Advokaten und Beamte, aber auch einige Geistliche und Adlige, unter denen Graf Mirabeau hervorragte; auch einige Bauern vertraten den Dritten Stand; nur wenige Bischöfe waren gewählt worden, unter ihnen Charles Maurice de Talleyrand-Périgord. Als Bischof von Autun begann dieser damals sein an Frontwechseln reiches politisches Leben, dessen ruhender Pol in allem Wandel sein unerschütterliches Selbstbewußtsein war, das in Verbindung mit seiner sicheren Witterung für atmosphärische Veränderungen den Rang seiner imponierenden Spielerleidenschaft charakterisiert. Der Aplomb, mit dem er aufzutreten pflegte, hat Mit- und Nachwelt immer wieder über seine wahre Bedeutung in der politischen Geschichte getäuscht. Tausendeinhundertfünfundsechzig Vertreter der Stände, ungefähr sechshundert für den Dritten Stand und etwa je dreihundert für Klerus und Adel, erschienen Anfang Mai zur Eröffnung der Ständeversammlung in Versailles. Daß die Regierung den Wandel der Zeiten nicht begriffen hatte, zeigte sich gleich in der unterschiedlichen Behandlung der Stände beim höfischen Zeremoniell. Während die Geistlichkeit in Audienz, der Adel mit großem Zeremoniell von Ludwig XVI. begrüßt wurden, defilierten die Vertreter des Dritten Standes nur schnell in schlichtem Schwarz, das seitdem zum Ehrenkleid der bürgerlichen Gesellschaft geworden ist, ohne Anrede an dem König vorbei. Eine große Prozession am 4. Mai ging der offiziellen Eröffnung am folgenden Tag voraus. Bei dieser Gelegenheit waren die Ständevertreter zum ersten Male im geschlossenen Zuge öffentlich zu sehen, erfuhren sie zum ersten Male auch Zurufe und Ablehnung der aus Paris nach Versailles geströmten Bevölkerung. Mit seiner ungewöhnlichen Figur, durch seinen Löwenkopf auffallend, häßlich und interessant, so verrufen wie bedeutend, schritt in der Gruppe des Dritten Standes, selbstsicher und überlegen, der Vertreter von Aix-en-Provence, Graf Honoré Gabriel de Mirabeau. Nachdem ihn der Adel der Provence als seinen Vertreter für die Generalstände zurückgewiesen hatte, war er vom Dritten Stand gewählt worden. Kaum einem der in Versailles versammelten Deputierten war die Bedeutung des Moments so bewußt wie dem damals vierzigjährigen Mirabeau, und – was noch mehr besagen will – kaum einer war entschlossener als er, seiner Einsicht entsprechend zu handeln. Er hatte die Revolution kommen sehen, er hielt sie für unausweichlich, und zugleich erkannte er die Größe der Gefahr für Frankreich und das Königtum. Die Revolution durfte nicht ohne Führung bleiben. Das war die große Chance für ihn selbst, für den persönlichen Ehrgeiz des ungewöhnlichen Mannes. Mit fast allen anderen war er der Überzeugung, daß die Revolution nicht gegen das Königtum, sondern mit und für dieses gewonnen werden müsse; aber bei ihm war diese Gesinnung durchdacht, grundsätzlich, nicht nur auf Loyalität beruhend, sondern festes Programm: die Monarchie als Sicherung vor der Anarchie. Er warnte vor denen, die glaubten, »daß dieses große Land ohne einen König bestehen könne«. Auch er bekämpfte den Absolutismus, die veraltete Gesellschaftsordnung. Die neue starke Monarchie, die er für notwendig hielt, sollte eine verfassungsmäßig begründete Monarchie sein, in der die höchste Gewalt im Staat zwischen dem König und der Repräsentation der Nation geteilt sein sollte. Aber er stand von vornherein isoliert in der Versammlung, bewundert und von Mißtrauen umgeben.

Die Eröffnungssitzung brachte die von Mirabeau erwartete große Überraschung. Der König hatte nach der Rede des Ministers Necker die Sitzung geschlossen und damit die Ratlosigkeit der Regierung demonstriert, die eine Diskussion der Meinungen über den Staatsnotstand nicht zuließ. Jacques Necker, der Mann des Unheils, versagte in dieser Stunde. Ein Staatsmann von Rang war er nicht; einen solchen verstand die Regierung weder zu gewinnen noch zu halten. Es war schon ungewöhnlich und erstaunlich, daß dieser aus Genf stammende protestantische Bankier zweimal seit 1777 mit der Finanzverwaltung beauftragt worden war. Durch Spekulationen reich geworden, eitel, ehrgeizig, aber ohne Erfahrungen in der Staatsverwaltung, hatte er durch eine gewagte Anleihenpolitik den Kredit der Krone schwer belastet, sein Ansehen jedoch nicht ernstlich gefährdet. Er bewunderte die englische Verfassung, empfahl Reformen, er hatte die Verdoppelung der Vertreter des Dritten Standes durchgesetzt, er suchte die Verbindung der Krone mit dem Dritten Stand – aber ohne Mut zur Konsequenz seiner Vorschläge: ein schwacher Mann. Nichts konnte in diesem Moment unpassender sein als Entschlußlosigkeit. Das Air des Bedeutenden, das er sich zu geben verstand, zerrann, als es offensichtlich wurde, daß er als Sprecher der Regierung der politischen Aufgabe, die ihm oblag, nicht gewachsen war. Der Minister hatte sich darauf beschränkt, die finanzielle Notlage der Krone als Begründung für die Einberufung der Ständeversammlung zu nennen und an die Hilfe der Stände zu appellieren. Über die Schilderung der finanziellen Schwierigkeiten hinaus kein Wort über die allgemeine Lage, kein Vorschlag zur Lösung der Not. Die Regierung war vor die Stände ohne eigenes Programm getreten; der Eindruck konnte nicht deprimierender sein. Die Forderungen der öffentlichen Meinung, wie sie in den »cahiers« der Stände formuliert worden waren, insbesondere die Verfassungsfrage, waren völlig unbeachtet geblieben. Unwissenheit über die wirklichen Verhältnisse trat genauso erschreckend in Erscheinung wie die Verständnislosigkeit für die Gedanken und Meinungen im Land. Sechs kostbare Wochen vergingen, bis auch nur die Vollmachten der Deputierten geprüft worden waren und die Beratungen beginnen konnten. Aber auch dann blieb noch deren Modus unbestimmt: ob die Stände getrennt oder vereint beraten und abstimmen sollten. Diese Unklarheit wurde der Anlaß zur Revolution des Dritten Standes. Einer der großen Tage der Revolution war der 17. Juni 1789, als der Abbé Sieyès, um die ergebnislosen Verhandlungen zu beenden, in der Versammlung des Dritten Standes beantragte, endlich die von ihm in seinem Traktat »Qu'est-ce que le tiers état?« bereits formulierten Konsequenzen zu ziehen und den Dritten Stand, zusammen mit seinen Parteigängern aus den beiden anderen Ständen, ausschließlich und allein zum Repräsentanten der Nation zu erklären. Darauf konstituierte sich die Versammlung im Bewußtsein der Größe der Entscheidung zur »Assemblée nationale«, zur Nationalversammlung. »Haben etwa die Vereinigten Staaten die Sanktion des englischen Königs abgewartet?« Diese Frage ist für das

Der Schwur im Ballhaus zu Versailles am 20. Juni 1789. Kolorierte Zeichnung von Jacques Louis David. Paris, Louvre

Erstürmung der Bastille am 14. Juli 1789. Zeichnung von Jean Pierre Houel. Paris, Musée Carnavalet

Pathos der Versammlung genauso charakteristisch wie für die Verkennung der wirklichen Verhältnisse diesseits und jenseits des Ozeans. Mirabeau gehörte zu denen, die sofort gegen das Selbstbestimmungsrecht der Versammlung Einspruch erhoben und gegen diesen Entschluß stimmten; er machte darauf aufmerksam, daß die Versammlung im Begriff sei, über den König hinwegzugehen und einen offenen Konflikt zwischen Krone und Versammlung zu wagen, wenn der König nachträglich nicht zustimmen sollte; er fürchtete den Bürgerkrieg. Er kämpfte für den Vorbehalt der Zustimmung des Königs, für sein Programm der konstitutionellen Monarchie, gegen den Zwang zur Kapitulation des Königs vor der Nationalversammlung. Die Versammlung hat sich durch Mirabeau jedoch nicht aufhalten lassen, auf den ersten folgte der nächste Schritt: man erklärte die bestehenden Steuern für ungesetzlich, da sie nicht von der Nation bewilligt, sondern lediglich einstweilige Verfügungen bis zu ihrer Neuregelung durch die Nationalversammlung seien. Die Wirkungen dieses Tages waren überwältigend; während Klerus und Adel heftig über eine Vereinigung mit der Nationalversammlung stritten, raffte sich die hart angegriffene Regierung auch jetzt nicht zu Gegenmaßnahmen auf, indem sie etwa die Beschlüsse des Dritten Standes für unrechtmäßig erklärte. Als die Mitglieder der Nationalversammlung am Morgen des 20. Juni ihren Sitzungssaal verschlossen fanden, entstand sofort der verhängnisvolle Verdacht, die Regierung habe sich gegen die Konstituierung der Nationalversammlung entschieden. In großer Erregung zog man in den benachbarten Ballsaal des Schlosses und vereinigte sich dort zu der berühmt gewordenen, durch Davids Meisterhand dargestellten und in unzähligen Stichen verbreiteten Szene: man schwor, sich nicht zu trennen, sich überall zu versammeln, nicht zu ruhen, bis eine Verfassung für das neue Frankreich geschaffen sei. Nicht nur Frankreich, Europa horchte bei diesem Schwur auf. »Die Deputierten des Dritten Standes waren von diesem Augenblick an gegen die königliche Macht zusammengeschlossen«, meinte später ein Augenzeuge. Im Gegensatz zu dieser Entschlossenheit beriet die Regierung ergebnislos über ihre Stellungnahme. In der durch die Unsicherheit des Königs gesteigerten Unruhe vereinigten sich die Mehrheit der Geistlichen und ein Teil des Adels mit den Deputierten des Dritten Standes. Dieser Front trat der König endlich am 23. Juni in einer gemeinsamen Sitzung der drei Stände gegenüber. Eisiges Schweigen des Dritten Standes empfing ihn. Er erklärte mit dürren Worten, daß er die Konstituierung des Dritten Standes als Nationalversammlung als ungesetzlich verwerfe; sein Programm war nun bereits ausgesprochen reaktionär: Erhaltung der ständischen Gliederung, nur die in dieser Ordnung gewählten und mit königlicher Zustimmung beratenden Deputierten der Stände seien die rechtmäßigen Vertreter der Nation, die gesetzgebende Gewalt sei ausschließlich königliches Vorrecht. Immerhin, der König räumte den Ständen doch das Recht ein, zur Steuergesetzgebung ihre Zustimmung zu geben; diese sollte nur im Intervall der Versammlung der Generalstände gültig sein (ohne deren Turnus festzulegen). Schließlich stellte der König eine Steuerreform in Aussicht, mit der die Beseitigung der Steuerfreiheiten verbunden werden sollte. Dieses Zugeständnis kam jedoch zu spät; es war durch die Ereignisse längst überholt, angesichts der revolutionären Entwicklung schon ein Anachronismus. Der König übersah oder negierte die allein zur Debatte stehende Alternative: Anerkennung der Nationalversammlung oder Machtkampf der Krone mit ihr.

Er forderte allerdings die Entscheidung heraus, indem er am Ende der Sitzung den Befehl gab, nach Ständen getrennt weiterzuberaten. Die Antwort war eine Demonstration des Dritten Standes. Als der König mit den Vertretern des Ersten und Zweiten Standes den Saal verließ, blieben die Deputierten des Dritten Standes und viele einfache Geistliche schweigend sitzen. Die Aufforderung, den Saal zu verlassen, beantwortete der Präsident der Nationalversammlung, der Astronom Bailly, indem er den Zeremonienmeister kurz abfertigte: er glaube nicht, daß man der versammelten Nation Befehle erteilen könne. In der Erregung des Augenblicks, vielleicht auch mit kalter Berechnung, rief Mirabeau den königlichen Hofbeamten zu: »Nur unter der Gewalt der Bajonette werden wir unsere Plätze räumen.« Von Sieyès sind die besonnenen Worte, die das Entscheidende der unerhörten Situation resümieren, überliefert: »Meine Herren, Sie sind heute, was Sie gestern waren; setzen wir unsere Beratungen fort.« Vor dieser Beleidigung schrak der König zurück. Er lehnte es ab, Gewalt anzuwenden. Damit war der Widerstand der Regierung und der ersten beiden Stände gebrochen, die bürgerliche Revolution hatte gesiegt. Weitere Geistliche und Adlige schlossen sich jetzt freiwillig der Nationalversammlung an; der Rest folgte auf ausdrücklichen Befehl des Königs am 27. Juni. Diese Selbstauflösung der königlichen Autorität kommentierte Mirabeau mit der Bemerkung, daß man auf diese Weise die Könige zum Schafott führe. Von nun an repräsentierte die Nationalversammlung die gesamte Nation gegenüber dem König. Kundgebungen aus den Provinzen zeigten, wie groß das Vertrauen breiter Kreise in die Nationalversammlung war. Ihr erklärtes Ziel war eine Reorganisation Frankreichs in Zusammenarbeit mit der Krone; ihr Royalismus war noch ungebrochen. Dieser Gesinnung und diesem Plan ist Ludwig XVI. nicht entgegengekommen. Mit einer unberührbaren und seine einsichtigen Minister zur Verzweiflung treibenden Gleichgültigkeit ging der König in diesen Tagen zur Jagd, während über sein und der französischen Krone Schicksal entschieden wurde. »Die Ereignisse scheinen ihn überhaupt nicht zu berühren«, meinte der Minister Montmorin, »wenn man mit diesem trägen Menschen über politische Fragen spricht, könnte man meinen, es handele sich um Dinge, die den Kaiser von China angehen.«

Bastillesturm und neue Verfassung

Mit der indirekten königlichen Genehmigung vom 27. Juni konnte die Nationalversammlung nun endlich versuchen, an ihre Arbeit zu gehen. Am 7. Juli bildete sie einen Verfassungsausschuß, der in umfassender Weise, weit über den ursprünglichen Anlaß der Beratung der Finanzreform hinaus, die Neuordnung der politischen Verhältnisse des Königreiches vorbereiten sollte. Die Nationalversammlung selbst wurde seitdem »Assemblée nationale constituante«, Verfassunggebende Nationalversammlung, genannt. Alles war noch so labil, daß die Nationalversammlung, in der ja nun alle drei Stände aufgegangen waren, die Stände im Lande draußen nicht aufhob und sich auch hütete, Wahlen zu einer neuen Versammlung herauszufordern. Die Opposition der Mehrzahl der Adligen sprach es offen aus, daß sie die jüngst gefallenen Entscheidungen nicht für endgültig halte, ja, der Verdacht regte sich, daß der König einen Staatsstreich vorbereitete, als zuverlässige Truppen in der Umgebung von Paris und Versailles zusammengezogen wurden. Allerdings kam es Ende Juni infolge von Gehorsamsverweigerungen der Leibregimenter zu Unruhen in Paris. Am 11. Juli wurde Necker, als Repräsentant der bisherigen Regierungspolitik, entlassen und aus Frankreich verbannt. Mit den Geschäften wurden statt seiner Reaktionäre beauftragt. Schon erwartete man, der König werde die Vertreter des Dritten Standes zu Rebellen erklären. Der Schlag blieb jedoch aus. Hinter den Intrigen am Hofe stand kein durchdachter Plan.

Diese drückende Unsicherheit machte sich die radikale Agitation zunutze, um die Pariser Bevölkerung aufzuwiegeln: eine »Bartholomäusnacht der Patrioten« stehe bevor. Eine revolutionäre Kommune löste in Paris die bisherige Stadtverwaltung ab; dunkle, asoziale Elemente mischten sich unter die aufständischen Arbeiter, Studenten, Kaufleute und Handwerker, es kam zu Plünderungen; Truppen wurden herangezogen; zum Schutz der Bevölkerung wurde eine Nationalgarde gebildet. Das Stadium des Vortastens, das der Willenslähmung bei den angegriffenen Machthabern vorauszugehen pflegt, hatte begonnen. Am 14. Juli drang ein Haufen lärmender Menschen, ohne Widerstand zu finden, in das Heereszeugamt ein und bewaffnete sich dort. Sie hatten wohl kaum schon die Absicht, die Bastille, ein altes, nur mit sieben Strafgefangenen besetztes Gefängnis mit spärlicher, aus Invaliden und Söldnern zusammengestellter Bewachung, mitten in der Stadt zu erobern. Da rief einer, man solle nach der Bastille ziehen, vielleicht, wie später vermutet wurde, um die bewaffneten Aufrührer von anderen Zielen abzulenken. Es war, militärisch gesehen, ein aussichtsloses Unternehmen, nur mit Gewehren bewaffnet gegen dicke Mauern zu schießen. Daß die Festung überrumpelt, der Kommandant und ein Teil der Besatzung trotz der Zusicherung freien Abzuges ermordet wurden, ist darauf zurückzuführen, daß die Belagerer wie die Belagerten wußten, die königlichen Truppen würden der Besatzung nicht helfen; diese besaß überdies nur für einen Tag Verpflegung. Am 15. Juli erschien der König persönlich in der Nationalversammlung, um ihr mitzuteilen, daß er die Truppen aus Paris zurückgezogen habe. Er wolle gemeinsam mit der Versammlung über die Wiederherstellung von Ruhe und Ordnung beraten. Am 17. Juli machte er sich sogar auf Anraten der Versammlung auf den Weg nach Paris, um durch seinen Besuch beruhigend zu wirken. Der ihm zujubelnden Menge zeigte er sich vom Balkon des Rathauses mit der neuen blauweißroten Kokarde an seinem Hut.

Damit waren alle verworrenen und kaum durchdachten Pläne eines Staatsstreiches der Konterrevolutionäre zusammengebrochen. Sie verließen als erste Welle der Emigration Frankreich, unter ihnen der Graf von Artois, einer der Brüder des Königs. Sie warfen dem König vor, daß seine Unentschlossenheit und Schwäche ihre Politik habe scheitern lassen. Die bisherigen revolutionären Vorgänge hatten tatsächlich zum Verzicht auf die sakrale Würde des Königtums geführt; die Nation war als Grundlage des neuen Staates anerkannt.

Die Pariser Ereignisse wirkten nun auch in das ganze Land hinaus. Die »grande peur«, die große Furcht, schreckenerregender Höhepunkt einer seit dem Herbst 1788 sich steigernden Psychose, ergriff in den nächsten Tagen und Wochen Frankreich.

Das Bestehende löste sich auf, eine jahrhundertealte Ordnung zerbrach; die wirtschaftliche Krise und die sozialen Spannungen mit Teuerung und herumziehendem Proletariat erhöhten die öffentliche Unsicherheit. Im Sommer 1789 brach die bisherige zentralisierte staatliche Verwaltung vollends zusammen. In der Provinz waren Selbstschutz und Selbsthilfe das Gebot der Stunde. Unter der Leitung des Großbürgertums wurden aus eigener Initiative in den Städten »Räte« improvisiert, die an die Stelle der bisherigen Behördenorganisation traten. Nur zögernd wurden auch die Kleinbürger hinzugezogen, die Arbeiter blieben überhaupt ausgeschlossen, auch aus der Bürger- oder Nationalgarde. Nachrichten über die turbulenten Vorgänge in Paris, Gerüchte über die Bedrohung vom Ausland in Verbindung mit der beginnenden Emigration bewirkten in der Provinz, auch in den größeren Städten, Unruhen und Plünderungen. Lawinenartig verbreiteten sich die Gerüchte über das Raubunwesen und erzeugten eine Panikwelle, die, in den einzelnen Landschaften gewiß stark verschieden, über das Land hinwegrollte. Die lange unbefriedigten; und auf gestauten Beschwerden der kleinen Leute, des »armen Mannes«, wurden laute zuweilen wurde im Namen des »bon Roi«, des »guten Königs«, die Abschaffung der Herrenrechte gefordert. Schlösser wurden zerstört, Archive sinnlos vernichtet. Aus der politischen Erhebung wurde eine soziale Revolution. Die Funktionen der öffentlichen Verwaltung wurden immer mehr gefährdet, Steuerstreiks brachen aus, denen die autonomen Kommunen durch gemeinsamen Selbstschutz zu begegnen suchten. In dieser Not erhielt die föderative Tradition des vorabsolutistischen Frankreich neues Leben.

Erschrocken über diese Entwicklung, beschloß die Nationalversammlung eine Untersuchung der Tatbestände. Anfang August erhielt sie einen ungeschminkten Bericht: »Die Steuern, die Feudalabgaben, alles ist dahin; die Gesetze werden nicht befolgt, die Stadtverwaltungen sind ohne Autorität, das Recht ist nur noch ein Phantom; man sucht es vergeblich in den Gerichtshöfen.« Es begann eine heftige Debatte über eine scharfe Erklärung an die Provinzen. Die Nationalversammlung wollte ihre zentrale Ordnungsaufgabe, ihre Verantwortung nicht aus der Hand geben, während sie mit dem Verfassungswerk für den Gesamtstaat beschäftigt war. Neue Beratungen wurden für den Abend des 4. August angesetzt, der zu einem der großen Augenblicke der Revolutionsgeschichte werden sollte. In dieser Sitzung erhob sich der für seine liberalen Ansichten bekannte Graf von Noailles zu einer aufsehenerregenden Rede: das Interesse der Kommunen sei nicht so sehr auf eine Verfassung gerichtet, sondern ganz unmittelbar auf die indirekten Steuern, die feudalen Privilegien und deren Beseitigung. Um hier zu reformieren und die Ordnung wiederherzustellen, sei eine sofortige Steuerreform nötig, die alle Bürger gleichmäßig erfasse und die Steuerleistung im Verhältnis zum Einkommen des Einzelnen differenziere. Die öffentlichen Lasten müßten von allen gleichmäßig getragen werden. Feudalrechte seien durch Geldleistungen abzulösen, die Frondienste der Bauern aufzuheben. Diese sensationellen Vorschläge waren in einem der aktivsten Klubs, dem Bretonischen, später auch Jakobinerklub genannt, vorbereitet worden. Die Liquidation der Feudalrechte und der Privilegien schien nach allen Erfahrungen unausweichlich; deshalb versuchte man, sie auf dem Rechtswege, nicht auf dem Weg der Zerstörung durchzuführen und einen Kompromiß anzustreben. Im Laufe der leidenschaftlich bewegten Beratungen ließen sich immer mehr

Deputierte von der nüchternen Einsicht überzeugen, daß unrettbar Verlorenes nicht wiederzugewinnen sei und daß man über vollendete Tatsachen hinaus weiter fortschreiten müsse. Schließlich verzichteten die Privilegierten freiwillig auf ihre Vorrechte als ein Opfer auf dem Altar des neuen Frankreich. Das riß die Versammlung zur Begeisterung hin. Man feierte zum Schluß den König in einer spontanen Anwandlung als »restaurateur de la liberté française«, als Wiederhersteller der französischen Freiheit. Eine denkwürdige Nacht der klugen Überlegungen, der großen Gedanken und Gesinnungen, aber auch des Überschwangs, der sich über die Fülle der Schwierigkeiten hinwegsetzte! Das alte Frankreich schien hinweggefegt, alle Gliederungen und Stufungen, in denen man bisher gelebt hatte, waren nivelliert, und die Einheit der Nation in der Gleichheit des Rechtes aller Franzosen war geschaffen. Nicht die Standeszugehörigkeit, sondern Franzose zu sein, gab dem Einzelnen seine Bedeutung in der menschlichen Gesellschaft: »Welch eine Nation! Welch ein Ruhm, welch eine Ehre, Franzose zu sein!« – in dem neuen Frankreich, in dem es nur noch Bürger gleichen Rechtes gibt. Es ist ein Epochenereignis nicht allein der französischen, sondern der Menschheitsgeschichte, doch zugleich auch Ursprung eines neuen französischen Sendungsbewußtseins. Am Morgen des 4. August hatte die Nationalversammlung nicht zufällig beschlossen, die Erklärung der Menschenrechte an die Spitze der neuen Verfassung zu stellen. Aber wie würde sich der König zu dieser Wendung der Dinge stellen? Diese Frage begleitet alle Ereignisse, wie ein roter Faden zieht sie sich durch jene Jahre. Aber der Faden wurde im Geflecht des Geschehens immer farbloser und verlor sich schließlich. Er endete nicht wie in der Geschichte der englischen Revolution mit der Hinrichtung Karls I. abrupt in voller Farbenkraft.

Die Gelegenheit zum Kompromiß nahm Ludwig XVI. nicht wahr. Die Verzichterklärung des Adels lehnte er strikt ab, er werde niemals eine Beraubung seines Klerus und Adels zulassen, Gesetzen dieser Art werde er seine Sanktion nicht geben. Die Begeisterung, die sich aller Stände bemächtigt hatte, berührte seine Seele nicht. Die Nationalversammlung entschied daraufhin, zumal sich auch im Klerus und Adel Widerspruch zu erheben begann, daß das Prinzip der Beschlüsse nicht mehr angetastet werden dürfe; in den folgenden Tagen gab sie ihnen nach langen Debatten Gesetzeskraft. Der preußische Gesandte in Paris, Graf von der Goltz, faßte die Problematik dieser Tage in der Bemerkung zusammen, daß Ludwig XVI. sich jetzt zwischen dem Adel und dem Dritten Stand entscheiden müsse. »Da es sich in erster Linie um Finanzen und Kredit handelt«, setzte er hinzu, »würde ich den Dritten Stand vorziehen« – im entgegengesetzten Fall wäre bei der allgemeinen Aufregung, dem Geldmangel und der Hungersnot eine unermeßliche Anarchie vorauszusehen.

Der König aber dachte nur starr an die Erhaltung der alten Ordnung und verstand es nicht, die Entwicklung für sich auszunutzen. Die Revolution zusammen mit dem Bürgertum zu gewinnen, ihr immer einen Schritt voraus zu sein, setzte seltene Fähigkeiten großer Staatsmänner voraus. Vielmehr verschärfte sich das Verhältnis zwischen der Nationalversammlung und dem König, ein Ausgleich schien nur noch unter ganz neuen Voraussetzungen möglich zu sein. Aber die Nationalversammlung schränkte zur Sicherung der revolutionären Errungenschaften den Einfluß des Königtums als exekutiver Gewalt zugunsten der legislativen Gewalt der Nationalversammlung soweit wie möglich ein. Seit den Ereignissen der Julitage mußte sie andererseits aber auch mit dem Terror der Tribünen rechnen, mit der radikalen Propaganda, die vom Herzog von Orléans im Palais Royal unterstützt wurde.

Der nächste Schritt der Nationalversammlung war die »Erklärung der Menschen- und Bürgerrechte« am 26. August 1789. Die Aufhebung der Privilegien und diese Proklamation standen in einem inneren Zusammenhang, denn die »Menschen- und Bürgerrechte« konstituierten die neuen Prinzipien nach der Aufhebung der alten Sozialordnung. Schon in den »cahiers« gefordert, in vielen Entwürfen im Umlauf, lag ihre verfassungsrechtliche Begründung in der Sicherung der gleichen Rechte gegen den Despotismus, eine »Art der Selbstverteidigung« der Revolution gegen die Konterrevolution, aber doch vor allem der »höchste Ausdruck eines politischen Glaubensbekenntnisses, zu dem eine ganze Generation herangereift war« (Göhring). Ihr vielerörterter Ursprung lag in der »Aufklärung«. Das Bedeutsame dieser zuerst im Freiheitskampf der nordamerikanischen Kolonie formulierten Grundsätze war die Begründung nicht mehr aus dem alten Recht, dem Herkommen, sondern aus den allgemeinen Sätzen des Naturrechtes. Die amerikanische Erklärung war in französischer Sprache neu zu formulieren. Der erste Entwurf La Fayettes wurde von Thomas Jefferson, dem damaligen amerikanischen Gesandten in Frankreich, durchgesehen. Gleichzeitig lagen mehr als fünfzig umfangreiche, mehr oder weniger durchdachte Entwürfe zur Diskussion vor. Die Erklärung war freilich keine bloße Übersetzung. »Man sage uns nicht, daß unsere Erklärung ähnlich sein müsse. Die Umstände sind nicht dieselben. Wir haben mit den Amerikanern nur den Wunsch gemeinsam, uns zu regenerieren.« Die französische Deklaration war auch von einem anderen Geist erfüllt als die amerikanische: sie lebte aus dem Geist der Revolution gegen das Ancien régime, sie war deshalb auch polemischer, aggressiver, schärfer, kurz: spezifisch revolutionär und spezifisch liberal. Freiheit vom Staat, Festlegung einer »ausgegrenzten Sicherungssphäre« für die freien und an Rechten gleichen Menschen standen in ihrem Mittelpunkt. Staatszweck war deshalb auch Sicherung und Erhaltung (conservation) der »natürlichen Rechte«: Freiheit, Eigentum, Sicherheit, Widerstand gegen Unterdrückung. Charakteristisch war schließlich für den Geist der Erklärung die typische liberale Staatsfremdheit, ein letztes Unbeteiligtsein am Staat (Smend). Frei-sein heißt, alles tun zu können, was dem anderen nicht schadet. Grenze des Rechts auf Freiheit ist das Recht des anderen; diese Grenzen werden durch das Gesetz bestimmt, an dessen Bildung alle mitzuwirken haben. In dem Anspruch auf die Allgemeingültigkeit dieser Erklärung meldete sich ein Sendungsbewußtsein an, das vom Pathos der Losung »Freiheit, Gleichheit, Brüderlichkeit« getragen wurde. Die Prinzipien von 1789 haben ungeahnte Kräfte freigesetzt und wandelten die Gesellschaft in höchst wirksamer Weise; ohne diese Befreiung wären die ungeheuren technischen, wirtschaftlichen und sozialen Umwälzungen des 19. Jahrhunderts meist unmöglich gewesen. Aber sie gefährdeten auch das Individuum, indem sie es dem Druck des Staates isoliert überließen. Eben dieses war eine der Voraussetzungen für die spätere terroristische Phase der Revolution, in der die Spannung zwischen Freiheit und Gleichheit zugunsten der Gleichheit aufgehoben wurde.

Mirabeaus Rettungsversuch

Daß die Deklaration der Menschen- und Bürgerrechte ein Wagnis sei, hat Mirabeau sogleich in die Debatte geworfen. Nüchtern und einsichtsvoll hielt er es für eine Gefahr, abstrakte, aus der Theorie entwickelte, vom geschichtlichen Herkommen unabhängige Rechte aufzustellen. »Wir haben eine längst bestehende Regierungsform, ein altes Königtum, tiefverwurzelte Vorurteile. Man muß diese Dinge durch die Revolution so gut wie möglich korrigieren, aber nicht überstürzt.« Sein realpolitischer Sinn forderte, daß die Versammlung vordringlich eine gute Verfassung zu machen habe, die dann durch eine Erklärung der diskutierten Rechte gekrönt werden könne. Aber mit diesen Argumenten drang er nicht durch. Daß statt dessen die weltfremde Utopie vom freien Menschen siegte, war bezeichnend für die unbegrenzten Hoffnungen auf die Wirkungen der revolutionären Prinzipien: je mehr die Menschen sich ihrer Rechte bewußt seien, desto mehr werden sie auch das Gesetz und das Vaterland lieben. Deshalb wurde absichtlich auf eine Ergänzung der Erklärung der Menschen- und Bürgerrechte durch eine entsprechende Deklaration der Pflichten verzichtet, wie sie von geistlicher Seite gewünscht worden war. Wer wisse, daß er Bürger sei, kenne auch seine Verpflichtung gegen die Allgemeinheit; der Glaube an die Besserungsfähigkeit des Menschen und seiner Institutionen war nicht nur in der Präambel ausgesprochen worden, er durchdrang auch die ganze Deklaration. Tief enttäuschend war es deshalb für manchen Deputierten, daß unter die Menschen- und Bürgerrechte die Freiheit des religiösen Kultus keine Aufnahme fand. Erst nach heftigen Debatten gelang es gegen den Einspruch des Klerus, der auf die Unvereinbarkeit der Freiheit des religiösen Bekenntnisses mit der öffentlichen Ruhe und Ordnung hingewiesen hatte, wenigstens die Glaubensfreiheit, nicht die Kultfreiheit in den Artikel 10 der »Erklärung« als Menschen- und Bürgerrecht aufzunehmen.

Zunächst war ganz unklar, wie die Erklärung in den chaotischen Zuständen des Herbstes 1789 »aus der weiten Region der Abstraktionen der geistigen Welt« entlassen, in der Realität der politischen Aufgaben ihren Weg finden würde. Man stand sogleich vor der Tatsache, daß der König weder die Augustgesetze noch die Erklärungen der Menschen- und Bürgerrechte zu genehmigen bereit war. Die Konsolidierung der neuen politischen Gewalten war aber so weit gediehen, daß die königliche Weigerung die Nationalversammlung in ihrer Arbeit nicht irre machen konnte. Sie antwortete mit der Erklärung, daß die verfassunggebende Gewalt souverän sei, die Verfassung sei »früher als die Monarchie«, sie bedürfe gar nicht der Zustimmung des Königs. Dessen Stellung war innerhalb der Verfassung durch diese Erfahrungen präjudiziert: die Verfassung sollte keineswegs als Vertrag zwischen zwei Partnern verstanden werden; vielmehr war die Stellung des Königs auf Grund der Mediatisierung des Königtums durch die souveräne Nation und deren Verfassung lediglich eine Kompetenzfrage. Die Beratungen über das Recht des absoluten Vetos der Krone in der Gesetzgebung wie über die Bildung eines Oberhauses drehten sich um den Versuch, die Stellung des Königs verfassungsmäßig so stark wie möglich zu machen und die Omnipotenz des Parlamentes durch ein Gleichgewichtssystem der politischen Gewalten einzuschränken. Die Nationalversammlung entschied sich für das suspensive Veto des Königs mit der vagen Konzession, daß dem König die Gesetze »zur Annahme« vorgelegt werden sollten; unklar blieb, ob mit oder ohne königliche Zustimmung.

Als Reaktion auf die Beschlüsse der Nationalversammlung wurden zuverlässige Truppen nach Versailles verlegt. Die Lage verschärfte sich Anfang Oktober aber nicht nur in Versailles, sondern auch in Paris. Dunkle Verbindungen liefen zwischen den »Patrioten« in Versailles und den Revolutionären in Paris, wo die wirtschaftliche Notlage die politischen Spannungen förderte. Arbeitslosigkeit, Teuerung, Brotknappheit, all das ist wahrscheinlich ausgenutzt worden zu dem wilden Zug der Frauen aus den Pariser Markthallen und der Arbeitervorstadt Saint Antoine am 5. Oktober nach Versailles, dem später die Nationalgarde mit La Fayette an der Spitze folgte. Unter dem Druck der Straße sollte der König nach Paris gebracht werden. Gerade von der Jagd zurückkehrend, war Ludwig bereit, eine Abordnung der Frauen zu empfangen. Er versprach ihnen wohlwollend eine bessere Versorgung von Paris. Im Durcheinander der durch solche Demonstrationen noch undurchsichtiger werdenden Nacht forderten die Kommissare der Kommune von Paris, daß der König nach Paris übersiedeln müsse. Bei Beginn des neuen Tages drangen die Demonstranten sogar in den von königlichen Garden geschützten Schloßhof ein. Daß es zu Schlägereien kam, daß es Tote und Verwundete gab, lag an der Atmosphäre solcher Situationen. Die Königin sah sich durch die in das Schloß eindringenden Aufrührer bedroht, bis die Nationalgarden das Schloß von den Eindringlingen säuberten und La Fayette sich unter dem Rufen der Menge »Nach Paris!« auf dem Balkon des Schlosses mit der königlichen Familie zeigte. Ludwig XVI. hat auch hier aus Sorge vor den Konsequenzen durchgreifender Maßnahmen nachgegeben. Die Nationalversammlung beschloß, dem König nach Paris zu folgen. So ist es zu dem makabren Zug am Nachmittag des 6. Oktober 1789 gekommen, in dem der König mit seiner Familie, gefolgt von einem Teil der Deputierten und von Truppen und Demonstranten, von Versailles nach Paris fuhr und in den verödeten Tuilerien Wohnung nahm.

Unter dem Eindruck dieser Ereignisse schritt die Spaltung der Nation schnell fort. Die demokratische Bewegung wuchs, und die Konterrevolution bereitete den Gegenschlag vor. Die Nationalversammlung aber hatte sich in allen diesen Ereignissen nicht nur behauptet, sie war allmächtig geworden, freilich unter der Voraussetzung, daß sie die Übereinstimmung mit der öffentlichen Meinung nicht verlor; das war die nicht zu tilgende Hypothek der Entwicklung. Andererseits zeigt der Gedanke, den König zugunsten einer Regentschaft für seinen Sohn zur Abdankung zu zwingen, wie tief das persönliche Ansehen Ludwigs XVI. gesunken war.

Die schwierigen und mühseligen Verhandlungen der nun in Paris ihre Arbeit fortsetzenden Nationalversammlung fanden im Zeichen stärkerer Gruppierung und Profilierung der Menschen und Meinungen statt. In Paris hatte die Versammlung einen breiten gesellschaftlichen Hintergrund; neue Zeitungen, die hier ihre Leser schnell fanden, beeinflußten die öffentliche Meinung. Sehr wichtig wurde, daß sich jetzt über das ganze Land hin Filialen der Pariser Klubs bildeten; ein Netz von Ortsgruppen der Pariser Zentrale der »société des amis de la constitution«, die im Jakobiner-Kloster ihren Sitz hatte, war im Entstehen. Angesichts der sich auflösenden staatlichen Behördenorganisation bildete sich

Die Verfassung von 1791
Allegorischer Farbstich. Paris, Bibliothèque Nationale
Collection De Vinck

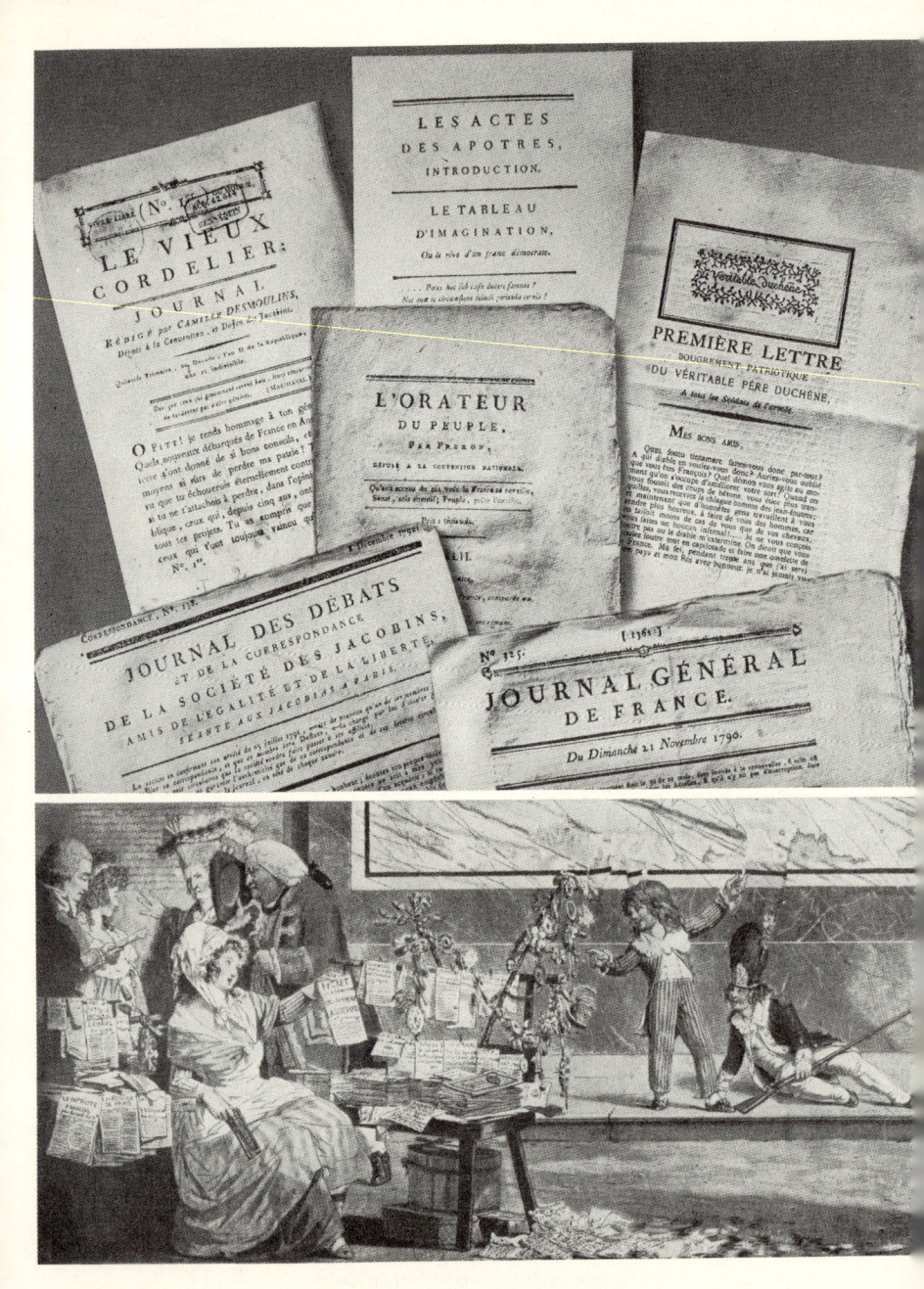

Titelseiten französischer Revolutionszeitschriften
Zeitungsverkäuferin in Paris. Aus einem Farbstich von Louis Philibert Debucourt, 1791
Paris, Bibliothèque Nationale

hier eine zentral geleitete Partei mit einem noch unübersehbaren Potential politischer Aktionsfähigkeit. Daneben und teilweise im Widerspruch zu dieser zentralistischen Organisation waren landauf, landab Föderationen der Kommunen entstanden, die am 14. Juli 1790, dem Jahrestag des Bastillesturms, mit der ebenso feierlichen wie bedeutungsvollen Demonstration der Einheit der französischen Nation im Föderationsfest auf dem Marsfeld in Paris den Höhepunkt ihrer Bewegung erlebten. Am Altar des Vaterlandes zelebrierte Talleyrand als Bischof von Autun die Messe, und die Versammlung der von den Nationalgarden ernannten Vertreter legte einen Treueid auf die Nation, die Verfassung und den König ab.

Die Begeisterung dieses Tages konnte jedoch nicht über die fortschreitende innere Auflösung hinwegtäuschen. Unausgesetzt flammten hier und dort Unruhen auf, Schwierigkeiten in der Getreideversorgung entstanden trotz der ausgezeichneten Ernte des Sommers 1790. Das ganze Jahr hindurch gab es in Frankreich Aufstände. Der Adel, der sich bedrohter als je fühlte, verstärkte seinen Widerstand: die sozialen Gegensätze vertieften sich allenthalben; eine Politik des Kompromisses schien illusorisch zu werden. Zu diesen inneren Nöten kam nun die Bedrohung durch eine Intervention der europäischen Mächte, hinter der die Aktivität der Emigranten stand. Im Süden des Landes wurde ein vom Ausland unterstützter Bürgerkrieg geplant; es kam bereits zu blutigen Kämpfen. Man wollte in Lyon einen Aufstand anzetteln und den König veranlassen, dorthin zu fliehen.

Seit den Oktobertagen des Jahres 1789 war die Flucht des Königs von französischen Adligen vorbereitet worden. Ludwig, der eigene Fluchtpläne verfolgte, lehnte jene Vorbereitungen allerdings ab. Der Wachsamkeit der »Patrioten« in der Nationalversammlung entgingen alle diese Intrigen nicht. Zahlreiche Verschwörer wurden im Laufe des Jahres verhaftet, andere konnten entfliehen. Sie trugen ebenso zur Beunruhigung bei wie Meldungen über österreichische Truppenverschiebungen nach den habsburgischen Niederlanden. Der allgemeine Zersetzungsprozeß ergriff nun auch die Armee und die Flotte: die Spannungen zwischen Offizieren und Mannschaften wurden durch den Widerstreit zwischen militärischem Selbstbewußtsein und revolutionärer Gesinnung verschärft. Dennoch wagte die Nationalversammlung mit Rücksicht auf die Bedrohung durch das konterrevolutionäre Europa nicht, die adligen Offiziere aus der Armee zu entlassen. Eine weitere Gefährdung riefen die Organisationen der Arbeiter in Paris mit ihren Lohnforderungen hervor. Die demokratische Agitation ergriff ihre Partei, während das Bürgertum vor den Konsequenzen der Gleichheit aller Staatsbürger erschrak; eine Radikalisierung der bürgerlich-liberalen Revolution schien sich anzubahnen.

Mit gespannter Aufmerksamkeit beobachtete Mirabeau die Entwicklung. Seiner Lösung der Verfassungsfrage, einer starken konstitutionellen Monarchie, hat der König genauso wie die Nationalversammlung letzten Endes seine Zustimmung versagt. In den Debatten über die Frage, wem das Recht der Kriegserklärung zustehen sollte, sprach er seine von allen Illusionen und von jeder Agitation freie Einsicht aus: »Gibt eine unverantwortliche Verfassung von siebenhundert Mitgliedern eine bessere Gewähr für einen gewissenhaften Beschluß als ein Monarch mit seinen verantwortlichen Ministern? Sind nur die Könige kriegslustig, kann nicht auch eine parlamentarische Versammlung von der plötzlichen Wirkung ansteckender Leidenschaft hingerissen werden zu einem ungerechten Krieg?« Seit dem Sommer 1790 stand Mirabeau in geheimer Verbindung mit dem Hofe. Er hatte sich für die Bezahlung seiner großen Schulden und eine monatliche Besoldung durch den König kaufen lassen. Die Anweisung auf sein Schuldkonto sollte nach Schluß der Nationalversammlung in vier Raten zahlbar sein, wenn der König mit seinen Diensten als geheimer Ratgeber und Agent der Krone zufrieden sein sollte. In diesem Handel unterwarf sich Mirabeau nicht einem fremden Programm, sondern er verkaufte seine politischen Pläne. Die erste seiner fünfzig Denkschriften stammt vom 10. Mai 1790. Ihr Kerngedanke war ein Staatsstreich der Krone, dessen Signal die Flucht des Königs in die Provinz sein sollte. Dieses Projekt ist hin und her erwogen worden. Der Sinn der Flucht war, außerhalb von Paris einen festen Kern unabhängiger königlicher Macht zu schaffen. Mirabeau, zum Äußersten entschlossen, schreckte auch nicht vor einem Bürgerkrieg zurück, ja, er hielt es kaum für möglich, ihn zu vermeiden. Er hielt ihn für das kleinere Übel im Vergleich zur herrschenden Anarchie. Mit allem Nachdruck lehnte er eine Flucht des Königs nach Metz, an die Ostgrenze, in der Richtung nach Wien zu seinem Schwager ab. Mitten im eigenen Land sich behaupten und Frankreich erneuern, hielt Mirabeau für den besten Weg. Am 5. Dezember 1790 fand eine geheime Aussprache zwischen ihm und dem Außenminister Montmorin über diese Pläne statt. Selbst angesichts der völlig unkonventionellen Einstellung Mirabeaus war das sehr gewagt. Daß er jetzt va banque spielte, kennzeichnete seine Beurteilung der Lage. Er hatte im übrigen sehr präzise Vorstellungen »über die Lage Frankreichs und die Mittel, um die allgemeine Freiheit mit der königlichen Aktivität zu vereinigen«, wie es in der Denkschrift vom Dezember 1790, dem »kleinen Buch« des Grafen Mirabeau, heißt. Aus der kritischen Analyse der unbefriedigenden Ergebnisse der revolutionären Entwicklung gewann er die Einsicht, die seine praktischen Vorschläge zur Heilung der Gebrechen bestimmte. Wichtig war zunächst, daß er die Konterrevolution genauso wie die Restauration des alten Staatswesens für unmöglich hielt. Man könne sie selbst im Interesse der Monarchie nicht wünschen. Die Revolution habe bereits Ergebnisse gezeigt, die von bleibender Bedeutung seien: einmal die Vernichtung des Feudal- und Privilegienstaates, andererseits die Rechtsgleichheit aller Bürger, Freiheit der Presse, Teilnahme der Nation an der Regierung des Königreiches; diese und andere Ergebnisse der Revolution sollten vom König anerkannt werden. Bis jetzt sei die Verfassung ein »konfuses Gemisch« der klassischen Grundformen der Verfassungstheorie, ein Gemisch aus Demokratie, Aristokratie und Monarchie. Verfassungsmängel müßten auf Grund der Erfahrungen beseitigt werden, das sei die Aufgabe für ein zukünftiges Parlament. Von zentralem praktischem Interesse sei, daß der König und die Regierung tatsächlich wieder regieren. Diese Forderung wurde durch den Vorschlag ergänzt, die jetzige Nationalversammlung zu ruinieren und in der öffentlichen Meinung bloßzustellen. Im Eifer um den Erfolg seines Planes kommt Mirabeau auch ausführlich auf die taktischen Mittel dieser Politik zu sprechen, die zum Instrumentarium des revolutionären Aktivismus gehören. Die Nationalversammlung dürfe nicht zu ruhiger Arbeit kommen, ihre Aufregung müsse noch gesteigert werden, ja man solle sie sogar reizen. Paris möge man immer wieder bevorzugen, um dadurch die Eifersucht des flachen Landes und der Städte zu stacheln. Man müsse die Nationalversammlung zu Maßnahmen verleiten, welche die Provinzen in ihrer gerade wiedergewonnenen Selbständigkeit bedrohten. Auch durch Petitionen, welche von der Nationalversammlung auf Grund ihrer Prinzipien abgelehnt werden müssen, würde man sie in der Öffentlichkeit bloßstellen. Nutzlose Verhandlungen müßten endlos ausgedehnt und die Versammlung gezwungen werden, gegenüber den fortgesetzten Provokationen die Regierungsgewalt immer mehr in ihrer Hand zu zentralisieren. Dadurch werde die allgemeine Desorganisation und die Anarchie gefördert, die entscheidende kritische Situation vorbereitet; zum Schluß werde das Gefühl überwältigend sein, daß es keine andere Zuflucht mehr gebe als bei der Autorität der königlichen Regierung. Das war nichts anderes als die geplante Lenkung einer revolutionären Entwicklung. Zu ihr gehörte auch, daß die Person des Königs und der Königin volkstümlich wurden. Mirabeaus Plan sah auch vor, die öffentliche Meinung zu lenken und Einfluß auf geheime Organisationen zu gewinnen. Der Minister müsse seinerseits mit einigen Abgeordneten aus allen Gruppen in geheimer Verbindung stehen unter der Voraussetzung, daß keiner von dem anderen etwas wisse; jeder müsse sich allein im Vertrauen des Ministers glauben, nur die Verschwörerzentrale, der Minister Montmorin und Mirabeau dürften den ganzen Zusammenhang kennen. Eine geheime Polizei zur Überwachung von Paris sei nötig. Vierzig gut bezahlte Agenten, die sich untereinander nicht kennen, sollten in das Land hinausgeschickt werden. Der letzte Schritt sollte sein, daß der König sich der Hauptstadt und ihrem Druck entziehe und in der Provinz residiere. Sein Ziel werde nicht die Konterrevolution sein, sondern eine »contre constitution«, eine verbesserte Verfassung mit einer neu gewählten Legislative. Sollte es dann zum Bürgerkrieg kommen, so dürfe man ihm nicht ausweichen. Vor allem: alle Vorbereitungen müßten vorsichtig, ohne Überstürzung getroffen werden, vielleicht könnte es sogar gelingen, ohne große Erschütterung zum Ziel zu kommen. »Befolgt man diesen Plan, so kann man noch alles hoffen; tut man es nicht, so gibt es kein Unheil, auf das man nicht gefaßt sein muß – vom Mord bis zur Plünderung, vom Sturz des Thrones bis zur Auflösung des Reiches. Welches andere Hilfsmittel bleibt uns noch? Diese eine Kraftanstrengung muß noch gemacht werden, aber es ist die letzte. Verzichtet man darauf oder scheitert man mit ihr, so breitet sich das Leichentuch über dieses Land aus. Was wird sein weiteres Schicksal sein? Ich weiß es nicht; aber wenn ich selbst dem allgemeinen Schiffbruch entrinne, so werde ich in meiner Zurückgezogenheit mit Stolz sagen: ich habe mich dem Verderben ausgesetzt, um alle zu retten. Sie haben es nicht gewollt.«

Noch ehe etwas von dem Geplanten unternommen, gar errungen war, insbesondere noch ehe die Zusage des Königs selbst vorlag, mitten im Lauf brach Mirabeau im März 1791 zusammen. Am 2. April ist er gestorben. »Feiert man schon das Leichenbegängnis des Achilles?« fragte er in seinem Todeskampf, als er Kanonendonner hörte. Er starb in dem Bewußtsein, daß er »das Leichengewand der Monarchie« mit sich nehme, »um ihre Trümmer werden sich die Parteien streiten«. Man hat gesagt, daß sein vorzeitiger Tod seinen Ruf als Staatsmann gerettet habe, denn über die Pläne Ludwigs XVI. habe er sich getäuscht. Er konnte nicht über den Schatten seiner Vergangenheit und seines Charakters springen und das allseitige Mißtrauen gegen sich überwinden. Immerhin, mit seiner politischen Einsicht, seiner kühnen Strategie und sachkundigen Taktik, mit seinem Mut, den

»Wirbel des französischen Kreislaufes« rechtzeitig aufzufangen und zu dirigieren, bleibt Mirabeau für die Geschichte der Revolution eine denkwürdige Erscheinung. Die Vernunft der Geschichte oder ihre List ist hier wie so oft andere Wege gegangen als der Kalkül des menschlichen Denkens.

Ein Bündnis zwischen Königtum und Revolution wurde nach Mirabeaus Tod immer problematischer. Gegen den Rat des Verstorbenen suchte Ludwig XVI. die Hilfe der Gegenrevolution, des Auslands, besonders Österreichs, zu gewinnen; er tat das, wovor Mirabeau gewarnt hatte: er versuchte im Jahre 1791 nicht in die Provinz, sondern in das Lager der Konterrevolution zu fliehen. Nach dem kläglichen Ende der Flucht und der demütigenden Rückkehr nach Paris mußte der König nun doch die Verfassung der Nationalversammlung annehmen, die damit am 14. September 1791 formell in Kraft trat. Sie hat in der Geschichte des Verfassungsrechts der konstitutionellen Monarchie des 19. Jahrhunderts Epoche gemacht. Im Sinne der sogenannten Gewaltenteilung, wie sie Montesquieu in seinem berühmten »Esprit des lois« 1748 als Kennzeichen der englischen Verfassung bezeichnet hatte, sollte die gesetzgebende Gewalt des Parlaments gemeinsam mit der ausübenden des Königs – ergänzt durch die politisch-unabhängig richterliche Gewalt – die politische Willensbildung der neuen auf Rechtsgleichheit und freien Besitz beruhenden Gesellschaft der Staatsbürger handhaben. Man warf der Verfassung damals sofort vor, sie verändere das neue Frankreich nach abstrakten Prinzipien. Gewiß haben die Revolutionäre selbst in ihrer Begeisterung den Anspruch erhoben, es sei die Verfassung für die befreiten Menschen; die große Frage war aber, wie die allgemeinen Prinzipien in den bestehenden Verhältnissen angewendet werden würden. Das revolutionäre Bürgertum glaubte, mit dieser Verfassung die Freiheit für alle geschaffen zu haben, es lebte in dem Bewußtsein, die Gesamtnation zu repräsentieren. Die neue politische Ordnung beruhte auf der Voraussetzung, daß das Bürgertum der Herr des Staates war. Die Garantie seiner Rechte gegenüber dem Staat enthielt die Deklaration der Menschen- und Bürgerrechte; zu dieser gehörte, daß die öffentliche Gewalt dem Verfassungsrecht unterworfen war und Steuern nur von den Vertretern der Nation bewilligt werden konnten. Nicht zuletzt gehörte zu den praktischen Konsequenzen der neuen Prinzipien die Reform des Strafprozesses, zu der die Zulassung von Rechtsanwälten für die Angeklagten zählte. Aber die kleinen Leute wurden auch jetzt noch kaum vor dem besitzenden und einflußreichen Bürgertum geschützt, sie waren zwar frei, hatten aber kein Versammlungsrecht, kein Beschwerderecht, der Streik war ihnen untersagt, die Zeitungen unterlagen der Kontrolle der Gemeinde. Je mehr die Konterrevolution zu drohen schien, um so mehr wurde es freilich zu einem Gebot der Klugheit, das Kleinbürgertum und die untersten Schichten der Bevölkerung zu schonen. Das Bürgerrecht für alle, an der Gesetzbildung mitzuwirken, blieb aber durch die Verfassung eingeschränkt, denn das Wahlrecht war nicht allgemein, sondern an einen Zensus gebunden. Abgeordneter konnte nur werden, wer über den Wahlzensus hinaus Steuern zahlte und Besitzer von Grund und Boden war. Sehr bezeichnend und einschneidend war es, daß die Nationalgarde, indem sie die passiven Bürger aus ihren Reihen ausschloß, zu einer Schutzwehr des besitzenden Bürgertums wurde. Im übrigen hatten gegen die »an alle Menschen« gerichtete Deklaration die Kolonialfranzosen sofort Einspruch erhoben, weil die in ihr enthaltene Verurteilung der Sklaverei das Verhältnis der Farbigen zu den Weißen in Frage stellte.

Aber auch die Verfassung trug im engeren Sinn auf Schritt und Tritt einen Kompromißcharakter. Daß die Regierung ihre Vollmacht ausschließlich und allein von der Nation erhalte und ihr allein verantwortlich sei, dieser radikale Grundsatz wurde praktisch abgeschwächt durch die Tatsache, daß das revolutionäre Frankreich noch immer an der erblichen Monarchie festhielt und der König unverletzlich und unverantwortlich war. Er hatte sich dem geltenden Recht zu unterwerfen und erhielt eine Zivilliste. Die Ernennung der Minister, der kommandierenden Generale und der Gesandten lag in seiner Hand, er leitete die auswärtige Politik des Landes. Das suspensive Veto der Krone gegenüber den Beschlüssen der gesetzgebenden Gewalt auf zwei Sitzungsperioden durchbrach das Prinzip der Gewaltenteilung, indem es den König an der Gesetzgebung beteiligte. Andererseits gehörte es aber zu den besonderen Kennzeichen der beschränkten Monarchie, daß jede königliche Verordnung der Gegenzeichnung eines Ministers bedurfte. Über die gesetzgebende Gewalt selbst, das Parlament, hatte der König keine Macht. Es war unverletzlich, permanent und hatte die Gesetzesinitiative; das königliche Veto war auf die Gesetze beschränkt, die nicht die Verfassung und die Finanzen betrafen. Verfassungsrechtlich war also das Parlament, welches das besitzende Bürgertum repräsentierte, der Herr des Staates. Viereinhalb Millionen wahlberechtigten Bürgern standen etwa drei Millionen Menschen ohne Wahlrecht gegenüber. Die Wahl erfolgte indirekt durch etwa fünfzigtausend Wahlmänner, die in den Hauptorten der neu geschaffenen Departemente die Abgeordneten wählen sollten. Alles in allem sicherte dieser Wahlmodus den bürgerlichen Notabeln den Vorrang; die konstitutionelle Monarchie nach der Verfassung von 1791 war ein großbürgerlicher Staat.

Finanzkrise und Kirchenkonflikt

Das Bekenntnis zur nationalen Einheit verband sich mit dem Willen zur kommunalen Selbstverwaltung. Die Verwaltung wurde dezentralisiert; dabei sprachen die Abneigung gegen den Zentralismus des alten Staates und die Autorität seiner Intendanten wie auch die Selbstbehauptung der Kommunen in der Auflösung der bisherigen Verwaltung mit. Mit der Veranlagung und Erhebung der Steuern, der polizeilichen Gewalt, mit der Rekrutierung der Armeen und der Nationalgarde und mit der niederen Gerichtsbarkeit wurden den Gemeinden ausgedehnte Rechte zugestanden. Durch eine umfassende Neugliederung des Königreichs in Departements, Distrikte und Kantone wurden neue Zwischeninstanzen geschaffen. Indem jetzt die Sonderregelungen für die alten Provinzen verschwanden, vollendete die revolutionäre Verwaltungsorganisation das Werk des Ancien régime. Das Wahlverfahren wurde in den Departementsverfassungen den Parlamentswahlen entsprechend geregelt. Dadurch wurde auch hier der Besitzlose von den Urwählerversammlungen ausgeschlossen.

Im Zeichen der neuen territorialen Gliederung haben die Franzosen eine lebhafte kommunale Tätigkeit entwickelt, während die Pariser Zentrale immer mehr die Gewalt über die Verwaltungsorganisation verlor. Besonders für die Staatsfinanzen wurde diese Dezentralisation verhängnisvoll. Der Revolution, zu deren Ursachen die permanente Finanzkrise des alten Staates gehört hatte, gelang es nicht, Abhilfe zu schaffen. Ansätze, ein neues Steuersystem einzuführen, blieben stecken. Die Grundsteuer, die nach wie vor die wichtigste Steuer war, erforderte einen neuen Kataster. In den anarchischen Verhältnissen war kaum an ein geregeltes Steueraufkommen zu denken, in Ermangelung anderer Regelungen wurden die alten Steuersätze weiter benutzt, im übrigen versorgten die selbständig gewordenen Kommunen sich zuerst einmal selbst. Die Staatskasse blieb leer, das Geld versickerte, und der Finanzminister wirtschaftete von einem Tag zum anderen. Diese Misere und Lähmung zwangen zu ganz radikalen Aushilfen, zu denen sich der alte Staat nie hatte entschließen können, obwohl schon in den »cahiers« der Ständeversammlungen des 16. Jahrhunderts die Verstaatlichung des kirchlichen Grundbesitzes gefordert worden war. Jetzt, während des Staatsnotstandes des Jahres 1789, wurden die Kirchengüter zur »Disposition der Nation gestellt« und Zahlungsanweisungen auf vierhundert Millionen livres Kirchengutes mit staatlicher Verzinsung von vier Prozent als sogenannte Assignaten ausgegeben. Der Mißerfolg dieses unvollkommen vorbereiteten finanzpolitischen Experiments trat sehr schnell zutage. Der nächste Schritt war die Aufhebung der Klöster, die Enteignung der Kirchengüter und deren Verkauf. Um den Staat zahlungsfähig zu machen, erklärte die Nationalversammlung die Assignaten zum Zahlungsmittel als Papiergeld. Die Folge war Inflation, und wie überall war damit auch hier eine Vertrauenskrise verbunden. Die Sorge der breiten Masse der Bevölkerung, daß bei einer Niederlage der Revolution das Papiergeld von der Konterrevolution nicht mehr anerkannt werden würde, kennzeichnet die labilen Verhältnisse. Die Masse der Arbeiter in Stadt und Land hatte ohnehin bisher aus der Revolution keinen wesentlichen Gewinn gezogen.

Im Gegensatz zu den schwierigen finanziellen Aufgaben ist die religiöse Problematik erst allmählich, dann aber in viel größere Tiefen der Überzeugungen hineinstoßend zum Thema der Revolution geworden. Der Gedanke an die Trennung von Staat und Kirche lag der Nationalversammlung fern. Sie dachte viel eher daran, Staat und Kirche enger miteinander zu verbinden; denn daß ein Staat nicht ohne Religion bestehen könne, hatten die Philosophen immer wieder betont – allerdings sprachen sie von einer »religion civile«, einer Staatsreligion, als unbedingter Notwendigkeit für die Sicherheit des bürgerlichen und menschlichen Lebens. So war die Tendenz, einen patriotischen Kultus zu schaffen, früh vorhanden; bereits im Juli 1790, beim Föderationsfest, gab es den Altar des Vaterlandes. Die breite Masse des Volkes lebte weiter im katholischen Glauben und hing an den kirchlichen Traditionen; patriotische Geistliche versuchten, die Menschen- und Bürgerrechte aus dem Evangelium zu erklären. Das Verhältnis zwischen Staat und Kirche wurde aber in dem Augenblick problematisch, als klar wurde, daß im Sinn des aufgeklärten Staatskirchenrechtes dem Staat das Recht zustehe, die Kirchenverfassung zu reformieren. Mit der Abschaffung der Privilegien war das bisherige Verhältnis zur katholischen Kirche im Grunde bereits liquidiert, ohne daß es sogleich zu einem Konflikt mit der Kurie gekommen wäre. Erst die in der Not getroffenen Maßnahmen, die Säkularisierung der Klöster mit ihrem bedeutenden Besitz, verschärften die Lage; wer von den Ordensleuten nicht ins Weltleben hinausgehen wollte, konnte in eines der Reservatklöster aufgenommen werden; aufhorchen ließ dann jedoch, daß Neuaufnahmen in diesen Klöstern bald verboten wurden. Im Zuge der allgemeinen Verwaltungsreform wurde bald auch die kirchliche Organisation erfaßt; die Bischöfe und die Pfarrer sollten genauso wie die Staatsbeamten gewählt werden. In der »Constitution civile du clergé«, der Zivilkonstitution des Klerus, vom 12. Juli 1790, wurde auf diese Weise der kanonischen Wahl entschieden widersprochen. Zwar wurde der geistliche Primat des Papstes nicht angetastet, aber die in der Kurie zentralisierte Jurisdiktion wurde aufgehoben. Die geistlichen Mitglieder der Nationalversammlung haben der Zivilkonstitution ihre Zustimmung verweigert, ohne daß es zu Konflikten kam. Kritisch wurde die Situation, als in den Beratungen über die neue kirchliche Verfassung die Frage der Stellung des Nationalkonzils im Verhältnis zum Papst nicht zu umgehen war: würde das Konzil als Gesamtrepräsentation der gallikanischen Kirche zu gelten und zu beschließen haben oder der Papst? Die Nationalversammlung hatte aus Sorge vor der Konterrevolution gegen die alleinige Repräsentation der Kirche durch die Bischöfe große Bedenken, wie sich überhaupt die Französische Revolution von Anfang an durch das Gespenst einer Gegenrevolution bedroht fühlte. Der König gab der Nationalversammlung auch hier nach, aber der Papst widersprach und nahm den Kampf mit der Revolution auf.

Er hat am 29. März 1790 feierlich die Menschen- und Bürgerrechte verdammt, im Juli 1790 erklärte er die Zivilkonstitution für unannehmbar. Die beiden Breve dieses Inhalts kamen zu spät nach Paris, um die Annahme zu verhindern; sie wurden deshalb geheimgehalten. Ein schwieriger Zwischenzustand für alle Beteiligten! Der kirchliche Vorbehalt betraf die Zustimmung des Papstes, die vor der Legalisierung der Zivilkonstitution durch die Nationalversammlung erfolgen sollte. Am 27. November tat diese den entscheidenden Schritt und verlangte von den amtierenden Geistlichen den Eid auf die Verfassung des Königreiches und auf die Zivilkonstitution, die ein Bestandteil der Verfassung war. Wer den Eid verweigerte, sollte aus seinem kirchlichen Amt entlassen werden. Die Wirkung war für die Revolutionäre verblüffend: nur sieben Bischöfe und die Hälfte der Pfarrer leisteten den Eid. Eine unerwartete und unabsehbare Gefahr für die innere Einheit der Nation erhob sich hier, wenn sich auch ein paar Bischöfe (unter ihnen Talleyrand) bereit fanden, ihre jetzt neu gewählten Amtsbrüder zu weihen. Die Schwierigkeiten wurden auch nicht durch die »église constitutionelle« verringert, die jetzt gebildet wurde.

Auf diese Herausforderung reagierte der Papst im April 1791 mit einer offiziellen Verurteilung der Prinzipien der Revolution und der Zivilkonstitution. Das war nichts Geringeres als ein Schisma: die römische Kirche setzte ihre Lehre gegen die Prinzipien von 1789. Das Werk der verfassunggebenden Nationalversammlung erhielt, ehe es vollendet war, tiefe Risse. Durch das Schisma gewann die gegenrevolutionäre Agitation an Boden. Die Gegner der Zivilkonstitution wurden zu öffentlichen Feinden erklärt, aus ihren Pfarren vertrieben, wo sie ihr Amt trotz der Eidverweigerung weitergeführt hatten. Die Bevölkerung spaltete sich. Auch in dieser Lage versagte der König, der sich dann durch die Flucht überhaupt kompromittierte. Nun traten aber auch die radikalen Revolutionäre auf; sie forderten einen revolutionären Kultus und die Heirat der Pfarrer; es entstand eine antiklerikale, antichristliche Partei. Wie nichts anderes hat der Streit um die Kirchenverfassung und die eidverweigernden Priester die Atmosphäre vergiftet; er hat wie nichts anderes zur Fanatisierung der Revolutionäre und zur Vertiefung des Gegensatzes zwischen Revolution und Konterrevolution beigetragen.

Die zweite, die radikale Revolution

Am 1. Oktober 1791 trat – entsprechend dem Beschluß der verfassunggebenden Nationalversammlung – die gesetzgebende Nationalversammlung (Assemblée nationale législative) zusammen. Sie wurde zwar für zwei Jahre gewählt, aber schon nach wenigen Monaten von einer neuen revolutionären Woge überrollt, die sich im Frühjahr 1792 vorbereitete. In dem unruhigen Winter 1791/92 hat die Legislative ihr Werk wenigstens begonnen. Das Verblüffende an diesen Ereignissen war für die Zeitgenossen, daß – entgegen der in solchen Zeiten charakteristischen Ahnungslosigkeit, mit der Ludwig XVI. bei der Eidesleistung auf die Verfassung vom 3. September 1791 den Abschluß der Revolution verkündete – die Revolution nicht zu Ende war. Im Gegenteil, es zeigte sich, daß sie mit der Schaffung eines neuen Status noch nicht am Ziel war, sondern eine Dynamik offenbarte, die zum Kennzeichen der Epoche wurde und einen neuen Typus des Revolutionärs hervorbrachte, der den schon eingetretenen neuen Weltzustand gegen die Konterrevolution verteidigt.

Zu der neuen Lage gehörte auch die wachsende Bedeutung der revolutionären Gruppen und Klubs, die neben den alten gesellschaftlichen Einrichtungen emporwuchsen. Berühmter Treffpunkt dieser Kreise war das Palais Royal. Hier wurden die temperamentvollen, zugespitzten und witzigen Schlagworte des politischen Kampfes geprägt – neue Formen politischer Willensbildung. Der berühmteste Kreis war der Jakobinerklub, der Treffpunkt der Abgeordneten des Dritten Standes im Refektorium des Klosters Sankt Jakob. Hier wurden in täglichen Beratungen die Maßnahmen der Nationalversammlung vorbereitet, der Jakobinerklub hat die berühmte Erklärung vom 17. Juni 1789 ausgearbeitet, welche die Versammlung der Vertreter des Dritten Standes zur Nationalversammlung machte, hier fand man – wie schon erwähnt – die wichtigen Formulierungen der Nachtsitzung des 4. August. Je größer diese Klubs wurden, je länger der revolutionäre Zustand dauerte, um so fester organisierten sich diese Gruppen, um so weiter griff ihr Einfluß. Seit dem Frühjahr 1790 besaß der Jakobinerklub Statuten, um seinen Aufgaben besser, disziplinierter gerecht werden zu können. Die »Freunde des öffentlichen Wohls« (salut public) müßten zusammenhalten, revolutionäre Aufklärungsarbeit leisten, Verbindungen pflegen, zumal zu den Klubs draußen in der Provinz. Die Mitglieder erkannten die gesetzlichen Institutionen an, und die Menschenrechte waren ihnen heilig. Ihre Beratungen waren intern, ein Saalschutz hatte die Kontrolle der Mitglieder; es gab Protokolle der Sitzungen, es bestand eine genaue Auslese und Festlegung der politischen Linie. Die Ergebnisse der Diskussionen wurden bestimmend für die Einstellung des Klubs in dem öffentlichen Meinungsstreit. Einige Radikale drängten

Zusammenkunft der Monarchen in Pillnitz am 24. August 1791
Kolorierter Stich von Hieronymus Löschenkohl
Wien, Historisches Museum der Stadt

Fest des Höchsten Wesens auf dem Marsfeld im Juli 1790
Aus dem Gemälde von Pierre Antoine de Machy

FRANZÖSISCHE REVOLUTION UND NAPOLEON 85

auch schon über diese Debattierklubs hinaus weiter zu eigentlichen Kampforganisationen mit extrem egalitären Forderungen für die neue Gesellschaft, zu denen die Volkssouveränität genauso gehörte wie die Theorie, daß die Abgeordneten nicht als Vertreter, sondern als Beauftragte des Volkes zu handeln hätten: es wetterleuchtete in diesen Kreisen der Radikalismus, der irrevolutionäre Dynamismus. Das Selbstbewußtsein dieser Gruppen wuchs mit der Organisaton, welche die Tendenz zur Zentralisierung in sich trug: so kam es im Frühjahr 1791 auch wirklich zur Bildung eines Zentralausschusses der verschiedenen Klubs,

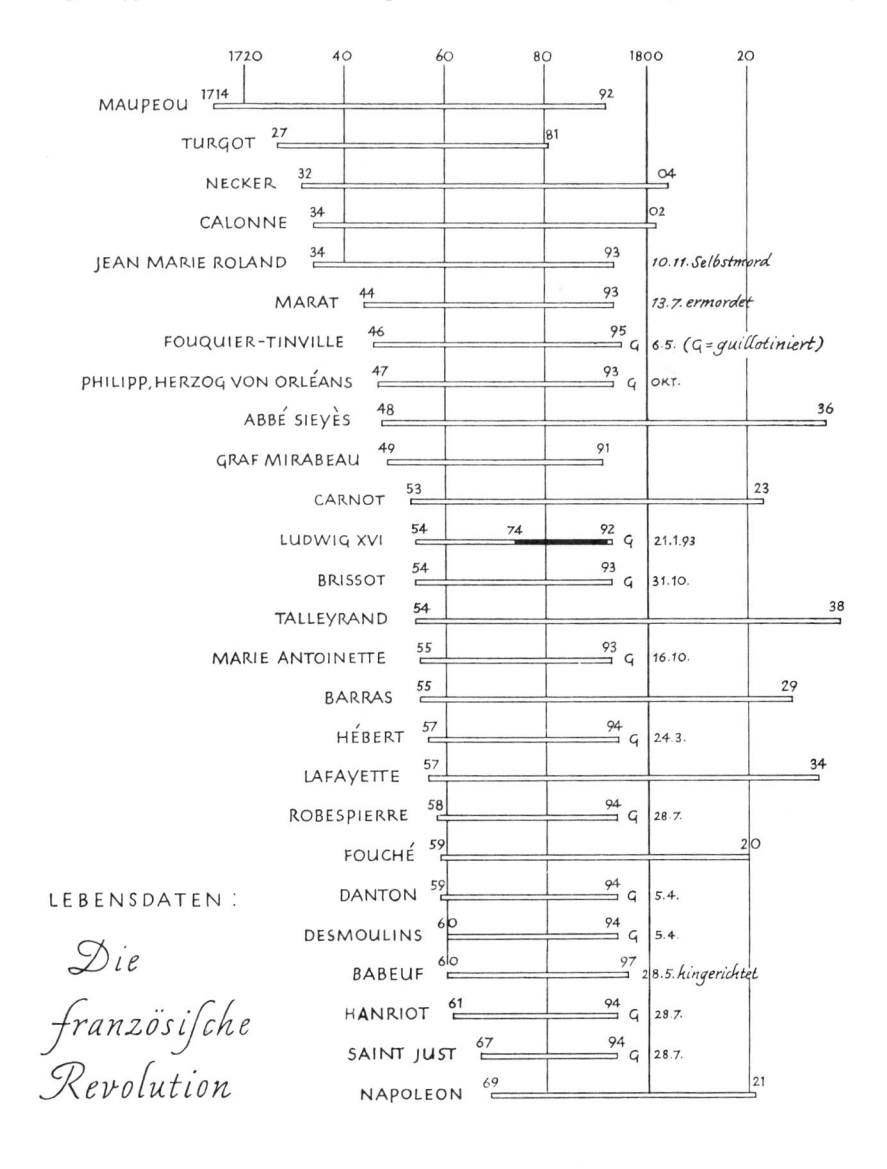

Die französische Revolution — Lebensdaten:

Name	von	bis	Anmerkung
MAUPEOU	1714	92	
TURGOT	27	81	
NECKER	32	04	
CALONNE	34	02	
JEAN MARIE ROLAND	34	93	10.11. Selbstmord
MARAT	44	93	13.7. ermordet
FOUQUIER-TINVILLE	46	95 G	6.5. (G = guillotiniert)
PHILIPP, HERZOG VON ORLÉANS	47	93 G	Okt.
ABBÉ SIEYÈS	48	36	
GRAF MIRABEAU	49	91	
CARNOT	53	23	
LUDWIG XVI	54 (74)	92 G	21.1.93
BRISSOT	54	93 G	31.10.
TALLEYRAND	54	38	
MARIE ANTOINETTE	55	93 G	16.10.
BARRAS	55	29	
HÉBERT	57	94 G	24.3.
LAFAYETTE	57	34	
ROBESPIERRE	58	94 G	28.7.
FOUCHÉ	59	20	
DANTON	59	94 G	5.4.
DESMOULINS	60	94 G	5.4.
BABEUF	60	97	28.5. hingerichtet
HANRIOT	61	94 G	28.7.
SAINT JUST	67	94 G	28.7.
NAPOLEON	69	21	

in dem die Radikalen tonangebend waren. Ihnen genügten die bisherigen Errungenschaften der Revolution noch nicht, ihr Ziel war die soziale Revolution im Kampf gegen die Konterrevolution.

Revolutionärer Radikalismus und Sorge vor der Bedrohung, die spannungsreiche Paradoxie im Wesen des Revolutionärs, traten in der sich zuspitzenden Entwicklung immer mehr hervor und kamen dann im Kriege zu großer Wirksamkeit. Die geschichtliche Stunde des Radikalismus hatte geschlagen, als der Krieg eine Situation erzeugte, welche die radikale Theorie zu rechtfertigen schien. Gegenüber den Radikalen traten die anderen Vereinigungen, die Gemäßigten und die Rechten, ganz zurück. Die revolutionäre Agitation wurde unterstützt von der revolutionären Journalistik. Monats-, Wochen- und Tageszeitungen meldeten sich zu Wort und begleiteten und kommentierten die Geschehnisse, agitierten und hetzten in den aufgewühlten Verhältnissen und belasteten damit das Einleben der neuen Verfassung und die Arbeit der gesetzgebenden Nationalversammlung, die in der sich immer weiter ausbreitenden Unsicherheit und Kriegsgefahr gewählt worden war.

Darüber hinaus waren es nun nicht einmal die erfahrensten, umsichtig wägenden Männer, welche die Führung in die Hand nahmen, sondern auf Grund des Gesetzes, das die Wiederwahl von Mitgliedern der verfassunggebenden Nationalversammlung nach abstrakten Reflexionen verbot, traten Anfang Oktober ganz neue, unbekannte, unerfahrene Männer in den Vordergrund: die Schriftsteller, Advokaten, Lehrer und Literaten eroberten den Staat. Der Zahl nach waren sie offensichtlich in der Minderheit, aber sie bildeten eine aktive Minderheit, die aus dem Hintergrund, vor allem vom Jakobinerklub, gesteuert wurde: für die Entscheidungen der Nationalversammlung wurde dieser immer wichtiger. Die neuen Leute waren, weil sie in den Geschäften unerfahren waren, kompromißloser und viel stärker von der Theorie bestimmt. Es machte sich in der Legislative von Anfang an bemerkbar, daß die »Rechte« in der Constituante fehlte und die starke »Mitte« keine Organisation und sichere Führung besaß: das Schwergewicht hatte sich eindeutig nach links verlagert, die Mitglieder des Jakobinerklubs wurden immer wichtiger; ja, der Klub selbst erhielt eine eigene Publizität durch die »Allianz mit der Masse«, als er im Oktober 1791 seine Beratungen der Öffentlichkeit auf Tribünen zugänglich machte. Damals brach die große Zeit der »Girondisten« an, deren Mythos Lamartines Darstellung mitgeschaffen hat.

Aus ihren Reihen stammten, mit Brissot an der Spitze, die »Heroen der Revolution« für die liberale Geschichtslegende. Diese Träger der Revolution waren fast alles junge Leute (der älteste war vierzig, der jüngste siebenundzwanzig) ohne Erfahrung, homines novi, Männer, die nicht in den Geschäften groß geworden waren; von genialen Einzelnen abgesehen, waren das die Radikalen, die Aktivisten, die nur in Alternativen dachten, sie machten Kriegspolitik, sie ließen es nicht nur auf einen Krieg ankommen, sondern provozierten ihn ohne Kalkulation des Risikos, ohne Kenntnis des Gegners. Ihre Vorbilder waren Brutus, Cato, Cicero, das heißt, die Gegner der Tyrannen; ihr Leben war von den altrömischen Tugenden bestimmt: Strenge, Einfachheit, Sauberkeit im privaten und öffentlichen Leben. Jacques-Louis David war der große Maler ihrer Lebensart, der »dorische Stil« war ihr Ideal. Die gesetzgebende Versammlung wurde Zeuge ihrer hinreißenden

Reden. Ihr politisches Programm war der Aufbau des neuen Frankreich auf der Grundlage der Verfassung vom September 1791; aus Mißtrauen gegen die alten Führungsschichten forderten sie die »fähigsten Leute« an die Spitze und die Beteiligung der »guten Bürger«, der »Ehrbaren« und »Selbstlosen«; es waren die sogenannten »vernünftigen«, »anständigen« Menschen, auf deren Machtergreifung die breite Masse der Menschen immer wieder wartete. Theoretiker dieses Kreises war der Marquis de Condorcet, dessen politisches Ideal ein demokratischer Einheitsstaat war. Das Kernproblem der neuen Nationalversammlung betraf das Verhältnis des neuen, revolutionär verwandelten Frankreich zur europäischen Staatenwelt, in das sich erschwerend und verwirrend die Agitation der französischen Emigranten hineinmischte. Das übersteigerte Pathos in Brissots Reden zeigte das beleidigte und im Grunde zugleich unsichere Selbstgefühl des revolutionären Freiheitskämpfers und Missionars, der aber doch auch zugleich in der Kontinuität der französischen Politik stand. Früher zitterten die deutschen Fürsten vor uns, die Beleidigungen durch diese Fürsten müssen aufhören, man muß sie zur Entscheidung zwingen. »Ist der Krieg ein Wagnis? Nein!« beantwortete er selbst seine Frage.

Mirabeau hatte die revolutionäre Begeisterung mit dem Argument zu dämpfen gesucht, daß es für Frankreich gefährlich werden könnte, wenn es vor einem Europa in Waffen abrüsten würde – zumal schon die Engländer die politische Lähmung Frankreichs durch die inneren Unruhen in ihre Kalkulationen einbezogen. Im Herbst 1791 standen die Mitglieder der Nationalversammlung, vor allem die Girondisten, unter dem zwingenden Eindruck der herausfordernden Reden Brissots. Die Beunruhigung unter den Girondisten über die weit überschätzten Agitationen der Emigranten im Reich, vor allem am Mittelrhein, ist dann durch das Doppelspiel des Königspaares nach dem Fluchtversuch (20./21. Juni 1791) noch weiter gesteigert worden.

In der Umgebung des Königs dachte man daran, »diese Überspannten« für einen Krieg zu benutzen in der Erwartung, daß die europäischen Mächte dem französischen König zu Hilfe kommen würden. Es war der gefährliche Gedanke des »kleinen Krieges« aus innerpolitischen Gründen, der dem Kriegsminister vorschwebte; es war die Hoffnung, mit der Armee als fester Stütze die Krone zu stärken, typisch für diese »reaktionäre« Politik: Militärdiktatur in der Krise des Staates. England und Preußen sollten neutral gehalten und Österreich isoliert werden. Dieser Politik stand freilich eine Opposition aus Regierung und Nationalversammlung entgegen, während der König selbst den Versuch einer gemeinsamen Politik durch sein Veto gegen die Dekrete der Nationalversammlung zunichte machte, die die Emigranten bei Todesstrafe und Konfiskation ihrer Güter zur Rückkehr bis zum 1. Januar 1792 zwangen. Gleichzeitig verschärfte die Nationalversammlung ihr Verhältnis zu der ihr feindlich gesonnenen Umwelt, indem sie den Widerstand der Kirche gegen die Verfassung und die Zivilkonstitution des Klerus, der die inneren Gegensätze in der von außen drohenden Kriegsgefahr noch steigerte, zu brechen versuchte. Um diese Frage gruppierten sich zum ersten Male die Fronten von Revolution und Konterrevolution; die Konfrontierung des revolutionären Radikalismus mit dem Katholizismus war nicht zufällig. Die Gegner der Revolution fanden ihren ersten Zusammenhalt, als sie sich zu den eidverweigernden Priestern, als einzigem Fels in der Brandung, in Frankreich stellten.

Emigrantenproblem und Kirchenfrage waren Gegenstand lebhafter, langer Diskussionen im Oktober und November 1791 in der Nationalversammlung. Der König legte dann schließlich doch sein Veto gegen die scharfen gesetzlichen Bestimmungen ein, welche die eidverweigernden Priester unter behördliche Aufsicht stellten und ihnen die bürgerlichen Rechte aberkannten, in besonderen Fällen sogar ihre Zwangsverschickung ermöglichten. Ludwig XVI. erklärte sich dagegen bereit, bei dem Kurfürsten von Trier und im gleichen Sinn beim Kaiser auf diplomatischem Wege Beschwerde dagegen zu führen, daß die Emigranten in Koblenz eine Art Hauptquartier unter dem Schutz der Reichsfürsten einrichten durften – freilich mit der geheimen Weisung an den Kurfürsten von Trier, seine Note nicht wörtlich zu verstehen. Statt dessen empfahl er einen europäischen Kongreß, um den französischen Revolutionären Schranken zu setzen. In diesen unheilvollen Wochen schwebender, aber noch nicht vollzogener Entscheidungen kam es im Jakobinerklub über die Frage von Krieg und Frieden zum Austrag widersprechender Ansichten und zu dramatisch zugespitzten Diskussionen. In ihnen setzten sich Robespierre gegen und Brissot für den Krieg mit der ganzen Energie ihrer Beredsamkeit ein. »Auch ich will den Krieg!« erklärte Robespierre am 18. Dezember. »Aber so, wie ihn das Interesse der Nation will – und das Interesse der Nation verlangte zuerst und vor allem anderen den Kampf gegen die Feinde im Innern. Dann, erst wenn dieser Kampf beendet ist, ziehen wir gegen die Feinde von außen, falls sie dann noch da sind.« In der Tat erkannte er die Lage in ihrer komplizierten Unsicherheit besser, als er die entscheidenden Fragen in die Klubsitzung hineinwarf: »Welcher Art wird der vorauszusehende Krieg sein? Ist es der Krieg einer Nation gegen andere Nationen oder eines Königs gegen andere Könige? Nein! Es ist der Krieg der Feinde der Französischen Revolution gegen die Französische Revolution. Sind die meisten, die gefährlichsten dieser Feinde in Koblenz? Nein, sie sind mitten unter uns!« Robespierre warnte vor den Kriegstreibern, der König und die Generale würden im Kriege Verrat üben, die Revolution würde scheitern. »Sagen Sie uns also nicht mehr, die Nation wolle den Krieg! Die Nation will, daß die Anstrengungen ihrer Feinde zunichte gemacht werden und ihre Volksvertreter ihre Interessen wahrnehmen; der Krieg ist in ihren Augen das äußerste Mittel, auf das sie verzichten möchte.« Ihren Höhepunkt erreichte die Auseinandersetzung schließlich mit dem Entschluß Brissots zur Kriegserklärung an das alte Europa Ende Dezember 1791 mit dem »internationalen Manifest der Revolution«. Bedroht sei Frankreich nicht, man suche vergebens nach der Macht, die es noch fürchten müsse, so hieß es im bombastischen Stil des Manifestes. Der Krieg gegen den Kaiser werde nicht lange dauern, er werde die Komödie beenden, welche die gekrönten Häupter spielen, und – ein besonderer Ton in dem allgemeinen Enthusiasmus – den alten Glanz Frankreichs wiederherstellen. Es war der erste Ausdruck des überschäumenden nationalen Dynamismus, wenn es gleichzeitig hieß, der Krieg sei (aus dem Krampf der komplizierten Lage) eine nationale Wohltat, »das einzige Unglück, das es zu fürchten gibt, ist, ihn nicht zu haben«. Er sollte das Signal sein, die Revolution zu bewahren, deren menschheitsbefreiende Mission den Krieg zum Kreuzzug für die allgemeine Freiheit machte. Dem hemmungslosen Überschwang Brissots trat auch jetzt Robespierre mit sehr nüchternen politischen Erwägungen (wenn auch vergeblich) entgegen. Der Krieg bringe nicht die Freiheit, sondern Gefahr für die Demokratie; er begünstige die Diktatur. Niemand liebe im übrigen bewaffnete Missionare; und Robespierre warnte davor, sich trügerischen Erwartungen über den Freiheitswillen der anderen Völker Europas hinzugeben. Die Fürsten seien außerdem durch die Revolution in Frankreich gewarnt. Das gefährlichste sei der Verrat, der vom Hofe drohe. Diese Warnungen des politischen Verstandes schlug Brissot jedoch in den Wind, im Gegenteil, sie steigerten seinen Enthusiasmus zur Raserei. »Wir brauchen große Verrätereien«, antwortete er Robespierre, Frankreich sei noch infiziert vom Gift seiner alten Gesellschaftsordnung. Durch große Anstrengungen werde es dieses ausstoßen. Wie man sich das vorzustellen hatte, wurde sogleich erklärt: »Weisen wir von vornherein den Verrätern den Platz an! Er kann nur das Schafott sein!« In langen Debatten setzten sich die Girondisten im Jakobinerklub durch, der Krieg war damit beschlossen. Die Antwort auf die weitere Frage zu geben, wie er im Frühjahr 1792 dann wirklich begann, ist jedoch nicht möglich, ohne die Stellung der europäischen Mächte zu der Erschütterung der alten Ordnung kennenzulernen.

Die Revolution und Europa

Die Tragweite der Veränderungen in Frankreich seit 1789 ist zunächst kaum übersehen worden; von der lebhaften Anteilnahme an der Befreiung des Menschen reicht das Spektrum der Meinungen bis zur völligen Ablehnung der revolutionären Entwicklung, ohne daß das monarchische Europa die Revolutionierung des europäischen Gleichgewichtes sogleich erkannt hätte. Die neuralgischen Punkte der gemeinsamen Interessen lagen damals in Ostmitteleuropa. Die Türkei und Polen standen im Mittelpunkt des Interesses der drei europäischen Ostmächte Rußland, Österreich, Preußen. Rußland hatte in zwei Kriegen gegen die Türkei nicht glorreich, aber unaufhaltsam in Südosteuropa seine Position vorgeschoben. Diese Entwicklung war mit der Annäherung Rußlands an Österreich verbunden und hatte noch Friedrich den Großen im preußischen Interesse beunruhigt. In der viel diskutierten Konvention von Reichenbach (Juli 1790) hatte Österreich, mit den Preußen verbündet und unter englischer Vermittlung, den Status quo gegenüber der Türkei zwar anerkannt, ohne daß Preußen über die »show of power«, wie Bismarck kritisch bemerkt hat, hinaus Erfolge erzielen konnte. Österreich und Preußen standen sich in den folgenden Jahren allerdings näher als vorher, als die polnische Frage und die Stellung zum revolutionären Frankreich akut wurden. Gebunden in Ost- und Südosteuropa hatten die Großmächte nur beiläufig der französischen Entwicklung ihr Interesse gewidmet, während das Reich durch die Aufhebung der Feudalrechte in Frankreich von der Revolution im Elsaß unmittelbar berührt wurde und die Konsequenzen aus dem Zivilstatus des Klerus sich einstellten.

Unmittelbarer wirkte die Agitation der französischen Emigranten im Sinne einer aktiven Politik gegen Frankreich. Dem Verlangen dieser Kreise auf fürstliche Intervention in Frankreich stand freilich Kaiser Joseph II. ablehnend gegenüber. Der aufgeklärte Fürst war nicht gewillt, gegen die Erfolge der Aufklärung in Frankreich einzuschreiten. Sein Bruder und Nachfolger Leopold II. hatte, noch als Großherzog von Toscana, beim Zusammentritt der Generalstände von einer Entwicklung im Sinne von Montesquieus Konstitutionalismus gesprochen und von dieser Regeneration Frankreichs erwartet, daß sie ein Vorbild sein werde, dem die Souveräne und Regierungen Europas freiwillig nachahmen oder durch die Völker zur Nachahmung gezwungen werden würden. Es werde daraus überall unbegrenztes Glück entstehen, das Ende der Ungerechtigkeiten, Kriege, Zwistigkeiten und Unruhen; es werde eine der nützlichsten Moden sein, die Frankreich in Europa eingeführt habe. Als im Frühjahr 1791 der Graf von Artois, der Bruder Ludwigs XVI., endlich von dem Kaiser empfangen wurde, mußte er sich von diesem sagen lassen, daß die Emigranten vorsichtig und zurückhaltend sein müßten, während sie sich auf dem Reichsboden in Koblenz, Trier, Mainz, Köln (aber auch in den Niederlanden und in der Schweiz) zusammenfanden.

Das Verhältnis des revolutionären Frankreich zu der europäischen Staatenwelt wurde dann freilich durch den mißglückten Fluchtversuch Ludwigs XVI. gründlich verändert. Es war der endgültige Bankrott der großangelegten Versuche Mirabeaus, die Monarchie zu retten. Das Ende des französischen Königtums war ein klägliches Nachspiel zu dieser verfehlten Unternehmung. Andererseits belebte gerade die jammervolle Lage des Königs die monarchische Solidarität in der europäischen Politik. Die Gefangennahme Ludwigs XVI. hatte sofort die Anregung des Kaisers an alle Frankreich benachbarten Staaten zur Folge, zum Schutz des Königs auf einem Kongreß der europäischen Staaten zu beraten. Entgegen der von der Königin Marie Antoinette empfohlenen Vorsicht des Kaisers war die Zarin Katharina II. der Ansicht, daß hier nur radikale Methoden, »Eisen und Kanonen«, helfen könnten. Die kaiserliche Politik hat sich auf solche Abenteuer nicht eingelassen; sie ist im Gegenteil aus dem vorsichtigen Lavieren dieser Monate, dem hinhaltenden Versuch, sich letzten Endes doch nicht festzulegen, aus der Unsicherheit und Unentschlossenheit, vor allem aus der Ratlosigkeit über den richtigen Weg nicht herausgekommen. Von besonderem Gewicht mußte schon jetzt gleich die Zurückhaltung Englands sein; Pitt lehnte eine Intervention in Frankreich überhaupt strikt ab, die Lähmung der Gegner durch die anarchische Entwicklung der inneren Verhältnisse konnte nur von Vorteil für England sein. Für die europäische Politik war die polnische Frage von größerem Interesse. Die Gespräche in Pillnitz (August 1791) zwischen Leopold II., Friedrich Wilhelm II. und Friedrich August von Sachsen lassen das sehr deutlich erkennen: der Eifer der Emigranten war nicht imstande, an den Kalkulationen der Monarchen etwas zu ändern.

Daß die Revolution in Frankreich im Gegensatz zum deutschen Reich nötig gewesen sei, das sagte damals Schlözer in dem Bewußtsein, daß deshalb auch keine Ansteckungsgefahr bestehe. Um so folgenreicher ist es aber geworden, daß diese vorsichtigen politischen Beratungen bezeichnenderweise in Frankreich die Sorge um die Zukunft der Revolution gesteigert haben; die Unruhe über die Pläne des alten Europa wurde zum Angstkomplex, gerade weil gar nicht recht greifbar war, was gespielt wurde. Es ist für uns heute nach hundertfünfzig Jahren revolutionärer Politik viel leichter, die Wende in der politischen Problematik zu erkennen, die damals sichtbar zu werden begann im Gegensatz zwischen der Interessenpolitik der adligen Führungsschichten in der temperierten Atmosphäre der fürstlichen Kabinette und der unheimlichen, wilden Leidenschaft der zu politischer Geltung sich emporschwingenden, politisch noch unerfahrenen neuen bürgerlichen Gesellschaft in Frankreich. Der politische Wille des sich zur »Nation« erklärenden »Dritten Standes« lebte zugleich von der missionarischen Erregung, die den revolutionären Bewegungen in der modernen Welt eigen ist. Wir werden noch sehen, wie Danton in kritischer Stunde im Frühjahr 1793 diese Problematik erkannt hat – Mirabeau war von ihr durchdrungen gewesen. Das heißt aber auch schon jetzt die Schicksalsfrage Napoleons stellen und damit zugleich auf Metternichs politische Einsicht und geschichtliche Leistung vorausweisen.

Zunächst hat freilich auch die königliche Regierung in Frankreich versucht, mit den Mitteln des Ausspielens der politischen Interessengegensätze ihre Stellung vor dem großen Debakel zu stärken und durch militärische Maßnahmen die Ausgangsstellung zu verbessern. Schritt für Schritt, in vielfältigen Wechselwirkungen der Maßnahmen auf beiden Seiten, drängte der revolutionäre »élan« weiter, die Allianz mit dem Kaiser (seit 1756) wurde gekündigt. Die Nationalversammlung diskreditierte jede Verhandlungsbereitschaft, an die Stelle der Diplomatie trat die Außenpolitik des Monologs.

Unter diesen Umständen schloß der Kaiser (Februar 1792) mit Preußen ein Bündnis und verschärfte damit seinerseits die Beziehungen zu Frankreich. Die Parlamentarisierung der französischen Regierung war die Folge, die Girondisten trugen seitdem die Gesamtverantwortung der französischen Politik. In diesen von Woche zu Woche sich zuspitzenden Verhältnissen riefen die Verbündeten ihrerseits zur Rettung des monarchischen Frankreich und zur Bewahrung vor der Revolution, das heißt der Anarchie, auf. Schlag und Gegenschlag folgten, bis es mit großer Mehrheit zur Kriegserklärung (April 1792) in der Nationalversammlung kam. Von einer anders nicht abzuwendenden Bedrohung Frankreichs konnte schlechterdings nicht gesprochen werden; aber die Lage wurde durch die Erwartung einer großen Zukunft beherrscht, während der König und seine Umgebung nach wie vor auf eine Chance der Vergeltung hofften. Der endlich beginnende Krieg erschien unter der Führung der Girondisten für viele als Befreiung aus dem Geiste eines über Frankreich weit hinausgehenden revolutionären Dynamismus, wie er in dem »Chant de guerre de l'armee du Rhin«, der berühmten Marseillaise, seinen hinreißenden rhythmischen Ausdruck gefunden hat. In ihm verschwimmen die Grenzen zwischen Staat, Nation, Frankreich und Menschheit, alles ist eingeschmolzen in die große revolutionäre Utopie von der Befreiung aller Völker im Siegeszug der Revolution, der neuen Weltordnung über die »Verschwörung der Fürsten gegen die Freiheit der Völker«. Dieser begeisterte Eifer kulminiert in der »Anklage« des Philosophen Condorcet gegen die »Verbrecher an der Menschheit« – eine höchst bedenkliche und folgenreiche Diskriminierung des Gegners, die dem Krieg vorausgeht und diesen zum »heiligen« Krieg macht und den Terror im Innern und im Verhältnis zu den Feinden grundsätzlich einschließt. Wer in dem Bewußtsein handelt, daß die Revolution, »die sich unter uns vollendet, in sich die Geschichte der Welt trägt«, oder weiß, daß »von Frankreich aus die Freiheit und das Glück der Welt ihren Ursprung nehmen sollen« (Robespierre), der kann andere Ansichten über die Entwicklung nicht mehr zulassen.

Insofern ist der Kriegsausbruch 1792 allerdings für die Geschichte der modernen Welt ein Markstein – und in der Kontinuität der französischen Geschichte ein großer Moment, ein Superlativ des nationalen Sendungsbewußtseins im Zeichen der Befreiung des Menschen. Dem stand auf seiten der Alliierten viel Unsicherheit, viel Unentschlossenheit, Uneinigkeit und vor allem Unverständnis für die Lage gegenüber, die sich den herrschenden politischen Vorstellungen so sehr entzog. Von vornherein galt im allgemeinen für die Verbündeten, was Rivarol sich notiert hat: daß sie mindestens »immer um ein Jahr, eine Armee, eine Idee zurück waren«. Freilich, auf beiden Seiten bestand ein erstaunliches Mißverständnis über den Gegner: weder der eine noch der andere brach so schnell zusammen, wie man taxiert hatte – die warnende Stimme des erfahrenen alten österreichischen Staatskanzlers Kaunitz, der voraussah, daß man bereuen werde, was man damals tat, blieb, wie so oft, unbeachtet. Aus dem Für und Wider der Fronten ist es erst nach dreiundzwanzig Jahren einigermaßen gelungen, eine neue, wenn auch weithin als Versuch der Restauration der vorrevolutionären Verhältnisse gemeinten Ordnung für Europa zu schaffen, ohne daß die Revolutionierung Europas rückgängig zu machen gewesen wäre. Die europäische Geschichte ist in dem Schmelztiegel der sogenannten Koalitionskriege zwischen dem revolutionären Frankreich und Europa (wie durch die Weltkriege des 20. Jahrhunderts) etwas anderes geworden. Die »Sicherheit« ist seitdem in Europa permanent gefährdet gewesen.

Die Kriegserklärung des 20. April 1792 richtete sich zunächst nur an den König von Böhmen und von Ungarn, das heißt an Österreich allein, nicht an das »Reich«. Die ersten Erfahrungen des Krieges mit dem alten Europa waren für das revolutionäre Frankreich allerdings enttäuschend: die Bemühungen um eine antiösterreichische Koalition, um welche die Revolutionsregierung sich bemüht hat, schlugen fehl; um so interessanter waren statt dessen die revolutionären propagandistischen Methoden im Sinne einer Art »erweiterter Strategie«, die jetzt zur Anwendung kamen. Aktionszentren für die Freiwilligenlegionen aus den europäischen Völkern wurden gebildet, es gab Klubgründungen auf französischem Boden neben illegalen Unternehmungen bis nach Spanisch-Amerika, um in anderen Ländern Volkserhebungen vorzubereiten; schließlich auch Gratifikationen für Deserteure aus den Heeren der Alliierten. Sehr schnell zeigte sich freilich, daß die reguläre französische Armee unzulänglich auf den Krieg vorbereitet war. Die revolutionäre Begeisterung war nur die Sache einer Minderheit von Freiwilligen in eigenen Verbänden; nur unter Zwang und Versprechungen waren andere Truppenteile zu bewegen, ins Feld zu rücken. Der Vormarsch zeigte auch die Unzulänglichkeit der militärischen Führung; die Dezimierung des Offizierskorps durch die Emigranten trug dazu bei. Das allgemeine Debakel bei der ersten Begegnung mit dem Feind war nicht aufzuhalten, die militärische Niederlage schien nach wenigen Wochen besiegelt zu sein, und eine neue Wirtschaftskrise vermehrte die innere Auflösung.

Für alles weitere wurde jedoch entscheidend, daß in diesen kritischen Tagen keine Katastrophe eintrat, sondern gerade diese Gefahr die Rettung Frankreichs, des revolutionären Frankreich, zur Folge hatte. Hier lag der Ursprung der »Zweiten Revolution«. In der Krise des Sommers 1792 legitimierte sich die radikale Revolution als Retterin, die Wirtschaftslage besserte sich von dem Moment an, in dem es sich zeigte, daß die Entwicklung nicht zu einer Katastrophe führen werde; die ausländischen Banken blieben ruhig. Trotz-

Marats Triumph beim Einzug des Revolutionstribunals in den Justizpalast am 24. April 1793
Aus einer lavierten Zeichnung von Louis Léopold Boilly
Versailles, Musée Lambinet

Haftbefehl für Danton, Delacroix, Desmoulins und Philippeaux vom 30. März 1794
mit den Unterschriften u. a. von Carnot, Saint-Just und Robespierre
Paris, Archives Nationales

dem waren die Schwierigkeiten der Lebensmittelversorgung der Bevölkerung nicht zu beseitigen. In der Not des Krieges wurde jegliche Versorgung schwierig; das führte zur Konzentration der Verwaltungsbefugnisse und zur Politik der Einschüchterung. So wurde die königliche Garde aufgelöst (Mai 1792), so wurden die denunzierten Priester, die den Verfassungseid verweigert hatten, deportiert, so wurde ein militärischer Stützpunkt der Girondisten (mit zwanzigtausend Nationalgardisten) in der Nähe von Paris gebildet. Die Unsicherheit und Planlosigkeit in der Umgebung des Königs wurde im Sommer 1792 immer bedenklicher; seine eigenen Minister warnten den König vor der Gefahr für den Fortbestand der Monarchie. La Fayette forderte in der Nationalversammlung die Unterdrückung der radikalen demokratischen Bewegung, während Aufstände in den Vorstädten von Paris erwartet wurden. Am Jahrestag des Ballhausschwurs (20. Juni) kam die akute Gefahr zum Ausbruch und machte die Ohnmacht der Nationalversammlung gegenüber dem Radikalismus sichtbar, als die Menge entgegen den behördlichen Verordnungen demonstrierte, in der Nationalversammlung erschien und in die Tuilerien eindrang. Es widersprach der Art Ludwigs XVI., sich in solchen Situationen durch Widerstand zu behaupten, aber im Negativen war er vielfach zäh, so auch jetzt: er nahm sein Veto (gegen den Zivilstatus des Klerus und gegen die Verurteilung der Emigranten) nicht zurück und weigerte sich, den girondistischen Ministern die Regierungsgeschäfte wieder zu übergeben. Die royalistische Opposition gegen diese Vorgänge verbesserte die Lage des Königs nicht, wenn er sich auch von dieser distanzierte. Die Ereignisse der Junitage 1792 vertieften die Erkenntnis von der immer unhaltbareren Lage der Krone. Der König mit seinen Ministern wurde von den Revolutionären des Verrats angeklagt, sie forderten nun auch die parlamentarische Verantwortlichkeit der Minister und erwogen die Absetzung des Königs; das Königtum war mit dieser Fragestellung bereits – längst vor dem Tode des Königs selbst – der Revolution zum Opfer gefallen; sein Kredit war verbraucht. Gegen diese extremen Tendenzen haben sich die Girondisten im ganzen genommen damals nachdrücklich gewehrt – selbst auf das Risiko einer Stellung zwischen zwei Fronten hin! Verschiedene Erfolge ihrer Politik in einzelnen Pariser Stadtbezirken haben aber nicht aufhalten können, daß im kritischen Stadium der Entwicklung deutlich wurde, wieweit ihre Stellung durch die radikalen Bestrebungen bereits unterhöhlt war. Das hat sie gelähmt, sie gehindert, die eigene Position aufs Spiel zu setzen und gegen den Radikalismus Front zu machen. Deswegen schlug jetzt die Stunde der Jakobiner: sie stellten sich an die Spitze der antiroyalistischen Bewegung in den Städten; Marseille forderte als erste Stadt Ende Juni (27. Juni 1792) die Republik; Robespierre verlangte im Namen der militärisch organisierten »Föderierten« die Absetzung des Königs, nachdem er dessen verfassungsrechtlich begründetes Vetorecht angegriffen hatte. Die sogenannte »Revolution des 10. August« war eine Erhebung, die technisch von einer Zentrale her mit Lenkungsausschuß und geheimem Direktorium mit Delegierten, welche die Verbindungen zu den einzelnen Sektionen sicherten, vorbereitet worden war. In permanenten Bürgerversammlungen der achtundvierzig Sektionen von Paris wuchs die Spannung täglich: ihre Forderungen wurden immer radikaler, bis schließlich die immer unsicherere Lage zur Forderung eines revolutionären Exekutionsrates führte, der die Nationalversammlung ersetzen sollte: nach allgemeinem

Wahlrecht sollte ein »Konvent« genannter Rat gebildet werden. Die innere Unsicherheit, das gefährdete Ansehen der verfassungsmäßigen Nationalversammlung und die Bedrohung durch die Alliierten erhöhten die Panikstimmung. Bevor am 1. August die Preußen Koblenz verließen, hatte am 25. Juli der Herzog von Braunschweig als Oberbefehlshaber der Interventionsarmee ein Manifest erlassen, das im Namen der österreichisch-preußischen Koalition »Paris mit einer militärischen Exekution und vollständiger Vernichtung« bedrohte, wenn »Ihren Majestäten dem König, der Königin und der königlichen Familie die mindeste Gewalt oder Beleidigung widerfährt«. Dieses verbrecherische, taktisch auch völlig verfehlte und arrogante Emigrantenprodukt hat die Monarchie in Frankreich um den Rest ihres Ansehens gebracht. Die Erregung war ungeheuer. Auf den Ruf »Das Vaterland ist in Gefahr!« kamen aus ganz Frankreich die »Föderierten« nach Paris gezogen. Um die Monatswende Juli/August drohte tagtäglich die Erhebung.

Die Katastrophe der Monarchie

In der Nacht vom 9. zum 10. August läuten die Alarmglocken, die Kommissare der einzelnen Sektionen treten im Stadthaus neben der bestehenden Behördenorganisation als revolutionärer Rat zusammen, Widerstand wird mit Gewalt gebrochen, die königliche Familie weiß sich keinen anderen Rat, als in die Nationalversammlung zu fliehen und sich deren Schutz zu unterstellen, während in den Tuilerien die Schweizergarde auf Befehl des Königs das Feuer auf die Eindringenden einstellt und dann niedergemacht wird. An diesem Tage, in dieser außen- und innenpolitisch bedrohten Lage, siegt die radikale Revolution, wird die revolutionäre Diktatur errichtet und die gesetzgebende Nationalversammlung praktisch liquidiert. Die bürgerlich-liberale Revolution ist dem Radikalismus in Paris erlegen.

Die Rücksicht auf die Provinzen, in denen die Girondisten breite Anerkennung genossen, führte allerdings zunächst zu einem Ausgleich: die Nationalversammlung blieb vorläufig weiterbestehen, sie erkannte die revolutionären Räte, die Kommunen, jedoch an. Die königliche Familie wurde vorerst interniert, der König abgesetzt; über sein Schicksal sollte erst der jetzt zu wählende Konvent entscheiden. Inzwischen ernannte die Nationalversammlung einen vorläufigen Exekutivrat. In ihm hat dann der vielumstrittene Danton, der sogar unter dem Verdacht stand, vom Hofe gekauft zu sein, seine große Rolle zu spielen begonnen – einer der Heroen des revolutionären Mythos, selbst unter den leidenschaftlich erregten Franzosen ein Mann ganz eigener Art, der wenig von einem Intellektuellen hatte, kein disziplinierter Fanatiker wie Robespierre oder Saint-Just, nicht wegen seiner klugen Überlegenheit und Zielstrebigkeit nur auf Abstand zu bewundern, sondern ein überschäumender Lebenswille, Vertrauen und Vertraulichkeit erweckend, einer der großen Rhetoren der Revolution, taktisch geschickt, ein Mann der momentanen Klugheit und Entschlossenheit, aber – seine empfindlichste Schwäche – ohne klar zu wissen, was er wollte oder was geschehen sollte, ohne Theorie und Planung, mehr Volkstribun als Politiker.

Die innerfranzösischen Verhältnisse wurden durch diese Ereignisse freilich nicht geklärt oder vereinfacht, die Zuständigkeiten der Verwaltung verwirrten sich weiter. Das waren die Wochen, in denen die »jakobinische Eroberung« Frankreichs begann: die große Wende, die Frankreich in der höchsten Not von den Anfangserwartungen der Revolution endgültig trennte und die radikale Republik auf der Grundlage des allgemeinen Wahlrechtes inaugurierte – ohne freilich von der begeisterten Zustimmung der Nation wie 1789 getragen zu werden. Sicher ist dieser Gang der Ereignisse nicht zwangsläufig, »notwendig« gewesen, aber die Erfahrungen fortschreitender Auflösung und Desintegration des öffentlichen Lebens und der entscheidende Mangel einer königlichen Initiative in diesen Jahren haben die radikale Minorität, die im Namen des Volkes auftreten konnte, das Gesetz des Handelns erringen lassen. Und sie war entschlossen, die Konterrevolution zu vernichten, wo sie sie zu treffen meinte: das war der Ursprung des jakobinischen Terrors im September 1792. Eines ist zunächst an dieser Wende für die Geschichte der Französischen Revolution und Europas wichtig geworden: mit dem Terrorismus büßte die Propaganda der Revolution ihre Wirkung ein, soweit sie aus der bürgerlich-liberalen Aufklärung stammte. Die revolutionäre Idee wird, von diesen Erfahrungen aus gesehen, für die noch nicht revolutionierte Welt zur bloßen Ideologie; das konterrevolutionäre Lager wächst. Der Terror bewirkt aber nicht nur eine Wende in der Geschichte der Revolution und ihrer Weltwirkung, sondern durch ihn gelingt andererseits der Aufbau eines militärisch organisierten Machtapparates in der Stunde der Bedrohung durch den Feind von außen. Die Wochen zwischen der Erstürmung der Tuilerien, der Gefangennahme des Königs und dem Zusammentritt des Konvents hat man mit Recht als ausschlaggebend für die Geschichte der Revolution bezeichnet. In ihnen wird mit immer klarer werdender Absicht auch der Bruch mit der monarchischen Vergangenheit vollzogen – bis zur Zerstörung der Königsgräber in St. Denis. Die Entscheidung zugunsten des radikalen Aktivismus fiel jedoch erst später im Konvent im Kampf zwischen Jakobinern und Girondisten. Erst danach begann die Politik des »Schreckens« im Zeichen der allgemeinen Wohlfahrt, die seit den Augusttagen 1792 die Franzosen in Atem hielt, insbesondere das besitzende Bürgertum, das sich gegen alle wirtschaftlichen und sozialen Beschränkungen wehrte. Die »Wohlfahrt« der neuen Gesellschaft lag im Interesse der kleinen Handwerker und Arbeiter. Sie hatten im Krieg durch Verteuerung der Lebensmittel, unter Arbeitslosigkeit und niedrigen Löhnen gelitten und sahen nun in der konsequenten Zentralisierung und Unterordnung den Ausweg aus den drückenden Schwierigkeiten; sie haben den Radikalismus unter Preisgabe der Freiheiten der neuen bürgerlichen Gesellschaft unterstützt. Unter diesen Umständen, auf den Trümmern der Institutionen des königlichen Frankreich, wurde das Programm der radikalen Demokratie zum Gebot der Stunde, um die Anarchie im Innern zu bändigen und das Land gegen den von außen eindringenden Feind, der auch der Feind der neuen revolutionären Ordnung war, zu verteidigen. Das Entsetzen über die Nachrichten von der Front, die Tatsache, daß Verdun belagert wurde und sich kaum halten konnte, trieb die innere Krise zu ihrer Höhe. In der Aufregung zündete das Schlagwort »Verrat« zur Begründung der feindlichen Erfolge und des Mordes. Es kam die Zeit der großen rhetorischen Erfolge, der Faszination der Rede, der radikalen Forderung an Stelle des politischen Kalküls. Es war die große Zeit Dantons, die Zeit der gefährlichen Worte: lieber wollten sie sich unter den Trümmern des Vaterlandes begraben lassen, als die Errungenschaften der Revolution aufgeben; »wir liefern unsere Städte nicht aus, und sollten sie darüber in Aschenhaufen verwandelt werden«. Man forderte die Todesstrafe für diejenigen, die nicht mit ins Feld ziehen wollten, für diejenigen, die mittelbar oder unmittelbar die Unternehmungen der Revolutionäre behinderten. »Nur Kühnheit, Kühnheit und immer Kühnheit – und das Vaterland ist gerettet.«

Das Werk des Konvents

Die Einheit Frankreichs war durch die radikale Revolution wiederhergestellt, als die Nationalversammlung das Programm der Kommune genehmigt hatte. Aber der Angsttraum der Revolutionäre vor den Verrätern, die Angst vor der gemeinsamen Sache der Gegner der Revolution innerhalb und außerhalb Frankreichs blieb. Vor dem Abzug der Freiwilligen zur Front sollten alle verdächtigen Gefangenen ermordet werden. In den nur langsam sich hinschleppenden Prozessen und Verurteilungen erklärte Danton, daß »das Volk«, wenn die Gerichte versagten, selbst sich »sein Recht« verschaffen könne. Das Morden unter den angeblichen Landesverrätern begann am Sonntag, dem 2. September, in Paris. Etwa elfhundert bis vierzehnhundert Menschen fielen ihm damals zum Opfer. Die staatlichen Behörden sahen machtlos dem Wüten zu, das nicht zuletzt auch als Warnung für die Girondisten im Zeichen der Wahlen zum Konvent verstanden werden mußte und von Robespierre der Kommune als notwendige »Säuberung« der Partei erklärt wurde. Der Aufbruch der Nation zur Front war landauf, landab von dem Schrecken vor den Exekutionen der sogenannten »Landesverräter« begleitet, unter denen die eidesverweigernden Priester besonders bedroht waren. Die Einheit des revolutionären Frankreich, das heißt der Kommunen, der Nationalversammlung und der Regierung, schloß den Klerus, die Kirche bezeichnenderweise aus. Die aus der Revolution entstehende Nation verschärfte den Kampf gegen die »monarchistischen Bastillen«, gegen die Konterrevolutionäre, zu denen die Priester gehörten. Alle Ordenshäuser mußten bis zum 1. Oktober geräumt und verkauft werden, schwarze Listen der oppositionellen Priester wurden von der Kommune an die Sektionen verteilt. Um den Einfluß des Klerus auf die Wahlen zum Konvent zu verhindern, tat Eile doppelt not. Etwa fünfundzwanzigtausend Geistliche haben im Zuge der Säkularisierung Frankreich verlassen; andere leisteten dann doch den Verfassungseid, ohne vom Papst unter diesen Umständen gebannt zu werden. Aus der so entstehenden Notlage heraus wurden die Standesämter verweltlicht, Sakrament und Zivilstand getrennt und Ehescheidungen nach dem Zivilgesetz erlaubt, ein Zeichen für den weltlichen Charakter des revolutionären Nationalstaates.

Indem die Kirche vom Staat ihr Gesetz erhielt, vollendete sich die Revolutionierung der alten Ordnungsmächte: entsprechend der Tendenz des modernen Geistes wurde das Verhältnis zwischen Kirche und Staat vom Staat her bestimmt und die Reste weltlicher Ordnungsfunktionen der Kirche liquidiert. Daran hat später auch die »Restauration« im Grunde nichts mehr ändern können. Die Konsequenzen führten bis zum Verbot, den

Priesterrock in der Öffentlichkeit zu tragen, auch das Straßenbild der revolutionären Gesellschaft nivellierend und egalisierend. Prozessionen wurden mit der Begründung untersagt, daß sie den öffentlichen Verkehr behindern. Die Nationalversammlung schloß sich der Kommune an, erklärte die Religion überhaupt zur Privatsache und beseitigte die rechtliche Ausnahmestellung der Kirche.

Inzwischen fiel die Entscheidung in der Auseinandersetzung mit dem Feind von außen, der nach der Niederlage der Franzosen im Frühjahr die Chance des Sommers 1792 nicht ausgenutzt, sondern sie durch Unkenntnis der Verhältnisse und Hochmut versäumt hatte. Die diplomatische Vorbereitung der Unternehmung war schlecht, vor allem die Engländer blieben unbeirrbar zurückhaltend, während die Russen in Polen eingerückt waren und sich lediglich mit finanzieller Unterstützung begnügten. Schließlich begegnete die Intervention lebhafter Kritik in den Kreisen, welche die revolutionäre Entwicklung in Frankreich mit Sympathie verfolgten. Und die Verbündeten, Österreicher und Preußen, dachten ihrerseits nicht daran, den Vormarsch ihrer Truppen energisch zu betreiben, vor allem, weil sie durch ihre polnischen Interessen gehemmt waren. Damals galten die preußischen Truppen noch als die besten in Europa, auch im Urteil der Franzosen. Die Intervention war jedoch von vornherein nicht auf militärische Entscheidungen angelegt, sondern um Verhandlungen vorzubereiten, ganz im Sinne der politischen und strategischen Prinzipien des 18. Jahrhunderts. Nach den Erfahrungen des Frühjahrs war man voller Verachtung für den Gegner; mit ernsthaftem Widerstand meinte man nicht rechnen zu müssen, ganz abgesehen von der Illusion, daß die Mehrheit der Franzosen die Befreiung durch die Feinde der Revolution erhoffte.

Es hat etwas Makabres an sich, daß bei der letzten Kaiserkrönung in Frankfurt am Main, der letzten Zusammenkunft des alten Deutschland, die letzten Schritte zu diesem so schlecht vorbereiteten Feldzug gemacht worden sind, ohne zu ahnen, was sich in dem beginnenden Spiel verbarg. Die Desillusionierung der Alliierten begann allerdings sehr schnell, sie waren enttäuscht über die feindliche Gesinnung der Franzosen, die sich gegen den Angreifer zusammenschlossen und deren Verteidigungswillen wuchs. Regenwetter und Krankheiten in der Truppe kamen dazu, um die Energie der Armee zu lähmen. Nicht nur Wendepunkt dieses Feldzuges, sondern ein Epochenereignis war dann die Begegnung der feindlichen Heere auf dem Schlachtfeld bei Valmy. Ohne daß eine Entscheidung die Lage klärte, bereitete sich in Regen, Nebel und Unlust der Umschwung vor: der Gegenangriff Frankreichs auf Europa, gipfelnd in der Revolutionierung der bestehenden Ordnung in Mittel- und Südeuropa. Das völlig Unerwartete geschah: die Revolutionsarmee floh nicht, sondern hielt stand, ja, sie hatte den in perfekter Schlachtordnung aufmarschierenden preußischen Regimentern Halt geboten. Nachdem das geschehen, steigerte sich ihr Selbstvertrauen bis zum Glauben an ihre Unbesiegbarkeit, während die Preußen die Erfahrung dieses Tages nicht nur über den Gegner belehrte, sondern überhaupt an dem Nutzen des ganzen Krieges zweifeln ließ. Sie führte die preußische Politik auf den Weg zum Sonderfrieden mit dem revolutionären Frankreich in Basel 1795. Goethe gehörte zu denen, die sich damals sofort des Epocheereignisses bewußt geworden sind. Daß es geradezu der wichtigste Tag des Jahres gewesen sei, daß der 20. September 1792 die Gestalt der Geschichte verändert habe und nicht nur eine Schlacht verloren worden sei, darüber war sich auch mancher preußische Offizier im klaren (wie der Major von Massenbach). Die bestehende »alte« Welt versank, der Sieg der neuen nationalen französischen Armee über die Kabinettskriegsführung schloß den Triumph der radikalen Revolution ein. Jetzt schieden sich auch die Geister zwischen »Aufklärung« und revolutionärem Radikalismus; die Erschütterung des Glaubens an die alte Ordnung angesichts der »konstruktiven Gestalt« der Revolution kennzeichnet die veränderten Verhältnisse. Die unmittelbare Folge für Frankreich war die Ausrufung der Republik, aber auch der Vormarsch der Franzosen auf Mainz, der Einmarsch in Savoyen, wo sie als Befreier begrüßt wurden; Belgien kam in ihre Hand. Mit der »Marseillaise« auf den Lippen stürmten die Revolutionäre im Frontalangriff, ohne Rücksicht auf alle gelehrten Regeln, bei Jemappes gegen die Österreicher vor (6. November 1792). Nach der ganzen Anlage war der Kampf ein revolutionärer, das Beispiel eines auf bisher unbekannten Massierungen begeisterter Truppen beruhenden Sieges.

Im Herbst 1792 spitzten sich die Verhältnisse auf die Fragen nach der Stellung des Konvents und nach der Zukunft der Koalition zu. Würden die Alliierten die Indolenz der Engländer überwinden? Welche Konsequenzen würden sich aus der zweiten Teilung Polens im Januar 1793 für die Beziehungen der Alliierten unter sich und zu Rußland ergeben? Der Plan, mit den Alliierten zu verhandeln, ist im Herbst 1792 von den Revolutionären erwogen, dann aber doch verworfen worden: Der Sieg schob die politische Kalkulation als wesensfremd beiseite und drängte den Konvent zur Fortsetzung des Krieges, zu Annexionen, zur Alarmierung vor allem der Engländer. Die Last der Verantwortung legte sich sofort auf den gerade am Nachmittag des Tages von Valmy zum ersten Male zusammentretenden Nationalkonvent, dessen Entschließungen von dem Gegensatz der Girondisten und der »Bergpartei«, den Radikalen, bestimmt sein sollte. Der Kampf zwischen Brissot und Robespierre steigerte sich zum Ringen um die zentralisierende Diktatur. Im Gegensatz zu den Jakobinern im Besitz großer Zeitungen, hat zunächst die Propaganda der Girondisten bestimmend in der Öffentlichkeit, vor allem in der Provinz, gewirkt. Sie opponierte insbesondere gegen die vorherrschende Stellung der Hauptstadt. Mit dieser Kritik an der Monopolstellung von Paris wandten sie sich nicht nur gegen die revolutionäre Entwicklung der letzten Jahre, sondern gegen die Generaltendenz der französischen Geschichte überhaupt. Dieser Widerspruch enthält sogleich den Gegensatz zwischen dem begüterten »liberalen« Bürgertum und den »kleinen Leuten«, der sich zu der Schicksalsfrage an die Zukunft zuspitzt. »Vor dem 10. August«, erklärte Brissot, »waren die Zerstörer wirkliche Revolutionäre«, jeder Revolutionär müsse zunächst Zerstörer sein. Die Lage habe sich inzwischen aber grundlegend geändert: die Zerstörer seien heute Konterrevolutionäre; der Kampf gegen die Anarchie müsse jetzt Frankreichs Ziel sein, der Kampf gegen diejenigen, die alles nivellieren, den Besitz, den Wohlstand aufs Spiel setzen wollten. Demgegenüber Robespierres schneidende Frage: »Habt ihr eine Revolution ohne Revolution gewollt?« Das Königtum sei vernichtet, Adel und Klerus verschwunden, nun beginne erst das Reich der Gerechtigkeit; seine Grundlage sei die Volkssouveränität, die den Mißbrauch der Macht ausschließe. Nicht nur Umsturz kennzeichne die Revolution, sondern für die neue Republik sei die Gesinnung der Bürger entscheidend. Die Seele der Republik sei die Tugend, die Hingabe, die dem

Gemeinwohl gelte, hinter dem alle Sonderinteressen zurückzutreten hätten. Die Gegner der Republik wurden als Egoisten, Ehrgeizige, Verderbte moralisch diskriminiert, und man unterschied radikal zwischen guten und schlechten Bürgern, zwischen Gewinnsüchtigen, Reichen und den Männern des Volkes. Die Wirklichkeit der Sittlichkeit sei das Volk, das arbeitende, das »gute« Volk im Sinne Rousseaus: es will immer das Gute, es sieht dieses freilich nicht immer.

Die »Revolutionsregierung« war eine Kriegsregierung. »Bis zum Frieden ist die vorläufige Regierung revolutionär«, heißt es im Dekret vom 10. Oktober 1793. Die Revolution kämpfte um ihre Existenz. Erst wenn die Republik gesiegt habe, sollte die verfassungsmäßige Regierung wieder eingesetzt werden. Im Kriegszustand mußte schnell gehandelt werden; diesem Gebot wurde die ganze Verwaltung durch ihre Zentralisation unter-

Die Teilung Polens

I. II. III.		I. 1772	II. 1793	III. 1795
≡	Preußen	Westpreußen ohne Danzig u. Thorn Bistum Ermland, Netzedistrikt	Danzig, Posen und Kalisch (Südpreußen)	Masovien und Neuostpreußen
⁙ ▪	Österreich	Ostgalizien und Rußland		Westgalizien (Kleinpolen) und Krakau
‖‖‖	Rußland	Gebiete östlich Düna und Dnjepr	Teile Weißrußlands, Schwarzrußlands, Kleinrußlands, der Ukraine u. Podoliens	Herzogtum Kurland Litauen, Rest von Schwarzrußland und Podolien

geordnet; jeder Widerstand würde durch Terror gebrochen, jeder Aufrührer gegen das Gesetz war ein Feind des Volkes und verdiente den Tod. Die Diktatur des Wohlfahrtsausschusses hat auf diese Weise eine gewisse Stabilität der Verhältnisse geschaffen. So provisorisch die Revolutionsregierung auch war, sie hatte doch eine Organisation ihrer Herrschaft nötig. Im Dekret vom 4. Dezember 1793 hat sie sich so etwas wie eine Verfassung gegeben: im Prinzip demokratisch, war der Konvent die höchste Autorität; seine Ausschüsse regierten unter seiner Kontrolle. Aber die Exekutive war doch das wichtigste Organ der Regierung. Niemand durfte ihr widersprechen. Bis auf den Jakobiner-Klub verschwanden alle anderen Klubs; Kritik war verdächtig, die unabhängige Presse wurde unterdrückt. Von den einundzwanzig Ausschüssen der Exekutive waren die wichtigsten der »Wohlfahrtsausschuß« (Comité du salut public), der die auswärtige Politik leitete, den Krieg führte und das wirtschaftliche Leben regelte, und der »Sicherheitsausschuß« (Comité de sureté), das Ministerium des Terrors.

Die Verwaltung der Departements, des Föderalismus verdächtig, wurde auf das Direktorium beschränkt und verlor den größten Teil ihrer Aufgaben. Am wichtigsten waren Bezirk und Gemeinde, die mit der Zentrale in direkter Verbindung standen. Revolutionsausschüsse gab es nicht überall, meist fehlten sie auf den Dörfern. »Jede vom Konvent ausgehende Handlung endigt bei euch«, hieß es in einem Rundschreiben des Wohlfahrtsausschusses. »Ihr seid gleichsam die Hände des Staatskörpers; er ist sein Kopf, und wir sind die Augen. Durch euch trifft der Volkswille, sobald er den Schlag beschlossen hat.« Bei jeder Behörde gab es einen Konventskommissar, der gewählt wurde, aber der Regierung verantwortlich war und regelmäßige Wochenberichte einzusenden hatte. Er stand zwischen den Zentralausschüssen und den lokalen Verwaltungen.

Der Wohlfahrtsausschuß hatte freilich nicht genügend Zeit, die Zentralisation völlig durchzusetzen; er hatte neben anderen Friktionen dauernd mit der Rivalität des Sicherheitsausschusses zu kämpfen. Diese haben schließlich zum Sturz des Regimes geführt. Erst Napoleon hat die Zentralisation vollendet. Die Mehrheit des Wohlfahrtsausschusses dachte im übrigen nur an einen siegreichen Abschluß des Krieges; für alle anderen Aufgaben nahm man die Hilfe anderer in Anspruch, sofern sie sich nur zur Verfügung stellten. Die gesetzlichen Regelungen beschränkten sich auf das Notwendigste.

Der Konvent hatte als erstes das Königtum abgeschafft (21. September 1792). Mit diesem Tag dokumentierte sich bezeichnenderweise das revolutionäre Selbstbewußtsein mit der Einführung eines neuen Kalenders. Das Jahr 1 der Republik hatte begonnen; Zeugnis zugleich für den universalen Anspruch der Revolution. Der Prozeß gegen den König ließ die Konsequenzen aus dem neuen Selbstbewußtsein sogleich erkennen. Die Sorge vor der Radikalisierung schreckte die Gironde vor dem Todesurteil gegen Ludwig XVI. zurück, während hinter dem Königstode für die Jakobiner die Absicht sichtbar wurde, den Schnitt zwischen der von der Revolution noch nicht erfaßten Umwelt und sich selbst zu vertiefen:

»Das Königtum ist abgeschafft«
Dekret der Nationalversammlung vom 21. September 1792. Paris, Archives Nationales

remis le 22 9bre 1792

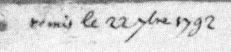

DÉCRET
DE L'ASSEMBLÉE NATIONALE.

Du vingt un Septembre 1792.

L'AN QUATRIÈME DE LA LIBERTÉ.

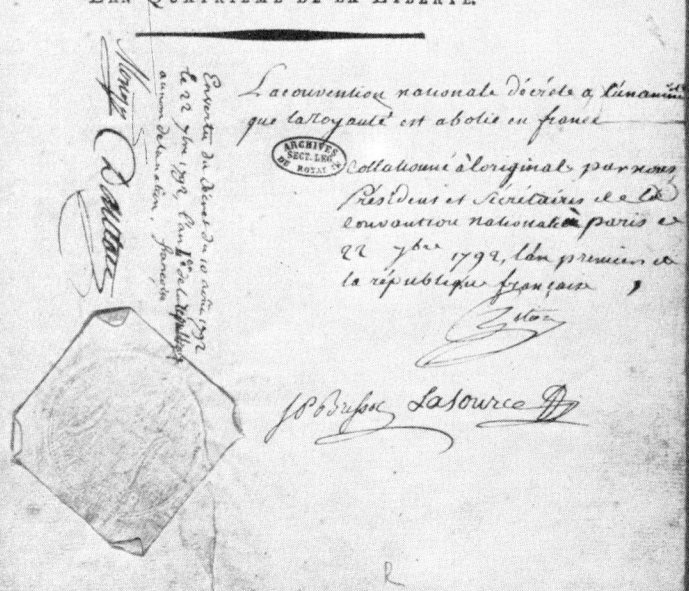

Archives N.
N.º 222.

La convention nationale décrete à l'unanimité
que la Royauté est abolie en france

Collationné à l'original par nous
Présidens et Secrétaires de la
convention nationale à paris le
22 9bre 1792, l'an premier de
la république françoise

J.P. Brissot   Lasource

Karikatur auf die Vergnügungssucht unter dem Direktorium. Barras läßt Thérèse Tallien und Josephine Beauharnais vor Bonaparte tanzen. Kolorierter Stich von James Gillray, 1797. Düsseldorf, Kunsthandel

eine äußerst radikale Übersteigerung der Revolution und ihrer Ansprüche. Ludwig XVI. stand nicht unter der Anklage des Rechtsbrechers (wie Karl I. 1649), sondern als outcast der neuen Gesellschaft; er sei kein »Bürger«, er stehe außerhalb des Gesetzes. Als König sei Ludwig XVI. ein Usurpator – »Man kann nicht ungestraft regieren« –; nicht die sittliche Qualität des Einzelnen, sondern die Entscheidung für oder wider die Revolution entschied auch über den Menschen; zur Revolution gehört der permanente Kriegszustand zwischen zwei getrennten Welten. Als König war Ludwig XVI. Feind des Volkes, der Konvent hatte diesem Tatbestand Rechnung zu tragen und »einen Akt der nationalen Vorsehung zu vollziehen; der König ist als König zu verurteilen, oder die Republik ist nicht freigesprochen«. Der Königsprozeß wurde so zu einer großen Auseinandersetzung über das Wesen der Revolution. Im Zeichen der außenpolitischen Bedrohung spitzte sich alles auf die Alternative Leben oder Tod zu, auf das Entweder-Oder; einen Kompromiß gab es in dieser Lage nicht. Die Abstimmung im Konvent über das Schicksal des Königs wurde namentlich vorgenommen, während eine enorme Erregung Paris, den Konvent, die Klubs ergriffen hatte, auch aus Furcht vor Unruhen, bis mit einer Stimme Mehrheit die Entscheidung für die Todesstrafe ohne Strafaufschub fiel. Am Tage darauf, am 21. Januar 1793, wurde das Urteil vollzogen. Es war zugleich der Sieg der »Bergpartei«, der »Jakobiner«, über die Girondisten. Nun seien die Brücken abgebrochen; »es bleibt nur noch zu siegen oder zu sterben«. Am 16. Oktober mußte dann auch die Königin Marie Antoinette das Schafott besteigen, nachdem sie alle seelischen Mißhandlungen tapfer ertragen hatte. Nicht zu leugnen ist, daß sie einen unglücklichen Einfluß auf den König und die Geschäfte gehabt hat. Im Laufe der Jahre hatte sie ohne höhere Gesichtspunkte, unerfahren, unwissend und urteilslos nacheinander fast alle bekämpft, die das Königtum retten wollten. Aufrichtige und kluge Royalisten waren ihr deshalb feind. Im Grunde war sie immer Ausländerin geblieben und ohne nähere Verbindung zu Frankreich und dessen Interessen. Zum Schluß war sie ganz isoliert; Leichtsinn, Hochmut und Koketterie ihrer Jugendtage waren von ihr gewichen, mit königlichem Selbstbewußtsein ging sie in den Tod.

Die Ausbreitung des Krieges

Das Entsetzen über die Hinrichtung des Königs ergriff auch außerhalb Frankreichs weite Kreise. Es setzte sich sofort in neue politische Aktivität um, die zur großen Koalition gegen das revolutionäre Frankreich führte, als nun auch England in den Kreis der antifranzösischen, antirevolutionären Verbündeten eintrat. William Pitt, der mit vierundzwanzig Jahren im Jahre 1784 Leiter der englischen Politik geworden war, hatte zunächst nicht mit einer langen Dauer des revolutionären Regimes in Frankreich gerechnet. Die führenden Kreise Englands lebten im Gegensatz zu den Franzosen am Vorabend der Revolution in ruhiger Sicherheit und im Vertrauen auf die Zukunft; die Sezession der nordamerikanischen Kolonien hatte England erstaunlich schnell überwunden. Als Inselmacht mit geringem militärischem Schutz beunruhigte jedoch die Engländer von jeher die Gefahr einer Landung.

Deshalb gehörte die Überwachung der England am nächsten liegenden Häfen auf dem Kontinent zu den Hauptinteressen der englischen Politik. Die gesicherten sozialen Verhältnisse schienen dagegen für revolutionäre Bewegungen keine Angriffsflächen zu bieten. Auch die Vorgänge in Osteuropa, besonders die polnischen Teilungen, hatten die Engländer nicht berührt. Das Anwachsen der russischen Macht hatte sie noch nicht beunruhigt. Die erste unmittelbare Berührung mit der Französischen Revolution kam für die Engländer durch die in großer Zahl nach England flüchtenden französischen Priester, denen sie Asyl gewährten. Pitt war jedoch kein Ideologe und hatte für die Begeisterung über die Französische Revolution in England genausowenig wie für den publizistischen Kampf gegen sie übrig. Gefährlich wurde die Lage für die englische Politik erst, als die französischen Revolutionäre aggressiv wurden und die Niederlande im Zeichen ihrer »Befreiungspolitik« bedrohten. Auch ohne die Hinrichtung Ludwigs XVI. trieb dann die Entwicklung auf den Krieg mit Frankreich zu. Da der englische Wohlstand auf dem Import- und Exporthandel beruhte, war die Erhaltung seines unbeschränkten Seehandels für England eine Lebensfrage.

An der Wende des Jahres 1792/93 war für Frankreich die Gefahr des vergangenen Sommers überwunden, die Revolutionsarmeen standen jetzt auf feindlichem Boden in Belgien und auf linksrheinischem Gebiet. Nach den Erfolgen des Herbstes wurden nun sofort weiterreichende Pläne in Paris diskutiert. Die »Befreiung der Völker« war das große Programmwort, das die Ausländergruppen in den französischen Heeren leidenschaftlich aufgriffen: es war der Gedanke eines Kreuzzuges der Freiheit. Wie sich aus der revolutionären Ideologie immer mehr eine französische Eroberungspolitik, wie sich aus der missionarischen Freiheitsbewegung eine französische Annexionspolitik herausgearbeitet hat, das ist einer der entscheidenden Momente in der Geschichte der Französischen Revolution. Dieser Vorgang ist zur Hypothek auf der Jakobinerherrschaft geworden, ja, er gehört, entgegen der liberalen Legende des 19. Jahrhunderts, mit ihrer bewundernden Beschränkung auf die Anfänge der revolutionären Entwicklung in Frankreich, zu jeder Revolution.

Was aus den von den revolutionären Armeen besetzten Gebieten werden sollte, wurde zuerst bei der Frage nach der Zukunft Savoyens akut – die große Frage der Neuordnung nach der Beseitigung der bisherigen Gesellschaftsordnung. Die mit dem Heer zurückkehrenden Savoyarden beriefen nach französischem Vorbild einen Konvent. Eine Abordnung desselben beantragte bei dem Pariser Konvent die Eingliederung des Landes in das revolutionäre Frankreich. Die Antwort vom 19. November 1792 ist durch die Richtlinien, die sie enthielt, von allgemeiner Bedeutung geworden: Der Pariser Konvent bot allen Völkern, die in Freiheit leben wollten, Bruderschaft und Schutz an; die Generale der Revolutionsarmee erhielten Befehl, in den von ihnen besetzten Gebieten die Volkssouveränität zu verkünden, die feudalen Privilegien aufzuheben und die revolutionäre Gesetzgebung einzuführen. Die dem Fiskus und den bisher Regierenden eigenen Besitzungen waren zu beschlagnahmen, und eine provisorische Volksregierung war zu bilden. Es lag nicht nur in der Konsequenz dieser Politik, sondern war Rousseausches Erbe, wenn die naheliegende Frage nach den Maßnahmen für den Fall, daß ein Volk »die Freiheit« im Sinne der Revolution ablehnte und an seinen Fürsten festhielt, ihre Antwort in der Erklärung fand, daß dieses Volk dann als feindliches zu behandeln sei – wie umgekehrt den sich gegen die bestehende Ordnung erhebenden Völkern Frankreichs Unterstützung zugesagt wurde: Frankreich als »Adoptivvaterland« der revolutionären Weltbürger, als Mutterland der kommenden »Weltrepublik«. Im Sinne dieser Anschauung erklärte Georg Forster in Mainz, daß der Rhein die natürliche Grenze einer großen Republik sei, die keine Eroberungen wolle, aber diejenigen, die sich zu ihr bekennen, freudig aufnehme. Freilich, die Mehrheit der Deutschen im Rheingau dachte nicht wie die »Klubisten« des »Rheinischen Konvent«, die dem Pariser Konvent die Rheinlande anboten. Robespierre wußte das wohl, als er sagte, daß man keine bewaffneten Missionare liebe. In den österreichischen Niederlanden kam es bei der Erregung über die revolutionäre Gesetzgebung überhaupt nicht zu einer provisorischen Regierung. Da eine provisorische Macht, die nach der Anweisung des Exekutivrates an die Kommissare des Heeres eine wahre Revolution hätte verlangen können, nicht zustande kam, blieben die österreichischen Niederlande unter Militärverwaltung, um Frankreich im »Namen der Gerechtigkeit und Humanität«, wie Dantons Antrag lautete, einverleibt zu werden. Die niederländische Bevölkerung hatte durch ihr Verhalten gezeigt, daß sie für die Errungenschaften der Revolution noch nicht reif sei; deshalb wurde im März 1793 ihre Annexion vom Nationalkonvent beschlossen.

Im Konvent wurden diese folgenreichen Schritte mit der Überlegung begründet, daß jede politische Maßnahme gerechtfertigt sei, wenn das Interesse Frankreichs es verlange, daß es aber ungerecht sei, ohne zwingende Notwendigkeit fremde Interessen zu verletzen. Vor allen historisch-politischen Argumenten gelte der Rechtstitel der Vernunft. Zu diesen natürlichen, vernünftigen Ansprüchen gehöre die Forderung nach den »natürlichen Grenzen« Frankreichs: Rhein, Alpen, Pyrenäen. In der neuen politischen Lage wurden das bisherige »Staatensystem« und das Völkerrecht, auf dem es beruhte, in Frage gestellt. Die Grundbegriffe von Politik und Staatsleben mußten neu durchdacht werden, wenn die Prinzipien der »großen Mächte«, das Gleichgewicht der Kräfte, die »balance of power«, keine Geltung mehr zu haben schienen. »Unser System«, heißt es einmal, »besteht nicht aus Herrschsucht, sondern aus Brüderlichkeit, für uns gibt es keine Könige und Fürsten, sondern nur Menschen, die, wenn sie tugendhaft sind, gleiche politische Rechte besitzen und von denselben moralischen Beziehungen regiert werden.«

Gerade auf der Grundlage des alten »Systems« fand sich jedoch die Koalition gegen Frankreich, gegen die Revolution unter der Führung Englands zusammen. Die Beteiligung Englands am Kampf bedeutete im gewissen Sinne auch die Wiederaufnahme des großen Weltgegensatzes zwischen Frankreich und England im 18. Jahrhundert, sie bestimmte vor allem die Konstellation der europäischen Politik gegen Frankreich. Ein eroberndes Frankreich, ob königlich oder republikanisch oder kaiserlich, ist für England immer bedrohlich gewesen. Die Gefahr wurde für die Engländer akut, als die Franzosen den Status quo in den niederländischen Gebieten veränderten. Seit dem Dezember 1792 war Pitt alarmiert; die Hinrichtung Ludwigs XVI. bildete dann lediglich den Anlaß für die Engländer, der antifranzösischen Koalition beizutreten. Die moralische Empörung über das »häßlichste und grauenhafteste Verbrechen der Geschichte« führte zum Abbruch der diplomatischen Beziehungen. Die Antwort des Konvents war die Kriegserklärung an England (1. Februar 1793); ihr folgte die Erklärung des Kriegszustandes mit Holland, dann mit Spanien, dem

Stützpunkt für die englische Flotte im Mittelmeer. Auch Rußland trat jetzt dem Bündnis bei; fast alle Mittel- und Kleinstaaten in Mittel- und Südeuropa schlossen sich zu einer großen Koalition zusammen. Frankreich brach aber nicht wie das spätludovizianische Frankreich am Beginn des 18. Jahrhunderts unter der großen europäischen Koalition zusammen, sondern es erhob sich vielmehr unter der Disziplin der jakobinischen Diktatur und des napoleonischen Cäsarismus zu einer unerhörten hegemonialen Stellung und entfesselte ungeahnte Kräfte einer revolutionären Dynamik.

Im Sommer 1793 drohte zunächst durch die militärische Aktivität der Verbündeten wie durch die Aufstände im Innern über das neue Frankreich die Katastrophe hereinzubrechen. Die schwierige Lage rettete vor allem Lazare Carnot, der »Organisator des Sieges«, durch die Neuorganisation des französischen Heeres. Sie bestand zunächst in der Eingliederung der Freiwilligen in die Kader des stehenden Heeres; begeistert, aber wenig diszipliniert, nur Zeitfreiwillige, wurden sie von den Liniensoldaten mit Skepsis und Zurückhaltung betrachtet. Die ganze Nation stand 1793 unter dem Druck der zwangsweisen Mobilmachung; die »levée en masse« ergab ein militärisches Potential von dreihunderttausend Mann und begründete rein zahlenmäßig das militärische Übergewicht Frankreichs über die Truppen der Koalition. Carnot packte die schwierige Aufgabe, diese Massen den bestehenden Formationen einzuschmelzen, in der Weise an, daß er ein Linienbataillon jeweils mit zwei Freiwilligenbataillonen in einem Regiment vereinigte. Von den Kommandos wurden die Adligen wenigstens grundsätzlich ausgeschlossen, aber tüchtige Offiziere der alten Armee in das neue Heer übernommen. Charakteristisch war, daß der Konvent den jüngeren, energischeren, vom Geist der neuen Zeit erfaßten Offizieren die Führung der Truppen anvertraute. Das Neue zeigte sich auch darin, daß die Wahl der Offiziere durch die Truppe jetzt im bewußten Gegensatz zu der radikalen Demokratisierung der Armee eingeschränkt wurde: die Ernennung der höheren Offiziere erfolgt nach der Ancienität, die der Armeeführer direkt durch den Konvent. Sehr wichtig war die Wiederherstellung der militärischen Disziplin, nachdem das Mißtrauen des Wohlfahrtsausschusses gegen die Generäle einem neuen Vertrauensverhältnis gewichen war. Seit dem Frühjahr 1794 verschwanden die Konventskommissare, welche die Kommandos überwacht hatten, aus der Armee. »Die Armee diskutiert nicht; sie gehorcht den Gesetzen und führt sie aus«, erklärte Carnot kategorisch. Der Wohlfahrtsausschuß rechnete mit der Treue und der Liebe zum Vaterland und zur Revolution. »Eine Niederlage ist kein Verbrechen, wenn man alles getan hat, um den Sieg zu gewinnen. Es sind nicht die Ereignisse, die unser Urteil über die Menschen bestimmen, sondern ihre Energie und ihr Mut. Was wir wollen ist, daß man nicht an dem Wohl des Vaterlandes verzweifelt.« Carnot forderte aber auch, daß die militärische Führung lerne, mit den Massen zu disponieren und unter ihrem Druck den Gegner in der Entscheidungsschlacht zu vernichten. In dieser Schule ist der General Bonaparte zum Meister der neuen Strategie und Taktik geworden.

Die innere Disziplinierung und Konzentration unter dem Druck der von außen drohenden Gefahr haben den Weg zur radikalen Demokratie, zur jakobinischen Diktatur frei gemacht. Theoretisch auf Rousseaus Lehre von der »volonté générale« gestützt, war sie praktisch die Diktatur einer radikalen Minderheit, um der inneren Auflösung gegenüber den Willen zur Selbstbehauptung durchzusetzen. Das zeigte sich auch in der Zwangswirtschaft, die für die Versorgung des Heeres und der Stadtbevölkerung lebensnotwendig war. Die Radikalisierung der Revolution im Sommer 1793 führte unter diesen Umständen auch zum Sieg der »Bergpartei« über die Gironde und zur Diktatur der Konventausschüsse. Im Kampf um die Zwangswirtschaft wurde die Gironde durch den Terror der Ausschüsse vernichtet.

Robespierre und die Diktatur der Ausschüsse

Den Begriff der radikalen Diktatur hat mit schneidender Schärfe in seinen Reden im Konvent der fünfundzwanzigjährige Saint-Just gegeben: »Die Republik wird nur gesichert sein, wenn der Wille des Souveräns die monarchistische Minderheit erdrückt hat und über sie nach dem Recht der Eroberung herrschen wird.« Das Unglück bestehe in der Schwäche, mit der die revolutionären Gesetze ausgeführt werden. Es sei nichts ernsthaft zu erhoffen, solange der letzte Feind der Freiheit noch atme; man müsse nicht nur die Verräter bestrafen, sondern auch die Gleichgültigen, jeden, der passiv sei und nichts für die Revolution tue. »Zwischen dem Volk und seinen Feinden gibt es nur das Schwert.« Die Kommissare beim Heer müssen dort leben wie Hannibal oder wie Mithridates: sie müssen alles wissen, jede Ungerechtigkeit, jede Disziplinlosigkeit. »Wer Revolutionen macht, wer das Gute will, darf nur im Grabe schlafen.« Man hat von Saint-Just gesagt, er sei wie ein Sturmwind gewesen, streng, kalt, unerbittlich, puritanisch; seine Forderungen sprach er nur in Superlativen aus. Kennzeichnend für diese hektische Atmosphäre des Sommers 1793 war es, daß die neue Verfassung, die der Konvent im Juni ausgearbeitet hatte, bis Kriegsende suspendiert wurde (und deshalb nie in Kraft getreten ist), weil die innere und äußere Gefahr gerade jetzt eine Veränderung der provisorischen Regierungsweise verbot. Immerhin war die Verfassung mit ihrer Absage an alle »liberalen« Errungenschaften der Revolution ein Dokument der veränderten Lage und deren inneren Konsequenzen: allgemeines Wahlrecht, Einkammersystem, absolute gesellschaftliche Gleichheit, keine repräsentative, sondern eine direkte Demokratie mit dem Recht des Referendums.

Was folgte, war die »Schreckenszeit«, die Diktatur des »Wohlfahrtsausschusses« mit Robespierre an der Spitze, die den Sieg des Zentralismus mit sich brachte und die nationale Einheit unter dem Zwang des Krieges vollendete. Robespierres Theorie der »revolutionären Regierung« führte mit ihrem demokratischen Extremismus praktisch zum Totalitarismus, zur Diktatur. Sie ging von dem fanatischen Glauben aus, daß es einen erkennbaren, rechtmäßigen, vernünftigen, erfahrbaren Volkswillen gebe. Die Wissenden waren deshalb zu seiner Durchsetzung geradezu verpflichtet, andere Meinungen waren parteiisch, egoistisch, unrechtmäßig. Rousseaus Theorie der volonté générale so interpretiert, führte in der Praxis zur Tyrannis eines Einzelnen oder einer Gruppe. Die Regierung mußte schnell handeln können, sie brauchte dazu einen entsprechenden Machtapparat, sie mußte alle Kräfte der Nation mobilisieren. So gab es in der Verfassung von 1793 auch keine Gewaltenteilung mehr zwischen Legislative und Exekutive, es konnte sie für die revolutionäre Regierung auch nicht mehr geben; diese war als Ausschuß des Konvents legitimiert: die Unfehlbarkeit der wenigen Wissenden oder »Erleuchteten« war an die Stelle des souverän handelnden Volkes getreten. Sie entschieden, sie handelten diktatorisch durch Agenten, die sie selbst ernannten. Die Maxime dieser Politik müsse sein, daß das Volk durch Vernunft regiert werde, die Feinde des Volkes jedoch durch Terror. Robespierre bestand darauf, daß während des Kampfes das persönliche Urteil unbedingt suspendiert werden müsse. Daß das Risiko, das er damit auf sich nahm, unheimlich groß war, wußte er selbst. Die obersten Befehlsstellen in ungeschickten, schlechten Händen bedeutete den Schrecken. Sein moralischer Utopismus war nicht so blind, daß er die Gefahr nicht gesehen hätte. Je höher einer steht, je mehr Macht einer hat, desto notwendiger ist es, daß er guten Glaubens ist; die Freiheit ist verloren, wo die Macht in unsaubere Hände gerät. Aus diesem Bewußtsein lebte sein Fanatismus, ja, dieser hielt ihn aufrecht und bewirkte, daß er nur in Alternativen denken konnte. Er hat ihn zum Demagogen und schließlich zum Diktator gemacht. Im Gegensatz zu Danton wußte er, was er wollte; dieser kleine, altmodisch gekleidete, egozentrische Mann war beherrscht von der Disziplin des Theoretikers und Aktivisten; ihm fehlte als Mensch und Politiker aber Elastizität: er stürzte, weil er das Naheliegende nicht sah und sich den verändernden Verhältnissen nicht anzupassen wußte.

Bei der Betrachtung der Geschichte der jakobinischen Diktatur darf man nicht übersehen, daß sie eine Improvisation in einer höchst bedenklichen Lage gewesen ist; später hat sie dann für die radikale Theorie der Machtbehauptung allerdings große exemplarische Bedeutung bekommen. Seit dem Herbst 1793 unterstanden alle entscheidenden Führungsgruppen der Aufsicht des Komitees für Öffentliche Wohlfahrt, dem zentralen Regierungsorgan. Die extreme Zentralisation war die Konsequenz aus dem Gegensatz zwischen dem allgemeinen nationalen Interesse und der volonté générale einerseits und den regionalen Bestrebungen andererseits. Erst in der Revolution wurden die Franzosen eine einheitliche, unteilbare Nation. Die zentralisierte Diktatur war Einparteiendiktatur. Hand in Hand mit der Zentralisation der Regierungsgeschäfte ging die Organisation des Terrors, der ganzen Gruppen des französischen Volkes den Rechtsschutz versagte. »Es ist einer der fürchterlichsten Augenblicke in der Geschichte, in dem die Unbarmherzigkeit des Gedankens die Herrschaft über das ganze Leben eines Volkes in die Hand nimmt und selbst in dem Blute von Tausenden nicht für die menschlichen Gefühle erwärmt wird« (Lorenz von Stein). Standgerichte gegen die Konterrevolutionäre urteilten in vierundzwanzig Stunden. In Paris allein haben bis 1794 über zwölfhundertfünfzig Exekutionen durch die Guillotine stattgefunden. In jeder Gemeinde wurden Überwachungskomitees aus den zuverlässigsten Anhängern gebildet; bei dem Revolutionstribunal gab es keine Berufungsmöglichkeit. Der Terror steigerte sich im Herbst 1793, als die Heere der Republik im Vordringen waren. Brissot wurde mit einer Gruppe Girondisten aus dem Konvent ausgeschlossen und verurteilt. Während des Sommers 1794 ging die Vernichtung der Feinde der Revolution der Formaljustiz vor. Erschrecken und Entsetzen verbreitete sich, der Terror packte die Menschen so furchtbar, daß seine seelischen Folgen den Sturz Robespierres und der jakobinischen Diktatur lange überlebt haben. Man hat die Angst vor der »terreur« geradezu als ein soziales Grundgefühl des modernen Menschen bezeichnet. Die Resignation und der Pessimismus, die zum 19. Jahrhundert gehören, beruhen auch auf dem tiefen Mißtrauen gegen den Menschen nach diesen Erschütterungen des Selbstbewußtseins.

Die Soziologie des jakobinischen Terrors richtet sich immer wieder auf die »Sekte« der fanatischen »Gläubigen«, die ihr Selbst in dem allgemeinen Glauben verlieren müssen, um ihre »Seele« wiederzugewinnen; Unterwerfung wird Befreiung, Gehorsam Freiheit, die Mitgliedschaft im jakobinischen Klub wird zum Kennzeichen für Erwählung und Reinheit; sie berechtigt zur Teilnahme an den jakobinischen Festen und dem patriotischen Kultus des Höchsten Wesens als religiöser Handlungen. Das alles sollte freilich nichts anderes sein als ein Vorspiel zu einer harmonischen Gesellschaft, in welcher Zwang nicht mehr nötig sei. In Wirklichkeit war die jakobinische Diktatur »ein Polizeisystem in einer belagerten Festung«.

Nach den militärischen Erfolgen seit dem Spätherbst 1793 entspannte sich im Sommer 1794 allmählich die äußere Lage Frankreichs. Die südlichen Niederlande waren durch der Revolutionsarmee wiedererobert worden, die preußische Politik interessierte sich wegen die polnischen Frage und des Verhältnisses zu Rußland und Österreich zwischen der zweiten und dritten polnischen Teilung (1792 und 1795) nur wenig für den Westen und führte seit 1794 bereits Sonderverhandlungen mit Frankreich. Sogleich erhob sich im Innern gegen die gesetzliche Verankerung des Terrors (Juni 1794) Widerspruch, Robespierre wurde isoliert, während die Gefahr seine Gegner zusammenführte. »Die Siege hefteten sich wie Furien an Robespierres Fersen«, hat später ein Konventsmitglied gesagt. Das Zentrum der Verschwörung gegen die terroristische Gewaltherrschaft Robespierres war im Sicherheitsausschuß. Als Saint-Just am 26. Juli im Konvent die Opposition auffangen wollte und den Antrag stellte, Robespierre diktatorische Vollmachten zu geben, erfolgte der Gegenschlag: Robespierre wurde in öffentlicher Sitzung als Tyrann angegriffen. Er verteidigte sich sofort, kündigte Säuberungen der Ausschüsse an und stellte das Ende des Terrors in Aussicht, wenn »den Freunden der Freiheit erlaubt werde, aufzuatmen«.

In dramatisch sich zuspitzenden Entschlüssen und Entscheidungen brachten die folgenden Tage das Ende seiner Herrschaft und seines Lebens. Den Zusammenschluß seiner Gegner durch schnellen Zugriff zu verhindern, hat Robespierre verpaßt; seine Feinde handelten schneller. Der Anklage folgte am 27. Juli im Konvent seine Verhaftung. Man hatte ihn nicht mehr zu Wort kommen lassen; die Klingel des Präsidenten hatte vergeblich die turbulente Szene zu übertönen versucht. Robespierres Nerven versagten, ihm wurde höhnisch zugerufen, er ersticke am Blut Dantons. Die Pariser Stadtverwaltung stellte sich aber gegen die Konventsbeschlüsse und hob die Verhaftung wieder auf. Sie rief zum Schutz Robespierres und des Rathauses auf. So schien am Abend des 27. Juli die Lage für Robespierre doch noch zu retten zu sein. In diesen kritischen Stunden machte aber die Bevölkerung nicht mehr mit, der Aufruf der Stadtverwaltung blieb praktisch wirkungslos. So fanden die um Mitternacht zum Stadthaus vorrückenden Aufgebote des Konvents keinen Widerstand mehr. Ohne Schwierigkeiten wurde Robespierre, dessen Kinnlade bei einem Selbstmordversuch zerschmettert war, erneut verhaftet und am folgenden Abend mit Saint-Just und zwanzig anderen Anhängern hingerichtet. In den nächsten Tagen folgten ihnen noch achtzig weitere Mitglieder dieser Führungsgruppe in den Tod. – Die Gefängnisse wurden geöffnet, und in den folgenden Monaten kehrten viele Emigranten nach Frankreich zurück.

Der 9. Thermidor und seine Folgen

Der Sieg der »Thermidorianer« (am 9.Thermidor/27.Juli 1794) über die radikale Diktatur ist eine der Epochen in der Geschichte der Französischen Revolution. Die »Revolutionsregierung« wurde im Prinzip beibehalten, sie verlor aber durch die Umorganisation der Ausschüsse ihre bisherige Zentralisation und damit ihre Festigkeit und Souveränität. Die »Restauration« der Thermidorianer stellte die Herrschaft wieder her, die dem französischen Bürgertum die Revolution von 1789 gebracht hatte. Katastrophale Folgen hatte aber die Aufhebung der Wirtschaftslenkung. Wirtschafts- und Handelsfreiheit führten zu einer fortschreitenden Inflation, die ohne zentrale Lenkung nicht aufzuhalten war. Die neue Regierung sah sich im Frühjahr 1795 zu einer Währungsreform durch Stabilisierung der »Assignaten« gezwungen. Teuerung und Elend der Massen verschärften die Notlage. Hand in Hand mit der Versorgungskrise, welche die Lebensmittelrationen in Paris in Frage stellte, gingen unerhörte Spekulationen. Allenthalben kam es zu Unruhen, die durch Militär niedergeworfen werden mußten. Die sozialen Gegensätze verschärften sich, während der »weiße Terror« die Jakobiner verfolgte. Die neue Regierung erwies sich außerdem als unfähig, den Krieg fortzusetzen und zu einem allgemeinen Frieden zu kommen. Durch das Versagen in diesen Fragen geriet das neue Regime sehr schnell in ernste Gefahren. Neue Unruhen stellten die Stabilisierungsversuche der nächsten Jahre immer wieder in Frage, bis nach dem Staatsstreich am 18. Brumaire (9. November 1799) die inneren Unsicherheiten durch die Diktatur des neuen Imperators beseitigt und die gesellschaftlichen Verhältnisse konsolidiert wurden.

Für den Konvent war nach dem 9./10. Thermidor die Lage durch die dauernde Sorge vor Überraschungen bestimmt, sei es durch eine drohende royalistische Reaktion, sei es durch radikale Gruppen; dazu kam der noch immer währende Krieg gegen die europäische Koalition. Um den Unsicherheiten im Inneren zu begegnen und um der Selbstbehauptung nach außen willen, wurde ein neuer Versuch, zu Ruhe und Ordnung zu kommen, mit dem dritten Verfassungsexperiment, mit der sogenannten Direktorialverfassung, im Jahre 1795 gemacht: ein Kompromiß zwischen dem Konvent und dem besitzenden Bürgertum, dem das Zugeständnis des Zensuswahlrechtes und der Durchführung der Wahlen in zwei Etappen gemacht wurde. Die radikale Aufhebung der Gewaltenteilung zwischen Legislative und Exekutive wurde beseitigt und der »corps législatif« in zwei Instanzen gegliedert: der sogenannte »Rat der Fünfhundert« erhielt die Gesetzesinitiative mit der zusätzlichen Sicherung, daß jährlich ein Drittel der Abgeordneten in der Kammer neu gewählt werden mußte. Die Sanktionierung der Gesetze lag dagegen bei dem »Rat der Alten«, einem Kreis von zweihundertfünfzig Abgeordneten. Die Exekutive wurde einem Direktorium von fünf Männern übertragen, die nach den jüngsten Erfahrungen durch ein umständliches Verfahren in ihr Amt kamen: durch die »Fünfhundert« präsentiert, wurden sie von den »Alten« gewählt. Die neue Verfassung, der im ersten Wahlgang zwei Drittel der Konventsmitglieder zustimmten, stellte den Sieg des Bürgertums über die revolutionäre Demokratie dar; sie war aber auch aus dem Mißtrauen gegen die monarchische Reaktion entstanden, die sich im Herbst 1795, wenn auch vergeblich, in Paris gegen die neue Ordnung erhob. Eng verwandt mit diesen

Spannungen war das Mißtrauen der neuen Herrschaft gegen die Kirche. Wie unsicher die Stellung der neuen herrschenden Minderheit war, zeigten auch die auf Royalismus und katholische Kirche sich stützenden Aufstände in der Vendée. Die Stabilisierung der wirtschaftlichen und sozialen Verhältnisse war eine weitere schwere und komplizierte Aufgabe. Die unbefriedigenden Verhältnisse führten zu einem radikalen Versuch, eine bessere Ordnung aufzubauen: das war der Sinn des Staatsstreichplanes von Babeuf und seinen Anhängern, des einzigen radikalsozialistischen Versuches in diesen Jahren. Er scheiterte damals, blieb Episode, wirkte aber unterirdisch weiter und gehört in die Vorgeschichte der radikalen sozialistischen Bewegung im 19. Jahrhundert. Babeufs »Verschwörung der Gleichen« plante den Sturz des Direktoriums, um die Verzögerung der revolutionären Entwicklung durch die Thermidorianer zu durchbrechen und nach der politischen die soziale Revolution als radikale Neuordnung der Gesellschaft nach dem Prinzip völliger Gleichheit des Besitzes vorzubereiten. Seiner Herkunft nach Jakobiner, war Babeuf auf den Weg der Verschwörung getrieben worden, als die neue Regierung Presse und öffentliche Diskussion eingeschränkt hatte und der »Pantheonklub« geschlossen wurde. Die Verschwörung wollte durch einen Staatsstreich eine totale Revolution der bestehenden Gesellschaft, gestützt auf das Pariser Proletariat, erzwingen. Sie war lange vorbereitet, planmäßig organisiert, wurde aber vorzeitig verraten. Die Hauptführer wurden verhaftet; ein nachträglicher Putschversuch scheiterte (September 1796). Ein monatelanger Prozeß endete mit der Hinrichtung Babeufs im Mai 1797, andere Beteiligte wurden deportiert oder sogar freigesprochen.

Wenn auch nur ein mißglückter Staatsstreich, so ist dieser doch genauso kennzeichnend für die Kreditlosigkeit der neuen Regierung wie die religiöse Dauerkrise, die nach den Exzessen des Kults des Höchsten Wesens in dem Versuch der Stabilisierung steckenblieb. Das Ende der revolutionären Erwartungen schien Unsicherheit und Direktionslosigkeit zu sein; es war deshalb nicht zufällig, daß der Royalismus erstarkte. Zunächst schien wenigstens das Heer fest zu dem Direktorium zu stehen, bis auch hier der Boden des Vertrauens zitterte, als im Herbst 1797, von General Pichegru unterstützt, ein Militärputsch vorbereitet wurde, eine royalistische Verschwörung mit englischen Verbindungen. Die Regierung kam der Erhebung durch einen Staatsstreich am 18. Fructidor (4. September) zuvor. Ihm folgte eine umfassende »Reinigung« vor allem der gesetzgebenden Körperschaften, während die Exekutive ihre Stellung festigte und praktisch die Diktatur einer demokratischen Minderheit errichtete, die sich auf das Militär stützte und ihre Gegner nicht auf dem Schafott, sondern durch Deportationen in Cayenne am Faulfieber sterben ließ.

Gerettet wurde das Direktorium durch die beiden Revolutionsgenerale Hoche und Bonaparte, neunundzwanzig Jahre alt der eine, achtundzwanzig der andere. Die »Reinigungen« der Verfassungsgremien hatten keine durchgreifenden Erfolge. Auch die Steuerreform, um der Finanzkrise Herr zu werden, brachte keine schnell sichtbar werdenden Veränderungen. Zum Schicksal für das Direktorium ist der europäische Krieg, der Kampf gegen die Koalition geworden.

Basel und Campo Formio

Die Verhandlungen mit den Preußen führten bereits im Mai 1795 zu einem Sonderfrieden zwischen dem revolutionären Frankreich und dem königlichen Preußen. Die schwierigen, durch die polnischen Interessengegensätze zwischen Preußen, Rußland und Österreich komplizierten Verhandlungen, die bereits bis in den Herbst 1792 zurückreichten, ergaben für Frankreich die Preisgabe des »linken Rheinufers« bis zu einem endgültigen Frieden durch Preußen, während rechtsrheinische Kompensationen für den Verlust von Cleve, Mörs und Obergeldern für Preußen in Aussicht standen, wenn die linksrheinischen Gebiete in einem Friedensvertrag endgültig an Frankreich kommen sollten. Preußen mit seinen norddeutschen Verbündeten schied mit dem Abschluß des Vertrages aus der Koalition aus und zog sich auf die »Neutralität« zwischen den feindlichen Lagern zurück.

Der Friedensschluß, der am 5. April 1795 in Basel zustande kam, wurde als Verrat am »Reich« damals angegriffen. In Berlin war der Entschluß zur Unterzeichnung vom Mißtrauen gegen den Wohlfahrtsausschuß, aber auch gegen Österreich und Rußland in der polnischen Frage eingegeben worden. Das war nicht unbegründet. Außerdem wurden die Sorgen vor der finanziellen Erschöpfung des Staates ins Feld geführt, die einen schnellen Abschluß der Verhandlungen wünschenswert erscheinen ließen. Dieser Ausweg war, man mochte es wenden wie man wollte, ein Zeichen für die Schwäche und Ziellosigkeit der preußischen Politik. Sie verkannte die Lage des Staates, indem sie glaubte, sich nicht mehr »en vedette« halten zu müssen. Bismarck hat ihr in einer scharfen Kritik vorgeworfen, daß ihr seit dem Tode Friedrichs des Großen entweder klare Ziele gefehlt hätten oder daß sie ungeschickt gewählt oder betrieben worden sei. Sie habe versäumt, Österreichs und Rußlands orientalische Interessen zu unterstützen und als Kompensation dafür Konzessionen zu verlangen; das hätte auch ihre Stellung zu Österreich im Kriege gegen Frankreich gestärkt. »Unsere Politik begann planlos und endete traurig.«

Für die Franzosen war der Baseler Friede ein großer Erfolg auf dem Wege zu den »natürlichen Grenzen«, vor allem aber die erste vertragliche Anerkennung der erobernden Revolutionäre. Die militärische Aktivität der Franzosen richtete sich danach auf England als dem Hauptgegner. Ihn niederzuwerfen, wurde 1795/96 eine Landung in England erwogen, da der erwartete oder erhoffte finanzielle Zusammenbruch Englands ausblieb. Es zeigte sich allerdings sehr schnell, daß die französische Flotte diesen Anforderungen nicht gewachsen, aber auch England nicht imstande war, das Kriegsende zu erzwingen. Die Entscheidung fiel nicht im Kampf zwischen Frankreich und England, sondern zwischen Frankreich und Österreich auf einem der klassischen Kriegsschauplätze der letzten Jahrhunderte, in Oberitalien. Berühmt geworden ist der italienische Feldzug von 1796 vor allem durch das meteorhafte Aufleuchten des Generals Napoleon Bonaparte, der die Situation beherrschte, schnell und wendig operierte, die Österreicher von den Sardiniern trennte und zum Waffenstillstand zwang. Auch die politische Unabhängigkeit und Eigenmächtigkeit des siebenundzwanzigjährigen Generals zeigten sich damals gleich, als er, entgegen den Weisungen des Direktoriums, nicht Rom besetzte, sondern mit dem Papst Frieden schloß (Februar 1797). Mit der Politik der »natürlichen Grenzen« konkurrierend, verlagerte

Bonaparte den Schwerpunkt der Entscheidungen nach Italien. Er verstand es nicht nur, die Italiener zur revolutionär verstandenen »Freiheit« aufzurufen, sondern er drang bis nach Kärnten vor und zwang die Österreicher, sich auf einen Waffenstillstand und Vorfrieden einzulassen. Sieger, Befreier, Friedensbringer: der Ruhm dieser Trinität begleitete seither – sei es in begeisterter Zustimmung, kritischer Zurückhaltung oder scharfer Ablehnung – die Geschichte Napoleons. Er selbst erzählte später, erst nach der Schlacht bei Lodi (10. Mai 1796) sei ihm der Gedanke gekommen, er könne einmal eine entscheidende Rolle auf der politischen Bühne spielen.

Der Frieden, der im Oktober 1797 zwischen Frankreich und Österreich in Campo Formio unter Bonapartes maßgeblicher Beteiligung zustande kam, klammerte die Forderungen nach der »natürlichen Grenze« aus den diplomatischen Verhandlungen aus. Im Mittelpunkt stand die Frage der Kompensation für die Abtretung Belgiens und der Lombardei (aus der die Cisalpinische Republik gebildet wurde) durch Österreich. Das Direktorium war nicht bereit, außer Istrien und Dalmatien Venedigs *terra ferma* für diesen Gewinn zu opfern. Da hat Bonaparte von sich aus die venezianischen Gebiete bis zur Etsch zusammen mit der Lagunenstadt den Österreichern angeboten. Er zeigte damit, daß er ohne Rücksicht auf die Regierung in Paris zu handeln entschlossen war und wo der Schwerpunkt seiner Politik im Zusammenhang des französischen Gesamtinteresses lag. Die oberitalienischen Eroberungen wollte er dagegen unter keinen Umständen preisgeben. Unter diesen Voraussetzungen waren die Österreicher bereit, mit Frankreich Frieden zu schließen. Ein nach Rastatt einzuberufender Kongreß sollte über den Reichsfrieden verhandeln. In geheimer Abrede willigten die Österreicher ein, daß die linksrheinischen deutschen Gebiete französisch wurden. Der Leiter der auswärtigen Politik Österreichs, Thugut, war bestürzt über den Inhalt der Abreden, die nach seiner Meinung vor allem die italienische Politik Österreichs trafen. »Meine Verzweiflung wird voll durch den wahnsinnigen Jubel der Wiener auf das bloße Wort Friede. Niemand fragt, ob die Bedingungen gut oder schlecht sind. Niemand fragt nach der Ehre der Monarchie und was aus derselben binnen zehn Jahren geworden sein mag. Nur daß man auf die Redoute laufe und Backhähnel speise. Wie sollte man bei solcher Stimmung der Energie eines Bonaparte Widerstand leisten, der fröhlich jedes Wagnis auf sich nimmt? Nur Friede, Friede. Aber wo ist er?« Das war der erste Friedensschluß Napoleons. Wollte er damals wirklich den Frieden oder brauchte er nur einen Waffenstillstand? Diese Frage hat schon die Zeitgenossen beunruhigt. Auch in Paris, im Direktorium, stießen seine Abmachungen auf Bedenken.

»Das ist kein Frieden«, hieß es sofort nach Bekanntwerden seines Inhalts, »das ist nur ein Vertrag, das ist ein Aufruf zu einem neuen Krieg!« Es war auf jeden Fall nur ein Anfang expansiver Politik. Nach der Gründung italienischer Republiken im Schatten der französischen Herrschaft kam es zur Einverleibung Belgiens und des linken Rheinufers, zur Gründung der Helvetischen Republik (1798), der Batavischen Republik, schließlich der Römischen Republik (1798) und, als Folge des Friedens von Campo Formio, zur Vorbereitung des Reichsfriedens auf dem Rastatter Kongreß (1797/99), um über die Entschädigungen der deutschen Fürsten für den Verlust ihrer linksrheinischen Besitzungen, wenn auch ergebnislos, zu beraten.

Nachdem das für die Sicherheit Englands so wichtige Belgien französisch geworden war, ergriffen jetzt die Engländer die Initiative und versuchten, mit Österreich und Rußland eine neue Koalition zur Restauration des Status quo von 1792 zu bilden. In dem Maße, in dem die Franzosen ihre Eroberungen auf dem Kontinent ausdehnten, befestigten die Engländer zu gleicher Zeit ihre Seeherrschaft. Sie besetzten die französischen Antillen (1794), das holländische Kap der Guten Hoffnung (1795), das spanische Trinidad (1797). Nach dem Frieden zwischen Frankreich und Österreich stand England Frankreich allein gegenüber.

In dieser Lage war das militärische Abenteuer der ägyptischen Expedition Bonapartes auch dazu bestimmt, die englische Mittelmeerstellung und mit ihr die Verbindung Englands mit Indien zu treffen; eine Landung auf der englischen Insel hatte sich als undurchführbar erwiesen. Napoleon griff mit diesem Vorstoß auch alte Pläne französischer Mittelmeerpolitik wieder auf, als er mit achtunddreißigtausend Mann bester Truppen am 19. Mai 1798 in See stach, um Malta und Ägypten zu erobern und die Türkei zum Bündnis gegen England zu zwingen. Es war freilich zugleich auch eine wirkungsvolle Demonstration, um »seinen Ruhm warmzuhalten«, wie Bonaparte selbst angesichts einer noch ungewissen Zukunft sagte. Zu dieser Zeit ließen sich erste Anzeichen einer neuen Koalition gegen Frankreich zwischen England, Rußland und Österreich am Horizont erkennen. Trotzdem: in den Orient müsse man gehen, dort sei der Ursprung aller Macht und Größe, erklärte der General einem Vertrauten.

Ohne Schwierigkeiten gelang die Besetzung Maltas. Um so bedenklicher mußte es stimmen, daß sie den Zaren als Großmeister des Malteserordens empfindlich traf und überhaupt die französische Expansion im Mittelmeer Rußland in die Koalition gegen Frankreich führte. Am 1. Juli betrat Bonaparte mit seinen Truppen – trotz bedrohlicher Verfolgung durch die englische Flotte unter Nelson – ägyptischen Boden. Alle seine mehr oder weniger phantastischen Pläne, Alexandererinnerungen und Projekte, wie ein Kanalbau, der das Rote mit dem Mittelmeer verbinden sollte, aber auch alle militärischen Anfangserfolge in Ägypten und Syrien konnten nicht über die Tatsache hinwegtäuschen, daß seit dem vernichtenden Sieg Nelsons über die französische Transportflotte vor Abukir Anfang August 1798 die Rückkehr für die Franzosen abgeschnitten war. Dieser Sieg hat die englische Mittelmeerherrschaft für das ganze 19. Jahrhundert begründet.

Im Juli 1799 hat sich dann Bonaparte in seiner hoffnungslosen Lage entschlossen, sein Heer im Stich zu lassen und nach Frankreich zurückzukehren. Am 9. Oktober ging er bei Fréjus an Land und eilte nach Paris. Inzwischen waren die gefährlichsten Krisen im Kampf mit der Koalition gegen Frankreich freilich bereits überwunden und die außenpolitische Lage entlastet. Allerdings hatten die Franzosen die italienischen Eroberungen Bonapartes aufgeben müssen, aber die Bedrohungen von der Schweiz und von Holland her waren gebannt. Die innerfranzösischen Verhältnisse waren jedoch in einem höchst labilen Zustand, und Napoleon fand mehrere Gruppen mit sehr verschiedenartigen Interessen in abwartender Haltung vor. Sofort geriet er mitten in diese Gegensätze, Intrigen und Verschwörungen.

Der 18. Brumaire

Die Lage war nicht »reif«, aber sie wurde durch den Vorwand einer jakobinischen Verschwörung in dieser permanenten Unsicherheit für den Staatsstreich am 18. Brumaire (9. November 1799) »reif« gemacht. Ursprünglich hatten die Thermidorianer diesen Umsturz geplant, um die drohende Diktatur selbst zu ihren eigenen Gunsten zu errichten; schließlich wurden sie aber aus der Führung der Geschäfte ausgeschaltet. Die Armee, das heißt Bonaparte, bestimmte, was zu geschehen hatte. Wie riskant das ganze Unternehmen war, kann man an Sieyès' Staatsstreichplan zur Verfassungsänderung erkennen; bei dem geringsten Widerstand der Verfassungsorgane mußte er zur Militärdiktatur führen. Vorerst brauchten die Verschwörer einen angesehenen Führer, der bei den Republikanern Anerkennung finden würde. Man glaubte ihn in Bonaparte gefunden zu haben, der zudem eine unverdächtige revolutionäre Vergangenheit hatte und seit der ägyptischen Expedition im Mittelpunkt des öffentlichen Interesses stand. Niemand zog ihn zur Verantwortung, daß er die Armee im Orient im Stich gelassen hatte.

Nach dem Fiasko des ägyptischen Feldzuges hatte es allerdings der kompromittierte General auch von sich aus für klüger gehalten, durch die Vermittlung Talleyrands die Verbindung mit den Verschwörern zu suchen – ohne freilich seine Beziehungen zu Jakobinern, Royalisten und überhaupt zu denjenigen, die auf innere Konsolidierung und Frieden hofften, aufzugeben.

Die Notwendigkeit der Verfassungsreform war seit dem royalistischen Aufstandsversuch im Jahre 1797 akut. Sie stand im Mittelpunkt der Reflexionen und Planungen von Sieyès, der im eigensten Interesse so klug gewesen war, sich längere Zeit vorsichtig im Hintergrund zu halten, nachdem er an den Anfängen der Revolution so sichtbar beteiligt gewesen war. Jetzt, meinte er, sei seine Stunde gekommen. Da an eine unmittelbare Revision der Verfassung nicht zu denken war, erwog er zu diesem Zweck einen Staatsstreich. Sein Ziel war, die Kompetenz der Legislative einzuschränken, die Exekutive durch Verkleinerung des Direktoriums und Verlängerung von dessen Amtsdauer zu stärken und selbst dabei an die Spitze des Staates zu treten. Bonaparte erklärte sich mit diesem Programm einverstanden.

Zu den Vorbereitungen der für den 18. und 19. Brumaire geplanten Aktion gehörte, daß die Mehrheit des »Rates der Alten« und eine große Zahl aus dem »Rat der Fünfhundert« schon vor ihrem Beginn für die Verschwörung gewonnen werden sollten. Während Bonaparte seinen Namen und sein Ansehen in der Armee ins Spiel mitbrachte, übernahm es sein Bruder Lucien als Präsident des »Rates der Fünfhundert«, diese Versammlung unschädlich zu machen. Auf Grund fingierter Alarmnachrichten von einer jakobinischen Verschwörung sollte der »Rat der Alten« zu einer außerordentlichen Sitzung einberufen werden und ein Dekret beschließen, das die Verlegung der Ratsversammlung von Paris nach St. Cloud anordnete, um vor Unruhen besser bewahrt zu sein. Zugleich sollte Bonaparte der Befehl über die Pariser Truppen zum Schutz der Ratsversammlungen übertragen bekommen. Man erwartete, daß in der künstlich gesteigerten Verwirrung die Abgeordneten dem geplanten Regimewechsel zustimmen würden. Wie die neue Regierung aussehen sollte, wurde noch nicht festgelegt, aber ein Provisorium von einem Drei-Männer-Konsulat, zu dem Sieyès und Bonaparte gehören sollten, war vorgesehen. Seine eigenen Gedanken über diesen Plan hat Bonaparte verheimlicht: es mußte sich erst noch zeigen, ob Sieyès dem gefeierten General gegenüber den Vorrang gewinnen würde. Die Truppen waren im großen und ganzen vor dem 18. Brumaire bereits für den Staatsstreich gewonnen, der sich im Laufe von zwei Tagen abspielen sollte. Der öffentliche Aufruf war fertig im Satz. Der erste Tag ist dann auch tatsächlich planmäßig verlaufen. Der »Rat der Alten« bewilligte die Verlegung seiner Sitzungen nach St. Cloud und die Beauftragung Bonapartes. Der »Rat der Fünfhundert« stimmte, wenn auch nicht ohne Proteste, dem Dekret zu. Die Direktoren wurden zur Niederlegung ihres Amtes gezwungen.

Alle militärischen Befehlshaber, deren die Verschwörer nicht sicher waren, hatten sie vorsorglich von der Aktion entfernt. Wie geplant, wurde die Bevölkerung durch Maueranschläge von diesen angeblich dringend notwendig gewordenen Maßnahmen in Kenntnis gesetzt. Der kritische Tag sollte erst der 19. Brumaire werden, an dem die entscheidenden Entschlüsse unter der Bewachung der von Bonaparte befehligten Truppen in St. Cloud gefaßt werden sollten. Fast alle Abgeordneten waren anwesend, als Lucien Bonaparte in einer bereits sehr erregten Atmosphäre die Sitzungen des »Rates der Fünfhundert« eröffnete; zur gleichen Zeit begann auch der »Rat der Alten« seine Beratungen. Gegenüber der für die Verschwörer höchst bedenklich werdenden Opposition blieb schließlich nur die Gewalt, um zu verhindern, daß der Staatsstreich scheiterte. Im kritischen Moment versagte Bonaparte. Sicher fühlte er sich immer nur vor bewegungslos ausgerichteten Truppen, denen er zu befehlen hatte, oder wenn er sicher war, daß ihm niemand zu widersprechen wagen würde. Der Einwurf eines Abgeordneten während seiner Ansprache im »Rat der Alten«, in der er zu schnellem Handeln aufrief, um die Freiheit und Gleichheit zu retten, brachte den General völlig aus der Fassung. Er wurde wütend, warf unzusammenhängende Sätze in die Versammlung, Tumult entstand, Empörung über Bonaparte, der gezwungen war, den Saal zu verlassen. Unter militärischer Bedeckung ging er zu dem »Rat der Fünfhundert«, der bereits im hellen Aufruhr über die Vorgänge war. Der gefährliche Zuruf, der ihm entgegengeschleudert wurde, »Außer dem Gesetz!«, führte zu einem Handgemenge, aus dem Bonaparte von seiner Begleitung gerettet werden mußte. In diesem Moment empfahl Sieyès, mit Gewalt die Lage zu retten. Unterdessen suchte Lucien Bonaparte mit äußerster Anstrengung, die Abstimmung über ein Dekret zu verhindern, das den General Bonaparte ächten sollte, bis ein Offizier mit zehn Mann Lucien aus dem Saal herausholte. Durch einen provozierenden Aufruf als Präsident der »Fünfhundert«, an dessen Wirkung nun alles hing, gelang es Lucien, die Truppen zu gewinnen, um »diese Schurken, die nicht mehr Vertreter des Volkes, sondern Vertreter des Dolches sind«, auseinanderzujagen. Das brachte die Wendung. Die Truppen marschierten zu den »Fünfhundert«, die ihnen »Hoch die Republik!« entgegenriefen. Auf den Befehl Murats »Schmeißt mir das Gesindel hinaus!« wurde jedoch der Saal geräumt, soweit ihn nicht die Deputierten durch Türen und Fenster fluchtartig verließen.

In der folgenden Nacht vertagte sich der »Rat der Alten« und der nur noch aus einer Minderheit bestehende »Rat der Fünfhundert«, nachdem sie drei provisorische Konsuln an Stelle des Direktoriums auf Antrag Luciens ernannt hatten. Es waren, wie geplant,

Sieyès, Bonaparte und Roger Ducos. Außerdem wurden auch gleich noch Kommissionen zur Beratung einer neuen Verfassung gebildet. Ein neuer öffentlicher Aufruf unterrichtete die Franzosen von den Veränderungen, die der Tag gebracht hatte. Um zwei Uhr nachts leisteten die Konsuln ihren Amtseid.

Dieser Tag der Lüge war, wie Lefebvre beziehungsreich das Ergebnis des Staatsstreiches zusammengefaßt hat, auch eine »journée des dupes«: Bonaparte wird Sieyès verdrängen.

Frankreich unter dem Ersten Konsul

Die erste Aufgabe für die neue Regierung bestand nun darin, die neuen Machtverhältnisse in eine ihnen angemessene neue Verfassung zu bringen und – unter dem Druck des Krieges – die inneren Verhältnisse in Frankreich zu stabilisieren. Mit einem neuen »Staatsstreich« gelang es, die Abgeordneten am 13. Dezember zur Zustimmung der neuen Verfassung zu bewegen. Drei Konsuln, jetzt Bonaparte, Cambacérès und Lebrun, standen nun an der Spitze des Staates. Die Verfassung wurde durch Plebiszit von den Franzosen nahezu einstimmig angenommen und am 25. Dezember 1799, noch bevor sie ratifiziert worden war, in Kraft gesetzt. Der Erste Konsul erklärte in dem ihm eigenen imperatorischen Stil: Die Revolution sei zu den Grundsätzen zurückgekehrt, von denen sie ausgegangen, »sie ist zu Ende«. Im kritischen Moment, im Durchgang zu einer neuen dynamischen Politik, ertönte der Befehl: »Das Ganze halt!« Es schien das Programm eines Status quo, einer »Restauration« zu sein. War das wirklich so? Ruhe statt gärender Unsicherheit im Innern, Friedenspolitik statt Krieg und Eroberung im Verhältnis zu Europa? Auf St. Helena hat Napoleon später selbst die »bonapartistische Legende« nachdrücklich vertreten: er habe den Krater der Anarchie geschlossen und das Chaos entwirrt. »Ich habe die Revolution von ihrem Schmutz gereinigt, die Völker veredelt, die Könige befestigt. Ich habe einen allgemeinen Wetteifer angeregt, jedes Verdienst belohnt, die Grenzen des Ruhms weit hinaus erstreckt. Das ist wohl etwas.« Die Diktatur sei für die neue Aufgabe notwendig gewesen. Und wenn man ihn beschuldige, daß er zu sehr den Krieg geliebt habe, so werde er darlegen, daß immer nur er der Angegriffene gewesen sei. Der erhabenste Ehrgeiz habe ihn erfüllt, endlich die Herrschaft der Vernunft und die freie Ausübung aller menschlichen Fähigkeiten zu begründen und sicherzustellen.

Wie sehr die Neuordnung der politischen Willensbildung nach dem Staatsstreich auf den neuen Mann in der Führung der Geschäfte berechnet war, zeigte die Verfassung von 1799. Sie wurde prinzipiell von dem Miteinander des Ersten Konsuls und einer Volksvertretung bestimmt; lediglich mit beratender Stimme standen neben dem Ersten Konsul zwei weitere von ihm ernannte Konsuln. Die Volksvertretung gliederte sich in zwei Korporationen: das sogenannte »Tribunat«, das einen kleineren Kreis von hundert Mitgliedern umfaßte und über die Gesetzesvorschläge des Konsuls debattierte, aber nicht abstimmen durfte, und den »corps législatif«, dessen Mitglieder über die Gesetzesvorschläge ohne eigenes Vorschlagsrecht und ohne Diskussion nur abzustimmen hatten; sie wurden deshalb die »Dreihundert Stummen« genannt. Die Auswahl der Deputierten und Beamten geschah durch einen vom

Ersten Konsul ernannten und reich besoldeten Senat von achtzig Mitgliedern nach einer durch ein umständliches Wahlverfahren zustande gekommenen Vorschlagsliste von Notabeln. Alle Gewalt der Initiative und Exekutive lag also nach der neuen Verfassung beim Ersten Konsul, dem zur laufenden Beratung in der Führung der Geschäfte ein Staatsrat zur Seite stand. In ihm sind in angestrengter Arbeit und in lang dauernden Sitzungen die großen Verwaltungs- und Rechtsreformen des Napoleonischen Frankreich beraten worden, meist unter dem Vorsitz des Ersten Konsuls selbst. Neben der »Zentralperson« des neuen Frankreich war die Volksvertretung bedeutungslos. Die nach Napoleons Weisungen von Sieyès entworfene Verfassung begründete die »Militärmonarchie« des Ersten Konsuls. Ihre Bestätigung fand sie in der plebiszitären Zustimmung der Massen, und Napoleon hat sich weitere Schritte zur Festigung seiner Diktatur immer wieder durch Volksabstimmungen bestätigen lassen: 1802 die Verlängerung seiner Amtszeit als Erster Konsul auf Lebenszeit (mit dem Recht, seinen Nachfolger selbst zu ernennen), 1802 nach dem Frieden von Amiens seine Außenpolitik (dreieinhalb Millionen Ja-Stimmen gegenüber ein paar tausend Nein-Stimmen). Die Diktatur des Ersten Konsuls war ein auf dem Heer und dem Vertrauen der Massen beruhender militärisch-demokratischer Cäsarismus, dem die Zentralisierung der Verwaltung genauso entsprach wie der »Scheinkonstitutionalismus« der Verfassung. Der Erste Konsul regierte immer ausschließlicher durch Dekrete und Senatsbeschlüsse im imperatorischen Stil: »La confiance d'en bas, le pouvoir d'en haut« (Sieyès). »Wie man die Verfassung auch wendet, überall sieht man Bonaparte.« Die Sitzungen der Volksvertreter verloren immer mehr das Interesse der breiten Masse, während sich der Konsul immer stärker auch gegenüber den Leuten des 18. Brumaire durchzusetzen und deren Anspruch auf Mitarbeit zurückzudrängen verstand. Die entscheidende Machtfrage in den Führungsgremien des revolutionären Frankreich entschied er zu seinen Gunsten.

Das zeigte sich sehr schnell auch in der neuen Verwaltungsorganisation und -praxis nach dem Dekret vom Frühjahr 1800. Sie vollendete die Zentralisation der Verwaltung, die schon das königliche Frankreich aufzubauen begonnen hatte, in dem berühmt gewordenen Präfektensystem. Die Präfekten, die Chefs der Departements, die Unterpräfekten und die Gemeindevorsteher wurden vom Ersten Konsul ernannt und waren ihm direkt verantwortlich. Alle Selbstverwaltungsorgane in Gemeinde und Provinz hatten nur beratende Funktionen. Alle Privilegien waren aufgehoben, der Regierung stand lediglich die ungeteilte Masse der gleichberechtigten Bürger gegenüber. Die Verwaltungsaufgaben wurden im Zuge der Zentralisierung allmählich immer mehr auf die größeren Einheiten übertragen und die lokale Autonomie immer stärker eingeschränkt. Die Zentralisierung brachte gleichzeitig eine fortschreitende Spezialisierung der Funktionen und die Steigerung der technischen Leistungsfähigkeit der Funktionäre mit sich.

Napoleon hat vor allem im Zuge dieser Entwicklung die Polizei von der Verwaltung getrennt und jene wie diese zentralisiert, nicht zuletzt zum Zwecke der Überwachung verdächtiger Personen. Als er sich zum »Herrn der Revolution« machte, habe die Freiheit zugunsten der Gleichheit abgedankt, meinte Tocqueville. Was fand er aber vor? Eine Nation, in der alle Gesetze, Gebräuche und Sitten aufgelöst waren. Das habe ihm den Despotismus in einer viel rationelleren Form erlaubt, als er je vorher möglich gewesen sei.

»Nachdem Napoleon die Gesetze, welche die tausend Beziehungen der Bürger unter sich und mit dem Staat zu ordnen hatten, in einem gleichen Geiste verabschiedet hatte, konnte er zugleich alle Exekutivgewalten schaffen und sie so subordinieren, daß sie alle zusammen nur eine große und einfache Regierungsmaschine darstellten, deren Triebkraft er einzig und allein war.«

Es war die große Aufgabe, die Napoleon sich stellte und in der seine Gesamtpolitik, wenn überhaupt, ihren Beziehungspunkt hatte: die »reconstruction sociale« nach Anarchie, Unsicherheit und terreur oder, wie Napoleon es selbst im Staatsrat einmal ausgedrückt hat: »Il faut jeter sur le sol de France quelques masses de granit pour donner une direction à l'esprit public.« Das denkwürdigste Dokument dieser Arbeit an der neuen rechtlichen Ordnung für die revolutionäre Gesellschaft war der Code civil von 1804, das Rechtsbuch der neuen bürgerlichen Gesellschaft. Genauso wie die anderen großen Kodifikationen jener Zeit, Allgemeines Landrecht und Allgemeines Bürgerliches Gesetzbuch, ist auch der Code civil aus dem vernunftrechtlichen Gesetzesglauben entstanden; aber er unterscheidet sich von den Kodifikationen des aufgeklärten Absolutismus prinzipiell durch die Tatsache, daß seine gesellschaftliche Grundlage die »Nation« ist, mit »Volkssouveränität« und »staatsbürgerlicher Rechtsteilhabe«, und daß er das erste, alle bürgerlichen Verhältnisse umfassende Rechtssystem für ganz Frankreich war. Er lebte aus dem Geiste der »règles essentielles de la société moderne«, um deren rechtliche Fixierung seit 1789 gekämpft worden war: persönliche Freiheit, Gleichheit vor dem Gesetz, Gewissensfreiheit, Gewerbefreiheit – und alles übergreifend die Anerkennung der Weltlichkeit des Staates, die Säkularisierung des bürgerlichen Lebens. Diese zeigt sich vor allem in dem Zivilstand mit dem für alle religiösen Bekenntnisse gleichen Zivilstandsregister und der Zivilehe. Gegen die radikale Demokratie wurde das Eigentumsrecht als »natürliches Recht« im Interesse der bürgerlichen Gesellschaft anerkannt.

Die Vorgeschichte des Code civil reicht mindestens bis in die Anfänge der Revolution zurück, ja, er vollendet im Grunde, was schon im 17. Jahrhundert angebahnt worden war. Napoleons Initiative war es allerdings erst zu verdanken, daß die Kodifikation in ein paar Jahren abgeschlossen wurde. Sie ist »noch mehr als seine Verwaltungsreform und seine Straßen eines der segensreichsten und konstruktivsten Vermächtnisse des großen, dämonischen Mannes« (Wieacker). Später gingen die Planungen Napoleons weiter. Er hat daran gedacht, ein einheitliches Recht für ein europäisches »Empire« zu schaffen. Vollendet worden sind aber doch in den wenigen Jahren seiner Regierung neben dem Zivilrechtsbuch das Handelsgesetzbuch (1806), ein neues Prozeßrecht (1807), auf dem die europäische Prozeßreform im 19. Jahrhundert beruht; 1810 kam das Strafgesetzbuch heraus. Nicht nur diese erstaunlich schnell erarbeiteten Gesetzbücher im einzelnen machen den Ruhm dieser Arbeiten aus, sondern »sie sind insgesamt, zusammen mit dem corpus juris und dem Vernunftrecht ein wesentliches Element der heutigen Justizkultur« (Wieacker).

Der Code civil setzt die durch die Revolution geschaffene egalitäre Nation mit bürgerlicher Rechtsgleichheit und Freiheit der Individualsphäre voraus; römischer Rechtstradition entspricht dagegen, zum Beispiel im Familienrecht, das Autoritätsprinzip im Verhältnis des Vaters zu Frau und Kindern. Die egalitäre und zentralistische Tendenz hat die Anpassung an verschiedene andere Rechtssysteme ermöglicht. Den straffen, durchsichtigen Aufbau und die epigrammatische Sprache des Code civil haben auch Literaten wie Stendhal bewundert. Daß seine innere Geschlossenheit und Einheit von der Disziplin eines starken politischen Willens bestimmt ist, das ist von jeher zu seinen Kennzeichen gerechnet worden. Als »das erfolgreichste Gesetzbuch des 19. Jahrhunderts« hat es die revolutionären Errungenschaften nachhaltiger bewahrt und verbreitet als viele politische Programme und Erfolge – ganz abgesehen davon, daß es durch die Jurisprudenz der folgenden Jahre immer wieder weiterentwickelt wurde. In Deutschland hat es nicht nur in den Gebieten seiner Geltung bürgerlichen Freiheits- und Unabhängigkeitssinn gestärkt, sondern den Plan der nationalen Rechtseinheit angeregt. Napoleon selbst hat im Exil seinen unvergänglichen Ruhm nicht in vierzig gewonnenen Schlachten, sondern im Code civil gesehen.

Zu den Voraussetzungen für den Aufbau der neuen Gesellschaft hat der Erste Konsul auch den Frieden mit der römischen Kirche gerechnet – die Ablösung einer der schwersten Hypotheken, die auf dem revolutionären Frankreich lag. Der politisch kluge Ausgleich mit der römischen Kirche im Konkordat von 1801 sollte dessen unnachgiebigste und gefährlichste Opposition, den Hort der Konterrevolution, treffen. Die Säkularisierung des bürgerlichen Lebens, wie sie zum Wesen der neuen Sozialordnung gehörte, verbot freilich die Wiederanerkennung der römischen Kirche als Staatskirche. Der corps législatif hat sich bezeichnenderweise erst nach dem außenpolitischen Erfolg im Frieden von Amiens entschließen können, seine Zustimmung zu dem Kompromiß zwischen dem französischen Staat und der römischen Kirche zu geben. Bonaparte war besonders an der Ernennung der Bischöfe durch den Ersten Konsul interessiert, weil er – entgegen den Erfahrungen der jüngsten Zeit – der Meinung war, daß er mit den Bischöfen auch die Priester in seine Hand bekommen würde. Das Konkordat stellte außerdem einen großen außenpolitischen Erfolg für Napoleon dar: indem sich nämlich der Papst überhaupt auf Konkordatsverhandlungen mit dem Ersten Konsul der neuen, aus der Revolution stammenden Regierung einließ, erkannte er diese an und bestätigte nun auch seinerseits den Verkauf der Kirchengüter; vor allem gab er seinen Widerstand gegen die revolutionäre Neuordnung des bürgerlichen Lebens in der neuen Ehegesetzgebung auf. Die Einsetzung der hohen Prälaten nach kanonischen Regeln durch den Papst wurde durch die Bestätigung der durch die Revolution eingesetzten Bischöfe ausgeglichen; dieses Zugeständnis schloß die Absage der Kurie an die Emigranten unter dem Klerus ein und bestätigte in besonders eindringlicher Weise den Ausgleich der Kirche mit dem revolutionären Frankreich, das in diesen Jahren immer mehr das Napoleonische Frankreich wurde.

Bonaparte selbst wandelte sich vom siegreichen Feldherrn zum Kaiser, geschmückt mit dem Lorbeerkranz des Cäsar und gesalbt von der Hand des Papstes, nachdem der Senatskonsult über die Erhebung des Ersten Konsuls zum Kaiser durch Plebiszit eine überwältigende Zustimmung gefunden hatte. Das Kaisertum Napoleons war trotz aller theatralischen Erinnerungen an Karl den Großen modern, revolutionär, traditionslos. Es lebte nicht von religiös oder historisch begründeten Gnaden, sondern aus sich selbst, autonom in seiner Repräsentation wie Verwaltung, Politik und Kriegführung, rational berechnet von dem großen Organisator moderner Massen im Krieg und Frieden, dem »höchsten und voll-

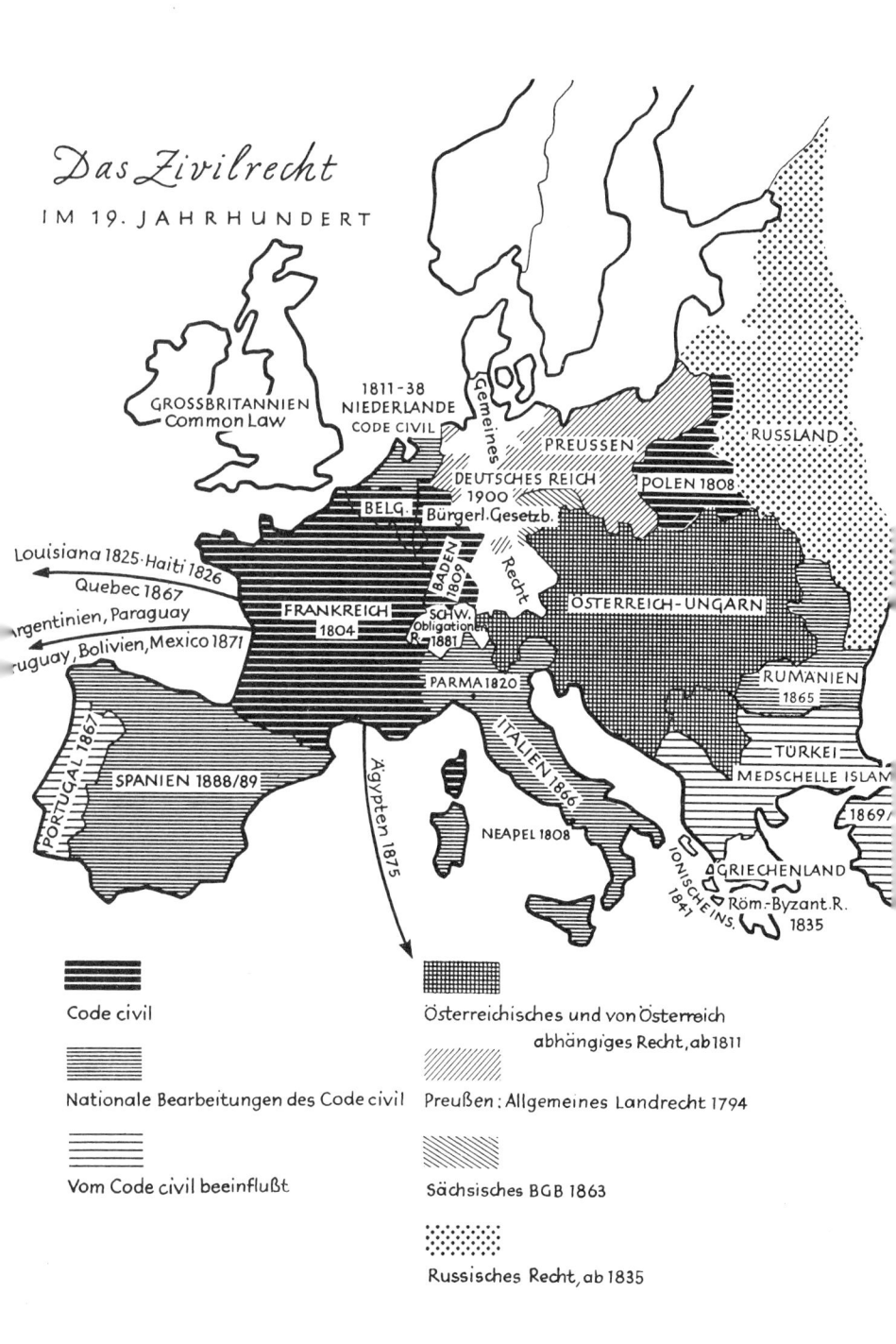

Das Zivilrecht
IM 19. JAHRHUNDERT

Map labels:
- GROSSBRITANNIEN — Common Law
- 1811–38 NIEDERLANDE CODE CIVIL
- Gemeines Recht
- PREUSSEN
- RUSSLAND
- DEUTSCHES REICH 1900 Bürgerl.Gesetzb.
- BELG.
- POLEN 1808
- BADEN 1809
- SCHW. Obligationen R. 1881
- FRANKREICH 1804
- ÖSTERREICH-UNGARN
- PARMA 1820
- RUMÄNIEN 1865
- PORTUGAL 1867
- SPANIEN 1888/89
- ITALIEN 1866
- TÜRKEI MEDSCHELLE ISLAM 1869
- Ägypten 1875
- NEAPEL 1808
- IONISCHE INS. 1841
- GRIECHENLAND Röm.-Byzant.R. 1835

Arrows left:
- Louisiana 1825 · Haiti 1826
- Quebec 1867
- Argentinien, Paraguay
- Uruguay, Bolivien, Mexico 1871

Legend

▬▬▬ Code civil

═══ Nationale Bearbeitungen des Code civil

─── Vom Code civil beeinflußt

∷∷∷ Österreichisches und von Österreich abhängiges Recht, ab 1811

╱╱╱ Preußen: Allgemeines Landrecht 1794

╲╲╲ Sächsisches BGB 1863

⋰⋰⋰ Russisches Recht, ab 1835

endetsten Typus, den das Jahrhundert des wissenschaftlichen und mathematischen Geistes hervorgebracht hat« (Schnabel). Mit imperatorischer Geste sollte die Revolution zur Form gezwungen werden, der Imperator in seiner Person war die Garantie der neuen Gesellschaft. Daß der Klassizismus des Napoleonischen Empire aus der inneren Notwendigkeit seines Wesens stammte, das ist mit Recht immer wieder hervorgehoben worden. Die Verwandtschaft beruhte nicht nur auf der gleichen Ordnungsaufgabe in einer zertrümmerten Welt, sondern auch auf dem imperatorischen Willen, die Chance einer einheitlichen Planung im Kampf mit der feindlichen Umwelt wahrzunehmen. Modern war die Rationalisierung des Lebens der breiten Masse durch die im Kaiser letzten Endes gipfelnde Zentralisierung der gesamten Staatsverwaltung. Latein und Mathematik standen nicht zufällig im Mittelpunkt des einheitlich aufgebauten Schulwesens. Auf Perfektion der Ordnung und Konzentration intellektueller Fähigkeiten waren die Ausbildung des neuen, technisch qualifizierten Spezialisten auf allen Gebieten des öffentlichen Lebens gerichtet. In Fachschulen, nicht auf Universitäten, wurden die jungen Franzosen erzogen. Die berühmteste, die École Polytechnique, hatte Lazare Carnot, der Mathematiker und »Organisator des Sieges«, in diesem Geiste 1794 eingerichtet; sie bildete nicht nur Ingenieuroffiziere aus, sondern auch die Bauingenieure, welche die großen, charakteristischen Heerstraßen gebaut haben, die auf Paris ausgerichtet, die zentrale Bedeutung der Hauptstadt als Mittelpunkt des Verkehrs noch steigerten. Wenn für Goethe Rom noch die »Hauptstadt der Welt« gewesen ist, so gehört es auch zur Bedeutung des Napoleonischen Empire, daß seitdem der Mythos von Paris als der Hauptstadt der Kultur bewußt gepflegt worden ist.

Die höchste Form zentralisierter Lenkung hat Napoleon in seiner Strategie entwickelt. Die »gradlinige Einfachheit« seiner Straßen und seiner strategischen Ideen waren auf den einen entscheidenden Moment angelegt, die »bataille napoléonienne« (Proudhon). Es war auch der Stil seines politischen Handelns. Seine Politik stand nicht im Dienste des Ausgleichs, des Gleichgewichts, der »balance of power«. Die Kabinettspolitik war schon vorher durch die revolutionäre Dynamik der »levée en masse« in Frage gestellt worden. Politik und Kriegführung wurden auf die Vernichtung des Gegners abgestellt, auf dieses Ziel »zentralisiert«. »Die Vernichtung der feindlichen Streitkraft«, so hat später Clausewitz gelehrt, »ist unter allen Zwecken, die im Kriege verfolgt werden können, immer der über alles gebietende«. Diese Art der Kriegführung rechnet nicht nur mit dem aus der Revolution hervorgegangenen Massenkrieg, sondern auch mit einem neuen Soldatentum: revolutionäre, für Ideen kämpfende politische Soldaten, die »nation armée«, wurden zum Instrument des Kaisers. Erfüllt von fanatischem Selbstbehauptungswillen, kämpften sie bis zur Vernichtung des Gegners oder bis zur Selbstvernichtung. »Der Enthusiasmus sollte das Wesen des revolutionären Bürgers und Soldaten erfüllen« (Höhn). Das waren Grundsätze, die schon im Tirailleursystem der levée en masse begegnen, das Carnot eingeführt hat. Napoleons Grundsatz war, daß jede Operation systematisch vollzogen werden müsse, da nichts durch Zufall gelinge. Beides gehöre zusammen und stehe im Dienst der elastischen Bewegung (militärisch und politisch), welche die Feinde einzeln, nacheinander schlägt und vernichtet. Napoleon suchte die Entscheidung in der Schlacht und als politischen Erfolg. »Mon plan de campagne c'est une bataille; et toute ma politique c'est le succès«. »Ich sehe

Krönung Josephines durch Napoleon am Tage der Kaiserkrönung, 2. Dezember 1804,
in Notre-Dame zu Paris in Anwesenheit des Papstes Pius VII.
Aus dem Gemälde von Jacques Louis David, 1805/07. Paris, Louvre

Französisches Biwak am Vorabend der Schlacht von Austerlitz am 2. Dezember 1805
Aus dem Gemälde von Louis Albert Bacler d'Albe
Versailles, Schloß

nur eins, das sind die Massen, ich suche sie zu vernichten, weil ich sicher bin, daß alles andere damit zugleich fällt«, erklärte schon der jugendliche General Bonaparte. Energisch, rücksichtslos, umsichtig, entschlossen, souverän improvisierend, den Blick auf das Wesentliche, den entscheidenden Punkt gerichtet, so wurde er der Herr der Massen, so hat er auch die neue Strategie mit den neuen Möglichkeiten der Revolution geschaffen und aus diesen seinen eigenen Stil entwickelt. Seine Strategie bestimmte auch zugleich das Wesen seiner Politik. Sollten seine Friedensschlüsse »Vernichtungssiege« oder bestenfalls Waffenstillstandsversuche sein? Oder war seine Politik Friedenspolitik, auf eine neue Dauerordnung gerichtet? Was heißt hier Frieden? Diese Fragen gehören von jeher zu den spannendsten der politischen Geschichte seiner Zeit, insbesondere in bezug auf die großen Friedensschlüsse, die als Epochen der allgemeinen Geschichte umfassende Bedeutung haben. Der französisch-englische Friede in Amiens (25. März 1802) und der französisch-russische Friede in Tilsit (7.-9. Juli 1807) waren Wegmarken der Revolutionierung Europas.

Lunéville und Amiens

Napoleon hat in die Politik des zweiten Koalitionskrieges als Erster Konsul nicht mit einem eigenen Programm eingegriffen, sondern hat sich der Generaltendenz der französischen Außenpolitik und Kriegführung, die auf einen baldigen Frieden Frankreichs mit den Alliierten gerichtet war, angepaßt. Das tat er freilich auch im Interesse seiner eigenen Stellung, um die innere und äußere Unsicherheit und Bedrohung zu überwinden und um festen Boden zu gewinnen. Im einzelnen war die Lage dadurch gekennzeichnet, daß die Franzosen die wichtigsten Eroberungen ihrer revolutionären Befreiungskriege fest in ihrer Hand hielten. Die revolutionäre »Friedenspolitik« hatte schon seit dem Frieden von Campo Formio erkennen lassen, daß sie über das Programm der »natürlichen Grenzen« mit der Gründung revolutionärer »Tochter«-Republiken in Holland, der Schweiz, in Italien hinausgegangen war. Natürlich trug das auch zur Sicherung Frankreichs bei, war für diese dynamische Politik aber nicht das letzte Ziel. Die entscheidende Frage war also schon längst akut, bevor Napoleon an die Spitze des französischen Staates trat: was für ein neuer Zustand würde sich aus der Revolutionierung der europäischen Verhältnisse ergeben? Die Frage war nicht nur an Frankreich, sondern genauso gleichzeitig auch an die anderen europäischen »Großmächte« gestellt. Napoleon griff in die französische Politik ein, als außerhalb Frankreichs der Enthusiasmus der ersten Jahre längst der Enttäuschung über die Verleugnung der ursprünglichen Hoffnungen auf den Anbruch des Zeitalters der neuen Menschlichkeit gewichen war. Die Wirklichkeit hatte sich unter dem Zwang der Bedrohung durch die Illusionen »durchgepaukt«. Robespierre hatte schon 1792 vorausgesagt, daß der Krieg den neuen Cäsar hervorbringen werde; es bestehe die Gefahr, daß in einem Krieg die Errungenschaften der Revolution einem imperialistischen Aktivismus zum Opfer fielen, für den die Nation kein Interesse mehr habe; der Krieg könne die Revolution »kompromittieren«. Alle diese Besorgnisse trafen in der Frage zusammen, vor die der Erste Konsul sich gestellt sah, ob und wie das revolutionäre Frankreich Frieden machen würde. In den Reihen der »Brumairiens« begegnete er der Kritik an der Eroberungspolitik des Direktoriums, die er selbst mit seinem italienischen Feldzug, wenn auch höchst eigenwillig, mitgemacht und gesteigert hatte. Würde er mit Grenzberichtigungen in Wallonien und an der Saar einverstanden sein? War es überhaupt möglich, im Jahre 1799 Frieden zu bekommen? Die Außenpolitik des Ersten Konsuls begann mit einer diplomatischen Finesse. Bereits am 25. Dezember 1799 schrieb Napoleon an den König von England und an den Kaiser persönlich, um – in sehr allgemeinen Wendungen – sein Interesse am Frieden zu bekunden. Bereits vom 4. Januar des neuen Jahres stammte die englische Antwort, die (genauso wie die Antwort der Österreicher) diese Anregungen als ungeeignet für weitere Verhandlungen ablehnte. Später, auf St. Helena, hat Napoleon wiederholt, was er seinem Bruder gleich gestand: Die ganze Aktion sei ein Scheinmanöver gewesen, er habe nicht mit positiven Antworten gerechnet, die Fortsetzung des Krieges sei beschlossene Sache gewesen, aber die öffentliche Meinung in Frankreich habe solchen Versuch verlangt. Im übrigen schien der Augenblick insofern nicht ungünstig für eine Sondierung gewählt zu sein, da der Zar sich gerade aus der Koalition mit den Engländern und Österreichern zurückgezogen hatte und der König von Preußen an der Spitze einer norddeutschen Konföderation neutral abseits von den Kämpfen stand. Die Lage wurde für alle Beteiligten durchsichtig, als der Außenminister Thugut wissen ließ, daß man in Wien bereit sei, auf der Grundlage der österreichischen Eroberungen in Italien über den Frieden zu verhandeln. Gerade unter diesen Voraussetzungen, gerade was Italien betraf, war Bonaparte nicht zu Konzessionen oder gar zur Preisgabe bereit. Dieses auf seine Wirkung in der Öffentlichkeit berechnete Manöver konnte Napoleon freilich nur in seiner Ansicht befestigen, daß die Fortsetzung des Krieges (mit der moralischen Deckung durch sein Friedensangebot) zu den »Notwendigkeiten«, die er immer wieder als für sein Tun zwingend erklärt hat, in dieser Lage gehöre. Der Sieg der Franzosen über die Österreicher bei Marengo im Juni des Jahres 1800 entschied über Italien, über den Krieg mit Österreich – und auch über Napoleon. Als Sieger war er wenig später wieder in Paris; es war ein Triumph nicht nur über seine äußeren, sondern auch über seine Feinde im Innern Frankreichs. Gewiß, der Gegner war nicht vernichtet, englische Unterstützung war ihm vorher schon zugesagt worden, und völlig ungedeckte Verhandlungen eines österreichischen Diplomaten über einen Austausch zwischen rheinischen und italienischen Besitzungen wurden von Wien aus strikt desavouiert.

Weitere militärische Erfolge der Franzosen, jetzt auf deutschem Boden (bei Hohenlinden, Dezember 1800), haben die Österreicher dann aber doch gezwungen, in den Verhandlungen, die im Herbst von der in Wien in die Leitung der Geschäfte eintretenden Friedenspartei begonnen worden waren, den französischen Forderungen nachzugeben und in Lunéville Napoleon nach den militärischen Siegen den diplomatischen Erfolg eines Sonderfriedens zu konzedieren (Februar 1801). Der Friedensschluß von Lunéville bestätigte den Franzosen nicht nur die Eroberungen, auf denen der Frieden von Campo Formio beruhte, sondern verschärfte vielmehr noch die damaligen geheimen Abmachungen: »Im Namen des Reiches« wurde jetzt das linke Rheinufer von den Österreichern aufgegeben. Das waren

Zugeständnisse, die eine zunächst unübersehbare Revolutionierung der politischen Verfassung Deutschlands nach sich ziehen mußten, weil die Aufgabe der linksrheinischen Besitzungen durch rechtsrheinische kompensiert werden sollte. Die Erweiterung der zisalpinischen Republik schloß andere Verzichte und Ausgleiche ein, die den Friedensschluß sofort mit der kritischen Frage belasteten, ob dieser wirklich aus dem Interesse Bonapartes an einer friedlichen Dauerordnung zustande gekommen war oder inwieweit sich hier in den weiteren Zurückdrängung Österreichs nach Mittel- und Südosteuropa eine dynamische Politik erkennen ließ. Offensichtlich war zunächst, daß die Politik von Campo Formio weiterentwickelt war und an der Festigung der hegemonialen Stellung Frankreichs in Italien arbeitete; die Politik des Interesses an den sogenannten natürlichen Grenzen verdämmerte im Hintergrund, während, so wie die Verhältnisse lagen, die Abmachungen in Lunéville nur vorläufig sein konnten. Die Konsequenzen der Verabredungen waren, insbesondere für das Deutsche Reich, das dem Frieden beitrat, in ihrer höchst differenzierten Komplexität noch kaum zu übersehen. Vor allem aber hingen alle weiteren Pläne an der Zukunft des Verhältnisses Frankreichs zu England, das nach dem Sonderfrieden von Lunéville isoliert war. Bonaparte baute die Stellungen gegen England zunächst in den Mittelmeergebieten weiter aus. Kurz nach dem Frieden mit den Österreichern gelang es ihm, Neapel dem englischen Einfluß zu entziehen. Es mußte die Insel Elba und das Fürstentum Piombino an Frankreich direkt abtreten, seine Häfen den Engländern verschließen, Brindisi und Otranto erhielten französische Garnisonen, gleichzeitig kam es zu Verhandlungen mit Spanien. Das dynastische Interesse der Spanier in Mittelitalien (Toscana) wurde zum Austausch französischer und spanischer Besitzungen benutzt. Die Spanier verzichteten außerdem auf ihre Kolonie Louisiana am Mississippi zugunsten der Franzosen. Bonaparte dachte auch daran, die portugiesischen Häfen den Engländern zu verschließen, und versuchte deshalb, die Spanier auch in dieses Spiel gleich mit hineinzuziehen. Die großartigste Chance in dieser Situation war allerdings die Aussicht für den neuen Mann in Frankreich, zu einer Verständigung mit dem Zaren zu kommen. Man hat von einem ersten »Tilsit« gesprochen, das sich hier zwischen dem Herrn des revolutionären Frankreich und dem Feind der Revolution auf Grund der gemeinsamen antienglischen Interessen anzubahnen schien. Die Verhandlungen und der Austausch der beiderseitigen Pläne kamen jedoch nicht zu vertraglichen Festlegungen, bevor Paul I. einem Attentat im Frühjahr 1801 zum Opfer fiel, und die Opposition in Rußland selbst, auch im Interesse der russisch-englischen Handelsbeziehungen, die englandfreundliche Politik des nachfolgenden Zaren, Alexander I., unterstützte. Daß die russischen Adligen, die an dem Tode des Zaren beteiligt waren, in Verbindung mit dem englischen Botschafter standen, läßt erkennen, wie wertvoll den Engländern gerade in dieser Situation die Überbrückung des englisch-russischen Weltgegensatzes gewesen ist. Sie erreichten auch die Auflösung der »Liga der Neutralen«, die sich gegen England in den allgemeinen Gegensätzen gebildet hatte, um die Freiheit ihres Handelns zu sichern: Dänemark und Schweden hatten sich mit Rußland auf der Basis der bewaffneten Neutralität geeinigt, die Dänen waren entschlossen, den Engländern überhaupt den Sund zu versperren. Auch Preußen hatte sich den Franzosen genähert und besetzte Hannover im Frühjahr 1801. Gleichzeitig verschloß es dieses Land dem englischen Handel. Mit rücksichtsloser Entschiedenheit zerbrachen die Engländer die Versuche, ihnen den Weg durch den Sund zu verlegen: sie bombardierten am 2. April 1801 Kopenhagen. Im übrigen drohte den Franzosen der endgültige Verlust Ägyptens, nachdem dort im März 1801 englische Truppen gelandet waren. Trotzdem haben sich die französisch-englischen Verhandlungen nur mühsam entwickelt, bis es in Amiens zum Abschluß eines französisch-englischen Friedens kam (25. März 1802). England verpflichtete sich, alle seine Eroberungen an Frankreich und dessen Verbündete zurückzugeben, die spanische Insel Trinidad behielten jedoch die Engländer genauso wie Ceylon, das ihnen von der batavischen Republik abgetreten werden mußte. Wichtig war aber besonders, daß die Engländer grundsätzlich bereit waren, ihre Stellung im Mittelmeer aufzugeben: Ägypten sollte nach dem Fiasko der französischen Expedition an die Türkei zurückgegeben werden und Malta, das von den Engländern erobert worden war, an den Johanniter-Orden. Napoleon verpflichtete sich, die französischen Garnisonen aus Neapel zurückzuziehen, und erkannte die Integrität Portugals an. Auch Frankreich mußte also seine Mittelmeerstellung, wie sie in diesen Kriegsjahren aufgebaut worden war, liquidieren, während die Engländer in drei Monaten Malta räumen und ihre Flotte zurückziehen würden. Gibraltar, das Tor zum Mittelmeer, blieb freilich in englischer Hand. Im übrigen waren mit diesen Bestimmungen auch die Voraussetzungen zu einem Friedensvertrag zwischen Frankreich und der Türkei geschaffen.

Der Friede von Amiens bildete eine der großen Zäsuren in der Auseinandersetzung zwischen dem neuen Frankreich und Europa; er war kein Separatfriede, sondern der allgemeine Frieden, der Abschluß eines Jahrzehnts Krieg. War er auch der Beginn einer neuen Epoche des Gleichgewichtes? War die Bleigarnitur des Vertrages, die in Amiens auf die Neuordnung der Besitztitel, der Beziehungen und Interessen gelegt wurde, so schwer, daß sie der Revolution das Gesetz der Dauer, des Status quo, auferlegte? Das ist eine Frage an die englische Politik; sie wird ergänzt durch die Frage nach den Erfolgen oder Mißerfolgen, der Bilanz von Gewinn und Verlust der französischen Politik. Es ist vor allem die Frage nach Napoleons Politik: hat er sich mit der Begeisterung über den Abschluß des Krieges identifiziert? Galt für ihn in einem tieferen Sinne überhaupt die Auffassung von der endgültigen Beschränkung, sah er sein Maß jetzt und nun schon für erfüllt an? Wissen wir, ob er die Bedrohlichkeit weiterer Expansion, Eroberung, Umwälzung bestehender Ordnungen für so groß gehalten hat, daß er die »Notwendigkeit« erkannte, sich in den Verhältnissen, wie sie sich nun zeigten, einzurichten? Der Friede von Amiens beschließt eine Auseinandersetzung, die Napoleon als Erster Konsul vorfand. Er begann in einer vorgegebenen Situation die Geschäfte der Französischen Republik zu leiten. Was tat er nun? Am 18. Brumaire, gestand Napoleon, habe er in der Erinnerung an Cäsars Übergang über den Rubicon gelebt. Lebte er auch jetzt im Bewußtsein der Grenzerfahrung oder der Grenzüberschreitung? Im englischen Unterhaus warnte die Opposition bei der Unterzeichnung des Vertrages von Amiens eindringlich vor seiner Überschätzung für eine dauerhafte Neuregelung der allgemeinen Lage: »Wir haben Frankreich den Besitz Italiens und zugleich die Herrschaft über den Kontinent bestätigt«, der Friede sei nicht mehr als ein unsicherer und trügerischer Waffenstillstand. Die Alliierten waren weder stark genug, um zu siegen, noch so schwach, um alles nur hinzunehmen oder sich mit Napoleons Regelungen zufriedenzugeben. Aus verschiedenen Gründen waren beide Parteien ruhebedürftig. Beiderseits bestand damals das Interesse an einem Frieden, zumindest an einem Waffenstillstand. Der begeisterte Empfang Napoleons in Paris nach dem Abschluß der Verhandlungen mit den Engländern war ein Merkzeichen für den nun auf Lebenszeit gewählten Ersten Konsul: zog dieser aus der unverkennbar hervortretenden Friedenssehnsucht der Franzosen politische Folgerungen? Bei der Regelung seines Verhältnisses zu den Engländern waren seine Entschlüsse jetzt von der Rücksicht auf die Interessen der französischen Wirtschaft bestimmt. Entgegen den englischen Wünschen öffnete sich der französische Markt für die Engländer nicht, im Gegenteil, das Verhältnis zu England wurde durch die französische Schutzzollpolitik von vornherein belastet. Indem sich der unter französischem Einfluß stehende Kontinent den englischen Waren verschloß, minderte sich das Interesse der Engländer am Frieden. Komplizierend, geradezu provozierend für die Engländer wirkte die sich gleichzeitig regende koloniale Aktivität der Franzosen. Nicht nur in Nordafrika (Algier) suchte Frankreich Fuß zu fassen und seine Stellung zu festigen, viel beunruhigender war die Frage der Kompensation für Ägypten: sollte der Frieden mit der Türkei (Juni 1802) dem französischen Interesse an Ägypten Vorschub leisten? Mußte nicht auch die Aktivität in den französischen Stützpunkten in den indischen Gewässern für die Engländer beunruhigend wirken? Als eine französische Expedition nach Saint Dominique entsandt wurde, entstand der Verdacht, daß die Franzosen von Louisiana aus den Golf von Mexiko kontrollieren und damit den englischen Handel unter Aufsicht nehmen wollten. Diese Aussicht rief in Washington große Besorgnis hervor. Präsident Jefferson war entschlossen, den Franzosen entgegenzutreten, und erwog, sich mit den Engländern zu verständigen, wenn es nicht gelingen sollte, Frankreich Louisiana abzukaufen. Napoleon hat sich angesichts des neuen Krieges mit England im April 1803 kurzerhand entschlossen, in das Kaufgeschäft einzuwilligen. Für den Preis von sechzig Millionen Francs wurde Louisiana Ende 1803 amerikanisch. Auch die Engländer waren über die französische Aktivität beunruhigt und entschlossen sich zu Gegenmaßnahmen, um für alle Fälle Napoleon schon vor Vollendung des Ausbaues seiner Stellung vorbereitet gegenüberzustehen. Aus diesem Grund räumten sie nicht, wie im Friedensvertrag festgelegt, Malta. Die englische Mittelmeerstellung hatte für die Neuorientierung der englischen Weltpolitik nach dem Verlust der nordamerikanischen Kolonien erhöhte Bedeutung für die Sicherung der Verbindung zwischen England und Indien erhalten. Die Beunruhigung steigerte sich, als Napoleon durch Interventionen die Revolutionierung der bisherigen europäischen Ordnung weiterführte: er annektierte die Insel Elba und Piemont (zur Sicherung der Alpenstraße aus militärischen und wirtschaftlichen Interessen); er festigte im Februar 1803 seinen Einfluß in der Schweiz. Gleichzeitig wurde die Revolutionierung der deutschen Verhältnisse durch den sogenannten »Reichsdeputationshauptschluß« fortgesetzt. Einschneidende Besitzveränderungen durch Verlust und Entschädigung wegen der Abtretung der linksrheinischen Gebiete an Frankreich begünstigten auf den Trümmern des alten Reiches die Bildung größerer Staaten. Schließlich versuchte Napoleon immer wieder, im Hinblick auf die französisch-englischen Spannungen, sich mit Rußland zu arrangieren.

Alle diese Regelungen trafen auch Österreich, das jetzt seine jahrhundertealte Stellung in den »vorderen Reichskreisen«, seine Stellung am Oberrhein, aufgeben mußte. Trotzdem haben die Engländer zunächst ihre Friedenspolitik fortgesetzt; freilich blieben sie in Malta und verlangten die – wenn auch befristete – Zustimmung Napoleons dazu. Der Mißerfolg ultimativer Forderungen an Frankreich, zu denen die Räumung der Niederlande gehörte, führte dann im Frühsommer 1803 zum Abbruch der diplomatischen Beziehungen. Gegenüber den französischen Herausforderungen haben die Engländer mit russischer Unterstützung die Initiative ergriffen und kamen Napoleon zuvor (Mai 1803). War Napoleon in diesem Moment das Opfer einer Fehlkalkulation? Lebte er in der Illusion, daß England vor dem Aufschwung des französischen Handels und seiner kolonialen Expansion kapitulieren würde? War es ihm wirklich um den Frieden zu tun oder nur um einen Waffenstillstand, um Zeit zu gewinnen, damit er den Engländern zu gegebener Zeit Schach bieten könne? Waren ihm andere Ausbreitungsmöglichkeiten gleichgültig? Man hat die Entwicklung der Krise mit ihren Konsequenzen im Sommer 1803 als den Konflikt zweier Imperialismen bezeichnet, für die eine »Koexistenz« unmöglich gewesen sei. Es war auf alle Fälle für die Engländer eine Krise ersten Ranges, in der sie sich gegenüber der revolutionären Politik Napoleons zu sehen glaubten, während Napoleon seinerseits zweifellos diesen Gegner unterschätzt hat: ohne Armee, von einer Oligarchie von Kaufleuten beherrscht, würde England für einen langen Krieg unfähig sein.

Für die Engländer war mit dem Krieg die Wiederaufnahme der Koalitionspolitik verbunden, jetzt in der sogenannten »Dritten Koalition«. Noch einmal übernahm Pitt die Leitung der englischen Politik (April 1804). Der Weg, der nach Trafalgar und Austerlitz führen sollte, war begonnen. Napoleon antwortete mit der »Kontinentalsperre« gegen England durch das Berliner Dekret vom 21. November 1806, ergänzt durch die Mailänder Dekrete vom Herbst 1807. Danach sollten alle europäischen Häfen für die englische Flotte geschlossen, alle englischen Schiffe aufgebracht, die Waren als Kriegsbeute konfisziert, die britischen Untertanen wie Kriegsgefangene festgehalten und der Briefverkehr mit England eingestellt werden. Es war der weitgespannte, aber je länger, desto krampfhaftere Versuch, die Ergebnisse der großen Siege und Niederlagen des Jahres 1805 doch noch zugunsten seiner Hegemonialpolitik umzubiegen.

Mit den Engländern verbunden, trat der Zar Alexander zum erstenmal mit dem hochgespannten Anspruch des »Befreiers Europas« vor dem Despotismus des neuen Imperators hervor. Er hat die Geduld seiner Bundesgenossen wie die Ungeduld Napoleons immer wieder durch seine Unbeständigkeit strapaziert. Für Napoleon, der alle »Ideologen« verachtete, war der Zar ein Rätsel. Zu Metternich sagte er einmal, neben so viel Bestechendem im Umgang liege etwas im Wesen des Zaren, das er nicht bezeichnen könne; bei ihm fehle in allen Dingen immer ein »Etwas«. Schwankend in seinen Meinungen, unentschlossen, abhängig von seiner Umgebung, ängstlich, leicht aus der Fassung zu bringen und leicht entmutigt, in späteren Jahren manisch depressiv, machte er auf Menschen, die ihn näher kennenlernten, nicht den Eindruck eines über siebzig bis achtzig Millionen Menschen herrschenden Kaisers. Er konnte sich andererseits dann aber auch wieder für große Pläne begeistern, die freilich einen fatalen Mangel an Wirklichkeitssinn erkennen ließen. So wurde das Programm einer slawischen Konföderation unter russischer Führung der Orientpolitik Napoleons entgegengestellt; Konstantinopel tauchte als Hauptstadt in den Visionen auf, nachdem das türkische Reich zerstört sein würde. Der spezifisch antirevolutionäre Charakter dieser zaristischen Pläne zeigte sich, als die Russen nach der Ermordung des Herzogs von Enghien (im März 1804) die diplomatischen Beziehungen mit Frankreich abbrachen. Im April 1805 war die englisch-russische Allianz perfekt. Man kam überein, nach dem Sieg der Koalition Frankreich in seine alten Grenzen zurückzuweisen und durch einen »cordon sanitaire« kleiner Staaten den Status quo zu sichern: die Niederlande (mit Belgien) im Norden, Piemont (mit Ligurien) im Süden; Preußen würde die Wacht am Rhein übernehmen, Rußland in Polen Kompensationen erhalten, während die Regelung der Fragen über die Schiffahrtsrechte der Neutralen genauso wie die Fragen des allgemeinen Friedens späteren Verhandlungen vorbehalten blieb. Trotz aller Werbungen der Alliierten blieb Preußen neutral, dagegen trat Österreich im August 1805 der englisch-russischen Allianz bei. Daß man die italienische Republik zu einem Königreich gemacht hatte, dessen Krone Napoleon selber trug, wurde in Wien als ein Bruch des Vertrages von Lunéville angesehen. Vorausgegangen war die Erhebung Napoleons zum Kaiser, die als starker Affront gegen den Römischen Kaiser Deutscher Nation empfunden worden war. Die Politik der Eroberungen und Provokationen, die die Interessen der anderen nicht berücksichtigte, führte die unter sich so verschiedenen Partner in der Koalition gegen Napoleon zusammen.

Nachdem der Versuch, die Engländer auf ihrer Insel selbst zu treffen, mißglückt war und sich unter Englands Führung eine neue Koalition gebildet hatte, sah sich Napoleon aufs neue wieder den großen kontinentalen Mächten Österreich und Rußland gegenüber. Die Niederlage bei Trafalgar am 21. Oktober 1805 und der Sieg bei Austerlitz am 2. Dezember haben die neue Lage hell beleuchtet und die Stoßrichtung der Napoleonischen Politik festgelegt. Trafalgar sicherte England die unbestrittene Seeherrschaft, während der Sieg Napoleons über die Österreicher und die Russen bei Austerlitz die Österreicher niederwarf und die kontinentale Vorherrschaft für Napoleon erbrachte. Mit diesem militärisch-politischen Erfolg (einem seiner glänzendsten) verband sich sofort die Frage nach der neuen notwendigen politischen Ordnung in den eroberten Gebieten: sollten diese neuen, unaufschiebbaren Aufgaben nach einem Plan, einer politischen Gesamtkonzeption angefaßt werden? Das ist die vielerörterte Frage nach den Voraussetzungen und dem Wesen der Politik des »Grand Empire« in der Frontstellung gegen England und gegen Rußland. Auf dem Kontinent blieb allein Rußland unabhängig von Napoleon; die Auseinandersetzung mit Rußland ist zum Schicksal des Kaisers geworden. Es ist mit Recht immer wieder gesagt worden, daß Napoleons zähester und unbesiegter Gegner England gewesen sei, daß die permanente französisch-englische Spannung in alle Maßnahmen des Kaisers hineinreichte. Jedoch die Entscheidung ist im Kampf gegen Rußland gefallen. Seit Trafalgar und Austerlitz wird die Frontstellung Napoleons gegen Rußland immer sichtbarer.

»Le Grand Empire«

Zunächst erfüllte sich Deutschlands Schicksal: bevor eine preußische Vermittlung wirksam werden konnte, war die Koalition zwischen den Engländern, Russen und Österreichern zerbrochen. Verträge mit den deutschen Fürsten veränderten die Karte des alten Reiches, indem Bayern, Württemberg und Baden durch Gebietserweiterungen Königreiche und Großherzogtum wurden, während Österreich in denselben Tagen zu einem Waffenstillstand gezwungen wurde und in seiner Isolierung Napoleon ausgeliefert war. Der Separatfrieden von Preßburg (26. Dezember 1805) sprengte die Koalition endgültig. In der Konsequenz der Politik des Friedens von Campo Formio wurden die Österreicher von Italien ausgeschlossen – genauso wie aus dem »Reich«. Tirol und Vorarlberg kamen an Bayern, Istrien und Dalmatien an Frankreich und Venetien an das Königreich Italien. Pitts Geständnis, daß auch er bei Austerlitz besiegt worden sei, läßt erkennen, wie begrenzt in den Augen des englischen Staatsmannes der große Erfolg von Trafalgar doch für die englische Politik war: er rettete England, aber Austerlitz vernichtete die Koalition, auf die die englische Politik ihre Hoffnungen gegen das Napoleonische Frankreich gesetzt hatte. Was dem königlichen Frankreich nicht gelungen war: das revolutionäre Frankreich sprengte die Zernierung; umgekehrt: die Koalition versagte, während sich Preußen beiseite hielt; alle Versuche, es der Koalition zu nähern, mißglückten. Die für England erfolgreiche politische Konstellation des Siebenjährigen Krieges wiederholte sich nicht. Als Pitt in diesen Wochen dahinsiechte und am 23. Januar 1806 starb, schien seine Politik gescheitert. Sie enthielt jedoch als Erbe den zündenden Gedanken der europäischen Koalition gegen Napoleons Eroberungspolitik für eine Gleichgewichtspolitik zwischen den Großmächten, zu denen Frankreich freilich nur in seinen »alten Grenzen« gehören konnte, wie sie Castlereagh und Metternich ein Jahrzehnt später gemeinsam zur Grundlage der Restauration der europäischen Ordnung gemacht haben.

Durch den Preßburger Frieden hat das »Grand Empire« zuerst deutlicher erkennbare Formen angenommen: Die Idee des »Grand Empire« war aus dem Zwang entstanden, die eroberten oder abhängigen Staaten und Gebiete in eine neue Verfassung zu bringen. Die einzelnen Staaten wurden unter dem Protektor Napoleon zu einem Bund zusammengeschlossen, der durch die Familienbeziehungen der Souveräne mit der Familie Napoleons noch verstärkt werden sollte. Für Deutschland ergab sich aus der Napoleonischen Politik der »Rheinbund«. Talleyrand hatte die Gründung im Sommer 1806 (12. Juli) vorbereitet, nicht ohne seinen eigenen Vorteil bei dem Geschäft wahrzunehmen; es war über die mit dem Frieden von Campo Formio und Lunéville vorgesehenen Besitzveränderungen hinaus die radikalste Revolutionierung der alten Reichsordnung. Die Mitgliedschaft, die von sechzehn Staaten erworben wurde, setzte voraus, daß sie vorher aus dem alten Reichsverband ausschieden. Die Konstituierung des Rheinbundes vollzog sich außerhalb des »Heiligen Reiches« mit Frankfurt am Main als Sitz des »Bundestages«. Es gab zwei Kollegien von Königen und Fürsten mit dem Fürstprimas Dalberg an der Spitze, zu dessen »Coadjutor« ein Onkel des Kaisers, der Kardinal Fesch, bestimmt wurde. Wenige Tage nach diesen Vorgängen legte Kaiser Franz II. die Krone des Römischen Reiches Deutscher

Nation nieder. Das Heilige Reich hatte aufgehört; die Konsequenz aus dem Anachronismus dieses in der modernen Welt merkwürdigen Gebildes ist damals unter so prekären Verhältnissen gezogen worden. Aber die Erfahrungen eines weiteren halben Jahrhunderts waren noch nötig, um die Deutschen aus dem romantischen Traum von der Kaiserherrlichkeit zu erwecken und durch die Ernüchterungen des Revolutionsjahres 1848/49 die Unterscheidung zwischen politischer Schwärmerei und politischem Realismus erkennen zu lassen. Nicht weniger einschneidend waren die Eingriffe, durch die Napoleon die italienischen Verhältnisse veränderte und durch eine eigenwillige Personalpolitik der Apenninenhalbinsel eine politische Struktur nach seinem Interesse aufzwang. Nach dem Sturz der Bourbonen in Neapel machte Napoleon seinen Bruder Joseph dort zum König, seine beiden Schwestern wurden mit italienischen Fürstentümern ausgestattet, auch seine Mitarbeiter erhielten als Dotation italienische Fürstentümer (so wurde Talleyrand Fürst von Benevent). Besonders problematisch war die Stellung des Kaisers zum Papst als einem souveränen italienischen Fürsten und als offensichtlichem Gegner der kaiserlichen Politik. Für den Papst war die Italienpolitik Napoleons mit Rechts- und Prinzipienfragen von allgemeiner Bedeutung verbunden, die zum Beispiel im Juni 1805 akut wurden, als Napoleon im Königreich Italien in das kirchliche Verfassungsrecht eingriff und den Bischöfen die Einsetzung nach kanonischem Recht verweigerte. Die latente, auch durch das Konkordat nicht behobene Spannung zwischen der römischen Kirche und dem revolutionären Frankreich wurde hier wieder sichtbar und nährte das nie überwundene Mißtrauen der Kurie gegen das Napoleonische Kaisertum. Gleichzeitig wurde mit dem Zaren verhandelt, dem seine Ratgeber empfohlen hatten, durch eine Verständigung mit Frankreich über die Aufteilung des Osmanischen Reiches für Rußland freie Hand für seine orientalischen Interessen zu bekommen. Diese Verhandlungen beunruhigten die Engländer, die ihrerseits erwogen, mit Napoleon jetzt wieder in diplomatische Verbindung zu treten. Die Friedensaussichten wurden aber durch neue militärische Auseinandersetzungen überholt. Preußen war durch ultimative Forderungen von Napoleon gezwungen worden, die Versuche aufzugeben, sich seiner vertraglichen Verpflichtungen aus den Verhandlungen des letzten Jahres zu entziehen. Es mußte sich jetzt (15. Februar 1806) sogar verpflichten, den Engländern alle seine Häfen zu verschließen. Diese Maßnahmen, zusammen mit der Besetzung Hannovers, das Preußen aus der Hand Napoleons als Kompensation für territoriale Verluste in Süd- und Westdeutschland erhalten hatte, führten am 11. Juni 1806 zum Kriegszustand zwischen England und Preußen.

Diesen Entwicklungen gegenüber erkannten die Vertreter einer aktiven preußischen Politik in der Gründung des Rheinbundes und der Auflösung des Reiches die Chance für einen norddeutschen Bund unter preußischer Führung. Hardenberg, als Leiter der Geschäfte, hat damals mit Rußland verhandelt und in einer geheimen Konvention Ende Juli 1806 eine preußisch-russische Verständigung zustande gebracht, während französisch-englische Verhandlungen im Gange waren, die, ohne Rücksicht auf die französisch-preußischen Abreden, Hannover als Friedenspfand erörterten. In die schwebenden Besprechungen, geheimen Zusicherungen, Truppenzusammenziehungen, Mobilmachung der preußischen Armee, Abbruch der englisch-französischen Verhandlungen, Vorbereitung der Ratifizierung eines französisch-russischen Vertrages platzte das preußische Ultimatum vom 26. September 1806 an Frankreich. Mit einem Schlage war Napoleon aus der sich steigernden Nervosität unbefriedigender diplomatischer Sondierungen durch den für die Preußen vernichtenden Doppelsieg bei Jena und Auerstedt am 14. Oktober befreit. Hinter diesem militärischen Erfolg erhob sich aber nun immer drohender die russische Frage. Sie legte sich seit Jena wie ein unheimlicher Schatten immer schwerer über die Politik des Kaisers. Auf dem Weg von den Küsten des Ärmelkanals, wo die englischen Felsen unerreichbar blieben, über Jena nach Tilsit stand Napoleon vor Entscheidungen, die seine ganze Weltstellung, seine Lebensfrage betrafen.

Zunächst erledigten sich durch die preußische Niederlage alle preußischen Pläne. Statt dessen mußte Preußen seine Gebiete westlich der Elbe abtreten und seine Häfen dem englischen Handel sperren. Sachsen, zum Königreich erhoben, wurde Mitglied des Rheinbundes. Je mehr die Entscheidungen sich nach Ostmitteleuropa verlagerten, um so mehr wurde die Politik des Zaren gegenüber Napoleon für den Kontinent ausschlaggebend. In dieser Lage war es Hardenberg, der dem preußischen König dringend riet, erneut Anschluß an Rußland zu suchen. Am 23. April 1807 gelang es Hardenberg, in Bartenstein einen preußisch-russischen Vertrag zustande zu bringen, der über den Moment hinaus überhaupt eine Neuorientierung der preußischen Politik einschloß: Preußen und Rußland verpflichteten sich, keinen Separatfrieden zu schließen und alle Anstrengungen zu machen, Frankreich in seine alten Grenzen zurückzuwerfen und selbst keine Forderungen zu machen. Die Ziele der Verbündeten richteten sich außerdem darauf, an Stelle des Rheinbundes eine »Konstitutionelle Föderation« zu schaffen, die von dem Einvernehmen zwischen Preußen und Österreich gedeckt sein sollte und auf eine europäische Koalition mit Österreich, England und Schweden, ferner Dänemark, die Niederlande, Sardinien und Neapel hinzielte; ja sogar auf die Unabhängigkeit der Türkei richteten sich die weitgespannten Planungen. Sie erwiesen sich freilich sehr schnell, so kühn und einfallsreich sie waren, als voreilig; die Schlacht bei Friedland (14. Juni 1807) brach den militärischen Widerstand der Preußen und vor allem des Zaren endgültig. Unmittelbar nach dieser Entscheidung versuchte der Zar, mit Napoleon in Verbindung zu treten, vielleicht nicht unbeeinflußt durch den erstaunlichen Vorschlag Hardenbergs vom 22. Juni, ein Bündnis zwischen Rußland, Frankreich und Preußen gegen England anzustreben. Immer denkwürdig geblieben ist dann die Begegnung des Kaisers mit dem Zaren auf einem Floß im Njemen, um die Parität der Gesprächspartner in theatralischer Weise zu illustrieren, während dem preußischen Königspaar die Demütigung zugemutet wurde, unbeteiligt an der Zusammenkunft am Ufer des Flusses das Ende der Zeremonie abwarten zu müssen. Preußen mußte dann auch den Preis für die Vereinbarung des Friedens zwischen den Russen und den Franzosen zahlen, die am 7. Juli zwischen Frankreich und Rußland und am 9. Juli 1807 zwischen Frankreich und Preußen abgeschlossen wurde. Preußen blieben nach dem Diktat Napoleons nur seine Gebiete ostwärts der Elbe. Die westlich der Elbe gelegenen Länder wurden zum Königreich Westfalen zusammengefaßt. Preußen wurde – wie Österreich im Preßburger Frieden – den gemeinsamen deutschen Fragen ferngehalten. Die preußischen Besitzungen aus der zweiten und dritten Teilung Polens wurden als Großherzogtum

FRANZÖSISCHE REVOLUTION UND NAPOLEON 131

Warschau mit dem Königreich Sachsen durch Personalunion verbunden. Napoleon faßte mit dieser vorgeschobenen Stellung nun auch in Ostmitteleuropa als unmittelbarer Nachbar Rußlands Fuß. Durch wechselseitige diplomatische Vermittlungen des Zaren zwischen Napoleon und England und Napoleons zwischen Rußland und der Türkei und durch den Anschluß Rußlands an den Wirtschaftskrieg gegen England wurde auf der Grundlage der

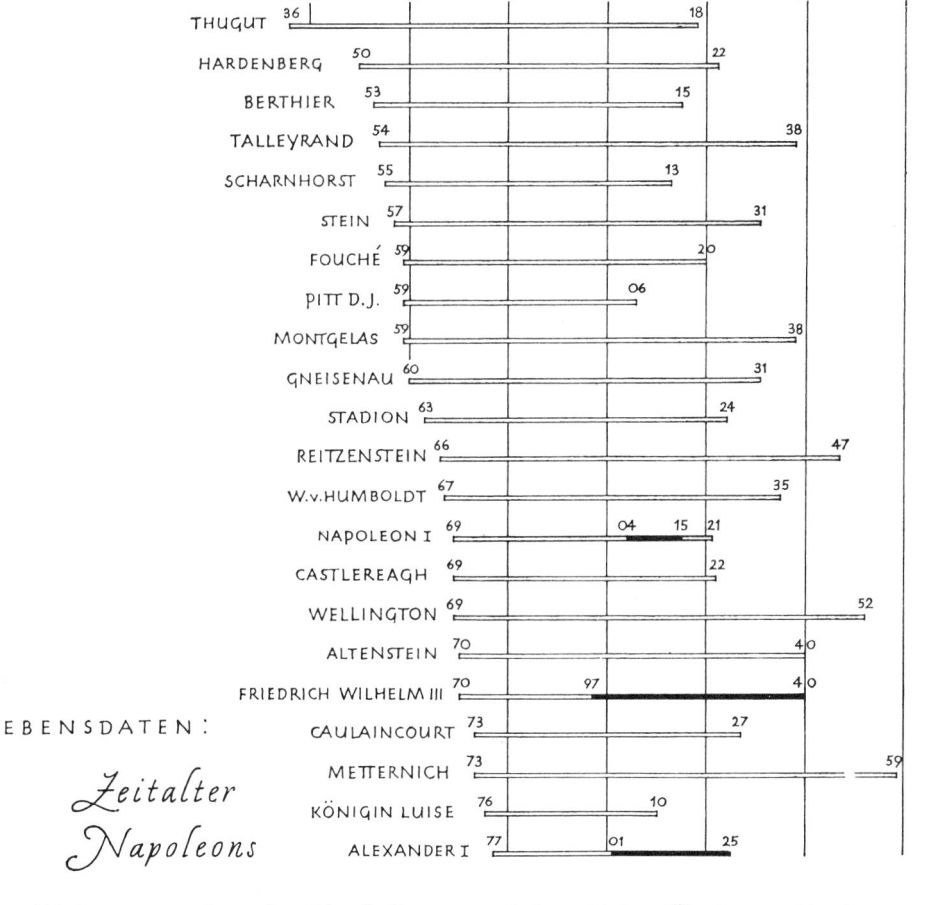

LEBENSDATEN:

Zeitalter Napoleons

Name	von	bis
THUGUT	1736	1818
HARDENBERG	1750	1822
BERTHIER	1753	1815
TALLEYRAND	1754	1838
SCHARNHORST	1755	1813
STEIN	1757	1831
FOUCHÉ	1759	1820
PITT D.J.	1759	1806
MONTGELAS	1759	1838
GNEISENAU	1760	1831
STADION	1763	1824
REITZENSTEIN	1766	1847
W.v.HUMBOLDT	1767	1835
NAPOLEON I	1769 (1804–15, †21)	
CASTLEREAGH	1769	1822
WELLINGTON	1769	1852
ALTENSTEIN	1770	1840
FRIEDRICH WILHELM III	1770 (1797–1840)	
CAULAINCOURT	1773	1827
METTERNICH	1773	1859
KÖNIGIN LUISE	1776	1810
ALEXANDER I	1777 (1801–25)	

Friedensverträge eine weiterwirkende Zusammenarbeit projektiert. Überhaupt schien in Tilsit eine Art Teilung der Weltinteressen zwischen dem Kaiser und dem Zaren, zwischen Westen und Osten, zustande gekommen zu sein. Man hat geradezu sagen können, Napoleon sei ärger getäuscht worden als der Zar, so gewiß der in Tilsit geschlossene Friede für Napoleon zweifellos im Moment auch ein Erfolg, ja vielleicht sogar notwendig gewesen ist, um den Kontinent zu befrieden und gegen England eine breite Basis zu gewinnen. Wie Napoleon selbst die Lage ansah, hat er mit der energischen Abwehr russischer

Ambitionen auf Konstantinopel zum Ausdruck gebracht: »Constantinople! Jamais, c'est l'empire du monde!« Er zeigte damit zugleich selbst, daß er sich noch nicht am Ziele wähnte. Gerade unter dieser Voraussetzung ist Tilsit eine Epoche in der Geschichte Napoleons. Hier ist er zum ersten Male an eine Grenze geraten, hier wird ihm »Halt« geboten, hier sieht er sich zum Friedensschluß mit Rußland veranlaßt, zur Abgrenzung durch Verhandlungen. Napoleon war hier nicht Sieger wie bei Austerlitz, er war auch nicht auf Grund einer Niederlage zurückgeworfen, sondern hier wurde er in seinen Eroberungen durch Rußland begrenzt. Daß an dieser Grenze Rußland stand, hat nicht allein Rußland im Kampf gegen Napoleon in die vorderste Linie gebracht, sondern das Verhältnis Europas zum revolutionären Frankreich, zur revolutionären Bewegung überhaupt ist seitdem von Rußland her wesentlich mitbestimmt worden und hat die europäische Geschichte überschattet. »Nach meinem Dafürhalten bezeichnet der Sieg von Jena den Höhepunkt der Macht Napoleons«, das war noch viele Jahre später Metternichs Meinung, »hätte er, anstatt die Vernichtung Preußens anzustreben, seinen Ehrgeiz darauf beschränkt, diese Macht zu schwächen und in solchem Zustand dem Rheinbund anzufügen, das unermeßliche Gebäude, das ihm zu errichten gelungen war, würde eine Grundlage von Beständigkeit und Dauer gewonnen haben, welche der Friede von Tilsit ihm nicht verschaffte, ja zu dessen Erschütterung derselbe wesentlich beigetragen hat, weil seine Bedingungen hart und überspannt waren.« Und wenn Metternich an anderer Stelle Napoleon als Verwaltungsgenie und als Gesetzgeber kennzeichnet, so nannte er ihn eben auch einen Eroberer: unstillbarer Ehrgeiz habe den Kaiser erfüllt; und die Brüchigkeit seiner imponierenden Herrschaft sei nur so lange verdeckt gewesen, solange Uneinigkeit und allgemeine Unsicherheit dem Ansturm des imperatorischen Willens gegenüber bestanden haben.

Zu dieser Zeit begannen sich auch in der Umgebung des Kaisers Bedenken zu regen: der »Heroismus des Risikos« erweckte Zweifel, weil er die Grenzen politischen Kalküls überschritt. Metternich sagte nicht, daß er Napoleon diese Disziplin des Maßhaltens nicht zugetraut habe. In seinen Reflexionen war aber auch die permanente Frage nach der »Reaktion« der europäischen Politik auf die Revolutionierung des Status quo enthalten, die sich insbesondere auf die Friedensschlüsse Napoleons konzentrierte und immer schärfer hervortrat, je weiter sein Weg ging, je breiter seine Wirkung, je umfassender seine kaiserliche Stellung wurde. Die Bedeutung von Tilsit ist nicht nur von Napoleon bestimmt worden, an ihr sind alle europäischen Staatsmänner beteiligt gewesen; die Frage war, ob der Friede von Tilsit eine Epoche oder nur ein Moment in der Geschichte dieser Zeit sein würde.

Das Kontinentalsystem

Nach der Zerstörung der bisherigen Verhältnisse erhob sich für Napoleon als unausweichliche Aufgabe der politische, soziale und wirtschaftliche Wiederaufbau in den eroberten Gebieten. Das war der Ursprung des napoleonischen Europa, des »système continental«, der Versuch einer Neuordnung Europas auf revolutionärer Grundlage. Was war das aber für eine Ordnung, die dann 1814/15 mit dem Zusammenbruch der Napoleonischen Herrschaft scheiterte? Die Antwort auf diese Frage ist um so wichtiger, als sich in unserem Sprachgebrauch der Begriff der »Restauration« eingeprägt hat: Metternichs Restauration einer friedlichen Dauerordnung war bewußt im Gegensatz zu Napoleons Politik, im Kampf gegen die Revolution entwickelt worden. Worin bestand das Wesen von Napoleons Friedensschlüssen? Wie war überhaupt das Verhältnis der Revolution und der Restauration zum Frieden? Für die Geschichte des 19. Jahrhunderts in Europa ist es von grundlegender Bedeutung geworden, daß die politische Neuordnung als »Restauration« zustande gekommen ist und im großen und ganzen bis in den ersten Weltkrieg Dauer gehabt hat. Mit einem Wort: nicht Napoleon, sondern Metternich hat gesiegt. Die politischen Verhältnisse Europas beruhten nicht auf revolutionärer, cäsaristischer, diktatorischer Grundlage, sondern auf der »Wiederherstellung« des Konzerts der europäischen Mächte: die Großmächte, die in Wien als Pentarchie sich gegenseitig anerkannten, haben sich als solche erhalten und restauriert. Der großartigste Kommentar zu dieser Situation ist Rankes Essay über die »Großen Mächte« von 1833, seine brillante Konzeption der politischen Geschichte der modernen Welt.

Das »System« Napoleons ist von den militärisch-politischen Interessen bestimmt worden, die sich aus der neuen Situation nach Trafalgar und Tilsit, aus dem unentschiedenen Kampf gegen England für ihn ergaben. Die Wirtschaftspolitik, die als »Kontinentalsperre« gegen den englischen Handel gerichtet war, kam als politisch gedachtes Druckmittel hinzu; die zivilisatorischen Maßnahmen folgten. Ob aber das »System« über seine militärpolitischen Interessen hinaus eine Art Dauerordnung hat sein sollen oder als solche hätte funktionieren können, ist eine andere Frage. Beide Möglichkeiten sind immer wieder umstritten worden. Ehe sich Intention und Brauchbarkeit von Napoleons Europapolitik erweisen konnten, wurde sie in die militärische Katastrophe mit hineingezogen. England habe ihn gezwungen, so hat Napoleon selbst zur Begründung seiner Expansionspolitik erklärt, Europa zu erobern und das abendländische Kaiserreich wieder zu erwecken; so schloß er die »föderierten Staaten« Italien, Schweiz, Holland, den Rheinbund und die Iberische Halbinsel mit dem Kern, dem Empire français, zum Grand Empire zusammen und gab sie zum Teil als Vasallenstaaten seinen Verwandten und Generälen oder nahm sie direkt unter eigene Verwaltung. Nach Tilsit wurde dann das Grand Empire Zentrum eines erweiterten Kontinentalsystems, die noch unabhängigen Staaten wurden ihm als Alliierte oder Freunde verbunden. Frankreich, der Kaiser persönlich, hatte die Hegemonie in diesem sich noch in dauernder Fluktuation befindenden System. Das revolutionäre Frankreich wurde Modell für den Neubau auf dem Trümmerfeld der zerstörten Alten Welt, vor allem in der europäischen Mitte und im Süden; die Revolutionierung Europas sollte mit diesem System vollendet werden.

Die Erinnerung an Karl den Großen, an das Römische Reich mit Rom als zweiter Hauptstadt gehörte – wie wir schon gehört haben – genauso in die vagen Phantasien Napoleons wie die Verweigerung seiner Zustimmung für den Zaren, Konstantinopel zu erobern, weil mit dem Besitz dieser Stadt das »Empire du monde« verbunden sei. Die Idee einer neuen politischen Einheit der westlichen Welt und die Erneuerung der Zivilisation aus der Revolution schloß Napoleons Interesse an dem Verwaltungs- und Gesellschaftsaufbau der von ihm beherrschten Gebiete ein. Entscheidend war natürlich für seine Politik nicht die historische Reminiszenz oder die abstrakte Konstruktion, sondern die Lage Frankreichs und die französische Expansionspolitik. Die Italienische Halbinsel war als Basis für eine Landung in Sizilien und für die Bedrohung Maltas im Kampf gegen England wichtig – zugleich gegebenenfalls ein Sprungbrett für Orientunternehmungen. Der Besitz von Italien und Illyrien diente aber auch als Klammer für Österreich; zudem konnte die Stoßrichtung von Illyrien aus nach Saloniki gehen und von dort weiter nach Konstantinopel – nicht zu unterschätzen waren in diesem Zusammenhang auch die wirtschaftlichen Beziehungen zur Levante. Die französische Stellung in Deutschland war als Schutz der offenen Grenze nach Osten noch wichtiger: der Rheinbund hielt Österreich und Preußen von Frankreich ab und gehörte zu den Ausfallstellungen gegen Rußland. Vor allem verschloß der Besitz Deutschlands dem englischen Handel Mitteleuropa und eröffnete der französischen Wirtschaft einen großen Markt. Schließlich gehört auch der Besitz der Pyrenäenhalbinsel durch ihre Bedeutung für die Beherrschung des Mittelmeeres und des Atlantischen Ozeans mit dem Blick auf die spanischen und portugiesischen Kolonien in die Kampffront gegen England.

Weil diese Gebiete auch als Soldatenreservoir wichtig waren, erschien ihre organisatorische und gesellschaftliche Vereinheitlichung nach französischem Vorbild und ihre Vereinigung zu größeren Einheiten notwendig zu sein. Das galt für Italien wie für Deutschland. »Der Zwang zur großen Politik« führte über den Reichsdeputationshauptschluß von 1803 als Konsequenz des Friedens von Lunéville zu einer ersten Überwindung der deutschen Klein- und Vielstaaterei. Aus dieser Perspektive war Tilsit nur eine Zwischenlösung für die Napoleonische Politik, da Preußen, Österreich und Rußland noch außerhalb des »Systems« blieben. Napoleons Auf- und Ausbau des Kontinentalsystems konnte zunächst an das girondistische Programm anknüpfen, um Frankreich einen Gürtel von befreiten, jedoch abhängigen Staaten zu legen. Der jakobinischen Methode entsprechend ließ er jedoch unter den gegebenen Verhältnissen sofort die Verwaltung der abhängigen Staaten in die Hand von Generalgouverneuren übergehen, die als kaiserliche Intendanten arbeiteten, oder in die Hand von Angehörigen der kaiserlichen Familie. »Souvenez vous, que je ne vous ai fait roi que pour mon système«, heißt es bezeichnenderweise in einem Erlaß an Murat als König von Neapel – oder noch deutlicher in einem Brief Berthiers, des Generalstabschefs Napoleons: »faites comme roi ce que vous avez fait comme soldat.« Das »System« Napoleons erforderte Konzentration, um für die kaiserliche Politik leistungsfähig zu sein. Das betrifft genauso die Heeresorganisation wie die zivile Verwaltung und die Finanzpolitik. Es blieben aber dann doch nicht die Spannungen aus, die diese gewalttätige Politik in den differenzierten nationalen, traditionsreichen Verhältnissen hervorrief. »On n'est pas roi pour obéir!« antwortete zum Beispiel Murat auf die kaiserlichen Befehle. Die Hast, Eile und Überstürzung, wie sie den Zeitgenossen übereinstimmend an Napoleon aufgefallen sind, kennzeichnen auch diesen großzügigen Aufbau des »système continental«, den Napoleon durch Allianzen zu vervollständigen versucht hat. Die zentralisierende Tendenz innerhalb dieses Systems zeigte sich in der Entstehung einer kleinen internationalen Führungsgruppe mit französisch-revolutionärer Gesinnung. Zu dieser Tendenz gehörte die Schaffung einer einheitlichen sozialen Struktur nach französischem Vorbild: die Privilegien verschwanden, alle Menschen wurden »Bürger«, Untertanen gleichen Rechtes, die sozialen Schranken wurden beseitigt, alle wurden an den Lasten und Pflichten beteiligt, bürgerliche Gleichheit, religiöse Freiheit, Abschaffung der Feudallasten, Bauernbefreiung, Verkauf des kirchlichen Besitzes sind Momente der neuen Gesellschaftsordnung, die mit der Einführung des Code civil ihren repräsentativsten Ausdruck findet. »Il faut que vos peuples«, schrieb der Kaiser an seinen Bruder Jérôme, König von Westfalen, im November 1807, »jouissent d'une liberté, d'une égalité, d'un bien-être inconnus aux peuples de Germanie, et que ce gouvernement libéral produise ... les changements les plus salutaires au système de la Confédération et à la puissance de votre monarchie.« Diese Regierungsweise werde, heißt es dann bezeichnenderweise für das Königreich Westfalen weiter, eine mächtigere Barriere gegen Preußen sein als die Elbe oder gar der Schutz Frankreichs. Perfektion der Ordnung, nicht Anarchie ist das Werk der Revolution. Es zeichnet sich schließlich eine allgemeine europäische Kultur in den Gedanken des Kaisers ab, welche die politische Einheit des Kontinents unter französischer Hegemonie ergänzen soll. Die Partikularitäten auch unter den Völkern müßten verschwinden. Das Ziel seiner Politik sei, schrieb Napoleon 1810 seinem Bruder Louis, den er zum holländischen König gemacht hatte, »dépayser l'esprit allemand«, den deutschen Geist von seiner geschichtlich gewordenen und geprägten Eigenart zu entfremden. Widerspruch galt als eine Art Empörung gegen seinen diktatorischen Willen. Trotzdem hat Napoleon immer wieder Rücksichten genommen, Zugeständnisse gemacht, sich den Zwangslagen angepaßt, wenn sie durch den Krieg entstanden; die permanenten Veränderungen haben die Erfolge seiner Verwaltung verhindert, schließlich seine Neuordnung überhaupt in Frage gestellt. Für die vielen Aufgaben fehlten Menschen, Rückgriffe auf den Adel wurden nötig, der die Durchführung seiner Reformen behinderte, ja, der Kaiser gewordene Revolutionsgeneral suchte nicht nur gegen die »Jakobiner« Verbindung mit dem alten Adel, sondern auch zu den Dynastien – retardierende Momente für die gesellschaftliche Umbildung.

Am tiefsten ist Italien vom napoleonischen System beeinflußt worden. Es war in seiner verschiedenartigen politischen Verfassung ein »Experimentierfeld« für Napoleon und als solches charakteristisch für die unstete, überstürzte Art seiner Staatsbildungen, deren Territorialbestand sich meist von Jahr zu Jahr veränderte. Im Königreich Italien regierte Napoleon praktisch durch Dekrete kaiserlicher Machtvollkommenheit, die Landesgewalten wurden durch seine Regierungsweise lahmgelegt, die Justiz wurde nach französischem Vorbild neu konstituiert. In den wenigen Jahren der Napoleonischen Herrschaft ist es unter diesen Bedingungen allerdings gelungen, das veraltete Verkehrswesen großzügig zu modernisieren: Straßen- und Brückenbauten gehörten zu diesen Verbesserungen genauso wie Kanalbauten; die öffentliche Hygiene wurde durch einen Zentralrat gelenkt, Schulen wurden eröffnet; bezeichnend für das Schulwesen Napoleons war hier wie überall die Förderung der technischen Ausbildung in Staatsschulen. Verbessert wurde auch die Steuerverwaltung, die Zollgrenzen wurden reguliert und ein größeres einheitliches Wirtschaftsgebiet mit Frankreich als Mittelpunkt geschaffen. Entscheidend war schließlich auch hier für das bürgerliche Leben in dem modernen säkularisierten Staat die Einführung des Code civil.

Bei der Neuordnung der politischen Verfassung Deutschlands, die nach dem Verlust der linksrheinischen Gebiete in ihrem Bestand völlig in Frage gestellt war, hatte sich Napoleon den jeweiligen Verhältnissen stärker anzupassen. Der Rheinbund von 1806 war ein bezeichnender Versuch, durch eine Föderation höchst verschiedenartiger Staatsgebilde das Chaos zu überwinden: alte Staaten wurden erweitert und ihre Würde erhöht, kleine und kleinste Territorien zu größeren politischen Gebilden zusammengefügt, um sie je nach dem Wechsel der Umstände wieder umzugruppieren und ihre Herrscher zu wechseln. Und dieses neue Ganze aus ungefähr gleichwertigen Mittelstaaten unterstand dann dem Protektorat des Kaisers; das war zugleich die endgültige Liquidation des alten Reiches: die Rheinbundfürsten, nun nicht mehr Kurfürsten, sondern Könige und Großherzöge, vollzogen im August 1806 ihren förmlichen Austritt aus dem Reich. Kaiser Franz II. legte daraufhin seinerseits die Krone des Reiches nieder. Das »Reich« löste sich in souveräne Staaten auf, und die Fesseln des *ius foederum* von 1648 fielen, ohne daß allerdings mit den Traditionen völlig gebrochen wurde, die sich innerhalb des alten Reiches in den Mittel- und Kleinstaaten gebildet hatten. Der Bundestag in Frankfurt war eine Fortbildung des alten Reichstages, nun allerdings ohne kaiserliche Spitze, unter dem Vorsitz des Fürstenprimas, des früheren Kurfürsten von Mainz; er war eine Organisation der Gesamtheit gleichberechtigter Mitglieder in der Form eines Staatenbundes, praktisch jedoch nichts anderes als »ein Bündel aufgezwungener Protektoratsverhältnisse« (Anschütz), weil die Bundesverfassung nie in Kraft getreten ist, dagegen das französische Protektorat mit seinen Forderungen militärischer Hilfeleistungen höchst wirksam war.

Die erste französische Staatsbildung jenseits des Rheins war das Großherzogtum Berg, das alle Merkmale dieser Neubildung repräsentierte: als Großherzog ernannte Napoleon 1806 seinen Schwager, den General Murat. Über das Gemenge lokaler Gewalten hinweg nahm er selbst die Leitung der Geschäfte in seine Hand, beseitigte die Kollegialverwaltung, teilte das Land mit seinen neunhunderttausend Einwohnern nach französischem Vorbild in Arrondissements, deren jeder von einem Rat geleitet wurde, bildete Magistrate in den Städten, vereinheitlichte die Gebiete durch die Einführung einer gleichartigen Grund- und Kopfsteuer und veranlaßte Truppenaushebungen, die der König von Preußen in den ihm früher gehörenden Gebieten nicht einzuführen gewagt hatte. Murat konnte sich jedoch in dem Großherzogtum gar nicht einleben, er sollte es vielleicht auch gar nicht, da er bereits 1808 durch den Kaiser zum König von Neapel ernannt wurde. Napoleon hat seitdem das Land durch ausgezeichnete Kommissare in eigene Verwaltung genommen und nach 1812 dort eine Verfassung eingeführt, die auf einer Versammlung von Notabeln beruhte, welche die Regierung ernannte. Die wenigen Jahre zum Einleben der neuen Verhältnisse reichten natürlich nicht aus, um über Anfänge der Neuordnung hinauszukommen. Nachdem 1808 die Leibeigenschaft aufgehoben worden war, 1809 die Privilegien beseitigt wurden, hat die Einführung des Code civil (1811) die Sozialreform nicht ohne Widerspruch zu vollenden versucht.

Wie das Königreich Italien sollte das Königreich Westfalen für Deutschland der Napoleonische Modellstaat werden. Auch hier: Mangel an Stabilität des territorialen Besitzstandes, eine Verfassung, die einer von Paris ernannten Notabelnversammlung vorgelegt wurde

(1807), nachdem der hannoversche Adel selbst die Notabeln präsentiert hatte. Napoleon hat sich jedoch nach dessen Wünschen bei seinen Maßnahmen zur Einführung einer modernen Staatsverwaltung nicht gerichtet. An diesen Maßnahmen hat auch der neue König Jérôme nichts Wesentliches geändert. Auffallend ist, daß sich die Bauern vielfach gegen die Agrarreform wehrten, während der Adel den Verlust seiner Privilegien verschmerzte, da er in den hohen Verwaltungsämtern des neuen Staates verbleiben durfte. Neben wenigen Franzosen fanden Deutsche großzügig Verwendung, unter denen auch alte preußische Verwaltungsbeamte im Dienste des Königs von Westfalen hervortraten; auch die weniger zahlreichen Bürgerlichen blieben in ihren Ämtern.

In den Rheinbundstaaten, in denen die angestammten Landesfürsten in Amt und Würde blieben, war die Sorge um die Souveränität, die Napoleon gewährt hatte, groß. Der Beitritt zum Rheinbund geschah vielfach aus der Furcht, Napoleon könne die süddeutschen Staaten in französische Präfekturen verwandeln. Andererseits hat doch aber die Tradition des aufgeklärten Absolutismus die Anpassung an die französische Neuordnung erleichtert. Die bedeutendsten Minister in Bayern und Baden in diesen Jahren, Montgelas und Reitzenstein, hatten für den Aus- und Neubau ihrer Staaten im Grunde dieselben Ideale; für ihre große Aufgabe und Leistung, aus dem Konglomerat verschiedenartiger Gebiete »Staaten«, politische Einheiten zu machen, war das in der Revolution entstandene moderne französische Regime als Vorbild besonders geeignet. So wie in Preußen schon vor dem militärischen und politischen Zusammenbruch 1806 umfassende Reformen des absolutistischen Königtums eingeleitet worden waren, so hatten auch schon in den größeren süddeutschen Ländern vor dem Ende des alten Reiches Reformen begonnen, welche die tiefgreifenden Veränderungen der Napoleonischen Zeit vorbereitet haben. Seit Maximilian von Montgelas (1759-1838) für die bayerische Innen- und Außenpolitik maßgeblich war (1799-1817), wurde die Vereinheitlichung der Behördenorganisation im Sinne des modernen Staatsbegriffes begonnen, Justiz und Verwaltung getrennt, die Macht und Geltung des Staates als Sozialstaat im Geiste des aufgeklärten Absolutismus erhöht. Montgelas hat im selben Sinne energisch den bayerischen Ultramontanismus zu brechen unternommen und den Protestanten Wohnerlaubnis gewährt (1801). Sein Fürst heiratete in zweiter Ehe sogar eine protestantische badische Prinzessin. Die Neuerwerbungen durch die allgemeinen Besitzregelungen im Reich 1803 machten überhaupt die Anerkennung der Kultfreiheit für alle christlichen Bekenntnisse unvermeidlich; die Schulen wurden grundsätzlich überkonfessionell, die katholische Kirche wurde der staatlichen Gewalt mehr und mehr unterworfen, die Klöster wurden aufgehoben, der kirchliche Besitz vom Staat eingezogen, die Zensur der Bücher beseitigt; Montgelas dachte sogar schon an eine Aufhebung der Zünfte. So ist auch Bayern vor immer neue große Aufgaben gestellt worden. Mit der Erhebung zum Königreich war die Erwerbung neuer großer Gebiete verbunden, vor allem Tirols, wo noch alles zur Modernisierung der Verhältnisse zu tun blieb. In der Verfassung von 1808, die der Verfassung des Königreichs Westfalen nachgebildet war, sind die Grundlinien der modernen Staatlichkeit gezogen: Das Staatsgebiet ist unteilbar, die Erbfolge der Monarchie unveränderlich und eine Zivilliste für den Monarchen festgelegt; an Stelle des Kollegialsystems tritt eine ministerielle Staatsverwaltung, deren Leiter Montgelas ist. Öffentliche

Fürsorge und Hygiene gehören zu den Staatsgeschäften; außer den Volksschulen nimmt der Staat auch die höheren Schulen in seine Obhut. In dieser Zeit wird Hegel Rektor des Gymnasiums in dem seit 1806 bayerischen Nürnberg. Durch das Religionsedikt von 1809 werden die Kirchen unabhängig. Die Beseitigung der Zollschranken zwischen den einzelnen Gebieten ergänzt die politische Einheit durch eine wirtschaftliche. Die Finanzierung der neuen Verwaltung soll durch eine nach französischem Modell eingerichtete direkte Steuer für die Gesamtmonarchie gesichert werden. Kataster und statistisches Büro gehören genauso zu der Modernisierung des Staates wie Schutzzollpolitik und Vergrößerung des Heeres. Die Verfassung des neuen Staates begründet die neue, auf der Gleichheit beruhende bürgerliche Gesellschaft mit Gewissens- und Pressefreiheit, die in einer nationalen Repräsentation politisch wirksam werden soll, wenn auch das neue Regime praktisch dann doch ein »Polizeiregime« geblieben ist und im übrigen vor allem die Spitzen der Verwaltung, nicht jedoch die niederen Schichten umgestaltet hat. Schließlich hat Montgelas auch gezögert, den radikalsten Schritt aus dem Ancien régime in das Régime moderne zu tun: er hat den Code civil in Bayern nicht eingeführt.

Zu den neugebildeten süddeutschen Rheinbundstaaten traten in altem Besitzstand Sachsen, Hessen-Darmstadt und Hessen-Nassau, Mecklenburg und, künstlich neu geschaffen, neben dem Königreich Westfalen die Großherzogtümer Berg, Frankfurt und Würzburg. Diese nach dem Vorbild des französischen Revolutionsstaates souveränen Staaten mit festen Grenzen wurden, indem sie ihre Einheit festigten, zu Feinden der Einigungsbewegung im 19. Jahrhundert. Die Reichsbildung 1871 ist dann auch, im Gegensatz zum Programm der Paulskirche 1848/49, nicht unitaristisch, sondern nur föderalistisch möglich gewesen.

Wenn die radikale Revolutionierung der Staatenwelt in Mittel- und Südosteuropa mit ihrem »Schematismus« Voraussetzung für spätere Staatsbildungen im 19. Jahrhundert war, so erweckte sie freilich auch die nationale Gegenrevolution in den unterworfenen Völkern. Unter dem Druck der Fremdherrschaft in den Rheinlanden ist auch ein Mann wie Joseph Görres in seinem wandlungsreichen Leben zum leidenschaftlichen und bewußten Deutschen geworden. Schon früh hatte er seine Koblenzer Mitbürger vor dem »neuen Augustus« gewarnt, bis er mit seinem »Rheinischen Merkur« eine Macht im öffentlichen Leben wurde, »die fünfte Großmacht gegen Napoleon«. Hier hat er seine unheimlich-großartige »Proklamation Napoleons an die Völker Europas vor seinem Abzug auf die Insel Elba« veröffentlicht. Sie wurde im napoleonischen Stil geschrieben, für echt gehalten und erregte ungeheures Aufsehen. – Andererseits rief das napoleonische System auch die reaktionäre Politik der alten Mächte hervor, die sich bemühte, gegenüber der Revolution die erschütterte Alte Welt zu retten und wiederherzustellen und die mit dem Prinzip der »Legitimität« gegen die Revolution kämpfte. Überhaupt war die innere Verarbeitung der Napoleonischen Zeit und ihrer Erfahrungen wesentlicher Inhalt der europäischen Politik der folgenden Jahrzehnte, und zwar vorwiegend mit innenpolitischem Akzent.

Nicht weniger umwälzend war Napoleons Wirtschaftspolitik. Das Système continental war auch in wirtschaftlicher Hinsicht gegen das handeltreibende und seebeherrschende England gerichtet; die Politik der »Kontinentalsperre« war als »Unruhe« in den Jahren, die dem Frieden von Tilsit folgten, für die permanente Ausdehnung der kontinentalen Hegemonialpolitik des Kaisers von hervorragender Bedeutung. Sie zeigte sich positiv gewendet in der Schaffung eines Kontinentalmarktes als Lebensbedingung für das Grand Empire. Ruiniert worden sind durch sie in den wenigen Jahren zwischen 1807 und 1812 vor allem die großen Seestädte, deren Schiffsverkehr, zum Beispiel in den Mittelmeerhäfen Genua, Venedig, Triest, etwa auf die Hälfte gesunken ist. Im Norden waren zuerst die Hansestädte von den Sperrmaßnahmen betroffen, bald auch die baltischen und holländischen Häfen. Die Reeder, auch Handels- und Bankleute opponierten gegen sie. Rohstoffschwierigkeiten zogen sehr schnell die Industrieinteressen in Mitleidenschaft, Importschwierigkeiten wurden durch die schwierige Lage des Exports nicht verbessert. Gewinn zogen aus der Kontinentalsperre dagegen die nun von der englischen Konkurrenz entlasteten kleineren Betriebe. So hat in diesen Jahren, wie in Frankreich selbst, auch in Sachsen die Leinwandindustrie einen großen Aufschwung genommen (um mehr als die Hälfte). Auch in der Schweiz, Südbaden, Norditalien kann man ähnliche Beobachtungen machen. Die Bergwerke in Schlesien und Westfalen dehnten unter denselben Erleichterungen ihren Absatz aus. Die Zuckerrübenkultur entwickelte sich in der Magdeburger Börde, sie wurde in Holland und Rußland eingeführt. Diese Erfahrungen haben nach dem Zusammenbruch des Kontinentalsystems das Interesse an der Abwehr gegen die englische Industrie erhalten. Der Vorteil der Kontinentalsperre kam freilich vor allem Frankreich zugute, und dem Interesse der Industriellen entsprach sie mehr als dem der Verbraucher. Innerhalb des kontinentalen Sperrgebietes entwickelte sich auch eine aktive Handelspolitik. Der Handel paßte sich den neuen Verhältnissen an, die Märkte verlagerten sich. Nachdem der Übersee-Export zum Erliegen gekommen war, wurde es notwendig, neue Abnehmer zu finden, zum Beispiel für die Leinwandhändler in Hannover und Schlesien. Die Schwierigkeiten sind bei so einschneidenden Veränderungen groß gewesen. Das Kontinentalsystem förderte den Verkehr auf den West-Ost-Straßen gegenüber den Nord-Süd-Straßen, die in den vorhergehenden Jahrhunderten ihre Brauchbarkeit schon erwiesen hatten; der europäische Markt orientierte sich neu. Eine der großen Routen ging von Lyon über Straßburg, dem »Speicher und Lagerhaus von Frankreich« für Deutschland, Österreich und Rußland, nach Leipzig; von Straßburg führte aber auch der Weg nach Frankfurt am Main oder nach Wien, das die Levantebaumwolle vermittelte. Von nicht geringerer Bedeutung war die Orientierung Lyons nach Italien. Der Ausbau der Alpenstraße hatte für Napoleon zunächst vor allem politisch-militärisches Interesse. Römer- und mittelalterliche Kaiserstraßen benutzend, wurde 1807 die Simplonstraße, 1810 die Straße über den Mont Cenis vollendet; vor allem die letztere hatte große wirtschaftliche Bedeutung; fast der ganze Handel mit Reise- und Leiterwagen und besonders Maultieren (siebenunddreißigtausend im Jahre 1810) benutzte von Lyon aus diese Straße. Fertigwaren aus Frankreich wurden gegen agrarische Produkte aus Piemont und dem Königreich Italien gehandelt. In derselben Richtung ging auch über Illyrien der von Napoleon noch eingerichtete Levantehandel. Die Mängel des kontinentalen Verkehrswesens traten bei dieser Konzentration auf den Binnenhandel stärker als bisher in Erscheinung. Das Kanalnetz war unzulänglich, die Flußschiffahrt durch Zölle noch immer behindert, die Straßen vielfach noch in schlechtem Zustand.

Man hat gemeint, daß es die Aufgabe der napoleonischen Wirtschaftspolitik gewesen sei, außerhalb Frankreichs industrielle Zentren zu schaffen, von denen jedes einzelne seine expansiven Kräfte hätte entwickeln sollen, und daß dazu der Kontinentalmarkt in Zollgebiete aufzuteilen gewesen wäre. Aufs Ganze gesehen hätten also große wirtschaftliche Einheiten geschaffen werden sollen, die der territorialen Konzentration der neuen Staatsbildungen von Nutzen gewesen wären. Solche Pläne sind damals auch wirklich erwogen worden. Napoleons Verwaltungsexperten haben ihm zum Beispiel mehrfach vorgeschlagen, einen deutschen Zollverein zu schaffen. Sie sind schließlich zurückgewiesen worden, da Napoleon auf die eifrig gehütete Souveränität der Einzelstaaten Rücksicht zu nehmen für richtiger hielt. Die politisch-militärischen Interessen ließen es für unzweckmäßig erscheinen, die Finanzierung der Verwaltung und des Heeres durch wirtschaftliche Experimente zu gefährden. Die wirtschaftliche Konsolidierung wurde im übrigen durch die immer wieder veränderten Grenzziehungen gestört. Im Hintergrund stand für Napoleon überhaupt der Vorrang Frankreichs und mit ihm das mangelnde Verständnis für die wirtschaftlichen Konsequenzen seiner Europapolitik. Für Frankreich selbst: Die französischen Zollgrenzen blieben wie für die Engländer auch für die europäischen Staaten im «système continental» weiterbestehen, selbst dort, wo die politischen Grenzen nicht mehr bestanden. Weil Frankreich damals jedoch von allen kontinentalen Staaten schon am weitesten in der Industrialisierung fortgeschritten war, litt es am meisten auch selbst unter der Kontinentalsperre. Es hatte sowohl den englischen Markt wie auch seinen Kolonialmarkt verloren; im Hintergrund der Politik Napoleons lauerte deshalb der wirtschaftliche Zusammenbruch, während die Kritik dem Kaiser vorwarf, nur an das Interesse Frankreichs in dieser prekären Lage gedacht zu haben. Der Getreidehandel der osteuropäischen Gebiete, der früher mit England bestand, fand keinen Ersatz. Die wirtschaftlichen und finanziellen Schwierigkeiten der Kontinentalsperre zwangen zu immer neuen Aushilfen. Napoleon öffnete schließlich sogar den Amerikanern französische Häfen, um die wachsenden Schwierigkeiten zu verringern, und weckte mit diesen Maßnahmen die gleichen Forderungen bei seinen Alliierten, Rußland voran. Für die Engländer war diese Entwicklung ein höchst erwünschter Anlaß, um zu zeigen, daß das Kaisertum Napoleons im Grunde nichts weiter als eine Militärdiktatur sei.

Als der Krieg mit Rußland ausbrach, war im Aufbau des napoleonischen Europa noch alles im Werden, weder war Stabilität noch Garantie eines neuen Status erreicht. Der Krieg gehört vielmehr selbst zu diesem Werden, er ist nicht eine von außen aufgezwungene Katastrophe, sondern das entscheidende Ereignis, in dem die Problematik von Napoleons Politik und Kriegführung prägnant sichtbar geworden ist. Der Kaiser selbst hat gesagt, daß das Kontinentalsystem ein großer Gedanke sei, daß jedoch erst in einer Reihe von Jahren seine Auswirkungen richtig beurteilt werden könnten. Es sei ein großes Unternehmen, und nur er allein könne es durchführen, setzte er Caulaincourt mitten im Zusammenbruch seiner Politik auseinander. Er ist immer wieder darauf zurückgekommen. Dieses Kontinentalsystem werde eines Tages als der größte Gedanke seiner Politik gewürdigt werden. Man werde ihm eines Tages Gerechtigkeit widerfahren lassen, aber dann werde man unter dem Joch, zumindest unter dem beherrschenden Einfluß Englands oder Rußlands stehen.

Dieser Kommentar zu seiner eigenen Politik ist aber nur Literatur, zweifellos eine sehr interessante Literatur, eine Selbstinterpretation, die seinem Tun folgte; in Wirklichkeit haben so intime und unverdächtige Ratgeber des Kaisers wie Caulaincourt die Bedeutung der Eigenart des Menschen Bonaparte für das Verständnis seiner Siege und seiner Niederlagen in Politik und Kriegsführung klar erkannt: »Dieser schöpferische Geist verstand sich nicht auf das Erhalten. Immer improvisierend, verbrauchte, ruinierte, zerstörte er in wenigen Tagen durch die Schnelligkeit seiner Märsche alles, was sein Genie soeben erst geschaffen.« Dauer ist den Werken solcher Menschen nicht beschieden.

Der Widerstand: Spanien

Die Katastrophe der »Grande Armée« im russischen Feldzug wäre nicht der Beginn des allgemeinen Zusammenbruchs der Napoleonischen Europapolitik und einer neuen europäischen politischen Ordnung geworden, wenn nicht die inneren Schwierigkeiten des Kontinentalsystems schon handgreiflich geworden wären und wenn sich vor allem nicht der Widerstand der Großmächte gegen Napoleons Europapolitik schon seit Jahren formiert hätte, auch in den eroberten Gebieten, in denen sich die Befreiung von seiner Herrschaft vorbereitete. Dieser Widerstand innerhalb des »Grand Empire« wurde nicht nur durch Unzulänglichkeiten der neuen Verwaltung, wirtschaftliche Schwierigkeiten, Opposition gegen die Revolutionierung des gesellschaftlichen Herkommens hervorgerufen. Viel bedeutender und weiterwirkend war der Widerstand dort, wo er sich in der Auseinandersetzung mit der revolutionären Dynamik der Napoleonischen Politik bildete, wo die Auseinandersetzung des Ancien régime mit der Revolution, wo diese überhaupt als große Lebensfrage erfaßt wurde: nirgends so tiefdringend wie in Preußen – gerade weil hier die Lebenskraft des alten Staates in die Um- und Neugestaltung nach der militärischen und politischen Katastrophe hinüberwirkte.

Die Grenzen seiner staatsbildenden Fähigkeiten wurden Napoleon jedoch zuerst in der Behandlung der Spanier gezogen; auch sind sie ihm selbst hier zum erstenmal bewußt geworden. Die Einschmelzung der Pyrenäenhalbinsel in das Grand Empire mißlang, der unerwartete Widerstand, dem Napoleon hier begegnete, hat mit dazu beigetragen, die Konzeption von Tilsit von innen her zu sprengen.

Der Erhebung der Spanier im Jahre 1808, die Napoleon selbst provoziert hat, weil er die dortigen Verhältnisse falsch einschätzte, konnte er nicht mehr Herr werden. Spanien war gleichsam die offene Wunde seiner Kontinentalpolitik, die zu heilen ihm nicht geglückt ist, so merkwürdig reaktionär, entgegen der liberalen Legende über diese Ereignisse, die Grundlage dieses Widerstandes auch gewesen ist.

Die Engländer haben sehr schnell die spanische Krise als Mittel zum Zweck der Niederwerfung Napoleons erkannt, ausgenützt und unterstützt. Die ganze Frage ist freilich auch für Napoleon von vornherein mit dem Blick auf England aktuell geworden. Sein Interesse konzentrierte sich deshalb zunächst auf Portugal als Stützpunkt des englischen Handels und der englischen Flotte. In der Konsequenz der Tilsiter Beschlüsse lag für den Kaiser die Eroberung Portugals, mit deren Vorbereitungen dann auch sofort begonnen wurde. Nachdem diplomatische Manöver fehlgeschlagen waren, um die Portugiesen unter die Kontinentalsperre zu beugen, entschloß sich Napoleon zur Anwendung militärischer Gewalt. In Verbindung mit diesen Plänen stand seine spanische Politik: der Weg nach Portugal führte durch Spanien. Rücksichtslos bis zum Zynismus hat der Kaiser aus diesem Grunde in die spanischen Parteikämpfe eingegriffen und mit diesen Methoden seine Kreditwürdigkeit in Europa aufs Spiel gesetzt, ja – wie er später selbst zugab – unklug verspielt. Mit Teilungsplänen, je nach den militärisch-politischen Erfordernissen, Zerschneidungen oder Zusammensetzungen, wie sie Napoleon überall vorgenommen hat, wenn er sie für zweckmäßig hielt, wollte er das Herzstück Portugals, den Hafen von Lissabon, bis zum Frieden fest in seiner Hand behalten, vielleicht als Tauschobjekt zurückhalten. Talleyrands Versuch, Napoleon von radikalen Maßnahmen in Spanien zurückzuhalten, mißlang. Der Kaiser begann vielmehr durch gewagte Abreden mit den Mitgliedern der königlichen Familie die spanische Front zu zersetzen. Ehe es jedoch zur Entscheidung kam, floh die portugiesische Königsfamilie nach Brasilien; die portugiesische Flotte rettete sich vor französischer Beschlagnahme in englische Häfen. Im November 1807 waren die Franzosen in Lissabon; sofort begann dann auch die schrittweise Besetzung Spaniens. Im März 1808 war Madrid in der Hand der Generäle Napoleons. Um dem Hin und Her des Parteienstreites am spanischen Hof ein Ende zu machen, eilte der Kaiser nach Bayonne. Hier erfuhr er, daß König Karl IV. dem spanischen Thron entsagt habe. Am selben Tage bot Napoleon in dieser ihm so erwünschten Lage seinem Bruder Joseph die spanische Königskrone an. Daß in Madrid bei der Abreise der königlichen Familie ins französische Exil ein Aufstand ausbrach, der von den Franzosen nur durch rücksichtslose Maßnahmen niedergeworfen werden konnte, erfuhr der Kaiser damals freilich noch nicht. Er lebte vielmehr in der Illusion, daß sich die Spanier wie die anderen Völker verhalten würden: auch sie würden glücklich sein, wenn sie erst unter den kaiserlichen Gesetzen lebten. Dem Verfassungsbegehren der spanischen Liberalen hat Napoleon nur in dem Maße entsprochen wie in den anderen unter seiner Herrschaft stehenden Königreichen. Auch in Spanien war Napoleon bezeichnenderweise vor allem an Verwaltungsreformen interessiert, gewährte allerdings den Spaniern eine Junta, die nicht ohne Schwierigkeiten zustande kam und im Sommer 1808 tagte. Wichtig an dieser Neuordnung der spanischen Verhältnisse war vor allem, daß Napoleon sich hier gezwungen sah, auf die seiner Politik entsprechende Verweltlichung des Staates zu verzichten; die katholische Religion blieb Staatsreligion, die Inquisition schafften die Franzosen allerdings sogleich ab. Überhaupt hat Napoleon die Spanier im allgemeinen sehr schonend behandelt, vor allem hat er ihnen keine erhöhten Steuern auferlegt. Im Juli 1808 schienen die Umstände es zu erlauben, daß des Kaisers Bruder Joseph als spanischer König in Madrid einzog. Aber nur elf Tage dauerte die Königsherrlichkeit für Joseph in der spanischen Hauptstadt; sie war das Signal zu Aufständen im ganzen Land, der Beginn der für Napoleons Geschichte so einschneidenden spanischen Erhebung. In der breiten Masse des spanischen Volkes war seit Jahrhunderten der Haß gegen die Fremden und der Haß gegen die Ketzer miteinander verbunden; wie früher gegen die häretischen Engländer brach er jetzt gegen die revolutionären Franzosen aus. Der erbittertste Feind der Franzosen war – zusammen mit dem Klerus – der spanische Adel. Durch die Franzosen aus den Staatsgeschäften verdrängt, hoffte er, nach der Erhebung wieder zur Macht zu kommen. Von Nationalbewußtsein erfüllt, Gegner der französischen Reformen, hinter denen ja die Revolutionäre standen, war er nicht willens, auf seine soziale Vorrangstellung kampflos zu verzichten. Dennoch ist der Einfluß der Franzosen überall dort feststellbar, wo sie Fuß gefaßt hatten; der Aufstand begann in den Gegenden, die der französische Einfluß noch nicht erreicht hatte. Von den Küstengebieten abgesehen war Spanien ein Land der Großgrundbesitzer; das Bürgertum war diesen gegenüber ohnmächtig, ungebildet; durch den Klerus gelenkt, hatte die spanische Intelligenz die »Aufklärung« nicht erfahren. Napoleon selbst erkannte im Klerus den wichtigsten Träger der Erhebung. Seine Meinung war, daß es »eine Erhebung der Mönche« sei. In Predigt und Beichtstuhl würde für die Erhebung gegen den aus der Revolution hervorgegangenen Tyrannen gearbeitet. Die Franzosen würden alle Männer zwingen, Soldat zu werden, um die Eroberung Europas und der Welt zu verwirklichen. In einem Rundschreiben der spanischen Erzbischöfe an den spanischen Episkopat heißt es: »Bewaffnet Euch! Kämpft im Namen Gottes, seiner jungfräulichen Mutter und des heiligen Joseph, und seid des Sieges gewiß!«

Die Erhebung begann mit der Kriegserklärung der Stände von Asturien an Napoleon, nachdem der legitime König Karl IV. abgereist war. Wie eine Kettenreaktion verbreitete sich dann der Aufstand über das Land, Plünderungen, Massenhinrichtungen von Franzosen durch fanatisierte Spanier folgten. Sehr schnell zeigte sich aber auch, wie sehr die spanischen Provinzen auf ihre Unabhängigkeit bedacht, ohne organisierte militärische Macht, die einzelnen ohne Erfahrung, von persönlichen Rivalitäten erfüllt, nicht die Stoßkraft eines einheitlich gelenkten Widerstandes zu entwickeln vermochten. Unterdessen verhandelten die Aufständischen mit den Engländern, die trotz verschiedener Vorbehalte und wohl wissend, wie ungern englische Truppen in Spanien gesehen wurden, Hilfe im Kampf gegen Napoleon versprachen. Einfacher lagen die Verhältnisse für die Engländer in Portugal. Hier hatten sie freie Hand, die Franzosen waren dort durch die spanische Erhebung von Frankreich abgeschnitten. Nichts konnte eine englische Expeditionsarmee hindern, bis nach Madrid vorzustoßen. Es lag in der Konsequenz des Sieges von Trafalgar, wenn die Engländer nun den Entschluß faßten, den Kampf gegen Frankreich auf den Kontinent zu tragen; hier mußte die Entscheidung gegen Napoleon fallen.

Napoleon hat dagegen die spanische Erhebung zunächst in ihrer Wirkung unterschätzt und durch diese falsche Beurteilung selbst die Katastrophe der französischen Truppen in Spanien mitverschuldet. Die spanischen Unruhen veranlaßten ihn vorerst nicht zu militärischen Dispositionen. Die Truppen in Spanien wurden nicht verstärkt, die Ausrüstung nicht verbessert, die aus allen Nationen gemischte Armee war auf die Anforderungen eines Feldzuges im spanischen Terrain nicht vorbereitet und schließlich auch noch in die verschiedenen Provinzen auseinandergezogen. In dieser schwierigen Ausgangslage mußten die französischen Einheiten sich nicht nur militärisch zu behaupten suchen, sondern sich einer ungewöhnlich grausamen Kriegführung des Gegners erwehren, der seine Gefangenen folterte und mordete. Die Reaktion war, daß sie als Repressalie Dörfer niederbrannten und die Einwohner erschossen.

Während diese wütenden Kämpfe tobten und nachdem die Portugiesen sich wie die Spanier gegen die Franzosen erhoben hatten, landete am 1. August 1808 Arthur Wellesley, der spätere Herzog von Wellington, mit einem kleinen Expeditionskorps von dreizehntausend Mann (zu dem noch ein paar tausend Portugiesen stießen) an der Mündung des Mondego im Norden Portugals. Durch Verhandlungen mit dem französischen Marschall Junot gewann der Engländer Lissabon und gewährte den Franzosen freien Abzug. Jedoch nicht dieser Erfolg, sondern die furchtbare Katastrophe des Generals Dupont hat in Europa damals riesiges Aufsehen erregt; in Andalusien war ihm mit seinen Truppen der Rückzug verlegt worden, und er wurde, eingeschlossen, zu einer Konvention mit den Spaniern gezwungen. Die drastischen Maßnahmen Napoleons gegen den General haben die Wirkung der Niederlage bei Baylen natürlich nicht aufheben können: der Bann der Unbesiegbarkeit der Franzosen war gebrochen! Die Whigs im englischen Parlament vergaßen, daß der Sieg auch ein Sieg des spanischen Klerus war, sie begrüßten die spanische Erhebung. Die liberale Legende verbreitete sich, daß die Franzosen durch die revolutionären Prinzipien, die sie als Eroberer verleugnet hätten, besiegt worden seien, während man andernorts der spanischen Erhebung als Volksbewegung zu mißtrauen begann.

Die spanische Katastrophe hat Napoleon schwer getroffen. Er war sich sofort klar, daß sein Prestige einen empfindlichen Verlust erlitten hatte. Daß er sich entschloß, die »Grande Armée« aus den mitteleuropäischen Gebieten nach Spanien zu verlegen, um Spanien doch noch fest in seine Hand zu bekommen, zeigt, wie ernst er die Lage beurteilte, die für seine Herrschaft nun entstanden war. Es war zugleich die Nagelprobe auf das System von Tilsit, auf die Zuverlässigkeit des Zaren, weil diese Verlagerung der Gewichte seiner Machtstellung seinen Druck auf Preußen und Österreich minderte. So wurde durch die spanische Frage die Grundlage für Napoleons Europapolitik zum erstenmal problematisch: seine Beziehungen zu Rußland, insbesondere zum Zaren Alexander. In diesen für Napoleon kritischen Wochen erhielt die russische Zurückhaltung dem Kaiser gegenüber allgemeine politische Bedeutung. Der Vorwurf des Zaren, daß er gerade in der orientalischen Frage den Preis für seine Unterstützung der napoleonischen Englandfeindschaft noch nicht erhalten habe, wurde eine peinliche Erinnerung. Napoleon hatte Anfang des Jahres 1808 als Antwort auf diese Enttäuschung dem Zaren eine Teilung des Osmanischen Reiches vorgeschlagen, in deren Hintergrund eine Expedition nach Indien durch Persien und Afghanistan erschienen war. Rußland, Österreich und Frankreich sollten an dieser Aufteilung beteiligt sein; der Balkan sollte russisch, Serbien und Bosnien österreichisch, und Ägypten mit Syrien sollte französisch werden. Offen blieb jedoch die entscheidende Frage zwischen Frankreich und Rußland: die Zukunft Konstantinopels und der Meerenge. In diesem Stadium der Verhandlungen schlug Napoleon von Bayonne aus, mit der spanischen Angelegenheit beschäftigt, dem Zaren eine Zusammenkunft vor, um die schwebenden Fragen zu beraten.

Als sich der Kaiser mit dem Zaren dazu im Herbst 1808 in Erfurt traf, hatte sich Napoleons Stellung inzwischen durch die spanische Katastrophe wesentlich verändert. Er brauchte jetzt die Unterstützung des Zaren in den deutschen Ländern. Was er bisher immer wieder dem um Vermittlung bemühten Zaren abgeschlagen hatte, war er jetzt bereit zu tun: Preußen für den Preis finanzieller Unterstützung seiner spanischen Interessen zu räumen.

Der äußere, bewußt übertriebene Glanz der Erfurter Tage, der große Empfang des Zaren durch den Kaiser, die fürstliche Repräsentation bei den Galavorstellungen der Comédie française haben die Kenner der politischen Lage nicht blenden können. Sie wußten wie der Zar, daß Napoleon auf Verhandlungen angewiesen war; Metternich wollte wissen, daß Talleyrand den Zaren vor Napoleon gewarnt habe, soweit das überhaupt noch nötig gewesen sein sollte. Er, der Zar, müsse Napoleon am Zügel halten, und Frankreich, genauso wie Europa, würden davon Gewinn haben. Das sind die vielerörterten Manipulationen des französischen Diplomaten, die den Tatbestand des Verrats enthalten, während Napoleon den Russen das bedenklich stimmende Angebot des Großherzogtums Warschau, einen der Eckpfeiler in seiner Europapolitik, machte. Durch Talleyrand unterrichtet, erfuhr Metternich, daß die Russen nicht gewillt seien, mit dem Kaiser gegen Österreich vorzugehen. Die prekäre Lage, in der Napoleon sich im Herbst 1808 befand, verlangte Zeitgewinn, auch unter Opfern, um die spanische Erhebung niederwerfen zu können und seine Stellung (gegen Österreich) wiederzugewinnen. So war die Konvention mit dem Zaren vom 12. Oktober 1808 als zumindest befristete Friedensgarantie eine Aushilfe in der sich für Napoleon komplizierenden allgemeinen Lage; er mußte sie sich mit Zugeständnissen an russische Balkaninteressen erkaufen. Am selben Tage wurde die »Große Armee« hinter die Elbe zurückgezogen; Marschall Davout blieb mit nur zwei Korps in Deutschland stehen.

In denselben Tagen wurde Goethe – sehr im Gegensatz zu der taktlosen Behandlung deutscher Fürsten (Napoleon war zynisch genug, den Prinzen Wilhelm von Preußen zu einer Hasenjagd auf dem Schlachtfeld von Jena einzuladen) – zur Audienz nach Erfurt befohlen und ausgesucht aufmerksam empfangen; wenige Tage später fand in Weimar nach einer Aufführung von Voltaires »Mort de César« ein weiteres Gespräch statt. Es hatte gewiß eine tiefere Bedeutung, daß der Kaiser inmitten dieser schwerwiegenden politischen Verhandlungen sich Goethe gegenüber gerade über das Schicksal Cäsars ausgesprochen hat. Man müsse der Welt zeigen, sagte Napoleon bedeutungsvoll, wie Cäsar sie beglückt haben würde, wie alles ganz anders geworden wäre, wenn man ihm nur genug Zeit gelassen hätte, seine hochsinnigen Pläne auszuführen.

Die Katastrophe der spanischen Erhebung schien unabwendbar, als der Kaiser nach den Erfurter Tagen mit weit an der Zahl überlegener Truppenmacht am 5. November in Vittoria ankam. Sein Bruder Joseph hatte sich nach der Niederlage der französischen Truppen in Asturien hinter den Ebro zurückgezogen. Die Spanier wußten jedoch ihre großen Erfolge nicht auszunutzen; ihre inneren Gegensätze verhinderten eine einheitliche Frontbildung. In dem Chaos der Interessen war die bei Salamanca stehende englische Armee die einzig schlagkräftige Truppe. Anfang Dezember zog der Kaiser in Madrid ein. Ohne den König und Bruder Joseph zu fragen, begann er sofort die Neuordnung Spaniens, nahm er den Klöstern ihren weltlichen Besitz, hob er die Inquisition noch einmal auf. Die

Spanier konzentrierten indessen ihre Streitkräfte in Asturien. Ohne Rücksicht auf den Winter begann der Kaiser auch sogleich mit militärischen Unternehmungen, um den Gegner zu treffen, ohne ihn vernichten zu können. Die winterliche Kälte, die Schwierigkeiten des gebirgigen Terrains und der Widerstand der Bevölkerung brachten den Kaiser um den mit Gewaltaktionen nicht zu erringenden Erfolg, während es der englischen Armee gelang, sich von den Franzosen abzusetzen und sich nach Portugal zurückzuziehen.

Ohne den dringend notwendigen Sieg, ohne die spanischen Rebellen vernichtet zu haben, sah sich der Kaiser vorzeitig gezwungen, Anfang Januar bereits wieder Spanien zu verlassen und nach Paris zu eilen in der sicheren Annahme, daß Österreich im herannahenden Frühjahr sich gegen ihn erheben würde. Die spanische Aufgabe mußte er also ungelöst aufgeben, um an einer anderen Front zur Stelle zu sein.

Der Feldzug des Sommers 1809 gegen Österreich, das durch die spanische Erhebung ermutigt worden war, endete für Napoleon siegreich. Auf dem Schlachtfeld von Wagram (5./6. Juli) wurde nicht nur Österreich besiegt, sondern das Kontinentalsystem wiederhergestellt, freilich auf Kosten der französisch-russischen Allianz: Rußland hatte tatsächlich in der Stunde der Gefahr den Kaiser im Stich gelassen und Österreich geschont. Das bedeutete praktisch den Bruch zwischen Rußland und Frankreich. Napoleon brauchte jetzt zwei Armeen, er war in die Situation des Zweifrontenkrieges geraten. Diese Notwendigkeit stellte an das militärische Potential neue Anforderungen; nach fünfzehn Jahren fast ununterbrochenen Krieges wurden neue Rekruten gebraucht, die in steigendem Maße in Gebieten außerhalb Frankreichs ausgehoben werden mußten. Damit hingen wachsende Schwierigkeiten, insbesondere bei der Ausbildung der neuen Kontingente, zusammen: die Schlagkraft der beiden Armeen war begrenzt.

Der Widerstand: Preußen

An der deutschen Erhebung unter Österreichs Führung im Jahre 1809 hat sich Preußen nicht beteiligt, wenngleich wir heute wissen, daß der König nicht von vornherein abgeneigt war, sich ihr anzuschließen. Trotz der fieberhaften Unruhe und Ungeduld der Patrioten hat sich die preußische Regierung nach den ersten Mißerfolgen konsequent von dem Krieg zurückgehalten, auch auf Kosten der Enttäuschungen des moralischen Enthusiasmus, der durch eine levée en masse gegen die Fremdherrschaft Staat und Nation befreien wollte. Das von Gneisenau begeistert vorgetragene Projekt des Volkskrieges gegen den Tyrannen lehnte der König mit der nüchternen Bemerkung »als Poesie gut« einfach ab. Zu den großen politischen Aufgaben der preußischen Staatsführung gehörte damals nicht zuletzt, das moralische Pathos im Kampf gegen Napoleon und die französische Vorherrschaft zur Einsicht in die gegebenen Verhältnisse zu läutern und nicht ohne Rücksicht auf die europäische Gesamtlage und Preußens Stellung in ihr zu handeln. Der preußische Widerstand gegen Napoleons Europapolitik ist nun freilich nicht nur eine Frage des Kalküls der internationalen Beziehungen gewesen; nicht durch die diplomatischen Leistungen im Befreiungskampf hat Preußen neuen Ruhm erworben, sondern durch die Reform des politischen und sozialen Lebens in der Auseinandersetzung mit der Revolutionierung des alten Europa durch die Napoleonischen Eroberungen. Die Stein-Hardenbergschen Reformen haben in dem europäischen Widerstand gegen die Französische Revolution und gegen Napoleons »Kontinentalsystem« die hervorragende Bedeutung, daß sie nach dem Tilsiter Frieden nicht nur unternahmen, den preußischen Staat zu restaurieren, sondern zu modernisieren. Alle Einzelmaßnahmen und Gesetze sollten einem großen politischen Erziehungsprogramm der Staatsbürger dienen. Die preußischen Reformen wären aber undenkbar und undurchführbar gewesen – soweit es überhaupt im 19. Jahrhundert gelungen ist, das Ziel zu erreichen, das sich die Reformer, Stein insbesondere, gesteckt hatten –, wenn sie nicht vorbereitet, nicht von den Reformen des Ancien régime in Preußen durchdrungen gewesen wären, und sie hätten ihre Modernität nicht gewinnen können, ohne die Revolutionierung der alten gesellschaftlichen und politischen Ordnungen: dem Ende des alten Reichs entsprachen der Umbau und die Festigung des preußischen Staates neben den süddeutschen Rheinbundstaaten.

Daß Preußen »auf den Lorbeeren Friedrichs des Großen eingeschlafen sei«, ist eine zum Gemeinplatz gewordene polemische Meinung aus jenen Tagen. Sie ist eine jener bedenklichen Halbwahrheiten, die immer wieder den Zugang zur Wirklichkeit verstellen können, so charakteristisch sie für das Ressentiment oder die Resignation nach der Katastrophe sind. Der Zusammenbruch Preußens unter dem Ansturm Napoleons war allerdings deshalb so verheerend, weil er nicht nur eine militärische Niederlage, sondern auch eine politische Katastrophe, der Bankrott der politischen »Verfassung« des Staates war, wie überall, wo die revolutionäre Dynamik vorstieß, der bis dahin noch niemand standgehalten hatte. Der Zusammenbruch des preußischen Staates war aber auch deshalb ein so bedeutendes Ereignis, weil mit ihm der im späten 18. Jahrhundert in Europa als vorbildlich bewunderte Staat des sogenannten »aufgeklärten Absolutismus« sich der revolutionären Moderne gegenüber als unfähig erwiesen hatte. Gerade diese Erfahrung war so vernichtend für die Tieferblickenden, weil sie längst die Notwendigkeit der Reformierung des preußischen Staatswesens erkannt und als preußische Beamte auch erstrebt hatten. Es war eben aus diesem Grunde für Napoleon eine so außerordentliche Genugtuung, ja ein Triumph, Preußen bei Jena und Auerstädt besiegt zu haben. Sofort nach dem Siege eilte er nach Sanssouci und verweilte im Hause des bewunderten Königs, dessen Name nicht zufällig zu seinen ersten Paroleworten nach dem Staatsstreich 1799 gehört hatte und dessen Degen sein glorreichstes Siegeszeichen war.

So vorbildlich und die deutschen Fürsten des 18. Jahrhunderts prägend der aus der Aufklärung lebende Absolutismus Friedrichs des Großen auch gewesen ist, es war doch eine höchst persönliche, ganz auf seine Umsicht, Kenntnis, Sachkunde und nicht zuletzt auf die Energie und Lebendigkeit dieses einen Menschen in diesen noch übersehbaren Verhältnissen begründete Regierungsweise, die unter dem Druck der permanenten Bedrohung von außen die innere Disziplinierung entwickelte und durchsetzte. Die Denaturierung des königlichen Absolutismus hat die Schwächen dieser Staatsverfassung sehr schnell zum Problem werden lassen. Die scharfe Kritik am preußischen Staat im späteren

18. Jahrhundert stammt aus der hohen Bürokratie selbst und hat sich durch die Widerstände in der zur Erstarrung neigenden Verwaltung und im Heer nicht erdrücken lassen, sondern durch die »Reformpartei« wachsenden Einfluß errungen. Nicht zuletzt hing die innere Ermattung mit dem Verzicht auf politische Initiative zusammen, mit der Beruhigung beim Status quo, während Friedrich der Große weit davon entfernt gewesen war. Nicht zufällig hat Bismarcks Kritik an der preußischen Politik um die Wende vom 18. zum 19. Jahrhundert hier eingesetzt. Zu den Veränderungen im preußischen Staatsleben gehörte auch der gesellschaftliche Wandel, wie er sich in der steigenden Bedeutung einer durch Bildung und Besitz ausgezeichneten bürgerlichen Gesellschaft zeigte, die in einem Spannungsverhältnis zu dem bestehenden Staat lebte und als Trägerin des »Fortschritts« dessen Sozialordnung in Frage stellte. Es bildete sich das für die liberale Welt charakteristische Gegeneinander und Miteinander von Staat und Gesellschaft heraus, so wie früher das Verhältnis von Staat und Kirche das Leben bestimmt hatte. Diese neue bürgerliche Gesellschaft war gegen den »Despotismus des Staates«, gegen bürokratischen Apparat, gegen staatliche Bevormundung des Einzelnen, gegen die »alte Freiheit«, das heißt gegen die ständisch gegliederte Gesellschaft, für die Freiheit »des Menschen« zur »Selbstverwirklichung« und für den bürgerlichen »Rechtsstaat«, wie ihn Kant damals deduziert hatte. Auch die Opposition dieser neuen Gesellschaft drängte auf Umgestaltung des preußischen Staates unter dem Eindruck der Erfahrungen der Französischen Revolution, um durch die Änderung der sozialen, wirtschaftlichen und politischen Ordnung der radikalen Entwicklung zuvorzukommen. Die Reformpolitik, die noch Friedrich der Große inauguriert hatte, war im wesentlichen Rechtsreform gewesen und hatte mit dem »Allgemeinen Landrecht für die Preußischen Staaten« 1794 ihren Abschluß gefunden. Mit dem Regierungsantritt Friedrich Wilhelms III. im Jahre 1797 begann eine neue Ära der Reformpolitik im Zeichen der neuen Zeit. In ihr begegnen uns zum erstenmal in der Zentrale nacheinander Hardenberg, 1798–1806 Kabinettsminister und Leiter der Außenpolitik, Stein, 1804 wegen seiner Reformgedanken Minister für Zoll, Fabriken- und Handelswesen, Scharnhorst, der 1801 in preußischen Dienst trat und Leiter der Kriegsakademie, 1804 stellvertretender Chef des Generalstabes, bei Ausbruch des Krieges 1806 Chef des Stabes beim Oberbefehlshaber der preußischen Hauptarmee war. Die Träger der Reform nach dem Zusammenbruch 1806/07 sind zum großen Teil nicht »neue Männer« gewesen, aber vielfach gehemmt durch die Gegner der Reformpläne in Bürokratie und Generalität. Im Kabinett des Königs waren Beyme, seit 1798 Kabinettsrat, 1808–1813 Justizminister, der am »Landrecht« mitgearbeitet hatte, und Mencken, der Großvater mütterlicherseits von Bismarck, schon unter Friedrich dem Großen Kabinettsrat, Svarez, einem der Schöpfer des Landrechts, nahestehend, als »Jakobiner« in den reaktionären Kreisen verdächtigt, an den Reformen beteiligt. Neben ihnen gab es jüngere, befähigte, an der Reform beteiligte Männer, die juristische und philosophische Bildung vereinigten, eine »Elite jüngerer Beamter« (E. R. Huber) – also eine Reformpartei der bereits im Staatsdienst stehenden Beamten. Sehr viele von ihnen hatten wie die in den Rheinbundstaaten tätigen Staatsmänner in Göttingen und Halle studiert, fast alle kamen aus der Verwaltungspraxis der Staaten des »aufgeklärten Absolutismus«. Reform der aufgeklärten Regierungsweise war ihr gemeinsames Ziel, wäh-

rend sie gleichzeitig des revolutionären Radikalismus französischer Observanz verdächtigt wurden. Für diesen allgemeinen Zusammenhang und zugleich für die Unterscheidung in ihm spricht die zugespitzte, aber im Grunde doch sehr bezeichnende Äußerung des preußischen Ministers Struensee zu dem französischen Geschäftsträger in Berlin aus dem Jahre 1799: »Die heilsame Revolution, die ihr von unten nach oben gemacht habt, wird sich in Preußen langsam von oben nach unten vollziehen. Der König ist Demokrat auf seine Weise; er arbeitet unablässig an der Beschränkung der Adelsprivilegien und wird darum den Plan Josephs II. verfolgen, nur mit langsameren Mitteln. In wenigen Jahren wird es in Preußen keine privilegierten Klassen mehr geben.«

Svarez hatte Friedrich Wilhelm III. als Kronprinz Vorlesungen gehalten, in denen er den späteren König in den Geist und die Materie des Landrechtes eingeführt hatte, und ihn belehrt, daß ein weiser Regent seine Untertanen nur als freie Bürger beherrschen dürfe. Als der Prinz König geworden war, gab es schon eine Immediatkommission zur Verbesserung des Heerwesens, die sich nach dem Basler Frieden auf Grund der Kriegführung als notwendig erwiesen hatte: Einschränkung der Exemtionen von der Kantonspflicht gehörte zu ihren Gegenständen, Aufbau einer Landmiliz neben dem stehenden Heer, Milderung der Disziplin, Bürgerlichen grundsätzlich den Zugang zur Offizierslaufbahn zu eröffnen, ohne freilich zu wesentlichen Reformen zu kommen. Im Jahre 1798 wurde eine Finanzkommission eingesetzt, eine umfassende Verwaltungsreform erwogen, Aufhebung des Zunftzwanges gefordert, Reform des Steuerwesens, Aufhebung der Trennung von Stadt und Land zur Debatte gestellt, ohne freilich auch hier zum Ziel zu kommen. In den Kommissionen saßen vor allem Staatsbeamte der älteren Schule, die sich zu tiefgreifenden Reformen nicht entschließen konnten, aber vorbedacht, geplant, entworfen sind in dem Jahrzehnt zwischen 1797 und 1806 fast alle Maßnahmen, die in den Reformen von Stein und Hardenberg Gesetz geworden sind. Dazu gehört auch der Vorschlag zur Bildung eines kollegialischen Staatsministeriums. Hierher gehören ferner die sozialen Reformpläne, vor allen Dingen die Befreiung der Bauern aus der adligen Erbuntertänigkeit. Auf den Domänen sind zwischen 1799 und 1806 fünfzigtausend spannfähige Bauern zu freien Eigentümern gemacht worden, das sind mehr, als später (zwischen 1816 und 1850) auf den Rittergütern frei gemacht wurden. Diese Maßnahmen setzten Bestrebungen im großen Stil fort, die schon Friedrich der Große nach dem Siebenjährigen Kriege eingeleitet hatte. Noch kurz vor seinem Tode hatte der große König dem ostpreußischen Kammerpräsidenten Anweisung gegeben, daß die neu zu etablierenden Amtsbauern »ihre Güter alle eigentümlich haben müssen, weil sie keine Sclaven seyn sollen«. Den König beschäftigte die Frage, »ob nicht alle Bauern in Meinen Ämtern aus der Leibeigenschaft gesetzt und als Eigentümer auf ihre Güter angesetzt werden können?«

Der Adel und die Behörden erhoben gegen die Reformen Einsprüche; einige Gutsbesitzer in Ostpreußen haben freilich auch schon vor 1806 von sich aus entsprechende Reformen durchgeführt, um durch sie vom »Bauernschutz« loszukommen, der im 18. Jahrhundert in Wechselbeziehung zur Erbuntertänigkeit bestand. Diese Konsequenz aus der Aufhebung der Erbuntertänigkeit ist in der Kommission eingehend beraten worden: sollte der »Bauernschutz« mit allen sozialen Versicherungen auch bei Invalidität und Alter wirklich nun aufhören oder neu geregelt werden? Voraussetzung dazu sollte die Regelung der Eigentumsverhältnisse sein. 1803 kam es bis zum Entwurf einer königlichen Ordre; der König konnte sich jedoch nicht entschließen, sie zu vollziehen.

Zu den Reformaufgaben gehörte auch die Anpassung der zentralen Behördenorganisation und der königlichen Regierungsweise. Die ursprünglich kollegiale Praxis war ganz aufgegeben worden, die wachsenden Anforderungen der Landeskultur hatten auch immer neue Behörden nötig erscheinen lassen, Schlesien blieb – eine zeitbedingte Anomalie – außerhalb der bestehenden Verwaltung, sehr bezeichnend für die Staatsverwaltung des großen Königs, daß er Kommissionen in Immediatstellung bevorzugte; ihre Schwäche hat bei seinen schwachen Nachfolgern und bei den dauernd wachsenden Verwaltungsaufgaben die königliche Selbstregierung sehr schnell sichtbar gemacht: sobald die angespannte Energie der Zentralperson fehlte, zeigte sich die Problematik der Selbstregierung in der steigenden Verselbständigung, vor allem der obersten Behörden. Die Forderung einer zweckmäßigeren, auf Ministerregierung aufgebauten Geschäftsführung ist deshalb unter der Regierung Friedrich Wilhelms III. erhoben worden, ohne daß freilich auch hier vor 1806 durchgreifende Veränderungen zustande gekommen wären, wie sie in der Anerkennung der steigenden Selbständigkeit der Departementschefs bestanden hatte und wie sie Stein zum Beispiel, seit er 1804 in die Berliner Zentrale eingetreten war, praktiziert hat. Eine besondere Schwierigkeit lag in der Reorganisation der mittleren Verwaltung; es war die Frage, wie hier den veränderten Verhältnissen entsprochen werden könnte. Versuchsgebiet der Reformen waren die ehemals polnischen, durch die zweite und dritte Teilung des Staatsgebietes erworbenen Landschaften.

Man hat geradezu gesagt, daß die politische Schwäche Preußens die königliche Selbstregierung gewesen sei, insbesondere wegen der Unentschlossenheit des Königs. Die Stellung seiner Mitarbeiter war unangemessen, und in der Verwaltung fehlten Energie und Verantwortung: »In dieser politischen Schwäche lag das Versagen Preußens – nicht in einer allgemeinen Verderbnis« (O. Hintze). Es waren fast alles in den Geschäften erfahrene Männer, die diese Mängel erkannten und die für Reformen sich einsetzten. Andernfalls wäre in den wenigen Jahren zwischen dem Zusammenbruch und der Befreiung 1807–1813 der Wiederaufbau des Staates nicht in die Wege zu leiten gewesen. Die Reformen Steins und Hardenbergs sind aus der Tradition und dem Problemerbe des 18. Jahrhunderts entstanden, ja, man hat sie geradezu als »Abschluß der großen monarchischen Reformen des 18. Jahrhunderts« bezeichnen können, so gewiß sie auch, wie jedermann weiß, über diese hinausführen. Humboldt, der in dem großen geschichtlichen Zusammenhang seiner Zeit lebte, war sich im Herbst 1813 bewußt, daß sich Napoleon zwar habe den Anschein geben können, als ob Friedrich der Große nur für Augenblicke seinen Staat aufgebaut hätte: aber »was er getan hat, wird erst jetzt recht sichtbar, denn was man auch sagen mag, der Grund des jetzigen Impulses in Preußen kommt noch unleugbar von ihm her«.

Die preußischen Reformen

Wenn man über den zukünftigen Zustand Deutschlands redet, muß man sich wohl hüten, bei dem beschränkten Gesichtspunkt stehenzubleiben, Deutschland gegen Frankreich sichern zu wollen. Wenn auch in der That der Selbständigkeit Deutschlands nur von dorther Gefahr droht, so darf ein so einseitiger Gesichtspunkt nie zur Richtschnur bei der Grundlegung zu einem dauernd wohlthätigen Zustand für eine große Nation dienen. Deutschland muß frei und stark seyn, nicht bloß, damit es sich gegen diesen oder jenen Nachbar oder überhaupt gegen jeden Feind vertheidigen könne, sondern deswegen, weil nur eine auch nach außen hin starke Nation den Geist in sich bewahrt, aus dem auch alle Segnungen im Innern strömen; es muß frei und stark seyn, um das, auch wenn es nie einer Prüfung ausgesetzt würde, nothwendige Selbstgefühl zu nähren, seiner Nationalentwicklung ruhig und ungestört nachzugehen und die wohlthätige Stelle, die es in der Mitte der europäischen Nationen für dieselben einnimmt, dauernd behaupten zu können.« Humboldt hat mit diesen Worten (Dezember 1813) die allgemeine Gesinnung großartig zum Ausdruck gebracht, die, gewiß in höchst individuellen Abwandlungen, den Wiederaufbau des preußischen Staates nach der Niederlage des Jahres 1806/07 mitbestimmt hat. Es waren »die unvergeßlichen Segensjahre des Unglücks« (Droysen), in denen die politischen und militärischen Energien, die seit Jahren auf die Reform des preußischen Staates gedrängt hatten, zu umfassender Wirksamkeit gelangten, indem nun ihre bedeutendsten Repräsentanten in die höchste Verantwortung berufen wurden.

Auf allen Maßnahmen der preußischen Staatsmänner lastete jetzt freilich der Vertrag von Tilsit, dessen Annahme innerhalb von achtundvierzig Stunden ohne Verhandlungen dem König am 9. Juli 1807 aufgezwungen worden war. Er vernichtete die europäische Stellung des preußischen Staates und stellte überhaupt seinen Bestand in Frage. Alle polnischen Besitzungen mußten abgetreten werden, diese wurden von Napoleon in das neugeschaffene Großherzogtum Warschau einbezogen. Ebenso gingen alle westlich der Elbe gelegenen preußischen Gebiete verloren. Preußen mußte der Kontinentalsperre beitreten und damit alle Wirtschaftsbeziehungen zu England abbrechen. Die demütigendste und lähmendste Bestimmung war, daß die Räumung der Preußen verbliebenen Landesteile (Ostpreußen, Pommern, Schlesien und Brandenburg) von französischen Truppen an die Zahlung von Kontributionen geknüpft wurde, deren Höhe nicht festgelegt war. Die oberste Verwaltung lag in der Zeit der französischen Besetzung in den Händen der Franzosen, dazu gehörte die Verwaltung aller Landeseinkünfte. Preußen hatte für die Verpflegung und Besoldung der Besatzungstruppen aufzukommen.

Die Einwohnerzahl war auf den Stand von 1740, dem Regierungsantritt Friedrichs des Großen, reduziert; Preußen hatte nur noch einen mit Bayern oder Sachsen zu vergleichenden Rang, der König residierte nicht mehr in Berlin, der Zentrale der Staatsverwaltung, sondern in Königsberg. Man wird sich immer wieder vergegenwärtigen müssen, daß die Reorganisation des preußischen Staates zwischen 1807 und 1813 unter einem Besatzungsregime begonnen worden ist. Die preußische Politik Steins und dann vor allem Hardenbergs (seit 1810) ist Erfüllungspolitik im Zeichen des Widerstandes gegen die Europapolitik

Napoleons und der Befreiung von der Fremdherrschaft. Im Schutz der vertraglichen Festlegungen der preußischen Verpflichtungen gegenüber Frankreich, wie sie im Herbst 1808 zustande kamen, glaubte Stein damals bereits zum Widerstand übergehen zu können, scheiterte jedoch, mußte unter dem Diktat Napoleons die Leitung der Geschäfte aufgeben und konnte nur durch die Flucht nach Österreich sich weiteren Maßregelungen des Kaisers entziehen. Seine nassauischen Besitzungen wurden daraufhin konfisziert.

Für die deutschen, nicht nur die preußischen Verhältnisse – im Gegensatz zu den französischen – ist es charakteristisch, daß der Neubau des Staates nicht in der Hand einer revolutionären Gruppe lag, sondern einer Partei der »Reform«, die sich dauernd, schließlich immer heftiger mit einem auf »Restaurationspolitik« drängenden Kreis im Kampf befand, bis es diesem gelang, die Reformer im Jahre 1819 beiseite zu drängen. Die französische Entwicklung hatte über die preußischen Reformbestrebungen hinaus zum revolutionären Radikalismus und zur Diktatur gedrängt, der »aufgeklärte Absolutismus« war dort am Monarchen selbst gescheitert. Anders in Preußen: Die Beamtenschaft lebte bis ins späte 19. Jahrhundert aus dem Ethos des aufgeklärten Staatsdienstes, in dem Wohlfahrts-, Rechts- und Staatsgesinnung zusammenwirkten. Die Kritik an der absolutistischen Staatsverwaltung hat in Preußen nicht zur absoluten Volkssouveränität, sondern zur Fortführung, Steigerung und auch Radikalisierung der Reformpläne der aufgeklärten Monarchie geführt. Ohne die Verschiedenheit von Herkunft, Gesinnung, Charakter, politischer Idee und praktischen Fähigkeiten der preußischen Reformer, insbesondere Steins und Hardenbergs, zu übersehen: in dem einen gehören sie alle zusammen, daß sie sich in den Dienst der »Reform« des preußischen Staates als der Fortführung und Weiterbildung der Traditionen des 18. Jahrhunderts gestellt haben. Die preußischen Reformen sind deshalb (so wie die Reformer selbst es auch verstanden haben) nicht nur eine Antwort auf die Herausforderung des revolutionären Radikalismus, sondern ihrerseits zugleich auch eine Herausforderung der revolutionären Entwicklung des 18. Jahrhunderts in Frankreich. Es gehört andererseits zur Problematik der preußischen Geschichte im 19. Jahrhundert, daß die Reformen sich nicht als Alternative zu Cäsarismus und Demokratie durchgesetzt haben und daß sie im Jahre 1819 scheiterten, als die »Restauration« im Kampf gegen die »Revolution« siegte.

Als der Freiherr vom Stein am 4. Oktober 1807 als leitender Minister des Königs von Preußen die Geschäfte übernahm (und bis zum 24. November 1808 führte), trat ein durch lange Verwaltungspraxis, vor allem in den westlichen Provinzen der Monarchie und in der Berliner Zentrale, erfahrener und in der Auseinandersetzung mit den revolutionären Erschütterungen seiner Zeit gereifter Mann aus dem vielschichtigen Kreis der Reformer wieder – nach einer brüsken Verabschiedung im Frühjahr desselben Jahres – in den Staatsdienst ein. Für seine Berufung war mehr seine konzentrierte politisch-pädagogische und moralische Energie als die freilich nicht weniger dringend erforderliche politisch-diplomatische Einsicht und Überlegenheit ausschlaggebend. »Manche, die sonst tief unter ihm standen, mochten ihn an Kenntnissen und an erworbener Geschicklichkeit übertreffen«, so hat Ernst Moritz Arndt aus intimer Kenntnis Steins und der Zeitverhältnisse nach vielen Jahren geschrieben, »aber es war ein Etwas in diesem Geist, etwas Unbeschreibliches und nur Andeutbares: Stein war in jedem Augenblick ganz und voll, was er war, er hatte in jedem Augenblick sein Geräth und Waffen immer fertig, ganz und voll immer bei sich.« Die rastlose Arbeit der folgenden Monate galt dem Wiederaufbau des Staates durch ein umfassendes politisches Erziehungsprogramm, dessen Herzstück in dem Aufbau des Staatslebens von der Selbstverwaltung der Gemeinden her bestand. Zu den großen Denkschriften, in denen der Geist dieser Reform seine programmatische Darstellung gefunden hat, gehört die Niederschrift, die Stein im Sommer des katastrophenreichen Jahres 1807 in unfreiwilliger Muße in Nassau ausgearbeitet hat (die sogenannte Nassauer Denkschrift, Juni 1807). Sie ist erfüllt von dem Gedanken, den »Gemeingeist« wieder zu beleben durch den Anteil der Nation an der Geschäftsführung der öffentlichen Angelegenheiten. Mit diesem Plan sind aufs engste die Erwägungen über die Bildung einer Behörde verbunden, die als »Vereinigungspunkt« der verschiedenen Verwaltungszweige nicht nur die Zentralverwaltung reformieren und modernisieren, sondern auch die königliche Kabinettsregierung beseitigen sollte. Beides ging Hand in Hand und war seit Jahren bereits erörtert worden. Die Denkschrift Steins greift selbst von Fall zu Fall auf die Reformpraxis des Ancien régime zurück. Die neue Gesellschaft, der Stein den Weg im Dienste der »Befreiung« im weitesten Sinn (und mit ihr Preußen und Deutschland) ebnen wollte, sollte gegenüber dem obrigkeitlichen Reglement zur Selbständigkeit und damit zur Selbstverwaltung erzogen werden. Stärker als bisher sollte der »Eigentümer« an das Vaterland gebunden, ja seine Initiative vielfach überhaupt erst geweckt werden. Verweigert man einer Nation alles Mitwirken an ihren eigenen »National- und Kommunalangelegenheiten«, so entstehen, wie Stein meinte, Mißmut und Unwillen, die entweder auf mannigfaltige schädliche Art ausbrechen oder durch gewaltsame, den Geist lähmende Maßregeln unterdrückt werden müssen. Bezeichnenderweise enthalten seine Pläne für die Bildung der Provinzialbehörden sein Hauptanliegen, weil in ihnen seine ständischen Ideen mit den nationalpädagogischen, moralischen und politischen Motiven seiner Gedanken sich verbinden. Noch deutlicher wird, was Stein meint, wenn er sagt, daß es die wichtigste Aufgabe zweckmäßig gebildeter Stände sei, »die Regierung durch die Kenntnisse und das Ansehen aller gebildeter Klassen zu verstärken, sie alle durch Überzeugung, Theilnahme und Mitwirkung bei den Nationalangelegenheiten an den Staat zu knüpfen, den Kräften der Nation eine freie Thätigkeit und eine Richtung auf das Gemeinnützige zu geben«. An die Stelle von »müßigem, sinnlichem Genuß«, »leeren Hirngespinsten der Metaphysik« und »von Verfolgung bloß eigennütziger Zwecke« soll die Belebung des Gemeingeistes und Bürgersinnes treten. Einklang zwischen dem Geist der Nation und den Staatsbehörden, Wiederbelebung der Gefühle für Vaterland, Selbständigkeit und Nationalehre ist das Ziel seiner Reformgedanken, ein lebendiger, feststrebender, schaffender Geist soll an die Stelle von Formelkram und Dienstmechanismus treten. Man hat mit Recht gefragt, ob dem Plan überhaupt die Leistungsfähigkeit der vorgeschlagenen Mittel entspreche, ja, die Frage erhebt sich, was für Menschen Stein eigentlich voraussetzte, denen er die politische Betätigung ermöglichen, die er politisch erziehen wollte. Seine Reformpläne gehen von dem Mythos eines »freien Eigentümers« aus, der in Gemeinde, Kreis und Provinz in gemeinnütziger Tätigkeit wirkt: eine Idealvorstellung bürgerlicher Friedensordnung, die sich von langer Hand her bei Stein gebildet hatte und die, in den bewegten Wochen des Tilsiter Friedens voll entwickelt, in einem merkwürdigen Kontrast zu den Tagesereignissen und ihren drängenden Aufgaben stand. Daß von einer solchen Idealvorstellung in der Denkschrift, die Hardenberg auf Befehl des Königs über die Reorganisation des preußischen Staates in denselben Monaten ausgearbeitet hat (September 1807), keine Rede ist, gibt der sogenannten »Rigaer Denkschrift« ihre praktisch-politische, diplomatische Bedeutung. In ihr äußert sich nicht allein ein hervorragender Verwaltungsfachmann, sondern auch ein erfahrener Kenner der auswärtigen Politik und gewiß auch, wie bei Stein, ein Gegner der Französischen Revolution, jedoch nie verleugnend, daß der Verfasser auch aus dem Geiste der Aufklärung lebte. Nicht nur seiner ganzen Lebensart nach war Hardenberg ein Grandseigneur des Ancien régime, sondern er dachte politisch ausschließlich vom Staat her; Steins Reichserneuerungsplänen stand er kühl gegenüber. Allerdings gingen auch die politischen Grundgedanken Hardenbergs im Spätsommer 1807 von der Aufgabe aus, sich gegenüber Napoleon zu behaupten, sie konzentrierten sich bezeichnenderweise aber auf die außenpolitischen Fragen, alles übrige, das Allgemeine und das Innenpolitische, übernahm Hardenberg in elastischer Anpassung aus der von ihm erbetenen Denkschrift seines Mitarbeiters Altenstein. Beide Denkschriften zusammengenommen, meinte Ranke, enthalten »gleichsam eine öffentlich und praktisch gewordene Philosophie des Gemeinwesens, von der man das Heil erwartete«. Die Revolution habe den Franzosen einen ganz neuen Schwung gegeben, schlafende Kräfte geweckt, veraltete Vorurteile und Gebrechen zerstört, nicht zuletzt auch die Benachbarten und Überwundenen mit dem Strom fortgerissen. Durch Festhalten am Alten und durch strenge Verfolgung der revolutionären Grundsätze habe man die Revolution nicht aufgehalten, sondern gefördert. Der Staat, der diese Grundsätze nicht annimmt, müsse entweder seinem Untergang oder deren erzwungener Annahme entgegensehen, ja, sogar der Despotismus Napoleons befolge in vielen wesentlichen Dingen jene Grundsätze. Ziel der preußischen Politik habe eine Revolution im guten Sinne zu sein: »Demokratische Grundsätze in einer monarchischen Regierung: dieses scheint mir«, schreibt Hardenberg dem König, »die angemessene Form für den gegenwärtigen Zeitgeist. Die reine Demokratie müssen wir noch dem Jahre 2440 überlassen, wenn sie anders je für den Menschen gemacht ist.« Mit eben der Kraft und Konsequenz, mit der Napoleon das französische revolutionäre System verfolge, müsse die preußische Politik das Ihrige für alles Gute, Schöne, Moralische verfolgen, für dieses alles, was gut und edel ist, zu verbinden trachten. Ein solcher Bund – ähnlich dem der Jakobiner, nur nicht im Zweck und in der Anwendung verbrecherischer Mittel, und Preußen dann an seiner Spitze –, ein solcher Bund könnte die größten Wirkungen hervorrufen und wäre für dieses die mächtigste Allianz. »Man schreite mutig fort und räume jedes Hindernis weg mit mächtiger Hand.« Nie könne, wie Hardenberg dem zaghaften König nahelegt, der Zeitpunkt günstiger sein. Hardenberg identifiziert sich ausdrücklich mit dem Hauptgrundsatz Altensteins: »Möglichste Freiheit und Gleichheit«, das meine jedoch »nicht die regellose, mit Recht verschriene, die die blutigen Ungeheuer der Französischen Revolution zum Deckmantel ihrer Verbrechen brauchten oder mit fanatischer Wut statt der *wahren, im gebildeten gesellschaftlichen Zustande möglichen*, ergriffen, sondern *nur diese* nach weisen Gesetzen eines monarchischen Staates, die die natürliche Freiheit und

Gleichheit der Staatsbürger nicht mehr beschränken, als es die Stufe ihrer Kultur und ihr eigenes Wohl erfordern.« Hardenberg empfiehlt nicht einen egalitären Nationalismus, aber es scheint ihm doch weise zu sein, die Einheit des preußischen Staates zu verstärken, dem Ganzen »einen einzigen Nationalcharakter« zu geben. »Der ganze Staat heiße künftig Preußen.« Er ist davon überzeugt und sagt es dem König in einem einzigen eindringlichen Satz: »Daß nur eine Radikalkur unserer Verfassung dem Staate wieder neues Leben geben und ihm solches erhalten könne.« Zeit sei nicht zu verlieren; auch die angeblichen ständischen Rechte oder andere Hindernisse seien rasch und fest zu bekämpfen.

Alle diese Reformvorschläge und politischen Empfehlungen müssen jedoch im Zusammenhang mit der brutalen Tatsache gesehen werden, daß Selbständigkeit und Unabhängigkeit für die preußische Politik damals leere Namen waren. Deswegen Hardenbergs Fragen, auf die es ankomme und deren Beantwortung nicht leicht sei: wie erreichen wir wieder den Zustand der Selbständigkeit und Unabhängigkeit, wie vermeiden wir andererseits noch schlimmere Abhängigkeit? Es ist unmöglich, Rezepte zur Erfüllung dieser Aufgaben zu geben, die »Mobilität der Verhältnisse in der Politik« spreche dagegen. Aber einige Grundsätze ließen sich doch nennen, welche die preußische Politik in der katastrophalen Lage des Staates befolgen sollte: alles ist auf Schnelligkeit, Wendigkeit, Bereitschaft in dem schnellen Wechsel der Verhältnisse abzustellen. »Man sei unaufhaltsam tätig und strebe vorwärts, soweit man kann.« Man nähre ja nicht den Wahn, neutral bleiben zu können. Diese Politik passe nicht für Preußens Lage, wie sich verhängnisvoll genug gezeigt habe, überhaupt zeige man Charakter. Dieser müsse dem Staat wieder aufhelfen, so wie dessen Mangel ihn gestürzt habe. Aufs allersorgfältigste vermeide man in der gegenwärtigen Lage alle Verwicklungen, denn Zeit zu gewinnen, um sich zu stärken, müsse das Ziel der preußischen Politik sein. Mit größter Vorsicht stelle man sich in dieser noch so unsicheren Lage zu Napoleon; Schmeicheleien seien unter allen Umständen zu vermeiden, Preußen habe sich Frankreich nicht zu nähern, es müsse sich von ihm suchen lassen und vermeiden, daß Napoleon Preußen dazu zwinge, unter seinen Fahnen zu kämpfen. Völlig falsch wäre es, dem Rheinbund beizutreten, das hieße nur die Abhängigkeit, die man loswerden wolle, noch steigern. Man regele seine Sprache sorgfältig: weder in Richtung der Anerkennung noch der Ablehnung des französischen Systems gehe man zu weit. Beides hieße Napoleon durch Mißtrauen herausfordern.

Rußlands Nachbarschaft und Macht müsse Preußen immer scheuen und schonen, es müsse trotz aller Enttäuschungen an der Allianz mit Rußland festhalten, sich Rußlands als Stütze gegen Frankreich und als Vermittler bedienen und es fortgesetzt über die preußischen Interessen orientieren. Auch gegenüber Österreich müsse die preußische Politik über alle bitteren Erfahrungen hinweg die Verbindungen pflegen und sich ihnen anschließen, genauso wie an England. Österreich, England und die anderen kleineren Mächte könnten eines Tages Europa noch einmal von der Napoleonischen Herrschaft befreien. Österreich, England und Preußen gehören nach Hardenbergs Urteil zusammen, ja, die Pflege guter politischer und wirtschaftlicher Beziehungen zu England sei für Preußen von äußerster Wichtigkeit. Im Gegensatz zu aller sittlichen Entrüstung und ohne moralisches Pathos empfiehlt Hardenberg dem König eine »politique pure et simple«, preußische Staatspolitik im Verhältnis zu dem Eroberer und Diktator und zugleich einen Um- und Neubau im Innern, eine »Revolution von oben«, um die »Revolution von unten« nicht nur aufzufangen, sondern zu überspielen, letzten Endes: um Napoleon Schach bieten zu können. Der innere Neubau des preußischen Staates stand von vornherein unter dem Gesichtspunkt seiner außenpolitischen Wirkung: daß andere Staaten durch die vorbildliche, dem Zeitgeist wahrhaft entsprechende innere Verfassung in Preußen elektrisiert würden und so der Weg zur Befreiung sich öffne. In der neuen Gesellschaftsordnung sollte der Adel nicht abgeschafft, aber seine Bevorzugung sollte ihm entzogen werden. Er habe nicht mehr Ehre als andere Stände, die Ehre müsse vielmehr Gemeingut aller sein, dazu gehöre die Aufhebung der Abgabenfreiheit des Adels und der Bestimmung, daß Rittergüter nur im Besitz von Adligen sein dürften. Der wahre Adel, das sei der Bürgerstand, erklärte Theodor von Schön im Sinne dieser Reformgedanken. Die Erbuntertänigkeit auf adligen Gütern bezeichnete Altenstein als Schandfleck. In der königlichen Immediatkommission erklärte Schön, der Schüler Kants, daß sie geradezu eine Ungerechtigkeit sei, »kraft deren man einen Mituntertan eines Staates, ein vernünftiges Wesen bloß deshalb, weil es auf dieser oder jener Scholle geboren sei, hindern wolle, seine Kräfte zu seinem Besten auf eine dem Staate nicht nachteilige Weise anzuwenden«. Die umgehende Aufhebung der Erbuntertänigkeit war neben den grundsätzlichen Erwägungen aber auch von dem politischen Interesse mitbestimmt, Napoleon den »Beifall der Menge« zu entziehen. Der Kaiser hatte seinem Bruder Jérôme im Königreich Westfalen (wie schon in anderem Zusammenhang erwähnt worden ist) die Aufhebung mit dem Hinweis begründet, daß diese sozialrevolutionäre Veranlassung eine bessere Barriere gegenüber den Monarchien Mittel- und Osteuropas sei als die Elbe. Bereits im August 1807 hatte der König die Vorlage eines Entwurfs zu einem entsprechenden Gesetz gefordert.

Die gesetzlich zu regelnde Emanzipation aus der bisherigen Gesellschaftsordnung sollte auch auf das Leben in den Städten ausgedehnt werden. Jedem müsse, wie Altenstein sagte, der möglichst freie Gebrauch seiner persönlichen Kräfte, seines Kapitals, seiner Hände, seines Kopfes, ohne Beeinträchtigung eines Dritten, gestattet werden. Die Zunftverfassung der Gewerbe hindere die Ausbildung des Handwerks. Sie halte am Althergebrachten fest und sei nicht imstande, sich den neuen Anforderungen von Handel und Gewerbe anzupassen. Die moderne Arbeitsteilung sei aber zu einer Lebensfrage für die Zünfte geworden. Alles müsse abgebaut und aufgehoben werden, was als »Polster der Trägheit« dienen könne. Es war ganz im Geiste des modernen Leistungsdenkens, wenn jetzt auch alle Pfründen ohne Dienstleistung abgeschafft werden sollten, sofern sie nicht Belohnungen waren. Es war ebenso vom Geiste des »Allgemeinen Landrechts«, wenn die Arbeit als Bedingung des Lebens im Staate erklärt wurde. Die höchsten Zwecke der Gesellschaft und des Staates, auf welche die allgemeine Tätigkeit gerichtet sein soll, sind die Ideale der Menschheit, moralischer, intellektueller, sozialer Art.

Zu der allgemeinen Regeneration des preußischen Staates gehörte auch, daß die Armee aus ihrer isolierten Existenz im Staate herausgerissen und als Kraftäußerung der Nation nach außen im engsten Zusammenhang mit dem öffentlichen Leben stehen sollte. Die Forderung Hardenbergs nach Bildung einer Nation, eines Gesamtstaates, der Preußen heißen und im Bewußtsein der Bürger als Ganzes leben sollte, führte zu dem Gedanken einer Nationalrepräsentation für das ganze Preußen. Die Autorität des Königs sollte durch eine Repräsentation des Staatsvolkes nicht berührt werden, es war nicht der Gedanke an eine verfassunggebende Nationalversammlung, es war vielmehr Hardenbergs Plan, daß den Kreisvorstehern, den Verwaltungskammern, den Ministern, ja sogar dem König selbst »Repräsentanten« als Berater beigegeben werden sollten; ähnlich war der Plan für die Finanzverwaltung. Das alles zielte nicht auf die Bildung eines Verfassungsstaates, sondern war als umfassende Umbildung der Staatsverwaltung gedacht. Die Leitung des Staates sollte in der Hand eines Staatsmannes von höchster Begabung und Einsicht liegen, gegebenenfalls auch bei einem Staatsrat, der kollegialisch die Geschäfte führe. Die Pläne enthielten, in Hardenbergs Interpretation, die Idee, daß an der Spitze der Verwaltung, den König beratend, für die Ausführung der königlichen Befehle sorgend, ein Premierminister stehen sollte, der als »Staatskanzler«, nicht nur als Ministerpräsident aus dem Kreis der Ressortminister hervorrage.

Nach den vorbereitenden Beratungen der Immediatkommission, die Friedrich Wilhelm III. zur Reorganisation des durch den Tilsiter Frieden verstümmelten Preußens berufen hatte, begann mit Steins Ministerium 1807/08 die praktische Reformarbeit, die in den wenigen Jahren bis 1814/15 dem preußischen Staat eine neue Form geben sollte. Neben den Militärs sind die Mitarbeiter und Mitträger der Stein-Hardenbergschen Reform überwiegend Ministerialbeamte gewesen, die in der inneren und in der Finanzverwaltung standen; aus der Diplomatie kamen die wenigsten. Hardenberg hatte Erfahrung und Ansehen als Verwaltungsfachmann und als Leiter des Auswärtigen Amtes gewonnen. Das gab dem Staatskanzler seit 1810 eine besondere Stellung, die in der preußischen Verwaltungs- und Verfassungsgeschichte einmalig gewesen ist. Die politische Vorrangstellung des Beamtentums in Preußen/Deutschland beruht, wie mit Recht hervorgehoben worden ist, zum großen Teil auf den außerordentlichen Leistungen des Reformbeamtentums für Staat und Gesellschaft. Daß die Wahl des leitenden Ministers nach dem Tilsiter Frieden auf Stein fiel, hatte neben seinem persönlichen Rang natürlich auch sachliche Gründe. Es empfahl sich, in diesen kritischen Zeiten einen Kenner der finanziellen Fragen zu berufen, die neben den politischen nach dem Friedensschluß mit im Vordergrund standen. Wie eng gerade auch für Stein die preußischen mit den deutschen Interessen zusammengehörten, hat er selbst ausdrücklich betont: »Ich habe nur ein Vaterland, das heißt Deutschland, und da ich nach alter Verfassung nur ihm und keinem besonderen Teil desselben angehöre, so bin ich auch nur ihm und nicht einem Teil desselben von ganzem Herzen ergeben.« Das war auch die Gesinnung, mit der Stein im Herbst 1807 in den Mittelpunkt der Geschäfte und der Reformbewegung trat – »unter allen Ministerien Preußens vor Bismarck das großartigste« (Gerhard Ritter).

Stein fand bereits eine dem König unmittelbar unterstellte Kommission für die Reform der Zivilverwaltung und eine militärische Reorganisationskommission unter Scharnhorsts Leitung an der Arbeit. Er übernahm die Leitung beider Kommissionen und wurde Vorsitzender der Kommission für die Zivilverwaltung.

Als Stein dieses Amt übernahm, waren die Vorarbeiten für die gesetzliche Befreiung der Bauern schon so weit gediehen, daß wenige Tage nach seiner Ernennung, allerdings mit

Steins Zustimmung und unter seiner Verantwortung, am 9. Oktober 1807 das berühmte sogenannte »Oktoberedikt« publiziert werden konnte, das die Reihe der großen Reformgesetze eröffnete. Das Gesetz, »den erleichterten Besitz und freien Gebrauch des Grundeigentums sowie die persönlichen Verhältnisse der Landbewohner betreffend«, veränderte die soziale Grundlage des preußischen Staates. Allerdings ist daran zu erinnern, daß das Oktoberedikt die agrarischen Reformen fortsetzte, die vor 1806 auf den Domänen durchgeführt worden waren. Jetzt wurde die Bauernbefreiung auf den Rittergütern auf dem Wege des Gesetzes verordnet, das heißt, die persönliche Freiheit der Bauern, während die Regulierung der Besitz- und Dienstverhältnisse (die Schaffung des freien bäuerlichen Eigentums) späteren Anordnungen vorbehalten blieb. Die Gutsbesitzer waren vielfach wirtschaftlich ruiniert und häufig nicht mehr imstande, den gesetzlichen Bauernschutz aufrechtzuerhalten.

Zur Überwindung der wirtschaftlichen Notlage schien die Befreiung der Bauern, die nun zu eigenen Herren auf ihren Höfen wurden, und die Erlaubnis des Verkaufs der Rittergüter an Bürgerliche zu gehören. Daß der Bauernschutz durch das Edikt aufgehoben wurde, gab nicht nur den Grundbesitz und die Berufswahl frei, sondern beseitigte auch den Schutz, der vorher verhindert hatte, daß die Rittergüter Bauernhöfe einzogen und nicht mehr mit Bauern besetzten. Gegen diese Regelung hat Stein bezeichnenderweise Einspruch erhoben: er war gegen die uneingeschränkte Aufhebung des Bauernschutzes. Er verlangte außerdem, daß das Gesetz nicht nur für Ostpreußen, sondern für alle anderen preußischen Gebiete gelten sollte. Weitere Reformen, die das gewerbliche Leben betreffen sollten, Steuer- und Wirtschaftsreformen, traten unter dem harten Zwang der Kontributionen noch zurück, aber die Reorganisation der Armee enthielt mit dem Offiziersreglement vom 6. August 1808, der Beseitigung der ausländischen Werbung und der Änderung der militärischen Strafen nicht weniger einschneidende Veränderungen der Gesellschaft. Daß jetzt statt adliger Geburt Kenntnisse und Bildung oder Tapferkeit und hervorragende Bewährung Voraussetzung der Ernennung zum Offizier waren, daß Offiziersprüfung und Vorschlagsrecht der Offiziere eines Regimentes zusammengehören sollten, zeigt an einer entscheidend wichtigen Stelle den tiefgreifenden sozialen Wandel durch die Reformen. In dem preußischen Heer sollte künftig »jeder Unterthan des Staats ohne Unterschied der Geburt zum Königsdienst verpflichtet werden«. Gegen die Allgemeine Wehrpflicht, wie sie dann 1814 gesetzlich eingeführt wurde, hatte der König Bedenken. Unter den verschiedensten Gesichtspunkten sind damals die Fragen der Reorganisation des Heeres erörtert worden, ohne daß man in diesen Fragen zu einer gesetzlichen Regelung vorgedrungen wäre.

Aus dem dritten großen Bereich der Reformen, der Einführung der Selbstverwaltung, Steins zentralem Interessengebiet, ist nur die vielgenannte und gerühmte Städteordnung fertig geworden, ein Teilstück aus Steins großem nationalpolitischem Erziehungsplan (Gesetz vom 19. November 1808). Der grundlegende Gedanke war, daß das bezahlte Berufsbeamtentum von den Ministern nur bis in die Provinzialbehörden reichen, während ihm von unten eine »Zone der Selbstverwaltung« entgegendrängen sollte. Diese war als Grundlage und Schule der Erfahrung für Provinzialstände und Nationalrepräsentation gedacht. Neben der Städteordnung war eine allgemeine Landgemeindeordnung geplant, die nicht zustande kam, während die kreisständische Verfassung vorerst unverändert blieb.

Die bürokratische Überwachung der Stadtgemeinde durch den königlichen Steuerrat wurde aufgehoben und die städtische Verwaltung den städtischen Behörden übertragen. Gleichzeitig wurden die Stadtgerichte verstaatlicht und in größeren Städten auch die Polizei. Eine für Steins Anschauung vom Wesen der Selbstverwaltung höchst charakteristische Bestimmung war, daß man das Bürgerrecht als Einwohner einer Stadt nicht ohne weiteres besaß, wie man auch nicht ohne weiteres zur Wahl der städtischen Ämter zugelassen werden konnte. Vorbedingung für den Erwerb der Bürgerrechte war der Besitz (an städtischen Grundstücken) und selbständige gewerbliche Tätigkeit; das Wahlrecht war an einen bestimmten Zensus gebunden (hundertfünfzig bis zweihundert Taler jährliches Einkommen). Die Stadtverwaltung lag in den Händen des Magistrats, der von den Stadtverordneten auf sechs bis zwölf Jahre gewählt und aus besoldeten und unbesoldeten Stadträten zusammengesetzt war und der Kontrolle der Stadtverordnetenversammlung unterlag. Diese, ihrerseits von den Bürgern gewählt, hatte Steuerbewilligungsrechte. In den größeren Städten behielt sich der Staat vor, Oberbürgermeister zu ernennen, die von den Städten präsentiert werden mußten. Aus der politischen Pädagogik der Reformer stammte auch die Idee der aus einfachen Bürgern, Stadtverordneten und Magistratsmitgliedern gebildeten sogenannten »gemischten Deputationen« für Schul-, Bau- und Finanzfragen. Um die Freiheit der Meinungsbildung zu sichern, sollten die Stadtverordneten (in wörtlicher Anlehnung an die liberale französische Verfassung von 1791) nicht an Weisungen gebunden sein.

Nicht mehr in Steins Amtszeit fiel das »Publikandum« vom 16. Dezember 1808, das die kollegialische Neuordnung der Ministerialbehörden einführte, an ihrer Spitze ein Staatsministerium von fünf Ministern, der »Staatsrat« aus der Nassauer Denkschrift. Auch die Provinzialverwaltung wurde durch Gesetz vom 26. Dezember 1808 kollegialisch umgebildet, gleichzeitig wurde der »Polizeistaat« durch die Trennung von Justiz und Verwaltung endgültig durch die Einrichtung der »Regierungen« und der Oberlandesgerichte zum »Rechtsstaat« weiterentwickelt.

Zum Ehrentitel der preußischen Reformen gehört schließlich auch die Bildungsreform, die zunächst in der Sektion für Kultus und Unterricht als Abteilung des Innenministeriums unter Humboldt einen Mittelpunkt in der Behördenorganisation erhielt. Mit der Gründung der Berliner Universität wurde eine neue Epoche der deutschen Bildungsgeschichte eröffnet. Mit einigen der berühmtesten Gelehrten ihrer Zeit, mit Schleiermacher, Savigny, Friedrich August Wolf, Fichte, und mit zweihundertsechsundfünfzig Studenten eröffnete sie im Wintersemester 1810/11 ihren Lehrbetrieb. Im Jahre 1811 begannen Breslau, 1818 Bonn, nach dem Vorbild der Berliner Universität eingerichtet, ihre Ruhmesgeschichte.

Es ist von jeher darauf hingewiesen worden, was es bedeutete, daß die Berliner Universität unter der französischen Fremdherrschaft eröffnet worden ist: sie trat bewußt in der großen geistigen Auseinandersetzung mit der Französischen Revolution in die vorderste Linie. Im Winter 1807/08 hatte Fichte seine »Reden« gehalten, die mit der Adresse »an die deutsche Nation« erkennen ließen, in welchem Horizont die »Befreiung« hier auch philosophisch vorbereitet wurde, während der Kreis der Reformer in Ostpreußen nicht ohne die

Kantische Rechts- und Staatsphilosophie zu denken ist. Doch der Tiefsinn oder die Abstraktionen der Philosophen umfaßten nicht den Reichtum der Reformgedanken und die mühsame Arbeit des politischen Alltags; denn diese stand immer im Vordergrund, dafür sorgte der Druck der Kontributionen, die Last der Zahlungstermine. An der Meisterung dieser Aufgaben mußten sich alle bewähren, in ihrer praktischen Bewältigung liegen die geschichtliche Bedeutung und der Glanz dieser schweren Jahre.

Unter diesen schwierigen Umständen gelang es den Nachfolgern Steins zunächst nicht, die Reform zu fördern, bis schließlich Hardenberg die Leitung der preußischen Politik und Staatsverwaltung übernahm (und bis zu seinem Tode 1822 behielt). Im Gegensatz zu Steins kollegialischem Staatsministerium schob Hardenbergs Stellung als Staatskanzler die kollegialische Geschäftsführung beiseite. Durch seine Immediatsstellung, die sich in den meist persönlichen Vorträgen Hardenbergs vor dem König zeigte, war er aus dem Ministerkollegium herausgehoben. Um so mehr kam es darauf an, in welchem Sinne diese Stellung für die Fortführung der Reform des Staates im Innern und für die Wiedergewinnung seiner Selbständigkeit und Unabhängigkeit nach außen benutzt wurde.

Die zwölf Jahre, in denen der Staatskanzler die preußische Politik leitete, dienten der Vorbereitung der Befreiung und der Konstituierung einer neuen europäischen Friedensordnung, sie sind aber auch für die Geschichte der seit 1807 im Gange befindlichen Reformen wichtig geworden. Obwohl er deren Ende als Kanzler politisch überlebt hat und zusehen mußte, wie sich einige der hervorragendsten Reformer aus der Regierung zurückzogen, hat er bis zuletzt gegen die »Restauration«, die nach der Niederwerfung Napoleons vordrang oder vorzudringen versuchte, an den Grundgedanken modernen staatlichen und wirtschaftlichen Lebens festgehalten, wie sie in den Kreisen der Reformer entwickelt worden waren – wenn auch in der ihm eigenen Färbung und Brechung. So haben im 19. Jahrhundert die Reformen in seiner Prägung weitergewirkt. Dem großen nationalpolitischen Erziehungsprogramm Steins hat Hardenberg von vornherein seinem ganzen Wesen nach ferngestanden; er stand Montgelas näher als Stein. Wenn auch er den Gedanken einer nationalen Repräsentation verfolgte, so war doch, anders als bei Stein, der Staat in einer zentralisierten, »aufgeklärten« Beamtenherrschaft konzentriert, welche die aus den Bindungen vergangener Zeiten befreiten sozialen Entwicklungen von Staats wegen zu leiten oder zu fördern hatte. Was er in dieser Richtung für das innere Leben des preußischen Staates bedeutet hat, wurde nach seinem Tode sichtbar, als die Anregungen aus der Zentrale ausblieben und die geschickte Handhabung der Verwaltung aufhörte. Hardenbergs besondere Fähigkeiten lagen in der diplomatischen Kunst der Menschenbehandlung, der Anpassung an die wechselnden Verhältnisse, so daß man in seiner nächsten Umgebung sagen konnte, er habe »stets der allmächtigen Stunde gehorcht«. Aber er konnte warten, ohne das Ziel aus den Augen zu verlieren; dazu gehöre mehr Mut, als einer Batterie entgegenzugehen, wie der Staatskanzler selbst meinte. Er war frei von ideolo-

---

Die Aufhebung der Leibeigenschaft
Edikt des Freiherrn vom Stein. Erstdruck 1807
Ehem. Preuß. Geh. Staatsarchiv, heute: Deutsches Zentralarchiv, Abt. Merseburg

Edict

den

erleichterten Besitz

und

den freien Gebrauch des Grund=Eigenthums,

so wie die persönlichen Verhältnisse

der

Land=Bewohner

betreffend.

Memel, den 9ten October 1807.

Königsberg,

gedruckt in der Königl. Preuß. Hartungschen Hof=Buchdruckerey.

Wir Friedrich Wilhelm, von Gottes Gnaden
König von Preußen ꝛc. ꝛc.

Thun kund und fügen hiermit zu wißen. Nach eingetretenem Frieden hat Uns die Vorsorge für den gesunkenen Wohlstand Unsrer getreuen Unterthanen, deßen baldigste Wiederherstellung und möglichste Erhöhung vor Allem beschäftigt. Wir haben hierbei erwogen, daß es, bei der allgemeinen Noth, die Uns zu Gebot stehenden Mittel übersteige, jedem Einzelnen Hülfe zu verschaffen, ohne den Zweck erfüllen zu können, und daß es eben sowohl den unerlaßlichen Forderungen der Gerechtigkeit, als den Grundsätzen einer wohlgeordneten Staatswirthschaft gemäß sei, Alles zu entfernen, was den Einzelnen bisher hinderte, den Wohlstand zu erlangen, den er nach dem Maas seiner Kräfte zu erreichen fähig war; Wir haben ferner erwogen, daß die vorhandenen Beschränkungen theils in Besitz und Genuß des Grund-Eigenthums, theils in den persönlichen Verhältnißen des Land-Arbeiters Unserer wohlwollenden Absicht vorzüglich entgegen würken, und der Wiederherstellung der Cultur eine große Kraft seiner Thätigkeit entziehen, jene, indem sie auf den Werth des Grund-Eigenthums und den Credit des Grundbesitzers einen höchst schädlichen Einfluß haben, diese, indem sie den Werth der Arbeit verringern. Wir wollen daher beides auf diejenigen Schranken zurückführen, welche das gemeinsame Wohl nöthig macht, und verordnen daher folgendes:

§. I.

Freiheit des Güter-Verkehrs.

Jeder Einwohner Unsrer Staaten ist, ohne alle Einschränkung in Beziehung auf den Staat, zum eigenthümlichen und Pfandbesitz unbeweglicher Grundstücke aller Art berechtigt; der Edelmann also zum Besitz nicht blos adelicher, sondern auch unadelicher, bürgerlicher und bäuerlicher Güter aller Art, und der Bürger und Bauer zum Besitz nicht blos bürgerlicher, bäuerlicher und anderer unadelicher, sondern auch adelicher Grundstücke, ohne daß der eine oder der andere zu irgend einem Güter-Erwerb einer besondern Erlaubniß bedarf, wenn gleich, nach wie vor, jede Besitzveränderung den Behörden angezeigt werden muß. Alle Vorzüge, welche bei Güter-Erbschaften der adeliche vor dem bürgerlichen Erben hatte, und die bisher durch den persönlichen Stand des Besitzers begründete Einschränkung und Suspension gewisser Gutsherrlichen Rechte, fallen gänzlich weg.

In Absicht der Erwerbfähigkeit solcher Einwohner, welche den ganzen Umfang ihrer Bürgerpflichten zu erfüllen, durch Religions-Begriffe verhindert werden, hat es bei den besondern Gesetzen sein Verbleiben.

§. II.

Freie Wahl des Gewerbes.

Jeder Edelmann ist, ohne allen Nachtheil seines Standes, befugt, bürgergerliche Gewerbe zu treiben; und jeder Bürger oder Bauer ist berechtigt, aus dem Bauer- in den Bürger- und aus dem Bürger- in den Bauerstand zu treten.

§. III.

Ein gesetzliches Vorkaufs- und Näher-Recht soll fernerhin nur bei Lehns-Ober-Eigenthümern, Erbzinsherrn, Erbverpächtern, Mit-Eigenthümern und da eintreten, wo eine mit andern Grundstücken vermischte oder von ihr umschlossene Besitzung veräussert wird.

In wie fern das gesetzliche Vorkaufs- und Näher-Recht annoch statt findet.

§. IV.

Die Besitzer an sich veräusserlicher Städtischer und Ländlicher Grundstücke und Güter aller Art, sind nach erfolgter Anzeige bei der Landes-Polizei-Behörde, unter Vorbehalt der Rechte der Real-Gläubiger und der Vorkaufs-Berechtigten (§. III.) zur Trennung der Radicalien und Pertinenzien, so wie überhaupt zur teilweisen Veräusserung, also auch die Mit-Eigenthümer zur Theilung derselben unter sich, berechtiget.

Theilung der Grundstücke.

§. V.

Jeder Grund-Eigenthümer, auch der Lehns- und der Fideicommiß-Besitzer, ist ohne alle Einschränkung, jedoch mit Vorwissen der Landes-Polizei-Behörde, befugt, nicht bloß einzelne Bauerhöfe, Krüge, Mühlen und andere Pertinenzien, sondern auch das Vorwerks-Land, ganz oder zum Theil, und in beliebigen Theilen zu vererbpachten, ohne daß dem Lehns-Ober-Eigenthümer, den Fideicommiß- und Lehnsfolgern und den ingrossirten Gläubigern aus irgend einem Grunde ein Widerspruch gestattet wird, wenn nur das Erbstands- oder Einkaufs-Geld zur Tilgung des zuerst ingrossirten Capitals, oder, bei Lehnen und Fideicommißen, in etwaniger Ermangelung ingrossirter Schulden, zu Lehn oder Fideicommiß verwendet, und, in Rücksicht auf die nicht abgelösten Real-Rechte der Hypotheken-Gläubiger, von der Landschaftlichen Credit-Direction der Provinz, oder von der Landes-Polizei-Behörde attestirt wird, daß die Erbverpachtung ihnen unschädlich sey.

Erbverpachtung der Privat-Güter.

§. VI.

Wenn ein Gutsbesitzer meint, die auf einem Gute vorhandenen einzelnen Bauerhöfe oder ländlichen Besitzungen, welche nicht erblich, Erbpacht- oder Erbzinsweise ausgethan sind, nicht wieder herstellen oder erhalten zu können, so ist er verpflichtet, sich deshalb bei der Kammer der Provinz zu melden, mit deren Zustimmung die Zusammenziehung, sowohl mehrerer Höfe in Eine bäuerliche Besitzung, als mit Vorwerks-Grundstücken gestattet werden soll, sobald auf dem Gute keine Erbunterthänigkeit mehr statt findet. Die einzelnen Kammern werden hierüber mit besonderer Instruction versehen werden.

Einziehung und Zusammenschlagung der Bauer-Güter.

§. VII.

Werden die Bauerhöfe aber erblich, Erbpacht- oder Erbzins-Weise besessen, so muß, bevor von deren Einziehung oder einer Veränderung in Absicht der dazu gehörigen Grundstücke die Rede seyn kann, zuerst das Recht des bisherigen Besitzers, sei es durch Veräusserung desselben an die Gutsherrschaft, oder auf einem andern gesetzlichen Wege, erloschen seyn. In diesem Fall treten auch in Absicht solcher Güter die Bestimmungen des §. VI. ein.

§. VIII

§. VIII.

Verschuldung der Lehns- und Fideicommiß-Güter wegen der Krieges-Schäden.

Jeder Lehns- und Fideicommiß-Besitzer ist befugt, die zum Retablissement der Kriegs-Schäden erforderlichen Summen auf die Substanz der Güter selbst, und nicht blos auf die Revenüen derselben, Hypothekarisch aufzunehmen, wenn nur die Verwendung des Geldes von dem Land-Rath des Kreises oder der Departements-Landschafts-Direction attestirt wird. Nach Ablauf dreier Jahre, seit der contrahirten Schuld, ist der Besitzer und sein Nachfolger schuldig, von dem Capital selbst, jährlich wenigstens den funfzehnten Theil abzutragen.

§. IX.

Aufhebung der Lehne, Familien-Stiftungen und Fideicommiße durch Familien-Schlüsse

Jede, keinem Ober-Eigenthümer unterworfene Lehns-Verbindung, jede Familien- und jede Fideicommiß-Stiftung, kann durch einen Familien-Schluß beliebig abgeändert, oder gänzlich aufgehoben werden, wie solches in Absicht der Ostpreussischen (mit Ausschluß der Ermeländischen) Lehne, bereits im Ostpreussischen Provincial-Recht, Zusatz 56. verordnet ist.

§. X.

Auflösung der Guts-Unterthänigkeit.

Nach dem Datum dieser Verordnung entsteht fernerhin kein Unterthänigkeits-Verhältniß, weder durch Geburt, noch durch Heirath, noch durch Uebernehmung einer unterthänigen Stelle, noch durch Vertrag.

§. XI.

Mit der Publication der gegenwärtigen Verordnung hört das bisherige Unterthänigkeits-Verhältniß derjenigen Unterthanen und ihrer Weiber und Kinder, welche ihre Bauer-Güter erblich oder eigenthümlich, oder Erbzinsweise, oder Erbpächtlich besitzen, wechselseitig gänzlich auf.

§. XII.

Mit dem Martini-Tage Ein tausend Acht hundert und Zehn (1810.) hört alle Guts-Unterthänigkeit in Unsern sämtlichen Staaten auf. Nach dem Martini-Tage 1810. giebt es nur freie Leute, so wie solches auf den Domainen in allen Unsern Provinzen schon der Fall ist, bei denen aber, wie sich von selbst versteht alle Verbindlichkeiten, die ihnen als freien Leuten vermöge des Besitzes eines Grundstücks, oder vermöge eines besondern Vertrages obliegen, in Kraft bleiben.

Nach dieser Unsrer allerhöchsten Willensmeinung hat sich ein Jeder, den es angeht, insonderheit aber Unsre Landes-Collegia und übrigen Behörden genau und pflichtmäßig zu achten, und soll die gegenwärtige Verordnung allgemein bekannt gemacht werden.

Urkundlich unter Unserer höchsteigenhändigen Unterschrift. So geschehen Memel, den 9ten October 1807.

Friedrich Wilhelm.

Schrötter.   Stein.   Schrötter II.

gischen Voreingenommenheiten, überlegen, wohlwollend, durch viele Affären und Schulden nachsichtig, tolerant, bezaubernd durch die Heiterkeit seines Blickes bis ins Alter.

Die dringendste Not des Staates, vor die sich Hardenberg gestellt sah, betraf die finanzielle Überanstrengung unter der Last des Tilsiter Friedens. Der Staatskanzler faßte alle Verpflichtungen des Staates durch ein Gesetz vom Oktober 1810 zu einer einheitlichen Staatsschuld zusammen. Man schreckte nicht vor dem Gedanken zurück, die Mittel zu diesem Zweck durch den Verkauf von Domänen und die Einziehung der geistlichen Güter, besonders in Schlesien, zu beschaffen. Eine Steuerreform wurde vorbereitet, außerdem wurden wirtschaftlich-soziale Reformpläne entwickelt; die von Stein schon vorbereitete Gewerbefreiheit sollte jetzt vollständig eingeführt werden. Zur Vorbereitung der Nationalrepräsentation, wie sie als Ziel der Reformen geplant war, wurde eine »Landesdeputiertenversammlung« aus Notabeln aller Provinzen im Frühjahr 1811 nach Berlin einberufen. In ihr wurde der Widerstand des Adels gegen die Reformpläne jedoch überraschend scharf laut. Der Vorwurf des Rechtsbruches der Regierung führte zu energischen Reaktionen. Gegen die Wortführer der Opposition wurde Anklage wegen Majestätsverbrechen erhoben und die Opponenten kurzerhand auf die Festung nach Spandau gebracht.

Aber nur ein Teil von Hardenbergs Reformplänen ist verwirklicht worden, es blieb vielfach nur bei Ansätzen, die gar nicht oder in ganz anderer Weise Gesetzeskraft erhalten haben. So ist das Regulierungsedikt von 1811 überhaupt nicht zur Durchführung gekommen, sondern erst in einer abgeänderten Form durch die Deklaration aus dem Jahre 1816, die für die Bauern viel ungünstiger gewesen ist, während die wirtschaftliche Freiheit in den Städten mit der Gewährung der Gewerbefreiheit im November 1810 gesetzlich verankert wurde. Für die allgemeine Entwicklung der neuen bürgerlichen Gesellschaftsordnung war von nicht geringerer Bedeutung und sofort heftig umstritten die gesetzliche bürgerliche Gleichstellung der Juden im Frühjahr 1812. Aber nicht nur wegen der inneren Widerstände kamen die Reformen ins Stocken, sondern auch wegen der im Jahre 1812 durch die französisch-russischen Spannungen wieder steigenden Kontributionen. Um der Zwangslage abzuhelfen, wurde 1812 vorübergehend eine Einkommensteuer eingeführt, die bei der Armut des Landes nur knapp ein Fünftel des Voranschlages einbrachte. Unter diesen Umständen ist auch die große Finanzreform dieser Jahre gescheitert.

Als Preußen im Jahre 1813 im Bunde mit Rußland in den Krieg gegen Frankreich eintrat, hatte die Reformgesetzgebung das öffentliche Leben grundlegend verändert. Es waren aber auch Hemmungen verschiedenster Art hervorgetreten, von denen man noch nicht wissen konnte, welche Bedeutung sie in Zukunft haben würden. Für den Kampf der preußischen Reformer mit den Vertretern der Restauration sind dann die Auseinandersetzungen über die Verfassungsfragen entscheidend geworden. Dieser Kampf erfüllte die Jahre zwischen 1815 und 1819 und entzündete sich auf dem Wiener Kongreß bei der Regelung der Deutschen Frage an dem rechtsverbindlichen Versprechen des Königs für eine schriftliche Verfassung mit repräsentativen Einrichtungen, das Hardenberg empfohlen hatte. Aus den Provinzialständen sollte die Landesrepräsentation hervorgehen, die für die gesamte Gesetzgebung jedoch nur beratende, nicht beschließende Zuständigkeit erhalten sollte. Das Versprechen entsprach der Idee der Nationalrepräsentation der Rigaer Denkschrift Hardenbergs vom Herbst 1807, die als Abschluß und Krönung der Staatserneuerung gedacht war. Es ist deshalb eben nicht zufällig, daß um die Erfüllung dieses Versprechens so erbittert gerungen wurde und daß sein Bruch mit dem Ende der Reformzeit zusammenfällt. »Unselig« hat Treitschke das Versprechen von 1815 genannt. Man hat dagegen mit Recht eingewandt, daß es so unselig nur gewesen sei, weil es nicht eingelöst wurde. Mit der Interpretation der königlichen Zusage als eines Aktes einseitiger königlicher Rechtssetzung haben die Gegner der Nationalrepräsentation dem Versprechen seinen Charakter als »unwiderrufliche Selbstbindung der monarchischen Vollgewalt« (E.R. Huber) zu nehmen verstanden. Es stellte sich infolge des königlichen Verfassungsversprechens sehr schnell heraus, daß nicht nur fast alle Vorarbeiten für seine Erfüllung fehlten, sondern daß sie auch auf den erbitterten Widerstand der Vertreter des alten Ständewesens stieß. Das war von vornherein inmitten der Fülle der Aufgaben, die nach dem Kriegsende das Retablissement der alten Provinzen und die Eingliederung der neuen Gebiete stellte, eine sehr schwierige Lage für die Entwicklung der Verfassungsfrage. Die Landesrepräsentation eines »allgemeinen Landtages« sollte auf den Provinzialständen aufgebaut werden. Das setzte aber die Neuordnung der Provinzialverfassungen voraus und die Lösung so schwieriger und politisch delikater Fragen wie die des Wahlmodus für den allgemeinen Landtag. Direkte Volkswahl für ein Parlament galt damals als Prinzip der demokratischen Revolution und mußte bekämpft werden. Die Französische Revolution mit ihren abschreckenden Erfahrungen machte direkte Wahlen von vornherein unmöglich. In gestuften Wahlgängen, von den Gemeindevertretungen aufsteigend, über Kreis- und Provinzialstände, bis zum allgemeinen Landtag sollte statt dessen in indirektem Wahlverfahren die ständische Repräsentation aufgebaut werden. So wenig wie an direkte Wahlen war an allgemeine und gleiche Wahlen gedacht. Das Wahlrecht sollte nur der durch Grundbesitz und Steuerleistung ausgewiesenen Schicht der Besitzenden zustehen. Aber selbst gegen diese Vorschläge ist die altständisch gesonnene adlige Opposition Sturm gelaufen, der paritätische Anteil des bäuerlichen und bürgerlichen Besitzes in der ständischen Repräsentation schien ihr als Begrenzung ihrer privilegierten Stellung unerträglich; genauso verwarf sie die revolutionäre Zentralisation eines Gesamtlandtages für das einheitliche Königreich. Restaurativ heißt föderativ; seit den Tagen des frühen 18.Jahrhunderts kämpften diese Kreise gegen die Entwicklung Preußens zum Einheitsstaat, nun galt es geradezu als jakobinisch, auf Einheit zu drängen. Hardenberg selbst stand bei den Reformgegnern im Verdacht, ein verkappter Jakobiner zu sein. Jede Art von Zentralisierung und Egalisierung, kurz die moderne Staatsverwaltung, galt den Vertretern der reaktionären Restauration des altständischen Wesens als suspekt und revolutionär – auch das »Allgemeine Landrecht«. Die einzige Sitzung der Verfassungskommission hat unter Hardenbergs Leitung im Juli 1817 stattgefunden.

Die letzte Phase des Kampfes um die Verfassung wurde durch die Ernennung Humboldts zum Minister für ständische Angelegenheiten eingeleitet. Hardenberg selbst entwarf neue Vorschläge für eine landständische Verfassung in Preußen für die Beratungen des Verfassungsausschusses des Staatsrates. Er wiederholte in ihnen im großen und ganzen seine Grundgedanken zum modernen Konstitutionalismus. In eben diesen Monaten spitzte sich der Gegensatz zwischen Hardenberg und Humboldt über die persönliche Gegnerschaft hinaus zum Kampf um die Kanzler- und Ressortzuständigkeit zu. Humboldt hat seinerseits in umfangreichen Denkschriften zu den ständischen Verfassungsplänen Stellung genommen, in denen er scharfe Kritik am Kanzler übte. Eine Verständigung war wohl ausgeschlossen. Die Ministerkrise im Herbst 1819 ist über der Frage der Annahme oder Ablehnung der Karlsbader Beschlüsse zum Ausbruch gekommen. Nachdem die Mehrheit des Staatsministeriums für die Annahme entschieden hatte, schied Humboldt mit dem 1. Januar 1820 aus dem Ministerium aus. Mit ihm traten auch der Justizminister Beyme und der Kriegsminister von Boyen zurück. Das war zunächst ein persönlicher Sieg des Staatskanzlers, aber Hardenberg hatte mit diesen Ministern den Rückhalt gegen die opponierende Restauration im Ministerium verloren. Die Verfassungsbewegung der Reformzeit war mit dem Rücktritt der drei Minister endgültig gescheitert; mit ihm endete die Reformzeit in Preußen. Der krönende Abschluß mißlang, alles brach auseinander, nur Bruchstücke blieben bestehen, die nur im Zusammenhang des Ganzen ihren wahren Sinn hatten und erfüllen konnten.

Der Widerstand der Großmächte gegen das Europa Napoleons

In Tilsit hatte Napoleon eine Grenze für seine expansive Europapolitik im Kampf gegen England anerkennen müssen, als er mit dem Zaren Alexander über eine Teilung ihrer Interessensphären und ihre wechselseitige Unterstützung verhandelte. Mit der Katastrophe in Spanien war der kaiserlichen Politik durch England selbst nicht nur ein Halt geboten worden, sondern der Feind war hier offensiv vorgestoßen: eine denkwürdige Epoche in der Geschichte Napoleons! Die spanische Katastrophe hatte den Widerstand gegen die Napoleonische Herrschaft gestärkt und im Frühjahr 1809 dem Willen zum Widerstand in Österreich zum Durchbruch verholfen. Für Napoleon waren alle diese militärischen Niederlagen politisch höchst gefährlich. Er wußte das selbst sehr genau: »Meine Macht hängt von meinem Ruhm ab, und mein Ruhm von meinen Siegen. Der Sieg hat mich zu dem gemacht, was ich bin, und nur durch Siege kann mir die Macht erhalten bleiben. Eine neugeborene Regierung muß blenden und in Staunen setzen; tut sie das nicht mehr, dann stürzt sie.« Blendete seine Erscheinung noch, setzte sie noch in Erstaunen und bannte sie noch die Kräfte des Widerstandes, als der Kaiser im Januar 1809, Spanien im Aufruhr hinter sich lassend, angesichts eines Zweifrontenkrieges nach Paris zurückeilte, um den Österreichern Schach zu bieten? Würden die Verträge, auf denen sein Verhältnis zu Rußland beruhte, Belastungen aushalten?

Für die Österreicher schien die Stunde gekommen zu sein, in der die Frage, ob sie sich mit dem Frieden von Preßburg, der Niederlage von 1805, abfinden sollten, aktuell wurde: sollten sie, aus dem Reich verdrängt, nicht gerade jetzt auch die Gelegenheit benutzen, die Erregung der deutschen nationalen Opposition gegen die Franzosen mit der österreichischen Politik zu verschmelzen und ihr Ansehen in Deutschland wiederzugewinnen als Vorkämpfer der gemeinsamen deutschen Sache gegen Napoleon? Die Widerstände gegen eine deutschnationale Politik in Wien wurden durch die spanische Erhebung hinweggerissen. Gegen die Franzosen selbst wandte sich jetzt die »levée en masse« der Tiroler, die unmittelbar gegen die »aufgeklärte« bayerische Verwaltung gerichtet war. Auch aus Deutschland, besonders aus den Kreisen der neuen deutschen literarisch-philosophischen und der politisch-nationalen Bewegung, kamen leidenschaftliche Aufrufe zur energischen Befreiungstat. Alle Blicke und Hoffnungen der Patrioten richteten sich damals auf Österreich. Man hat wohl geradezu das Jahr 1809 als den Höhepunkt der deutschen Geschichte Österreichs genannt.

Die Seele der österreichischen Politik in dieser Zeit zwischen 1805 und 1809 war der Außenminister Johann Philipp Graf von Stadion, der wie Metternich aus dem »Reich«, aus Schwaben, stammte. Er plante sogleich nach der Niederlage 1805 (wie die Preußen nach 1807) eine Erhebung Österreichs gegen Napoleon, die alle Deutschen mitreißen sollte. Wie die preußischen Reformer beschäftigte auch ihn der Plan für ein Volksheer. Als die spanische Affäre sich schon kritisch für Napoleon zu entwickeln begann, wurde im Sommer 1808 durch Kaiser Franz eine Landwehr ins Leben gerufen. Dieser Entschluß fand begeisterte Zustimmung. Jetzt hielt Stadion den Augenblick zur Erhebung für gekommen, zumal auch Metternich, damals Botschafter in Paris, auf Bemerkungen Talleyrands hin der Ansicht war, daß das Napoleonische Empire ernsthaft erschüttert sei. Stadion begünstigte die patriotische Bewegung, während in der Hand des Erzherzogs Karl die Reorganisation des Heeres lag. Der Zar, der sich in diesen Monaten mehr und mehr von dem Tilsiter Bündnis zu lösen begann, gab den Österreichern zu verstehen, daß er ihre Vorbereitungen für den offenen Widerstand gegen Napoleon mit Sympathie verfolge. Die Engländer gingen über das Versprechen der finanziellen Unterstützung einer österreichischen Unternehmung nicht hinaus, während Sondierungen in Preußen ohne Erfolg blieben.

Der Einmarsch österreichischer Truppen in Bayern im April 1809 versetzte Napoleon in eine überaus peinliche Lage. Mitte Mai gelang ihm die Besetzung Wiens, aber der Übergang über die Donau bei Aspern (21./22. Mai 1809) mißglückte: die Österreicher hatten unter Erzherzog Karl zum erstenmal im offenen Felde einen militärischen Erfolg über Napoleon errungen. War jetzt der Moment gekommen, in dem die Preußen sich dem gemeinsamen Befreiungskrieg anschließen würden? Voller Hoffnungen verfolgte Stein aus seinem Exil in Brünn die Erhebung Österreichs und die Begeisterung des österreichischen Volkes. Die Niederlage Napoleons bei Aspern dämpfte für kurze Zeit sein Mißtrauen in die Tatkraft des Erzherzogs; er hoffte auf eine große Volkserhebung, die den preußischen König mitreißen sollte. »Soll die Sache der Selbständigkeit und Unabhängigkeit fallen, welchen Wert hat noch das Leben?« (10. Juni 1809). »Alles, was das Gute und Edle liebt, muß sich unter die österreichischen Fahnen sammeln und an dem Todeskampf teilnehmen.« Gneisenau trug sich mit dem Plan, aus dem preußischen Heer auszuscheiden und eine deutsche Legion in Österreich aufzustellen. Major Schill brach zu seinem schnell mißglückten Unternehmen mit seinem Husarenregiment aus Berlin auf. Aber Friedrich Wilhelm III. weigerte sich, seine Zustimmung zu den so heftig diskutierten Erhebungsplänen zu geben.

Österreichischer Aufruf an die bayerischen Soldaten zum Abfall von Napoleon, 1809
München, Stadtarchiv

Tapfere Krieger Bayerns!

Oesterreichs Armee nähert sich euch.

Sie geht nicht auf Eroberung fremder Staaten aus, ihr Zweck ist, dem unterdrückten Europa seine Fesseln zu lösen.

Ihr kennt ihren Anführer. Nie hat er für eine andere Sache als für Deutschlands Freyheit gefochten. Ihr selbst habt schon vereint mit Oestreichs Heeren gegen den gemeinschaftlichen Feind unseres Vaterlandes gekämpft.

Dieser Feind kennt Euere Tapferkeit; er will sie zu Kriegen, die Euch fremd sind, für seinen Ehrgeitz nützen. Schon mußtet Ihr die weiten Steppen Pohlens mit Euerem Blute befeuchten, gegen Verwandte Souveräne Eueres Königs, gegen Völker, die nie Euere Feinde waren.

Schon müßtet ihr in Spanien bluten, wenn wir nicht zu Euerer Erlösung herbeygeeilet wären.

Tapfere Krieger Bayerns! verschwendet nicht eure Tapferkeit, um Euch selbst Fesseln zu schmieden. Nur in französischen Lagern sind Euere und Eueres Königs Feinde. Napoleon wird Euerem Könige nicht besser als dem Könige von Spanien lohnen.

Im Oestreichischen Lager sind Euere wahren Freunde; — hier wird für Euere Freyheit und für Euern König gefochten; unter diesen Fahnen müßt Ihr für Deutschland—, für Bayern—, für Euer königliches Haus kämpfen.

Welch ein Flecken in Euern Jahrbüchern wäre es, wenn Bayern ohne Euere Hilfe von fremdem Joche befreyt würde!

Den 10. April 1809.

Die Schlacht von Aspern am 21./22. Mai 1809
Aquarell von Johann Nepomuk Hoechle; die Schlacht durch ein Teleskop gesehen und skizziert
Heutige Bodenfunde auf dem Schlachtfeld und erhaltene Stücke der gleichen Modelle
Wien, Heeresgeschichtliches Museum

Napoleons Sieg über die Österreicher bei Wagram am 5./6. Juli schnitt sämtliche Hoffnungen der Patrioten ab. Ehe sich eine Koalition hatte bilden oder wirksam werden können, hatte der Kaiser die Entscheidung erzwungen. Wenige Tage später boten die Österreicher dem Kaiser den Waffenstillstand an (11. Juli). Der Sieg bei Wagram hatte das napoleonische Kontinentalsystem noch einmal wiederhergestellt, die französisch-russische Allianz aber hatte ihre Bedeutung verloren. Es war der letzte Sieg Napoleons, mit letzten Kräften erkämpft; den in Ordnung zurückweichenden Feind hat der Kaiser nicht mehr verfolgt. »Wir haben keinen einzigen Gefangenen gemacht, keine einzige Fahne erbeutet«, berichtete ein nachdenklicher Teilnehmer der Schlacht.

Als im Herbst ein Attentat auf den Kaiser aufgedeckt wurde, das ein junger Mann in Schönbrunn geplant hatte, entsetzte sich Napoleon über die Entschlossenheit des jungen Deutschen, der ihm beim Verhör ins Gesicht sagte, daß es kein Verbrechen sei, den Kaiser zu töten, sondern eine Pflicht. »Es lebe die Freiheit! Es lebe Deutschland!« waren seine letzten Worte, ehe er erschossen wurde. Der Kaiser konnte diesen Jüngling lange nicht vergessen. »Dieser Unglückliche will mir nicht aus dem Sinn«, erklärte er, »wenn ich an ihn denke, verwirren sich meine Gedanken. Dies geht über mein Verstehen.«

Die Friedensverhandlungen zwischen Frankreich und Österreich wurden durch die polnische Frage kompliziert, durch sie hatten die Russen indirekt Einfluß auf die Verhandlungen, nachdem sie bei der günstigen Gelegenheit im Sommer 1809 eine vertragliche Einwilligung Schwedens für die Abtretung Finnlands durchgesetzt hatten. Jetzt verlangte der Zar von Napoleon die Zusicherung, daß er das Großherzogtum Warschau, in das österreichische Truppen eingerückt waren, nicht wiederherstellen werde. Die Chance, diese Spannungen auszunutzen, war aber für die Österreicher verspielt, als sich Napoleon und der Zar auf Polens Kosten einigten. Im Oktober 1809 kam der Friede in Wien zustande: Kriegsentschädigungen für Frankreich, Verringerung der österreichischen Armee, und nicht zuletzt wurden Österreich auch umfangreiche Gebietsabtretungen (wie Preußen 1807) aufgezwungen, die den alten Kaiserstaat zum Vasallen des Imperators herabdrückten. Österreich verlor Salzburg mit dem Innviertel (an Bayern), die kroatische Küste mit Fiume, Istrien, Triest, Teile von Kärnten, Krain (die dem Empire einverleibt wurden), Lublin und Krakau (an Polen), Tarnopol (an Rußland), schließlich mußte Österreich seine Flottenbasis im Adriatischen Meer abtreten. Graf Stadion mußte aus dem Staatsdienst ausscheiden (wie Hardenberg und Stein in Preußen), an seiner Stelle wurde Metternich, der als österreichischer Botschafter in Paris Napoleon aus nächster Nähe kennengelernt hatte, von Kaiser Franz mit der Leitung der Außenpolitik beauftragt. Er war noch von Kaunitz, dem Kanzler Maria Theresias und Josephs II., in die Geschäfte eingeführt worden, nachdem er, aus rheinischem Adel stammend, Sohn eines kaiserlichen Diplomaten und Statthalters in den österreichischen Niederlanden, in Straßburg und Mainz studiert hatte. Aus Paris siebenunddreißigjährig jetzt in die Zentrale der österreichischen Politik berufen, sehr eitel und sehr klug, umfassend gebildet, ehrgeizig, lebte er in den politischen Traditionen des europäischen Gleichgewichts, die er im bewußten Gegensatz zur Napoleonischen Europapolitik zur Bändigung oder gegebenenfalls auch zur Niederwerfung Napoleons verfolgte. Nach der Katastrophe des Sommers empfahl Metternich, sich an Frankreich anzuschließen. Nach seiner Meinung lag es jetzt in Österreichs Interesse, den Gegensatz zwischen Napoleon und dem Zaren zu vertiefen, ja vielleicht sogar eine französisch-russische Feindschaft zu fördern. Im Dienste dieser Politik standen die österreichisch-französischen Verhandlungen über eine Heirat der Erzherzogin Marie Louise mit dem französischen Kaiser. Diese Anregung von österreichischer Seite griff Napoleon um so lebhafter auf, als es nach seiner vergeblichen Werbung um eine russische Großfürstin eine Genugtuung für ihn war, daß ihm nach seiner Scheidung von Josephine Beauharnais Ende 1809 dieses Angebot gemacht wurde. Die Einigung zwischen Wien und Paris kam im Frühjahr 1810 erstaunlich schnell zustande; ein Jahr später schien mit der Geburt eines Sohnes die Dynastie Bonaparte gesichert zu sein. Metternichs Kalkulation hatte sich als richtig erwiesen, der Zar war über die Orientierung der französischen Politik nach Wien schockiert.

Die politischen Beziehungen zwischen den Großmächten wurden durch die »Kontinentalsperre« immer mehr auch mit wirtschaftlichen Verwicklungen belastet. Im Jahre 1808 hatte sie bereits in England zu einer Wirtschaftskrise geführt; durch die spanische Erhebung und durch die englisch-türkische Annäherung war sie freilich schon bald aufgefangen worden. Wichtiger war allerdings, daß die Krise Englands Handelsbeziehungen zur »Neuen Welt« verstärkt hatte. Auf der anderen Seite war durch das Verbot des Exports der kontinentalen Industrie nach England die Rohstoffeinfuhr nach dem Kontinent verhindert worden und hatte hier zu ernsten Produktionsschwierigkeiten geführt. Damit hing es zusammen, daß die Zolleinnahmen zurückgingen und sich die Einnahmen des Staates verringerten. Es war unumgänglich, den Handel wiederzubeleben. Die französische Wirtschaftspolitik versuchte, sich mit Ausfuhrlizenzen bei gleichzeitiger Einfuhr von lebenswichtigen Produkten oder bei Bezahlung in Gold zu helfen. Der Schmuggelhandel, der sich in Helgoland, Hamburg, Göteborg, Frankfurt am Main und Basel konzentriert hatte, gewann eine steigende Bedeutung und wurde von Napoleon zum Vorteil des kaiserlichen Haushaltes rationalisiert. Auf diese abenteuerliche Weise wurde der Handelsverkehr mit England zu einem französischen Monopol. Kaiserliche Lizenzen regulierten ihn, während den Verbündeten, den Unterworfenen und den Neutralen eine Teilnahme – sogar gesetzlich (Herbst 1810) – verboten war. Der Unwille, wirtschaftlich für Frankreichs Interessen geopfert zu werden, regte sich im ganzen Empire. Napoleon, hieß es, bevorzuge ausschließlich die französische Industrie, anstatt eine europäische Wirtschaft aufzubauen. Zu deren Gunsten habe er die Konkurrenz anderer Volkswirtschaften zerstört und so der französischen Produktion neue Märkte erschlossen. Dieser französische fiskalische Egoismus, der das Kontinentalsystem bestimme, führe zur wirtschaftlichen Unterwerfung der schon politisch Unterworfenen.

Während sich Napoleon durch die Heirat mit der österreichischen Erzherzogin mit der alten europäischen adligen, politischen Führungsschicht zu arrangieren versuchte, geriet er unter dem Druck der wirtschaftlichen Schwierigkeiten in einen Gegensatz zu der neuen bürgerlichen, wirtschaftlichen Führungsschicht, die bisher von der inneren Politik des Empire Vorteile und Nutzen gehabt hatte. Indem Napoleon mit dem Tauschhandel die Kontinentalsperre durchlöcherte, zersetzte er selbst die Geschlossenheit seines Kampfes gegen England, und zwar gerade zu einem Zeitpunkt, in dem England im Jahre 1811 in

FRANZÖSISCHE REVOLUTION UND NAPOLEON 167

eine handelspolitische Krise geriet. Er selbst begab sich der Chance, England in gefährliche Schwierigkeiten zu stürzen, denn das wechselseitige wirtschaftliche Interesse führte zu einem Arrangement in ihrer Lizenzpolitik.

Auch Änderungen der Territorialabgrenzungen sind durch die wirtschaftlichen Schwie-

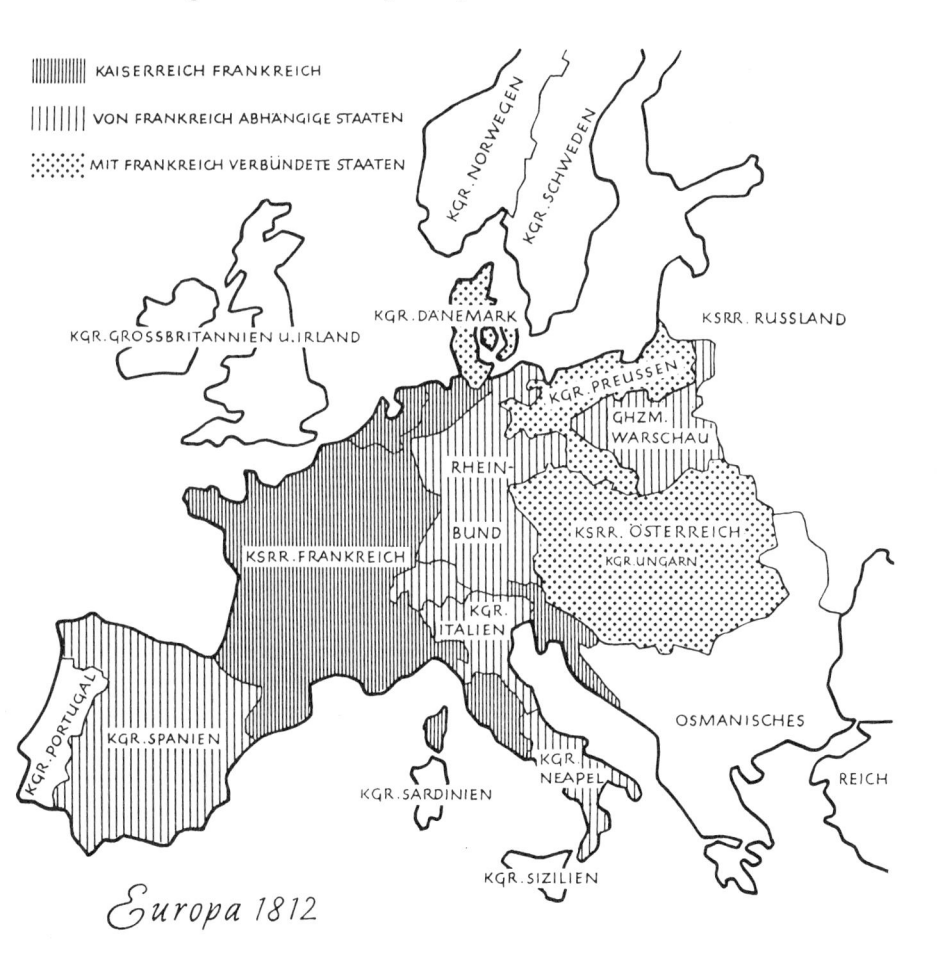

KAISERREICH FRANKREICH
VON FRANKREICH ABHÄNGIGE STAATEN
MIT FRANKREICH VERBÜNDETE STAATEN

KGR. NORWEGEN
KGR. SCHWEDEN
KGR. DANEMARK
KSRR. RUSSLAND
KGR. GROSSBRITANNIEN U. IRLAND
KGR. PREUSSEN
GHZM. WARSCHAU
RHEINBUND
KSRR. FRANKREICH
KSRR. ÖSTERREICH
KGR. UNGARN
KGR. ITALIEN
KGR. PORTUGAL
KGR. SPANIEN
OSMANISCHES REICH
KGR. SARDINIEN
KGR. NEAPEL
KGR. SIZILIEN

Europa 1812

rigkeiten veranlaßt worden. So war vor allem Holland, von Zollgrenzen umgeben, in wenigen Jahren durch die Kontinentalsperre ruiniert. Aber der Kaiser schnitt, rechtzeitig gewarnt, die Versuche des holländischen Königs Louis Bonaparte, über große Bankiers mit den Engländern zu verhandeln und dabei Gebiete außerhalb der sogenannten »natürlichen Grenzen« Frankreichs anzubieten, kurzerhand ab, indem er Holland 1810 für Frankreich annektierte und in französische Verwaltung übernahm. Das war eine rücksichtslos durchgeführte, aber lediglich momentane taktische Aushilfe, welche die inneren Schwierigkeiten doch nur noch steigerte und die Saturierung durch eine dauerhafte Friedensordnung aufs neue in Frage stellte.

In diesen Zusammenhang gehört auch die Annexion der ganzen Nordseeküste Deutschlands, bei der aus den nördlichen Gebieten des um seine Konsolidierung ringenden Königreichs Westfalen französische Departements herausgeschnitten wurden und das Großherzogtum Oldenburg überhaupt völlig von der Landkarte verschwand. Schon in Erfurt (1808) hatte Napoleon dem Zaren, dessen Schwager der Großherzog von Oldenburg war, vorgeschlagen, die oldenburgisch-russische Stellung in Norddeutschland im Rahmen eines Ländertausches abzubauen. Alexander hat damals dieses Ansinnen abgelehnt, jetzt war er über Napoleons Gewalttat erbittert. Die Folge war für Napoleons Kampf gegen England verhängnisvoll, denn der Zar öffnete im Dezember 1810 englischen Schiffen die russischen Häfen und hob alle Rechte der französischen Waren in Rußland auf.

Schließlich führte die Wirtschaftspolitik Napoleons zum englisch-amerikanischen Krieg (1812-1815). Er war eine der sonderbarsten Episoden dieser an überraschenden und verwirrenden Entwicklungen so reichen Zeit. Napoleon war unter den Amerikanern so unbeliebt wie sein britischer Gegner. Es fehlte denn auch in Washington nicht an Politikern, die auf die nun praktisch, wenn auch nicht der Absicht nach, bestehende Bundesgenossenschaft zwischen den USA und dem großen Tyrannen mit Empörung verwiesen; während der großen Kongreßdebatte über die Frage von Krieg und Frieden wurde sogar vorgeschlagen, den Krieg gegen beide Hauptkriegführenden, Frankreich und England, zu erklären. Der unmögliche Vorschlag war vom Geist beleidigter Neutralität, vom Geist buchstäblichen Rechts eingegeben. Frankreich und England, »Elefant und Walfisch«, hatten sich jahrelang über die Rechte seefahrender Neutraler mit der gleichen Rücksichtslosigkeit hinweggesetzt; alle Versuche Präsident Jeffersons, dem Völkerrecht Achtung zu verschaffen oder aber die junge Republik von den Verwicklungen der Alten Welt zu isolieren, hatten nichts gefruchtet. Das im Jahre 1807 ergangene Verbot jeden Handels mit den Kriegführenden mußte 1809 wieder aufgegeben werden; es hatte den Kaufleuten von Neuengland mehr Schaden als den Europäern getan. Das Kapern amerikanischer Schiffe oder Ladungen, der Menschenraub an amerikanischen Seeleuten, die, wenn sie als britische Untertanen geboren waren, gezwungen wurden, in der englischen Kriegsflotte zu dienen, begann aufs neue. Was schließlich die Krise auf ihren Höhepunkt führte, war eine List Napoleons: er ließ in Washington wissen, daß er bereit sei, die Dekrete von Berlin und Mailand zu widerrufen, wenn England seinerseits seine Blockade aufgäbe. Tatsächlich war im Jahre 1812 die englische Politik – ehrlicher als die französische – bereit, den amerikanischen Forderungen zu entsprechen. Die ungeheure Langwierigkeit des Verkehrs über den Ozean vereitelte die möglichen guten Folgen dieser Bereitschaft. An den Grenzen ihrer Geduld, schlugen die Amerikaner in dem Moment los, in dem sie sehr wahrscheinlich, ohne loszuschlagen, Interessen und Prestige hätten wahren können. Bezeichnenderweise aber waren es gerade nicht die von den europäischen Seekriegsmethoden getroffenen Neuenglandstaaten, die jetzt den Krieg wollten und erzwangen: es waren die Politiker des Südens und vor allem des Westens, welche die dem amerikanischen Ausdehnungsdrang noch gesetzten Grenzen zu sprengen hofften und Kanada annektieren und England von dem Kontinent vertreiben wollten. Dieser Seerechts-Krieg war so im Grunde ein Landkrieg, ein Krieg um Land; die konservativen Küstenstaaten begleiteten die Kriegsanstrengung, die angeblich in ihrem Interesse unternommen wurde, mit nichts weniger als begeisterten, zeitweise eigentlichem Separatismus sich nähernden Kundgebungen. Der Krieg selber ist kein Ruhmesblatt in der amerikanischen Geschichte. Die Spekulation, die Europas Wirren zu einem großen isolierten Beutezug benutzen wollte, erwies sich als brüchig, Englands Kriegführung sich als energischer als zu George Washingtons Zeiten: es kam zu so demütigenden Erfahrungen wie der Besetzung der Hauptstadt, der Zerstörung des Kapitols; nur die Schlacht von New Orleans, ausgefochten, als bereits feststand, daß Friede auf der Basis quo ante sein sollte, rettete die amerikanische Waffenehre.

Noch heute meint man in Amerika diesen zweiten und letzten englisch-amerikanischen Krieg, nicht den ungleich gewaltigeren, der eben damals in Europa begann, wenn man von dem »Krieg von 1812« spricht. In Wirklichkeit gehören beide zusammen. In ihrem Ringen miteinander wurde jeder der Hauptgegner gegen eine der weit abgelegenen Flügelmächte getrieben, Frankreich gegen Rußland, England gegen die Vereinigten Staaten. Und so wie Napoleons Katastrophe in Rußland zur Grundlage der europäischen Ordnung im 19. Jahrhundert, so wurde Englands maßvoll genutzter Sieg zur Grundlage des Einverständnisses zwischen den großen Seemächten in der folgenden Zeit.

Der Zusammenbruch der Napoleonischen Europapolitik

Die Entscheidung gegen Napoleon hat nicht England gefällt, sondern Rußland. Die Katastrophe der »Großen Armee« im Jahre 1812 hat Rußlands europäische Großmachtstellung begründet. Seit dem in die »Befreiungskriege« übergehenden Kampf gegen Napoleon ist das Verhältnis zu Rußland ein zentrales Problem der europäischen Politik geworden, das gleichzeitig auch immer das Verhältnis zur Revolution und Restauration mit einschließt. In dieser Perspektive erhebt sich die praktisch-politische Frage, der die Russen und ihre Alliierten nicht ausweichen konnten, als die Stellung und Geltung des Gegners zerbröckelte: was sollte nach der Niederwerfung Napoleons an die Stelle des Kontinentalsystems treten? Welchen politischen Gehalt hatte das Pathos der Befreiung?

Der Konflikt Napoleons mit dem Zaren Alexander stand als eine immer dunkler werdende Wolke seit Tilsit und immer drohender seit 1809 über der russischen Politik. Rußlands Stellung als Großmacht stand auf dem Spiel: würde es ihm gelingen, Napoleons Eroberung und Zugriff zu widerstehen und der Abhängigkeit von ihm zu entgehen, selbst auf die Gefahr hin, daß der Zar nach Asien zurückgeworfen werden würde, während die europäischen Provinzen des russischen Reiches dem »Grand Empire« einverleibt würden?

Napoleon war sich durchaus der Gefahr bewußt, in die er im Sommer 1812 hineinging. Die Erinnerung an die Katastrophe Karls XII. bei Poltawa, die im 18. Jahrhundert so lebendig war, hat auch ihn damals beschäftigt. Warnungen seiner Umgebung wies er jedoch barsch ab: »Sie verstehen nichts von solchen Sachen«, herrschte er den französischen Botschafter in Petersburg, General Caulaincourt, an, »Sie haben kein Urteil in politischen Dingen, Sie sind mehr Russe als Franzose; Sie haben sich von Alexanders Zorn mesmerisieren lassen. Ein einziger Sieg, und der Zar wird mir entgegengekrochen kommen, wie er es in Tilsit getan hat.« In gereiztem Ton versuchte der Kaiser seiner Umgebung einzureden, daß er den Frieden zu erhalten wünsche, der Zar aber den Krieg wolle. So wichtig auch die Politik der Kontinentalsperre, Napoleons Wirtschaftskrieg gegen England, für die Entstehung des russischen Krieges gewesen ist, nicht weniger charakteristisch ist es für Napoleons Politik, daß die polnische Frage das Verhältnis zu Rußland letzten Endes entschieden hat, in der die Napoleonischen und die russischen territorialen Interessen sich in gefahrdrohender Weise schnitten. Dem Zaren gelang es zunächst, seine Stellung Napoleon gegenüber durch ein Bündnis mit Schweden zu stärken (5. April 1812). Es sicherte wechselseitige Unterstützung bei einer Invasion in Deutschland gegen Napoleon zu und enthielt die russische Garantie für das in schwedischer Hand befindliche Norwegen (gegenüber Dänemark, das mit Frankreich verbündet war), wogegen Schweden auf Finnland verzichtete. Außerdem konnte die südliche Flanke Rußlands durch die türkische Neutralität gesichert werden, nachdem der russisch-türkische Krieg unter dem Druck der drohenden Offensive Napoleons eilig beendet worden war (28. Mai 1812). Der Kaiser, der seinerseits mit Schweden und der Türkei auch zeitweilig gerechnet hatte, zwang in dieser Lage Preußen und Österreich zum Bündnis mit Frankreich. Hardenberg hatte seit seiner Übernahme der Geschäfte das französische Bündnis befürwortet; er hatte es, als die französisch-russischen Beziehungen sich verschlechterten, sogar – wenn auch vergeblich – angeboten. Unterdessen ließ König Friedrich Wilhelm III. Scharnhorst als preußischen Kriegsminister im Oktober 1811 über eine preußisch-russische Militärkonvention verhandeln. Da es Scharnhorst nicht gelang, die Österreicher in diese Konvention einzubeziehen, hatte der König die Verhandlungen abbrechen lassen und seine Zustimmung zu einem französisch-preußischen Vertrag gegeben (5. März 1812), in dem Preußen zustimmte, Aufmarschgebiet der »Großen Armee« zu werden. Der König erklärte sich im übrigen bereit, ein Kontingent von zwanzigtausend Mann zur französischen Streitmacht stoßen zu lassen. Nach dieser »Kapitulation« vor Napoleon hat eine Gruppe von Patrioten Preußen verlassen und ist nach Rußland gegangen. Im April 1812 schloß Napoleon mit den Österreichern ab: für ein österreichisches Kontingent von dreißigtausend Mann wurden Österreich die illyrischen Provinzen in dem zukünftigen Frieden in Aussicht gestellt, während die Österreicher gleichzeitig in Petersburg im geheimen mit den Russen verhandelten. Metternich wollte sich aber weder an Rußland noch an England binden, um den kommenden Ereignissen möglichst unabhängig entgegensehen zu können und Napoleons Mißtrauen so lange wie möglich keine neuen Gründe zu geben.

Der Kaiser versuchte von Dresden aus, wo er noch einmal in großem Stil Hof gehalten hatte, Ende Mai 1812 eine nationalpolnische Erhebung gegen Rußland vorzubereiten, nachdem von russischer Seite ultimativ gefordert worden war, die französischen Truppen aus Preußen zurückzuziehen, ohne daß Napoleon geantwortet hatte. Weder phantastische Friedensversuche mit den Engländern noch die polnischen Pläne haben Napoleons Situation erleichtert. Nicht nur, daß er sich nicht genügend über die polnischen Verhältnisse unterrichtet hatte, sondern daß er überhaupt für den Nationalgeist der von ihm unterworfenen, beherrschten oder bekämpften Völker kein Verständnis hatte, trat auch hier wieder zutage. Dieser Mangel war eine tief im Wesen des Kaisers begründete Eigenart, die seinen politischen Kalkulationen immer wieder bestimmte Grenzen gezogen hat. Dagegen waren seine Kalkulationen lange von größter Sicherheit, sobald es um Truppeneinheiten ging. Weil diese im russischen Feldzug den Umständen gegenüber versagten, haben die Entscheidungen des Spätjahres 1812 für Napoleon so katastrophale Folgen gehabt. Nicht so sehr der Zauber, den er ausübte, sondern seine eigene innere Sicherheit war verlorengegangen.

Mit der riesigen Heeresmacht von mehr als siebenhunderttausend Mann überschritt Napoleon die russische Grenze: die »Große Armee« des »Grand Empire« mit dreihunderttausend Franzosen, einhundertachtzigtausend Deutschen, neuntausend Schweizern, neunzigtausend Polen und Litauern, zweiunddreißigtausend Italienern, Illyriern, Spaniern und Portugiesen. Napoleon rechnete wie gewöhnlich damit, daß der Feldzug kurz sein, und zunächst auch damit, daß die Entscheidung in Polen fallen werde. Er sah sich dann aber gezwungen, bis nach Moskau vorzustoßen, weil die Russen nicht offensiv wurden. Ohne darauf vorbereitet zu sein, mußte der Kaiser nach Rußland hinein. Allem Anschein nach hat er vermutet, daß die Besetzung Moskaus den Zaren zum Frieden zwingen würde. Indessen gab es tatsächlich Stimmen, die dem Zaren empfahlen zu verhandeln, weil die militärische Unterlegenheit der Russen für diesen Weg zu sprechen schien. In dem Entschluß, den Kampf trotzdem aufzunehmen, wurde Alexander von den erbitterten Feinden Napoleons und der Franzosen, zu denen vor allen anderen der Freiherr vom Stein gehörte, unterstützt. Der Zar selbst glaubte sich zum Kampf gegen den Antichristen durch Gott berufen.

Schon früher hatte Napoleon Caulaincourt gesagt, daß der politische und militärische Kampf mit Rußland auch die Revolutionierung der russischen Sozialordnung einschließe; er werde die Leibeigenschaft aufheben und damit die gesellschaftlichen Grundlagen zerstören, auf denen die Herrschaft des Feindes beruhe. Solche Pläne sind erwogen worden, aber die soziale Revolution barg auch unübersehbare Gefahren für die Napoleonische Politik im Kampf gegen eine absolute, feudale Monarchie. Wochen unerhörter Spannung! Am 14. September erreichte der Kaiser Moskau und betrat mit seinem Gefolge den Kreml, wo die Uhren in den Salons noch leise tickten. »Nun, wie ist es mit Ihrem russischen Klima?« wandte sich Napoleon ironisch an Caulaincourt, dessen Warnungen er in den Wind geschlagen hatte, »so milde wie im September in Fontainebleau«. Caulaincourt, voller Sorge über die Zukunft, verneigte sich nur wortlos.

Das Schicksal der »Großen Armee«, der Feldzug und die Katastrophe der Napoleonischen Rußlandpolitik waren entschieden, als in Moskau der Frieden nicht erreicht worden war und der Kaiser sich zum Rückzug aus dem an ungezählten Stellen von den Russen in Brand gesteckten Moskau gezwungen sah. In einem der berühmtesten Bulletins der »Großen Armee« hat der Kaiser am 3. Dezember die Katastrophe mit der Kälte begründet, die Anfang November auszubrechen begonnen hatte. Die Wege waren vereist, Tausende von Pferden kamen in den Nächten um, die Kavallerie mußte zu Fuß marschieren, der Artillerie und den Verpflegungswagen fehlten die Bespannung. Feindaufklärung gab es überhaupt nicht; es verbot sich, ohne Geschütze in einer Schlacht die Entscheidung zu erzwingen; der Kampfwille der Truppe erlosch. Das habe der Feind auszunutzen verstanden. Die Gesundheit seiner Majestät, hieß es herausfordernd am Schluß des Bulletins, sei niemals besser gewesen. Ein französischer Historiker hat den Rückzug der »Großen Armee« aus Rußland als Gegenstück zu dem Rückzug der Alliierten nach der Kanonade von Valmy 1792 bezeichnet: Anfang und Ende der großen politisch-militärischen Auseinandersetzung zwischen der Französischen Revolution und Europa.

Als der Kaiser am 5. Dezember die zurückziehenden Truppen wegen beunruhigender Nachrichten über den Versuch eines Staatsstreichs in Paris verließ, hielt er sich trotz allem noch nicht für verloren. Auch jetzt noch hatte er die Zuversicht, wie er zu Caulaincourt sagte, der mit ihm die berühmt gewordenen Gespräche auf der Rückreise nach Paris im Schlitten geführt hat, daß es ihm gelingen werde, neue preußische und österreichische Kontingente für den Feldzug im nächsten Frühjahr zu bekommen. Das war ein großer und für Napoleon charakteristischer Irrtum. Trotz allen bis zum Zynismus gesteigerten Mißtrauens oder gerade wegen seiner Menschenverachtung rechnete der Kaiser nur mit der Masse, die er dirigierte und der er Befehle erteilte, die nur seiner Initiative ihre Bewegung verdankte. Jedes selbständige Handeln irritierte ihn. Er traute den unterworfenen Völkern nicht zu, daß die russische Katastrophe eigene Bewegungen, Erhebung und Abfall zum Durchbruch bringen könnte. Aber gerade in Preußen und in Polen begann im Bunde mit den Russen die Befreiung von der Napoleonischen Herrschaft. Am 30. Dezember 1812 kam es zu der verwegenen Neutralitätskonvention zwischen dem General Yorck, Befehlshaber des preußischen Kontingents in der »Großen Armee«, und dem russischen General Diebitsch in der Mühle von Tauroggen an der preußisch-russischen Grenze. Der König, in Potsdam noch unter der Aufsicht der französischen Besatzungstruppen, mußte den Schritt des eigenwilligen Generals verurteilen; unter der Vorspiegelung neuer Rüstungen gegen Rußland begannen jedoch weitere Vorbereitungen zur Befreiung. Am 9. Februar erschien der Aufruf des Königs zur allgemeinen Bewaffnung, ohne zu sagen, gegen wen sie gerichtet sei. Aber Zweifel konnten nicht bestehen. Unterdessen drangen die russischen Truppen nach Ostpreußen vor, als Befreier begrüßt, wenn sie selbst auch noch meinten, an der Weichsel ihr Ziel erreicht zu haben und diese Gebiete für Rußland zu annektieren. Russische Generale hofften auf kaiserliche Dotationen aus preußischen Domänen. Inzwischen waren auch die Polen in Bewegung geraten. Sie boten die Krone ihres Landes dem Zaren an, forderten aber auch die Vereinigung mit Litauen und eine liberale Verfassung. Der Zar begnügte sich zunächst damit, in diesem Moment, in dem alle bisherigen Verhältnisse in Fluß gerieten, die Polen seiner Sympathie zu versichern. Am 30. Januar 1813 verständigten sich dann auch die Österreicher unter dem Kommando Schwarzenbergs ohne Rücksicht auf ihre militärischen und diplomatischen Verpflichtungen mit den Russen in einem Waffenstillstandsabkommen. Anders als die preußisch-russische war die österreichisch-russische Konvention von der Regierung vorbereitet worden. Insofern wogen diese Verabredungen noch schwerer als die Abmachungen in Tauroggen.

Aus diesen Konventionen und Verhandlungen ist die letzte Koalition gegen Napoleon hervorgegangen, die seinen Zusammenbruch vollendet hat. Der gemeinsame Kampf gegen

Einzug Napoleons mit Marie Louise in die Tuilerien am 2. April 1810
Aus dem Gemälde von Etienne Barthélemy Garnier
Versailles, Museum

Französisches Hauptquartier in Sensburg/Ostpreußen während des Rußlandfeldzuges Napoleons
Zeichnung von Albrecht Adam, 1812
München, Staatliche Graphische Sammlung

die Napoleonische Europaherrschaft einte die Alliierten über die mannigfachen Unterschiede und Gegensätze ihrer Interessen hinweg. Dem Kaiser ist es nicht mehr gelungen, die inneren Spannungen in der Koalition zu seinen Gunsten auszunutzen und die Alliierten zu spalten.

Die preußische und die österreichische Politik sahen sich in der komplizierten Lage des Winters 1812/13 nicht allein vor der Frage nach einer Neuorientierung zwischen Napoleon und dem Zaren, sondern auch vor der nationalen Freiheitsbewegung der Patrioten, für die die Befreiung von der Fremdherrschaft mit der Schaffung eines neuen, starken und einigen Deutschland zusammengehörte. Stein hatte als unermüdlicher Ratgeber dem Zaren die Notwendigkeit der Niederwerfung Napoleons auseinandergesetzt; es liege auch im russischen Interesse, über die Weichsel hinaus gegen die Franzosen vorzustoßen, um den französischen Eroberer endgültig zu besiegen. Für Stein waren diese Pläne mit der Mobilisierung der nationalen Leidenschaften der Deutschen gegen Napoleon verbunden. Auf dem Wege zur nationalen Einheit und Freiheit ging Stein souverän über den Partikularismus und die Rechte der deutschen Fürsten hinweg. Ihm waren die Dynastien in diesem Augenblick großer Entwicklung vollkommen gleichgültig, es waren »bloß Werkzeuge«. »Mein Glaubensbekenntnis ist Einheit.« Deutschland sollte zwischen Frankreich und Rußland selbständig, unabhängig, im Besitz seiner Nationalität groß und stark sein, das sei das Interesse der Nation, aber auch Europas; »es kann auf dem Wege alter zerfallener und verfaulter Formen erhalten werden«, »soll sich der blutige Kampf, den Deutschland zwanzig Jahre unglücklich bestanden und zu dem es jetzt wieder aufgefordert wird, mit einem Possenspiel endigen, so mag ich wenigstens nicht teil daran nehmen, sondern kehre in das Privatleben freudig und eilig zurück«. Im Januar 1813 war Stein in der merkwürdigen Rolle eines russischen Kommissars in Königsberg, erfüllt von Plänen für die deutsche Zukunft, für die er den Zaren zu gewinnen versucht hatte, und betroffen über die Schwierigkeiten, die sich ihm entgegenstellten. Die ostpreußischen Stände, die Stein dazu aufgefordert hatte, beschlossen zunächst unter dem Vorbehalt der königlichen Zustimmung, eine »Landwehr« zu schaffen, mit deren Organisation Yorck beauftragt wurde; die Offiziere zu ernennen behielten sich die Stände jedoch vor, um die Volksbewaffnung in der Hand zu behalten.

Der König hat auf Hardenbergs Empfehlung von Breslau aus in den folgenden Wochen wieder direkte Verbindung mit dem Zaren aufgenommen. In der fortschreitenden Auflösung der Napoleonischen Herrschaft, angesichts der zurückweichenden Reste der »Großen Armee« und der Neugruppierung der französischen Truppen war eine Annäherung der preußischen Politik an Rußland geboten. Die Verhandlungen beruhten auf der Forderung Friedrich Wilhelms III., das alte Preußen (vor Tilsit) wiederherzustellen. Das große Thema der »Restauration« trat sofort in den Mittelpunkt der Koalitionsbildung gegen Napoleon, nachdem es den Russen nicht gelungen war, den Kaiser inmitten des Gros seiner Armee auf dem Rückzug aus Moskau zur Kapitulation zu zwingen. »Es ist interessant, sich einmal auszudenken, was der Zar mit der Karte von Europa angestellt haben würde, hätte nicht Waterloo, sondern die Beresina den endgültigen Zusammenbruch Napoleons bezeichnet«, so hat Harold Nicolson einmal gefragt; und er hat diesem anregenden Gedanken hinzugefügt, daß solche Spekulation kein müßiger Zeitvertreib sei. Sie diene nicht nur zu einer

Untersuchung von Alexanders fragwürdigem Charakter, sondern auch zu einem besseren Verständnis für die Gruppierungen und Umgruppierungen in der Folgezeit.

Zwischen den Preußen und den Russen kam es Anfang März in Kalisch zu einer vertraglichen Einigung (28. Februar 1813), die festlegte, daß keiner der beiden Partner einen Separatfrieden mit Frankreich schließen werde. Es wurde ferner verabredet, daß Österreich aufgefordert werden sollte, dem Vertrag beizutreten, und daß auch eine Verständigung mit England (über die finanzielle Unterstützung der Koalition) erstrebenswert sei. Eine erste Festlegung der territorialen Restaurierung Preußens war, daß Preußen statt der Rückgabe der früheren preußisch-polnischen Besitzungen aus dem Besitzstand des Königreichs Sachsen Ersatz erhalten sollte, um die Reibungsfläche der preußischen Interessen mit den russischen in der polnischen Frage zu verringern. Mit diesem Vertrag, mit dem Versprechen der »Restauration« des alten Preußens, ist für die Verbindung Preußens mit Rußland bis zum Ende des 19. Jahrhunderts der Grund gelegt worden. Im Kampf gegen das revolutionäre Frankreich und das Napoleonische Kaisertum zeichnet sich eine neue grundlegende Konstellation in Europa ab, die in der Allianz der drei konservativen großen Monarchien in Mittel- und Osteuropa noch lange erkennbar geblieben ist. Österreich war im Vergleich zu Preußen allerdings in seinen Beziehungen zu Rußland im Frühjahr 1813 zurückhaltender. Auch Metternichs Politik des europäischen Gleichgewichts war auf den Sturz Napoleons gerichtet, aber auch auf eine Wiederherstellung Frankreichs in seinen »natürlichen Grenzen«. Napoleons Hegemonialpolitik hatte dem Interesse Frankreichs genauso wie dem ausgewogenen System der fünf europäischen Großmächte widersprochen; jetzt galt es, eine kontinentale Hegemonie Rußlands zu verhindern. Daneben war für die österreichische Politik Metternichs jedoch auch die nationale Gärung und Leidenschaft beunruhigend, die ihre Erwartungen auf Preußen richtete. Deshalb wollte Metternich Frankreich nicht so verkleinert wissen, wie es mit der Ruhe Europas unvereinbar sei. Der österreichische Staatsmann erkannte die Bedeutung des russischen Problems für die Wiederherstellung der europäischen Politik. Die Frage war, wie Rußlands Übergewicht aufgefangen werden könnte - mit Hilfe Englands oder mit Frankreichs Wiederherstellung? Metternichs Politik gegenüber den Westmächten war also darauf gerichtet, gegen Rußlands hegemoniale Tendenz Widerlager zu schaffen. Österreich mußte nach seiner Meinung stark genug sein, um beim Eintritt in die neue Koalition seine Politik durchsetzen zu können. Deshalb mußte Österreich zunächst Zeit gewinnen, um seine Rüstungen soweit wie möglich zu fördern. Aus diesem Grunde verhandelte er zugleich mit Rußland und mit England; sogar mit Napoleon hat er noch im Frühjahr 1813 über Konzessionen verhandelt, während die Entscheidung über Österreichs Eintritt in den Krieg immer näher heranrückte.

Erst am 16. März hatten die Preußen Napoleon offiziell den Krieg erklärt. Am 17. wurde der berühmte Aufruf Friedrich Wilhelms III. »An mein Volk« in Breslau, der Residenz des Königs, dem Zentrum der allgemeinen Erhebung, veröffentlicht. Ein Zeichen der neuen Zeit war es, daß der König erklärte, welche Gründe zu dem Krieg geführt hatten, um welche hohen Güter es gehe, in welchem Sinne der Krieg geführt werden sollte: König und Vaterland eng zusammengehörend - und die preußische Erhebung zugleich eine deutsche Sache! Am gleichen Tage wurde die »Verordnung über die Organisation der Landwehr«

veröffentlicht, die eine Miliz durch freiwillige Meldungen und Aushebung der Siebzehn- bis Vierzigjährigen neben der königlichen Armee begründete. Ende April eilte Napoleon mit einer großen Truppenmacht vom Main her nach Nordosten und warf die nach Sachsen vorgerückten preußisch-russischen Heere bei Großgörschen und Bautzen (Mai 1813) zunächst zurück. Auf beiden Seiten bestand nach diesen verlustreichen Kämpfen das Bedürfnis nach einem Waffenstillstand, dessen Vermittlung im Sommer 1813 Österreich in die Hand nahm. Diese Wochen waren von erregender diplomatischer Aktivität erfüllt. Nach der Zusicherung englischer finanzieller Unterstützung für die Fortsetzung des Krieges gelang es den Russen und Preußen, die Österreicher in der Konvention von Reichenbach zum Eintritt in die Koalition zu bewegen, allerdings unter der Bedingung, daß Napoleon die österreichische Vermittlung ablehnen sollte. Unter dieser Voraussetzung ist Metternich Ende Juni 1813 nach Dresden gereist, um mit Napoleon persönlich zu verhandeln. Die Alternative wurde Napoleon jetzt gestellt: entweder sei er bereit, den Kongreßplan Metternichs anzunehmen und Grenzen für Frankreich anzuerkennen, die mit einer europäischen Friedensordnung vereinbar seien, oder Österreich werde in die Koalition und damit in den Krieg gegen Napoleon eintreten. Über acht Stunden haben die Verhandlungen, die sich immer wieder zu höchster Dramatik steigerten, am 26. Juni gedauert. Napoleon empfing Metternich stehend in der Mitte seines Kabinetts. »Sie wollen also den Krieg, gut, Sie sollen ihn haben«, begann der Kaiser. »Dreimal habe ich den Kaiser Franz wieder auf seinen Thron gesetzt; ich habe ihm versprochen, mein Leben lang mit ihm in Frieden zu bleiben; ich habe seine Tochter geheiratet; damals sagte ich mir, du begehst eine Torheit, aber sie ist begangen, ich bereue sie heute.« – »Dieser Eingang«, heißt es in Metternichs Bericht über diese Unterredung, »verdoppelte in mir das Gefühl der Stärke meiner Stellung ... soll ich sagen – Napoleon erschien mir klein! ›Krieg und Frieden‹, erwiderte ich, ›liegen in der Hand Eurer Majestät. Das Schicksal von Europa, seine Zukunft und die Ihrige, alles ruht in Ihrer Hand. Zwischen Europa und Ihren bisherigen Zielen besteht unlöslicher Widerspruch. Die Welt bedarf des Friedens. Um diesen Frieden zu sichern, müssen Sie in die mit der allgemeinen Ruhe vereinbarlichen Machtgrenzen zurückkehren, oder aber Sie werden im Kampfe unterliegen.‹ – ›Nun gut, was will man denn von mir‹, fuhr mich Napoleon an, ›daß ich mich entehre? Nimmermehr! Ich werde zu sterben wissen, aber ich trete keine Handbreit Bodens ab ... Meine Herrschaft überdauert den Tag nicht, an dem ich aufgehört habe, stark und folglich gefürchtet zu sein ... Ich kann mich mit Menschen schlagen, aber nicht mit den Elementen; die Kälte hat mich zugrunde gerichtet ... Alles habe ich verloren, nur nicht die Ehre und das Bewußtsein dessen, was ich einem tapferen Volk schulde ... Ich habe die Verluste des vergangenen Jahres ausgeglichen, sehen Sie einmal die Armee an nach den Schlachten, die ich soeben gewonnen!‹« – »Und gerade die Armee ist es«, erwiderte Metternich dem Kaiser, »welche den Frieden verlangt.« – »Nicht die Armee«, entgegnete Napoleon lebhaft, »nein, meine Generale wollen den Frieden. Ich habe keine Generale mehr ... Ich habe zwei Schlachten gewonnen, ich werde nicht Frieden schließen.«

Aus allem, was der Kaiser gesagt habe, könne er, Metternich, nur entnehmen, daß Europa und Napoleon zu keiner Verständigung kommen könnten: »Ihre Friedensschlüsse waren immer nur Waffenstillstände, die Mißgeschicke wie die Erfolge treiben Sie zum Kriege.«

»Wollen Sie mich etwa durch eine Koalition zugrunde richten?« versetzte Napoleon und spottete über die vielen Alliierten. »Ich nehme die Herausforderung an. Aber ich kann Sie versichern«, fuhr der Kaiser mit erzwungenem Lachen fort, »im nächsten Oktober sprechen wir uns in Wien.« Der Kaiser von Österreich habe den Mächten seine Vermittlung, nicht seine Neutralität angeboten, entgegnete Metternich Napoleon, nachdem dieser verlangt hatte, daß Österreich neutral bleibe, solange er mit den Alliierten verhandle. Rußland und Preußen hätten die österreichische Vermittlung angenommen, an ihm, Napoleon, sei es, sich heute noch zu erklären. In die langen Erörterungen des Kaisers über die militärischen Verhältnisse der Kriegführenden warf Metternich die Bemerkung: »Ihre jetzige Armee, ist sie nicht eine antizipierte Generation? Ich habe Ihre Soldaten gesehen, es sind Kinder. Eure Majestät haben das Gefühl, daß Sie der Nation absolut notwendig sind; brauchen aber nicht auch Sie die Nation? Und wenn diese jugendliche Armee, die Sie heute unter die Waffen gerufen haben, dahingerafft sein wird, was dann?« Napoleon war über diese Worte empört. »Sie sind nicht Soldat«, fuhr er Metternich an, »und wissen nicht, was in der Seele eines Soldaten vorgeht. Ich bin im Felde aufgewachsen, und ein Mann wie ich schert sich wenig um das Leben einer Million Menschen.« Bei diesem Zornesausbruch warf Napoleon seinen Hut in die Ecke des Zimmers. »Ich blieb ganz ruhig«, erzählt Metternich weiter. »Warum«, fragte er, »haben Sie mich gewählt, um mir zwischen vier Wänden zu sagen, was Sie eben ausgesprochen; öffnen wir die Türen, und mögen Ihre Worte von einem Ende Frankreichs bis zum anderen ertönen. Nicht die Sache, die ich vor Ihnen vertrete, wird dabei verlieren.« Napoleon faßte sich: Die Franzosen könnten sich nicht über ihn beklagen. Um sie zu schonen, habe er die Deutschen und die Polen geopfert. »Ich habe in dem Feldzug von Moskau dreihunderttausend Mann verloren, es waren nicht mehr als dreißigtausend Franzosen darunter.« – »Sie vergessen, Sire«, rief Metternich aus, »daß Sie zu einem Deutschen sprechen.«

Napoleon kam noch einmal auf seine Heirat mit der Tochter des österreichischen Kaisers zurück. »Indem ich eine Erzherzogin heiratete, habe ich das Neue mit dem Alten verschmelzen wollen, die gotischen Vorurteile mit den Institutionen meines Jahrhunderts.« Er wiederholte, daß er einsehe, sich getäuscht zu haben, und die ganze Größe seines Irrtums empfinde. »Es kann mich den Thron kosten, aber ich werde die Welt unter seinen Trümmern begraben.«

Als Metternich vom Kaiser entlassen wurde, war es dunkel geworden, Napoleon selbst ruhig und milde: »Wissen Sie, was geschehen wird? Sie werden mir nicht den Krieg machen.« – »Sie sind verloren, Sire«, entgegnete Metternich, »ich hatte ein Vorgefühl davon beim Kommen; jetzt beim Gehen habe ich die Gewißheit.«

Die Unterredung fand ohne Beteiligung eines Dritten statt, die glänzende Stilisierung, die Metternich seinem Bericht gegeben hat, enthält doch sachlich nichts Unglaubwürdiges. Viele Einzelheiten aus der Charakterisierung des Kaisers kennen wir auch aus den Erzählungen anderer Zeitgenossen, und auch Metternich hat keinen Gedanken geäußert, den er nicht auch anderswo ausgesprochen hätte. Unvergleichlich ist aber die Schilderung des historischen Moments, in dem die Entscheidung, welche über der sich immer wieder scharf zuspitzenden Unterredung schwebte, doch nicht gefällt wurde. In diesen Wochen hat sich tatsächlich das Schicksal Napoleons erfüllt, so ereignisreich das Leben dieses außerordentlichen Mannes auch fernerhin blieb. Zunächst kam es, drei Tage nach der Begegnung am 26. Juni, zu einer Verständigung zwischen Napoleon und Metternich: Der Kaiser ging grundsätzlich auf die bewaffnete Vermittlung Österreichs ein und erklärte sich mit der Verlängerung des Waffenstillstandes bis zum 10. August einverstanden. Am 30. Juni wurde in Dresden bekannt, daß die französische Armee in Spanien durch die unter Wellington vordringenden Engländer am 21. Juni bei Vitoria nördlich des Ebro vernichtend geschlagen worden und daß die Stellung der Franzosen auf der Pyrenäenhalbinsel zusammengebrochen sei. Unter diesen Umständen trat in Prag ein Kongreß zur Beratung der schwebenden Fragen zusammen, ohne freilich zu greifbaren Ergebnissen zu kommen. Durch ein österreichisches Ultimatum vom 7. August mit umfassenden Forderungen, mit dem Metternichschen Programm der »natürlichen Grenzen« für Frankreich und mit den Prinzipien der Verträge von Kalisch und Reichenbach, wurde Napoleon zur Stellungnahme gezwungen. Da es ohne Antwort blieb, trat Österreich, wie angekündigt, am 10. August 1813 um Mitternacht mit Frankreich in den Kriegszustand, am 12. erklärte es Frankreich offiziell den Krieg. Die Entscheidung Österreichs zugunsten der großen Koalition gegen Napoleon war damit gefallen; die angestrengten Bemühungen, vor allem der Preußen, hatten den diplomatischen Sieg errungen. Das schwerste Opfer war der Tod Scharnhorsts, der, obwohl verwundet, nach Prag gereist war, um die Österreicher für den großen Krieg zu gewinnen; dort war er seinen Verletzungen aus der Schlacht bei Großgörschen vom 2. Mai am 28. Juni erlegen. Humboldt hat seinen Anteil als preußischer Generalbevollmächtigter an dem Prager Ereignis immer als den Höhepunkt seiner politischen Laufbahn bezeichnet und war stolz darauf, daß der König durch die Verleihung des Eisernen Kreuzes seine Tätigkeit anerkannte.

Alle Kriegführenden hatten den Waffenstillstand zu neuen Rüstungen und Vorbereitungen benutzt. Mit starken Heeren standen sich die Alliierten und Napoleon zwischen Leipzig und Bautzen gegenüber, als nun im Bunde mit Österreich und Schweden, unterstützt von England, die Russen und die Preußen mit der in aller Eile gebildeten zweiten »Großen Armee« Napoleons den Krieg fortsetzten. Die Koalitionsarmee, unter dem einheitlichen Kommando Schwarzenbergs in drei Heeresgruppen gegliedert, verfügte über achthundertsechzigtausend Mann, denen Napoleon nach der Ausschöpfung aller Möglichkeiten Frankreichs und des Rheinbundes siebenhunderttausend Mann entgegenzustellen hatte. Die Märsche, Gefechte und Schlachten des Herbstfeldzuges konzentrierten sich im Oktober immer mehr um die Leipziger Ebene. Napoleon hatte sich nach den ersten großen Verlusten nicht zurückgezogen, sondern war bei Dresden stehengeblieben. Die Schlacht bei Leipzig begann am 16. Oktober für die Franzosen trotz schwerer Verluste erfolgreich; aber am Morgen des 17. wurde Napoleon von lähmender Mut- und Entschlußlosigkeit befallen, er ließ den Kaiser von Österreich um Waffenstillstand bitten und Friedensvorschläge überbringen. Da die Angebote ohne Antwort blieben, hat Napoleon am folgenden Tage noch einmal die militärische Entscheidung zu erzwingen versucht. Am Abend des 18. waren die Franzosen auf Leipzig zurückgeworfen, und die sächsische Rheinbundtreue war erloschen. Daraufhin gab Napoleon noch am Abend den Befehl zum Rückzug der Reste seiner Armee, ehe der Ring der Alliierten ihm den Ausweg verriegelte. Die Verluste der kaiserlichen Armee an Toten und Verwundeten sind auf einhundertzwanzigtausend Mann geschätzt worden. Der Rückzug zum Rhein bei regnerischem Spätherbstwetter vollendete die Niederlage in der Völkerschlacht bei Leipzig; der Typhus grassierte unter den Soldaten; nicht mehr als zweihunderttausend Mann erreichten französischen Boden. Außer den Toten, Verwundeten und Deserteuren blieben in den eingeschlossenen Festungen noch einhundertfünfzigtausend Mann der »Großen Armee« diesseits des Rheins zurück. Das Napoleonische Deutschland war zusammengebrochen, die Rheinbundfürsten suchten sich den siegreichen Alliierten anzuschließen, um ihre neuen Besitztitel zu retten und bei der »Restauration« Europas ihre Interessen vertreten zu können. Mit Bayern waren bereits Anfang Oktober (8. Oktober in Ried), mit Württemberg Anfang November, mit Baden Ende November zu diesem Zweck Konventionen unterzeichnet worden; die Hansestädte und Frankfurt erhielten ihre Freiheiten wieder; flüchtige Fürsten kehrten in ihre Länder zurück und begannen, das Werk der Napoleonischen Modernisierung in Handel und Wandel wieder zu zerstören. Im ganzen genommen waren alle Verhältnisse, wie es nicht anders zu erwarten war, provisorisch und alle Regelungen Notlösungen. Die unter den Alliierten sehr verschiedenartigen Gedanken, Pläne und Wünsche für die Neuordnung Mittel- und Südeuropas waren nicht ohne weiteres in Einklang zu bringen. Vor allem aber gab es auch für derartige Beratungen keine Ruhe, solange Napoleon auch in Frankreich nicht endgültig besiegt war. Die alliierten Truppen, ebenfalls von den Kämpfen erschöpft und uneinig, waren nicht mehr imstande, Napoleon zu verfolgen oder gar den Rückzug abzuschneiden. Am 9. November traf Napoleon in Paris ein, am 6. April 1814 dankte er in Fontainebleau ab.

Diese fünf Monate waren mit Beratungen der Alliierten über ihre Kriegsziele und über eine »Offensive des Friedens« erfüllt, die Metternich zugunsten Frankreichs auf der Grundlage der »natürlichen Grenzen« auch jetzt wieder empfohlen hat. Napoleon zeigte sich bereit zu verhandeln, ohne sich vorher auf Bedingungen festzulegen; die Antwort der Alliierten war eine Proklamation, in der sie die Sache Frankreichs von dem Schicksal Napoleons trennten und den Kaiser für den Mißerfolg der Verhandlungen verantwortlich machten; sie boten Frankreich den Frieden an, ohne allerdings das Angebot der »natürlichen Grenzen« mit dem neuen Vorschlag zu verbinden.

Die ganze weitere Entwicklung wurde seitdem von der jetzt einsetzenden diplomatischen Aktivität der Engländer im Lager der Alliierten beeinflußt. Bisher hatten sie nur wenig Anteil an dem Sieg der Koalition über Napoleon und an den Verhandlungen über die Zukunft Europas nach dem Zusammenbruch der Napoleonischen Europapolitik gehabt. Ihre maritimen und kolonialen Interessen, ihre Unterstützung der spanischen Erhebung war gewiß im großen Zusammenhang des Kampfes gegen Napoleon bedeutungsvoll, aber ihr Einfluß im Kreise der Alliierten war gering gewesen. So hielt jetzt das englische Kabinett die Zeit für gekommen, unmittelbaren persönlichen Einfluß auf die Politik der Alliierten zu nehmen, in der sich die Niederlage Napoleons zu vollenden schien und die Wiederherstellung einer europäischen Friedensordnung zum zentralen Thema der internationalen Beziehungen geworden war. Das Kabinett von St. James beschloß, seinen Außenminister

Lord Castlereagh persönlich auf den Kontinent zu schicken und als Schiedsrichter die politischen Interessengegensätze zu regeln. Das zentrale Interesse der englischen Politik richtete sich auf eine wirksame antifranzösische Riegelstellung. Castlereagh bestand auf einer großen Koalition gegen Frankreich, die den Krieg überdauern und auch für den neuen Friedenszustand bestimmend sein sollte. Im Januar 1814 traf Castlereagh nach einer abenteuerlichen Fahrt in Basel ein, wo sich das Hauptquartier der Alliierten damals befand, und eröffnete seine Pläne: Holland sollte Belgien erhalten, um für den Verlust der Kapkolonie und Ceylons, welche die Engländer inzwischen besetzt hatten, entschädigt zu werden und um das jahrhundertealte englische Interesse an den Niederlanden als Stützpunkt ihrer Kontinentalpolitik zu sichern; Preußen sollte am Rhein eine starke Stellung gegen Frankreich erhalten. Mit Metternich war er sich einig, daß die Ausdehnung Rußlands nach Westen eine Bedrohung des europäischen Gleichgewichts bedeute. Er verstand es, bei den Alliierten, deren Armeen inzwischen auf französischem Boden kämpften, durchzusetzen, daß entgegen russischen und österreichischen Plänen direkte Friedensverhandlungen doch wieder mit Napoleon aufgenommen wurden. In Châtillon-sur-Seine bot er Caulaincourt, der jetzt Napoleons Außenminister war, einen Frieden mit den Grenzen von 1790 für Frankreich an, das hieß Restauration des vorrevolutionären territorialen Besitzstandes.

Unter diesen Bedingungen lehnte Napoleon auch jetzt Verhandlungen ab. Die Konsequenz seiner Politik seit den Verhandlungen mit Metternich im Juni 1813 ist offensichtlich; er wußte selbst genau, daß seine Herrschaft nur auf Siegen und Erfolgen beruhte. Sie konnte ihren revolutionären Ursprung nicht verleugnen; ohne daß er sich selbst aufgegeben hätte, gab es für ihn kein Zurück; er lebte von der »universellen Beunruhigung«, der wie eine Fata Morgana eine Friedensordnung vorschwebte, die sich in der russischen Weite verloren hatte. Der Kaiser entschied sich auch jetzt für den Krieg und nicht für die Bedingungen eines für ihn entehrenden Friedensdiktats aus der Hand seiner Feinde. Trotzdem zogen sich die Verhandlungen im Wechsel der militärischen Ereignisse noch wochenlang hin, weil Caulaincourt im Gegensatz zu Napoleon einen totalen Zusammenbruch des Kaiserreiches verhindern wollte. In der Agonie seiner revolutionären Herrschaft stand Napoleon jetzt in Castlereagh der schärfste, der tödliche Feind gegenüber. Daß Napoleon immer und überall gegen England gekämpft hatte und daß England in der letzten großen Koalition im letzten Moment entscheidend sein Schicksal mitbestimmt hatte, das gab dem Gegensatz der beiden Männer, die man sich persönlich nicht verschiedenartig genug denken kann, seine weltgeschichtliche Bedeutung. Auch der Engländer lehnte jetzt jeden Kompromiß ab und brachte zwischen Österreich, Preußen, Rußland und England ein Verteidigungsbündnis für zwanzig Jahre zustande (1. März 1814 in Chaumont). Die Verhandlungen mit Caulaincourt in Châtillon wurden daraufhin abgebrochen (19. März 1814). Der militärische Sieg Wellingtons, der von Spanien nach Frankreich vorgestoßen war, über den Marschall Soult bei Toulouse am 10. April machte dem Kampf praktisch ein Ende. Zuvor waren die Verbündeten in Paris eingezogen (31. März 1814). Am 2. April gab der französische Senat unter dem Druck der Alliierten die Absetzung des Kaisers bekannt, am 6. berief er den Bruder Ludwigs XVI. als Ludwig XVIII. aus dem Exil in England auf den wiederhergestellten französischen Königsthron. Talleyrand hatte es im Einverständnis mit den Engländern verstanden, den österreichischen Plan einer Regentschaft der Kaiserin Marie Louise und den russischen Plan einer Kandidatur Bernadottes zunichte zu machen und die Bourbonen zurückzuführen. Als Außenminister der restaurierten Monarchie hat er die Friedensverhandlungen mit den Verbündeten geführt und am 30. Mai den Friedensvertrag in Paris unterzeichnet, der Frankreich die Grenzen beließ, die beim Ausbruch der Revolutionskriege bestanden hatten. Reparationen wurden dem restaurierten königlichen Frankreich nicht auferlegt. Es herrschte die Fiktion, das alte königliche Frankreich sei von dem revolutionären kaiserlichen zu trennen, eine geschickte diplomatische Finesse, welche die Bewältigung des Problems der Kontinuität der französischen Vergangenheit der politischen Neuordnung zuschob. Indem Frankreich sich diesem Diktat beugte und damit die Liquidation des Napoleonischen Kontinentalsystems den Siegern überließ, erreichte es andererseits, daß es zu den Verhandlungen über die Wiederherstellung der europäischen Staatenwelt, die in Wien stattfinden sollten, zugelassen wurde. Die schonende Behandlung des restaurierten bourbonischen Frankreich war jedoch nicht zuletzt auf die beruhigende Wirkung im Innern berechnet; die Gefahr Bonapartistischer Agitationen sollte so beschränkt werden. Im übrigen war der Pariser Frieden nur der erste Schritt auf dem Wege zu einem neuen Friedenszustand im Zeichen des europäischen Gleichgewichts nach dem Bankrott der Napoleonischen Europapolitik.

Am 6. April 1814 hatte Napoleon in Fontainebleau bedingungslos abgedankt, er erhielt vertraglich das Recht zugesichert, weiter den Kaisertitel zu führen, die Insel Elba vor der toskanischen Küste und eine jährliche Dotation. Der Kaiserin und seinem Sohn wurde das Herzogtum Parma zugesprochen. In diesen Tagen blieb Napoleon die Erfahrung nicht erspart, daß auch seine nächste Umgebung ihn verließ. Seine Marschälle weigerten sich, seinen Befehlen zu folgen, als sie die Aussichtslosigkeit seiner Pläne für eine Fortsetzung des Krieges erkannt zu haben glaubten. Sie sympathisierten zwar nicht mit den Bourbonen, meinten aber doch, daß der Friede versäumt sei; der Senat habe gegen ihn entschieden, dem Kaiser bleibe nur noch übrig, zugunsten seines Sohnes und der Kaiserin abzudanken. Die Gegenargumente des Kaisers überzeugten sie nicht mehr. Napoleon hat daraufhin in seine Abdankung eingewilligt. Am 11. April unterzeichnete Caulaincourt in Paris den Vertrag, der Napoleons Rechte festlegte. In den schwierigen und umständlichen Verhandlungen zwischen Fontainebleau und Paris bewährte er sich auch jetzt wieder mit seinem Takt, seiner nüchternen Klugheit, seiner Gewandtheit und Zuverlässigkeit. Aus seinen Memoiren wissen wir, was lange ungewiß gewesen ist, daß der Kaiser in der Verzweiflung über die letzten Vorgänge in der folgenden Nacht vergeblich versucht hat, seinem Leben durch Gift ein Ende zu machen.

Am 20. April war es so weit, daß Napoleon von seiner Garde Abschied nahm. Er erklärte in einer Ansprache, daß er Frankreich vor dem Bürgerkrieg hätte bewahren wollen, deshalb habe er seine Rechte und Interessen dem Vaterland geopfert. Er empfahl seiner Garde, treu dem neuen Herrn zu dienen, er wolle weiterleben, um der Nachwelt den Ruhm seiner Soldaten zu verkünden. Darauf küßte er den kommandierenden General, dann die Fahne, ging zu seinem Wagen und reiste unter der Bewachung von Kommissaren der Verbündeten aus Fontainebleau ab, um ins Exil zu gehen.

Englische Kriegsveteranen im Chelsea Hospital beim Empfang der Siegesnachricht von Waterloo
Gemälde von David Wilkie. 1822. London, Victoria & Albert Museum

Parade russischer Truppen vor dem österreichischen und dem russischen Kaiser in Mannheim am 27. Juni 1815
Aquarellierter Stich von J. P. Karg. Mannheim, Reiss-Museum

Die »Restauration« der europäischen Staatenwelt

Die April- und Maiwochen 1814 brachten den Zusammenbruch der revolutionären Kaiserherrschaft und den Anfang einer neuen Friedensordnung als Wiederherstellung des Gleichgewichts zwischen den europäischen Großstaaten. Der Pariser Friede war freilich solange nur ein Provisorium, wie nicht zwischen den Alliierten eine Verständigung über die Hauptfragen erreicht war, die sich aus der Revolutionierung des alten Europa ergaben. Ihre Beantwortung war nicht aufzuschieben, ja, sie war überhaupt die Voraussetzung für eine Befriedung nach all den Erschütterungen des staatlichen, wirtschaftlichen und gesellschaftlichen Lebens in den vergangenen Jahren. »Restauration« war das große politische Problem, sei es im unmittelbaren Anschluß an die revolutionären Zustände oder in dem tieferen Sinne einer Überwindung der permanenten Revolutionierung aller Ordnungselemente durch eine den Prinzipien geschichtlicher Erfahrung entsprechende dauerhafte Friedensordnung. Das konnte nur heißen, das »System« der europäischen »Großen Mächte« als Garantie der Sicherheit und Ordnung wiederherzustellen. Die Politik des »Gleichgewichts« war durch die Abwehr der revolutionären Hegemonialpolitik vertieft und erweitert worden, ja, sie hatte in der Spannung zwischen Revolution und Restauration einen neuen Inhalt erhalten. Das »rétablissement d'un juste équilibre des puissances«, das sich die Alliierten in Chaumont am 1. März 1814 zum Ziel ihres Kampfes gegen Napoleon gesetzt hatten, konnte nur durch eine umfassende Beratung der Hauptprobleme vorbereitet werden. Auf einem Kongreß in Wien sollten deshalb vor allem die polnische und die deutsche Frage im Anschluß an die Regelung der französischen Verhältnisse durch den Pariser Frieden geregelt werden. Der Kampf gegen Napoleon hatte die Alliierten trotz ihrer Gegensätze doch immer wieder zusammengeführt. Jetzt, nachdem der Kaiser besiegt worden war, zerfiel jedoch die Einigkeit unter ihnen. Das Hauptthema der internationalen Beziehungen war nach dem gemeinsamen Sieg die Stellung Rußlands in Europa. Deswegen stand im Mittelpunkt des Kongresses vornehmlich die polnische Frage, in der England und Österreich gegen Rußland zusammengingen. Im Hintergrund der Verhandlungen über die europäischen Probleme stand der weltpolitische Gegensatz zwischen England und Rußland. Im Jahre 1804, in den Verhandlungen zur Begründung der sogenannten »Dritten Koalition« gegen Napoleon, hatten die Russen den Engländern eine Teilung der Welt in zwei Interessensphären vorgeschlagen: England die Seeherrschaft, Rußland die Kontinentalherrschaft. Von solchen Plänen war 1814 nicht mehr die Rede. In dem Vertrag von Kalisch (Februar 1813) war zwischen Rußland und Preußen eine Entschädigung Preußens durch westdeutsche Gebiete für die Abtretung seiner zeitweilig polnischen Besitzungen an Rußland verabredet worden. Eine solche Regelung entsprach Rußlands Interesse an einer Ausdehnung nach Westen und an der Vorherrschaft in Europa. Aber diese Bestrebungen riefen im Interesse des europäischen Gleichgewichts den Widerstand Castlereaghs und Metternichs hervor. Die damalige russische Expansion auf dem amerikanischen Kontinent fanden die Engländer nicht weniger beunruhigend. Die Russen hatten, über die Beringstraße kommend, amerikanischen Boden in Alaska betreten, und der Zar hatte der russischen Amerikakompanie Konzessionen für ihre Besitzungen und Verträge mit den Indianern erteilt. Wenige

Jahre später hatten die Russen in Kalifornien in der Nähe von San Francisco Fuß gefaßt, Handelskontore und Forts als leichte Beute aus spanischem Besitz erworben. Im Jahre 1804 landeten sie auf Hawaii. Überall trafen sie auf die Engländer und traten als ihre Konkurrenten auf. Wie weit der russische Anspruch bereits reichte, zeigte sich, als der Zar in dem englisch-amerikanischen Konflikt im Jahre 1812 seine Vermittlung anbot. Mit diesem Schritt traten die Russen gleichzeitig Napoleons Interesse an diesem Krieg entgegen. Der russisch-englische Weltgegensatz hatte sich auf die Alternative zugespitzt, daß das Gleichgewicht der Seemächte im Interesse der russischen Vorherrschaft auf dem Kontinent lag, während der englischen Seeherrschaft das Gleichgewicht der Kontinentalmächte entsprach. Die Engländer setzten deshalb alles daran, vor dem Pariser Frieden die maritimen von den kontinentalen Fragen zu trennen, um die Russen aus der Regelung des Weltgegensatzes herauszuhalten. Sie unterstützten aus diesem Grunde nicht nur den Krieg gegen das revolutionäre Frankreich, sondern taten ebensosehr alles, um einen russischen Vormarsch in Europa zu verhindern. Die englische Politik hat damals zuerst den Plan gefaßt, in Mitteleuropa die Errichtung einer Riegelstellung mit zwei Fronten zu unterstützen: Preußen und Österreich als Wahrer englischer Gleichgewichtsinteressen sowohl gegen Frankreich als gegen Rußland. Castlereagh war deshalb bereit, Preußen genauso bei dem Erwerb des Königreichs Sachsen zu unterstützen wie bei dem Erwerb des linken Rheinufers, wo außerdem die wiederhergestellten Niederlande die Verteidigung englischer Interessen übernehmen würden.

Bevor der Kongreß in Wien im Herbst 1814 zusammentrat, war es der englischen Politik gelungen, die für sie wichtigsten Vorentscheidungen zu treffen. Im Juli war zwischen England und Spanien die wirtschaftliche Vorzugsstellung der Engländer vertraglich gesichert worden; England verzichtete dafür auf die Waffenlieferungen an die Insurgenten in Südamerika und erkannte damit die spanische Souveränität in diesen Ländern an; gleichzeitig wurden mit diesem Vertrag die englischen Handelsinteressen gegenüber den nordamerikanischen in diesem Gebiet gesichert. Auch die Beziehungen zu den Niederlanden hatten die Engländer vertraglich geregelt: sie erkannten den niederländischen Kolonialbesitz außer dem Kap der Guten Hoffnung und Ceylon an und sicherten diplomatische Unterstützung zu. Am wichtigsten war aber doch die Beilegung des Konflikts mit den USA, auf die Castlereagh vor dem Beginn des Kongresses hoffte. Die schwierigen Verhandlungen führten durch englische Zugeständnisse Ende des Jahres 1814 in Gent (24. Dezember 1814) zu einem Kompromißfrieden. Unlösbare Fragen wurden vertagt, nachdem beide Seiten die Sinnlosigkeit der Fortsetzung des Krieges erkannt hatten. Die Bedeutung dieses weitwirkenden Ausgleichs von 1814 lag in der Tatsache, daß er die englische Politik frei machte für die Behandlung der europäischen Fragen. Der Friede von Gent war aber auch ein weltpolitischer Sieg der Engländer über die Russen, weil er den Atlantischen Ozean ganz unter englische Vorherrschaft brachte und weil mit der Beilegung des englisch-amerikanischen Konfliktes entgegen den russischen Tendenzen eine Trennung der maritimen von den kontinentalen Interessensphären gelungen war. Die Verhandlungen konnten sich jetzt ganz auf den Kontinent konzentrieren, auf dem England und Österreich gegen die russische Expansion im Interesse des europäischen Gleichgewichts zusammenzuhalten gewillt waren.

Die Auffassungen Castlereaghs und Metternichs unterschieden sich im einzelnen allerdings erheblich. Im Gegensatz zu den Engländern wünschte Metternich keine territoriale Vergrößerung Preußens, vor allem sprachen sich die Österreicher gegen die Erwerbung von Dresden oder von Mainz durch Preußen aus. Statt dessen dachte Metternich im Zeichen seiner Gleichgewichtspolitik an eine Verstärkung Bayerns und an eine neue Aufteilung Polens zwischen Rußland, Österreich und Preußen. Als Kompensation für die österreichische Anerkennung eines Königreichs der Niederlande, an dem die Engländer stark interessiert waren, erwarteten die Österreicher die englische Zustimmung für Kompensationen in Italien. Die Regelung der Besitzverhältnisse in Mittel- und Südeuropa hatte eine Gruppenbildung der Alliierten zur Folge: England und Österreich standen Rußland und Preußen gegenüber. Nicht zuletzt dieser Konstellation verdankte das restaurierte bourbonische Frankreich, daß es als gleichberechtigt zwischen den Großmächten anerkannt wurde. Talleyrand, in seinem wandlungsreichen politischen Leben nach der Niederlage Napoleons nun als Außenminister Ludwigs XVIII. Vertreter Frankreichs in Wien, hatte die Situation sofort begriffen und den Verzicht Frankreichs auf alle territorialen Ansprüche mit der prinzipiellen Ansicht begründet, daß Eroberung, die *occupatio bellica*, kein Besitzrecht schaffe. Ohne Verzicht des legitimen Besitzers dürfe nicht über Besitz und Thron verfügt werden. Das seitdem berühmt-berüchtigte Prinzip der »Legitimität« bildete nicht allein in den Verhandlungen der Staatsmänner über die Restauration der europäischen Staatenwelt ein geschicktes Argument im Interesse Frankreichs, sich durch die Verleugnung der napoleonischen Vergangenheit im Kreise der europäischen Mächte zu rehabilitieren, es erwies sich auch für die französische Diplomatie als wirkungsvoll bei dem Schutz der Kleinstaaten, die den Beschlüssen der Großmächte mit Sorge entgegensahen. Das Prinzip der Legitimität schien wirksam zu sein gegen die Ausdehnung Preußens in Deutschland, besonders nach Sachsen, wirksam aber auch gegen die russischen Erwerbungen in Polen oder gegen die österreichischen Wünsche in Italien, wo eine Wiederherstellung der bourbonischen Herrschaften diesem Prinzip entsprochen hätte.

Mitte September trafen die Delegationen der europäischen großen und kleinen Herren zu den Beratungen in Wien ein, deren Ergebnis Europas neuen Friedenszustand garantieren und den Krater der Revolution schließen sollte. Das Zusammentreffen so vieler Kaiser, Könige und Fürsten in der alten Kaiserstadt bot genug Gelegenheit zu glanzvollen Festen, zu Affären und Intrigen. Talleyrand meinte, daß die Anwesenheit so vieler Kaiser und Könige den Nimbus der Monarchie verflüchtigen müßte. Metternichs Gewandtheit entfaltete sich nirgends so brillant und wirkungsvoll wie bei den zahllosen Geselligkeiten. Er wußte sehr gut, welche Gefahren Plenarsitzungen in sich bergen, und verstand es, alle entscheidenden Fragen möglichst in kleinen Kreisen zu verhandeln. Die unzählige Male wiederholte Ironisierung durch den Fürsten von Ligne, »der Blume Walloniens«, eines der letzten Grandseigneurs des Ancien régime, daß der Kongreß tanze, aber nicht marschierend vorrücke, kann doch nicht darüber hinwegtäuschen, daß, aufs Ganze gesehen, die europäischen Verhältnisse etwa ein Jahrhundert lang auf der Grundlage des Wiener Kongresses beruht haben. Anfang Oktober 1814 waren Geschäftsordnung und Vorbereitungen so weit gediehen, daß der Kongreß im Zeichen der Quadrupelallianz des letzten Krieges

(England, Österreich, Rußland, Preußen) offiziell eröffnet werden konnte. Frankreich und Spanien waren eingeladen worden, ihre Meinungen vorzutragen. Von französischer Seite wurde aber sofort gegen die Sprachregelung des Kongresses Einspruch erhoben, die sich der Formel von den »Alliierten Mächten« bediente; sie sei, nachdem es wieder einen legitimen Monarchen in Frankreich gebe, nicht mehr angemessen. Auf Antrag Talleyrands wurde der Hauptausschuß des Kongresses dann auf acht Mitglieder erhöht: Frankreich, Spanien, Portugal und Schweden traten zu den »Großen Vier« hinzu, die nun Frankreich und Spanien nicht mehr majorisieren konnten. Die schon vielfach brüchige Einigkeit unter den Verbündeten geriet nun erst recht in neue Krisen. Trotzdem gelang es aber Talleyrand nicht, Frankreich in das Konzert der Siegermächte einzuführen, da die »Großen Vier« nicht in Geschäftssitzungen, sondern in Einzelgesprächen unter sich miteinander verhandelten oder durch schriftlichen Gedankenaustausch die Kommissionssitzungen vorbereiteten, in denen, je nach den Themen, in den verschiedenartigsten Zusammensetzungen beraten wurde. Aus den vielen zur Debatte stehenden Fragen traten gegen Ende des Jahres vor allem die polnische und die sächsische Frage in den Mittelpunkt der Rivalitäten, Intrigen und Gruppierungen aller Beteiligten. Das Geheimabkommen, das der Zar mit dem preußischen König am 28. Dezember abschloß, um dem gemeinsamen Vorgehen in diesem für beide Staaten so eng zusammenhängenden Anliegen eine vertragliche Grundlage zu geben, sah vor, daß Rußland Polen erwerben und Preußen durch Sachsen entschädigt werden sollte. Das veranlaßte Castlereagh zu einer Revision der englischen Deutschlandpolitik. Er versuchte, Preußen aus der russischen Allianz herauszuholen, indem er englische Unterstützung für den Erwerb Sachsens zusagte, wenn Preußen sich mit Österreich zu einem Kondominium in Deutschland bereitfinden würde. Dieses Angebot hat Preußen abgelehnt, weil es entschlossen war, mit Rußlands Hilfe die Vorherrschaft in Deutschland zu erringen. Hardenberg hatte nichts gegen eine russische Ausdehnung bis an Narew und Weichsel einzuwenden. Preußische Truppen rückten in Sachsen ein, während der Großfürst Konstantin, zum Gouverneur von Polen ernannt, den Polen den russischen Schutz empfahl. Nach Hardenbergs Vorschlag sollte der König von Sachsen für die Preisgabe seiner Stammlande am Rhein entschädigt werden. Castlereagh hat die preußischen Pläne strikt abgelehnt und sich noch enger mit Österreich zusammengeschlossen, das nun seinerseits englische Unterstützung für eine Vorherrschaft in einem neu zu schaffenden deutschen Bund erstrebte.

Die Liquidation des Napoleonischen Kontinentalsystems regte so viele Gegensätze auf, daß die Verhandlungen zeitweise von Kriegsgefahr bedroht schienen. Da haben sich Österreich und England Frankreichs versichert: Auf Grund geheimer Abreden kam es Anfang des neuen Jahres (3. Januar 1815) zu einem Bündnisvertrag zwischen England, Österreich und Frankreich, in dem man sich einigte, gegebenenfalls durch militärischen Druck gegen die Erwerbung Polens und Sachsens vorzugehen. Das war ein Erfolg der englischen Politik. Rußland war von England nicht nur vom Meer auf das Land zurückgedrängt worden, sondern sah sich jetzt auch auf dem Kontinent selbst beschränkt. Frankreichs Aufnahme in den engsten Kreis der »Großen Vier« schuf ein Gleichgewicht, das England im Konfliktsfall zum Schiedsrichter des Kongresses machte. Die Voraussetzung dazu war allerdings jener Friedensschluß mit den USA, welcher der englischen Politik die Hände für die europäischen Fragen frei gemacht hatte.

Die neue Konstellation bannte sofort die Kriegsgefahr. Der Zar fand sich mit einem verkleinerten Polen ab und gewährte diesem eine liberale Verfassung. Preußen erklärte sich bereit, mit einem Teil Sachsens zufrieden zu sein, allerdings unter der Bedingung umfangreicher Kompensationen auf dem linken Rheinufer.

Nachdem alle gefahrdrohenden Fragen prinzipiell auf friedlichem Wege erledigt schienen, verließ Castlereagh Mitte Februar 1815 Wien. Er liebte die Einsamkeit und hatte in dem festreichen Kongreßwinter seine Abneigung gegen das gesellschaftliche Leben keineswegs überwunden. Seine Menschenscheu hatte er seit früher Jugend hinter anscheinend unerschütterlicher Ruhe und vollendeten Umgangsformen zu verbergen gelernt. Im schlichten Anzug bewegte er sich, wo es nicht zu umgehen war, unter den vielen und prächtigen Uniformen und Kleidern der Kongreßfeste. Daß es ihm zuwider war, sich in Szene zu setzen, ist ebenso bezeugt wie die freundliche und zarte Anteilnahme, in der er mit Kindern spielen oder mit Blumen umgehen konnte. Trotz all dieser Eigentümlichkeiten genoß Castlereagh in Wien großes Ansehen. Ihm war es im wesentlichen zu danken, daß der Frieden erhalten blieb. Der Vertrag vom 3. Januar mit Österreich und Frankreich widersprach freilich seinem ursprünglichen Plan über den europäischen Frieden. Er war für Castlereagh wie auch für Metternich nicht als ein »renversement des alliances« gedacht (wie Talleyrand meinte), sondern als ein politisches Mittel, eine Koalitionskrise zu überwinden, das heißt Preußen und Rußland verhandlungswilliger zu machen. Weder auf englischer noch auf österreichischer Seite war an einen Bruch der Allianz zwischen den »Großen Vier« gedacht worden. Die Rückkehr Napoleons nach Frankreich stellte die »Legitimität« der französischen Delegation in Wien außerdem zunächst völlig in Frage. Frankreich wurde wieder Feindmacht. Das war ein schwerer Rückschlag für die Chancen der bourbonischen Restaurationspolitik bei der Neuordnung des europäischen Friedens. Am 7. März 1815 erreichte Wien die Nachricht, daß Napoleon Ende Februar von Elba geflohen und auf dem Wege nach Paris sei. Darauf reagierten die Alliierten mit der Erneuerung der vertraglichen Zusicherung, daß keiner von ihnen einen Separatfrieden mit Napoleon schließen würde. Während der Hundert Tage des Epilogs des Napoleonischen Kaisertums ist die Kongreßarbeit nicht unterbrochen worden. Bevor der große Sieg bei Waterloo Napoleons Stellung endgültig vernichtete, waren die Verhandlungen mit der Unterzeichnung der Wiener Kongreßakte am 9. Juni 1815 zum Abschluß gekommen.

Fünf Monate später war Napoleon nach St. Helena verbannt, die Bourbonen zum zweitenmal nach Paris zurückgekehrt und der zweite Pariser Friede geschlossen. Frankreich kam jetzt nicht wieder so glimpflich davon wie anderthalb Jahre früher. Es mußte nun doch Kriegsentschädigungen zahlen, und zur Garantie der allgemeinen Sicherheit sollte außerdem für fünf Jahre eine alliierte Armee Frankreich besetzt halten. (Nach dem Aachener Kongreß im Jahre 1818 ist sie allerdings zurückgezogen worden.) Die Neuordnung Europas, wie sie in Wien zustande kam, knüpfte unmittelbar an den ersten Pariser Frieden an. Sie war als eine Art Polizeiüberwachung des mißtrauisch von den »Großen Vier« beobachteten Frankreich gedacht. An eine Wiederherstellung der Zustände vor der

Napoleonischen Eroberung Mittel- und Südeuropas war jedoch nicht zu denken. Die territorialen Besitztitel, Verschiebungen, Vertauschungen, Vergrößerungen und Entschädigungen, die auf frühere Ansprüche freilich immer wieder bezogen wurden, waren von der Politik der »Wiederherstellung« bestimmt, der Restauration des europäischen Gleichgewichts zwischen den großen Mächten. Diese konstituierten sich in der Kongreßakte ausdrücklich im Vergleich zu den Mittel- und Kleinstaaten als Großstaaten und erkannten sich wechselseitig als solche an. Die Interessen der »Großen Vier« lassen sich bis in die Einzelheiten der vertraglichen Regelungen hinein verfolgen. So sollte das Vereinigte Königreich der Niederlande (aus den österreichischen Niederlanden mit den »Generalstaaten« unter dem Haus Oranien-Nassau in Personalunion mit dem Großherzogtum Luxemburg) ein Bollwerk englischer Interessen an der Scheldemündung sein. Den Zugang von Frankreich nach Oberitalien blockierte das Königreich Sardinien/Savoyen mit Nizza und der alten Republik Genua. Am Mittel- und Niederrhein entstand eine starke preußische Stellung, die außer den alten preußischen Besitzungen vor allem die linksrheinischen deutschen Gebiete umfaßte (außer der Pfalz, die an Bayern kam, und außer der Bundesfestung Mainz). Die Neuordnung Europas unter der Vorherrschaft der Quadrupelallianz vollzog sich vor allem auch als eine Konsolidierung der drei großen Kontinentalstaaten. Eine der folgenreichsten Wirkungen der Napoleonischen Europapolitik war das Vordringen Rußlands nach Westen. Die polnische Frage ist vorwiegend im russischen Interesse gelöst worden. Seitdem standen die Russen an der Weichsel. Das napoleonische Großherzogtum Warschau fiel zum größten Teil an Rußland, der Zar nahm den Titel eines Königs von Polen an und versprach den Polen eine »Repräsentativverfassung« und nationale Institutionen.

Das preußische Staatsgebiet wurde durch die Wiener Beschlüsse verdoppelt. Außer den rheinischen und westfälischen Erwerbungen waren besonders wichtig die umfangreichen sächsischen Gebiete, die Friedrich August trotz aller Proteste abtreten mußte. Aus den polnischen Besitzungen kamen das Herzogtum Posen, außerdem Thorn und Danzig an Preußen zurück. An der Ostseeküste wurde Schwedisch-Vorpommern preußisch.

Österreich erhielt nach dem Zusammenbruch des napoleonischen Italien nicht nur die illyrischen Gebiete (Kroatien und Dalmatien) zurück, sondern vor allem auch die oberitalienischen Ländereien Venetien und die Lombardei, auf denen seine Vorherrschaft in Italien beruhte. In den in Mittelitalien wiederhergestellten Herrschaften wurden habsburgische Sekundogenituren eingerichtet: Parma bekam, wie es schon bei der Abdankung Napoleons vereinbart worden war, die Kaiserin Marie Louise zugewiesen. Der Plan eines italienischen Staatenbundes, das heißt einer föderativen Neuordnung Italiens unter Österreichs Führung, ist Metternich nicht gelungen; er blieb Programm, bis Cavour die Einigung Italiens als modernen nationalen Gesamtstaat vollbrachte.

Von den deutschen Mittelstaaten gewann vor allem Bayern bei den Wiener Abreden einen neuen größeren Territorialbesitz, der sich nach der Rückgabe Tirols an Österreich in geschlossenen Gebieten aus den ursprünglich geistlichen Besitzungen von Mainz und Würzburg nach Franken und nach dem Main hin erstreckte. Unter diesen Umständen standen die Beratungen über die Lösung der deutschen Frage von vornherein in engster

Verbindung mit der Frage nach dem österreichisch-preußischen Verhältnis. Preußen war durch die Wiener Beschlüsse ganz eindeutig zur Vormacht in Norddeutschland geworden, und es war nicht zu übersehen, ob und wie es den süddeutschen Mittelstaaten gelingen würde, zwischen den beiden Großstaaten eine eigene Stellung zu gewinnen oder gar zu behaupten. Österreich hatte vorerst das Übergewicht in den deutschen Angelegenheiten, wie die deutsche Bundesakte erkennen ließ, die am Vorabend der Unterzeichnung der Kongreßakte bereits vollzogen worden war: das Grundgesetz des neugeschaffenen »Deutschen Bundes«. Sie sollte als integrierender Bestandteil der Kongreßakte gelten, zusätzlich zu den in dieser bereits festgelegten Grundlinien der neuen deutschen Verfassung. Die neue deutsche Einheit, wie sie von den Patrioten ersehnt wurde, brachte sie nicht. Metternich hatte für Kaiser Franz die deutsche Kaiserkrone nicht zurückverlangt; an Stelle des alten Reiches und auch des Napoleonischen Rheinbundes trat jetzt ein Bund von achtunddreißig souveränen Staaten, dessen »Bundestag« unter Österreichs Vorsitz stehen sollte und der im übrigen die Zuständigkeit der Bundesmitglieder nur wenig beschränkte. Die Schwäche dieser Konstruktion lag im Interesse der Metternichschen Gleichgewichtspolitik für ein europäisches Staatensystem, in dem alle einseitigen, unitarischen, nationalen und letzten Endes revolutionären Tendenzen keinen Platz hatten. Die Universalmonarchie Napoleons sollte durch Metternichs europäisch gedachtes Föderativsystem abgelöst werden; gegenüber dem Streben nach diktatorisch begründeter Einheit und dem Zentralismus eines einheitlichen deutschen Parlaments sollte der »Deutsche Bund«, genauso wie die Lega Italica oder die Schweizer Föderation, das innere Gleichgewicht der Staatenwelt sichern. Die Stärke einer Zentralgewalt in den Einzelstaaten dürfe nicht mit einer Zentralisation innerhalb von Staatenbünden verwechselt werden; diese – meinte Metternich – sei die »absurdeste Tyrannei, eine Folge des allgemeinen Hanges zum Nivellieren«. Den souveränen Nationalstaat als Selbstzweck lehnte er ab. Die Revolution sei auf Trennung der Mächte abgerichtet. Einheit und Einheitlichkeit der Nation galt als das nützlichste Werkzeug des Despotismus. Das war das »Grundprinzip der von Bonaparte errichteten Regierungen und zugleich das Idol der jakobinischen Projektmacher in Deutschland geblieben«. »Der Föderalismus begünstigt die Mannigfaltigkeit der Institutionen fast bis ins Unendliche, und diese Mannigfaltigkeit ist der stärkste Damm gegen die revolutionären Neuerungen«, so hatte der Staatsmann und Historiker Niebuhr in einem Verfassungsentwurf für die Niederlande im Jahre 1813 geschrieben.

Das höchste Ziel der Neuordnung Europas war für Metternich mit der führenden Rolle Österreichs in Deutschland sowie in Italien verbunden: »Zugleich selbständige Großmacht und doch fest verankert in dem gesamtdeutschen Staatenbund und in der gesamtitalienischen Lega« (Srbik). Unter diesem Aspekt wurden auf dem Diplomatenkongreß in Wien die Forderungen nach Freiheit und Einheit der deutschen Nation beiseite geschoben. Die Komplexität der deutschen Verfassungsfrage machte eine Wiederherstellung des alten Reiches nach allen Erfahrungen dieser Jahre von vornherein unmöglich. Die große Frage war vielmehr, wie die wiederhergestellten und zugleich neu konsolidierten deutschen Staaten, die nationalstaatlichen Forderungen und die durch Napoleon geschaffenen Staaten zu einer neuen Gesamtheit zusammenzuführen waren und wie schließlich die beiden deutschen und zugleich europäischen Mächte Österreich und Preußen ein Verhältnis zueinander finden würden. Das alte Problem der deutschen Geschichte seit dem Westfälischen Frieden stand auch in Wien zur Debatte: Wie sollte man aus der alten abgestorbenen Reichsverfassung nach revolutionären Staatsbildungen zu einer den Aufgaben der Zeit gewachsenen und ihr angemessenen modernen Staatsbildung kommen? Die Patrioten wünschten den deutschen Nationalstaat, nicht eine Reform der alten Zustände, einen Neubau, nicht als Werk der Fürsten, sondern der deutschen Nation, die Dynastien und Einzelstaaten waren für sie Nebensache. Ihre Pläne waren daher mehr oder weniger unitarisch, revolutionär, demokratisch. Die feierliche Zusage des Zaren in dem Aufruf aus Kalisch vom 25. März 1813, für eine »Wiedergeburt des ehrwürdigen Reiches« mächtigen Schutz und dauernde Gewähr zu leisten, hatte bei allen deutschen Patrioten gezündet, obwohl unklar blieb, was mit diesen Worten eigentlich gemeint sei. Von einer Absetzung der deutschen Fürsten war nun keine Rede mehr, wie Stein es zeitweilig gefordert hatte. Vielmehr sprach man nur die Hoffnung auf eine freiwillige Teilnahme am Befreiungskampf aus und drohte Widerstrebenden, daß sie reif zur »verdienten Vernichtung durch die Kraft der öffentlichen Meinung und durch die Macht gerechter Waffen seien«.

Mit dem Pariser Frieden vom Mai 1814 war endgültig entschieden, daß die deutschen Staaten in ein Bundesverhältnis treten, aber unabhängig voneinander bleiben würden. Metternich hatte durch die Garantie des Besitzstandes und der Souveränität der süddeutschen Rheinbundfürsten, bei deren Übertritt zur Koalition im Oktober 1813 den Plan des Pariser Friedens schon präjudiziert – abgesehen davon, daß er mit dieser Garantie den österreichischen Einfluß in Süddeutschland verstärkte und damit »die große, unheimliche Rätselfrage«, den deutschen Dualismus, weiter in den Vordergrund schob. Auch Stein hat sich der Einsicht nicht verschließen können, daß die deutsche Frage nur durch ein föderatives Bundesverhältnis zu lösen sei, wenn er auch an dem Gedanken einer starken Zentralgewalt festhielt, unter welche »die Souveränität und Despotie der sechsunddreißig Häuptlinge«, wie er die deutschen Fürsten wegwerfend nannte, gebeugt werden sollte. Den Schritt, der sich seit dem Herbst 1813 als Ausweg aus dem Dilemma unter Verzicht auf den Einheitsstaat aufdrängte, den Schritt zum Staatenbund, hat Stein nicht mitgemacht. Humboldt hatte dagegen ebenso großartig wie nüchtern die Lage erkannt und die Aufgabe entwickelt, wie sie sich im Winter 1813/14 stellte: Nach der Auflösung des Rheinbundes müsse entschieden werden, was geschehen solle. Voraussetzung für die Neugestaltung Deutschlands sei die Anerkennung des Status quo. In der Anpassung an die Verhältnisse, wie sie nun einmal bestanden, ergab sich die Art, wie die notwendige innere Konsolidierung Deutschlands zu denken sei. Einheit Deutschlands war auch Humboldts Programm, und zwar nicht nur aus der zunächst vorherrschenden Frontstellung gegen Frankreich, sondern auch weil nur eine auch nach außen hin starke Nation den »Geist in sich bewahre, aus dem auch die Segnungen im Innern strömen«. Humboldt fragte sich, ob das ganze Deutschland durch eine einheitliche Verfassung verbunden werden sollte oder durch einen bloßen Verein. Im Winter 1813/14 entschied er sich für den Staatenverein, und sein Entwurf für ihn entsprach dem Prinzip der Bundesakte von 1815: Er sollte ein enges, unauflösliches Verteidigungsbündnis der souveränen Fürsten sein, von den europäischen Großmächten garantiert,

Le présent Traité sera ratifié, et les ratifications seront échangées dans l'espace de six mois, par la Cour de Portugal dans un an, ou plus tôt si faire se peut.

Il sera déposé à Vienne aux Archives de Cour et d'Etat de Sa Majesté Impériale et Royale Apostolique un Exemplaire de ce Traité général pour servir dans le cas où l'une ou l'autre des Cours de l'Europe pourrait juger convenable de consulter le texte original de cette pièce.

En foi de quoi les Plénipotentiaires respectifs ont signé cet Acte et y ont apposé le Cachet de Leurs armes.

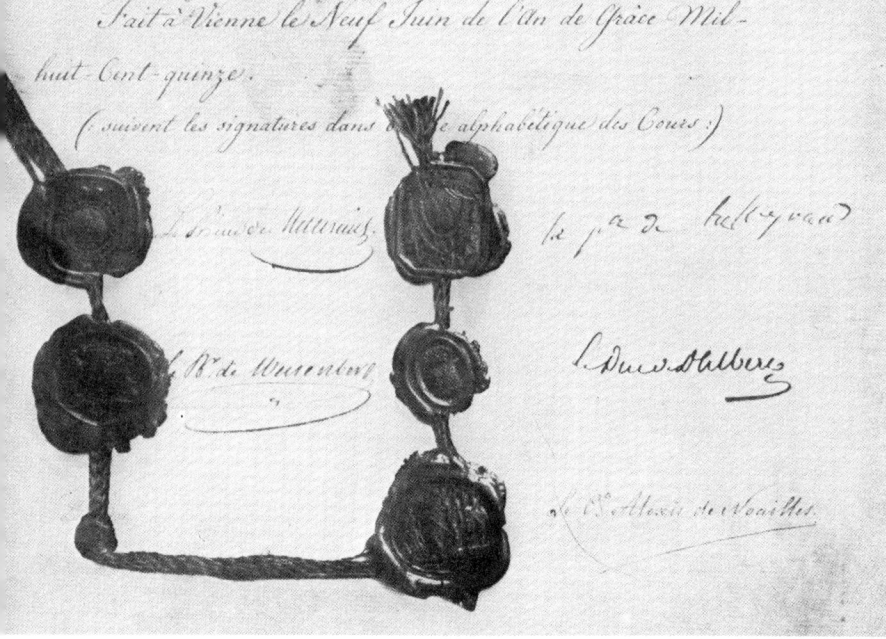

Fait à Vienne le Neuf Juin de l'An de Grâce Mil-huit-Cent-quinze.

(suivent les signatures dans l'ordre alphabétique des Cours:)

Der Wiener Kongreß
Letzte Seite der Akte vom 9. Juni 1815 mit den Unterschriften
Wien, Haus-, Hof- und Staatsarchiv

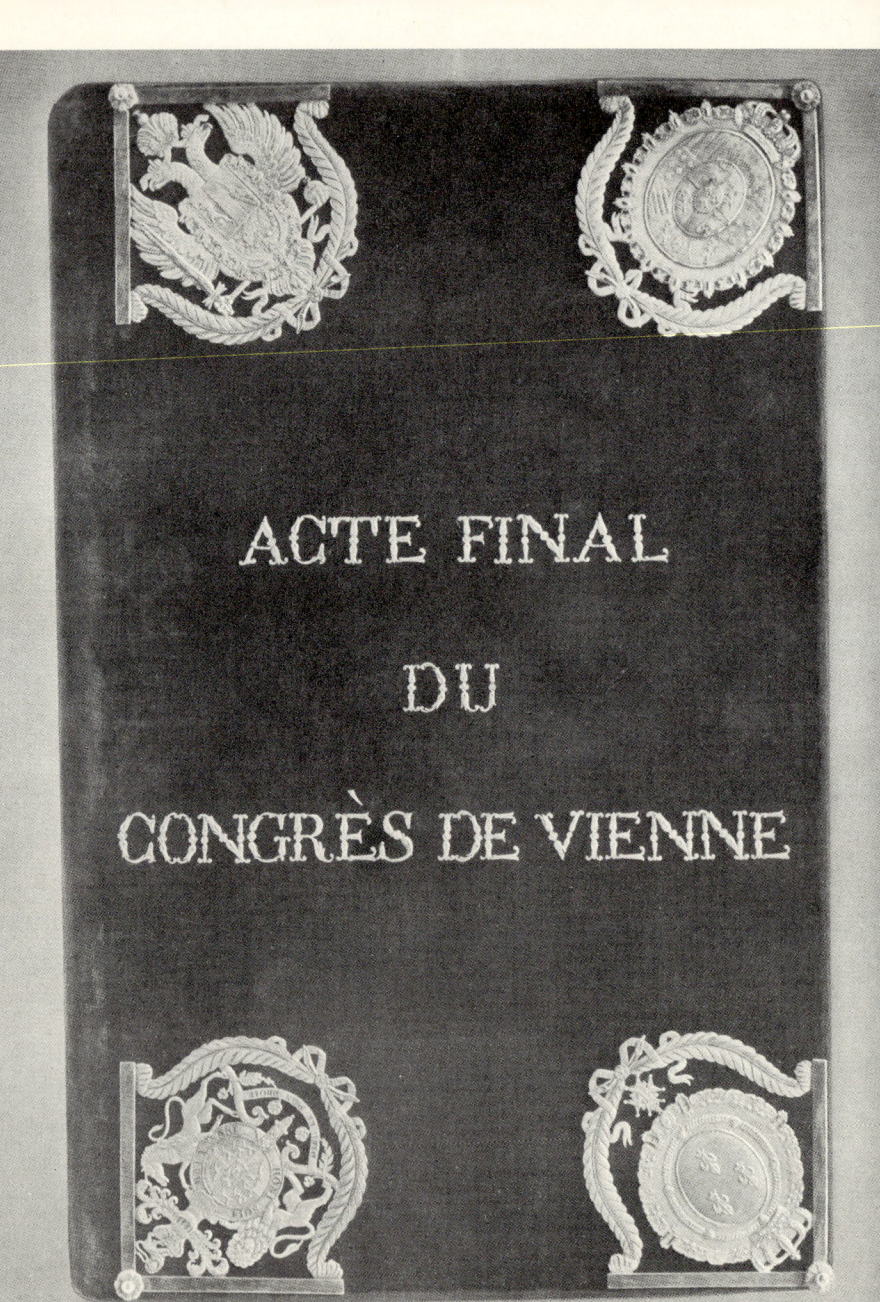

Aufbewahrungsmappe der Wiener Kongreß-Akte. Wien, Haus-, Hof- und Staatsarchiv

unter der gemeinsamen Führung Österreichs und Preußens, denen wegen ihrer europäischen Stellung dieser Vorrang zukomme. Durch Gleichartigkeit der Zivil- und Staatsgesetzgebung, durch die Freiheit der Universitätsbildung, an der »die Gleichmäßigkeit der Fortschritte der Geistesbildung in dem gesamten Deutschland vorzüglich hängt«, und durch einen umfassenden Handelsvertrag sollte die innere Einheitlichkeit und Gleichartigkeit des Staatenbundes gefördert werden. Hardenberg hatte im Juli 1814 in den sogenannten einundvierzig Punkten diese Gedanken, wie es seine Art war, im wesentlichen übernommen und im Sinne Steins durch den Vorschlag einer Bundesversammlung in Frankfurt ergänzt. Die Bundesversammlung bestand aus dem Direktorium, dessen Vorsitz Österreich mit Preußen zusammen übernahm, ferner aus dem Rat der mit exekutiver Gewalt ausgestatteten Kreisobersten der sieben Kreise, in die das gesamte Bundesgebiet einzuteilen sei, und schließlich aus dem Rat der Fürsten und Stände der übrigen Bundesmitglieder. Alle drei Gremien zusammen sind im allgemeinen Interesse des Bundes als Legislative tätig. Alle Mitglieder unterliegen einer gemeinsamen Verteidigungspflicht, wenn ein einzelner Staat des Bundes angegriffen werden sollte. Hardenbergs Denkschrift hat als offizielles preußisches Programm zur deutschen Verfassungsfrage den Wiener Verhandlungen als Grundlage gedient.

Der »Deutsche Bund«, der mit der deutschen Bundesakte geschaffen wurde, war ein Staatenbund mit internationalem Charakter. Nichtdeutsche Fürsten, die in Personalunion mit deutschen Fürstentümern standen, waren Mitglieder, wie der englische König mit Hannover, der dänische König mit Holstein und Lauenburg und der niederländische König mit Luxemburg und Limburg, während Österreich und Preußen nicht mit dem Gesamtbestand ihrer Länder Mitglieder des Deutschen Bundes waren. Ausdrücklich wurde erklärt, daß der Deutsche Bund nicht Rechtsnachfolger des alten deutschen Reiches sei, ebenso wurde hervorgehoben, daß der Bund rein defensiven Charakter habe und der äußeren und inneren Sicherheit Deutschlands diene. Einziges Bundesorgan war die Bundesversammlung oder der »Bundestag« in Frankfurt am Main als ständiger Gesandtenkongreß der deutschen Staaten. Das Präsidium erhielt als geschäftsführende Macht Österreich, das damit aber praktisch eine hegemoniale Stellung einnahm. Solange Österreich und Preußen einig waren, Preußen Österreich folgte, war die Problematik des deutschen Dualismus vertagt. In der folgenden Zeit ist das Plenum nur selten zusammengetreten; der Bund war durch den »engeren Rat« repräsentiert, in dem bei Stimmengleichheit die Präsidialstimme entschied. Daß in vorsichtigen Wendungen in der Bundesakte gesagt wurde, eine landständische Verfassung werde in allen Bundesstaaten »stattfinden«, kennzeichnet den politischen Charakter des Bundes besonders drastisch. Der Deutsche Bund war ein Bund der Fürsten der Einzelstaaten, eine »Existenz zwischen den Zeitaltern«, eine Durchgangsform auf dem Wege vom alten Reich zum modernen Nationalstaat. Daß es überhaupt zu einer Neuordnung gekommen ist, das ist bei aller Kritik Metternichs Verdienst gewesen. Der Deutsche Bund war ein notwendiger Teil seines Systems des europäischen Gleichgewichts der großen Mächte, eine Stütze der mitteleuropäischen Machtstellung Österreichs gegen westlichen Umsturz und russische Übermacht. Auch Humboldt hat die europäische Aufgabe des Bundes in der Erhaltung des Gleichgewichts, in der »Sicherung der

Ruhe« in Europa gesehen, ja, er ging später sogar so weit, zu sagen, daß eine aktive Außenpolitik ein Unglück für Deutschland sein würde. Einmal in die internationalen Verwicklungen geraten, könnte niemand hindern, »daß nicht Deutschland als Deutschland auch ein Erobererstaat würde, was kein echter Deutscher wollen kann«. Nach all den Erfahrungen seines Zeitalters beherrschte den alternden Staatsmann die Sorge vor Entwicklungen, die diesen Zirkel stören könnten: Einheitsbewegung und Reichsgründung als Begründung eines starken Nationalstaates. »Es ist in seinen Gedanken wie ein Bangen vor dem Weltgeschick des aufsteigenden Jahrhunderts« (Kaehler). Die nationalen Leidenschaften und die Hoffnungen auf ein neues, einiges Deutschland erlagen dem politischen Kalkül der großen Mächte. »Ich kann nicht sagen, daß mich die Zukunft freut«, schrieb Humboldt am Tage der Unterzeichnung der Kongreßakte enttäuscht und resigniert an seine Frau. »Der vorige Krieg (1813/14) war das eigentlich Große und Schöne, und er ist wie ein junger und kräftiger Baum plötzlich ins Welken gekommen. Der Pariser Friede verderbte ihn zuerst, der Kongreß nachher, und die Ursache des einen und anderen Verderbens war, daß das, was der Krieg schön und groß gemacht hatte, einzeln dastand, daß es sich nicht eigentlich durch alle Klassen und Stände, noch weniger durch alle Nationen gleich verbreitet, daß es an einem großen Menschen fehlte, der an der rechten Stelle das Unharmonische durch sich zusammengehalten und geleitet hätte, daß vielmehr gerade bei den beiden, die abwechselnd leiteten, der Kaiser (Alexander) und Metternich, Persönlichkeiten und Kleinlichkeiten vorwalteten und im englischen Kabinett zu große Mittelmäßigkeit herrschte, um diese Fehler zu verbessern. Jetzt und nach dem Kriege wird es sich erst recht zeigen, ist überall Mißverhältnis und dadurch wird das Gute selbst minder heilsam, ja, bekommt selbst vielleicht eine schädliche Richtung.« Trotz dieser bitteren Kritik wird man nicht übersehen können, daß echte Anstrengungen gemacht worden sind, um den durch die Napoleonische Eroberungspolitik und ihre Katastrophe verwüsteten Kontinent in eine neue Ordnung zu bringen. Die Kongreßsprache war keine leere Propaganda; trotz der sofort einsetzenden Kritik unbefriedigter Interessen hat der Kongreß dem allgemeinen Frieden doch eine vertragliche Grundlage gegeben. Man hat versucht, die internationalen Beziehungen so zu regeln, daß der Gebrauch von Gewalt ausgeschlossen sein sollte, indem an Stelle der militärischen Gewaltpolitik Napoleons die Konferenzpolitik des diplomatisch auszuhandelnden Vergleichs trat. Die Politik des Gleichgewichts hat nicht nur damals die Neuordnung Europas bestimmt, sondern in den Händen des Areopags der fünf Großmächte haben die Geschicke des ganzen Jahrhunderts gelegen. Das System der europäischen Pentarchie war eine Hochform in der Geschichte internationaler Beziehungen. Dieses System bildete die Voraussetzung für die Weltstellung Europas im 19. Jahrhundert. Mit seinem Zusammenbruch im ersten Weltkrieg war auch Europas Vormachtstellung beendet. Man hat zur Charakterisierung der Wiener Verträge oft gesagt, daß in ihnen unverkennbar der Geist des Ancien régime wirksam sei, daß die Gleichgewichtspolitik im Sinne der dynastischen Konvenienzen gedacht sei, daß ihnen schließlich auch ein mechanistisches Verständnis der Politik zugrunde liege, statistische Berechnungen größeres Gewicht für sie besessen hätten als die »moralischen Kräfte«, die zum Wesen der revolutionären Politik gehören. Das Schicksal der Nationalitäten sei dem abstrakten Staatsinteresse geopfert worden, das sei die Ursache für den Konflikt in den folgenden Jahrzehnten zwischen dem nationalen Aktivismus und der Politik der restaurierten Staaten. Eine solche Kritik findet ihre Grenzen jedoch in der Tatsache, daß die »Restauration« des Wiener Kongresses – wie es von Metternich selbst erklärt worden ist – eine Not- oder Zwangslösung gewesen ist. Bei den einsichtigen Zeitgenossen waren die erschütternden Erfahrungen der Revolution zu mächtig, als daß sie hätten meinen können, die ungeheure Gefahr der revolutionären Dynamik beseitigt zu haben. Den europäischen Staatsmännern war in Wien das Bewußtsein nicht fremd, einem Erdbeben der europäischen Gesellschaft gegenüber hilflos zu sein. Sie versuchten, in dieser Lage wenigstens zu halten, was noch und solange es noch zu halten war. Metternich selbst hatte den »geheimsten Gedanken«, »daß das alte Europa am Anfang seines Endes« stehe. Das neue Europa sei andererseits noch nicht im Werden; »zwischen Ende und Anfang wird es ein Chaos geben«. Diese Reflexionen haben ihn bis in sein Alter hinein immer wieder beschäftigt, auch in Beziehung auf seine eigene Stellung zwischen den Zeiten. »Ich gestehe mir zu«, notierte er sich, »die Lage erkannt zu haben, aber auch die Unvermögenheit, in unserem Reiche und in Deutschland ein neues Gebäude aufzuführen, weshalb meine Sorge vor allem auf die Erhaltung des Bestehenden gerichtet war.« Mit diesen Gedanken begegnet er sich in bemerkenswerter Weise mit Napoleons auf St. Helena formulierter Diagnose: die alte Welt sei untergegangen, die neue stehe noch nicht. Der Kaiser und der Staatskanzler gehören zusammen wie Revolution und Restauration, deren Dialektik die Geschichte der modernen Welt in Atem hält.

Richard Benz

DIE ROMANTISCHE GEISTESBEWEGUNG

Geistige Bewegungen

Die abendländische Geistigkeit steht von jeher unter dem Gesetz der »Bewegung«, im Gegensatz etwa zu der relativen Statik der gleichzeitigen byzantinischen oder arabischen Kulturen. Die Ursache davon mag in der vielfältigen Bedingtheit aus griechischen, römischen, keltischen, germanischen, slawischen Grundelementen liegen, und die Durchsetzung und Verdrängung eingeborener Mythen und Kulte durch fremde Religion und Mythologie. Ur-Kunde gibt es hier nicht, das ältere Mythische ist nur in Dichtungsfragmenten und gelegentlichen Volkserinnerungen erhalten. Für das eindringende Christlich-Antike sind die stummen Denkmale der Baukunst für lange Zeit das, was untrüglich, aber doch geheimnisvoll aussagt. Erst allmählich reifen die großen Dichtungen, dann die Weltdeutungen der Denker heran, und als Vollendung, die unbestritten bleibt, erscheint gerade in Europa die Musik, wiederum geheimnisvoll und mit Worten kaum zu deuten.

Auch die Baukunst hat hier nicht eine bleibende Form, an der, als dem einmal Gefundenen, festgehalten wird, wie beim Typus des griechischen Tempels – sie hat Stile, die einander verneinen und ablösen und deren Wandel von geistigen Bewegungen bedingt ist. Hier handelt es sich bereits um Revisionen und Reformen, die auf ein »Ursprüngliches« zurückzugehen suchen und Wiederherstellung des Reinen, »Eigentlichen« fordern, wie die zisterziensische oder franziskanische. Es ist ein »Zurück«-Begehren, wie es dann in Namen wie Re-Formation, Re-Naissance, Re-Volution zum Ausdruck kommt.

Nehmen wir bei aller Kunst und Kultur als tiefste Bedingtheit die religiöse an, so müssen wir doch beobachten, daß solche Bedingtheit nicht nur positiv, sondern auch negativ sein kann: daß sie künstlerisches Schöpfertum nicht nur inspiriert, sondern zuweilen auch beeinträchtigt und verhindert; woraus dann wieder völlig neue Geistentwicklungen folgen. Ein Beispiel liegt uns besonders nahe: die neuere Geistigkeit beruht auf zwei »Bewegungen«: der protestantischen Reformation und der katholischen »Gegenreformation« (bei der jedoch das anscheinend Negative ursprünglich die Gegenwehr des Angegriffenen bedeutet). Von den beiden Bewegungen führt nur die zweite zu einem »Stil« – was anfangs als Jesuitenstil sich in Italien bildet, breitet sich bald als Barock über die anderen Länder, zuletzt auch über die protestantischen, wird zum Gesamtstil der Zeit: weil hier die alten bildenden Kräfte unmittelbar aus dem Kult heraus herübergerettet sind, die dem

Protestantismus als solchem infolge seines vergeistigten Gottesbegriffs, seiner Verwerfung der Abbildung alles höheren Göttlichen überhaupt mangeln mußten. Wird ein solcher Verlust, etwa angesichts anderer Kunst, mit der Zeit als wirklicher Nachteil empfunden, so treten Bewegungen auf, die zu einem Ersatz drängen, ja auf Wiederbringung des Verlorenen bedacht sind. Bringen wir unwillkürlich, aus nachträglicher Sicht, alle Romantik mit dem Christlich-Katholischen zusammen, so bedeutet dies gerade nicht, daß sie aus dem Katholizismus entstand, sondern in protestantischen Ländern sich bilden mußte als Sehnsucht nach den verlorenen alten Bindungen, die dann oft auch im Katholizismus selbst ihre Stillung fand. So ist die Romantik ursprünglich eine protestantische Bewegung: wir finden sie in England und im nördlichen Deutschland, nicht aber bei den katholisch gebliebenen Nationen und Landesteilen, die nur spät und nur dort von ihr berührt werden, wo sie die von ihnen selbst gehüteten Geisteswerte einbezogen fühlen.

Romantisches Vorspiel: England

In dem vom Barock kaum in den Tiefen berührten, auch formal nur modisch und gesellschaftlich beeinflußten England sind die Strömungen zuerst hervorgebrochen, die bis heute das moderne Leben bestimmt haben. Daß nach glücklicher Beendigung schwerer politischer Kämpfe, die zugleich auch immer konfessionelle waren, Toleranz sich einstellt, hat ein Schwinden dogmatischer Bindung zur Folge, welches das Feld frei macht für neue Inhalte von Geist und Gemüt – es ist das Zauberwort »Natur«, das ins beginnende 18. Jahrhundert hineinhallt und nicht so bald wieder verklingt. In zwei Formen hat England das Verhältnis zur Natur erneuert oder neu bestimmt: Natur-Wissenschaft und Natur-Gefühl werden gleichzeitig autonome Gebiete, die ins Unendliche zu kultivieren sind. Naturwissenschaft wird der Aufklärung der Vernunft verdankt, die von England ausgeht und auch im Sittlichen und Ästhetischen zur Geltung kommt. Natur-Erleben wird dazu der Ausgleich, das große Heilmittel gegen die rein zweckhaft-vernünftige Auffassung und Durchforschung der Welt – Gift und Gegengift werden der Menschheit gleichzeitig gereicht. Wie von einem Tag auf den andern ist England plötzlich das Land des Deismus, ja des Atheismus geworden. Eine Religion der Vernunft entsteht, die zunächst noch ihre Gläubigen mit den Wohltaten der Abschaffung von Aberglauben, Hexenwahn, religiösem und staatlichem Terror beglückt, ihnen dafür aber auch das »Wunderbare« in einem hohen Sinne verächtlich macht, die Phantasie in Bann tut und alle Kunst im Grunde verneint. Vernunft- wie Naturglaube mußten die durchaus irrationale und überaus künstliche Kultur des Barock in Frage stellen und schließlich sprengen. Aber auch während die Grundlagen des Stils noch unerschüttert beharren, dringen nach und nach neue Elemente, und nicht zerstörend, in die Kultur des 18. Jahrhunderts ein. Mit dem Jahr 1726 beginnt das erste Kompendium des Naturgefühls zu erscheinen: Thomsons »Seasons«, die Jahreszeiten, die lange und weithin wirken und noch Haydns gleichnamiges Oratorium inspirieren. Sie sind, so wenig wie seines deutschen Nachfolgers Brockes »Irdisches Vergnügen in Gott«, von rationalistischen Zweck-

Horace Walpole in der Bibliothek seines »gotischen« Hauses Strawberry Hill
Aquarellierte Zeichnung von Heinrich Müntz, 1756. Brighton, Commander C. Campbell-Johnston

Furien wecken einen Krieger
Zeichnung von Johann Heinrich Füßli, um 1785
Zürich, Kunsthaus

gedanken frei: wie der Schöpfer alles so schön eingerichtet habe zu Nutz und Frommen des Menschen. Ernster ist der Widerklang bei dem Schweizer Haller, dessen Gedicht »Alpen« neben inniger Naturversenkung und erster Schilderung des Hochgebirges schon etwas von der Sehnsucht nach dem »Ursprünglichen« gewahren läßt; das er aber nicht als ferne verlorene goldene Zeit beklagt, sondern als lebendige Gegenwart im noch vorhandenen Bauern- und Hirtenleben seiner Heimat malen kann. Daß Haller zugleich Naturwissenschaftler ist und einer der bedeutendsten der Zeit, zeigt die ideale Vereinigung der von England ausgehenden Impulse, die er ja auch persönlich bei seinem dortigen Aufenthalt erfährt. Daß in ihm die neuen Elemente mit einem echten Christentum verbunden sind, das ihn zu großartigen Oden über Unendlichkeit und Ewigkeit, Tod und Vergänglichkeit ermächtigt, läßt schon eine künftige Entwicklung ahnen und ein echt Romantisches aufleuchten: ähnlich wie später Jean Paul hat er in seine dichterischen Visionen das moderne kopernikanische Bild des Kosmos einbezogen. Und von seinem Gottesbegriff bekennt er an seinem Lebensende, daß er Gott immer viel zu menschlich »wie einen Schutzgeist einer Erde oder eines Volkes« vorgestellt gefunden habe: »Mich hat die Kenntnis der Natur gelehrt, höher von Gott zu denken.« Es sind leise Veränderungen des Weltgefühls, die sich so melden, und sie machen sich bald auch in der Gestaltung der Umgebung des Menschen bemerkbar. Noch innerhalb der Barockkultur tritt eine Wandlung von größter Symbolkraft ein, und sie trägt wiederum den Namen Englands in die ganze Welt: Der »Englische Garten« wird ein dauerndes, uns heute noch anschaubares Denkmal des veränderten Verhältnisses zur Natur. Zum Barockschloß gehörte der Französische Park, wo der menschliche Schöpferwille souverän die Natur durch die Kunst unterjochte, mit Bäumen wie mit Säulen baute, Büsche zu Figuren verkünstelte, den natürlichen Lauf der Quellen in springende Wasserkünste wandelte. Auch der Englische Garten ist noch Kunst; aber statt der menschlichen Ausstrahlung gibt er in diskreter Regie ein andächtig zu schauendes Gegenüber, wirksamer und abwechslungsreicher, als es in der kunstlosen Natur vorzukommen pflegt. Auch das Bauliche wird jetzt der Empfindung bereitgestellt, und neben Moscheen und antiken Tempelchen erscheint bereits die Ruine, historisches Denkmal des Vergangenen und der Vergänglichkeit, für ein romantisches Träumen; und zuletzt das »Gotische Haus«. Es öffnet sich die erste Perspektive zum Mittelalter – der Zugang zur abendländischen Vergangenheit ist wiedergefunden, nicht durch historische Abhandlungen und Hinweise, sondern durch lebendiges Nachbild. Es ist kein Zufall, daß auch dies in England geschah, wo die Gotik am längsten gewährt hatte, ja zum Behelf des Restaurierens an den Kathedralen sogar noch gotische Bauhütten existierten. Was aber jetzt entsteht, ist ein Privathaus, das ein Liebhaber der Gotik sich errichtet, um ganz sich in jener alten Zeit heimisch zu fühlen. Es ist Strawberry-Hill, das Horace Walpole an Stelle eines alten Landhauses auf dem Erdbeerhügel an der Themse erbaut. Ein Aquarell vom Jahre 1756 zeigt ihn in elegantem Rokoko-Kostüm in seiner Bibliothek sitzend, vor dem großen gotischen Fenster mit drei Spitzbogen, zu dessen Seiten hohe Bücherschränke mit dünnem Maßwerk geziert und von Fialen gekrönt riesenhafte gotische Folianten beherbergen. Denn der noch junge Hausherr ist auch ein großer Sammler und Schriftsteller, hat weite Reisen gemacht, sich lange in Florenz aufgehalten und sich in Italien ein Mittelalter erträumt, wie sein Roman »The

Castle of Otranto« es malt, den er als »gotische Dichtung« 1764 herausgibt, in dem gleichen Jahr, da er sein Haus der gesellschaftlichen Welt feierlich eröffnet. Von dieser Sensation wird auch der Fürst Friedrich Leopold Franz von Anhalt-Dessau berührt, der damals unter der Führung seines Mentors Lawrence Sterne England besucht. Die weitere Reise ist unter dem Titel »Yoricks sentimental Journey« bekannt, für deren deutsche Übersetzung Lessing das Wort »Empfindsame Reise« prägt. Diese geniale Neuschöpfung eines Wortes hat dann einer ganzen Epoche den Namen gegeben.

Empfindsamkeit

Im Jahre 1768 geht dieses Buch in die Welt. Und unter seinem Zeichen steht auch der größte Englische Garten Deutschlands, das »Gartenreich« eben jenes Fürsten von Dessau, das nun auch sein Gotisches Haus erhält, nach dem Muster von Strawberry-Hill auch ein Fassadenbau ohne echtes strukturelles Verständnis oder Raumgefühl; es soll sich nur malerisch in das Naturreich fügen, gleich den übrigen antiken Bauten und Denkmälern. Denn alles steht hier noch friedlich nebeneinander, von der gleichen Empfindsamkeit erlebt. Da sind der Vesta, der Flora, der Venus Tempel errichtet, ein Pantheon, ein Nymphäum findet sich, ein Tal Elysium, und die Fülle antiker Skulpturen und Gipsabgüsse, vor allem von Büsten, die durch Inschriften ein Glaubensbekenntnis an alles Große und Schöne ablegen. Da sprechen Winckelmann wie Klopstock, Herder wie Gellert und Geßner zum andächtigen Beschauer; vor allem ist mit einem Altar dem gehuldigt, der die Rückkehr zur Natur am eindringlichsten gepredigt hat: Rousseau. Der ganze Bildungskomplex einer Zeit ist hier zusammengefaßt, denkbar verschiedenartig nach Wesen und Wert, aber eben auf den Generalnenner einer neuen seelischen Reaktion gebracht: nicht mehr mit dem kritischen Verstand, der regelsetzenden Vernunft wird dem Kunstwerk, dem geistigen Schöpfer begegnet, sondern mit dem Gefühl, wie man die lebendige Natur in ihren unendlichen Stimmungen zu erleben sich gewöhnt. Es hat an sich noch nichts mit dem Romantischen zu tun, bereitet es aber vor und wird es immer mit der Natur in Zusammenhang halten. Es versteht sich von selbst, daß dadurch auch das Liebeserlebnis sich wandelt und, aufs höchste intensiviert, zu einem Eigenwert gesteigert wird, der über Sein und Nichtsein entscheidet. Goethes »Werther« findet einen Widerklang und Nachhall wie kein anderes seiner Werke – noch nach Jahrzehnten wird ein Napoleon den Dichter nur um dieses Werkes willen ansprechen. Auch die seelische Vertiefung der Freundschaft hat hier ihren Ursprung, wird eine Voraussetzung der geistigen Bruderschaften der Romantik. Es ist in diesem Gartenreich von Wörlitz, wo Tieck und Wackenroder schwärmend sich ihre Zugehörigkeit bestätigen. Aber auch Goethe hat hier immer wieder geweilt, allein oder mit seinem Fürsten, dem der Dessauer von früh an kulturelles Vorbild war. Der Weimarer Park ist ohne den Wörlitzer nicht zu denken. Sein Begründer und Betreuer Goethe hat dann in den neunziger Jahren, seit Italien ein Gewandelter, den Akzent mit dem Bau des »Römischen Hauses« einseitig auf das Antike verlagert; und die Betonung des Gegenpols war dann die begreifliche Antwort.

Die Schweizer

Ganz allmählich wachsen die romantischen Elemente, diesem Gegenpol zustrebend, in der zweiten Hälfte des 18. Jahrhunderts heran, zunächst noch mit und neben den klassischen, bis sie in eigener Schau zusammengefaßt werden. Das Umfänglichste und Bedeutendste haben die Schweizer beigetragen – sie sind die wahren ersten Entdecker gewesen, welche die altdeutsche Welt erschlossen. Eigentlich war es ein Einzelner, der Zürcher Johann Jacob Bodmer. Er besaß für große Dichtung und Kunst einen erstaunlichen Instinkt, und die Richtung, in welche dieser ihn führte, ergab sich aus der besonderen kulturellen Lage der Schweiz. Wenn der Dessauer Fürst in dem Gotischen Haus alles um sich sammelte, »um in der Mitte seiner ruhmvollen Vorfahren sich selbst zu leben«, so bedurfte der schweizerische Republikaner keiner solchen Vorzugsstellung, sondern fand in seiner noch lebendigen Mundart eines Tages dieselbe Sprache wieder, in der die »schwäbischen« Dichtungen des Mittelalters geschrieben waren. Aber auch die altdeutschen Künstler waren in seiner Heimat noch so wenig vergessen, daß er sich bei seinem ersten literarischen Unternehmen, den »Discoursen der Mahlern« (1721), mit »Hans Holbein« unterzeichnen konnte. Er hat dann 1748 die ersten Proben, 1758 den ganzen Codex der Minnesinger (die Manessesche Handschrift) herausgegeben, desgleichen nach den Handschriften das Nibelungenlied. Mit seinem Schüler Christoph Heinrich Müller zusammen besorgte er noch bis zu seinem Tode 1783 den Erstdruck der sämtlichen übrigen mittelhochdeutschen Epen. Dies letzte Werk war, in Berlin gedruckt, Friedrich dem Großen gewidmet, der es mit den bekannten Worten empfing: diese Dinge seien nicht einen Schuß Pulvers wert und verdienten nicht, aus dem Staube der Vergessenheit gezogen zu werden. Aber es vergingen keine zehn Jahre, und die Bodmerschen Ausgaben waren in den Händen der jungen Berliner Romantiker, die ihre Kenntnis des deutschen Altertums einzig hieraus schöpften. Und Bodmer war kein bloßer Philologe, er erkannte als erster den Wert der alten Dichtung – von ihm stammt der Vergleich der Nibelungen mit der Ilias. Und er durfte so reden – war er doch zugleich der erste Homer-Übersetzer: noch ward das Klassische und das Altdeutsche mit derselben Bereitschaft aufgenommen. Auch eine dritte Großtat hat Bodmer veranlaßt und ermöglicht: die erste Shakespeare-Übersetzung, zu der er Wieland in dessen Züricher Zeit gewinnt. Sie erscheint von 1762 bis 1766 in Zürich und bleibt, auch in der Eschenburgschen Neubearbeitung, die einzige, aus der man, vom Sturm und Drang bis in die deutsche Klassik, den großen Briten kennt – A. W. Schlegels bedeutendere Eindeutschung erscheint erst um die Jahrhundertwende. Eine andere Einwirkung Bodmers kommt der bildenden Kunst zugute: sein Lieblingsschüler Johann Heinrich Füßli hat Homer und den Nibelungen, Shakespeare und Wielands Oberon die gleiche großartige Bildfassung gegeben, jenseits alles historischen Stilisierens und Kostümierens, in der Dynamik menschlicher Urgewalten. Aber das geschieht erst, seit er 1764 nach England übergesiedelt ist und Reynolds den Maler in ihm entdeckt. Und bald findet er dort Künstlerfreunde, die das noch in ihm Geeinte schon in gewisser Sonderung darstellen: John Flaxman, der in seinem Umrißstil nach griechischen Vasenbildern einen graphischen Klassizismus auf die Bahn bringt, der stark auf Deutschland und die werdende Romantik wirkt; und William Blake, eine der größten Schöpferpersönlichkeiten Englands, mystischer Dichter und visionärer Bildner zugleich, der wohl Miltons religiöse Welt einbezieht, aber sein Eigenstes in einer Mythik gibt, die in den neueren Zeiten ohne Beispiel ist.

Sturm und Drang

In der kurzen Zeit zuvor, da Füßli wie ein Komet in Deutschland auftaucht und verschwindet, hat er die Bewegung entfesselt, die von Menschen wie ihm den dynamischen Namen trägt – er bringt das echte Revolutionäre hinein, was den damaligen Deutschen fremd genug ist. Er hat, mit seinem Freund Lavater zusammen, mit den Ideen Rousseaus Ernst gemacht – sie greifen einen ungerechten Landvogt an, und obgleich sie mit ihren Enthüllungen im Recht sind und seinen Sturz bewirken, müssen sie die Rache des Patriziats fürchten und sich ihr durch die Flucht entziehen. Es ist eine ethische Tat, und kein grundsätzlicher Umsturzwille liegt ihr zugrunde – aber es ist eine Tat, in deren Glorie sie in Deutschland erscheinen. An ihr entzündet sich ein geistiges Freiheitspathos, wie es der Empfindsamkeit an sich fremd war; es beruft sich auf das Recht des großen Individuums, den innewohnenden »Genius«. Was sich bei vielen später als hohles Prahlen mit Originalität zeigt, das ist in Füßli als unwiderstehliche Kraft echten Schöpferdrangs zu spüren, wenn man seine hingewühlten Briefe an Lavater und Bodmer liest, auch noch aus seiner englischen Zeit, da seine Kritik an Literatur und Kunst immer ins Schwarze trifft und zu Formulierungen gelangt, die auch Herder und Goethe faszinieren, an welche die Schweizer Freunde jedes Wort von ihm alsbald berichten. Denn Füßli versteht sich anfangs als Dichter, versucht sich in Klopstocks Ton, erkennt aber bald dessen geistige Grenzen und überflügelt alles Damalige in den wenigen Fragmenten, die wir kennen, da er etwa die späte Hymnik Nietzsches vorwegnimmt. Im ganzen wird der Sturm und Drang ein gleichsam atmosphärisches Ereignis, berührt die Menschen mit glühendem Hauch für kurze Zeit und scheint, wie alles Revolutionäre, sie mehr im Negativen zu einigen: in dem, was man ablehnt, nicht mehr mitmacht oder als Verbotenes wagt. Das verleiht ihnen allen eine flüchtige Ähnlichkeit in Geste, Tempo, Tonstärke; aber zutiefst sind sie Individuen sehr verschiedener Prägung, eigenen Ursprungs und Wegs, die eines Tages sich nicht mehr kennen werden. Und deshalb bleibt ihre Wirkung, so explosiv sie im Augenblick ist, auf wenige Jahre beschränkt. Überall tauchen Elemente auf, die später zur Romantik sich sammeln, jetzt aber nicht weiterführen und wirkungslos verpuffen. Da ist Goethes Hymnus auf Erwin von Steinbach, von dem wir meinen möchten, er müsse die Zeit erschüttert haben, ihre Ahnungen vertiefend – es ist das Jahr 1772, da das Gotische Haus in Wörlitz entsteht –, aber auch er sieht die Gotik nur von außen, die Fassade allein, ihr kühnes krauses Ornament; von einem Raumerlebnis ist nichts zu spüren, das Mittelalter schließlich unverstanden – das Münster ist ihm Werk eines einsamen Genius »auf dem eingeschränkten düstern Pfaffenschauplatz des medii aevi«. Das Manifest ist gegen das Klassische gerichtet, vom Boden des französischen Straßburg aus gegen Paris, wo die verhaßte »Regel« thront. So wird auch Shakespeare gesehen und befolgt: der Götz ist der kühne Wurf ohne Einheit der Zeit, des

Orts, der Handlung, regelfrei und bunt, menschlich groß und reich; aber auch hier ist nicht Mittelalter, ist Übergangszeit verwilderten Rittertums, der Bauernrevolte, der Begegnung mit Luther. Von hier datiert die Mode von Ritterschauspielen, hie und da mit bedeutender Leistung, wie in der Genoveva des Malers Müller. Aber die bedeutendste damalige Konzeption, der Faust – die Erhebung des großen Individuums gegen die Gottheit, aus gotischer Umwelt heraus –, sie verfehlt die Zeit, bleibt für sie verschollen, auch als 1790 »Faust ein Fragment« erscheint, bis mit dem vollendeten Ersten Teil 1808 die große Stunde dafür kommt. Weltwirkung hat nur der Werther gehabt. Aber wenn über ihm ein Zeichen steht, so ist es keines, das zur deutschen Romantik hinführt – es ist die schottische Naturromantik Ossians.

Ossian und die Lieder alter Völker

So lautet der Titel der Abhandlung, in der Herder alles zusammenfaßt, was ihm von drüben als Anregung kommt. Durch den älteren Freund Hamann, der die Krise seines Lebens in England erfährt, lernt er früh die Sprache, in der er Shakespeare im Original mit ihm liest, und all das andere, was in jenen Jahren in England sich abspielt und die deutschen Begriffe von Dichtung umwälzt. Da ist Edward Young, dessen »Nachtgedanken« über Leben, Tod, Unsterblichkeit (1742–1745) gegenüber aller Aufklärung die Tiefe eines neuen Seelentums in Melancholie und schwärmerischer Versenkung offenbaren. Derselbe Young ist es, der den Genius-Begriff, das Schlagwort vom Originalgenie, in die Kunst einführt mit seinen »Conceptions on Original Composition«, 1759. Thomas Gray, ähnlich einer romantischen Nacht- und Grabespoesie zugewandt, wird Übersetzer der Edda, besingt Odins Herabkunft und die Walküren, die »Fatal Sisters«. Richard Hurd schreibt über Rittertum und Romantik. Und 1760 erscheinen von James Macpherson »Fragments of ancient Poetry«, denen 1762 und 1763 »Fingal« und »Temora« folgen. Es sind die Gesänge des fingierten schottischen Dichters Ossian, denen ursprünglich wohl Reste alter Dichtung zugrunde liegen, die aber nun, in Prosa, eine eigene romantische Welt von düsterer Großartigkeit malen, mit Heldenkämpfen auf öder Heide, Gräbern und unendlicher Schwermut; mit Geistern, aber ohne Götter und Gott. Er hat damit für ein Menschenalter alle Nationen Europas in Bann geschlagen, weil er seine Zeit, die Zeit der Empfindsamkeit ohne eigentliche höhere Werte, genial erriet. Erst nach ihm, 1765, tritt Thomas Percy hervor mit seinen »Reliques of ancient Poetry«: der ersten echten Volksliedersammlung, die für Herder, für Bürger so wichtig wurde. Eine ähnliche Faszination wie von Ossian geht in England bereits auch vom Mittelalter aus, wie das Beispiel des jungen Thomas Chatterton zeigt, der sich in die alte Welt so tief hineinlebt, daß er eigene Dichtungen als angeblich aufgefundene Texte in nachgeahmten alten Manuskripten herausgibt und sich mit siebzehn Jahren tötet, als der Betrug offenbar wird. Man kann an diesem Fall die Leidenschaft ermessen, die für das Alte plötzlich wie ein Rausch über die Menschen kam, und wird die behutsamere Fiktion eines Macpherson gelinder beurteilen. So ist eine umfassende englische Romantik mit eigenen Zügen dreißig Jahre vor der deutschen bereits in vollem Gange. Und man muß das Genie Herders bewundern, der das englische Phänomen in seiner ganzen Tragweite erfaßte und aus ihm das Analoge für sein eigenes Volk abzuleiten suchte. »Von Ähnlichkeit der mittlern englischen und deutschen Dichtkunst« heißt die erstaunliche Abhandlung, welche die Konsequenz der vorangehenden Shakespeare- und Ossian-Aufsätze in den Blättern von deutscher Art und Kunst, 1773, zieht. Aber die »Ähnlichkeit« wird mehr gefordert, als daß sie bestünde: warum wir keinen Shakespeare hatten und auch später kein Interesse an unserer alten Überlieferung; warum die von Bodmer entdeckten Schätze ungenutzt liegen? – das sind die erregenden Fragen; und dem Hinweis auf Mythos, Märchen, Sage folgt eine zweite Abhandlung, die, nach der Charakterisierung der Volkspoesie, das erstemal ein Bild von der Kultur des Mittelalters malt, die »dunklen« tiefen Zeiten gegen die lichte »flache« Aufklärung rühmt, die Großheit der Kathedralen zeichnet und die allumfassende Organisation der Orden und Klöster. Herder, der protestantische Theologe, ist es, der erkennt und in Worte faßt, was die Reformation uns gekostet hat – was er entwickelt, ist schon das vollständige romantische Programm. Im Jahre 1774 ging diese Schrift »Auch eine Philosophie zur Geschichte der Bildung der Menschheit« heraus, aus ihr haben später Novalis und A.W. Schlegel die entscheidenden Züge für ihr Bild des Mittelalters gewonnen. Aber warum dauerte es fünfundzwanzig und dreißig Jahre, bis solche Erkenntnisse Allgemeingut wurden? Es sind andere Kräfte gewesen, die noch einmal das Feld behaupteten – der von Winckelmann ausgehende Hellenismus will erst noch seinen Tag erleben. Aber noch etwas anderes, das Entgegengesetzte, mußte vorher überwunden werden: der polemische Nationalismus, der mit jeder nationalen Wiederfindung verbunden sein kann. An Herder konnte er nicht anknüpfen: dieser dachte noch polyphon, in vielen Völkern, ja Erdteilen; seine Volksliedersammlung beschränkte sich nicht auf die Deutschen – »Stimmen der Völker« hat man sie mit Recht genannt. Und er ist noch im Werden begriffen, als sich etwas ereignet, das kurze Zeit neben ihm Macht gewinnt: die Entdeckung der isländischen Poesie.

Der hohe Nord

Im »Journal meiner Reise von 1769«, dem Tagebuch Herders auf seiner Fahrt von Riga um Dänemark herum nach Frankreich und Deutschland, erfahren wir, wie sein Schiff vor Kopenhagen liegt und es nur ein Zufall ist, daß er nicht die Stadt besucht, wo seit langem die Residenz der deutschen Dichtung ist: da Klopstock hier als Pensionär des dänischen Königs lebt und gerade jetzt dort von ihm Wirkungen ausgehen, die eine neue Wendung in der Dichtung verheißen. Die Edda, schon zu Ende des 17. Jahrhunderts von dänischen Gelehrten wieder entdeckt und ins Lateinische übersetzt, hatte 1755 die erste Übertragung in eine moderne Sprache erfahren, und zwar ins Französische (noch vor dem Engländer Gray) durch Henri Mallet, einen Genfer, so daß hier wieder eine schweizerische Leistung am Anfang steht. Mallet hatte am dänischen Hofe gelebt, und von Kopenhagen gingen nun auch die deutschen Übersetzungen und Nachdichtungen aus, von denen 1766 soeben das »Gedicht eines Skalden« von Gerstenberg, dem Freunde Klopstocks, das größte Aufsehen

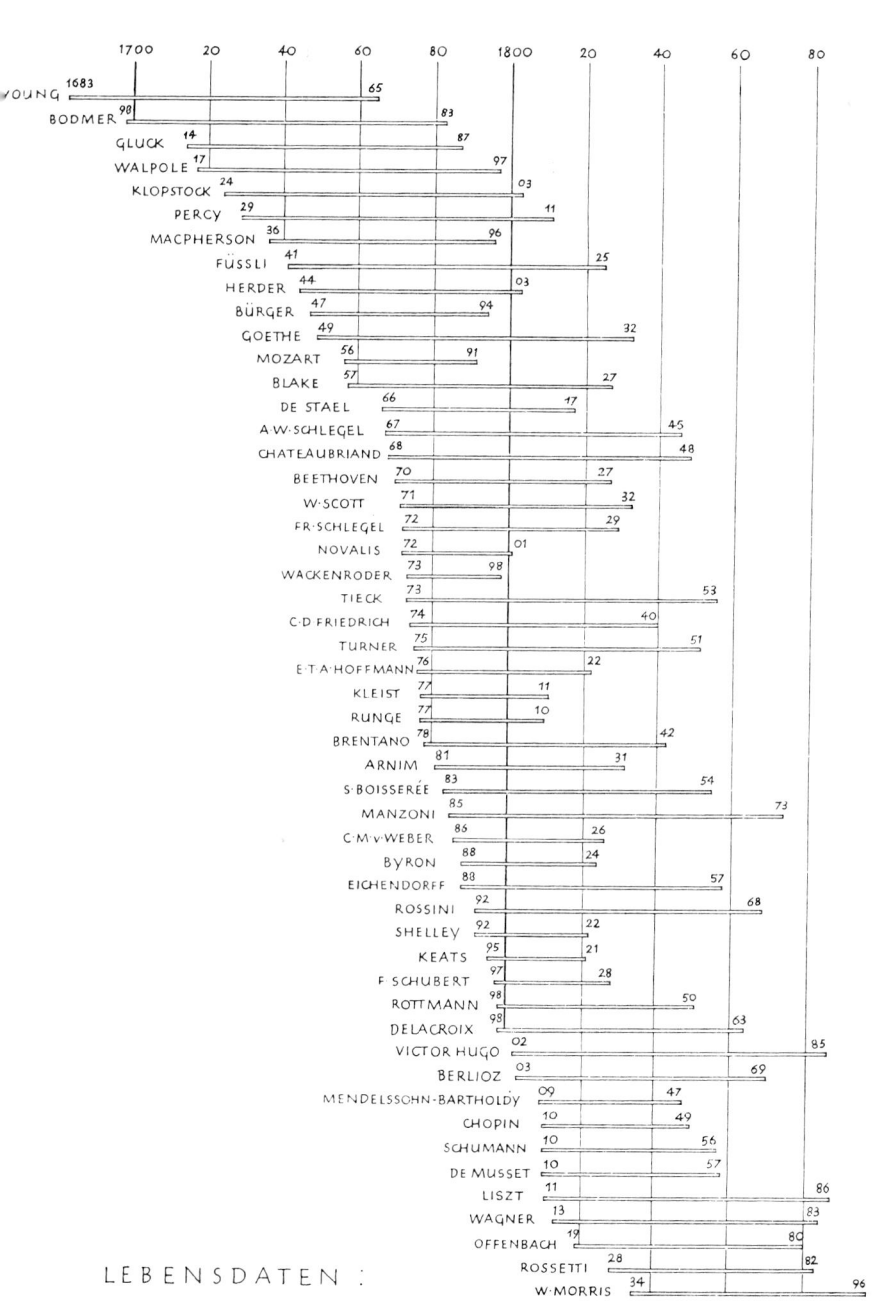

Name	Born	Died
YOUNG	1683	65
BODMER	98	83
GLUCK	14	87
WALPOLE	17	97
KLOPSTOCK	24	03
PERCY	29	11
MACPHERSON	36	96
FÜSSLI	41	25
HERDER	44	03
BÜRGER	47	94
GOETHE	49	32
MOZART	56	91
BLAKE	57	27
DE STAEL	66	17
A.W. SCHLEGEL	67	45
CHATEAUBRIAND	68	48
BEETHOVEN	70	27
W. SCOTT	71	32
FR. SCHLEGEL	72	29
NOVALIS	72	01
WACKENRODER	73	98
TIECK	73	53
C.D. FRIEDRICH	74	40
TURNER	75	51
E.T.A. HOFFMANN	76	22
KLEIST	77	11
RUNGE	77	10
BRENTANO	78	42
ARNIM	81	31
S. BOISSERÉE	83	54
MANZONI	85	73
C.M.v. WEBER	86	26
BYRON	88	24
EICHENDORFF	88	57
ROSSINI	92	68
SHELLEY	92	22
KEATS	95	21
F. SCHUBERT	97	28
ROTTMANN	98	50
DELACROIX	98	63
VICTOR HUGO	02	85
BERLIOZ	03	69
MENDELSSOHN-BARTHOLDY	09	47
CHOPIN	10	49
SCHUMANN	10	56
DE MUSSET	10	57
LISZT	11	86
WAGNER	13	83
OFFENBACH	19	80
ROSSETTI	28	82
W. MORRIS	34	96

LEBENSDATEN:

Die romantische Geistesbewegung

erregte. Es ist bekannt genug, wie Klopstock, fasziniert von der nordgermanischen Mythologie, alle klassischen Namen und Begriffe in seinen Oden durch skandinavische ersetzte. Weniger bekannt ist, wie diese »Bardenpoesie« schnell Nachfolge und Widerhall fand und ein fast revolutionäres Nationalgefühl erregte. Was Tacitus einst in seiner »Germania« den Römern als Idealbild höherer Kraft und Tugend hingestellt hatte, das glaubte man im Kult von Hermann und Thusnelda selber zu besitzen; das Fremde, gegen das dieses Deutsche behauptet werden mußte, war die internationale Kultur, die französische literarische Vorherrschaft, ihr Exponent in Deutschland Wielands graziöse, verführerische Rokoko-Poesie. In Göttingen gründeten Studenten einen Bund von Klopstockverehrern, den »Hain«, und bei ihren Zusammenkünften wurden die »sittenverderbenden« Bücher von Wieland zerrissen und verbrannt. Klopstock, statt solchem Unfug zu steuern, bekräftigte in seiner »Gelehrtenrepublik« ihr Tun und erließ an sie den apostolischen Befehl, »hinzugehen und die Länder, welche nur halb besessen werden, ganz einzunehmen, nirgends der falschen Cultur zu schonen, über alle Gärten, wo nur Blumen wachsen, den Pflug gehn zu lassen, jedes Gebäude, das nur in den Sand gebaut ist, niederzureißen, und sollten ganze Städte auf solchem Grund und Boden liegen, diese Städte an allen Enden anzuzünden, und nicht eher von dannen zu ziehen, bis der Dampf überall aufstiege«. Was man neuerdings oft der Romantik nachgesagt hat: daß sie das Nationale überbetont und ins Politische gespielt habe, das ist einzig von den urgermanischen Vorstellungen ausgegangen, weil hier nur ein kriegerisches Ethos zu fassen war, kein geistiger Wert, wie ihn etwa das Mittelalter darbot. Glücklicherweise blieben Klopstocks Drohungen auf dem Papier und wurden auch da, außerhalb des Kreises, kaum gelesen, da die Gelehrtenrepublik bei ihrem Erscheinen allgemein enttäuschte und die wenigsten über die ersten Seiten hinauskamen. Wenn aber im Göttinger Bund, zu dem ja auch Voß und die Brüder Stolberg gehörten, die Oden von Tyrannenhaß überschäumen, so scheint uns das heute weit weniger verständlich – es mag mit dem fiebrig Vorrevolutionären zusammenhängen, wie es bereits von Rousseau ausging. Sehen wir aber, wie ein so ganz im Internationalen sich bewegender Musiker wie Gluck die Gesinnungen Klopstocks teilte, gerade die polemischen Oden Klopstocks in Musik setzte und bei seinem Aufenthalt in Paris in den Salons ostentativ das Lied »Ich bin ein deutsches Mädchen« durch seine Nichte vortragen ließ, so werden wir doch auch aus solchen Übertreibungen das Berechtigte eines eben erst sich bildenden Nationalgefühls begreifen, angesichts der Tatsache, daß das Deutsche in der Kunst gegen eine »Überfremdung« auf allen Gebieten sich gerade erst durchzusetzen begann und Gluck in Paris eben den ersten Sieg der deutschen Musik über die italienische erfocht. Bekanntlich hat sich Gluck mit dem Gedanken getragen, Klopstocks Weihespiel »Hermanns Schlacht« zu vertonen. Deutsche Musik mit deutschem Text und deutschem Stoff, und zwar heroischem! – es gehört ins Reich der Vermutungen, was daraus geworden wäre. Hätte die Musik eines Gluck das Barbarische vermenschlicht und verklärt; oder hätte sie sich selber dafür wandeln müssen? Äußerungen aus Glucks späten Jahren deuten das letztere an, wenn er sagt, daß er dazu ganz neue Instrumente erfinden müsse. Dergleichen klingt sehr nach einer orchestralen Machtentfaltung, wie wir sie seit Wagner mit dem Altgermanischen verbinden. Aber noch vor Beginn der eigentlichen Romantik sinkt jenes Altgermanische, Eddische lautlos unter und hat selbst bei den Jüngern des »Hain« keine Rolle mehr gespielt. Diese waren an sich verschieden genug – Fritz Stolberg wurde der bedeutende Äschylos-Übersetzer, trat in Münster zum Katholizismus über, aus Erlebnissen, die manches mit der Romantik gemein haben. Der einstige Freund Voß wurde sein unbarmherziger Gegner und ist als Todfeind der Heidelberger Romantik bekannt.

Ein Eigener sehr an der Peripherie des Klopstockkreises war Bürger, der die verschiedenen Tendenzen der Zeit am umfänglichsten vereinigte: Er übersetzte Ossian und Shakespeare neu und versuchte, durch den Jambus Homer dem deutschen Sprachgefühl mehr anzunähern. Er hatte auch seinen Percy studiert, von dem in Göttingen, durch die alte Personalunion Hannovers mit England, eines der seltenen Exemplare vorhanden war. Das Beste aber kam ihm aus eigener Kindheitserinnerung und Volksvertrautheit, ein Vermögen zum Lied und zur Ballade – seine »Lenore« fand einen Widerhall, wie sonst nie ein einzelnes deutsches Gedicht, und hätte ihn allein unsterblich gemacht –, mit Geisterschauern und Naturstimmung ein erster starker Vorklang der Romantik.

Ein anderer Genosse aus dem »Hain«, Miller, erlangte Weltruhm durch ein Produkt der Schauerromantik »Siegwart, eine Klostergeschichte«, wo Klopstockstimmungen aus dem Werther ins unerträglich Tränenreiche gesteigert sind, und überflügelte für kurze Zeit den Ruhm Goethes – in dem einen Jahr 1777 gingen tausend Exemplare allein nach Amerika; Zeichen für die Bereitschaft einer Weltstimmung. Wir verstehen dann, daß 1780 ein wirklich geniales Werk mit den Worten vom »Ritt ins alte romantische Land« beginnen konnte – Wielands »Oberon«. Ihm, dem Shakespeare-Übersetzer, waren Oberon und Titania aus dem Sommernachtstraum nicht fremd, und aus dem karolingischen Sagenkreis, in den er sein Epos versetzte, hatte auch Ariost seine Gestalten genommen, die neben den antiken die italienische Opernbühne beherrschten. Der »Oberon« wurde sehr bald ins Englische übersetzt, fand herrlichste Illustration dort durch Füßli; und ein Engländer war es, der hiernach das Textbuch für Weber schrieb. So kam dessen Oberon-Oper 1826 in London zur Uraufführung, nach deren triumphalem Erfolg Weber ja dort starb.

Von der barocken zur klassischen Antike

Wie das Nebeneinander eines christlichen und antiken Olymp zum Gesamtkunstwerk des Barock gehörte, so fügen sich eine Zeitlang ganz organisch auch die romantischen Elemente in den großen Stil, ob italienischer Renaissance, ob dem Mittelalter entstammend. Das antike Element hatte zudem im Barock die höfische Repräsentation übernommen – ein so frommer Mann wie Bach denkt sich nichts Unchristliches, wenn er seinen Landesfürsten mit einer Ode begrüßt, die mit den Worten anhebt: »Willkommen ihr herrschenden Götter der Erde.« Und Dynasten wie Aristokraten empfanden gegenüber den antiken Göttern, mit denen sie ständig verglichen wurden, eine Art von Ebenbürtigkeit, als Spiegelung ihres eigenen wohlgeratenen und schönen Lebens. Aber mit Winckelmann kommt eine andere Betrachtung auf. Im Vordergrund steht der rationale Purismus des Wissenschaftlers, der die eigentliche, ursprüngliche, historisch richtige Antike aus der schöpferischen Anverwandlung an den abendländischen Stil herauslöst. Aber der Aufgeklärte ist nur gegen die überlieferte christliche Religion immun, nicht gegen einen neuen, fast religiösen Enthusiasmus: den Glauben an das Schöne. Denn dies ist nichts bloß Ästhetisches, Neutrales; es hat eine höchst eigentümliche psychologische Funktion. Die leidenschaftlichsten Liebhaber der Antike kommen damals aus den untersten Schichten, aus nothaften, freudlosen, dumpfen Existenzen, unterdrückt und bevormundet, ja gequält durch harte protestantische Orthodoxie oder enges pietistisches Sektierertum mit unerträglichem Gewissenszwang. Ihnen, den Armen und Schlechtweggekommenen, erscheint die Antike als Einbruch von Licht und Schönheit, als frohe Botschaft von der Herrlichkeit der Welt. In seinem autobiographischen Roman »Anton Reiser« hat es Carl Philipp Moritz – der spätere Freund Goethes in Rom – hellsichtig festgehalten; so geschieht es auch Winckelmann, als die griechischen Autoren Sinn und Rechtfertigung in sein armes Leben und seinen schwierigen Charakter bringen. So findet sich Asmus Jacob Carstens, der bedeutendste deutsche Klassizist, aus quälenden Verhältnissen in immer neuen Ansätzen zur Kunst – er sitzt in Kopenhagen vor den Abgüssen der griechischen Götterbilder, einem fassungslosen Staunen und Schauen hingegeben, das ihm nicht einmal erlaubt, zum Stift zu greifen, sondern alles willenlos in sich dringen läßt, bis ihm jeder Zug und jede Form zum Seelenbesitz geworden ist. An den Künstler direkt hatte sich ja die erste Schrift Winckelmanns vom Jahre 1755 gewandt: »Gedanken über die Nachahmung der griechischen Werke in der Malerei und Bildhauerkunst« lautete ihr Titel, und das Ziel solcher Nachahmung war, naiv genug formuliert, »um selbst unnachahmlich zu werden«. Aber es vergingen wieder mehr als dreißig Jahre, bis diese Lehre zündete – noch hatte inzwischen das gräzisierende Rokoko Wielands sich ausbreiten können; und wenn es vom Sturm und Drang bekämpft wurde, so geschah es noch nicht mit Winckelmanns puristischer Theorie, sondern aus der damals shakespearischen Auffassung der Antike als »Natur«, der homerischen Helden als handfester »Kerls«, wie Goethe es in seiner Satire »Götter, Helden und Wieland« dem schönen Alceste-Libretto gegenüber formuliert. Aber von der Naturvergötterung geht es zur Vergottung der Kunst; denn das ist ja das dogmatische Absolut-Setzen der Antike. Längst war Winckelmann nicht mehr aktuell, da wurde er es wieder durch die Autorität Goethes, den eine ganz persönliche Entwicklung zu dieser Entscheidung führte. Doch waren es andere Voraussetzungen als bei Winckelmann und jenen frühen Klassizisten, die ihn in der Antike die Rettung gewahren ließen: Er brauchte Befriedung für ungestillte Sinne, Ruhe vor allzu heftigem Verströmen, Befreiung von einem fast christlichen Sich-schuldig-Fühlen im Bekenntnisdrang; und neben alledem war es ein Verlangen nach Norm und Gesetz, nach rationaler Bändigung eines im Grund vulkanischen Schöpferdrangs, Erlösung des Subjektiven im objektiven Kunstwerk. Vor den antiken Statuen erfuhr er es wie eine Offenbarung und konnte es nur in die Worte fassen »da ist Gott«. Der Charakter einer echten Bekehrung erweist sich alsbald darin, daß er andere auch des gewonnenen Glückes teilhaft machen muß – es beginnt mit Wilhelm Tischbein, der noch eben im altdeutschen Sinn der Schweizer ein Konradin-Gemälde vollendet hatte und nun zu antikischen Darstellungen bestimmt wird, die ihn ganz aus seiner Bahn bringen. Dem neuen Glauben an Norm und

Gestalt opfert Goethe selbst sein Liebstes, sein geniales Zeichnen nach der Natur, mit dem es in Italien zu Ende ist, wie er es selber später nicht ohne Bedauern feststellt. Dafür läßt er andere gleichsam für sich arbeiten, wenn er später die Weimarer Kunstpolitik auf die Erfüllung von Preisaufgaben nach antiken Stoffen beschränkt – die Nachahmungstheorie Winckelmanns wird, ein halbes Jahrhundert später, auf diese Weise verwirklicht. Aber der Erfolg ist gering, so mäßig Goethes Anforderungen sind – ihm persönlich bleibt sozusagen die Freude an kultischen Gebrauchsgegenständen, mit denen er sich, solange es geht, gegen die heraufkommende romantische Kunstgesinnung abschließt. Dieser deutsche Klassizismus unterscheidet sich von jedem anderen Klassizismus eben durch den religiösen Einschlag, den wir etwa im gleichzeitigen Frankreich nicht finden, wo zudem die organischere Entwicklung aus der römischen Antike erfolgt, nicht wie in Deutschland aus dem Hellenismus, und sowohl mit dem in der Revolution verkündeten römischen Republikanertum wie mit dem späteren Napoleonischen Imperialismus einigermaßen aktuell motiviert ist. Das Seltsamste aber ist, daß Goethe als Schöpfer, als Dichter nicht Klassizist wird, wenigstens nur auf kurze Frist, wo er sich öfter des Hexameters bedient und mit Schiller Betrachtungen über die klassischen epischen Gesetze anstellt, ja mit der Achilleïs den Homer fortzusetzen beginnt – seine großen und bleibenden Werke folgen keiner vorgefaßten Theorie, ja, im Ausland wird er später als der größte Exponent des Romantischen gelten. Und hier, im Produktiven, ist auch sofort die Beziehung zur Zeit und hilft sogar den Begriff des Romantischen zu begründen.

Roman-Romantik

Für unser Auge pflegt ein historisch Epochales sich erst zu festigen und greifbare Gestalt anzunehmen, wenn es einen Namen trägt, durch Benennung aus dem unendlich Vielfältigen herausgehoben wird. Was bei Kulturepochen meist erst nachträglich geschieht, da eine Sache, die schon da ist, posthum ihre Rubrizierung erfährt – oft durch einen abschätzigen Begriff, der später zum Ehrennamen wird –, das ist bei der Romantik gleichzeitig geschehen: Das Zusammenschießen aller romantischen Substanz erfolgt in den gleichen Jahren, wie der Name auftaucht: aber beides in zunächst sehr verschiedenem Sinne von ganz verschiedenen Menschen repräsentiert. Goethe ist hierbei nicht unbeteiligt: durch sein Schöpferisches steht er mit an ihrem Beginn; durch seine Theorie hat er sich am Ende gegen sie gewendet. Es war einer der Versuche Goethes, sein durch Italien nach eigenem Geständnis verlorenes Dichtertum wiederzugewinnen, daß er alte Pläne wieder aufgriff und, wie später den Faust, jetzt die »Theatralische Sendung« umzuarbeiten begann – seit 1795 erscheinen Wilhelm Meisters Lehrjahre. Wenn er die neue Fassung auch in der nun erwählten objektiven Kunstweise ausführt, so taucht er doch mit dem Stoff in die alte Shakespeare-Begeisterung der Jugendzeit zurück, die nun das Zentrum eines abenteuerlichen Wandertheaters wird, das vom Weimarer Hoftheater, dessen Direktion er jetzt innehat, wie Sturm und Drang von Klassik sich unterscheidet. Theater und Shakespeare – das war doppelte Romantik: denn der größte Dramatiker der Neuzeit konnte gewiß nicht als »Klassiker« im Sinn der edlen Einfalt und stillen Größe gedeutet werden. Es gab bei ihm auch genug spezifische romantische Elemente wie im Hamlet, der hier im Vordergrund stand; schon die Erscheinung des Geistes bot zu unendlicher Diskussion der Darstellung Anlaß. Durch das Wandern mit der Truppe kam zugleich etwas Neues in den Bereich des Romans: eine unendliche Bewegtheit mit ständig wechselndem Schauplatz, mit schrankenloser Freiheit zum Durchstreifen der Welt zu immer neuen Abenteuern; Einkehr auf einsamen Schlössern, Mischung von Kunstbeflissenheit und Adelsgönnertum – es war ein unerschöpfliches Thema angeschlagen. Von hier aus haben die Brüder Schlegel, damals in Jena in Goethes nächster Nähe und seine beredtesten Verehrer und Verkünder, den Begriff des »Romantischen« in die Zeit und in die Zukunft projiziert, den sie als historische Philologen bisher nur für die Poesie der Ritterzeit angewendet hatten, als Gegensatz zur antiken, denn im christlichen Mittelalter war von den »Romanen« – Provenzalen, Franzosen, Spaniern, Italienern – diese Dichtart zuerst ausgebildet worden, und alle Epik trug von da den Namen »Roman«.

Wie sehr sich Goethe selber schon in einem tieferen Sinne romantisch gab, wird daraus deutlich, daß er jetzt sein Italienerlebnis in romantischer Spiegelung sieht: die geheimnisvollen Gestalten Mignons und des Harfners nennt schon Friedrich Schlegel mit Recht romantisch. Die verzehrende Sehnsucht und Melancholie, die in ihren Gesängen lebt, war der stärkste seelische Ausdruck der ganzen Dichtung. Ja, das Aufklingen solcher Lyrik überhaupt aus der Prosa der Erzählung und Rede ist die gewaltigste Neuerung. Schlegel, der von dem Inbegriff der unendlichen Möglichkeiten dieses Romans bereits den Begriff des neuen Romantischen herleitete, hätte noch mehr in der Einfügung der Lieder eine »Romantisierung« dieser Gattung sehen können. Mit Goethes Meister aber wird nun faktisch der Typus des romantischen Romans für die Dauer begründet. Dasselbe Prinzip der Einflechtung von Liedern mit dem ewig wechselnden Schauplatz wird schon in Tiecks »Sternbald« (1798) weitergeführt (ursprünglich auch als Theaterroman geplant). Zwei Jahre später folgt, mit bedeutenderer Liederfülle, der »Godwi« von Brentano; als Neues kommt hier hinzu die Rheinromantik mit ihren verfallenen Burgen, mit der Erfindung des Mythus von der Lore Lay. Arnims »Dolores« und manche seiner Novellen sind zu nennen, der »Florentin« der Dorothea Schlegel – alles mit den nun schon obligatorischen Requisiten. Die Vollendung bringen Eichendorffs Romane. Naturhafter und erlebter als bei den andern ist die Poesie des Waldes, der Jägerlust – von Schloß zu Schloß geht's durch die Lande, und nie auch fehlt die Theatertruppe, in der ein Höherer vermummt und unerkannt mitspielt –, alles als Gegenwart, ohne das eigentlich Phantastische oder Zurückgewandt-Historische, das ein Novalis im »Ofterdingen«, Brentano in der Chronica, Arnim in den »Kronenwächtern« hinzufügen. Ganz zuletzt hat wieder Goethe, symbolisch schon mit dem Namen der »Wanderjahre«, alles zusammengefaßt und mit dem Blick in eine nüchterne Zukunft auch beendet. Welch ein großes Stück deutscher Romantik erweist sich so als konform mit Goethe, ja von ihm eigentlich begründet! Hier ist kein Ansatz zu irgendwelcher Gegenwirkung Goethes gegen diese von ihm sich herleitende Romantik, mag sie auch wachsend stärker die Natur, die Vielfalt deutscher Landschaft, den Wald mit seinen Stimmungen einbeziehen. Auch wo diese Romankunst in einzelnen Fällen ins Historische zurückgreift, Märchenhaftes

Titelblätter deutscher romantischer Literatur
Die Zeitschrift »Phöbus«, herausgegeben von Heinrich von Kleist, 1808 (oben links)
»Herzensergießungen eines kunstliebenden Klosterbruders« von Wilhelm Heinrich Wackenroder, 1797 (unten)

Quartettabend bei Bettina von Arnim
Aquarell von Johann Carl Arnold, 1854/56
Frankfurt a. M., Goethe-Museum

aufnimmt, altdeutsches Kostüm und Milieu beschwört, war ihm dies kein Grund zur Ablehnung, wie er denn dem Dichter – im Gegensatz zum Künstler - völlige stoffliche und formale Freiheit zugestand und in seinem eigenen Schaffen sich ihrer bediente. Wo es Ablehnung gab, war diese gegen den besonderen Charakter, gegen vermeintliche Schwäche oder sonstigen Unwert gerichtet, wie das aller Art von Produktion gegenüber geschehen kann. Und auf einem anderen Gebiet, dem der Lyrik, erscheint Goethe sogar als Förderer und Lobredner des von der Romantik Geleisteten, wenn er Arnims und Brentanos Sammlung alter deutscher Lieder im »Wunderhorn« aufs lebhafteste begrüßt und in meisterhafter Charakteristik jedes einzelne Gedicht liebevoll durchgeht. Er wird auch später all dies kaum je unter den Begriff des Romantischen fassen, obgleich es gerade das ist, was auch bei anderen Nationen, Engländern und Franzosen, das Romantische heißt. Es war etwas anderes, anderer Herkunft und anderen Ziels, was vor seinen Augen den Begriff eines Romantischen annahm, durch das er seine klassische Haltung gefährdet sah.

Der Klosterbruder

Wer von dem Buch, das hier am Anfang steht, nur den Titel kennt – »Herzensergießungen eines kunstliebenden Klosterbruders« –, der wird leicht eine rückwärtsgewandte, eng religiöse Haltung vermuten und an die Zelle etwa eines mittelalterlichen Einsiedlers denken. Wer aber wirklich liest, der findet da etwa das letzte Stück, überschrieben »Das merkwürdige musikalische Leben des Tonkünstlers Joseph Berglinger«, mit den Worten eingeleitet: »Ich habe mehrmals mein Auge rückwärts gewandt und die Schätze der Kunstgeschichte vergangener Jahrhunderte zu meinem Vergnügen eingesammelt; aber jetzt treibt mich mein Gemüt, einmal bei den gegenwärtigen Zeiten zu verweilen und mich an der Geschichte eines Künstlers zu versuchen, den ich seit seiner frühen Jugend kannte und der mein innigster Freund war.« Es folgt die tragische Geschichte eines Musikers, der den übermächtigen Eindruck der neuen und höchsten Kunst der Zeit erlebt und daran scheitert, daß er sich mit dieser Kunst einsam und allein fühlt, »die im wirklichen irdischen Leben keine andere Rolle spielt als Kartenspiel oder jeder andere Zeitvertreib«. Es ist die verhüllte Lebensgeschichte des Verfassers selbst, der 1798, ein Jahr nach dem Erscheinen seines Buches, fünfundzwanzigjährig starb. Dieser Wilhelm Heinrich Wackenroder war in Berlin, der eigentlichen Metropole der Aufklärung, geboren und aufgewachsen, früh von dem bedeutenden Musikleben der Stadt berührt, wo neben der Oper schon die Symphonien Haydns und Mozarts zu hören waren, Mozart im Jahre 1789 hier selbst erschien, von Wackenroders Freund Tieck erkannt und enthusiastisch begrüßt. Wackenroder treibt selbst Musik; widmet sich neben dem ungeliebten juristischen Studium dem Altdeutschen, an den Ausgaben Bodmers, und muß darüber anfangs noch Tiecks Spott leiden. Als zwanzigjährige Studenten beziehen die Freunde die damals preußische Universität Erlangen. Und von da aus treten sie ihre Entdeckungsreisen nach Bamberg, Bayreuth, Nürnberg an. Sie erleben in Bamberg die erste Prozession, das erste Hochamt mit voller Instrumentalmusik.

Und wenn Nürnberg ihnen die alte deutsche Kunst, Architektur wie Malerei, mit ungeahnter Herrlichkeit vor Augen führt, Bibliotheken ihnen die alte Literatur lebendig machen, so können sie in der bedeutenden Galerie von Schloß Pommersfelden die Wahrung der christlichen Stoffwelt bis in Renaissance und Barock hinein verfolgen – eine uns selbstverständliche Erkenntnis, die aber der damaligen Menschheit abhanden gekommen war. Hörten sie nun in den Kirchen Musik von denselben Meistern, die sie bisher nur aus dem Konzertsaal als Symphoniker kannten oder sich im Quartettspiel vertraut gemacht hatten, so kam ihnen die andere Wahrheit zum Bewußtsein, daß auch die modernste, kühnste und freieste der Künste, eben die Kunst der Symphonik und Kammermusik, ausschließlich von katholischen Komponisten geschaffen worden war. Das alles durchdrang sich gegenseitig in Wackenroders Geist, die Überlegenheit der südlichen Kultur wurde ihm deutlich, das Wahren einer ungebrochenen Kontinuität seit dem Mittelalter und zugleich die erreichte Höhe in der neuesten Kunst. Und so bildete sich ihm die Gestalt eines Paters des Barock, der ganz im Schauen von Natur und Kunst lebt und in dessen Gesichtskreis die christliche Malerei und die neue Musik mit der gleichen Intensität hervortreten konnten, geeint in einem neuen Weltgefühl, das aus dem älteren organisch hervorgegangen schien.

Ein Jahr nach Wackenroders Tod gab Tieck aus seinem Nachlaß, untermischt mit eigenen Beiträgen, die »Phantasien über die Kunst für Freunde der Kunst« heraus, in welchen das Übergewicht der Musik noch deutlicher wird, vor allem in dem Aufsatz »Das eigentümliche innere Wesen der Tonkunst und die Seelenlehre der heutigen Instrumentalmusik«. Solche Einbeziehung einer Gegenwartskunst war für die deutsche Romantik die entscheidende Wandlung, das eigentliche Zusichselbstkommen der Bewegung, ihr Unterschied fortan von aller übrigen europäischen Romantik. Nur eine Ausnahme gibt es: England, wo mit dem Händelfest 1784 in London nun eine längst vollendete Musik ins Gedächtnis gehoben wird, wenn auch ohne Beziehung zur sonstigen englischen Romantik. Denn es war protestantische Musik in einem protestantischen Land, das in dieser Kunst nicht selber mehr schöpferisch war. Nur das Musik-Erleben selbst, wie es Burney beschreibt, trägt in seiner Überschwenglichkeit romantische Züge. Auf das Festland wirkte es nicht hinüber, wo erst um 1830 eine Händel-Renaissance begann. In der deutschen Romantik aber wurde eine alte konfessionell-kulturelle Trennung überbrückt, wenn die im katholischen Süden entstandene Musik von der protestantischen Geistigkeit aufgenommen ward, während es neue protestantische Musik seit Bach und Händel nicht mehr gab und vom Geistigen nur die Literatur übrig war, die Welt der Sprache, der Dichtung und geistigen Deutung: die jetzt in diesem Jüngling von tiefster seelischer Empfängniskraft sich einen Sprecher und Deuter geschaffen hat. Waren die drei »Tendenzen«, die Friedrich Schlegel für seine Zeitschrift Athenäum formulierte, die Französische Revolution, Fichtes Wissenschaftslehre und Goethes Meister, so bedeutete dies eben literarische Revolution. Wenn man aus Wackenroder drei Tendenzen ableiten will: die Belebung der altdeutschen Studien, die Wiederbringung der christlichen Kunst und die Rezeption der südlichen Macht der Musik, so darf man eher vom Streben nach einer zweiten Reformation sprechen, in allen drei Fällen einer Wiedergutmachung der tragischen Folgen der ersten. Wird auch diese Beziehung erst allmählich im Lauf der Bewegung bewußt, so findet das Religiöse, um das es zuhöchst geht, bereits in Wackenroder den vollkommenen Ausdruck und ist für beides, die alte wie die neue Kunst, in Anspruch genommen. Für die christliche Kunst scheint es sich von selbst zu verstehen und ist von Goethe, den Schlegel und der nachfolgenden klassischen Bildung nur so aufgefaßt worden. Aber es gilt ebenso für die große Musik, die auf eine uns heute nicht mehr vorstellbare Weise als das Noch-nicht-Dagewesene die Menschen überwältigte. Bis zu E. T. A. Hoffmann geht durch die ganze Romantik hier ein geheimes Einverständnis. Wenn Wackenroder von der »tief gegründeten unwandelbaren Heiligkeit« spricht, die dieser Kunst vor allen anderen eigen sei; wenn er sagt, »daß sie gar nicht vermag, das Verworfene, Niedrige und Unedle des menschlichen Gemüts auszudrücken«, so klingt dies nicht zufällig nach Schopenhauer: denn dieser hat, nachweislich, die Phantasien über die Kunst gelesen, und hier entspringt seine Metaphysik der Musik, mit der er völlig der romantischen Bewegung angehört. Und wenn es Wackenroder einmal in vollem Bewußtsein ausspricht, »es ist mir gelungen, einen neuen Altar zur Ehre Gottes aufzubauen«, so ist in diesem »neu« nicht zuletzt auch die Musik begriffen. Goethe übersah das »neu«. Er, dem christliche Vorwürfe »widerstrebende Gegenstände« für die bildende Kunst waren, mußte Ärgernis an dem »Altar zur Ehre Gottes« nehmen – seine »Propyläen« verraten schon mit dem Titel und seiner Erläuterung die jetzt anhebende Gegenwirkung: »Der Jüngling, wenn Natur und Kunst ihn anziehen, glaubt, mit einem lebhaften Streben, bald in das innerste Heiligtum zu dringen; der Mann bemerkt, nach langem Umherwandeln, daß er sich noch in den Vorhöfen befinde.« Hier tritt die ganze Unvereinbarkeit der klassischen und romantischen Kunstauffassung zutage: Der Klassizist konnte die Kunst in den Vorhöfen verehren, da sie das einzig Erlebbare war, nicht aber die Religion, die einst hinter ihr stand. Hinter der christlichen Bildwelt aber lebte die Religion, die nicht ein wählbarer Gegenstand gewesen war, sondern ein alles inspirierender Glaube. Sie konnte nur wiedergewonnen werden durch liebende Einfühlung, durch nahefühlende Andacht zur Kunst. Was aber stand hinter der wortlosen Musik? Sie ist auch eine Welt des Glaubens: »So schließ' ich mein Auge vor all dem Krieg der Welt – und ziehe mich still in das Land der Musik, als in das Land des Glaubens, zurück, wo alle unsere Zweifel und unsere Leiden sich in ein tönendes Meer verlieren.« E. T. A. Hoffmann hat später dieses Land des Glaubens das »romantische Geisterreich der Musik« genannt, das schlechthin Übergeordnete einer höheren geistigen Sphäre, die dem Menschen als neuer Aufblick zum Göttlichen gegeben ist. Ohne die Musik, die auch den neuen lebensnahen Sinn des Religiösen erst verdeutlicht, wäre die Romantik gegenüber der Klassik gleichsam wehrlos – die Musik ist ihr erwählter fester Pol, wie es für die Klassik die antike Plastik war. Wir verstehen dann, warum die Romantik aus sich heraus keine eigene Plastik und Architektur hat schaffen können. Das bei aller sinnlichen Macht Ungreifbare der Musik war nicht mehr in Gestalt und feste Räumlichkeit zu bannen, es war selber geistige Bewegung im Öffnen und Schließen, Wandel und Werden unsichtbarer Seelenräume. Das ersetzte die Raumerlebnisse der Baukunst. Musik als abgeschlossene Schöpfung trat an die Stelle der großen Architektur.

Bruderschaften

In Zeiten geistiger Entscheidungen wird auch in der individuell zersplitterten Neueren Welt oft plötzlich ein höheres Gemeinsames gesichtet, für das sich Einzelne oder Mehrere zusammenschließen, die ihrem Wesen nach sonst sehr verschieden sein können. Zusammenarbeit mit anderen wird gerade bedeutenderen Menschen nur möglich, wo ein Übergeordnetes und nicht nur das Persönliche gefördert werden soll. So wird dann die Struktur der Zeit, der wir sonst nach der Entwicklung einzelner Großer zu folgen gewohnt sind, in Freundschaften und Bruderschaften aufgegliedert, die den individuellen Anteil manchmal kaum mehr erkennen lassen. Und diese Gemeinschaften finden sich wieder zu anderen, ergänzen sich, verschmelzen sich, zweigen auch voneinander ab, sich zu bekämpfen, so daß der Anblick der Epoche so reich wie verwirrend sich gestaltet. Es sind vielleicht nicht die größten Schöpferzeiten, aber sie wirbeln die meiste schöpferische Substanz herauf und lassen eine veränderte Atmosphäre zurück, die bis in den Alltag spürbar wird. Die romantischen Bünde unterscheiden sich von anderen – etwa dem Sturm und Drang, aber auch dem Bündnis von Schiller und Goethe zur Zeit der Xenien und Horen –, daß sie nichts abgrenzen, nichts angreifen, noch kaum etwas verteidigen. Sie sind von etwas erfüllt, das ansteckt, einer Begeisterung, die unwillkürlich wirbt, einem Feuer, das andere entzündet. Die Brüder Schlegel gehören demnach ursprünglich nicht zu ihnen; das Kritisch-Polemische ist zu stark in ihnen ausgebildet; aber sie werden nach und nach gewonnen und treten dann erst eigentlich zu der Bewegung hinzu. Als das erste dieser Bündnisse durch Wackenroders frühen Tod zerbricht, wird Tieck der Träger seines Vermächtnisses. Das nächste ist, daß er den mit dem Freunde begonnenen Roman »Franz Sternbalds Wanderungen« allein zu Ende führt. Was er eigenes hinzubringt – wie er es auch schon in die »Herzensergießungen« und die »Phantasien über die Kunst« gemischt hat –, besteht in einer leichten formalen Fähigkeit zur Versifikation und einer reichen Phantasie, wodurch er zum ersten namhaften romantischen Dichter wird, mit Stimmungslyrik und altdeutsch und volksmäßig orientierten Dramen und Märchen. Sein Talent zur Einfühlung und Weitergabe von Anregungen macht ihn zum weitwirkenden Vermittler romantischer Substanz. Sein Persönlichstes im Sternbald sind die vielen phantastischen Beschreibungen von Bildern, die man malen solle – Landschaften, Sonnen-Auf- und -Untergänge, die vielleicht gerade, weil sie dichterisch nicht gestaltet waren, die bildenden Künstler zur Verwirklichung aufforderten –, sie haben auf Runge und Friedrich den größten Einfluß gehabt. Anderes geht einfach von Mensch zu Mensch im vertrauten Gespräch und kann nur geahnt werden – so wirkt er auf Novalis, der ihm unerwartet den verstorbenen Freund ersetzt und den er nun mit dessen Ideen entzündet und ihn dem früheren Bündnis mit Friedrich Schlegel abwendig macht, das sich in Spekulationen im Sinne der Fichteschen Ich-Philosophie erschöpft hatte. Altdeutsche Kunst und Poesie werden auch das Element des Novalis, und eine organische Folge verbindet schon drei symbolische Gestalten, die das romantische Weltverhältnis in immer tieferer Zurückwendung in die Geschichte bezeichnen: War der »Berglinger« als Musiker der typische Ausdruck des 18. Jahrhunderts, führte der »Sternbald« als bildender Künstler in die Dürerzeit zurück, so versetzt der »Ofterdingen« in das 13. Jahrhundert, die höchste Zeit der alten Dichtung, mit der sagenhaften Figur aus dem Wartburg-Sängerkreis; wo aber nun der Mythiker Novalis das herrlich Vergangene als eigenste Bildwelt in die »goldene Zeit am Ende« projiziert. Hier blüht die blaue Blume der Romantik, und mystische Todessehnsucht, wie sie schon in den Hymnen an die Nacht erklang, geht ein in magische Verwandlungen. Das eigentliche Manifest der Frühromantik aber, das die größten Geschichtsperspektiven aufweist, hat damals die Zeit verfehlt – »Die Christenheit oder Europa« findet schon im Kreis der Freunde, als Novalis es 1799 in Jena vorliest, nur geteilte Zustimmung. Von den Brüdern Schlegel gefragt, rät Goethe von der Veröffentlichung im »Athenäum« ab, der angeblich katholisierenden Tendenz wegen, da er die weitere Diskreditierung der ihm noch Verbundenen befürchtet. Im übrigen verhält er sich wohlwollend und zollt Tiecks Vorlesung seines Dramas »Genoveva« gleichzeitig hohes Lob – der freien Dichtung billigt er die Sympathie mit dem Christlich-Mittelalterlichen zu, die er der grundsätzlichen Betrachtung verwehrt. Nach diesem Blütejahr romantischer Sammlung löst sich der Jenaer Bund; aber vereinzelt und über die Ferne zeigen sich die Brüder Schlegel jetzt den Anschauungen von Wackenroder, Tieck und Novalis gewonnen und ziehen auf zwei verschiedenen Gebieten davon die Konsequenzen. Der ältere, Wilhelm, greift in seinen Berliner Vorlesungen das allgemeine Literarisch-Kulturelle auf, setzt hinter die Fortschritte seit Reformation und Buchdruckerkunst ein Fragezeichen und endet 1804 mit einer begeisterten Charakterisierung des Nibelungenliedes, gibt Proben eigener Übersetzung aus den Bodmerschen Texten – die ernste wissenschaftliche Beschäftigung mit unserer Nationalpoesie beginnt. Der Bruder Friedrich hat sich nach Paris gewendet und gewinnt vor den altdeutschen Gemälden, die Napoleon dort zusammengebracht hat, ein Interesse für bildende Kunst, das ihm an sich fremd war. Kannte er bisher nur Raffael und Gipsabgüsse antiker Plastik, so erlebt er jetzt eine völlige Umkehr; entscheidend wirkt dazu die Begegnung mit einer Bruderschaft eigener Art, als die wir die Brüder Boisserée mit ihrem Freund Bertram bezeichnen müssen. Sie sind die ersten Romantiker katholischer Provenienz, die, von der neuen Bewegung berührt, die Fülle der ungebrochenen Tradition ihrer Vaterstadt Köln hinzubringen. Sie führen Schlegel, der noch nie eine gotische Kirche betrat, nach Notre-Dame, machen ihn auf einer Reise über Belgien nach Köln mit der alten kirchlichen Architektur und Bildkunst bekannt, und er wird Zeuge des Beginns ihrer Rettung und Sammlung altniederländischer und Altkölner Gemälde. Es wundert uns nicht, daß er die Zeitschrift, die er seit 1803 in Paris herausgibt, »Europa« genannt hat, in nachträglicher Anerkennung des einst verworfenen Manifests des Novalis, das im Freundeskreis kurz »die Europa« hieß. Aber wie haben auch die Zeiten in wenig Jahren sich gewandelt! Was Wackenroder aus geringer Anschauung, Novalis fast ganz aus der Idee den Menschen ins Gedächtnis gerufen hatte: die christliche Bau- und Bildwelt – das lag jetzt in Trümmern oder wurde aus der Zerstörung auf den Markt geschleppt. In Frankreich war es die Revolution, in Deutschland die Folge des Friedens von Lunéville und des Reichsdeputationshauptschlusses, daß die Dome zerstört oder auf Abbruch verkauft worden waren und ihr Inhalt, die Bilder, Skulpturen, sakralen Gefäße aus den säkularisierten Klöstern und Kirchen, verschleudert, geraubt, in den Handel gerieten – unendlich Herrliches kam, für die meisten jetzt erst, zum Vorschein und weckte Mitgefühl, Interesse, bald Leidenschaft und Liebe zum künstlerischen Reichtum der Vorwelt. Damit beginnt eine zweite Phase der Romantik: Das jetzt Anschaubare ruft nicht nur nach Rettung und Bewahrung – es scheint zur Nachfolge aufzufordern, will noch einmal im gegenwärtigen Leben seine Stätte finden. Der dies zuerst in Worte faßt, ist Friedrich Schlegel. Noch in der »Europa« ruft er dazu auf, nur noch den alten Meistern zu folgen; und er zieht für sich die Konsequenz, zur alten Kirche zurückzukehren. Der Glaube, dem so viel Unrecht widerfährt, er muß der rechte sein. So entsteht die eine Art romantischer Kunst, die später Nazarenertum genannt wird: man will wie die alten Meister leben und schaffen, und nicht selten nimmt man deshalb auch den alten Glauben wieder an. Aber im Norden und Osten Deutschlands, wo von jenen erregenden Vorgängen wenig zu spüren ist, fehlt auch der unmittelbare Einfluß der alten Kunst, und das Neue entsteht aus Wirkungen, die über Tieck und Novalis noch von Wackenroder ausgehen: Was in dem Kapitel von den zwei wunderbaren Sprachen, der Natur und der Kunst, in den »Herzensergießungen« gesagt ist, das war schon im »Sternbald« als Einheit der Landschaftskunst gefaßt und beschrieben; den norddeutschen Malern Runge und Friedrich wird dies ein erregendes Buch und macht ihnen Mut, an Stelle des historischen Gestaltenbildes das Erlebnis der Natur als eigene Kunst zu setzen. Spricht Runge von der »Neuen Landschaft«, so gibt er sie doch selten allein und unmittelbar wieder, sondern läßt die Naturvorgänge etwa der Tageszeiten durch eine gestalthafte, im Umriß fast noch klassizistische Blumen- und Blumengeister-Symbolik sprechen. Es spielt herein Jacob Böhmes Blumensymbolik, die er persönlich durch Tieck in Dresden kennenlernt, es spielt herein die Musik – seine Bildfolgen sind gedacht wie »Sätze einer Symphonie«. Bei C. D. Friedrich ist es dagegen die Stimmung und Gestimmtheit der Natur selber, die große Musik des Alls, was er in seine Gemälde faßt. Es ist die Vergeistigung dessen, was dem Protestantismus nach Wegfall der heiligen Bildwelt in der Landschaft geblieben war – beide Meister sind tief fromm, aber ihre Religiosität teilt sich nicht durch heilige Gestalten mit. Runges Symbolik ist bis in die Bedeutung der Farben immanent religiös. Friedrich bedarf in seiner Allbeseelung nur selten eines Symbols, wie etwa des Kruzifixes im Gebirge oder der naturverfallenen gotischen Kirchenruine, welche die Vergänglichkeit – auch der Kunst und Religion – vor dem wahrhaft Ewigen erscheinen läßt.

Einbruch des Politischen

Es ist für die romantische Bewegung charakteristisch, daß sie wandert und immer andere Mittelpunkte gewinnt. Das liegt nicht nur im Wesen der »Bewegung«, die sich überallhin ausbreitet; auch nicht am Mangel einer geistigen Hauptstadt, wie Paris und London es sind, wenn die Vielheit der Residenzen auch notwendig mitspielt, durch äußere Schicksale allmählich sogar eine wichtigere Bedeutung erhält – es ist das Politische, was hier tief bestimmend eingegriffen hat. Wenn Künstler wie Runge und Friedrich sich 1803 in Dresden treffen, so wirkte hier noch der normale Anziehungspunkt der Residenz mit Galerie und Akademie und bedeutenden älteren Meistern; genau wie beide vorher die Kopenhagener

Akademie besucht hatten. Wenn aber 1808 in demselben Dresden ein romantischer Kreis sich bildet, wo zu dem dort nun ansässigen Maler Friedrich der Dichter Kleist und der romantische Staatsphilosoph Adam Müller sich gesellen und da ihre Zeitschrift »Phöbus« herausgeben, so geschieht dies, weil Sachsen in den Napoleonischen Kriegen noch ein neutraler Staat ist, wo man noch freier reden, schreiben, schaffen kann. Fast alle Standorte der Romantik sind, seit die friedlichen Zeiten von Jena oder Berlin vorüber waren, nicht gewählt, sondern durch die politischen Veränderungen erzwungen. Die altüberlieferte dynastische Ländervielfalt ist durch die immer neuen Kriege und Friedensschlüsse zu einer wahren Zerklüftung geworden, wo feindliche, befreundete, neutrale Gebiete, je nach ihrem Verhältnis zum Eroberer, bunt durcheinanderliegen und immer die Ungewißheit besteht, was von heute auf morgen durch neue Koalitionen sich ändert. Glaubt man etwa, Heidelberg sei seiner Landschaft und seiner romantischen Atmosphäre wegen das wichtigste Zentrum der jüngeren Romantik geworden, so darf man nicht vergessen, daß es einem Rheinbundstaat angehörte und hier ein Leben und Schaffen wie im Frieden möglich war. Im Jahre 1803 war die Universität unter Karl Friedrich von Baden neu organisiert worden, Dozenten wie Creuzer und Görres lehrten, und um die Freunde Arnim und Brentano, die am Wunderhorn und an der Einsiedlerzeitung arbeiteten, bildete sich ein neuer geistiger Kreis. Zwar treibt die unglückliche Schlacht von Jena den Preußen Arnim für zwei Jahre fort; dafür treffen 1807 die beiden jungen Barone Eichendorff in Heidelberg ein; wiederum nicht aus Neigung und langgehegter Absicht, sondern weil ihre bisherige Universität Halle ihnen verschlossen ist, da Napoleon sie nach der Schlacht bei Jena aufgehoben hat. Auch die Boisseréesche Bildersammlung zieht sich 1810 hierher, weil sie sich da sicherer fühlen darf als im französischen Köln.

Eine gegenteilige Anziehung geht in den Jahren von 1809 bis 1811 von Berlin aus, das zwar französisch besetzt ist, aber nach der Rückkehr des Königs patriotische Männer zum Zusammenschluß lockt. Um Arnim und Brentano schließt sich die »Christlich-Deutsche Tischgesellschaft«. Unter Kleists Redaktion wird von ihnen und Adam Müller die erste regelmäßig erscheinende Zeitung »Berliner Abendblätter« gegründet, wo die Berliner Ausstellung der Bilder C. D. Friedrichs von den Freunden besprochen wird, Runges früher Tod einen feierlichen Nachruf erhält und zwischen Literatur und Kunst das Politische mit Kühnheit und Vorsicht behandelt ist. Auch die Brüder Eichendorff halten sich ein Jahr lang hier auf, siedeln dann aber, um ihre juristischen Studien zu vollenden, nach Wien über, wo seit Aspern und Wagram die Künste und Wissenschaften am freiesten sich entfalten. Dort hat sich bereits 1808 der Kreis um Friedrich Schlegel gebildet, zu dem nun auch Eichendorff gehört und der Wiener Theaterdichter Theodor Körner, dazu die Stiefsöhne Schlegels, die romantischen Maler Philipp und Johannes Veit. Adam Müller wird hier heimisch mit Pilat und Gentz. Aber schon vor ihnen allen hat sich hier eine romantische Sezession vollzogen: Die Maler Pforr und Overbeck, von den Eindrücken der Altdeutschen in der kaiserlichen Galerie ergriffen, die nach dem Krieg wieder eröffnet ist, trennen sich von der Akademie und gründen mit einigen Freunden den »Lukasbund«. Und nicht lange nach ihnen erscheinen die Brüder Olivier aus Dessau, die bisher in Paris geweilt hatten, um für ihren Fürsten sowohl ein Napoleonbild zu malen wie Altargemälde für die gotische

Kirche in Wörlitz: eine Taufe Christi und ein Abendmahl. Ganz nach Friedrich Schlegels Rat in enger Anlehnung an mittelalterliche Werke werden von geborenen Welsch-Schweizer Kalvinisten für den protestantischen Herzog Andachtsbilder geschaffen. Ferdinand und Friedrich Olivier entdecken dann die Salzburger Landschaft für die Kunst und bilden in Wien mit dem jungen Schnorr von Carolsfeld, und auch später in Rom, die protestantisch bleibende Gruppe der Nazarener. Denn Rom wird schließlich die letzte Zuflucht der Kunst in der Gefährdung und Unruhe der Zeit – die Stifter des Lukasbundes sind bereits 1810 dahin übergesiedelt und leben im säkularisierten Kloster San Isidoro nun als wahre Klosterbrüder. Nach Pforrs frühem Tod 1812 erfolgt der Übertritt Overbecks zur römischen Kirche, ein Schritt, den viele ihm nachtun werden.

Das Nationale

Ohne Zweifel hat das Zeitpolitische nicht nur Leben und Schicksal, sondern auch den Geist der Dichter und Denker beeinflußt und in vielem gewandelt. Die deutsche Romantik ist keineswegs von Ursprung das, was man heute national oder gar nationalistisch nennt und oft ohne weiteres bei ihr voraussetzt; sie ist eher universal gerichtet, gerade auch durch den Blick aufs Mittelalter, das ja gemein-europäische Kultur bedeutete. So hat Wackenroder mit seiner Begeisterung für das altdeutsche Nürnberg nichts gemeint, was anderes hätte ausschließen können oder müssen – sein Aufsatz »Über Allgemeinheit, Toleranz und Menschenliebe« sagt es deutlich: »Blöden Menschen ist es nicht begreiflich, daß es auf unserer Erde Antipoden gebe und daß sie selber Antipoden sind. Sie denken sich den Ort, wo sie stehen, immer als den Schwerpunkt des Ganzen, und ihrem Geiste mangeln die Schwingen, das ganze Erdenrund zu umfliegen und das in sich selbst gegründete Ganze mit einem Blicke zu umspielen.« Ein gültiges Zeugnis für solche Gesinnung sind die Übersetzungen: Dante, Shakespeare, Calderon, Cervantes, Ariost und Tasso werden durch Schlegel, Tieck, Gries der eigenen Sprache gewonnen, Brentano übersetzt mit seiner Frau spanische Novellen, gewinnt aus dem Neapolitanischen des Basile die Märchen des »Pentamerone« für seine eigene Märchendichtung; und noch Eichendorff erwählt sich zum abschließenden Alterswerk die Nachdichtung der Geistlichen Schauspiele des Calderon. Wie die Romantik ihren Namen von der Ritterpoesie der Provenzalen, Franzosen, Spanier, Italiener herleitet, noch ehe sie das Nibelungenlied kennt, so entdeckt sie in der Musik die alten Italiener: Palestrina, Leo, Durante, bevor sie Bach und Händel wieder lebendig macht. Und für die Nazarener werden die italienischen Primitiven, ja noch Raffael so wichtig wie die altdeutschen Meister. Alte deutsche Dichtung wird erst national empfunden angesichts der politischen Bedrohung – nach der Jenaer Katastrophe wird plötzlich das Nibelungenlied aktuell, in der Übertragung in neuere Schreibart durch einen Schüler Schlegels, von der Hagen. Auch Arnims und Brentanos Sammlung »Alter deutscher Lieder« wird erst nachträglich als ein national gemeintes Dokument verstanden; wenn auch aus Brentanos Worten wohl das Gefühl für die allgemeine Bedrückung hervorgeht, als er an

Arnim schrieb: »Man kann in dieser Zeit nicht dichten, sondern nur für die Poesie etwas tun.« Man mag es denkwürdig finden, daß das tröstlichste Zeugnis unvergänglichen Volkswesens, die Sammlung der »Kinder- und Hausmärchen« der Brüder Grimm, in der Zeit der Not, 1812, erscheint; aber in der Widmung an die Frau Bettina von Arnim steht nichts von Vaterlandsbedrohung. Und so wird auch ein Werk persönlichster Schöpfung, das nur zufällig jetzt ausgereift ist, Goethes Faust Erster Teil, 1808, eine nationale Sensation. Sein Dichter wächst plötzlich in die Rolle des Führers hinein, der das Deutschtum am herrlichsten repräsentiert. Eine ähnliche Wirkung als Zeugnis von alter deutscher Größe geht jetzt von Dürer aus, dessen Randzeichnungen zum Gebetbuch Kaiser Maximilians im gleichen Jahr im Steindruck erscheinen und von Goethe in aufsehenerregender Rezension gepriesen werden. Daraufhin nähern sich ihm die Retter und Bewahrer deutscher Kunst, die Boisserée (1811), und führen ihm den jungen Cornelius zu, der den Faust nach dem Vorbild Dürers »glühend und streng« mit seinen Zeichnungen versieht. Und zugleich wird an Goethes Jugend appelliert und das Interesse für den unvollendeten Kölner Dom geweckt, der später als Symbol der deutschen Einheit wiederhergestellt werden soll. All das läßt verstehen, daß dann im Befreiungskrieg die Künstler und Dichter voran sich in das Volksheer einreihen. Es ist wie überall die Reaktion auf den großen Eroberer, der eine noch aus dem 18. Jahrhundert stammende kosmopolitische Gesinnung in ein erwachendes Selbstbewußtsein der Völker umgeschaffen hat.

Spätromantik

Es scheint, als habe sich die Romantik mit diesem nationalen Einsatz erschöpft – das Werbende der »Bewegung« jedenfalls hört nach 1813 auf. Aber die Signatur der Zeit selber ist längst eine romantische geworden. Es kommt nichts wesentlich Neues mehr hinzu; es wird gesammelt, abgeschlossen, die Ernte eingebracht.

Romantik ist statisch geworden. Sie formt, bis ins Modische der »altdeutschen« Tracht, das Leben der Zeit, wie die Spanne um 1800 von Revolution und Empire ihren Stil antikisch erhalten hatte. Im Künstlerisch-Literarischen hat sie sich durchgesetzt; die nationalen Impulse, die sie aufnahm, sind nicht in der Form erhalten geblieben, in der sie bis 1815 wirkten – sie haben sich geteilt, und wenn sie auch noch eine romantische Zeitfärbung nicht verleugnen, sie machen keine einheitliche Weltanschauung mehr aus: sie sind politische Gegensätze geworden. Die Dynastien waren von den christlich-nationalen Vorstellungen nicht unberührt geblieben und bilden bald ihre eigenen romantischen Prinzipien aus. Gewisse Anregungen dazu liegen weit zurück: in seinem Fragment »Glauben und Liebe oder der König und die Königin« hatte Novalis in den Jahrbüchern der Preußischen Monarchie von 1798 dem jungen Königspaar Friedrich Wilhelm III. und Luise gehuldigt und ein patriarchalisches Ideal gemalt, wo Fürstentum und Republik ein unteilbares Ganzes bildeten. In dem Gelübde der Heiligen Allianz, die derselbe Friedrich Wilhelm 1815 mit Alexander von Rußland und Franz von Österreich schließt, finden sich ganz verwandte Formulierungen: wie daß sie ihre Untertanen als »Familienväter« beherrschen und sich gegenseitig als »christliche Brüder« lieben sollten. Dennoch wurde der heilige Bund ein Instrument nervöser Reaktion – schon der Freiheitskrieg war jetzt eine unwillkommene Erinnerung an die Volksheere der Französischen Revolution, und man begann in jeder geistigen Bewegung das Umstürzlerische zu wittern. Auf der anderen Seite ersehnte die Jugend, die studentische voran, von den Idealen alter deutscher Freiheit ebenso romantisch angehaucht, die Mitwirkung am Neuaufbau des Staates. Es kam zu den bekannten Unterdrückungen harmloser Kundgebungen, zu den Karlsbader Beschlüssen. Äußerlich wurde es ruhig, aber unterirdisch schwelte es fort, bis 1848 das paradoxe Bild sich darbot, daß Spätromantiker wie Kinkel und seine Genossen gegen das Gottesgnadentum des Spätromantikers auf dem Thron Friedrich Wilhelms IV. standen. Vermittelnd zwischen beiden meldet sich noch eine echte romantische Stimme: Bettina von Arnim verwendet sich für die Verurteilten beim König, widmet ihm ihre »Königsbücher«. Wieder taucht der Begriff vom »Volkskönig« auf, aber auch aus einem neuen praktischen Volksverstehen die soziale Forderung, die Fürsprache für die notleidenden unterdrückten Weber – »bauen Euer Majestät den Dom nicht in den Lustgarten, bauen Sie ihn in zerstreuten Hütten auf, dort in Schlesien«. Wie wenig dabei auch jetzt das errungene Nationalbewußtsein der Romantik sich etwa aggressiv nach außen wendet, zeigt Bettinas letztes Buch »Gespräche mit Dämonen«, wo ihr Freiheitsruf an die Polen, Gallier, Ungarn, Lombarden ergeht, sich nach langem blutigem Bruderzwist in friedlichem Zusammenklang zu einen. Denn durch Herder und die Romantik war gerade den Ostvölkern ein eigenes Sprach- und Geistesleben erst bewußt geworden. Man denke an Böhmen, wo jetzt die Besinnung auf eigene Vorzeit beginnt, die Clemens Brentano, jahrelang dort weilend, in seinem Drama »Die Gründung Prags« verherrlicht und in die abendländische Mythenwelt einbezogen hatte. Aber in Deutschland selbst hat sich nach der nationalen Enttäuschung seit 1815 eine tiefe Resignation der Gemüter bemächtigt. Es ist die Zeit, da Brentano seine innere Umkehr erlebt, mit seinem angestammten Katholizismus Ernst macht und am Krankenbett der stigmatisierten Nonne Katharina Emmerich jahrelang verweilt, ihre Visionen aufzeichnend. In Rom häufen sich die Konversionen der Künstler; in Wien und Berlin schließen sich Kreise protestantischer Erweckter zusammen; in Dresden wächst das System Schopenhauers heran, in dessen Pessimismus allein das romantische Erbe der Musik noch einen harmonischen Weltsinn wahrt. Andere flüchten sich in die Neutralität der Wissenschaft. Es ist gleichsam eine Säkularisation der Romantik, das heißt ihrer eigenen religiösen Impulse der Kunstandacht, wenn aus der Begeisterung für Nibelungen und Minnelieder die Germanistik entsteht, die ohne Berührung mehr mit dem Volksganzen die alten Texte richtigstellt, Grammatik und Lautgesetze an ihnen demonstriert; wenn aus der Liebe und Hingebung an die mittelalterliche Kunst die Kunstgeschichte entsteht. Der Geschichtssinn wird das große Vermächtnis der Romantik ans ganze 19. Jahrhundert – aber das helle Bewußtsein erstickt das naiv-schöpferische Vermögen und ist selbst dort jetzt bestimmend, wo die letzten Kunstwerke der ehemaligen Romantiker entstehen. Das München Ludwigs I. zeigt bereits die Wählbarkeit der Stile, die ein friedliches Nebeneinander des Klassischen und Romantischen ermöglicht. So kann derselbe Cornelius die Glyptothek, ihrer archäologischen Bestimmung nach, mit antik-mythologischen Fresken schmücken und die romantisch-romanische Ludwigskirche mit christlichen; in den Sälen der Residenz darf Schnorr von Carolsfeld in einem nur noch kostümlich-historischen Stil die Nibelungen malen. All das hat zwar noch den Reiz dessen, was im Süden an den alten Denkmalen erlebt, mit den Nazarenern zusammen geschaffen und geplant worden war: eine letzte, fast rührende, schon verschwebende romantische Atmosphäre. An die Stelle der wirklichen Bünde, in denen einst Kunst und Dichtung in gemeinsamem Planen und Schaffen entstanden, treten gedichtete Bünde: imaginierte Zusammenkünfte Gleichgesinnter, die ihre Dichtungen sich vorlesen, sie rechtfertigen und diskutieren. Hier ist Tieck der erste mit seinem »Phantasus«, den er benutzt, seine Märchen und romantischen Dramen vollständig zu einer großen Überschau zusammenzustellen, ehe er sich seinem Spätwerk, der realistischen Novelle, zuwendet. Bedeutender und weiterwirkend ist der letzte gedichtete Bund: E. T. A. Hoffmanns »Serapionsbrüder«. Die große Folie dieser Fülle phantastischer Erzählungskunst ist das, was von keiner Gemeinschaft hervorgebracht wird, aber um das sich wohl ein Bund scharen kann: die höchste romantische Kunst.

Die Musik

Ähnlich wie bei Wackenroder sind bei Hoffmann alle drei Künste: Dichtung, Malerei, Musik als Anlage da. Er ist nicht viel jünger als jener, hat aber schon viele Versuche, auf Kunst sein Leben zu gründen, hinter sich, ehe er im reinen Schriftstellertum sich bescheidet. Auch ihm ist Mozart frühestes Erlebnis, steht der »Don Juan« im Mittelpunkt. Durch Messe- und Opernkomposition, Malen von Bildern, Theaterdekorationen, durch Regieführen und Dirigieren versucht er sich an den verschiedensten Orten – Königsberg, Warschau, Bamberg, Dresden. Schon in Bamberg entsteht die Gestalt des Kreisler, des Eingeweihten in die höheren Welten der Musik, im steten Kampf gegen das Philistertum, dem die Botschaft aus der Höhe als Wahnsinn erscheint. Mitten in den Kriegswirren schreibt er 1812 in Dresden sein Märchen vom »Goldenen Topf«, schreibt er nach Fouqués Märchen seine »Undine«, die Oper, die nach dem Krieg in Berlin den größten Beifall findet. Aber das eigentliche romantische Reich bleibt ihm die in den hohen Meistern offenbarte Musik. Zu dem, was er mit Wackenroder verehrt, tritt ihm, dem länger Lebenden, noch der Zeitgenosse Beethoven, dem er in Rezensionen, vor allem der V. Symphonie, huldigt und persönlich dessen Dank dafür erntet. Bei ihm steht der Kanon des großen Musik-Erlebens fest: Gluck, Haydn, Mozart, Beethoven sind ihm die romantischen Künstler – es sind die, welche wir gerade die Klassischen nennen. Dieser Begriff bringt tiefes Mißverständnis in die Vorstellung vom Romantischen. Klassisch konnte ja hier nur Rangbegriff sein, und man wandte ihn rückblickend an, als man eine klassische Dichtung, die von Schiller und Goethe, konstituiert hatte und nun neben der Weimarer auch eine Wiener Klassik besitzen wollte. Aber im deutschen Sprachgebrauch fiel mit dem Rangbegriff der Stilbegriff des Antikischen zusammen, der doch ersichtlich für die Musik nicht in Betracht kam. Da jedoch das Romantische durch das Verdikt der Klassik in Mißkredit gekommen war, konnte man es für die große Musik nicht gut mehr anwenden. Nannte man diese jetzt klassisch, so blieb romantisch allein für alles Nachklassische übrig, für die spätere, schwächere Musik der Epigonen – diese wurden nun Romantiker genannt und werden es heute noch auf unseren Konzertprogrammen und in den Musikkritiken. So gab es plötzlich, etwa von Schumann und Brahms an, eine neue romantische, ja die romantische Musik in einem höchst fragwürdigen und dem früheren gänzlich entgegengesetzten Gebrauch dieses Wortes. Dabei bestand noch ein legitimer Begriff romantischer Musik, den man beibehalten konnte und auch nebenher beibehielt: für die Oper, wenn ihr Text dichterisch-romantisch war. So wird man Hoffmanns »Undine« eine romantische Oper nennen können, obgleich ihre Musik stilistisch noch Mozart folgte, dabei aber gewiß nicht den Anspruch machte, zum romantischen Geisterreich der großen Musik zu gehören. Die eigentliche romantische Oper in diesem bescheideneren Sinne hat Carl Maria von Weber geschaffen: Er hat den deutschen Wald, den Märchen- und Sagenzauber und -schauer aus der literarischen und bildkünstlerischen Sphäre auf die musikalische Bühne versetzt und dieser einen Volkston gewonnen, wie er im »Freischütz« dem Klange des Wunderhorns antwortet. Freilich ist dies, mit dem Oberon zusammen, auch schon das Höchste und sinkt mit Marschner und Lortzing schnell ins Bürgerliche hinab. Es gibt – auf allen Gebieten – keine geistigen Bewegungen mehr, die eine romantische Oper tragen könnten: 1826 stirbt Weber, 1827 Beethoven, 1828 Schubert, 1831 Arnim, 1832 Goethe. Schubert, der Letzte der großen Musiker aus dem Südraum, wirkt bereits nicht mehr auf die Zeit, lebt in einem kleinen Kreis Verstehender seltsam anonym. Es ist symbolisch, daß ein Jahr nach seinem Tode, 1829, Bachs Matthäuspassion aufgeführt wird, das erstemal seit hundert Jahren. Der Bach-Renaissance folgt die Händel-Renaissance – nach dem Abschluß der großen Schöpfung in der Zeit wendet man sich in die Vergangenheit. Und es gibt, im protestantischen Raum, jetzt eine Nachfolge des Älteren: Mendelssohn schreibt seine nazarenischen Oratorien »Paulus« und »Elias«. Und die Musik, die bisher die Dichter inspiriert hatte, läßt sich, in Schumann, von der Literatur anregen – Kreisleriana, Davidsbündler –, man blickt auf die romantische Dichtung als auf das Höhere zurück.

Rückblick

Schauen wir selber zurück, so fällt unser Blick auf ein Werk, das, in der Zeit vollendet, doch posthum gemeint ist: der Zweite Faust. Goethe läßt das Manuskript einsiegeln, damit es erst nach seinem Tod eröffnet werde; will er verhindern, daß er bei Lebzeiten noch ganz der Romantik zugerechnet werde, der er theoretisch so unermüdlich widerstand? Denn wenn schon der Erste Faust der Umwelt der Gotik verhaftet war – der Zweite endet mit den Chören der Engel und Heiligen, den Konfessionen der Sünderinnen, dem Erscheinen der Madonna in einer hochromantischen Verklärung wie kein anderes Werk der Zeit. Dieses Letzte, ganz Persönlich-Mystische mochte er nicht in den Streit des Tages gezogen sehen, an dem er selber bis ins Alter so gern teilgenommen hatte. War dieser Schluß kaum zu denken ohne die Überwältigung, die er vor den alten heiligen Bildern der Boisseréeschen Sammlung in Heidelberg erfahren hatte, nicht ohne den dauernden Austausch mit diesen Freunden, die immer Neues aus dem christlichen Kunstkreis an ihn herantrugen, so siegte doch der alte Widerspruchsgeist, abwehrend auf inneren Ausgleich bedacht, als er fast im gleichen Atemzug, da er ihre Sammlung in Kunst und Altertum pries, die heftige Abrechnung mit der »Neudeutschen, religios-patriotischen Kunst« ausgehen ließ, in der er noch einmal seinen alten Groll gegen Wackenroder entlud und alles, was nach seiner Meinung von ihm ausgegangen war. In einem Gedicht zum Reformationsjubiläum 1817 gab er noch schärfer seiner protestierenden Gesinnung gegen alles Katholische Ausdruck. Trotzdem blieb sein Verhältnis zu den Boisserée ungetrübt, und mit den Jahren wuchs eine friedliche, ausgleichende Stimmung. Mit Interesse, ja wohlwollend verfolgte er die aufkommende italienische und französische Romantik. Mit Manzoni kam es zu brieflichem Austausch – er besprach liebevoll nicht nur seinen historischen Roman »I promessi sposi« und seine im Mittelalter spielenden Tragödien, er konnte sich auch mit seinen »Heiligen Hymnen« einverstanden erklären. Da heißt es: »Der Verfasser erscheint als Christ ohne Schwärmerei, als römisch-katholisch ohne Bigotterie, als Eiferer ohne Härte.« Gegenüber Eckermann kommt es spät, 1829, anläßlich der neueren französischen Literatur zu dem konziliant gemeinten Ausspruch: es sei ihm etwas Neues eingefallen, was das Verhältnis von klassisch und romantisch nicht übel bezeichne: »Das Klassische nenne ich das Gesunde und das Romantische das Kranke. Und da sind die Nibelungen klassisch wie der Homer, denn beide sind gesund und tüchtig.« Ersichtlich wollte Goethe sagen, daß es auch in der romantisch genannten Poesie Klassisches gebe, indem er dem doppeldeutigen »klassisch« nur den Rangbegriff statt des Stilbegriffs unterlegte. Daß er dabei die von der Romantik zum Leben erweckten Nibelungen zum Beispiel nahm und sogar den von ihr aufgebrachten Vergleich mit Homer sanktionierte, war bedeutsam genug. Aber wie so viele Aussprüche Goethes ist auch dieser nur halb zitiert zum geflügelten Wort geworden – man ließ den Satz mit den Nibelungen fort und behielt allein die Verurteilung der Romantik als »krank« übrig, die dann für ganze Geschichtsdarstellungen das Motto gab –, der Kampf um die Wortgespenster ging weiter.

Betrachtet man die Epoche, um welche jene Worte sich streiten, im ganzen, so mag auffallen, daß zwei sehr große Erscheinungen weder von der einen noch von der anderen Benennung in Anspruch genommen werden: Jean Paul und Hölderlin. Beim ersten kommt der Begriff des Klassisch-Stofflichen und Formalen gewiß nicht in Frage, aber warum nennt man ihn nicht romantisch? Seine starke Beziehung zur Musik, seine Visionen und Träume, seine Naturerhebungen müßten dies doch rechtfertigen. Und ist nicht, nächst der freien Natur, der »Englische Garten« wie bei kaum einem anderen der Schauplatz seiner Romane? Aber da ist ein Element, das bei ihm nicht vorkommt: das Mittelalter mit seiner Bildwelt, ja das Historische überhaupt. Das mag der Grund gewesen sein, daß die Romantik ihn nicht in Anspruch nahm – er war ganz Gegenwart, aber eine schon entgleitende: er spiegelte noch zu stark die letzte Kultur des Barock. Bei Hölderlin wäre, in völligem Gegensatz zu jenem, das Klassische als alleiniger Stoff, als Gehalt und Form vorhanden, und seine Herkunft von Schiller müßte es noch bestätigen. Aber ist Hyperion, der

»Eremit« in Griechenland, nicht auch eine romantische Gestalt, ein anderer Klosterbruder, mit der Trauer um große Vorzeit und mit der tiefen Naturverhaftung? Selbst seine Hymnik, die den Göttern Griechenlands gilt, hat wenig mit der Lehre von der edlen Einfalt und stillen Größe zu tun, beruhigt sich nicht im Schauen von Statuen – sie ist dionysischer, erlebt das Göttliche als mythische Epiphanie. Es spricht mit, daß der reife Hölderlin vom Weimarer Klassizismus nicht anerkannt wurde, die Romantiker ihn aber wiederentdeckten. So bleiben diese Genien dem Meinungsstreit entrückt, gehören keiner der beiden Bewegungen an und bringen die Problematik einseitiger Begriffsbestimmung zum Bewußtsein.

Doch ist noch eine letzte Frage zu bedenken, die viele Geister beschäftigt hat: gibt es einen romantischen Typus, gibt es »den« Romantiker überhaupt? Zur Charakteristik dieses Typus wird etwa angeführt, daß er im Leben versage, aus Lebensuntüchtigkeit in die Natur, in die Vorzeit, in geträumte Welten sich flüchte; daß er deshalb zum Scheitern verurteilt sei und schon darum auch seine Schöpfungen nicht bestehen. Das bedeutet nichts anderes, als einzelne Züge, die bei einzelnen vorkommen mögen, unerlaubt zu verallgemeinern, da sie auch bei Angehörigen anderer Geistesbewegungen sich finden. Da steht etwa der geniale, im Leben sich verströmende, seine Begabung nicht ehrgeizig nutzende Brentano da, der zuletzt wirklich müde wird und Ruhe vor allen Stürmen sucht. Aber daneben der Freund, der kraftvoll beherrschte, im Leben tätige Arnim, ist von ganz anderer Art; nicht weniger der lebenssichere Eichendorff, der klug sich einrichtende Tieck, der alles in seine Phantasie emporreißende, das Philistertum souverän verspottende E. T. A. Hoffmann. Es sind verschiedene Charaktere; und sie hängen als Romantiker zusammen nur durch die Zugehörigkeit zu einer Bewegung, in der sie jeder seine sinnvolle Stelle haben. Als diese Bewegung zu Ende ist, da erst kann es »den« Romantiker geben: als einzelne Gestalt in einer nun völlig anders gearteten Umwelt – aber auch nicht als Charakter, der mit einer Art Naturnotwendigkeit unter bestimmten Lebensbedingungen auf immer die gleiche Weise etwa schwächlich und lebensfremd reagiert, sondern als einer, der geistig romantische Elemente annimmt und verarbeitet oder das Romantische in einer veränderten Lage auch anders verkörpert, wie es sich später uns noch zeigen wird. In Deutschland hat es nach dem Ende der eigentlichen Bewegung wohl noch, in der bildenden Kunst, eine graphische Nachblüte gegeben, bei Ludwig Richter und Schwind, die mit dem Bleibenden – Märchen und Sage – Hausbücher der deutschen Familie bis in die vierziger, fünfziger Jahre schaffen, aber eine bewegende Zeitmacht ist dies nicht mehr – diese geht an andere Nationen über.

Frankreichs romantische Wendung

Wenn die große Revolution wohl auch in Deutschland die Gemüter erregt hatte, aufs geistige Leben aber kaum entscheidenden Einfluß nahm und etwa bei den Brüdern Schlegel nur polemische Umwertungen bewirkte, waren von ihr im Ursprungsland Frankreich alsbald alle Traditionen zerstört, die geistigen Bindungen abgerissen und die ältere bildende Kunst, voran die christliche, in Trümmer gelegt. Bei der ersten Ruhepause und Möglichkeit zur Besinnung gab es hier nur den Drang, wiedergutzumachen, wiederherzustellen, anzuknüpfen: die Restauration. Viel stärker als in Deutschland mußte das Christliche im Vordergrund stehen. Scheinen gewisse Verwandtschaften mit Wackenroder und Novalis jetzt zutage zu treten, so ist doch ein tiefer Unterschied festzuhalten: die Deutschen sichteten etwas, was Jahrhunderte zurücklag und aus völliger Vergessenheit gezogen werden mußte; Frankreich aber war ein katholisches Land, und was man eben noch lebendig vor sich gehabt hatte und dann stürzen sah: christlichen Kult und christliche Kunst, das war nur wiederherzustellen – es hieß an eine Überlieferung anknüpfen, die gleichsam nur kurze Zeit ausgesetzt hatte. Aber es gehörten Kraft und Mut dazu, etwas von der Geschichte scheinbar endgültig Verfügtes, vom Staat Verordnetes rückgängig zu machen. Der dies, und gleich im größten Umfang, unternahm, ist Chateaubriand gewesen. Aus altem Adelsgeschlecht stammend, hatte er in der frühen Jugend sich fast nur in den heimatlichen Wäldern umgetrieben, im berühmten Broceliande, das durch des Artusritters Gawan Abenteuer berühmt war und für das Schwärmerisch-Romantische wohl prädestinieren konnte. Den ersten Jahren der Revolution weicht er nach Amerika aus, um unter Indianern ein freies Naturmenschentum im Sinne Rousseaus zu suchen. Als die Lage des Königs in Frankreich drohender wird, eilt er zurück, tritt in die Armee der Prinzen ein, wird schwer verwundet und flieht nach England. Philosophische Studien im Sinne der Zeit bringen ihn dem Atheismus nahe; da erreicht ihn in London die Kunde vom Tod der Mutter und bald auch der geliebten Schwester, und er erfährt einen völligen geistigen Umschwung. Es ist im Jahre 1799 – demselben, in dem Novalis den Freunden die »Europa« vorliest –, daß Chateaubriand ein Werk beginnt, das den Namen tragen soll »Des beautés de la réligion chretienne«. Aber zunächst veröffentlicht er ein Buch, das ihn schon schnell berühmt macht, die Geschichte von »Atala« (1801), dem rührenden Naturgeschöpf, das durch christliche Erziehung zur Resignation in der Liebe geführt wird; alles inmitten einer in glühenden Farben geschilderten indianischen Umwelt und Landschaft. Es ist die Romantik der Ferne, des Exotischen, womit er beginnt, jedoch bereits untrennbar von seiner neugewonnenen religiösen Überzeugung. Das große Werk, »Le Génie du Christianisme«, erscheint im Jahre 1802 und kann Napoleon gewidmet werden, der seinerseits eben eine Wendung zur Tradition vollzieht, indem er ein Konkordat mit dem Papst schließt.

Le Génie du Christianisme

Es gibt von dem Buch einen unzulänglichen Begriff, wenn man seinen Titel mit »Geist des Christentums« übersetzt – das wäre »Esprit«, während mit »Genie« der Genius gemeint ist, das genial Produktive, das dem Abendland seine geistig-künstlerische Gestalt gab. Es ist der Versuch, die Frage zu beantworten, die sich angesichts des Unternehmens der Revolution, die Religion auszurotten, den Menschen stellen mußte: Wie sähe die Welt aus, wenn das Christentum nicht erschienen wäre? Chateaubriands Antwort ist die gründlichste und vollständigste, die sich denken läßt. Er beschreibt die christlichen Mysterien, die

Gebräuche und kirchlichen Einrichtungen, als müsse er einem späten Weltalter etwas zur Anschauung bringen, was es längst vergaß. Aber dann, welche Kühnheit, ein Kapitel zu betiteln »Die Poetik des Christentums« und nun alle christliche Dichtung von Dante über Tasso und Milton bis Klopstock mit der antiken Dichtung zu vergleichen, das Christliche selbst in der französischen Klassik nachzuweisen, in Racine, wo Worte über dessen Iphigenie an die gemahnen, die Goethe über die ungriechische Haltung seiner Iphigenie gesprochen hat. Da wird die Bibel mit Homer verglichen; werden so tiefe Unterschiede begriffen wie im Naturgefühl, das der Antike nur in stummen Gestalten sprach, im christlichen Norden aber zum Landschafts-Erlebnis führte, zur Schilderung der »Wahrheit der Erde«, wie es das vordem nicht gab. In den bildenden Künsten ist es die Berufung auf die Gotik, deren angestammtes Land Frankreich war und auf eine Ursprungsfülle weisen kann wie kein anderes – man fühlt: das war alles vor kurzem noch unangetastet da, wäre noch da, wenn nicht Zerstörung es verwüstet hätte. Er fügt einen Augenzeugenbericht von 1793 bei über die Beraubung und Schändung der Königsgräber in St. Denis, wo mit der herrlichsten Kunst zugleich die Erinnerung an die Monarchie mit raffinierter Gründlichkeit ausgerottet wurde. In Ruinen von Klöstern, unter zerfallenden Kirchen wandelnd, taucht ihm die einstige Herrlichkeit auf; und wieder müssen wir uns einprägen, daß die Entdeckung der Gotik seit Goethe kein deutscher Vorrang war, daß ein Chateaubriand fast tiefer fühlt, wenn er das Kircheninnere vergleicht mit aufstrebenden Stämmen der – alten gallischen Wälder! Es wäre seltsam, wenn nicht auch der eigensten spirituellsten Kunst des Christentums gedacht würde, der Musik – dem gewaltigen Einfluß der Religion auf die Tonkunst ist eine ganze Abhandlung gewidmet. Und wieder spüren wir, daß wir auch hier mit Frankreich teilen, wenn einer Passion nach St. Matthäus in der heiligen Woche gedacht ist, wo die Erzählung des Evangelisten von dem Adel der Worte Christi und dem Schreien der Volkschöre unterbrochen wird. Daß auch in der Renaissance nicht antikes Heidentum vorherrscht, sondern das Höchste der Malerei noch am Christlichen sich entfaltet – diese Erkenntnis Wackenroders ist auch Chateaubriand selbstverständlich. Wir haben da eine erstaunliche Gleichzeitigkeit; denn von Beeinflussung kann nicht die Rede sein. Auch Novalis, der uns hier so oft in den Sinn kommen will, ist selbst später durch die Frau von Staël in Frankreich nicht bekanntgeworden – seine »Europa« war ja ungedruckt geblieben. Aber welcher sofortige Erfolg wird demgegenüber dem Buch von Chateaubriand zuteil! In der zweiten Auflage von 1803 steht die Widmung an Napoleon, den er noch mit Bürger und Erster Konsul anreden kann – es ist das Jahr, da man allenthalben für die Menschheit das Beste von ihm erwartet, da Beethoven ihm seine Eroica widmet. Hier aber heißt es: »Frankreich, vergrößert durch Ihre Siege, setzt in Sie seine Hoffnung, seitdem Sie auf die Religion die Grundlagen des Staates und seines Glückes bauen. Fahren Sie fort, die schützende Hand auszustrecken über dreißig Millionen Christen, welche für Sie beten am Fuße der Altäre, deren Wiedererrichtung man Ihnen verdankt.« Einen solchen geistigen Helfer will Napoleon sich nicht entgehen lassen, er zieht ihn an sich, ernennt ihn zum Attaché in Rom, später zum Minister im Wallis. Aber da kommt die Erschießung des Herzogs von Enghien – Chateaubriand demissioniert sofort und wird zum Gegner Napoleons. Er lebt jetzt in Italien und bereitet ein großes Prosa-Epos vor, »Les Martyrs«, wo er

Grablegung der Atala
Gemälde von Anne Louis Girodet-Trioson, 1808
Paris, Louvre

Französischer Salon um die Jahrhundertmitte
Alfred de Musset, Eugène Delacroix und Pierre Antoine Berryer
Aus einer Skizze von Eugène Lami. Privatbesitz

das Frühchristentum in seinem Kampf mit der Antike darstellen will – das Thema gemahnt an die späten Legendenepen Eichendorffs. Aber – um die antike Landschaft und die heiligen Orte so lebendig wie möglich malen zu können, unternimmt er eine Reise nach Griechenland, Syrien, Palästina, Ägypten – immer ist es das Weitausgreifende, Welthaltige, wodurch er seine Figuren, Erkenntnisse, Überzeugungen dichterisch suggestiv macht. Die praktische Anwendung seiner Gesinnungen wird für ihn, seit Napoleon ihn enttäuscht hat, die Wiederherstellung des »Alten Frankreich« – er ist einer der leidenschaftlichen Vorkämpfer für die Rückkehr der Bourbonen und spielt seit 1814 eine wichtige politische Rolle. In der Restauration wird er zum Pair von Frankreich ernannt, ist mehrere Male Minister, kann sich später sogar noch mit Louis Philippe vertragen, stirbt 1848 im Angesicht der dritten Revolution. Sein geistiger Umfang wird ermessen, wenn man sich vergegenwärtigt, daß er als Dichter auf einem anderen Gebiet in höchster Modernität und Zeitgemäßheit das erste Gemälde des »Weltschmerzes« gibt, in seinem »René« die Geschichte der »Krankheit des Jahrhunderts« – stark selbstbiographisch auf dem Hintergrund einer Geschwisterliebe wird die Leere und Langeweile des Lebens beschrieben, die zum Selbstmord führen will. Er nimmt damit Lord Byron voraus, dessen katholisch-romantisches Gegenstück er in manchem ist – auch Grandseigneur, Weltreisender, auf ruheloser Pilgerfahrt wie Byrons »Harold«. Byron muß seinerseits etwas wie Verwandtschaft zu ihm gespürt haben, wenn er 1816 in Coppet der Frau von Staël aus dem Buch von Chateaubriands Christentum vorliest. Der andere große Pessimist des Jahrhunderts, der sich ja auch Byron verwandt fühlte, Schopenhauer, konnte auch Chateaubriand als Eideshelfer zitieren: seine »Vie de Rancé« brachte ihn ihm nahe, die Geschichte des Erneuerers des Trappistenordens. So endet der größte christliche Romantiker Frankreichs mit dem Blick auf den letzten Ernst: jene fast schon überreligiöse bitterste Askese des Schweigens.

De l'Allemagne

Chateaubriand nimmt in seiner Person fast alles vorweg, was Anfang und Ende der deutschen Romantik charakterisiert: die im weitesten Sinne christliche Orientierung, nun auf dem älteren katholischen Boden Frankreichs. Denn was das berühmte Buch der Frau von Staël von geistigem Deutschtum vermittelt, ist gerade nichts von dem, was wir selber unter Romantik verstehen. Und es ist nur logisch, daß das Bekanntwerden deutscher Literatur in Frankreich genau das unterstützt, was in der Entwicklungsnotwendigkeit Frankreichs lag: das Loskommen von der noch immer herrschenden Klassik, deren Gegensatz, wie immer er beschaffen war, jetzt einfach romantisch hieß. Man muß bedenken, daß Frau von Staël bei ihrem Besuch in Deutschland nur die Vertreter der Dichtung kennenlernte, die man später bei uns Klassiker nannte, die jedoch dem Ausländer keineswegs für klassisch galten, und daß sie jetzt und später August Wilhelm Schlegel zum Gewährsmann und literarischen Vertrauten hatte. Dessen ästhetisches Urteil war ursprünglich an Goethe gebildet; er hatte eben erst einige Eindrücke von Tieck und Novalis empfangen, aber die weitere Entwicklung in Deutschland nicht miterlebt, da er der Frau von Staël nach Coppet und dann auf ihre Reisen folgte. Die Heidelberger Romantik, die spätere mit Kleist in Dresden und die umfassendste in Berlin waren ihm nicht mehr nahegekommen. Trotz einer kurzen ästhetischen Schwärmerei für den Katholizismus bleibt ihm die religiöse Wendung fremd; über der Konversion des Bruders Friedrich kommt es fast zum öffentlichen Bruch. So übermittelt die Staël von Deutschland kein romantisches Programm, sondern nur den romantischen Begriff, genau wie ihn die Schlegel an Goethe einst entwickelt hatten. Diesen wendet die Staël sofort auf die französische Situation an: Es kommt der entscheidende Satz »La littérature ancienne est chez les modernes une littérature transplantée: la littérature romantique ou chevaleresque est chez nous indigène«; und die Folgerung von »herübergepflanzt« und »eigenwüchsig« ist: »Mais ces poésies d'après l'antique, quelques parfaites qu'elles soient, sont rarement populaires« – weil sie nichts Zeitgenössisches, nichts Nationales enthalten können. Auch hier war Schlegels Ansicht bestimmend, der die große französische Barocktragödie des 17. Jahrhunderts sehr unhistorisch als unzeitgemäß und überkünstelt verurteilte und noch in seinen Wiener Gastvorlesungen über dramatische Kunst und Literatur, die er 1808 im Beisein der Staël hielt, gegen Racine polemisierte. Aber dies kommt nun dem momentanen Bestreben der Franzosen nach einer Neuorientierung entgegen; und so viel böses Blut die Distanzierung der Staël zur eigenen Klassik machte und später das Verhältnis zu Deutschland geradezu belasten sollte – der damaligen Generation wurde Romantik der Kampfesruf gegen die Klassik, die mit ihren formalen Anforderungen noch das lebendige Theater beherrschte und gegen die man Neues nur mit einer solchen radikalen Negation durchzusetzen meinte. War nun aber mit einer fast an Tacitus gemahnenden Taktik das gegenwärtige Deutschland als Vorbild aufgestellt, so ergab sich die Paradoxie, daß als Muster der Romantik Werke empfohlen wurden, in denen der Deutsche gerade endlich eine Klassik zu besitzen sich schmeichelt, nämlich die Schöpfungen von Schiller und Goethe. Frau von Staël hat im einzelnen zwar sich überall ihr eigenes Urteil gewahrt; aber was sie persönlich in Deutschland kennenlernte und durch Schlegel empfohlen bekam, das war eben eine geringe Auswahl. Von den romantischen Führern ist einzig Tieck erwähnt, seine Lustspiele, aber doch auch sein »Sternbald«, den sie anziehend findet, aber ohne grundsätzlich Neues aus ihm herzuleiten. Goethe konnte mit Götz, Werther, Egmont und auch bereits mit dem Faust von 1808 allein schon ein romantisches Programm bedeuten. Nun aber kam, zur geringen Freude Schlegels, Schiller hinzu, der liebevoll genug behandelt wurde und eben schon als Verfasser rein historischer Dramen dem internationalen Begriff der Romantik entsprechen mußte. Auch von ihm sind, wie von Goethe, von Wieland, jeweils Übersetzungen bedeutender Stellen eingefügt, sogar von der »Glocke«. Etwas Ungewöhnlicheres konnte sie mit Zitaten aus dem von Weimar geächteten August Bürger geben – das war einzig Schlegel zu verdanken, der für seinen einstigen Lehrer immer ritterlich gegen die Angriffe Schillers eingetreten war. Etwas erstaunt ist man, eine weniger erfreuliche Figur mit großem Ernst behandelt zu sehen: Zacharias Werner, der als Erbe Schillers angeführt wird (der war freilich bei Abfassung ihres Buches schon verstorben) – denn Kleist trat weder in ihren noch Schlegels Gesichtskreis. Bei Werner kam Persönliches hinzu: Er erschien in Coppet und hat sogar dort seinen

»24. Februar« geschrieben und 1809 bei der Staël aufgeführt, wobei er und Schlegel selber mitspielten.

Das Deutschlandbuch wurde 1810 in Paris gedruckt, aber sofort auf Napoleons Geheiß als »unfranzösisch« konfisziert und eingestampft. Die Verfasserin hat es erst in London 1813, bei ihrem dortigen Aufenthalt, neu herausbringen können, und so ist es erst nach Napoleons Sturz zur Wirkung gekommen. Dieser Zeitpunkt aber war nun denkbar günstig; die Napoleonischen Siege, die alles in Atem gehalten hatten und einen gewaltigen, fast dichterischen Inhalt für die Nation bedeuteten, waren vorüber, eine plötzliche Leere war da; sie mußte, sie konnte nur von einem ernst genommenen Geistigen erfüllt werden, um einer neuen Aktivität Platz zu machen. Die destruktiven Seiten der Revolution waren durch Chateaubriand beseitigt, das Religiöse selbstverständlich geworden, so daß es in einem katholischen Land kein Problem oder Ziel mehr bedeuten konnte wie in Deutschland; außer Lamartine tritt kein großer religiöser Dichter mehr hervor. Ein neues Revolutionäres war am Zug, und es verkleidete sich jetzt in das Romantische in dem Sinne, wie die Staël es als Vorbild aufgestellt hatte.

Das romantische Theater

Der Sieg des romantischen Gedankens hat sich in Frankreich auf der Bühne vollzogen. Sie war von jeher ein Zentrum der Kultur, mit einer alten, auch durch die Revolution nicht unterbrochenen Tradition – ein Talma spielte vor Napoleon –; aber zugleich auch noch immer die Hochburg des Klassizismus. Hier mußte ein Bann gebrochen werden. Und das ist auf einen Schlag und mit größerem Aufsehen geschehen, als es irgendeine Leistung der deutschen Romantik erregte: denn Frankreich trat damit auch im Drama in die moderne Literatur über, deren Spitze es noch mit Rousseau gehalten, aber inzwischen verloren hatte; und das Moderne war jetzt das Historische, nicht das normative zeitlos Schöne, Ideale. Es ist keine Frage, daß England wie Deutschland dabei Patendienste leisteten. Wenn ein Alfred de Musset, der später sehr eigene Wege ging, in seiner Jugend in die Worte ausbricht: »Ich möchte nicht schreiben, oder ich möchte Shakespeare oder Schiller sein«, so zeigt das, wie die nationale Isolierung des französischen Theaters durchbrochen wird und der Blick an anderer als klassischer Gestaltung sich entzündet. Seit 1821 liegen Schillers Werke in Übersetzung vor, 1826 erscheint Goethes Faust Erster Teil in der Übersetzung von Stapfer in einer Prachtausgabe mit den Lithographien von Delacroix, 1827 spielt in Paris eine englische Truppe, 1829 übersetzt de Vigny den »Othello«. Eine Reihe theoretischer Schriften stellen Vergleiche zwischen Shakespeare und Racine an, darunter solche von Prosper Mérimée und Stendhal – Romantiker ist, wer die Sitten, Gewohnheiten seiner Zeit darstellt, und so war Racine zu seiner Zeit romantisch; ihn aber heute nachahmen heißt die Welt um anderthalb Jahrhunderte zurückschrauben: und das ist Klassizismus im Sinne des Überwundenen, Unzeitgemäßen. Nur der eigenen Geschichte und Religion fühlt man sich verbunden, nicht einer, die einer anderen Weltzeit angehört – die antiken Götter und

Helden sagen einem nichts mehr. Erst von diesem Standpunkt aus versteht man, welche Sensation die Aufführung der ersten historischen Dramen bedeutet, die bis zum Kampf des Publikums vor und auf der Bühne geht – Victor Hugo mit seinem »Cromwell« 1827 und gar mit »Hernani« 1830 wird der große Erneuerer der Bühne. Wie Schiller wählt er den bedeutenden kritischen Augenblick in der Geschichte eines großen Volkes – »Die Geschichte hat nie eine höhere Lehre einem höheren Drama als Folie untergelegt«, sagt er in dem berühmten Vorwort zum »Cromwell«. Geht er hier von der Realität mit genauestem Quellenstudium aus, so ist im »Hernani« freie phantastische Erfindung mit spanischer Ehre, Gift und Dolch und gespenstischer Mondnacht das eigentlich Wirksame; aber die welthistorische Folie ist hier noch großartiger: Karl V. im Dom von Aachen am Grab Karls des Großen, im Angesicht der deutschen Kurfürsten vor seiner Kaiserwahl. England, Spanien, Deutschland wurden in gewaltigen Freskogemälden von der französischen Bühne herab lebendig. Der heiße Atem der Geschichte, auch der zeitgenössischen, spricht aus den gleichzeitigen Gemälden von Delacroix (das Gemetzel von Chios stammt aus dem Jahre 1824): Überbewegtheit und Farbenglut sind hier die Absage an den Klassizismus, und wie bei Géricault taucht als Vorbild das große Barock des Rubens und Poussin auf. Auch die Malerei ist noch einmal, wie sie im Barock begann, eine großartige Bühne und hat das Pathos des französischen Theaters in einer höheren Sphäre dauernder bewahrt als die an die zufällige Darstellung gebundene und heute verschollene Dramatik von Victor Hugo und Alexandre Dumas, der sich ihm damals mit noch wirksamerer Bühnentechnik zugesellt. Auch läßt sich für das französische Drama eher noch ein zeitgenössisches deutsches Gegenstück finden: in den Hohenstaufentragödien Grabbes, die gleichzeitig ähnliches erstreben; wenn wir sie auch nicht zur Romantik im engeren Sinne zu rechnen pflegen. Aber die Dynamik von Delacroix steht in völligem Gegensatz zur gleichzeitigen deutschen romantischen Malerei, die sich in Traum, Idyll, Natur- und Seelenbild entfaltet; und selbst die gelegentliche Kraft und Großheit des Cornelius im Historischen wirkt fast abstrakt gegen die andringende Lebensnähe des Delacroix. War er in unserem Sinne romantisch? Er hat kongenial den Faust illustrieren können – zu einer eigenen liebevollen Anknüpfung ans Mittelalter ist er nicht bereit gewesen, wie sie doch Victor Hugo gelang in seinem nationalen Roman Notre Dame de Paris, wo seine Darstellung des 15. Jahrhunderts sich wohl am engsten mit deutscher Romantik berührt. Ja, er faßt in sich zusammen, was in Deutschland nacheinander und getrennt von Wackenroder und den Bestrebungen des Sulpiz Boisserée ausgeht – in der Vorrede zu seinem Roman (1832) ruft er zur Wiederherstellung der Kathedrale auf, deren Standbilder man in der Revolution mit Stricken um den Hals von der Höhe herabgeschmettert hatte. Hier war zugleich die Barbarei des Klassizismus gutzumachen, mit der Soufflot, der Erbauer des Panthéon, an den Portalen von Notre-Dame die Zerstörungen schon begonnen hatte. Seit 1844 findet der Aufruf Hugos praktische Resonanz in der gewaltigen Arbeit einer gänzlichen Restauration durch bedeutende Plastiker und Architekten, von denen Viollet-le-Duc das Erstaunlichste an Einfühlung geleistet hat. Zugleich setzt die Publikation von mittelalterlicher Kunst aller Art in großem Maßstab ein, eine Archäologie der Gotik, wie kein anderes Land sie kennt. Und wir müssen seitdem diese Liebe und neue Vertrautheit als etwas Selbstverständliches in die französische Atmosphäre einrechnen, auch wenn sie in der Literatur seit Hugo nur noch wenig Ausdruck findet. Es ist nach ihm mit historischem Drama und Roman bald zu Ende. Nur Alexandre Dumas, der immerhin beim großen Publikum ein unvermindertes Interesse voraussetzen muß, beginnt seine Reihe aufregender Romane aus der französischen Geschichte, die von Ludwig XIII. bis zu Ludwig XV., wie in den »Drei Musketieren«, die an Spannung übermächtige Vergegenwärtigung der Kultur der früheren Jahrhunderte bewirken. Im übrigen wird der Roman Ausdruck der Gegenwart, der bestimmenden Lebensmächte Liebe oder Geld. Er spiegelt, gerade in Frankreich, das moderne Leben: von Balzac und Stendhal bis zu Flaubert und Zola. Immerhin darf als eine nicht verwirklichte Möglichkeit angedeutet werden, daß Balzac ursprünglich auch einen so starken Eindruck von Scott empfing, daß sein erster gigantischer Plan war, die Geschichte Frankreichs von Karl dem Großen an in Romanen zu behandeln. Aus dem dann endgültigen modernen Realismus heben sich nur wenige Erscheinungen heraus, die etwas romantische Färbung und fast eine Verwandtschaft mit Deutschland haben: so die Traum- und Märchenwelt von Charles Nodier, dem ältesten unter den Genossen von Victor Hugo. Oder man denkt an Alfred de Musset, diesen sehr eigenwilligen Aristokraten fast noch im Stil des 18. Jahrhunderts, dessen kleine faszinierende Novellen und Dramen manchmal auch ins Historische schweifen und ein neues romantisches Milieu in der Kunstwelt des vielbereisten Italien finden. Neben »Andrea del Sarto« und dem »Sohn des Tizian« steht da das größere Florentiner Drama vom »Lorenzaccio«, wo die Wirren unter den Medici nicht ohne Seitenblick auf die eigenen politischen Ereignisse der Zeit mit grausamer Lust dargestellt sind. Zur französischen Romantik kann man kaum rechnen, was in Frankreich an deutscher Dichtung eine Art Heimatrecht gewinnt: die Welt E. T. A. Hoffmanns, der zum Inbegriff fast des deutschen Dichters wird; aber auch einzelnes von Jean Paul, wie die »Rede des toten Christus vom Weltgebäude herab«, die seit 1830 immer wieder übersetzt und gedruckt wird – es ist die apokalyptische Vision, die Nietzsches »Gott ist tot« unheimlich vorwegnimmt. Eine besondere Stellung nimmt Heine ein, der seit der Juli-Revolution dauernd in Paris lebt und beiden Literaturen angehört. Seine Darstellung der »Romantischen Schule«, die das Buch der Staël bewußt zu ergänzen sucht, erscheint jedoch in der »Revue des deux mondes« erst 1834 und konnte mit dem Neuen, was sie über Novalis, Brentano, Arnim brachte, auf die französische Romantik kaum mehr Einfluß gewinnen; während seine gleichzeitigen Berichte über französische Zustände höchst wichtig für uns Deutsche bleiben.

Oper und Musik

Aber die lebendige französische Bühne umfaßt ja auch die Oper und wird hier noch von größerer internationaler Bedeutung als im Schauspiel; denn es sind keineswegs nur Franzosen, die in Paris zur Weltwirkung gelangen. Und das Medium der Musik ist ein so eigenes übergeordnetes Element, daß die Stilgesetze von Klassik und Romantik nicht mehr gelten, die Unterschiede des Stofflichen fast unwesentlich werden. Wäre das Stoffliche entscheidend, so hätte Frankreich weit früher eine romantische Oper besessen als Deutschland:

Grétry schreibt in den achtziger Jahren des 18. Jahrhunderts einen »Richard Löwenherz«, einen »Blaubart«, einen »Tell«. Und noch 1804 bringt Lesueur einen »Ossian ou les Bardes« auf die Bühne und erringt damit Napoleons Schätzung, der ja das Wertherische und Ossianische liebt. Auch der große Cherubini hat neben zeitnahen Opern wie dem »Wasserträger« eine »Medea«, einen »Anacreon« geschaffen und nach Chateaubriand 1813 den »Abencérages«; daneben steht sein herrliches Requiem. Rossini, der dann Paris beherrscht, huldigt mit »Tell« und »Aschenbrödel« dem Romantischen. In der großen Oper führt 1829 Auber die »Stumme von Portici« auf, 1831 Meyerbeer »Robert den Teufel«. Seine »Hugenotten« und Bellinis »Puritaner« wetteifern mit Hugos »Cromwell«; Donizetti bringt neben seinen Buffo-Opern 1831 eine »Anna Bolena«, 1835 eine »Lucrezia Borgia«; und immer wieder kommen auch »Othello«, »Romeo und Julie« auf die Opernbühne. Neben ihr aber wird der Konzertsaal der Schauplatz der Erscheinung des größten französischen Genius der Musik: im Jahr des »Hernani« führt Berlioz seine »Symphonie phantastique« auf – eine absolute Musik scheinbar ohne Worte, aber doch von einem mit neuen Mitteln geschilderten geistigen Gehalt –, das Programm sagt, daß der Tondichter sich einen jungen Menschen vorstelle, der von jener Krankheit befallen sei, die ein berühmter Schriftsteller *Le vague des passions* genannt habe – so beginnt auch die moderne Musik mit einer Inspiration durch Chateaubriand. Auch die folgenden symphonischen Dichtungen tragen die Namen poetischer Werke, die an der Tagesordnung sind: »Harald in Italien«, »Romeo und Julie«, »Fausts Verdammnis«. Heinrich Heine hat in seinen Berichten über das Pariser Kunstleben den starken Eindruck dieser Musik festgehalten und sie als »urweltlich« charakterisiert, zwischen Klassik und Romantik.

Es ist in jenen Jahren seit 1830, daß Chopin und Liszt als Komponisten und Virtuosen des Klaviers neue intime Wirkungen in den Konzertsaal bringen, mit fremdöstlichem Einschlag romantisch-schwelgerisch und von stärkster persönlicher Ausstrahlung. Auch Mendelssohn führt hier seine Symphonien auf und sogar sein Oratorium Paulus und seine Chöre zur »Antigone«, die, wie vorher schon ein »Stabat Mater« von Rossini, szenisch dargestellt, Sensation erregen. Paris ist die Weltkulturstadt geworden, in der die Kunst aller Länder an der Quelle zu haben ist; und so verstehen wir, wenn es auch für deutsche Dichter und Musiker, die noch im Werden sind, die höchste Anziehungskraft besitzt. Man braucht nur die Namen Hebbel und Wagner zu nennen, seltsamerweise beides Meister, die später Nibelungendramen schreiben. Hat sich an der französischen Romantik eine neue deutsche Romantik entzündet? Es ist etwas anderes, ein nicht mehr nationales, sondern europäisches Romantisches, was über Paris nach Deutschland wirkt; besonders bei Wagner, der die Vision der großen Oper, auch wenn er sie moralisch-ästhetisch lebhaft ablehnt, nicht aus den Augen verlieren wird – nur hier konnte er Massenwirkung und die Mittel dazu studieren. Zwar verdankt Wagner alle Stoffe seiner Musikdramen der deutschen Romantik: von »Tannhäuser« und »Lohengrin« bis zu »Tristan«, »Nibelungen«, »Parsifal« sind es alles Namen und Themen, die durch romantische Entdeckung wieder Leben gewonnen hatten. Dennoch ist es keine romantische Bewegung mehr, die ihn trägt; dergleichen gibt es nicht mehr – keine Gemeinschaft schart sich mehr bewußt um geistige Werte und Ziele, weder für Romantik noch für Klassik. In Frankreich ist es in den sechziger, siebziger

Jahren nicht anders – ein Berlioz wird nie die Aufführung seines größten Werkes erleben, der gewaltigen Trilogie der »Trojaner«. Mit diesen Trojanern und mit Wagners »Nibelungen« sind noch einmal mythische Symbole für zwei Nationen geschaffen. Das romanische, im Grund nationaler, beruht auf einer langen Reihe von Dichtungen des französischen Mittelalters; das deutsche stammt aus gelehrter Forschung und modern-philosophischer Interpretation. Aber Wagner ist der Glücklichere gewesen, er siegt, und an den Sieger schließt sich eine Gemeinde, die sich doch nie romantisch genannt hat, sondern einzig dem lange Zeit einsamen Großen sich persönlich bis in seine Weltanschauung verpflichtet fühlte. Von der Romantik, der einstigen deutschen Bewegung, hat Wagner nur E.T.A. Hoffmann gekannt und starken Einfluß durch dessen theoretische Schriften erfahren. Es ist von leiser Ironie und rührend zugleich, daß in den siebziger Jahren, da Wagner zum Ziele kommt, die Gestalt Hoffmanns in Frankreich zu einer letzten Verklärung gelangt, durch Offenbach, den bisherigen Parodisten, dessen einziges ernstes Werk »Hoffmanns Erzählungen« sind, deren Aufführung er aber nicht erlebt.

Englisches Finale

England, von wo alle romantische Bewegung ausging, hat auch ihre letzte Welle heraufgeführt. Das Geheimnis dieser stetigen Bewahrung eines Elements, das oft von der Oberfläche verschwand und doch immer wieder emportauchte, ist wohl, daß es nie in ernstlichen Konflikt mit einem normativen Klassizismus geriet – das lag mit Pope und anderem französisch Beeinflußten schon weit zurück. Dabei ließ eine hohe humanistische Bildung, wie sie stets die englischen Schulen auszeichnete, eine Behandlung antiker Vorwürfe dauernd als selbstverständlich zu. Wo eine Dichtung wie die Shakespeares am Anbeginn stand, war zudem der Weg zum Mittelalter immer offen, nicht anders wie durch die heimische Gotik. War es um 1750 die englische Neugotik, die so stark auf den Kontinent wirkte, so sind es um die Wende des 18. zum 19. Jahrhundert englische Maler, die noch vor den deutschen Nazarenern in Rom eine Art mittelalterlicher Stimmungslandschaft auf die Bahn bringen. Der Schotte Wallis stellt in Rom um 1805 Bilder nach Ossian aus und läßt auf italienischem Boden vor dem Hintergrund einer doppelt getürmten »gotischen Stadt« an einem Marienbild das Ave Maria bei untergehender Sonne feiern. Derselbe Wallis entdeckt für die bildende Kunst die Romantik des Heidelberger Schlosses, vermag sie jedenfalls zuerst suggestiv wiederzugeben, und seine vom Heidelberger Bankier Fries gesammelten Gemälde wirken auf die dort heranwachsenden Maler Rottmann, Fohr und Fries entscheidend ein. Später ist es William Turner, der nicht nur in Heidelberg und Venedig, sondern auch daheim an der Themse mit seinen atmosphärischen Lichtwundern die Landschaft auf eine noch nicht dagewesene Weise verklärt. Da es in England um jene Zeit keine eigene große Musik mehr gibt, ist es in der Stimmungslandschaft wie in der Dichtung das Musikalisch-Lyrische, was seine Stärke ausmacht und jenen Mangel ersetzt.

Wenn aber ein Walter Scott von seiner Zeit als Romantiker gefeiert wird, weil er in seinen Romanen das mittelalterliche England wiedererstehen läßt, so ist es, wie auch sein vielseitiger Einfluß erweist, doch im Grunde mehr ein nationaler Realismus, was er ausbildet; gewiß als ein Heimfinden in eigene Vorwelt, von der aber eher Kostüm und Requisit und kindliche Freude an Kraft und Kampf gewahrt sind als tiefere Wesenszüge und Geisteswerte.

Dem steht, fast gleichzeitig, die Verskunst der eigentlichen Dichter gegenüber, jener seltsam verknüpften Drei, die außerhalb Englands, fast wie Emigranten, ihre volksferne Epik und Lyrik vollenden: Byron, Shelley, Keats. Man hat auch sie Romantiker genannt, obgleich sie wenig mit der Stoff- und Formwelt gemein haben, die man jetzt überall unter romantisch versteht. Sie bilden auch keinen bewußten Bund mit übergeordneten Zielen – es ist nur Freundschaft, die sie zueinander führt, verwandtes Schicksal, das sie von ihrem Lande distanziert, und das gleiche Los der Frühvollendeten, das sie ungewußt bindet. Der Jüngste von ihnen, Keats, stirbt als erster 1821 in Rom an der Schwindsucht; ein Jahr später ertrinkt Shelley an der Küste Italiens; zwei Jahre weiter, und auch der Älteste, Byron, endet in dem Griechenland, für dessen Befreiung er zum Kampfe aufgebrochen ist. Keats mit »Endymion« und »Hyperion« spricht durch antike Gestalten, Shelley desgleichen im »Prometheus«; Byron bekennt sich formal zum Klassizismus, aber Leben und Lebensgefühl scheinen romantisch, und mit »Manfred« stellt er sich halbbewußt neben »Faust«. Aber für alle drei mag jetzt das Wort Romantiker in einem neuen Sinne gelten. Hier ist vielleicht wirklich ein »Typus«, wie wir ihn in der deutschen Romantik nicht fanden – kein Zurückbegehren in irgendeine Vergangenheit und religiöse oder nationale Geborgenheit und Bindung, vielmehr ein oppositioneller Wille zur reinen Eigenheit, zur bewußten Isolierung. Das Feindliche ist ihnen die Gleichmacherei der Gesellschaft, die sie absichtlich skandalisieren. Und es ist überaus bezeichnend, daß sie das dichterische Organ dieser Gesellschaft, den Roman, vermeiden – sie wollen nicht die Fülle der Gestalten schaffen, um die Menge mit stofflich-realistischer und psychologischer Spannung zu unterhalten –, sie wollen frei sich selbst gestalten, um den Preis des Untergangs. Lyrik als Ich-Kunst steht hier gegen die objektive Form des Romans, hinter welcher der Autor, und sei es der größte, anonym und nicht beim Wort zu fassen verschwindet. Das ist im Zeitalter der heraufschwellenden, überall mitredenden, mitlesenden Masse wohl ein romantisches Beginnen; romantisch, wie es zur Zeit des englischen Frühkapitalismus des 18. Jahrhunderts gebraucht wurde, um unrealistische, zweckfremde, asoziale Gesinnung zu kennzeichnen. Aber in den Händen dieser Isolierten liegt in gefährdeten Epochen die Wahrung der höheren Werte, der vornehmen Werte, wie Nietzsche sagen würde, samt der eigenen Gefahr. Man mag dabei an Nietzsches Schicksal selber denken, der im Sinne Byrons, den er verehrte, auch ein Romantiker war. Aber trotz kurzer Kampfgemeinschaft mit Wagner – »die Kultur, zu Beethoven hinzuzufinden« (wie klingt dies nach frühromantischer Situation Mozart gegenüber!) – gab es hier keine Bewegung mehr, nur getrennte gewaltige Nachwirkung. Dagegen hat sich im Lande Byrons noch einmal, wenn auch stiller, begrenzter, schneller vergehend, eine echte romantische Gemeinschaft zusammengefunden: die »Pre-Raphaelite-Brotherhood«, die spät ein bisher Versäumtes nachholte. Zu Dichtern haben sich gleich zu Beginn Maler gesellt, ja in einem von ihnen ist Poet und bildender Künstler Person geworden, in Dante Gabriele Rossetti, der markantesten Figur. Im Jahre 1851 wird der Bund gegründet, das englische Pendant zur Lukasbruderschaft, vierzig Jahre zuvor. Die Maler Millais und Burne-Jones gehören zu ihm, und der große Lyriker Swinburne; der geistige Führer, Redner, Schriftsteller ist John Ruskin; der praktische Vollender William Morris.

Der Name des Prae-Raffaelitischen ist unüberbietbar programmatisch: Zurück bis vor Raffael, das meinten auch die deutschen Lukasbrüder Pforr und Overbeck, ehe sie nach Rom kamen; aber dort verfielen sie dem raffaelischen Vollkommenheitsideal, während die späten Engländer vor allem Botticelli vor Augen haben. In Rossetti, dem Halbitaliener, ist das Land, dessen Kunst sie einzig nachstreben, gleichsam persönlich anwesend. Er ist es, der den Typus schmaler zerbrechlicher Frauenschönheit schafft, wie er in Elizabeth Siddal ihm im Leben begegnete, seiner Freundin und späteren Frau, die jung ihm hinstirbt. Man hat die Kunst dieser Bruderschaft den Traum vom Mittelalter genannt; doch ist es weniger das angestammte Gotische, das sie inspiriert, sondern eben die italienische Frührenaissance, in welcher – gerade bei Botticelli – die Madonna wie die Venus dem Künstler nahe sind, der die eine verklären, die andere versinnlichen kann und eine vergeistigte Erotik überall mitschwingen läßt. Die Frau steht ganz im Zentrum dieser englischen Romantik, das ist das Neue, fast Aktuelle an ihr; während sie für Wackenroders Andacht zum Mittelalter kaum vorhanden war. Ganz selbstverständlich gesellen sich für Rossetti zu den Madonnen und Heiligen auch antike Vorwürfe wie Eurydice, Cassandra, zu Dantes Beatrice Shakespeares Desdemona und Ophelia: immer alles durch den gleichen Typus repräsentiert. Solche Freiheit ist mit dadurch gegeben, daß eine große sakrale mittelalterliche Bildkunst in England nicht vorleuchtete; die Künstler mußten und konnten mehr aus sich selber nehmen, und dieses Persönliche wird der bleibende Eindruck. Daneben steht unvermittelt etwas Abstraktes: ein überreich ausgebildetes Ornament. Es spielt schon in den Gewändern, Möbeln, Hintergründen der Bilder eine Rolle, wo oft die Szene flach wie vor Brokatteppichen spielt; hier ist vieles aus der Gotik übernommen, die man aber lieber in Nordfrankreich als in der Heimat studierte. Selbständig, absolut wird dieses Ornament bei Morris, wo noch ältere als gotische Elemente zum Durchbruch gelangen. Er ist es, der Kunst im Leben anwendet, ihr in einer kunstfremden Zeit wieder Bedeutung verschafft. Er nimmt den Kampf mit der Maschine, mit der Fabrikware auf, beginnt mit bemalten Fliesen, Tapeten, Dekoration von Gegenständen aller Art, läßt wieder mit der Hand arbeiten. Dann geht er zur Reform des Buches über, das durch die Schnellpresse auch ein liebloses Fabrikat geworden war. Hier knüpft er zunächst auch ans Mittelalter an, studiert die Anfänge der Buchdruckerkunst, wo sie gleich ihre höchste Blüte erreichte; und es sind bezeichnenderweise wieder italienische Inkunabeln, die er zum Vorbild nimmt, deren Typen er nachbildet; er führt den Handsatz wieder ein, das handgeschöpfte Papier, die Hand-Presse, den handgefertigten Einband. Er gründet 1890 seine eigene Presse, die Kelmscott press, von der die ganze moderne Buchbewegung ausgeht. Er wirkt bekanntlich stark damit auf Deutschland, das die neue Schrift- und Buchkunst zugleich mit dem Jugendstil empfängt, der ein schöpferisches, bald überwundenes Mißverständnis ist von Anregungen, die ebenfalls von Morris ausgehen. Seine Vorbilder, die Inkunabeln, waren ohne Titel, und so hat seine Phantasie weiten Spielraum, die ersten beiden sich gegenüberstehenden Seiten mit einer reichen Ornamentik zu überziehen. Und hier eben schlägt ein uraltes britisches Erbe durch: Die irischen und angelsächsischen Mönche hatten, als sie das Christentum empfingen, dessen Bildwelt nicht nachzuschaffen vermocht, da sie als Kunst nur die Bandverschlingungsornamentik besaßen und diese nun zum Schmuck von Psalterium und Missale verwendeten, wo oft eine ganze Seite um das eine Initial herum die wunderbarsten Ornamentenspiele enthält. Der vielseitige Morris, der ja auch ein großer Dichter war, hatte für das alte Nordgermanische Sinn, bereiste Island und hat die Volsunga-Saga und Nibelungenstücke ins Englische übersetzt; war dabei Humanist genug, auch die Äneide zu übertragen. Die Reform des Buches, dem er die organisch entsprechende Form des Geistigen wiedergab, war wohl das, was von ihm am weitesten und dauerndsten wirkte. Es war der Sieg einer praktischen Romantik, der über die anscheinend unangreifbare moderne Technik errungen wurde, nicht nur aus ästhetischem Eigenwillen: Morris war Sozialist, hatte ein Herz fürs Volk und wollte die Arbeit wieder menschenwürdiger gestalten. Es ist, am Ende einer Entwicklung, eine ähnliche Gegenbewegung, wie sie von England zu Beginn ausging, als der Naturwissenschaft das Naturgefühl zugesellt wurde. Es war die letzte Phase der romantischen Bewegung, in deren Auswirkung wir noch stehen, da durch den englischen Anstoß auch bei uns Romantik und Gotik wiederentdeckt wurden und wir endlich das Vergangene wieder in unser Geschichtsbild einordnen.

Walther Gerlach

FORTSCHRITTE DER NATURWISSENSCHAFT

IM 19. JAHRHUNDERT

Die Bedeutung der Naturforschung im 19. Jahrhundert

Das 19. Jahrhundert war in Europa weitgehend von Wissenschaft, insbesondere dem Aufstieg der naturwissenschaftlichen Disziplinen, bestimmt. Unter ihrem Einfluß entwickelten sich neue geistige und materielle Wertbegriffe, welche die menschliche Gesellschaft umzuformen begannen. An die Seite jener neuen geistigen Macht, die sich bei der Begründung der exakten Naturwissenschaft um 1600 erhoben hatte, war um 1800 die Macht der Technik getreten. Die Einblicke in die Weite der Welt wie in die innersten, kleinsten Bereiche der Materie, das Wissen um Lebensvorgänge und ihre Beeinflußbarkeit, neue Erkenntnisse über die Geschichte unserer Erde veränderten die Stellung des Menschen zur Natur, zu sich selbst; mit dem Weltbild wandelte sich die Weltanschauung.

Daß die Technik jetzt Lebenshilfen aller Art schaffen konnte, änderte die Auffassungen über Humanität, über Menschenwert und Menschenwürde. Erkenntnisse der Biologie, Fortschritte der Medizin – man denke nur an die Entdeckung der Bakterien! – führten zu oft zwangsweisen Änderungen der Lebensformen, aus der Möglichkeit entwickelte sich die Pflicht, Erkenntnisse über die Natur zum Wohl der Menschheit zu »nutzen«. Dieser Grundsatz ist schon von Kepler und Goethe hervorgehoben worden.

Mit zunehmender Größe des Bereiches des Erforschbaren wurden die Grenzen des »Unerforschlichen« laufend verschoben. Am Beginn des Jahrhunderts schrieb Goethe: »Unsere Meinung ist, daß es dem Menschen gar wohl gezieme, ein Unerforschliches anzunehmen, daß er dagegen aber seinem Forschen keine Grenze zu setzen habe«; an seinem Ende stehen die großangelegten und – trotz aller Kritik – bedeutungsvollen Versuche von Ernst Haeckel, von Wilhelm Ostwald, eine rein naturwissenschaftlich begründete religionsähnliche Weltanschauung zu entwickeln. In ihnen bricht die im Grunde weit verbreitete Meinung in überschwenglicher Form durch, die wesentlichsten Tatsachen für ein rationelles, naturwissenschaftliches Begreifen der Welt, für die Lösung des Welträtsels seien bekannt; zugleich soll der als unbefriedigend empfundenen Spezialisierung eine weltanschauliche Systematisierung entgegengesetzt, eine Ordnung nicht nach philosophischen Begriffen, sondern mit experimentell erkannten Tatsachen als Grundprinzipien durchgeführt werden. Weniger in die Breite wirkend waren physikalisch-philosophische Überlegungen wie die zu einer neuen Begründung der Mechanik von Heinrich Hertz oder der »Positivismus« von

Ernst Mach. Über das Spezielle dieser Versuche zu einer Verbindung von Philosophie mit Naturwissenschaft ist die Entwicklung der Naturwissenschaft längst hinweggegangen. Aber eine in ihnen zum Ausdruck kommende neuartige geistige Einstellung zu den Phänomenen und den Grenzen der Naturerforschung ist geblieben; es darf wohl auch nicht übersehen werden, daß diese allgemeinen Fragen auch das Interesse weiter Kreise an der Naturforschung selbst erweckten – nicht immer zu deren Vorteil!

Im Verhältnis der Naturphilosophie zu Beginn des 19. Jahrhunderts zur Naturforschung liegt die Wurzel für eine nachhaltige Fehlentwicklung in Deutschland. Was damals geschah, war zweitausend Jahre vorher schon einmal vor sich gegangen: die Trennung von Naturphilosophie und Naturforschung, die zum Untergang der Forschung und der metaphysischen Ausartung der Philosophie führte. Bei einem zu Helmholtz' siebzigsten Geburtstag (1891) verfaßten Rückblick schrieb Heinrich Hertz: »Die Begeisterung, welche die Scheinerfolge der Naturphilosophie begleitete, wurde im Ausland mit Recht nicht geteilt ... Das Neue, der wirkliche Fortschritt wurde in Paris und London erwartet, dorthin reiste der junge Naturforscher ...« »Es ist wahrlich traurig« — schreibt Liebig in dieser Zeit aus Paris —, »wie sehr in der neueren Zeit der Ruhm der Deutschen in der Physik, Chemie und den anderen Naturwissenschaften geschwunden ist; kaum ist noch ein Schatten übriggeblieben.« Man kann nicht bestreiten, daß die romantische Naturphilosophie dem Nachdenken über die Natur großen Auftrieb gab. Daß aber diese Klagen berechtigt waren, zeige nur eine »physikalische« Formulierung von Hegel: »Die Wärme ist das Sichwiederherstellen der Materie in ihrer Formlosigkeit, ihre Flüssigkeit der Triumph ihrer abstrakten Homogenität über die spezifischen Bestimmtheiten, ihre abstrakte, nur an sich seiende Kontinuität als Negation der Negation ist hier als Aktivität gesetzt.« Es gab sogar eine »Zeitschrift für spekulative Physik«.

Wie sehr die »Scheinerfolge« jener heute fast unbegreiflichen »Naturphilosophie« — die Pestilenz, den schwarzen Tod des Jahrhunderts nennt sie Liebig — sich schädlich auswirkten, zeigt die Vernachlässigung, ja Mißachtung der experimentellen Forschung, die bis zum Ende des Jahrhunderts noch nicht ganz überwunden war. Ebenso schädlich war die Reaktion der Physiker, die nun jede Verbindung zwischen Mathematik und Physik und erst recht Hypothesen zur Verbindung getrennter Bereiche der Naturwissenschaft ablehnten. Die Abhandlungen von Robert Mayer und von Helmholtz über das Gesetz der Erhaltung der Energie wurden in die Annalen der Physik nicht aufgenommen; denn (mit Helmholtz' Worten) »die physikalischen Autoritäten ... waren geneigt, in dem eifrigen Kampf gegen Hegels Naturphilosophie, den sie führten, auch meine Arbeit für eine phantastische Spekulation zu halten«. Das war immerhin schon in der Mitte des 19. Jahrhunderts — selbst der weitblickende und die Mathematik auch als Hilfswissenschaft der Physik fördernde Alexander von Humboldt lehnte solch generelle Formulierung wie den Energiesatz ab: zuviel Spekulation, zuwenig Erfahrungsunterlagen. Wenig später fand auch in Deutschland die mathematische Physik wieder Beachtung; und bald erhielt die physikalische und chemische Forschung durch kühne physikalische Hypothesen und ihre mathematische Bearbeitung geradezu eine neuartige Prägung. Nichts spiegelt besser die veränderte geistige Haltung der Physiker als der Satz von Heinrich Hertz (1889), daß man

»bisweilen die Empfindung habe, als wohne den mathematischen Formeln selbständiges Leben und eigener Verstand inne, als seien dieselben bisweilen klüger als wir, klüger sogar als ihr Erfinder«.

Mittlerweile hatte die mathematische Behandlung der technischen Probleme auch in den technischen Hochschulen Einzug gehalten, die sich in Deutschland aus höheren Lehranstalten mit praktischen Zielen leider unabhängig von den im Geiste Wilhelm von Humboldts reformierten Universitäten entwickelten und erst spät die Bedeutung der Ecole polytechnique erkannten, jener großartigen Gründung der Französischen Revolution (1794) zur Pflege der naturwissenschaftlichen Grundlagenfächer in der Ausbildung der Zivil- und Militäringenieure.

Von nachhaltiger Wirkung war die Entwicklung der organisatorischen Hilfsmittel der Naturwissenschaften, des »wissenschaftlichen Betriebs« mit Beginn des 19. Jahrhunderts. Die Bekanntgabe wissenschaftlicher Ergebnisse erfolgte im Briefwechsel zwischen den Gelehrten und in den Druckschriften der Akademien. Jetzt entstanden die spezialwissenschaftlichen Zeitschriften. Dem nationalen und internationalen Austausch von Forschungsergebnissen, aber auch der Verbreitung des Wissens und des Interesses an der naturwissenschaftlichen Entwicklung dienten die British Association for the advancement of science (= Naturwissenschaft) oder die Gesellschaft Deutscher Naturforscher und Ärzte (1822). Mit der zunehmenden Forschungstätigkeit entstanden die Spezialfach-Gesellschaften mit ihren Kongressen und den von ihnen herausgegebenen Referateorganen.

Die Stätten der naturwissenschaftlichen Forschung waren vorwiegend die Akademien oder — in heutiger Ausdrucksweise — Privatlabors, oft (Kuriositäten!) Cabinets von Fürsten. Im Gegensatz zur Astronomie, deren große Fernrohre und Meßkreise feste Spezialbauten forderten, konnten Chemie und Physik mit ihren noch kleinen Hilfsmitteln überall betrieben werden, führte doch zum Beispiel Davy auf weiten Reisen seine Laboreinrichtung im Koffer mit, um auch unterwegs arbeiten zu können. Größte Bedeutung für Chemie und Physik erhielt das Laboratorium der »Royal Institution of Great Britain«, von Benjamin Thompson (Graf Rumford) 1799 gegründet, in dem Humphry Davy, Michael Faraday, John Tyndall arbeiteten. Universitätsinstitute im heutigen Sinn gab es vor allem in England, Frankreich und Italien. Der Chemiker Friedrich Wöhler hat seine großen Entdeckungen in der Berliner städtischen Gewerbeschule gemacht. In Deutschland schuf Justus Liebig in den dreißiger Jahren die heute internationale Form der chemischen Institute und des Laboratoriumsunterrichts, rund zehn Jahre später der Berliner Physiker Gustav Magnus (anfangs in seiner Wohnung) das physikalische »Praktikum«. In allen wissenschaftlichen Disziplinen ist um die Mitte des Jahrhunderts die Laboratoriumsausbildung der Studenten und die systematische Verbindung von Forschung und Lehre eingeführt.

Zu den Aufgaben der Royal Institution gehörte auch die »Popularisierung« der wissenschaftlichen Fortschritte. Faraday und Tyndall waren Meister einer neuen Vortragskunst, der Experimentalvorträge. Eine relativ große Breitenwirkung hatten die in Cottas Augsburger »Allgemeiner Zeitung« Anfang der vierziger Jahre veröffentlichten »Chemischen Briefe« von Justus Liebig und der ab 1845 erscheinende »Kosmos« von Alexander von

Humboldt. Mit ihnen (nach einem Wort von Theodor Heuss) »erkämpft die Naturerkenntnis ihr gleiches Recht im Bildungshaushalt der Nation«, was in England schon lange eine Selbstverständlichkeit war: Davys Bekanntmachungen seiner Forschungsergebnisse im ersten und zweiten Jahrzehnt des Jahrhunderts galten als »gesellschaftliche Ereignisse«. Daß später auch in Deutschland bedeutende Forscher (wie Helmholtz) in der Popularisierung der Wissenschaft eine wichtige Aufgabe sahen, wird oft vergessen. Der Erfolg war geringer als anderswo; noch heute erscheint die beste populärwissenschaftliche Literatur in England.

Die pekuniären Mittel stammten überwiegend aus Kassen der Staaten oder der Fürsten (worunter auch die reichen Stiftungsvermögen der Akademien und Universitäten fallen), sei es aus mäzenatischer Gesinnung oder aus Hoffnung auf praktischen Gewinn; aber auch private Stiftungen spielen eine Rolle, zum Beispiel die bedeutende Frankfurter Senckenberg-Stiftung. Sieht man von Nebengedanken des Napoleonischen Interesses für die Wissenschaften ab, so findet man kaum Beispiele für eine unmittelbare Förderung durch das Militär (es sei denn dieses: 1824 wird Liebig für die Errichtung des ersten deutschen chemischen Forschungs- und Lehrinstituts das Wachgebäude einer Gießener Kaserne überlassen). In der Mitte des Jahrhunderts hat sich das schon stark geändert; genannt sei das Interesse des Generalstabs für die Siemenssche Telegraphie. Eines der wenigen Beispiele des ausgehenden 18. Jahrhunderts ist die Tätigkeit des Amerikaners Benjamin Thompson, der erst in England, dann in Bayern eine wissenschaftliche Entwicklung der Waffenfabrikation durchführte, allerdings auch um die Hebung des sozialen Lebens durch technische Hilfsmittel besorgt war, wofür er vom Kurfürsten Karl Theodor zum »Graf Rumford« ernannt wurde.

Die internationale Verbindung der Gelehrten war selbstverständlich. Zwar mußte Joseph Priestley wegen seines Eintretens für die Gedanken der Französischen Revolution Birmingham verlassen (er ging nach Philadelphia); aber nicht einmal die heftigen Machtkämpfe zwischen England und Frankreich beeinträchtigten den offiziellen Verkehr zwischen der Pariser Académie française (gegründet 1635) und der Londoner Royal Society (gegründet 1663). Der Napoleonische Staatspreis für die größte Entdeckung mit der Voltaelektrizität ging mitten im Krieg an den Londoner Davy. Von einzigartiger Bedeutung war das Wirken Alexander von Humboldts für den internationalen Austausch von Gelehrten und Studenten; Liebig studiert in Paris, Wöhler in Stockholm. Die deutsche Forschung bezog ihre Apparate besonders aus Frankreich und Italien, der Münchner Fraunhofer baute die berühmten Refraktoren für die ungarische und die russische Sternwarte. Die Bedeutung der verschiedenen Nationen für die Entwicklung der Naturwissenschaften im 19. Jahrhundert zu beurteilen, ist nur sehr summarisch möglich: zu Beginn liefert Frankreich in Mathematik und allen beschreibenden Naturwissenschaften am meisten, in Physik teilt es sich mit England und Italien, in Chemie mit England und Schweden. Die englische und russische Astronomie stehen an erster Stelle. Deutschland holt den Vorsprung um die Jahrhundertmitte ein. Amerika greift erst gegen Ende des Jahrhunderts in die Forschung, vorher aber schon entscheidend in die wissenschaftlich-technische Entwicklung ein. In allen Ländern gleich: die großen Forscher stammen aus allen sozialen Schichten, von dem aus preußischem Offiziersadel stammenden Alexander von Humboldt bis zum armen Arbeitersohn Michael Faraday.

*

Wie sich die Naturwissenschaften im 19. Jahrhundert entfalteten, um einen solchen Einfluß auf die Lebensgestaltung in geistiger und materieller Beziehung erlangen zu können, und wie mannigfach die verschiedenartigen Einzeldisziplinen ineinandergreifen, sollen die folgenden Skizzen, Beiträge zur Universalgeschichte, nicht zur speziellen Geschichte der naturwissenschaftlichen Probleme, zeigen.

Wenn in diesem Beitrag die Entdeckungen und Erkenntnisse der Physik etwas stärker berücksichtigt werden, so, weil sie der Technik, der Tochter der Physik, eine selbständige und kraftvolle Entwicklung ermöglicht haben. Die bisherige soziale Struktur der Menschheit bildete sich durch zunehmende Technisierung und Industrialisierung um. Die Lebensformen wurden durch Chemie und Biologie (deren »Technik« die Medizin ist) beeinflußt, aber diese Wissenschaften sind stets durch physikalische Forschung und durch Technik gefördert worden. Die Entwicklung der Physik im 19. Jahrhundert und ihre Ausdehnung auf alle möglichen Lebensbereiche hat die Beherrschung des 20. Jahrhunderts durch die Naturwissenschaften vorbereitet.

Die exakten Naturwissenschaften vom 17. bis zum 19. Jahrhundert

Die Geschichte der modernen Naturwissenschaft beginnt nach längerer, noch zielloser, aber keineswegs unbedeutender Vorbereitung mit Galileo Galilei und Johannes Kepler um das Jahr 1600. Ihr Ausgangspunkt war das heliozentrische Weltsystem des Nicolaus Copernicus, in seinen Grundzügen zwischen 1507 und 1514 (als »Commentariolus«), vollständig erst im Todesjahr 1543 veröffentlicht (De revolutionibus orbium coelestium). Alte griechische Vorstellungen waren aufgenommen und vervollkommnete Messungen, vor allem der Araber, verarbeitet worden. »Nichts hat einen größeren Einfluß auf das Denken der Menschen ausgeübt als das System des Copernicus«, urteilt Goethe. 1596 erscheint Keplers erstes Werk »Prodromus continens Mysterium cosmographicum«, in dem die Anziehungskraft der Erde auf den Mond erklärt wird, und 1609 die »Astronomia nova« mit der Mitteilung der von ihm 1600 gefundenen beiden ersten Keplerschen Gesetze über den Lauf der Planeten um die Sonne. Die Jahre 1610 und 1611 bringen mit der Entdeckung der Jupitermonde durch Galilei die Entscheidung für das System des Copernicus: das Copernicanische System setzte voraus, daß der Mond außer dem Umlauf um die Erde auch die Bahn der Erde um die Sonne mitmachen solle; das konnte man sich schwer vorstellen. Galilei beobachtet nun an aufeinanderfolgenden Tagen, daß auch um den Jupiter Monde in festen Bahnen kreisen, und zwar unabhängig von der Bahn des Planeten um die Sonne. Bald darauf entdeckt er die Belichtungsphasen der Venus, die denen des Mondes gleichen, und (wie bald darauf und unabhängig Johannes Fabricius und Christoph

Scheiner) die Sonnenflecken, welche die Veränderlichkeit und die Eigenrotation der Sonne erkennen ließen. Eine zureichende Erklärung der Sonnenflecke ist der Astrophysik und Physik erst im 20. Jahrhundert gelungen; damals half die Entdeckung das Vorurteil überwinden, die Sonne sei als Mittelpunkt des Weltsystems unveränderlich. Der Ingolstädter Jesuitenpater Scheiner konnte seine Beobachtungen unter seinem Namen erst mit zwanzigjähriger Verspätung, zugleich mit der ersten Messung der Dauer der Eigenrotation der Sonne um ihre Achse, veröffentlichen (»Rosa ursina«, 1630).

In die gleichen Jahre fallen die ersten großen systematischen Experimentaluntersuchungen von William Gilbert, dem Hofarzt der Königin Elizabeth von England, über die magnetischen und elektrischen Kräfte (»De Magnete« 1600) und die Arbeiten über mechanische und hydrostatische Probleme des Holländers Simon Stevin.

Entscheidender als die Begründung der – wie wir heute sagen – Methode der exakten Naturwissenschaften ist der mit ihr entstehende neue Faktor der Erkenntnistheorie und ihr Einfluß auf die Denkweise. Die Methode besteht zunächst in der messenden Beobachtung von Naturvorgängen – ursprünglich als experimentum = Erfahrung bezeichnet –, in dem Suchen nach den primären Ursachen und ihrer Abtrennung von sekundären Einflüssen (etwa dem Ablauf eines Bewegungsvorganges ohne die mit ihm stets verbundene Reibung); es folgt das »Experiment«, in dem durch künstliche Zusammenfügung verschiedener Bedingungen die Richtigkeit dieser Trennung geprüft wird, und schließlich die mathematische Formulierung der gefundenen Beziehungen, das »Gesetz«. »Cominciare dall' esperienza e per mezzo di questa scoprirne la ragione« hatte schon hundert Jahre vorher Leonardo da Vinci als Methode der Naturforschung gefordert! Jetzt wird sie durchgeführt.

Das bedeutet aber auch die endgültige Überwindung der Naturphilosophie des Aristoteles. Naturwissenschaftliche Forschung, das Suchen nach gesetzmäßigen Vorgängen im Ablauf von Naturerscheinungen, wurde zu einer selbständigen Disziplin, einem neuen Machtfaktor, in dem man mit Recht eine Gefahr für die Herrschaft der damaligen Geisteswissenschaften und vor allem der Theologie sah. So versteht man, daß Reformatoren und römische Kirche sie zugleich bekämpften; ihre Verbreitung war gefährlich. Giordano Bruno wurde 1600 verbrannt, weil er über Copernicus und Kepler hinausgehend die feste, das Sonnensystem abschließende Fixsternsphäre in die Unendlichkeit ferner Sonnensysteme auflösen wollte; manche gaben die neue Lehre nur in vertrautem Kreise weiter, andere mußten Selbstkritik üben; der »Prozeß Galilei« endete mit dem Verbot seiner und des Copernicus' Schriften (erst 1812 wurden sie von dem *Index librorum prohibitorum* gestrichen).

Ein Jahrhundert später, um 1700, ist das Newtonsche System der Mechanik, die »Philosophiae naturalis principia mathematica« (gedruckt 1687), abgeschlossen. Es bleibt bis zum Beginn des 20. Jahrhunderts die Grundlage der Physik. Die Keplersche – noch vage – Vorstellung über die Kraft zwischen Massen auch in großen Entfernungen findet in dem Gravitationsgesetz ihre Präzisierung, aus den Keplerschen Gesetzen wird das mathematisch-physikalische System der Himmelsmechanik. Die Galileische Forschungsmethode wird auf die Erscheinung des Lichtes angewendet, 1704 erscheint das für die Entwicklung von mehr als einem Jahrhundert maßgebende Werk »Optics« – im Gegensatz zur lateinischen Mechanik in englischer Sprache verfaßt, so wie auch Galilei in der Landessprache schrieb, um dem Neuen eine größere Verbreitung zu sichern.

Vor allem bringt der Beginn des 18. Jahrhunderts die Differentialrechnung – Newton und Leibniz –, den entscheidenden Schritt für die mathematische Behandlung der Naturvorgänge, von Galilei vergeblich angestrebt. Zugleich beschert es eine der verderblichsten Hypothesen, welche die Physik und besonders die Chemie immer wieder auf Irrwege führte: 1703 stellt G. E. Stahl die Theorie des Phlogistons, eines Wärmestoffs, auf, die endgültig erst in der Mitte des 19. Jahrhunderts aufgegeben wurde.

Mit der Wende vom 18. zum 19. Jahrhundert beginnt eine geradezu stürmische Entwicklung der Naturwissenschaften, zunächst der Chemie und dann auch der Physik. Das dürfte wohl hauptsächlich auf drei in die gleichen Jahre fallende Entdeckungen zurückzuführen sein: 1800 entsteht mit dem Voltaelement die Möglichkeit, elektrische Ströme von langer Dauer und relativ großer Stärke herzustellen. 1800 und 1801 entdecken William Herschel und Johann Wilhelm Ritter unsichtbare Strahlen in irdischen »Licht«quellen und in der Sonne: das Ultrarot und das Ultraviolett. Damit wird zum ersten Male in der Natur etwas gefunden, für dessen Wahrnehmung der Mensch kein Organ besitzt. 1808 begründet John Dalton auf Grund quantitativer chemischer Erfahrungstatsachen die moderne Atomtheorie. Es darf auch nicht vergessen werden, daß 1798 Henry Cavendish durch den experimentellen Nachweis der Massenanziehung, eine Glanzleistung der Experimentierkunst, die Entwicklung der Gravitationslehre von Kepler über Newton zum Abschluß brachte.

Die Frage, ob die Entwicklung der Naturwissenschaften im 19. Jahrhundert ein allgemein gültiges Charakteristikum aufweist, kann wohl zunächst so beantwortet werden: die Vermehrung der Einzelkenntnisse führte die Beobachter auf Zusammenhänge zwischen verschiedenen Erscheinungen, auf innere Beziehungen und damit zu einer Synthese. Die quantitative Analyse von Vorgängen, die sich gerade anbieten, wird mehr und mehr durch eine systematische Verfolgung von Fragen ersetzt, die sich bei der Deutung von Beobachtungen oder Versuchsergebnissen ergeben. Es beginnt die gezielte Forschung; die experimentelle Prüfung von Hypothesen, von qualitativen und besonders mathematisch-quantitativ-formulierten Vorstellungen, gewinnt zunehmend an Bedeutung. Ein Musterbeispiel ist die Begründung der experimentellen Akustik durch Ernst Chladni, die zu einem Hauptarbeitsgebiet der Physik wurde; 1841 entdeckt Christian Doppler die Änderung der Tonfrequenz bei bewegter Schallquelle oder bewegtem Beobachter, den »Dopplereffekt«, dessen optisches Analogon bald darauf die Messung der Bewegung der Sterne ermöglichte.

Voraussetzung für das alles war das mit Beginn des 19. Jahrhunderts einsetzende systematische Streben, alle mit unseren Sinnen wahrnehmbaren Erscheinungen auch mit Instrumenten, mit Meßgeräten, quantitativ nachzuweisen. Gewiß hatte man vorher schon die Waage und die besonderen, hochempfindlichen »Drehwaagen« von Michell, Coulomb, Cavendish zur Messung elektrischer und magnetischer Kräfte oder der Massenanziehung verwendet. Dabei hatte das Meßgerät die Aufgabe, entweder die mit dem Körper fühlbaren Kräfte größenmäßig zu vergleichen oder solche Kräfte auch dann noch nachzuweisen, wenn die menschlichen Sinnesorgane dazu nicht mehr ausreichten. Auch das Thermometer diente keiner anderen Aufgabe. Jetzt aber begann ein neuer methodischer Weg, als man etwa das Licht der Sonne nicht mehr mit dem Auge, sondern wie Herschel und Ritter bezüglich seiner thermischen und chemischen Wirkung untersuchte. Welches Prinzip man hier unbewußt anwandte, wurde erst fünfzig Jahre später durch die Entdeckung des Energiesatzes klar. Herschel wie Ritter gingen aber noch einen Schritt weiter. Newton hatte die durch ein Glasprisma gebrochenen »Spektralfarben« des weißen Sonnenlichtes untersucht. Damit hatte er die Erscheinung des Regenbogens (von Descartes schon geklärt) in einer übersehbaren physikalischen Apparatur künstlich dargestellt. So war es möglich, mit dem neutralen, »objektiven« Thermometer und mit Hornsilber (natürlich vorkommendem Silberchlorid) die Farben bequem nachzuweisen und zu messen (was übrigens Scheele schon probiert hatte); man fand, daß die Farben quantitativ ganz verschieden auf die beiden »Instrumente« wirken, vor allem aber, daß das Farbband nur für unser Auge mit Rot und Violett begrenzt ist. Jenseits seines roten Endes zeigt das Thermometer sogar eine viel größere Erwärmung als im hellen Violett, und jenseits des Violetts, wo das Thermometer gar keine Wirkung mehr zeigt (wegen der nicht ausreichenden Empfindlichkeit, wie man heute weiß), tritt eine erhebliche Zunahme der Zersetzung des Hornsilbers ein (verstehbar erst durch die Quantentheorie).

Die Entdeckung dieser ultraroten und ultravioletten Strahlen, die alle erhitzten Körper ausstrahlen, also von Naturerscheinungen, für die wir keine Sinnesorgane haben, aber auch von solchen, für deren Nachweis unsere Sinnesorgane zu unempfindlich sind, erfolgte gerade auf eine Weise, die Goethe »das größte Unheil der neuen Physik« genannt hat, »daß man die Experimente gleichsam vom Menschen absondert und bloß in dem, was künstliche Instrumente zeigen, die Natur erkennen will«. Die entscheidenden Entdeckungen seit dem Anfang des 19. Jahrhunderts beruhen nicht nur auf der Erweiterung der Sinnesorgane, sondern den neuen Wahrnehmungsmöglichkeiten durch Instrumente. Daß Volta die Galvanischen Froschschenkelversuche (oder das Zucken der Menschenmuskeln durch einen elektrischen »Schlag«) auch auf unorganische Materie übertrug, führte erst zum Fortschritt. Freilich wollte auch Goethe solche Forschung nicht ablehnen, wie immer noch manche glauben; die Betonung in seinem Ausspruch liegt auf dem Wort »bloß«.

Während bei der Entdeckung von Ultrarot und Ultraviolett immerhin noch das sichtbare Licht geholfen und ihre Deutung sich an dessen Deutung angeschlossen hatte, fehlte bei der Untersuchung der elektrischen Erscheinungen bald jeder Anschluß an die natürliche Sinnenwelt – mit Riesenschritten entwickelte sich die neue Physik. Die Deutung der nicht erkennbaren Vorgänge beim Fließen eines elektrischen Stromes in einem Metalldraht, Faradays Idee der »Kraftlinien«, schließlich die Maxwellsche elektromagnetische Theorie, die auch Erscheinungen des Lichts neu deutete, und erst recht die Atomistik führten zu Vorstellungen, die sich immer weiter von dem Bereich unserer Sinne entfernten, zu schließlich nicht mehr »anschaulichen«, nur noch durch mathematische Symbole ausdrückbaren Systemen.

Zugleich beginnt die Neugestaltung des sozialen Lebens – die sogenannte erste technische Revolution – in Europa und bald in der ganzen Welt durch die Ausbreitung der Dampfmaschine, deren über hundertjährige Entwicklung James Watt 1786 zur »Fabrikations-

Ernst Chladnis Vorführung der Klangfiguren in Regensburg, 1800
Zeichnung. München, Deutsches Museum

[527]

6. *Von den Herren Ritter und Böckmann.*

— — Am 22ſten Febr. habe ich auch auf der Seite des Violetts im Farbenſpectrum, auſserhalb deſſelben, Sonnenſtrahlen angetroffen, und zwar durch Hornſilber aufgefunden. Sie reduciren noch ſtärker, als das violette Licht ſelbſt, und das Feld dieſer Strahlen iſt ſehr groſs. (Vergl. *Annal.*, 1801, VII, 149, Anm.) Nächſtens mehr davon.

Ritter.

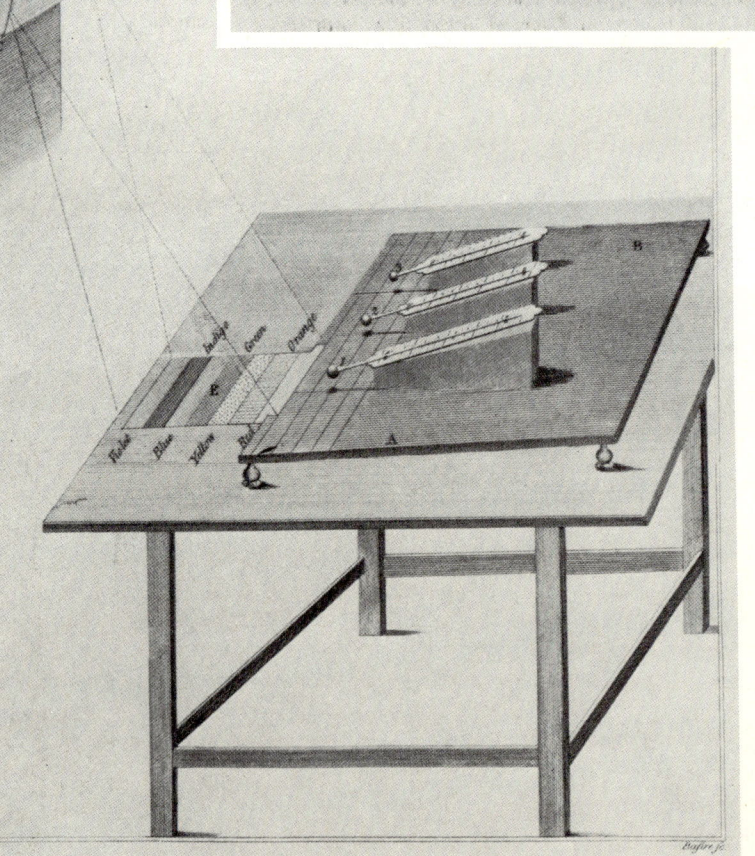

Versuchsaufbau William Herschels zur Entdeckung des Infrarot, 1800
Johann Wilhelm Ritters erste Notiz über die Entdeckung des Ultraviolett, 1801

reife« gebracht hatte. Die seit undenklichen Zeiten unveränderte Reisegeschwindigkeit zu Land und zu Wasser wird mit der Dampfmaschine sprunghaft vergrößert; gleichzeitig vergrößert sich die Menge der zusammen beförderbaren Menschen. Es folgen die Versuche mit den ersten elektrischen Telegraphen zur Beschleunigung der Nachrichtenübermittlung. Und schließlich bringt die Steigerung der Arbeitsleistung durch die Maschinen die Industrialisierung; die Sozialstruktur ändert sich und gibt der Menschheit ebenso neue Probleme auf wie der wachsende Mißbrauch der Technik (und damit auch der Naturwissenschaften) als Machtmittel des politischen und wirtschaftlichen Nationalismus.

Wieder hundert Jahre später war das, was man heute die klassische Physik nennt, in ihren Grundzügen abgeschlossen. Aus ihr war unter anderem die Elektrotechnik hervorgegangen; genau hundert Jahre nach der Einführung der Dampfmaschine wurde zum ersten Male elektrische Energie fernübertragen. Heinrich Hertz hatte zur gleichen Zeit mit der Entdeckung der elektrischen Wellen den experimentellen Schlußstein zu Maxwells elektromagnetischer Theorie gelegt und damit das Tor zur drahtlosen Nachrichtentechnik geöffnet.

Die letzte Jahrhundertwende bringt die Grundlage einer neuen physikalischen und dann allgemein der naturwissenschaftlichen und auch philosophischen Entwicklung: 1895 entdeckt Röntgen die neue Strahlenart, 1896 Becquerel die Radioaktivität; 1897 ist die Existenz des freien Elektrons durch die entscheidenden Versuche von Joseph John Thomson und Wilhelm Wien sichergestellt, man weiß, daß – negativ elektrische – Elektronen von neutralen Atomen abgetrennt werden können, so daß ein – positiv elektrischer – Atomrest mit der (fast vollständigen) Masse des Atoms übrigbleibt und daß beide sich wieder zum normalen Atom vereinigen können. Im Jahre 1900 schuf Max Planck die Quantentheorie und 1905 Albert Einstein mit der Relativitätstheorie die neue Auffassung von Raum und Zeit, welche die Grenzen der Gültigkeit der Newtonschen Mechanik festlegt und den Bestrebungen, die gesamte Elektrodynamik nach den klassischen Prinzipien der Mechanik zu behandeln, ein Ende setzt.

Das Gesetz von der Erhaltung der Energie

Die wichtigste der überaus zahlreichen naturwissenschaftlichen Entdeckungen im 19. Jahrhundert ist das Gesetz von der Erhaltung der Energie (1842). Es ist die Aussage, daß bei all den mannigfaltigen Wechselwirkungen und Umsetzungen, die in unserer Welt ablaufen, eine Größe konstant bleibt, die man heute (nach Rankine) die »Energie« nennt. Der erste, der diesen Grundsatz aufstellte und seine ganze materielle und naturphilosophische Tragweite erkannte, war der junge, später in Heilbronn am Neckar ansässige Arzt Julius Robert Mayer. Es ist eines jener seltenen, fast unheimlichen Ereignisse in der Geistesgeschichte der Menschheit: ohne tiefere physikalische Ausbildung, beim Nachdenken über den Ablauf des organischen Lebensgeschehens auf einer langen Tropenreise als Schiffsarzt durchfährt ihn »wie ein Blitz« der Gedanke, der ihn nicht mehr losläßt. »Ich habe ein System der Physik mitgebracht«, schrieb er bald nach der Rückkehr an einen Jugendfreund. Mühsam, mit dessen Hilfe sucht er sich aus der Literatur die Unterlagen zum Beweis der Vorstellung, die er anfangs fast hilflos mit den Formulierungen Causa aequat effectum (die Ursache ist quantitativ so groß wie die Wirkung), nil fit ad nihilum, nil fit ex nihilo (nichts wird zu nichts, nichts aus nichts) begreiflich zu machen sucht. Ein direkter Beweis scheint ihm vorerst nur im Gebiet der Physik möglich. Er berechnet das mechanische Wärmeäquivalent: Um eine mechanische Arbeit von 427 (wir geben den heutigen Wert) Meterkilogramm zu leisten, ist eine (große) Kalorie erforderlich, das heißt die Wärmeenergie, die ein Kilo Wasser um ein Grad Celsius erwärmt. Darauf kehrt Mayer die Frage um, er zeigt durch Versuche, die eigentlich schon kurz vor Beginn des Jahrhunderts von Benjamin Thompson (Graf Rumford) ausgeführt waren, daß beim Verschwinden einer bestimmten Menge von Bewegungsenergie (etwa beim Abbremsen eines Bohrers in einem Metallstück oder beim Schütteln von Flüssigkeiten) stets die gleiche Wärmeenergie auftritt.

Im Jahre 1847 erscheint die Schrift »Über die Erhaltung der Kraft«, in der Hermann Helmholtz das gleiche Gesetz durch eine großartige Übersicht über die verschiedensten Energieumwandlungen bei physikalischen und chemischen Prozessen begründet. Jetzt erst – nach fünfzig Jahren – konnte man verstehen, warum das Voltaelement elektrische Energie liefert: chemische Energie wird umgesetzt. Sind die energiespendenden chemischen Reaktionen im Voltaelement abgelaufen, so hört auch die Stromlieferung auf. Mit Gedankengängen, die im Grundsätzlichen denen von Robert Mayer gleichen, zieht Helmholtz auch Vorgänge der lebenden Natur in die Betrachtung ein: die Umsetzung der Strahlungsenergie der Sonne in die chemische Energie des Pflanzenwachstums oder die Umwandlung der Verbrennungsenergie der Nahrung des Tieres in die von seinem Körper abgegebene Wärme. Wie für den Bereich der anorganischen Welt die Hoffnung auf ein Perpetuum mobile, so wird für die Vorgänge im organischen Leben die Theorie der Lebenskraft endgültig zu Grabe getragen. Auch hier hatte Rumford fünfzig Jahre früher ähnliche Gedanken über die durch direktes Verbrennen von Nahrungsmitteln zu erzielende Wärme und die durch Arbeitsleistung eines Pferdes auf Grund der Nahrung zu erreichende Wärme diskutiert. 1842, kurz vor Robert Mayers Veröffentlichung, schrieb Liebig über die Äquivalenz der Verbrennungswärme der von Tier und Mensch aufgenommenen Nahrung mit der in ihnen erzeugten Wärme und von ihnen geleisteten Arbeit. Die vage Idee der Aufnahme von Lebensstoff aus dem Humus wird durch Liebigs Entdeckung der Bedeutung der Düngesalze für das Wachstum der Pflanzen ersetzt.

Aber keiner drang bis zu der generellen Betrachtung von Mayer und Helmholtz durch. Obwohl es »in der Luft lag«, dauerte es viele Jahre, bis das Gesetz der Erhaltung der Energie allgemeine Anerkennung fand – dann aber wurde es zur Grundlage jeden physikalischen und technischen Denkens; man kann heute sagen, daß der Bereich der Gültigkeit dieses Erfahrungssatzes der Bereich der Physik und der Technik ist. Noch um die Mitte des letzten Jahrhunderts lagen solche, im wahren Sinne des Wortes »weltweiten« Betrachtungen den Physikern fern. Nicht zu Unrecht sagt viele Jahre später Helmholtz, daß Mayer als erster »gewagt« hat, einen Satz von »absoluter Allgemeinheit auszusprechen«. Eine der entscheidenden Folgen der Entwicklung der Physik des 19. Jahrhunderts ist gerade, daß die ganze Natur, schließlich das Weltall, in den Bereich der naturwissenschaftlichen Forschung einbezogen wurde. So fragte Mayer 1848, woher die Energie stamme, die von der Sonne ausgestrahlt wird: erst mit dem Satz der Erhaltung der Energie war diese Frage sinnvoll. Seine Hypothese, daß es die Wärme sei, die beim Abbremsen der in die Sonne einstürzenden Meteorschwärme entstehe, wurde lange diskutiert, ließ sich aber nicht halten. Helmholtz entwickelte 1853 die Theorie, daß die Sonne als eine große Nebelmasse sich durch die Gravitation kontrahiere und dabei erwärme. Diese Massenkontraktion kann aber nicht die Milliarden von Jahren dauernde Energieabgabe, mit der wir heute rechnen müssen, liefern. Ein Jahrzehnt später versucht William Thomson (Lord Kelvin), mit dem Energiesatz das Alter der Erde zu bestimmen: Sonne und Erde hatten einst die gleiche Temperatur, sie kühlten sich nach den generellen physikalischen Gesetzen ab; der Energieinhalt der Sonne ist ihrer größeren Masse wegen größer als der der Erde; diese hat sich also schneller abgekühlt. Vor vierzig Millionen Jahren müßte sie zu heiß gewesen sein für irgendein Leben, und in wenigen Millionen Jahren müßte die Sonne zu kalt werden, um noch die für das irdische Leben erforderliche Strahlung zu liefern. Erst heute wissen wir, daß Atomkernreaktionen im Sonneninneren eine stete neue Wärmeentwicklung liefern, welche die abgestrahlte Energie ersetzt.

Die Neuartigkeit solchen Forschens mag aus einem Rückblick deutlich werden: Als Johannes Kepler physikalische Betrachtungen auf die Mechanik des Sonnensystems anwandte, schrieb ihm sein Lehrer Michael Maestlin: »Ich glaube aber, daß man hier die physikalischen Ursachen ganz aus dem Spiel lassen und Astronomisches nur nach astronomischen Methoden mit Hilfe von astronomischen, nicht physikalischen Ursachen und Hypothesen erklären soll.«

Der Satz von der Erhaltung der Energie ist die erste und heute noch generell gültige Synthese im Bereich der Naturwissenschaft. Es gibt kein Gebiet der Physik, auf dem dieser Satz nicht entscheidend zur Klärung beigetragen hat; vor allem ist er die Grundlage aller technischen Vorgänge. Jede Technik besteht in der Umsetzung einer Energieform in eine andere. Die Frage der Ausbeute und des Energieverlustes (etwa durch Reibung in Lagern oder Wärmeabgabe an die Umgebung oder Erwärmung elektrischer Leitungen) kann durch die Berechnung der Vorgänge nach dem Energieerhaltungssatz beantwortet werden: Die Wirtschaftlichkeit technischer Verfahren ist vorher bestimmbar. Die zwei Hauptsätze der Thermodynamik (Rudolf Clausius, 1850) gaben die theoretische Begründung des bei der Umwandlung von Wärmeenergie in mechanische Energie erreichbaren Nutzeffektes; William Thomson (Lord Kelvin) schuf unter anderem die Grundlagen für die Verflüssigung der Gase und der von Carl Linde ausgebauten Kältetechnik. Elektrotechnik, Lichttechnik, vor allem auch die chemische Technik konnten sich nur unter dem Einfluß des Energiesatzes entwickeln, ganz zu schweigen von der Thermochemie, der Elektrochemie, der Photochemie. Die wissenschaftlichen Bereiche der Meteorologie, der Physik der Atmosphäre, beruhen auf der Thermodynamik.

Die Voltasche Entdeckung und die Entwicklung der Elektrizität

Bis zum Ausgang des 18. Jahrhunderts kannte man nur die Reibungselektrizität, die mit ihr verbundenen Kraftwirkungen, die elektrischen Funken und die physiologischen Empfindungen, die Muskelzuckungen bei einem »elektrischen Schlag« auf den Körper, die schon Guericke und Leibniz interessiert hatten. Bei Versuchen mit Froschschenkeln beobachtete Luigi Galvani unter anderem eine merkwürdige Erscheinung. Er hatte zwei verschiedene Drähte (etwa Messing und Eisen) miteinander verbunden; berührte er nun mit den beiden Enden den Nerv oder den Muskel, so daß ein Kreis Messing–Nerv–Muskel–Eisen–Messing gebildet wurde, so kontrahierte sich der Muskel. Alessandro Volta ging dieser Erscheinung mit einer klaren physikalischen, vom biologischen Objekt ganz absehenden Überlegung nach. Nach mannigfachen Versuchen fand er – mitgeteilt in einem Brief vom 20. März 1800 an die Royal Society in London – etwas ganz Neues, die später sogenannte Voltasche Säule: Eine Silber- und Zinkplatte wurden aufeinandergelegt, darauf ein mit einer Salzlösung befeuchtetes Papierblatt, dann wieder ein solches Metallplattenpaar in gleicher Folge, wieder ein nasses Papier – »dreißig, vierzig, sechzig und mehr«. Verband er nun die äußersten Metallplatten, also die erste Silber- mit der letzten Zinkplatte durch die Hand, so spürte er die Kontraktion der Muskel, aber nicht als Schlag, sondern d a u e r n d. Nach dem gleichen Prinzip konstruierte er bald darauf den »Voltaschen Becher«, ein mit Salzlösung gefülltes Glas, in das eine Zink- und eine Silberplatte eintauchen. Das war die Urform der elektrochemischen Elemente oder Batterien.

Die bis dahin bekannten reibungselektrischen Effekte dauerten nur Momente, nach der »Entladung« mußte durch erneutes Reiben erst wieder neue Ladung hergestellt werden. Mit der Voltaschen Zelle gelang es zum erstenmal, eine dauernde »elektrische Wirkung« zu erzeugen, durch einen Vorgang, der sich scheinbar ohne jede materielle Veränderung in dem Metall-Flüssigkeitskreis abspielte. Die gelehrte Welt ahnte sofort, daß hier eine Entdeckung von ungeheurer Tragweite gemacht worden war. Man stürzte sich auf die neue Erscheinung, es begann ein bisher nicht bekanntes Experimentieren, ein Suchen nach neuen Erscheinungen, nach »Effekten«, wie es die Physik erst wieder in den zwanziger und dreißiger Jahren unseres Jahrhunderts erlebte, als Folge von Bohrs Atomtheorie und der Entdeckung der künstlichen Atomumwandlungen. In den Jahren 1799 bis 1801 wurden fast alle Entdeckungen der folgenden Jahrzehnte schon einmal gemacht. Besonders zu erwähnen ist Johann Wilhelm Ritter in Jena, später in München, Goethes »Wissenshimmel auf Erden«, Freund und Gesinnungsgenosse von Novalis, der Romantiker, der zunächst begeistert Galvanis Versuche mit physiologischen Zielen verfolgt, dann – erst einundzwanzigjährig – unabhängig von Volta die elektrische Zelle (mit dem billigeren Kupfer statt Silber) baute. Er zeigte, daß die Volta-Elektrizität gleiche Wirkungen wie die Reibungselektrizität hat; er war es auch, der zuerst die chemischen Veränderungen im stromliefernden Element erkannte, die erste Elektrolyse durchführte, der aber von Versuch zu Versuch, von Idee zu Idee sprang, ohne Rast und ohne Stetigkeit arbeitend und letzten Geheimnissen nachjagend – eben der Romantiker.

Die auffälligsten – »kaum zu glaubenden« – Erscheinungen des elektrischen Stroms waren die Erwärmung eines Metalldrahtes, die Zersetzung von Wasser oder von Salzlösungen in ihre atomaren Bestandteile, die Erzeugung des helleuchtenden elektrischen Lichtbogens (1812); dieser war so heiß, daß alle Metalle, sogar Quarz und Saphir schmolzen und Diamant sich augenblicklich verflüchtigte. »Es ist ausnehmend schwer, um nicht zu sagen unmöglich, die Entstehungsart dieser Lichterscheinung und Erhitzung anzugeben«, steht zwölf Jahre später im Lehrbuch der Physik von Biot. Den größten Fortschritt brachte die 1819/20 von Hans Christian Örsted in Kopenhagen entdeckte Richtkraft der Elektrizität auf eine Magnetnadel. Örsted, der gleichzeitig beobachtete, daß umgekehrt auch ein Magnet auf einen stromdurchflossenen Leiter Kraft ausüben kann, nannte diese untrennbare Verbindung von Elektrizität und Magnetismus einen »elektrischen Konflikt«. Als Ampère sich mit diesen Entdeckungen beschäftigte, erweiterte er die schon von Volta angedeutete Vorstellung zur Theorie, daß im Verbindungsdraht zwischen den Polen des Voltaelements eine Strömung eines noch unbekannten elektrischen Fluidums ablief, ein elektrischer Strom, »courant électrique«, floß. Örsted hatte übrigens auch erkannt, daß dieses Magnetfeld ganz neuartig war: es begann und endete nicht an einem »Pol« wie die Felder von Magnetstäben, sondern ein (langer gerader) Stromleiter war gleichsam die Mittelachse eines zylinderförmigen Feldes. Freilich hat dieser »Zylinder« keinen Mantel, denn mit der Entfernung vom Stromleiter nimmt die Feldstärke ab, wird aber niemals Null; ein an einer Stelle fließender Strom macht sich »bis in die Unendlichkeit« bemerkbar, ebenso wie die Gravitationswirkung irgendeiner Masse.

Es begann eine neue Richtung der Experimentalphysik: die künstliche Erzeugung von Vorgängen im Laboratorium, die in der Natur anscheinend nicht vorkommen. Eine Fülle von Hypothesen wurde entwickelt, es entstand jene den Außenstehenden oft so sonderbar anmutende Physik des Als-ob. So führte die Wärmeentwicklung bei der Reibung zweier Körper etwa zur Vorstellung, daß die Erwärmung eines die Pole des Voltaelements verbindenden Drahtes auch auf eine Bewegung von »Etwas« im Leiter, eben den »elektrischen Strom«, hindeute.

Ein anderes Beispiel für diese neue, in der Folgezeit so erfolgreiche Forschungsart ist die Ampèresche Hypothese der »Molekularströme« (1821): Wenn eine stromdurchflossene Spule die gleichen Kräfte auf eine Magnetnadel oder auf Eisen ausübt wie ein Magnetstab, dann kann man annehmen, daß ein »Magnet« deshalb ein Magnet ist, weil in ihm elektrische Kreisströme fließen. Eine unverständliche, aber in der Natur vorkommende Erscheinung, eben der natürliche Magnetismus, wird also mit einem künstlich erzeugten, ebenfalls noch unverstandenen Vorgang »erklärt«.

In dieser ersten Phase der Elektrizitätsphysik zeigt sich schon die neue physikalische (und bald allgemein naturwissenschaftliche) Forschungsweise: Neben die reine messende Beobachtung und den Versuch, eine Erscheinung in ihre Einzelfaktoren zerlegt zu analysieren, tritt das Suchen nach Beziehungen zwischen verschiedenartigen Erscheinungen.

Die erste praktische Folge dieser Entdeckungen war die Konstruktion von Meßinstrumenten, mit denen die Größe, die magnetische Kraft des elektrischen Stroms gemessen werden konnten. Ampère in Paris, Poggendorff in Berlin und Schweigger in Halle bauten fast gleichzeitig solche Geräte. Ampère nannte sein Instrument »Galvanometer«, während sich heute allgemein die Bezeichnung »Ampèremeter« durchgesetzt hat. Eine weitere Folge war die Konstruktion des ersten Elektromagneten von Arago. Die Überlegung, der fließende Strom werde von einer »elektromotorischen Kraft« im Voltaelement bewirkt, führte Georg Simon Ohm zur Vorstellung des Spannungsgefälles längs eines stromdurchflossenen Leiters. Der von ihm experimentell erbrachte Nachweis, daß in allen Teilen eines beliebig zusammengesetzten geschlossenen Stromkreises die Stromstärke gleich ist, lieferte 1826 das Ohmsche Gesetz: der Quotient von Spannungsabfall und Stromstärke ist der im betreffenden Leiterteil vom Strom zu überwindende »elektrische Widerstand«. Es war – abgesehen von Ritters Entdeckungen – der einzige wesentliche Beitrag zur Elektrizitätslehre des beginnenden 19. Jahrhunderts aus Deutschland, wo die Naturphilosophie die experimentelle Naturwissenschaft (und so auch Ohm) unterdrückte.

Die bedeutendste Entdeckung auf dem Gebiet des »Elektromagnetismus« machte 1831 Michael Faraday. Nach vielen Jahren vergeblicher Mühe gelang es ihm, die simple, typisch naturwissenschaftliche Frage zu beantworten: Ein elektrischer Strom erzeugt in seiner Umgebung ein Magnetfeld; kann auch ein Magnetfeld einen elektrischen Strom erzeugen? Alle Versuche verliefen anfangs negativ; dann aber beobachtete Faraday, daß immer beim Ein- und Ausschalten eines Stromes und später ganz allgemein bei jeder Änderung des künstlichen magnetischen Feldes in einem benachbarten, nicht stromdurchflossenen Leiter ein Stromstoß auftritt. Das war die Entdeckung der elektromagnetischen Induktion. Sehr bald fand Faraday die Möglichkeit, durch Induktion auch einen Dauerstrom zu erzeugen. Die letzte physikalische Klärung brachte aber erst das Gesetz der Erhaltung der Energie. Faraday schuf in diesen Versuchen, ohne selbst an eine solche Entwicklung zu denken, die Grundlage für die gesamte Theorie des Elektromagnetismus ebenso wie für die Elektrotechnik einschließlich der Technik der Nachrichtenübermittlung mit und ohne Draht.

Was in einem Metalldraht beim »Fließen des Stroms« vor sich geht, blieb – unerachtet der allgemeinen technischen Verwendung – bis zum Ende des Jahrhunderts unbekannt. Es gab nur Erklärungen für Teilphänomene des elektrischen Stroms. So zeigte Faraday 1834, daß beim Stromdurchgang durch eine Salzlösung (bei der Elektrolyse) die Bestandteile des Salzes als positiv und negativ geladene Atome an die Elektroden wandern; er nannte die Atome in diesem Zustand »Ionen«.

Eine andere – aber erst spät verstandene und anerkannte – Entdeckung machte Johann Wilhelm Hittorf im Jahre 1869 bei der Untersuchung des Stromdurchgangs durch verdünnte Gase. Sein Lehrer Julius Plücker und der Bonner Glasbläser Geißler hatten schon die schönen Leuchterscheinungen untersucht (»Geißlersche Röhren«, die Vorläufer der heutigen bunten Reklameröhrenlampen). Hittorf zeigte, daß bei sehr niedrigen Gasdrucken (kleiner als eine zehntausendstel Atmosphäre) das Leuchten ausblieb, dafür aber gegenüber der Kathode die Glaswand hell aufleuchtete: es mußte also ein »negativer« Strom durch das Rohr gegangen sein, ohne daß man ihn selbst sehen konnte. In der Tat konnte dieser Strom (»Kathodenstrahlung« genannt) durch einen Magneten genauso abgelenkt werden wie ein von einem Strom durchflossener Leiter: Der vom Kathodenstrahl beim Aufprall auf das Glas erzeugte Leuchtfleck (die Fluoreszenz) wanderte je nach der

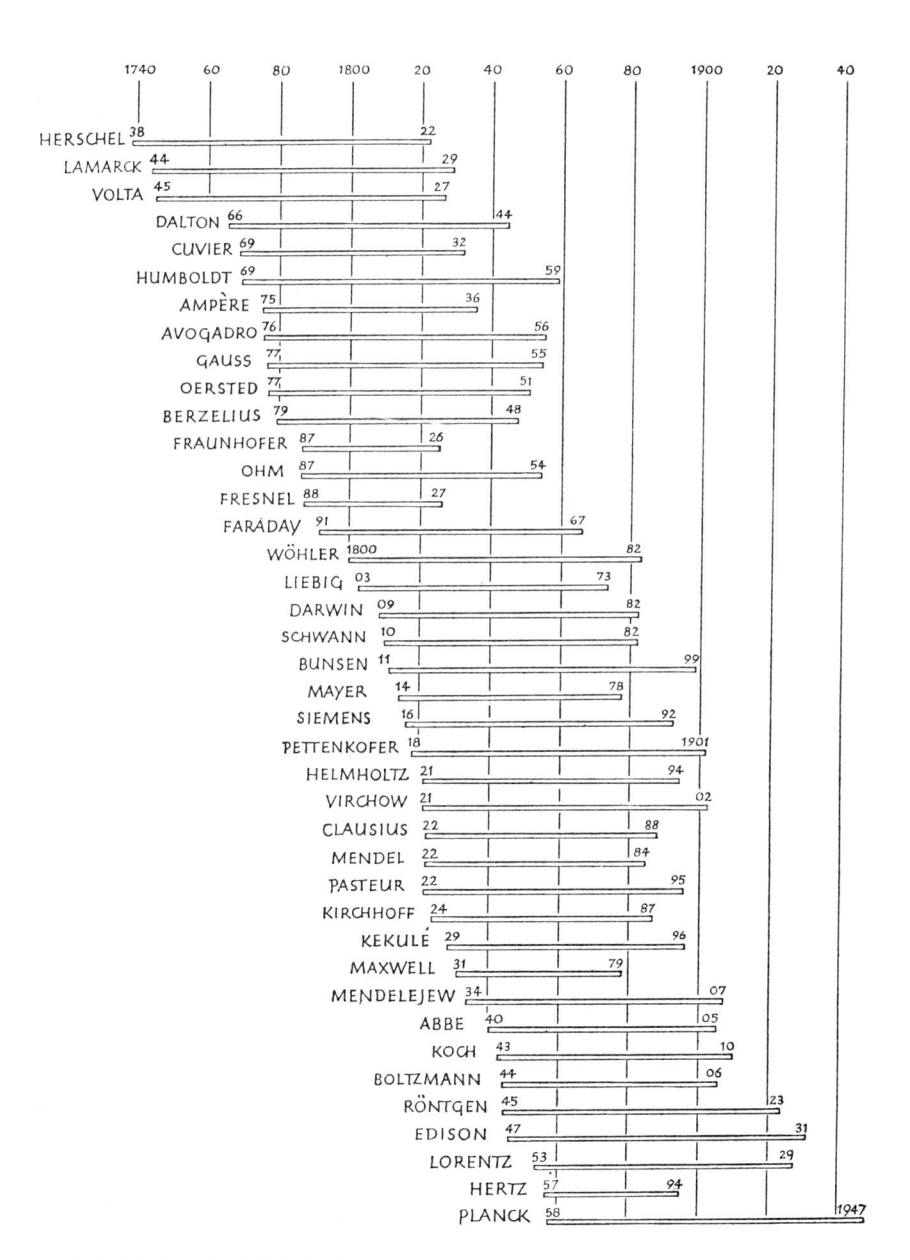

Name	Born	Died
HERSCHEL	1738	1822
LAMARCK	1744	1829
VOLTA	1745	1827
DALTON	1766	1844
CUVIER	1769	1832
HUMBOLDT	1769	1859
AMPÈRE	1775	1836
AVOGADRO	1776	1856
GAUSS	1777	1855
OERSTED	1777	1851
BERZELIUS	1779	1848
FRAUNHOFER	1787	1826
OHM	1787	1854
FRESNEL	1788	1827
FARADAY	1791	1867
WÖHLER	1800	1882
LIEBIG	1803	1873
DARWIN	1809	1882
SCHWANN	1810	1882
BUNSEN	1811	1899
MAYER	1814	1878
SIEMENS	1816	1892
PETTENKOFER	1818	1901
HELMHOLTZ	1821	1894
VIRCHOW	1821	1902
CLAUSIUS	1822	1888
MENDEL	1822	1884
PASTEUR	1822	1895
KIRCHHOFF	1824	1887
KEKULÉ	1829	1896
MAXWELL	1831	1879
MENDELEJEW	1834	1907
ABBE	1840	1905
KOCH	1843	1910
BOLTZMANN	1844	1906
RÖNTGEN	1845	1923
EDISON	1847	1931
LORENTZ	1853	1929
HERTZ	1857	1894
PLANCK	1858	1947

LEBENSDATEN:

Naturwissenschaft im 19. Jahrhundert

magnetischen Beeinflussung. Erst in den neunziger Jahren gelang es, mit der Entwicklung der Atomistik und nach der Entdeckung der freien Elektronen das Phänomen zu erklären: Die Elektronen laufen von der Kathode unter dem Einfluß der angelegten Spannung geradlinig durch den gasarmen Raum, ihre Bewegungsenergie wird teils in Erwärmung, teils in Leuchten des sie abbremsenden Glases umgesetzt. Welche Elementarvorgänge hier ablaufen, zeigte dann erst die Quantentheorie. 1899 schuf Ferdinand Braun aus der Kathodenstrahlröhre die »Braunsche Röhre«, das wesentliche Element der heute physikalisch und technisch unentbehrlichen Oszillographen (Fernsehröhre). Mit der Entdeckung der Elektronen war übrigens auch das Verhalten des Stromes in elektrischen Leitern als Fließen freier Elektronen erklärbar: Mit dem Ende des 19. Jahrhunderts mündet die Erforschung der Elektrizität in die allgemeine Atomistik ein.

Das Wesen des Lichts

Zu Beginn des 19. Jahrhunderts waren zwei Erklärungen des Lichts anerkannt: die Huygenssche Undulationstheorie (»longitudinale« Wellen analog den Schallwellen, 1678) und die Newtonsche Emanationstheorie (Lichtkorpuskel nicht näher definierter Art, 1704); zahlreiche Erscheinungen, wie Brechung und Dispersion, Farbigkeit dünner Plättchen, Doppelbrechung des Kalkspats, Beugung des Lichts, waren nicht zu erklären. Das ändert sich in den wenigen Jahren von 1801 bis 1823 durch die großartigen Arbeiten englischer und französischer Forscher. 1801 ergänzte Thomas Young die Undulationstheorie durch das Interferenzprinzip, wonach sich die an einem Punkt treffenden gleichartigen Wellenzüge je nach gleicher oder entgegengesetzter Schwingungsrichtung (Phasen) verstärken oder auslöschen. Etienne Louis Malus und Dominique François Arago fanden 1809 und 1811 die Polarisation bei der Reflexion und der Doppelbrechung. Augustin Fresnel erweiterte diese Versuche und brach 1821 endgültig mit der Annahme longitudinaler Wellen; er zog die einzig mögliche Konsequenz: Licht muß ein transversaler Schwingungsvorgang sein (das war schon 1807 von Young ausgesprochen). Wie die Wellen längs eines gespannten, schwingenden Seils gehen transversale Wellen von der Lichtquelle aus; sie werden mit der schon von Olaf Römer 1676 aus astronomischen Messungen abgeleiteten Lichtgeschwindigkeit von fast dreihunderttausend Kilometer pro Sekunde (Laboratoriumsmessungen gelangen erst 1849 Armand Fizeau und 1862 Léon Foucault) durch den »Lichtäther« übertragen, ein unbekanntes und unbegreifliches Medium. Wegen der Transversalität der Wellen muß nämlich dieses auch den leeren Raum erfüllende Medium die Eigenschaft eines elastischen festen Körpers haben.

Es war wohl der erste Fall in der Geschichte der Physik, daß man zur einheitlichen Erklärung aller Phänomene eines Gebietes eine an sich unverständliche, unanschauliche Theorie aufstellte und deren Aufklärung der Zukunft überließ. Sie erfolgte auf höchst merkwürdige Weise. 1865 folgerte James Clerk Maxwell aus den Faradayschen Entdeckungen, daß die aus der Wechselbeziehung von Magnetismus und Elektrizität sich

Alessandro Voltas Vorführung seiner galvanischen Säule vor Bonaparte, 1801
Aus dem Gemälde von Alexandre Evariste Fragonard
Paris, Sammlung Wildenstein

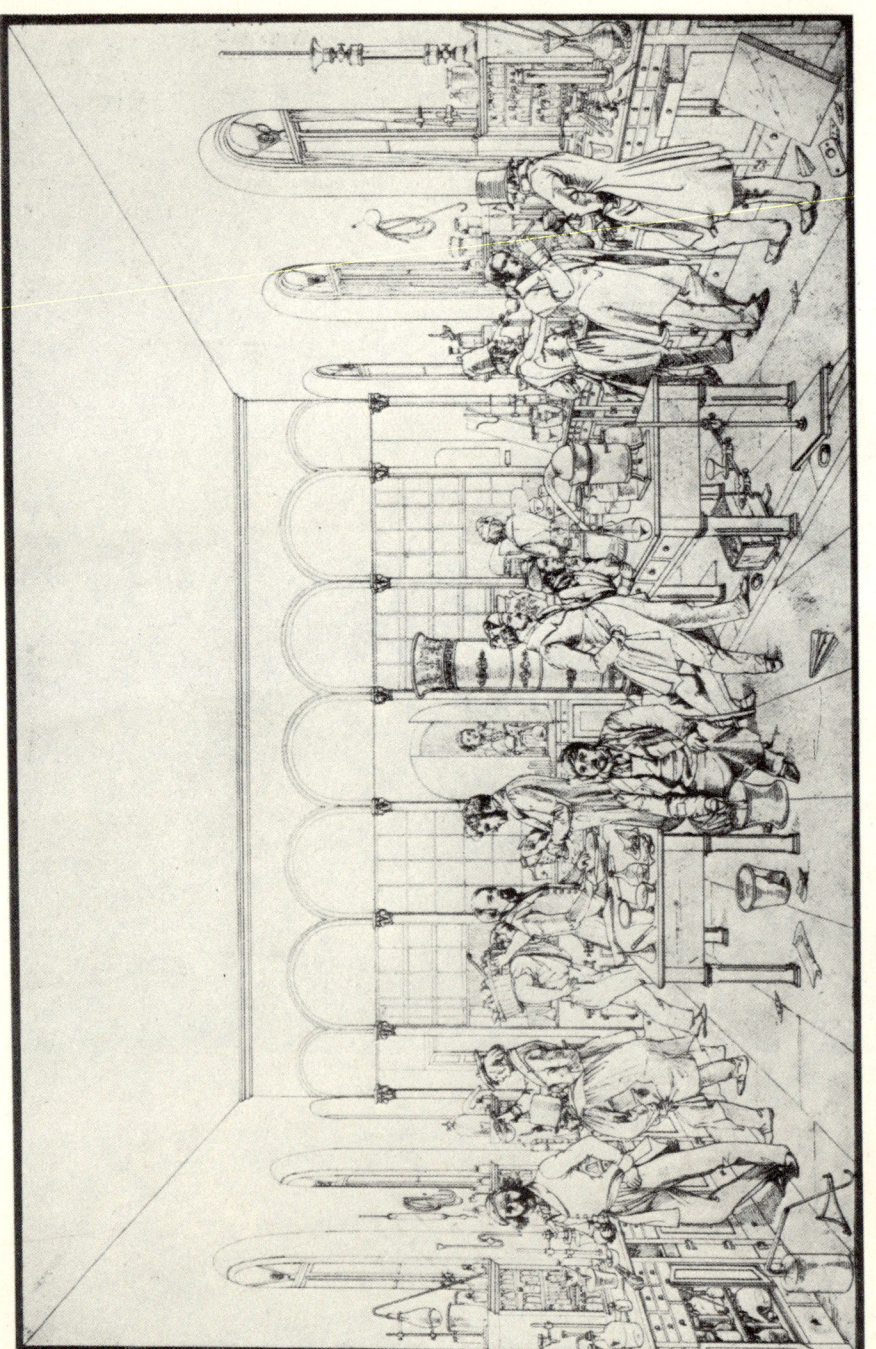

Justus Liebigs Laboratorium in Gießen. Aquarellierte Zeichnung von Wilhelm Trautschold, 1842. Gießen, Liebig-Museum

ergebenden elektromagnetischen Schwingungen von den Wellen des Lichts nur quantitativ zu unterscheiden sind. Der Versuch, elektromagnetische Wellen mit Lichtwellen zu identifizieren, brachte vollen Erfolg: Die elastische Äthertheorie verlangte außer transversalen Wellen nämlich auch longitudinale; diese gab es nicht und kann es nach der elektromagnetischen Theorie von Maxwell nicht geben. Maxwells Theorie gab eine – später experimentell bestätigte – zahlenmäßige Beziehung zwischen der Brechung der Lichtstrahlen und einer rein elektrischen Größe, der Dielektrizitätskonstanten des lichtbrechenden Mediums, richtig an. Im Jahre 1888 konnte Heinrich Hertz elektromagnetische Wellen mit rein elektrischen Methoden erzeugen und beweisen, daß diese aus periodisch wechselnden elektrischen und magnetischen Feldern bestehen und alle Eigenschaften der Lichtwellen haben, Reflexion, Brechung, Beugung, Polarisation, Interferenz und eine Fortpflanzungsgeschwindigkeit im materiefreien Raum von dreihunderttausend Kilometer je Sekunde.

Hendrik Antoon Lorentz ging noch einen Schritt weiter: Die Fortpflanzung elektromagnetischer Wellen in der Materie bedeutet, daß in ihr elektrische Ladungen vorhanden sind; periodisch schwingende negative Ladungen in Atomen oder Molekülen sollen auch die Zentren der Lichtemission sein. Das besagt die von Lorentz und Josef Larmor entwickelte Elektronentheorie, die einen Übergang zur elektrischen Atomistik darstellt. Ihr größter Erfolg war die ungezwungene Deutung der Entdeckung des Holländers Pieter Zeeman, der im Jahre 1896 die Spektrallinien freier leuchtender Atome (das heißt ihre Frequenz) durch ein magnetisches Feld veränderte (Zeemaneffekt).

Ebenso schwer wie die theoretische Erfassung des Lichts war die experimentelle. Vor Fraunhofer konnte man die Frequenz nur grob aus den Interferenzfarben dünner Plättchen (Größenordnung einige hunderttausendstel Zentimeter) bestimmen; die Unmöglichkeit, das Phänomen der Farben klar zu deuten, dazu die Vielfalt von Farberscheinungen wie bei der Brechung des Lichts, bei der Beugung, in dünnen Plättchen, in doppelbrechenden Kristallen und erst recht von den physiologischen und psychologischen Farbempfindungen, wie farbige Schatten, war der Grund für Goethes verzweifelten Kampf gegen Newton. Erst als Joseph Fraunhofer im Jahre 1822 die Beugung beim Durchgang parallelen Lichtes durch ein »optisches Gitter«, eine große Anzahl paralleler, streng äquidistanter, äußerst schmaler Spalten, entdeckte, waren Wellenlängenmessungen möglich. Die ersten Präzisionsmessungen von Lichtwellen stammen von Jonas Ångström, dem zu Ehren man heute die Wellenlängen international in Ångströmeinheiten (= einhundertmillionstel Zentimeter) angibt.

Die Frage, wie das Licht entsteht, ist eins der Hauptprobleme des ganzen Jahrhunderts, ihre endgültige Lösung fällt ins 20. Jahrhundert. 1800 hatte Friedrich Wilhelm Herschel die ultrarote, 1801 Johann Wilhelm Ritter die ultraviolette Strahlung entdeckt, ihre – bis auf die Wellenlängen – dem sichtbaren Licht völlig gleichen Eigenschaften hatten 1834 Macedonio Melloni und 1846 Karl Hermann Knoblauch bewiesen. Humphry Davy, William Hyde Wollaston und andere fanden, daß das Licht von Metalldämpfen hoher Temperatur oder verdampfender Salze nur aus einzelnen Farben besteht, das heißt nur aus einzelnen diskreten Wellenlängen oder »Spektrallinien«; das war ein Unterschied gegenüber dem kontinuierlichen Farbenband glühender fester Körper. 1859 bewiesen Gustav Kirchhoff und Robert Wilhelm Bunsen endgültig, daß jedes chemische Element bei hoher Temperatur bestimmte Spektrallinien aussendet. Man ahnte, daß diese Emission ganz bestimmter Schwingungen mit dem Bau der Atome zusammenhängen müsse, daß die Spektrallinien die »Sprache« sind, mit der die Atome uns etwas über ihre Struktur sagen. So scheute man keine Mühe, immer genauere Wellenlängenmessungen zu machen, erfand neue Methoden, besonders das Konkavgitter (Henry Rowland, 1887), benutzte die Photographie zur Aufnahme der Spektra (erstmals Johann Heinrich Müller 1856). Es entstanden die ersten Spektralliniensammelwerke, Runge, Kayser und besonders Friedrich Paschen suchten nach zahlenmäßigen Beziehungen in den Wellenlängen der linienreichen Spektren. Johann Jakob Balmer in Basel war es 1885 gelungen, die sehr wenigen Spektrallinien des einfachsten Atoms, des Wasserstoffs, in einer einzigen, ganz einfachen zahlenmäßigen Beziehung darzustellen. Dieses oft etwas über die Schulter angesehene Messen von immer mehr Spektrallinien und Suchen nach unverständlichen Zahlenbeziehungen fand seinen Lohn, als Niels Bohr 1913 die Plancksche Quantenkonstante in die Theorie des Atombaus einführte. Jetzt konnten besonders Arnold Sommerfeld und seine Schüler aus den Spektrallinien der Elemente die Bauprinzipien aller Atomsorten ableiten.

In das letzte Jahrzehnt des Jahrhunderts fallen die exakten Untersuchungen über die kontinuierlichen Spektra erhitzter Körper. Man hatte gefunden, daß jeder Körper höherer Temperatur gegen einen anderen niederer Temperatur eine gewisse Strahlung aussendet, und zwar unterhalb einer Strahlertemperatur von fünfhundertdreißig Grad Celsius nur ultrarotes Licht. Mit zunehmender Temperatur wächst die ultrarote Intensität, und es kommen sichtbare Wellenbereiche dazu, erst rot, dann gelb, schließlich ultraviolett. 1859 stellte Kirchhoff das Strahlungsgesetz auf, daß – bei gleicher Temperatur – die Intensität aller Strahlungen um so größer sei, je größer das Absorptionsvermögen des strahlenden Körpers. Ein durchsichtiger Körper wie Luft strahlt also gar nicht, ein schwarzer Körper wie Kohle strahlt maximale Intensität aus. Der »schwarze Körper« ist der ideale Strahler. Ludwig Boltzmann stellte unter Benutzung der elektromagnetischen Lichttheorie 1884 das Gesetz auf, daß die Intensität der Strahlung des schwarzen Körpers mit der vierten Potenz der (absoluten) Temperatur ansteigt.

Es folgen nun die experimentellen (Friedrich Paschen, Otto Lummer, Ernst Pringsheim) und theoretischen (Lord Rayleigh, James Jeans und ganz besonders Wilhelm Wien) Untersuchungen über die Verteilung der Strahlungsintensität im Spektrum von Ultrarot bis Ultraviolett in Abhängigkeit von der Temperatur, die Grundlagen für die Entdeckung der Strahlungsquanten durch Max Planck im Jahre 1900.

Die Atomistik

Im 6. vorchristlichen Jahrhundert hatten die ionischen Naturphilosophen den Grundsatz aufgestellt, daß alle materiellen Formen unserer Welt auf der Art des Zusammenbaus und des Zusammenwirkens weniger unveränderlicher, unteilbarer Elementarbestandteile beruhen. 1808 präzisierte der englische Naturforscher John Dalton in dem Werk »A new system of chemical Philosophy« diese Vorstellung unter Verwendung chemischer Erfahrungstatsachen: Jeder chemische Grundstoff (wie Wasserstoff, Sauerstoff, Kupfer...) bestehe aus völlig gleichartigen Atomen, die bei allen chemischen Reaktionen unverändert bleiben; die Atome der verschiedenen »chemischen Elemente« unterscheiden sich durch ihre Masse, diese aber ist – nach William Prout (1815) – stets ein ganzzahliges Vielfaches der Masse der leichtesten Atomsorte, des Wasserstoffatoms. Schon klingt hier der Gedanke an, daß alle Atomsorten aus einem Grundatom aufgebaut, also doch weiter teilbar seien, was erst die Entwicklung der Atomistik im 20. Jahrhundert klärte. Es wird oft übersehen, daß Daltons Formulierung des Atombegriffs noch keineswegs so klar war, wie wir es hier in der heute üblichen Weise darstellen. Es war nämlich unklar, warum etwa manche Atome zwar als Einzelatome in eine Verbindung eingehen (ein Sauerstoffatom in einem Molekül Wasser), andererseits aber auch gleichartige Atome sich zu Molekülen verbinden (Sauerstoffgas besteht immer aus Molekülen mit zwei Atomen Sauerstoff), oder warum im Wassermolekül zwei Atome Wasserstoff mit einem Atom Sauerstoff, in der Salzsäure aber ein Atom Wasserstoff mit einem Atom Chlor verbunden sind. Bei der Diskussion der Daltonschen Arbeit fand im Jahre 1811 Amadeo Avogadro das Gesetz (»Avogadrosches Gesetz«), daß bei gleicher Temperatur und gleichem Druck in gleichem Volumen immer dieselbe Zahl von selbständigen Teilchen (Atomen oder Molekülen unabhängig von ihrer Art) enthalten sei. Diese erst viel später bestimmbare Zahl ist bei dem Druck von einer Atmosphäre und null Grad Celsius $2,67 \times 10^{19}$ Teilchen je ein Kubikzentimeter; sie wurde von Josef Loschmidt berechnet und wird jetzt die Avogadrosche oder – bezogen auf das Mol – Loschmidtsche Zahl genannt.

Die Daltonsche Atomistik beruhte auf dem im Jahre 1785 von Lavoisier behaupteten Prinzip der Unzerstörbarkeit oder Konstanz der Materie. In berühmten, höchst diffizilen Untersuchungen haben Hans Landolt und Roland von Eötvös erst 1908 und 1909 dieses Prinzip mit einer Genauigkeit von fast einem millionstel Prozent bewiesen – bewiesen zu einer Zeit, da es schon gar nicht mehr als gültig angenommen werden durfte! Nach Einsteins Masse – Energiebeziehung (1905) ändert sich nämlich bei Reaktionen die Masse entsprechend der bei ihnen entwickelten oder aufgenommenen Energie. Um die hiernach zu erwartenden Änderungen der Masse bei chemischen Reaktionen zu messen, hätte die Wägungsempfindlichkeit noch rund hunderttausendmal größer sein müssen.

Während die Atomvorstellung der Chemie schon in der ersten Jahrhunderthälfte große Erfolge einbrachte, begann die physikalische Atomistik erst 1856/57 mit der kinetischen Theorie der Gase von Robert Krönig und Rudolf Clausius. Der Druck eines Gases auf die Wände des Gefäßes und der mit der Verkleinerung des Gefäßvolumens zunehmende Druck wird als Folge der mechanischen Stöße von (runden, starren oder vollkommen elastischen)

Atomen (oder Molekülen) auf die Gefäßwände gedeutet. Die Molekeln müssen also in ständiger Bewegung sein. Weil bei konstanter Gasmasse und konstantem Gefäßvolumen der Druck des Gases zunimmt, wenn seine Temperatur gesteigert wird, muß offenbar die Stoßenergie mit der Temperatur zunehmen. Es wird also die Bewegungsenergie der Gasmoleküle mit der Temperatur in Parallele gesetzt, oder – mit dem Gesetz der Erhaltung der Energie formuliert – die dem Gas zugeführte Wärmeenergie wird eine gleichgroße Steigerung der Bewegungs- oder kinetischen Energie der Molekeln bewirken. Die kinetisch-energetische Auffassung wurde sogleich dadurch bestätigt, daß sich aus ihrer mathematischen Formulierung das Avogadrosche Gesetz ableiten ließ. Bald wurde die kinetische Theorie auch auf die flüssige und feste Form der Materie übertragen. Die direkten Messungen (durch Otto Stern) der Geschwindigkeit der Atome fallen erst ins 20. Jahrhundert, ebenso der endgültige Beweis dafür, daß die von dem Botaniker Robert Brown 1827 mit dem Mikroskop entdeckte unregelmäßige Bewegung kleinster in Flüssigkeit suspendierter Staubteilchen auf den Stößen der Flüssigkeitsmoleküle beruht (Brownsche Molekularbewegung). Merkwürdig früh und vollkommen wurde die Atomistik des Kristallbaus entwickelt; Ludwig August Seeber baute die von René Just Hauy erdachten »Raumgitter« (1801) aus Atomen auf (1824), wobei er bereits zwischenatomare Kräfte für die Atomabstände einführte, aus denen Elastizität und Wärmeverhalten folgen. Mit Auguste Bravais begann 1850 die mathematische Behandlung der Raumgitter, die am Jahrhundertende durch Stepanowitsch von Federow und Artur Schoenflies endgültig gelöst wurde – die Grundlage für die Analyse der Kristallgitter mit Röntgenstrahlen durch Max von Laue und Bragg (Vater und Sohn) im 20. Jahrhundert.

Die kinetische Theorie der Materie beantwortet – zunächst indirekt – auch die Frage »was ist Wärme?« damit, daß sie eine Folge der Molekularbewegung sei. Noch immer wurde aber die Auffassung vertreten, daß Wärme auch aus einer atomistisch-stofflichen Emanation bestehe. Experimentelle Befunde – wie etwa die Messung der Reibungswärme beim Bohren von Kanonenrohren durch den Grafen Rumford in München – hatten manche Physiker von der Unmöglichkeit dieser Anschauung überzeugt; aber noch in den zwanziger Jahren benutzte sie Sadi Carnot bei seiner Theorie der Wärmekraftmaschinen; Robert Mayer lehnte bei der Bestimmung der Umrechnungszahl von mechanischer Energie in Wärmeenergie die Wärmestofftheorie natürlich ab, aber auch jede Diskussion über die Natur der Wärme. Daß die falsche Auffassung (bei Carnot) oder gar keine (bei Mayer) zu richtigen Folgerungen führte, beruht darauf, daß bei Betrachtungen der Energie nur der Unterschied zwischen Anfangs- und Endzustand in Betracht kommt, nicht aber der Mechanismus des Übergangs.

Mit der kinetischen Gastheorie wurde – und das war grundsätzlich neu – die Betrachtung der Wahrscheinlichkeit von Zuständen in die Physik eingeführt. Wegen der Zusammenstöße sind die Wege der Moleküle nur über sehr kleine Strecken (in einem Gas normaler Dichte etwa ein hunderttausendstel Zentimeter) geradlinig, außerdem sind weder die Geschwindigkeiten noch die Strecken zwischen zwei Zusammenstößen konstant; sie schwanken, so daß es nur sinnvoll ist, von mittlerer Geschwindigkeit, mittlerer kinetischer Energie, mittlerer freier Weglänge zu sprechen. Hierin bestand die Erweiterung der primitiven Gastheorie durch Maxwells und Boltzmanns berühmtes Geschwindigkeitsverteilungsgesetz (1860 und 1868) für die Wahrscheinlichkeit des Auftretens bestimmter Werte um den Mittelwert. Wichtig dabei wurde, daß Boltzmann den Begriff der Entropie (aus dem Hauptsatz der Thermodynamik von Rudolf Clausius, 1850) mit der Wahrscheinlichkeit eines Zustandes verband, also die modellfreie »abstrakte« thermodynamische Vorstellung mit der modellmäßigen, anschaulichen Atomistik. Gleichzeitig wurden die Beschränkung der Theorie auf starre Kugelatome beseitigt und die Schwingungs- und Rotationsbewegungen in Molekülen berücksichtigt: Alle diese inneren Bewegungen und die Bewegungen der Moleküle als Ganzes stellen die »Freiheitsgrade« dar, jeder Freiheitsgrad hat die gleiche, der (absoluten) Temperatur proportionale mittlere Energie. Nun war der Zusammenhang mit dem Experiment erreicht: Die lange bekannten spezifischen Wärmen der Gase und der festen Körper ergaben sich zahlenmäßig aus der Theorie.

Eine physikalische Atomistik anderer Art folgte aus den Faradayschen Gesetzen der Elektrolyse (1834). Die durch gleiche Strommengen an den Elektroden abgeschiedenen Mengen der Bestandteile beliebiger Salze sind proportional ihrem Äquivalentgewicht (Atomgewicht geteilt durch Wertigkeit), so formulieren wir heute. Zu Faradays Zeit waren das Verhältnis zwischen Atom- und Äquivalentgewicht und die Abhängigkeit der Wertigkeit von den Elektronen noch ungeklärt. Erst 1881 kam Helmholtz der Klärung näher, indem er folgerte, daß die Ladung eines Ions je Valenzeinheit konstant sei; Stoney nannte die Valenzeinheit 1891 »Elektron« als »natürliche Einheit der Elektrizität«. 1873 hatte Maxwell im gleichen Zusammenhang von der Möglichkeit gesprochen, daß es ein »Molekül Elektrizität« gebe.

Als sichergestellt war, daß die Kathodenstrahlen bewegte Elektronen sind, gelangen 1896 bis 1898 sichere Messungen ihrer »spezifischen Ladung«, das heißt des Verhältnisses von Ladung zu Masse (vor allem Thomson, Wien, Lenard) und ihrer Geschwindigkeit (Wiechert). Der gefundene Zahlenwert war eintausendachthundertfünfzigmal größer als die von Wien gemessene »spezifische Ladung« des entgegengesetzt geladenen (positiven) Wasserstoffions in den Kanalstrahlen. Das führte zu der richtigen Deutung, daß die Elektronen negative Ladung und eine eintausendachthundertfünfzigmal kleinere träge Masse als die Wasserstoffatome haben und in der Entladungsröhre von Wasserstoffatomen abgetrennt werden. Da sich aus der Lorentzschen Deutung des Zeeman-Effektes der gleiche Wert der spezifischen Ladung und das negative Vorzeichen ergeben hatte, war die generelle Bedeutung des Elektrons als Teil der Atome für die elektrischen und optischen Erscheinungen der Materie sichergestellt. Hier liegt die Grundlage für die ganze Entwicklung der Physik der Materie im folgenden Jahrhundert. Die Ladung des Elektrons selbst wurde erst zwanzig Jahre später von R. A. Millikan gemessen.

Mit Hilfe der Kathodenstrahlen gelang Philipp Lenard im Jahre 1895 eine erste Analyse des Atombaus, als er die von Heinrich Hertz 1892 gemachte Entdeckung, daß licht- und gasundurchlässige Metallfolien von Kathodenstrahlen durchdrungen werden, quantitativ untersuchte. Es ergab sich, daß ein schmaler, von der Kathode ausgehender Elektronenstrahl beim Durchgang durch Atome um so mehr diffus wird, daß also um so mehr Elektronen in ihnen aus ihrer Bahn abgelenkt werden, je größer das Atomgewicht ist. Die Folgerung war, daß ein Atom im wesentlichen ein leerer Raum ist, in dem sich kleinste Ablenkungszentren (»Dynamiden« nannte sie Lenard) befinden, deren Zahl mit wachsendem Atomgewicht zunimmt und deren Ladung gleich der des Elektrons ist. Mehr liefert die Sondierung des Atominneren mit Elektronen nicht.

Astronomie

Newton hatte mit dem allgemeinen Gesetz der Massenanziehung oder der Gravitation die Keplerschen Gesetze der Planetenbewegungen um die Sonne erklärt und damit auch die von Kepler schon vermutete Gleichheit aller Massenkräfte – die Anziehungskraft der Erde auf den Stein und auf den Mond wie die der Sonne auf die Erde und andere Planeten – postuliert. Den letzten – wir möchten sagen: entscheidenden – Beitrag zu dieser Entwicklung leistete erst 1798 Henry Cavendish durch die experimentelle Messung der Anziehungskraft irgendwelcher irdischer Massen aufeinander. Das ist kennzeichnend für die neue Forschungsmethode: wenn die »Indizienbeweise« auch qualitativ und quantitativ noch so sicher sind – die Physik darf nicht ruhen, bis sie den unmittelbaren Beweis experimentell geführt hat. Wenige Jahrzehnte später glückte noch ein experimentum crucis. Die Bahn des 1781 von William Herschel entdeckten siebenten großen Planeten Uranus (Kepler hatte gemeint, es könne nur sechs geben) zeigte Unregelmäßigkeiten, aber ein Zweifel an dem Gravitationsgesetz schien nicht mehr vernünftig. Man schloß daher auf die Existenz eines weiteren Planeten, der die Bahn des Uranus störe. Einige Astronomen unternahmen das Wagnis, auszurechnen, wie dieser laufen müßte, um einmal mehr, einmal weniger starke »Störungen« (infolge verschiedener Entfernung zu verschiedener Zeit) auf die Uranusbahn auszuüben. Am 23. September 1846 teilte Leverrier das Ergebnis seiner Rechnung dem Berliner Astronomen Galle mit; am gleichen Abend fand dieser fast genau an der berechneten Stelle den »Neptun« genannten Planeten. Auch für die Fixsternastronomie wurde das Gravitationsgesetz von Bedeutung, als William Herschel 1803 zeigte, daß Doppelsterne sich um einen gemeinsamen Schwerpunkt bewegen.

Die erfolgreichen Bemühungen von Josef Fraunhofer, Fernrohre mit größerer Lichtstärke und kleineren Linsenfehlern zu bauen, führten zu leistungsfähigeren Fernrohren und mit diesen zu neuen Entdeckungen am Fixsternhimmel. Während des ganzen Jahrhunderts widmete man sich der Aufstellung von Fixsternkatalogen, der Vermessung der Fixsternlage, der Fixsternparallaxe und der Einteilung der Sterne nach ihrer Helligkeit in »Größenklassen«. Die Ergebnisse sind als die »Durchmusterungen« (insbesondere die Bonner- und die Cordoba-Durchmusterung) bekannt. Erst gegen Ende des Jahrhunderts wurde die visuelle Vermessung der Sternörter durch photographische Aufnahmen ersetzt, wodurch mehr und mehr schwache Fixsterne und Nebel gefunden wurden.

Das besondere Interesse am Mond drückt sich in wunderbar gezeichneten (gegen Ende des Jahrhunderts auch photographischen) Mondkarten aus. Obwohl man sich zu Anfang des Jahrhunderts über die wesentlichen Strukturen der Mondoberfläche und über das

Fehlen einer Atmosphäre und von Wasser klar war, gab es immer noch phantastische Berichte: So entdeckte Franz von Paula-Gruithuisen 1824 kunstvollen Festungsbau auf dem Mond (1826 wurde er der erste Direktor der neuen Universitätssternwarte in München). Im letzten Jahrzehnt befaßte man sich besonders mit der Entstehung der »Krater«, Meteoriteneinschlag (besonders G. K. Gilbert) und Erstarrungsformen des Magmas oder Folgen von Vulkantätigkeit (vor allem H. Ebert, auch durch Laboratoriumsversuche gestützt). Die erste begründete Theorie der Meteormassen kosmischer Herkunft, und zwar aus dem Sonnensystem, lieferte 1794 Ernst Florens Friedrich Chladni; 1802 wurden von E. Howard Meteore zum erstenmal chemisch analysiert.

Ein anderes Gebiet, die Astrophysik, hat ihren Ursprung ebenfalls im 19. Jahrhundert, und zwar in einer Entdeckung Fraunhofers. Er hatte von 1812 bis 1814 zur prismatischen Zerlegung des Sonnenlichtes in ein kontinuierliches Spektrum, das Newton gleich dem Farbenband des Regenbogens gefunden hatte, auf Grund theoretischer Überlegungen (unter Verwendung von Erfahrungen englischer Physiker) ein verbessertes Spektrometer gebaut. Er wollte die Farbzerlegung nur vervollkommnen, um die Brechungseigenschaften von Gläsern für die Linsen seiner großen Fernrohre studieren und prüfen zu können. Nebenbei bemerkt: Fraunhofer wandte hier zum erstenmal physikalische Forschung gezielt zur Erreichung eines technischen Fortschritts an. Dabei entdeckte er, daß das Sonnenspektrum nicht, wie Newton meinte, ein kontinuierliches Farbenband sei, sondern daß in ihm eine ganze Reihe einzelner Farben fehlen. Das Band ist von vielen »schwarzen«, das heißt nichtleuchtenden Querstreifen unterbrochen, den »Fraunhoferschen Linien«. Das Licht des Mondes und des Planeten Venus zeigten das gleiche »Spektrum«, nicht aber die Fixsterne; das war der erste direkte Beweis, daß das Mond- und Planetenlicht reflektierte Sonnenstrahlung ist (was Galilei aus den von ihm entdeckten Phasen der Venus – ähnlich den Mondphasen – indirekt geschlossen hatte), während die Fixsterne andersartige Selbstleuchter sind.

Die Erklärung brachten 1859/60 Kirchhoffs Strahlungsgesetz und die Bunsen-Kirchhoffsche »chemische« Spektralanalyse. Die Fraunhoferschen Linien sind die Absorptionsspektren der die Sonnenatmosphäre bildenden Atomarten der Sonne. Der Vergleich der Spektren der Sonnenatome und der Erdatome zeigte, daß beide Weltkörper aus den gleichen Atomen, ja auch in annähernd gleichem Mengenverhältnis bestehen. Nur eine Spektrallinie – von Fraunhofer D_3 genannt – war nicht identifizierbar, man schrieb sie einer spezifischen Sonnenatomart zu, die man Helium nannte; 1895 zeigte William Ramsay, daß dieses »Edelgas« auch in der Erde und in der Erdatmosphäre vorkommt – allerdings in sehr kleinen Mengen. Die Ausdehnung der Spektralanalyse auf die Fix- und Nebelsterne zeigte bald, daß nicht nur das Sonnensystem in sich, sondern auch das Weltall aus der gleichen Materie besteht. »Approximavit sidera« (er näherte sich dem Gestirn) – ein wahres Wort steht auf Fraunhofers Münchener Grabstein.

Die Kosmogonie, der Versuch, die Entstehung des Sonnensystems – und allgemein der Fixsternwelt – nach physikalischen Grundgesetzen zu verstehen, war im 18. Jahrhundert von Kant und von Laplace begründet worden. Wenige Jahrhunderte vorher glaubte man noch, »unsere« Welt sei mit einer festen Sphäre umgrenzt, an der die Sterne angeheftet seien, oder die zahllose kleine Löcher enthalte, durch die man das helle Licht des himmlischen Paradieses als »Sterne« sehen könne. Die theoretischen Beiträge des 19. Jahrhunderts zur Kosmogonie sind nur Vorstufen ohne besondere Bedeutung für die Forschungen des 20. Jahrhunderts. Das gilt im wesentlichen auch für die Frage der Entstehung und Entwicklung unserer Erde; James Hutton hatte 1788 wohl als erster mit sehr viel längeren Zeiträumen gerechnet als die geologische Ausdeutung der Bibel. Noch vor hundert Jahren hielten zum Beispiel die Münchener Neptunisten, insbesondere Johann Nepomuk von Fuchs, an der biblischen Version der Erschaffung der Erde fest, so daß sie nur die vorausgehende Ordnung des Chaos, eine chemische Reaktion, als Forschungsthema der Naturwissenschaft ansahen. Aber auch die zehn Millionen Jahre, die andere Geologen als Lebenszeit der Erde annahmen, waren, wie wir heute wissen, noch tausendmal zu klein. Heute analysieren wir, wie Fraunhofer es zeigte, die Materie und darüber hinaus den physikalischen Zustand der Sterne; man findet dabei die gleichen Gesetze wie auf unserer Erde. Die Sterne sind zu einem Teil unserer Laboratorien geworden mit extremen Versuchsbedingungen, deren irdische Realisierung bisher nur im kleinsten Maße gelungen ist. Die erste Messung der Sonnentemperatur führte Ångström in den Jahren 1890 bis 1900 durch.

Chemie

In das Ende des 18. Jahrhunderts fallen zwei Ereignisse, die Voraussetzung einer wissenschaftlichen chemischen Forschung waren: die Einführung der Waage zur quantitativen Messung chemischer Umsetzungen durch Joseph Black zu Glasgow, den Begründer der Calorimetrie und Paten der Wattschen Dampfmaschine, und die Entdeckung des Sauerstoffs durch Karl Wilhelm Scheele (1772). Nach einem Worte Bunsens ist dies die eigentliche Geburtsstunde der Chemie. 1789 war der »Traité élémentaire de Chimie« von Antoine Laurent Lavoisier erschienen, der eine Diskussion des gesamten gesicherten Wissens gab.

Mit dem 19. Jahrhundert begann durch die Einführung des Atombegriffs (John Dalton in London »A new system of chemical Philosophy« 1808 – nach einem nicht durchgeführten Anlauf von Joseph Proust in Paris 1807) die außerordentlich schnelle Entwicklung der Chemie. Von besonderer Bedeutung war die durch das Volta-Element gegebene Möglichkeit der Erzeugung lang dauernder elektrischer Ströme. Mit ihnen zerlegten Johann Wilhelm Ritter in Jena und Humphry Davy in London durch Elektrolyse zum erstenmal ohne Wärme und chemische Mittel das Wasser in seine Elementarbestandteile Wasserstoff und Sauerstoff. Es folgte (1807) die erste Herstellung von metallischem Kalium (durch Elektrolyse von geschmolzenem Ätzkali) und dann von den bis dahin in reiner Form unbekannten Elementen Natrium, Calcium, Strontium, Barium, Magnesium. Daß dabei elektrische Kräfte eine Rolle spielten, führte Davy und Jöns Jacob Berzelius in Stockholm zu der Vorstellung, daß in den Daltonschen Atomen elektrische Ladungen vorhanden seien und elektrische Kräfte zwischen ihnen bei ihrem Zusammenschluß (bei chemischen Reaktionen) und bei ihrem Zusammenhalt in den Molekülen eine Rolle spielen dürften. Es sollte hundert Jahre dauern, bis diese Hypothese die Grundlage der theoretischen Chemie wurde.

Daltons Atomtheorie enthält als quantitatives Element das Atomgewicht. Das ist, in etwas vereinfachter Ausdrucksweise, die Zahl, die angibt, wievielmal schwerer irgendein Atom ist als ein Atom des leichtesten Elements, des Wasserstoffs, also eine relative Größe. Da die Atomvorstellung erst hundert Jahre nach Dalton gesichert war, benutzte man vielfach das Wort »Verbindungsgewicht«, weil es aus der experimentellen Bestimmung der Massen verschiedener Elemente folgt, die zur Bildung (zur Synthese) einer chemischen Verbindung notwendig sind und die sich bei der Aufspaltung (der Analyse) der Verbindung ergeben.

Hier lagen die Schwierigkeiten, weil in die so ermittelten Verbindungsgewichte noch die Größe der chemischen »Valenz« eingeht. Erst in der Mitte des Jahrhunderts war eine vollständige Klärung der Begriffe Atome, Moleküle, Äquivalenz und Valenz oder Wertigkeit der Elemente -- man sagte damals »Sättigungswert« -- vor allem durch Edward Frankland in England, Charles Gerhardt in Straßburg und Auguste Laurent in Paris erreicht, nicht zuletzt wegen der allzuspäten Erkenntnis der Bedeutung des Gesetzes von Avogadro. Damit waren die letzten Hindernisse für die endgültige Entwicklung der Atomchemie, die zu heftigen, den Fortschritt behindernden Kontroversen geführt hatten, beseitigt.

Berzelius zeigte, daß sich wie in den anorganischen auch in den organischen Verbindungen die Atome mit gleichen Verbindungsgewichten zusammensetzen, und Wöhler stellte als erster ein im lebenden Organismus auftretendes Molekül, den Harnstoff, synthetisch aus reinen Elementen her (1828). Man erkannte damit endgültig die Gleichheit der Atomarten und die Gleichheit der Gesetze für den chemischen Bau der anorganischen und organischen Welt. Das war damals aufregende und tief in die Weltanschauung eingreifende Entdeckung, als »Morgenröte eines neuen Tages« von Liebig begrüßt.

Heute macht es vielleicht keinen Eindruck mehr. Darum sei eine Bemerkung eingefügt. Es gibt verschiedene Arten -- nicht Grade -- der Bedeutung naturwissenschaftlicher Entdeckungen und Ideen. Die einen behalten als solche lange Zeit, vielleicht immer, ihren eigenen Wert als Grundsteine einer Disziplin, als welche sie oft erst spät erkannt werden. Andere sind für spätere Generationen nur noch Episoden einer längst über sie hinweggeschrittenen Entwicklung; aber in ihrer Gegenwart haben sie vielleicht dennoch Türen zu unbekannten Bereichen geöffnet und Schaffenslust und Phantasie mächtig angeregt.

Im Jahre 1811 hat Jöns Jacob Freiherr von Berzelius die noch heute üblichen Symbole für die chemischen Elemente und die chemische Formelsprache eingeführt, meist der erste oder die beiden ersten Buchstaben des Taufnamens, den bis heute nach einem ungeschriebenen Gesetz der Entdecker eines Elements zu geben das Recht hat. Die Namen der damals bekannten Elemente wurden teils aus dem Lateinischen gebildet: Hydrogenium H (»Wasserbildend«, wir sagen Wasserstoff); Oxygenium O (»Oxydbildend«, Sauerstoff -- Feuerluft sagte man früher), andere wurden direkt aus dem Lateinischen übernommen wie cuprum (Cu, Kupfer) oder plumbum (Pb, Blei).

Zu Beginn des Jahrhunderts kannte man gegen dreißig, 1814 schon sechsundvierzig chemische Elemente, an seinem Ende waren es vierundachtzig (heute sind -- soweit veröffentlicht – einhundertzwei bekannt). Besonders fruchtbar war die 1859 von dem Chemiker Robert Wilhelm Bunsen und dem Physiker Gustav Kirchhoff entwickelte spektroskopische Methode, aus der sich im folgenden Jahrhundert die wichtige und vielseitige analytische Methode der »chemischen Emissionsanalyse« entwickelte. Mit ihr wurden mehrere Elemente entdeckt, die zum Teil nach den Farben ihrer hellsten Spektrallinien benannt sind, wie Rubidium, Caesium, Thallium. Auf die gleiche Art ist auch das »nationalistische« Gallium oder die mit weitem Blick in die Zukunft von Eugène Demarçay »Europium« getaufte seltene Erde gefunden worden.

Abschluß und Krönung dieser chemischen Atomistik bildet das 1864 bis 1869 von Lothar Meyer und besonders von Dimitrij Iwanowitsch Mendelejew erdachte periodische System der Elemente. In ihm wurden die Elemente in der Reihenfolge ihrer Atomgewichte geordnet, die auch einer gewissen Regelmäßigkeit in ihren chemischen Eigenschaften, zum Beispiel der maximalen Valenz, entsprach. Jedes achte Atom hatte die Eigenschaft des ersten und so fort, so daß sich horizontale Reihen steigenden Atomgewichts und vertikale Reihen gleicher chemischer Eigenschaften ergaben, allerdings noch mit sehr viel Lücken. Mendelejew sagte unbekannte Elemente mit bestimmten Eigenschaften voraus, die zur Ausfüllung dieser Lücken noch zu entdecken waren – mit vollem Erfolg! Eine große Überraschung war die Entdeckung der chemisch völlig inaktiven Edelgase durch Lord Rayleigh (Argon, 1893) und Ramsay (Helium, Neon, Krypton, Xenon, 1898), die ihrem Atomgewicht nach an die erste Stelle der Horizontalreihen paßten. In der damals entworfenen Form wurde fünfzig Jahre später das periodische System die Grundlage für die Quantentheorie des Atombaus.

Die chemische Energetik (»Thermochemie«) begründete Hermann Heinrich Heß im Jahre 1840 vor der Aufstellung des Energiesatzes durch das Gesetz der konstanten Wärmesummen: die bei einer chemischen Reaktion freiwerdende (exotherm) oder verbrauchte (endotherm) Wärme ist unabhängig von der Art der Zwischenreaktionen, nur bedingt durch Ausgangs- und Endzustand.

Die zwei bedeutendsten Entdeckungen für die großartige Entwicklung der organischen Chemie (die Bezeichnung stammt übrigens von Novalis) gelangen August Kekulé: die Vierwertigkeit des Kohlenstoffs (1857) und das Sechseckmodell des (1825 von Michael Faraday erstmalig hergestellten) Benzols, der »Benzolring« (1865), nach seinen Worten Ergebnisse von Träumereien während einer langen Londoner Omnibusfahrt und an einem Kaminfeuer in Gent. Die von Kekulé eingeführten, heute üblichen Strukturformeln mit Bindungsstrichen für die Valenzbetätigung zwischen den Atomen gehen auf den jungen Archibald Couper in Edinburgh zurück. Die Einführung der Doppelbindung zum Beispiel zwischen Kohlenstoffatomen ebenso wie die Idee der Strukturisomerie durch verschiedene räumliche Anordnung der Atome stammt von dem Wiener Physiker Josef Loschmidt.

Damit waren die Grundlagen für die umfassende künstliche Herstellung, die »Synthese« (Hermann Kolbe) der Naturstoffe und die Farbstoffchemie gegeben, die 1880 in der Analyse und Synthese des Indigo durch Adolf von Baeyer ihren Höhepunkt erreichten. In den gleichen Jahren entwickelte sich die Chemie der Heilmittel, nachdem die von H. Kolbe 1859 hergestellte Salizylsäure sich als wirksam gegen Rheuma erwiesen hatte.

Es kann nur hingewiesen werden auf das Antipyrin von Knorr (1883) und das Aspirin von H. Dreser (1899). Die wissenschaftliche, wirtschaftliche und soziale Bedeutung der Auswertung dieser Entdeckungen und Erfindungen in der chemischen Großindustrie ist allgemein bekannt; sie wurde durch die Bildung von Schulen in den Universitätslaboratorien und die Errichtung von Forschungslabors in den Fabriken gefördert. Eine sehr frühe, wissenschaftlich und technisch immer wichtiger werdende Entdeckung ist die der Katalyse, von Berzelius schon 1835 prinzipiell und in ihrer Bedeutung für anorganische, organische und auch biochemische Reaktionen erkannt. Die erste großtechnische Verwendung dürfte in der Wöhlerschen Herstellung konzentrierter Schwefelsäure (1852) vorliegen.

Die beschreibenden Naturwissenschaften

Für das 19. Jahrhundert gilt noch weitgehend die Unterscheidung zwischen »exakten« und »beschreibenden« Naturwissenschaften. Man kann sie so kennzeichnen: beide gehen aus von den Erscheinungen, welche die Natur bietet. Die exakte Naturwissenschaft, vornehmlich die Physik, versucht die primären Ursachen, eine möglichst kleine Zahl von Faktoren, zu finden, aus deren Zusammenwirken sich die Vielzahl der Erscheinungsformen gesetzmäßig verstehen läßt. Der Physiker und Chemiker baut sich in seinen Versuchsanordnungen künstliche Teilwelten auf, in denen er in möglichst reiner Form die einzelnen mathematisch formulierten Gesetzmäßigkeiten und ihren Geltungsbereich prüft. Für die beschreibenden Naturwissenschaften sind die Erscheinungsformen selbst Forschungsobjekt. Erst spät beginnt das Fragen nach den Zusammenhängen verschiedener Formen, nach den Bedingungen für ihre Bildung und damit nach ihrer Entwicklung. Mit dem Übergang vom 19. zum 20. Jahrhundert verwachsen vor allem in der Biologie die beiden Forschungsmethoden mehr und mehr, nachdem zunächst die experimentellen Verfahren der Physik, dann aber auch ihre grundsätzliche Methodik (einschließlich der mathematischen Formulierung) in die biologische Forschung eindrangen. Nicht anders ist es in den anorganischen beschreibenden Naturwissenschaften, der Mineralogie, der Geologie und – soweit sie naturwissenschaftlich bleibt – der Geographie. Der Beginn des 19. Jahrhunderts bedeutet für sie alle der Anfang ihrer wissenschaftlichen Autonomie, äußerlich erkennbar an der Aufteilung von Professuren (zum Beispiel in Jena auf Goethes Veranlassung), durch die Gründung von Fachgesellschaften und Fachberichten. Von allgemeiner Bedeutung für die Naturwissenschaften sind die großen Forschungsreisen, die nicht mehr »Entdeckungen«, sondern die Erforschung bestimmter Probleme als Ziel haben. Beispielgebend war Alexander von Humboldt, der gerade zur Jahrhundertwende die erste Forschungsreise nach Südamerika durchführte. Auch für Darwins Arbeiten war seine fünfjährige Reise an Bord der »Beagle« (1832–1837) entscheidend.

»Das heroische Zeitalter der Geologie« nennt Karl Alfred von Zittel in seiner »Geschichte der Geologie und Paläontologie« von 1899 die Zeit zwischen 1790 und 1820. Es lagen die teils enzyklopädischen, teils spekulativen Werke von Georges Louis Leclerc de Buffon

»Histoire de la Terre« und James Hutton »Theory of the Earth« vor; Horace Bénédict de Saussure hatte das Hochgebirge, die Alpen, »entdeckt« und auf seinen Erstbesteigungen eine Fülle von Beobachtungen ebenso über die Art und Formen der Gesteine wie über die Meteorologie des Gebirges gesammelt. Den entscheidenden Schritt verdankt man Abraham Gottlob Werner durch die großangelegte Klassifikation der Gebirgsarten, der Gesteine, der Mineralien und der minuziösen Beschreibung ihrer Lagerung und Struktur; er ist zugleich der Lehrer der folgenden Geologengeneration. Wie schon seine Vorgänger, denkt er aber auch über ihre Geschichte, ihre Entstehung nach, er fragt, ob sie am Ort entstanden oder von anderen Stellen an den Fundort hintransportiert, und auch wie sie entstanden sind. Manche dieser Gedanken hatte John Playfair ausgearbeitet, so die Bedeutung des Eises für den Transport von Gesteinen und die Hebungen und Senkungen des Festlandes.

Man weiß (allein schon aus Goethes Werken) von dem erbitterten Gelehrtenstreit zwischen den Neptunisten, Plutonisten und Vulkanisten. Die Neptunisten, denen Werner noch bedingungslos anhing, lehrten die Gesteinsentstehung ausschließlich aus wäßrigen Lösungen, bis auf die sichtbarlich vulkanisch gebildeten Produkte wie etwa Lava, Bimsstein, nicht aber Basalt, den man als Sedimentgestein ansah. Goethe war von Werner entscheidend beeinflußt. Die Plutonisten vertraten die von dem schon genannten James Hutton begründete Lehre, daß – bedingt durch die im Innern der Erde herrschende hohe Temperatur – ein Schmelzprozeß der entscheidende Faktor für die Bildung zahlreicher Gesteine sei. Es ist wohl nicht zu bezweifeln, daß weltanschauliche Faktoren, so Ideen der Französischen Revolution, die ruhige wissenschaftliche Klärung verhinderten, die erst gegen die Mitte des Jahrhunderts erfolgte.

Die Bedeutung der Versteinerungen für die Geologie erkannten 1799 William Smith und Leopold von Buch. Versteinerungen haben schon in den ältesten Zeiten zu rationalen wie zu phantastischen Überlegungen angeregt. Sie waren im griechischen Altertum als Reste ausgestorbener Lebewesen, die ihrer Unvollkommenheit wegen zugrunde gingen, das Vorkommen versteinerter Muscheln und Fische auf Gebirgen als Zeichen dafür gedeutet worden, daß diese Stellen in früheren Zeiten Meer gewesen waren. Unbekannt sind uns die Gründe, warum sich andere Völker für die Versteinerungen interessierten: in Ägypten schrieb der Priester Tanofre um 1000 vor Christus auf einen versteinerten Seeigel den Fundort; in europäischen Ländern fand man in sehr alten Gräbern ganze Sammlungen von Versteinerungen.

Richtige Erklärungsversuche wurden teils durch Aristoteles' Theorie der Urzeugung, teils durch die »vis plastica«-Theorie seines Schülers Theophrast (Gesteine können Knochen und tierähnliche Gebilde formen) bis ins 19. Jahrhundert hinein gestört. Zwar traten im späten Mittelalter vereinzelt wieder die alten richtigen Vorstellungen auf; überwiegend aber wurden die Versteinerungen als »Beweise« für Aussagen der Bibel, insbesondere für die Sintflut, herangezogen, in der alle Tiere ertrunken waren (auch die Fische!). Die richtige Erkenntnis beginnt sich durchzusetzen, als William Smith die Gesteinsarten durch die in ihnen vorkommenden Versteinerungen charakterisiert: Gleiche Fossilien beweisen gleiches Alter der Erdschichten, von welchen Gegenden sie auch stammen mögen. Leopold von Buch, der mit Goethe in enger Verbindung stand, entwickelt unabhängig das gleiche

System und bildet 1810 die Bezeichnung »Leitfossil«. Nicht aus der speziellen Gesteinsausbildung, sondern aus der Art der Fossilien in ihnen folgt ihr Alter. Durch ihren Vergleich ergeben sich die zeitlichen Beziehungen für die Bildungen der Erdschichten in den verschiedenen Kontinenten. Die Erforschung der Versteinerungen wird das wichtigste Hilfsmittel für die historische Geologie, für unser Wissen um die Entwicklungsgeschichte der Erde. Freilich: die letzte Frage nach der zeitlichen Dauer ihrer großen Perioden bleibt noch ungelöst; sie wird erst nach der Entdeckung der Radioaktivität mit der Erkenntnis der zeitlichen Umwandlungsgesetze der radioaktiven Elemente im 20. Jahrhundert beantwortbar.

Am Anfang des 19. Jahrhunderts entwickelt sich auch die Paläontologie selbständig als die Wissenschaft vom Leben vergangener Erdperioden: die Paläozoologie durch Georges Cuvier und die Paläobotanik durch Ernst Friedrich von Schlotheim. Cuvier begründet die Methode des anatomischen Vergleichs des Knochenaufbaus der versteinerten und der noch lebenden Tierarten. Es erscheinen die großen beschreibenden Werke über die zunehmend systematisch gesammelten Fossilien, geordnet nach Linnés Nomenklatur und Systematik, die er selbst schon 1758 auch auf Versteinerungen ausgedehnt hatte. Langsam bricht sich die Erkenntnis Bahn, daß die Fossilien Unterlagen für die Geschichte des Lebens auf der Erde sind. Jetzt tritt auch der wissenschaftlich und auch weltanschaulich entscheidende Gedanke James Huttons hervor, daß alles Geschehen in früheren Zeiten der Erdgeschichte durch die gleichen Kräfte bewirkt wurde, die auch heute die Vorgänge in der Natur bestimmen. Charles Lyell hat mit seiner »aktualistischen Geologie« (Principles of Geology 1832) zur Fundierung und Verbreitung dieser Gedanken die nachhaltigste Wirkung ausgeübt, auch auf Darwin. Aber immer wieder lebt die »Katastrophentheorie« auf – zweifellos von der aus dem politischen Geschehen kommenden »Revolutionsphilosophie« gefördert –, die eine Neubildung der Arten nach weltweiten Erdkatastrophen, nicht eine systematische Fortentwicklung zugrunde legt und somit die Entfaltung der Entwicklungsgeschichte des Lebens stark behinderte.

Das ändert sich plötzlich mit dem Erscheinen von Charles Darwins Werk über die Entstehung der Arten (1859). Ludwig Rütimeyer in Basel hat es 1865 klar und systematisch für die Paläontologie nutzbar gemacht. Gleichzeitig wird die anatomisch-morphologische Erforschung der Fossilien durch Einführung der Dünnschliffe und dann auch wesentlich durch immer leistungsfähigere Mikroskope verbessert. Während man früher die Fossilien durch einen makroskopischen und mikroskopischen Vergleich mit den heutigen Formen zu verstehen versuchte, führt die Entwicklungslehre zu dem neuen Forschungsweg: aus den fossilen Formen die Entstehung der heutigen zu verstehen – Phylogenese und Ontogenese.

Die letzte Entwicklung der Paläontologie kann als Paläobiologie bezeichnet werden: man versucht aus den fossilen Resten die Formen der Tiere zu rekonstruieren, die Funktion der Formen zu erkennen und ihre Lebensweise mit dem Klima, mit der Pflanzenwelt in Verbindung zu bringen. Begründet von dem russischen Paläontologen Woldemar Kowalewskij, wurde sie besonders von dem belgischen Forscher Louis Dollo vertieft; von ihm stammt auch der Satz (1893) von der Irreversibilität der Entwicklung und des Nichtwiederauftretens von Organen, die im Laufe der Entwicklung verkümmerten oder verlorengingen.

Physik, Astronomie, Mathematik

Chemie

1800—1809

Friedrich Wilhelm Herschel, Ultrarot (1800). *Johann Wilhelm Ritter,* Elektrolyse des Wassers (1800); Abscheidung von Kupfer und Silber (1800); Ultraviolett (1801). *Alessandro Volta,* Elektrochemisches Element (»Säule« und »Becher«) (1800). *Carl Friedrich Gauß,* »Disquisitiones arithmeticae« (Zahlentheorie) (1801); »Theorie der Bewegung der Himmelskörper« (1809). *Thomas Young,* Interferenz der Lichtwellen (1801). *John Dalton, Joseph Louis Gay-Lussac,* Gasgesetze (1801/02). *Ernst Florens Chladni,* »Die Akustik« (1802). *Joseph Louis Gay-Lussac,* »Gay-Lussac-Versuch« Unabhängigkeit der freien Energie eines Gases vom Volumen (1807). *John Dalton,* Atomtheorie (1808). *Etienne Louis Malus, Dominique François Arago,* Entdeckung der »Polarisation« des Lichts (1808/11).

Sir Humphry Davy, Elektrolytische und elektrochemische Versuche (1802); Herstellung von: Kaliummetall (1807), Natriummetall (1808), Calcium, Strontium (1808), Barium Magnesium. *Jöns Jacob Frhr. von Berzelius,* Analyse von Mineralien und Gesteinen. Entdeckung des Elements Zer (1803). *William Hyde Wollaston,* Entdeckung von Palladium und Rhodium (1804).

1810—1819

Alessandro Amadeo Avogadro, Avogadrosches Gesetz (1811). *Sir Humphry Davy,* Elektrischer Lichtbogen (1813). *Joseph Fraunhofer,* Entdeckung der Fraunhoferschen Linien (1813/16). *Thomas Young,* Transversalität der Lichtschwingungen (1817). *Augustin Jean Fresnel,* »Fresnelsche Zonen« im Strahlungsfeld einer Lichtquelle (1818). *Pierre Louis Dulong, Alexis Thérèse Petit,* Gesetz der Konstanz der Atomwärmen (1819).

Sir Humphry Davy, Entdeckung des Chlors (1810); Untersuchungen über Flammen (1816/17). *Joseph Louis Gay-Lussac,* Molekulargewichtsbestimmung (aus Dampfdichte) (1811). *Bernard Courtois,* Entdeckung des Jods im Seetang (1811). *Jöns Jacob Frhr. von Berzelius,* Einführung der Symbole für die chemischen Elemente (1811); Elektrochemische Theorie und elektrische Bindungslehre (1819).

1820—1829

Hans Christian Oersted, Michael Faraday, André Marie Ampère, Begründung des Elektro-Magnetismus »Elektrodynamik« (1820/22). *Jean Baptiste Biot* und *Félix Savart,* Biot-Savartsches Gesetz der Wirkungen des galvanischen Stroms auf die Magnetnadel (1820). *Augustin Jean Fresnel,* Lichtschwingungstheorie (1821 ff.). *Friedrich Wilhelm Bessel,* Ortsbestimmung von 32 000 Fixsternen (1821 1835). *Joseph Fraunhofer,* Beugungsgitter, Theorie der Beugung des Lichts (1822). *Jean Baptiste Joseph Fourier,* Analytische Theorie der Wärmeleitung (1822). *Michael Faraday,* Chlorgasverflüssigung (1823). *Nicolas Léonard Sadi Carnot,* Nutzeffekt für Wärmekraftmaschinen (1824). *Nikolai Iwanowitsch Lobatschewskij,* Nichteuklidische Geometrie (1826). *Georg Simon Ohm,* »Ohmsches Gesetz« (1826). *Robert Brown,* Entdeckung der Brownschen Bewegung (1827).

Michael Faraday, Entdeckung des Benzols (1825). *Justus Liebig,* Begründung des modernen Chemieunterrichts (1825 ff.); Einrichtung des ersten Labors (1825). *Friedrich Wöhler,* Erste Herstellung von Aluminium, Beryllium und Yttrium (1827/28); Harnstoffsynthese (1828).

1830—1839

Michael Faraday, Entdeckung der elektromagnetischen Induktion (1831); Gesetze der Elektrolyse; »Faradaysche Gesetze«; Ionen (1834 ff.). *Macedonio Melloni,* Gleichartigkeit von sichtbarem und ultrarotem Licht (1831). *Johann von Bolyai,* Nichteuklidische Geometrie (1832). *Carl Friedrich Gauß,* »Absolutes (CGS) Maßsystem« (1833). *Carl Friedrich Gauß* und *Wilhelm Weber,* Elektromagnetischer Induktions-

Jöns Jacob Frhr. von Berzelius, Entdeckung der Isomerie (1830); Entdeckung und Bedeutung der Katalyse (1835). *Justus Liebig,* Organische Elementaranalyse (1831 ff.); »Kaliapparat« für Kohlensäurebestimmung (1831); Chloral und Chloroform (1831/32). *Justus Liebig* und *Friedrich Wöhler,* Theorie der chemischen »Radikale« (1832).

Beschreibende Naturwissenschaften, Medizin

Technik

1800—1809

Alexander von Humboldt, Erste Forschungsreise (1799 bis 1803). William Smith, Bedeutung der Versteinerungen für die Geologie (ab 1799). Georges Cuvier, Vergleichende Anatomie versteinerter und lebender Tiere, »Katastrophen-Theorie« (mehrere Sintfluten) (1800). J. Hall, Begründung der experimentellen Geologie, Versuche zu Huttons Vulkantheorie (1800). Immanuel Kant, Physikalische Geographie (1801). John Playfair, Bedeutung von Wasser und Eis für die Form der Erdoberfläche; Hebung und Senkung des Festlandes (1802). Thomas Andrew Knight, Reizempfindlichkeit der Pflanzen (1806). Einführung der Pockenimpfung durch Gesetz: Schweiz (1806), Hessen und Bayern (1807). Jean Baptiste de Lamarck, Beginn der Abstammungslehre (1809).

Oliver Evans, »Dampfautomobil« in England (1801). Richard Trevithick und Andrew Vivian, Dampflokomotive auf Eisenschienen in England (1804). Robert Fulton, Erstes technisch brauchbares Dampfboot (1807). Joseph Marie Jacquard, Muster-Webmaschine (1808). Samuel Thomas von Sömmerring, Elektrochemischer Telegraph (1809).

1810—1819

Leopold von Buch, »Leitfossilien« (1810). Christian Friedrich Samuel Hahnemann, Homöopathie (1810). Alexander von Humboldt, Vergleichende Klimatologie, Isothermen (1816). François Magendie, Experimentelle Tierphysiologie (1816). Georges Cuvier, »Das Tierreich« (1817). Adolf Stieler, »Handatlas« (1817). Carl Ritter, »Die Erdkunde im Verhältnis zur Natur und zur Geschichte des Menschen« (1818).

Joseph Fraunhofer, Begründung der wissenschaftlichen optischen Technik (1812 ff.). Friedrich Koenig und Friedrich Andreas Bauer, Zylinderschnelldruckpresse (1812). Straßengasbeleuchtung in London (1814) und Paris (1815). Sir Humphry Davy, Sicherheitsgrubenlampe (1815/16). Braconnot und Simonin, Erste Herstellung von Stearinkerzen (1818). Raddampfer von den USA nach Europa (1819).

1820—1829

L. A. Seeber, Atomgitter der Kristalle (1824). Ferdinand Petrowitsch von Wrangel, Wrangel-Insel (1824). Vincenz Prießnitz, Kaltwasser-Heilanstalt (1826). Karl Ernst von Baer, Säugetiere (1827).

Joseph Nicéphore Niepce, Lichtbilder auf Asphalt (1822). Johann Wolfgang Döbereiner, Döbereinersche Platin-Feuerzeug (1823). Erste Sodafabrik in Liverpool nach Leblanc-Verfahren (1823). Joseph Aspdins Portland-Zement (1824). Joseph Fraunhofer, Fertigstellung des Dorpater Refraktors (1824). Thomas Hancock, Kunstleder (1824). George Stephenson, Lokomotive »Rocket« (1825). Josef Ressel, Schraubendampfer (1826/29). Abel Shawk, Erste Dampffeuerspritze (1829).

1830—1839

Robert Brown, Entdeckung des Zellkerns (1830). Charles Lyell, »Aktualistische Geologie« (gegen »Katastrophentheorie«) (1830 ff.). Charles Robert Darwin, Weltreise (1831–1836). Sir John Ross, Magnetischer Pol im Nordpolargebiet entdeckt (1831). Leopold von Buch, »Vulkanismus« (1834). Heinrich Wilhelm Dove, Windablenkungsgesetz (1835). Karl Friedrich Schimper, Moderne Eiszeitforschung (1836). Theodor Schwann,

Eisenbahn Liverpool–Manchester, max. Geschw. 34,4 km/h (1830). Carl Friedrich Gauß, Wilhelm Eduard Weber, Elektromagnetischer Telegraph in Göttingen (1833). Moritz Hermann von Jacobi, Elektromotor (1834). Eisenbahn Nürnberg-Fürth (1835). Schraubendampfer auf der Themse (1836). Carl August von Steinheil, Erdrückleitung bei der Telegraphie (1838/40). Louis J. M. Daguerre, »Daguerreo-

Physik, Astronomie, Mathematik

Telegraph (1833). *Benoit Pierre Emile Clapeyron*, Thermisch-mechanischer Kreisprozeß (1835). *Samuel Finley Breese Morse*, Schreibtelegraph (1835/37). *Friedrich Wilhelm August Argelander*, Bewegung der Sonne durch den Weltraum (1837). *Friedrich Wilhelm Bessel*, *Wilhelm Struve*, Erste Messung von Fixstern-Parallaxen (1838).

Chemie

1840—1849

Christian Doppler, Entdeckung des Dopplereffekts (1841). *Julius Robert Mayer*, Gesetz von der Erhaltung der Energie (1842, 1845, 1848). *James Prescott Joule*, Stromwärme (elektrisches Wärmeäquivalent) (1845). *Lord William Parsons Rosse*, Entdeckung der Spiralnebel (1845). *Michael Faraday*, Magnet. Drehung der Polarisations-Ebene: »Faraday-Effekt« (1846). *Urbain Jean Joseph Leverrier*, *Johann Gottfried Galle*, Entdeckung des Planeten Neptun (1846). *Hermann Helmholtz*, Gesetz der Erhaltung der Energie (1847). *Gustav Robert Kirchhoff*, Gesetze für den Widerstand elektrischer Leitersysteme (1847). *Armand Fizeau*, Erste terrestrische Messung der Lichtgeschwindigkeit (1849).

Henry Heß, Begründung der Thermochemie; Gesetz der konstanten Wärmesummen (1840). *Justus Liebig*, »Die organische Chemie in ihrer Anwendung auf Agrikultur und Physiologie« (1840). *Hermann Kolbe*, Synthese der Essigsäure. Erster Gedanke zur synthetischen Chemie der »Bestandteile des Pflanzenreichs« (1845). *Auguste Laurant*, Klärung von Atomgewicht und Äquivalent; Wasserformel (H_2O statt HO) (1846).

1850—1859

Rudolf Clausius, Begründung der Thermodynamik: Zweiter Hauptsatz (1850). *Léon Foucault*, Pendelversuch im Panthéon in Paris (1850). *Armand Fizeau*, Lichtgeschwindigkeit in bewegten Medien (1851). *Friedrich Wilhelm August Argelander*, Beginn der »Bonner Durchmusterung« der Fixsterne (1852 bis 1861). *James Clerk Maxwell*, Beginn der Theorie der Faradayschen Feldvorstellung (1856). *Johann Heinrich Müller*, Erste Spektrenphotographie (1856). *Wilhelm Weber*, Bestimmung der Lichtgeschwindigkeit aus elektrischen Daten (1856). *Robert Krönig* (1856), *Rudolf Clausius* (1857), Kinetische (atomistische) Theorie der Gase. *Hermann Helmholtz*, Wirbelsätze der Hydrodynamik (1858). *Gustav Robert Kirchhoff*, Strahlungsgesetz (1859). *Gustav Robert Kirchhoff* und *Robert Wilhelm Bunsen*, Deutung der Fraunhoferschen Linien durch Absorption in der Sonnenatmosphäre; chemische Spektralanalyse; Analyse der Sonnenmaterie (1859 ff.).

Robert Wilhelm Bunsen, Herstellung von Aluminium durch Schmelzelektrolyse (1854). *Robert Wilhelm Bunsen* und *Sir Henry Roscoe*, Begründung der Photochemie, Chlorknallgas (1855 ff.). *August Kekulé*, Vierwertigkeit des Kohlenstoffs (1857). *A. S. Couper*, Begründung der Strukturchemie (1858).

1860—1869

James Clerk Maxwell, Geschwindigkeitsverteilungsgesetz der Gasmoleküle (1860); Elektromagnetische Theorie des Lichts (1865). *Léon Foucault*, Messung der Lichtgeschwindigkeit im Labor (1862). *Rudolf Clausius*, Einführung des Entropiebegriffs (1865). *Ludwig Boltzmann*, Geschwindigkeitsverteilungsgesetz, Boltzmannsche Temperaturfunktion (1868). *Thomas Andrews*, Entdeckung des »Kritischen Punkts« (Druck, Temperatur) der Gase (1869). *Johann Wilhelm Hittorf*, Kathodenstrahlen (1869).

Dimitry Iwanowitsch Mendelejew und *Lothar Meyer*, Periodisches System der Elemente (1864/69). *August Kekulé*, Benzolstruktur (1865). *Joseph Loschmidt*, Zahl der Moleküle im Kubikzentimeter und Mol, erste Berechnung der »Avogadroschen Zahl« (1865). *Cato Maximilian Guldberg* und *Peter Waage*, Massenwirkungsgesetz (1867).

Beschreibende Naturwissenschaften, Medizin

M. J. Schleiden, Übereinstimmung von Zellstruktur und Wachstum bei Tier und Pflanze (1839).

Technik

typie« (1839). *William Henry Fox Talbot*, Papierlichtbilder (1839).

1840—1849

Johann G. F. Charpentier, Gletscherforschung (1841). *Charles Jackson*, Entdeckung der Äthernarkose (1841), Erste Operation in Narkose (1846). *Hugo von Mohl*, Entdeckung des Protoplasmas in der Pflanzenzelle (1844/46). *Alexander von Humboldt*, Erster Band des »Kosmos« (1845), Vierter Band (1858). *Sir James Simpson*, Chloroform-Narkose (1847). *Ignaz P. Semmelweis*, Entdeckung der Entstehung des Kindbettfiebers (1847, publ. 1861). *Sebastian Kneipp*, Wasserheilverfahren (1848). *Alois Pollender*, Milzbranderreger (1849).

Joseph Petzval, Porträtobjektiv (1840). *Christian Schönbein*, Schießbaumwolle (1846). *Justus Liebig*, Fleischextrakt (1847). *Werner von Siemens* und *Johann Georg Halske*, Telegraphiekabel (1847). *R. Böttger*, »Sicherheits«-Streichhölzer (1848). *Joseph Francis*, Freistrahl-Wasserturbine (1849).

1850—1859

Hermann Helmholtz, Augenspiegel (1850). *Auguste Bravais*, Mathematische Theorie der Kristallgitter (»Raumgitter«) (1850). *Thomas Addison*, Addisonsche Krankheit (1855). Neandertal-Schädel gefunden (1856). *Louis Pasteur*, Arbeiten über Gärung (1857). *Rudolf Virchow*, Zellular-Pathologie (1858). *Charles Darwin*, Entstehung der Arten (1859).

Robert Wilhelm Bunsen, Gas-Bunsenbrenner (1850). *Isaac Merrit Singer*, Verbesserte Nähmaschine (1851). *Friedrich Wöhler*, Technische Herstellung von rauchender Schwefelsäure (1852). *Heinrich Goebel*, Elektrische Glühlampe (1854). *Sir Henry Bessemer*, Massen-Stahlfabrikation mit »Bessemerbirne« (1855). *David Edward Hughes*, Typendruck-Telegraph (1855). *Friedrich Siemens*, Regenerator-Gasofen für Glasfabrikation (1856). *Gaston Planté*, Blei-Akkumulator (1859).

1860—1869

Urvogel »Archäopteryx« entdeckt (1861). *Hermann Helmholtz*, »Die Lehre von den Tonempfindungen« (1863). *Gregor Johann Mendel*, Mendels Vererbungsgesetze (1865). *Ludwig Rütimeyer*, Anwendung von Darwins Theorie in der Paläontologie (1865). *Ernst Haeckel*, Biogenetisches Grundgesetz (1866). *Joseph Lister*, Antisepsis (1867). *David Livingstone*, Erforschung des Kongogebietes (1867—1873).

Johann Philipp Reis, Erfindung des Telephons (1861). *Ernest Solvay*, Ammoniak-Soda-Verfahren (1861). Erster Siemens-Martin-Stahl (1864). *José Monier*, Eisenbeton (1867). *Alfred Nobel*, Dynamit (1867). *Nikolaus August Otto, Eugen Langen*, Verbrennungskraftmaschine (1867). *Christopher Latham Sholes, S. W. Soulé, C. Glidden*, Schreibmaschine (1867, Produktion 1873). *Werner von Siemens*, Dynamoelektrisches Prinzip (1867).

Physik, Astronomie, Mathematik

Chemie

1870—1879

August Kundt, Entdeckung der anomalen Dispersion (1870). *Henry Rowland*, Nachweis des magnetischen Feldes bewegter geladener Isolatoren »Rowlandstrom« (1872). *James Clerk Maxwell*, »Treatise of Electricity« (1873). *Raoul Pictet, Louis Cailletet*, Erste Luftverflüssigung (1877/78). *Arthur von Auwers*, »Fundamentalkatalog« der Sterne (1879).

Josiah Willard Gibbs, »Phasenregel«; Thermodynamische Theorie des chemischen Gleichgewichts (1874 ff.).

1880—1889

Hermann Helmholtz, Elementarquantum der Elektrizität aus Faradays Gesetzen (1881). *Ludwig Boltzmann*, Ableitung des »Stefan-Boltzmannschen Strahlungsgesetzes (T^4-Gesetz)« (1884). *Johann Jakob Balmer*, »Balmerformel« für die Linien des Wasserstoffspektrums (1885). *Eugen Goldstein*, Entdeckung der Kanalstrahlen (1886). *Heinrich Hertz*, Beginn der Arbeiten über elektrische Wellen (1886); Entdeckung des lichtelektrischen Phänomens (1887); »Über Strahlen elektrischer Kraft« (abschließende Arbeit) (1888). *Albert Abraham Michelson, E. W. Morley*, »Michelsonversuch«: Kein Ätherwind beeinflußt Lichtgeschwindigkeit (1887). *Wilhelm Hallwachs*, Klärung des Lichtelektrischen Effekts (1888). *Wilhelm Conrad Röntgen*, Magnetisches Feld eines im elektrischen Feld rotierenden Dielektrikums »Röntgenstrom« (1888).

Adolf von Baeyer, Analyse und Synthese des Indigos (1880). *Svante Arrhenius*, Theorie der Elektrolyse, Elektrolytische Dissoziation (1882). *Ludwig Knorr*, Antipyrin (1883). *John William Strutt Lord Rayleigh*, Entdeckung eines ungeklärten Gases in der Luft (1883). *Jacobus Henricus van't Hoff*, Theorie der chemischen Kinetik (1884); Theorie der Osmose; Osmotischer Druck (1886). *Henri Moissan*, Herstellung von freiem Fluor (1886). *Walther Nernst*, Theorie des Voltaelements von 1800; »Lösungsdruck« der Metalle (1889).

1890—1900

Heinrich Hertz, Philipp Lenard, Durchlässigkeit von Metallen für Elektronen (Kathodenstrahlen) (1891/93). *Henry Deslandres, Henry Rowland*, Methode der Spektroheliographie (1892). *Hendryk Antoon Lorentz*, Elektronentheorie (1892). *Wilhelm Wien*, »Verschiebungsgesetz« für die Wellenlänge maximaler Strahlung mit der Temperatur (1893). *Friedrich Paschen, Wilhelm Wien*, Energieverteilungsgesetz im Spektrum des »Schwarzen Körpers« (1895/96). *Wilhelm Conrad Röntgen*, Entdeckung der Röntgen- (»X«-) Strahlen (1895/96). *Sir Joseph John Thomson, Wilhelm Wien*, Spezifische Ladung von Elektronen- und Kanalstrahlen (1895/97). *Henri Antoine Becquerel*, Entdeckung der Radioaktivität (1896). *Pieter Zeeman*, »Zeeman-Effekt«, magnetische Aufspaltung der Spektrallinien (1896). *Petr Lebedew*, Erste Messung des Lichtdrucks (1899). *Max Planck*, Quantentheorie der Strahlung des »Schwarzen Körpers«, Entdeckung des Wirkungsquantums (1900).

Lord Rayleigh, Sir William Ramsay, Entdeckung des Edelgases Argon (1894). *Sir William Ramsay, Per Teodor Cleve*, Entdeckung des Heliums (1895). *Marie und Pierre Curie*, Entdeckung von Polonium und Radium (1898). *Sir William Ramsay*, Entdeckung von Krypton, Xenon, Neon (1898). *Gerhard Carl Schmidt*, Entdeckung der Radioaktivität des Thoriums (1898). *Julius Elster* und *Hans Friedrich Geitel*, Erste Theorie der Radioaktivität (1899).

NATURWISSENSCHAFT IM 19. JAHRHUNDERT

Beschreibende Naturwissenschaften, Medizin

Technik

1870—1879

Anton Dohrn, Gründung der zoologischen Station Neapel (1870). *Charles Darwin*, »Die Abstammung des Menschen« (1871). *Max von Pettenkofer*, Untersuchungen über Milieufaktoren und Krankheiten (1872). Beginn der Tiefsee-Erforschung, Forschungsschiff »Challenger« (1872–1876). *Woldemar Kowalewsky*, Begründung der Erforschung der Lebensweise fossiler Tiere; Form und Funktion (1873). *Oskar Hertwig*, Befruchtung ist Verschmelzung von Ei- und Spermakern (1875). *Otto Straßburger, Oskar Hertwig*, Mitotische Kernteilung bei Pflanzen und Tieren (1875). *Alfred Russel Wallace*, »Geographische Verteilung der Tiere« (1876). *Louis Pasteur*, »Die Mikroben« (1878). *Leonhard Sohncke*, Raumgittertheorie der Kristalle, 65 »Raumgruppen« (1879).

Richard L. Maddox, Photographische Trockenplatte (1871). *Ernst Abbe*, Erstes Mikroskop nach der neuen Berechnungsmethode (1872). *George Mortimer Pullman*, Speisewagen (1872). *Carl von Linde*, Ammoniak-Kältemaschine (1875). *Alexander Graham Bell*, Verbessertes Telephon (1876). *Nicolaus Otto*, Viertakt-Gaskraftmaschine (1876). *Thomas Alva Edison*, Walzen-Phonograph (1877), Mikrophon (1877), erste technische elektrische Glühlampenbeleuchtung (1879 ff.). *Werner von Siemens*, Erste elektrische Eisenbahn in Berlin (1879). *Sidney Gilchrist Thomas*, Entphosphorung des Eisens (1879).

1880—1889

Robert Koch, Begründung der Bakteriologie; Entdeckung der Typhus-, Tuberkulose- und Cholera-Bazillen (1880/83). *Wilhelm Roux*, Begründung der Entwicklungsphysiologie (1881). *W. Flemming*, Entdeckung der Längsspaltung der Chromosomen bei der Zellteilung (1882). *Max von Pettenkofer*, Handbuch der Hygiene (1882/83). *Rudolf Ulrich Krönlein*, Erste Blinddarmoperation (1883). *Arthur Nicolaier*, Entdeckung des Wundstarrkrampferregers (1884). *Carl Rabl*, Konstanz der Chromosomenzahl bei einer Tierart (1885). *Ernst von Bergmann*, Asepsis (1886). *Fridtjof Nansen*, Skidurchquerung Südgrönlands (1888). *Joseph Frhr. von Mering, Oskar Minkowski*, Bauchspeicheldrüsenentfernung verursacht Zuckerkrankheit (1889).

Friedrich Otto Schott und *Ernst Abbe*, Gründung des glastechnischen Laboratoriums in Jena (1881). Elektrische Beleuchtung Weltausstellung Paris (1881), New York (1881), Glaspalast München (1882). *Carl Gustaf Patrik de Laval*, Dampfturbine (1883/84). *Ottmar Mergenthaler*, Setzmaschine (1884). *Carl Auer von Welsbach*, Gasglühstrumpf (1885). *Carl Benz, Gottlieb Daimler*, Kraftfahrzeuge mit Benzinmotor (1885). *Hilaire de Chardonnet*, Kunstseide (1885). *Reinhard* und *Max Mannesmann*, Schrägwalzen nahtloser Rohre (1885). *Hermann Helmholtz, Werner von Siemens*, Gründung der Physikalisch-Technischen Reichsanstalt (1887). Großtechnische Aluminium-Fabrikation in Rheinfelden (1888).

1890—1900

Ernst von Behring, Diphtherie-Heilserum (1890). *Jewgraph Stepanowitsch von Fedorow, Artur Moritz Schoenflies*, Abschließende Theorie der Kristallgitter (230 Raumgruppen) (1891). *Eugène Dubois*, Affenmensch (Pithecanthropus) auf Java gefunden (1891/92). *C. E. Dutton*, Lehre von der Isostasie« (Gleichgewicht in der Erdkruste) (1892). *François Alphonse Forel*, »Der Genfer See« (Begründung der Limnologie) (1892). *Fridtjof Nansen*, Nordpolarexpedition auf der »Fram« (1893–1896). *Albrecht Penck*, Morphologie der Erdoberfläche (1894). *Max Rubner*, Energieerhaltungssatz für Lebewesen (1894). *Karl Ludwig Schleich*, Lokalanästhesie (1894). *Christian Eijkman, Vordermann*, Beri-Beri-Schutzstoff in Reishäutchen (1895). *Niels Ryberg Finsen*, Ultraviolettstrahlen in der Medizin (1895). Röntgendiagnostik (1896). *Eduard Buchner*, Zymase aus der Hefe als Gärungsferment (1898). *Dreser*, Aspirin (1899). *Karl Erich Correns, Hugo de Vries, Erich von Tschermak*, Wiederentdeckung der Mendelschen Gesetze. Beginn der modernen Vererbungslehre (Genetik) (1900).

John Boyd Dunlop, Luftreifen (1890). *Paul Rudolph*, Anastigmat-Objektiv (1890). *Otto Lilienthal*, erste Segelgleitflüge. Fernübertragung elektrischer Energie von Lauffen a. N. nach Frankfurt a. M. (1891). *Rudolf Diesel*, Dieselmotor (1893/97). *Dimitrij Iwanowitsch Mendelejew*, Gründung des russischen Hauptamts für Maß und Gewicht (1893). Erstes Automobilrennen Paris–Rouen mit 20,47 km/h (1894). *Carl von Linde*, Technische Herstellung von flüssiger Luft (1895). *Auguste* und *Louis Jean Lumière*, Kinematograph (1895). *Guglielmo Marconi*, Erste drahtlose Verbindung über den Bristol-Kanal (1897).

Während Darwins Werk erschien, ging der Naturkundelehrer der Brünner Staatsrealschule Pater Gregor – Johannes Mendel – bei seinem Hobby der Blumenzüchtung dem Gedanken nach, wie die Vererbung bestimmter Eigenschaften seiner Blumen, vor allem das Wiederauftreten »weggezüchteter« Merkmale zustande komme. Der Autodidakt denkt sich einen Versuchsplan aus, den er in den Jahren von 1856 bis 1865 an Gartenerbsen mit einigen hundert künstlichen Befruchtungen und weit über zehntausend Bastarden durchführt; er erkennt die beiden charakteristischen Merkmale der Vererbung, das dominierende und das rezessive, und stellt zahlenmäßig ihr Auftreten in der Generationenfolge dar, die berühmten Mendelschen Gesetze. Versuche mit Bienen und Mäusen blieben nach seiner Wahl zum Abt des Altbrünner Augustinerklosters liegen. Weder die Veröffentlichung in der Zeitschrift des Brünner Naturforschenden Vereins noch briefliche Mitteilungen hatten eine Wirkung; die bedeutendste biologische Entdeckung des 19. Jahrhunderts mußte noch einmal gemacht werden: 1900 fanden unabhängig voneinander Carl Correns, Hugo de Vries und Erich Tschermak die gleichen Gesetze.

Der Einfluß der Naturwissenschaft auf die Technik

Wir müssen uns auf einige wenige Beispiele beschränken, die für die neuartige Entwicklung der Technik charakteristisch sind. Daß allen Vorrichtungen und Vorgängen der Technik physikalische Gesetze zugrunde liegen, ist selbstverständlich, ob diese nun bewußt oder unbewußt angewendet werden, ob sie bekannt oder unbekannt sind. Je besser sie bekannt sind, desto rationeller ist das technische Verfahren. Die heutige wissenschaftliche Technik, in der Erkenntnisse in technische Einrichtungen umgesetzt oder wissenschaftliche Untersuchungen mit dem Ziel einer technischen Verwendung ihrer Ergebnisse ausgeführt werden, beginnt mit dem 19. Jahrhundert. Das erste Beispiel einer gezielten wissenschaftlich-technischen Entwicklung dürfte Josef Fraunhofers optische Arbeit in den Jahren 1807 bis 1826 sein. Er suchte nach besseren Methoden zur Prüfung der Gläser und fand dabei »nebenher« die Absorptionslinien im Sonnenspektrum. Zu seiner Zeit war es schon möglich, sphärische Linsenfehler durch vorher berechnete Umformung der Linsen zu verkleinern. Die chromatischen Fehler aber – auf der Dispersion oder Farbzerstreuung, das heißt der Abhängigkeit der Brechung von der Farbe des Lichts beruhend – wurden durch Verwendung von Achromaten (Kombination einer stärkeren Konvex- mit einer schwächeren Konkavlinse aus zwei verschiedenen Glassorten) mühsam ausgeglichen. Sie konnten nicht völlig beseitigt werden, weil die optischen Eigenschaften von der Zusammensetzung der Gläser abhängen. Es gelang Fraunhofer, diese Zusammensetzung mit feinsten physikalischen Methoden zu messen und Glas mit bestimmten optischen Eigenschaften und größter Homogenität zu schmelzen. Das jahrzehntelang berühmteste astronomische Fernrohr, der »Dorpater Refraktor« (1824 für die Sternwarte in Dorpat), war eine Frucht dieser Arbeiten. Erst in den achtziger Jahren nahm Otto Schott dieses Problem wieder auf und untersuchte den Zusammenhang zwischen optischen Eigenschaften und der Zusammensetzung der

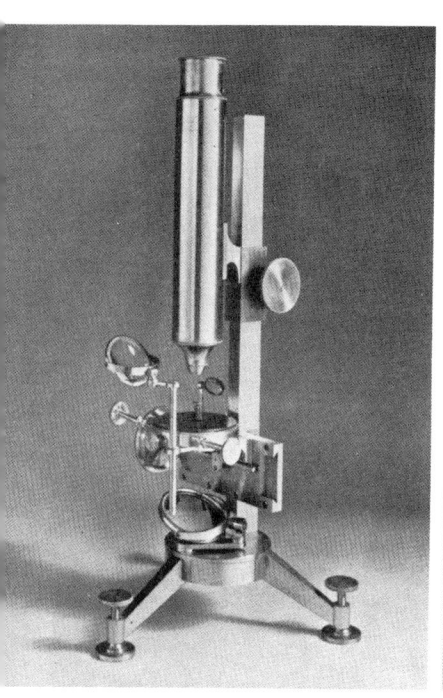

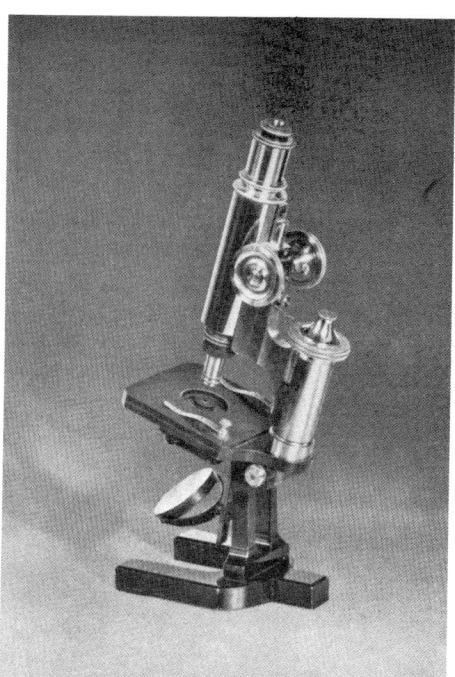

Achromatisches Mikroskop von Joseph Fraunhofer, 1817,
Zeiss-Mikroskop, um 1900, und kalorischer Kraftmesser von Robert Mayer, 1868
München, Deutsches Museum, und Oberkochen, Carl-Zeiss-Archiv

Thomas Edisons erstes Elektrizitätswerk in New York. Holzstich, 1882

Gläser. Die rechnerische Verbesserung von Linsensystemen hatte erst einen Sinn, als die Ergebnisse von Otto Schotts Untersuchungen vorlagen. Erst danach war es möglich, vollständig gleichmäßige Gläser mit den verschiedensten Eigenschaften fabrikmäßig – zuerst bei Carl Zeiss – herzustellen.

Fraunhofer begründete aber noch einen ganz anderen, völlig neuen Weg der »technischen Forschung«. Die damals besonders von Thomas Young und Augustin Fresnel geförderte Schwingungshypothese des Lichts hatte Fraunhofer zur Konstruktion des ersten Beugungsgitters veranlaßt. Er stellte nun die ganz neuartige Frage: Welche Folgerungen ergeben sich für die Wirksamkeit und damit für den Bau optischer Instrumente (Fernrohr, Mikroskop), wenn ein »Lichtstrahl« ein solcher Wellenzug ist? In einer Abhandlung, der bayerischen Akademie am 14. Juni 1823 vorgetragen, kommt er zur Erkenntnis, daß die »Grenze des Sehvermögens durch Mikroskope« durch die Beugung der Lichtwellen begrenzt ist. Nach dem baldigen Tod von Fraunhofer blieb dieser Grundsatz unbeachtet. 1842 wurde er von neuem von dem Engländer Lister gefunden, und erst 1873 begründete Ernst Abbe in Jena mit ihm die wissenschaftliche Methode des Mikroskopbaus. Aus der berühmten Denkschrift vom 4. Februar 1887 seien einige Sätze zitiert:

> Es betrifft dieses die von Utzschneider und Fraunhofer im ersten Viertel dieses Jahrhunderts in München begründete optische Werkstätte, aus deren kurzer Blüte die gesamte deutsche Optik ... unserer Zeit hervorgegangen ist. Die damals – auf diesem Arbeitsfeld und überhaupt – völlig neue Idee, technische Arbeit ganz und gar unter die Leitung strenger wissenschaftlicher Theorie zu stellen, die in der Person Fraunhofers eine absolut vorbildliche Verkörperung gefunden hatte, brachte jenes Münchner Institut binnen weniger Jahre an die Spitze der ausübenden Optik.
>
> Sie erzeugt aber zugleich so viel Keime des weiteren Fortschrittes, daß deren Entwicklung auf ihrem natürlichen Boden nicht nur den unbedingten Vorsprung der dortigen Werkstätte auf ein volles Jahrhundert wenigstens hätte gewährleisten können, sondern auch den Fortschritt der gesamten wissenschaftlichen Industrie in außerordentlichem Maße hätte fördern und beschleunigen müssen. Die Nachfolger Fraunhofers aber haben es nach dem frühzeitigen Tod wohl fertiggebracht, in kurzer Zeit Millionäre zu werden – jene fruchtbaren Anlagen aber haben sie dabei sämtlich verkümmern lassen. Einige davon sind, wie sich nunmehr herausgestellt hat, sechzig Jahre nach Fraunhofers Tod hier in Jena zur Entwicklung gekommen.

Die für Biologie, Medizin, Hygiene entscheidenden Entdeckungen und Untersuchungen sind letzten Endes der wissenschaftlich gegründeten und geführten Entwicklung der optischen Geräte zu danken.

Die elektrotechnische Industrie baut auf physikalischen Entdeckungen in anderer Weise auf. Die Grundlage für die Gleich- und Wechselstromerzeugung ist die Entdeckung der elektromagnetischen Induktion von Michael Faraday im Jahre 1831. In der Werner Siemensschen Dynamomaschine (1867) stecken aber außerdem die gesamte damalige Kenntnis über den Ferromagnetismus, die Gesetze des Stromkreises und der Stromverzweigung und ganz besonders das Gesetz der Erhaltung der Energie.

Die elektrische Nachrichtentechnik – Telegrafie und Telefonie – entwickelt sich von Stufe zu Stufe mit den physikalischen Entdeckungen. Der Münchener Anatom Samuel Thomas von Soemmerring erfand 1809 unter Benutzung des Voltaelements und der von Ritter und Davy erforschten Elektrolyse den elektrochemischen Telegrafen, die erste technische Anwendung des »Galvanismus«. Von der Senderstation liefen fünfundzwanzig

Drahtleitungen – jede einem Buchstaben zugeordnet – zur Empfangsstation, wo sie in fünfundzwanzig kleinen Elektrolysegefäßen endeten, die mit dem entsprechenden Buchstaben versehen waren. Wurde der Strom in eine »Buchstabenleitung« geschickt, so trat am gleichen Buchstaben der Empfangsstation Gasentwicklung auf. 1833 verbanden Carl Friedrich Gauß und Wilhelm Weber in Göttingen das physikalische Institut mit der Sternwarte durch einen auf dem Prinzip der Faradayschen Induktion aufgebauten Telegrafen. Durch Bewegung eines Magneten in einer Spule in der Sendestation wurde ein Induktionsstrom erzeugt, der durch eine Drahtleitung in einer Spule (in der ein Magnet hing) der Empfangsstation geleitet wurde. Je nach der Richtung des Stroms machte der Magnet eine Bewegung nach rechts oder links. Die Buchstaben wurden durch Kombination nach rechts und links ablenkender Ströme erzeugt. Der große Fortschritt lag in der Benutzung von nur zwei Leitungsdrähten zwischen Sende- und Empfangsspule. 1838 entdeckte Steinheil bei der Anlage eines Eisenbahntelegrafen, daß man den einen Draht durch die Erdleitung ersetzen könne. Von den weiteren Erfindungen sind hier nur das Morsealphabet (1837) und die Entwicklung der Kabel, besonders auch für große Unterseeleitungen, für die schwierige Probleme zu lösen waren, bemerkenswert. Zur technischen Auswertung wurde 1847 die Firma Siemens und Halske gegründet.

Im Jahre 1862 erfindet Philipp Reis – immer auf den gleichen Grundlagen aufbauend – das Telefon, das 1876 durch die Erfindungen von Graham Bell und vor allem durch Edison (Kohlekörnermikrophon) technisch brauchbar wurde. Zum automatischen »Aufschreiben« der Telefonate schuf Edison den Phonographen und ein Jahr später (1877/78) das Grammophon. Es beginnt die Zeit der »unvorstellbaren« Erfindungen: bei einer Vorführung verläßt ein Professor entrüstet den Raum, weil er sich nicht durch einen Bauchredner betrügen lasse. 1609 hatten es die Philosophieprofessoren von Pisa »mit der Hartnäckigkeit einer Natter« abgelehnt, durch Galileis Fernrohr die Jupitermonde zu sehen: weil sie nicht nach etwas blicken wollten, von dem sie wüßten, daß es nicht existiere.

Gegen Ende des Jahrhunderts eröffnet Guglielmo Marconi die drahtlose Nachrichtentechnik mit dem ersten geglückten Versuch am Bristolkanal (1897). Auch sie geht letzten Endes auf Faraday zurück, dessen neue Vorstellungsart über die elektrischen und magnetischen Kraftwirkungen die Grundlage für Maxwells elektromagnetische Theorie (1861) war. Aus ihr hatte Heinrich Hertz die Frage abgeleitet, ob die mit Funken erzielbaren schnellen periodischen elektromagnetischen Feldänderungen sich auch als »Wellen« im Raum ausbreiten. 1888 entdeckte er die »Strahlen elektrischer Kraft«. Auf den für diese Forschungen benutzten Methoden bauen Marconis Erfindungen auf.

Wie sich die Nachrichtenübermittlung im 19. Jahrhundert entwickelt hat, zeigt eindrucksvoll ein Vergleich: 1814 dauerte es neun Tage, bis Berlin die Einnahme von Paris erfuhr; 1901 kommt ein in England ausgesandtes Zeichen nach einer vierzigstel Sekunde in Amerika an.

Auch Thomas Alva Edison, wohl der in seiner Vielseitigkeit genialste Erfinder des 19. Jahrhunderts, geht stets von der Frage aus, was sich aus wissenschaftlichen Erkenntnissen technisch entwickeln lasse. Grundlage für alle seine Arbeiten ist das Experimentieren in einem wissenschaftlichen Laboratorium. Sein Erfinderruhm beruht hauptsächlich darauf, daß er jeweils sofort erkannte, was zu einer fruchtbaren technischen Entwicklung gehört. Als 1854 der nach Amerika ausgewanderte Heinrich Goebel die elektrische Glühlampe erfand und mit ihr sein Fernrohr, mit dem er nachts den New Yorkern die Sterne zeigte, beleuchtete, war technisch nichts erreicht. Als Edison 1879 ein Herstellungsverfahren für Kohlefäden, ihre Einschmelzung in die Kolben und deren Evakuierung durch technisch brauchbare Vakuumpumpen und damit die Fabrikationsmöglichkeiten für Glühlampen entwickelt hatte, fehlten für ihre Einführung nur noch die bequeme, leicht auswechselbare Fassung (der heute noch übliche »Edisonsockel«), die geeignete Dynamomaschine, die isolierten Kabel, ihre unterirdische Führung, die Lichtschalter, die Sicherungen, auch die »Zähler« für den Verbrauch von elektrischer Energie – alles das erfand er sogleich und machte es fabrikationsreif. Und als auf der Weltausstellung 1881 in Paris durch Schließen eines Schalters tausend Lampen zur gleichen Zeit aufleuchteten, da war erst die Grundstufe der technischen Entwicklung der elektrischen Beleuchtung abgeschlossen. Die hier gewonnenen Eindrücke führten zu der Entwicklung der Allgemeinen Elektricitätsgesellschaft (AEG) durch Emil Rathenau und zu Oskar von Millers Arbeiten für die Fernübertragung elektrischer Energie. Die Edison-Gesellschaft nahm am 4. September 1882 das erste große Elektrizitätswerk in New York mit zweitausenddreihundert Lampen in fünfundachtzig Häusern in Betrieb.

Zur gleichen Zeit, als Edison die Grundlagen für die elektrische Beleuchtung schuf, fuhr (1879) auf der Berliner Gewerbeausstellung die erste »elektrische« Eisenbahn von Siemens; im gleichen Jahr, in dem Siemens das dynamoelektrische Prinzip bekannt machte, wurden auf der Pariser Weltausstellung (1867) die Verbrennungskraftmaschinen von Otto und Langen ausgestellt. Innerhalb dieser wenigen Jahre werden die Grundlagen für die Technisierung gelegt. So viel Eigenständiges auch die chemische Technik schuf und behielt – ohne ihre Durchdringung mit den Möglichkeiten der Maschinentechnik ist ihre Entwicklung undenkbar; ein besonders anschauliches Beispiel bietet das 1827 von Wöhler erstmals hergestellte Aluminium; 1854 entwickelt Bunsen die Herstellung durch Elektrolyse geschmolzener Salze (1855 kostet ein Kilogramm tausend Franken); erst 1888 stand so viel elektrische Energie zur Verfügung, daß seine großtechnische Fabrikation die Periode der Leichtmetalle einleitete.

*

Eine Grundbedingung für den verbindlichen Vergleich wissenschaftlicher Forschungsergebnisse wie für die Übertragung wissenschaftlicher Ergebnisse in die Technik ist die Aufstellung verbindlicher Maßsysteme und Maßeinheiten. Länge, Masse, Zeit als Grundeinheiten, Leistung und Energie, Temperatur und Kalorie, Lichteinheit, die Einheiten für Strom und Spannung, dazu die Herstellung der Normalen (»Etalon, Prototyp«), die Untersuchung ihrer Konstanz, ihre Kopien als sekundäre Normale, die Vorschriften für ihren Vergleich und ihre Reproduzierbarkeit – das sind einige der Aufgaben, für die in den großen Ländern staatliche Anstalten gegründet wurden. Die Grundlagenforschung bedarf dieser Einheiten nicht nur für den Austausch von zahlenmäßig-verbindlichen Ergebnissen, auch die quantitative Verbindung verschiedener Forschungsbereiche miteinander ist nur mit festen, für alle verbindlichen Einheiten möglich.

Im Jahre 1836 zeigten Carl Friedrich Gauß und Wilhelm Weber, daß alle Einheiten der Physik – die mechanischen, elektrischen, magnetischen, thermischen, optischen – sich auf die drei »Dimensionen« Länge, Masse und Zeit zurückführen lassen. Gibt man diesen die Einheiten Centimeter, Gramm und Sekunde, so hat man das C-G-S-System, welches das »absolute Maßsystem« genannt wird, obwohl natürlich die Einheiten konventionell festgesetzt sind.

Es mag bemerkt sein, daß die erste Forderung nach einem definierten, reproduzierbaren Maßsystem nicht von Handel und Wirtschaft, sondern von der erwachenden Naturwissenschaft, der Astronomie, erhoben wurde, um Beobachtungen an verschiedenen Orten und zu verschiedenen Zeiten miteinander vergleichen zu können. Aber auch für Handel und Wirtschaft hat Johannes Kepler gesorgt: Am 30. Juli 1627 schenkte er dem Senat der Stadt Ulm mit einem langen Brief als Dank für Hilfe beim Drucken der Rudolfinischen Tafeln den berühmten »Ulmer Kessel« – »von Mess gegossen« –, in dem alle damals in Ulm gebräuchlichen Maße von Länge, Volumen und Masse enthalten sind, damit die Obrigkeit, in dem Besitz von unveränderlichen »Originalien«, einen Vorteil aus seiner »Profession und Kunst Mathematica« habe. So lauten Beschreibung und Gebrauchsanweisung des Ulmer Kessels:

> Zween *schuch* mein tieffe, ein *eln* mein quer,
> ein geeychter *aimer* macht mich lehr,
> dann seyn mir vierthalb *centner* bliben,
> voll Thonawwasser wäg ich siben.
> Doch lieber mich mit kernen eich
> vnd vierundsechzig mahl abstreich,
> so bistu neunzig *Ime* reich.

Die moderne Entwicklung der Maßeinheiten ist ein Kind der Französischen Revolution. Auf Grund eines Gesetzes von 1795 wurden – sinngemäß so, wie Kepler es gemacht hatte – ein Platinstab als Einheit des Meters, ein Platinzylinder als Einheit des Kilogramms hergestellt und am 10. Dezember 1799 durch den Conseil des Anciens als »mètre« und »kilogramme des archives« (weil im Staatsarchiv aufbewahrt) als gesetzliche Maße festgelegt. Aber erst seit dem 1. Januar 1840 sind sie in Frankreich als alleinige Maße für Länge und Masse, seit 28. Juli 1866 in den USA, seit 17. August 1868 im Norddeutschen Bund und seit 1. Januar 1872 im damaligen Deutschen Reich durch Gesetz eingeführt. Im praktischen Gebrauch sind vielfach noch andere Maße, wie inch, yard, pound ..., für die genaue Verhältniswerte zu Meter und Kilogramm festgesetzt sind.

Am 20. Mai 1875 wurde die internationale Convention du mètre in Paris unterzeichnet, nach der bei dem Bureau international des Poids et des Mesures die wissenschaftlichen, mit der Prüfung und Reproduktion der Einheiten zusammenhängenden Fragen zu bearbeiten sind. Kopien des Pariser Urmeters und Urkilogramms wurden die Vergleichsmaßstäbe der ganzen Welt. 1799 hatte man zur Erinnerung an die immerhin bedeutende gesetzliche Festlegung der Längen- und Maßeinheit eine Medaille mit der Inschrift gegossen: à tous les temps, à tous les peuples. Allerdings: im Laufe der Zeit kamen Bedenken bezüglich der Unveränderlichkeit der Etalons. 1892 begannen auf Veranlassung des Amerikaners Albert Abraham Michelson die Versuche zur Einführung der Lichtwellenlänge bestimmter Spektrallinien als Längeneinheit, zur »Eichung« des Urmeters in Lichtwellenlänge. Diese haben eine stets reproduzierbare, unveränderliche und unzerstörbare Länge.

Die zunehmende Verbindung von Physik und Technik führte nach Plänen von Werner von Siemens zur Gründung der Physikalisch-Technischen Reichsanstalt in Charlottenburg (1888), deren erster Präsident Hermann Helmholtz war. 1893 gründet D. I. Mendelejew in Leningrad das russische Hauptamt für Maß und Gewicht. Seit 1901 arbeiten das National Bureau of Standards in Washington D. C. und seit 1902 das National Physical Laboratory in Teddington, England.

A. R. L. Gurland

WIRTSCHAFT UND GESELLSCHAFT
IM ÜBERGANG
ZUM ZEITALTER DER INDUSTRIE

Untergang und Fortschritt

Das 19. Jahrhundert läuten Revolutionen ein, die das gesellschaftliche Zusammenleben der Menschen nach neuen Grundsätzen ordnen wollen. Die Amerikanische Revolution verkündet, daß alle Menschen als Gleiche zur Welt kommen und daß ihr Recht auf Leben, Freiheit und das Streben nach Glück unveräußerlich ist. Die Französische Revolution folgt ihr mit der Verheißung der Freiheit, Gleichheit und Brüderlichkeit. Aber die Ära der Revolutionen bringt eine Kette von Kriegen hervor, die ein Menschenalter lang nicht abreißt. Die Zerstörungen und Verwüstungen der Kriegsepoche vernichten die Chance auf das zu erstrebende Glück und drosseln die Freiheit. Eine gegenrevolutionäre Welle läßt viel eher unerbittliche Kämpfe um die Menschenrechte vorausahnen als deren Verwirklichung.

Die ersten Revolutionen und die Kriege, die aus ihnen folgen, erschöpfen sich indes nicht in der Zerreißung der überlieferten gesellschaftlichen Bande. Sie sind zugleich der Motor neuer Entwicklungen in der Ebene der Technik und Wirtschaft. Je nachdem wie man den ursächlichen Zusammenhang begreifen will, erscheint die politische Revolution als Vorspiel oder als Begleiterscheinung der industriellen Revolution. Die industrielle Revolution aber, so segensreich ihre Fernwirkungen sein mögen, bringt zunächst unsagbares Elend. Ob sie es ist, die die traditionelle gesellschaftliche Verfassung des Dorfes umwälzt, ob umgekehrt erst diese agrarische Umwälzung die Voraussetzungen schafft für die Unterwerfung des menschlichen Daseins unter die Gebote der industriellen Technik oder ob beides so ineinandergreift, daß Ursache und Wirkung nicht mehr zu trennen sind, ist nur in der Abstraktion von Interesse. Wichtig ist, daß große Massen von Menschen, von der Scholle losgelöst und jeder Besitzgrundlage beraubt, ihr Glück in der Stadt suchen müssen.

Diesen entwurzelten Arbeitskräften brauchen nur Löhne gezahlt zu werden, die sie gerade vor dem Hungertod bewahren. Nicht nur Männer, sondern auch Frauen und Kinder sind zur Fabrikarbeit gezwungen. Menschen, die keine andere Existenz finden, kann man beliebig lange arbeiten lassen: der vierzehn- oder sechzehnstündige Arbeitstag ist keine Seltenheit. Werden große Menschenmassen in städtischen Siedlungen zusammengedrängt, deren Bevölkerung sich über Nacht verdoppelt, verdreifacht, verfünffacht, so ist an menschenwürdige Behausungen nicht zu denken. Die Tuberkulose grassiert. Aus jeder ansteckenden Krankheit wird eine Seuche. Unterernährt und überarbeitet, ohne

Licht und Sonne dahinvegetierend, sind Menschen gebrechlich. Sie leben nicht lange. Solange sie leben, ist König Alkohol der große Tröster in ihrem freudlosen Dasein.

Immer mehr Menschen drängen in die Städte, in denen keine Nahrung wächst. Die Landwirtschaft geht zurück; ihre bedrängte Lage läßt keine Verbesserung der Betriebsverhältnisse und Anbaumethoden zu; immer weniger Nahrung läßt sich der erschöpfte Boden abringen. Die junge Wissenschaft der Nationalökonomie wächst in die Vorstellung hinein, daß sinkende Bodenerträge ein Naturgesetz sind. Zwei Jahre vor Beginn des neuen Jahrhunderts formuliert Thomas Robert Malthus, Pfarrer und Nationalökonom, sein Bevölkerungsgesetz, wonach die Bevölkerung in geometrischer, ihr Nahrungsspielraum aber nur in arithmetischer Progression zunehme. Entschließen sich die Menschen nicht, die Geburten einzuschränken, so sind sie zum Hungertod verdammt. Das ist schon fast eine apokalyptische Vision vom Weltuntergang. Aber die Fortschritte der Naturwissenschaft, die gerade erst zur Welteroberung ansetzt, verheißen eine strahlende Zukunft. Die Maschine verspricht gesteigerte Produktivität, Fortschritt, Reichtum. Kann der Weltuntergang doch verhindert werden?

Offenbar muß die Gesellschaft, wenn die Katastrophe abgewendet werden soll, anders organisiert werden. Gibt es eine solche Chance, so ist keine Zeit zu verlieren. Die Rettungsmission gebiert ihre Propheten, verleiht ihnen ein unerschütterliches Sendungsbewußtsein. Die Menschen, die ihnen folgen, sind Jünger eines neuen Glaubens. Das Schicksal der Menschheit ist in ihrer Hand. Sie ist verloren, wenn die Sehenden und Entschlossenen nicht in letzter Minute das Rad der Geschichte herumreißen. Das gibt ihnen einen Zusammenhalt, einen inneren Halt, der allen Gefahren und allen Verfolgungen trotzen kann. Als kleines Häuflein fangen sie an und wollen doch Mächte bezwingen, die alles hinter sich haben: die staatlichen und rechtlichen Institutionen, die Gewaltmittel der Herrschaft, den Reichtum, die Tradition, die hergebrachten Weltanschauungen, die religiöse Verankerung. All dem glaubt sich das kleine Häuflein kraft tieferer Erkenntnis überlegen.

Das finstere Zeitalter des apokalyptischen Untergangs wird zum Zeitalter des Fortschritts, an den die Pioniere glauben: die Pioniere der Maschine, der Technik, der Industrie ebenso wie die Pioniere der sozialen Befreiung, die ihre revolutionären Banner entrollen. Die an der Schwelle des Jahrhunderts geborene Zusammenbruchsvision verschmilzt mit dem optimistischen Fortschrittsglauben der Aufklärungsphilosophen der vorrevolutionären Zeit zu einem Missionsbewußtsein von neuem, seltsam automatischem Gepräge. Muß der Fortschritt nicht doch mächtiger sein als alles Beharrende?

Ein zwiespältiges Zeitalter! Es fängt mit Kriegen an und bringt hundert Jahre einer friedlichen Entwicklung mit sich, die lokal begrenzte Kriege vorübergehend aus dem Gleis werfen, ohne doch den normalen Geschäftsgang fühlbar zu unterbrechen. Es hält sich für eine Epoche der Revolutionen und gebiert große revolutionäre Bewegungen ebenso wie drakonische Unterdrückungsmaßnahmen gegen sie, stellt sich aber im Rückblick als eine Ära politischer Reformen dar, die immer größeren Bevölkerungsmassen Schritt für Schritt die Teilnahme an politischen Entscheidungen ermöglicht, die institutionellen Garantien der Minderheitsherrschaft zerschlägt und die staatliche Ordnung und das politische Geschehen fortschreitend demokratisiert. Es glaubt voller Schrecken an die schicksalhafte Verknappung der Daseinsmöglichkeiten der Menschen und macht eine ungeahnte Ausweitung dieser Daseinsmöglichkeiten zur Wirklichkeit. Es hebt die Ausweglosigkeit des Elendsdaseins der großen Masse und die Unausweichlichkeit einer radikalen Umwälzung der gesellschaftlichen Grundlagen ins allgemeine Bewußtsein, aber im flagranten Widerspruch dazu erhöht es den Anteil der Massen am gesteigerten Ertrag der gesellschaftlichen Arbeit.

Mehr Menschen in einer reicheren Welt

Man muß sich einmal das technische und wirtschaftliche Fazit dieses Jahrhunderts vor Augen führen, um zu sehen, wie gründlich seine materiellen Errungenschaften die Vorstellungen von der unentrinnbaren Verknappung und Verengung des Lebensraums der Menschheit Lügen strafen. Dabei hat sich die Erwartung, daß sich die Zahl der Menschen, die den Erdball bevölkern, erheblich vermehren würde, bewahrheitet. Im Gegensatz zu mancher pessimistischen Kritik am vermeintlich degenerierenden Einfluß der industriellen Zivilisation ist das Wachstum der Bevölkerung gerade dort am sinnfälligsten gewesen, wo Technik und Industrie ihre größten Siege errangen: in Europa und Amerika.

Bei allen berechtigten Vorbehalten gegenüber Ermittlungen der Bevölkerungsgröße in Zeiten und Räumen, für die es keine exakten und systematischen Zählungen der Bevölkerung gibt, lassen sich die Entwicklungstendenzen wenigstens in groben Umrissen verfolgen:

Bevölkerung der Welt in Millionen

Jahr	Europa	Asien	Afrika	Nordamerika	Mittel- und Südamerika	Australien und Ozeanien	Welt insgesamt
1650	103	257	100	1	7	—	468
1750	140	479	95	1	11	2	728
1800	187	602	90	6	19	2	906
1850	266	749	95	26	33	2	1171
1900	401	937	120	81	63	6	1608
1950	574	1360	199	168	162	13	2476

Das verschiedene Tempo der Zunahme in den einzelnen Regionen tritt in der folgenden Zusammenstellung anschaulich zutage:

Prozentuale Zu- oder Abnahme der Bevölkerung
im Vergleich zum jeweils voraufgehenden Stichjahr

Jahr	Europa	Asien	Afrika	Nordamerika	Mittel- und Südamerika	Australien und Ozeanien	Welt insgesamt
1650	—	—	—	—	—	—	—
1750	36	86	−5	—	57	—	56
1800	34	26	−5	400	73	—	24
1850	42	24	6	333	74	—	30
1900	51	25	26	212	91	200	37
1950	43	45	66	107	157	117	59

Augenfällig ist die Zunahme der Bevölkerung in den menschenleeren Kontinenten Amerika und Australien. Darüber hinaus bekunden die Prozentzahlen für das 19. Jahrhundert ein offenkundiges Stagnieren der Bevölkerung Afrikas und eine verhältnismäßig niedrige Zuwachsrate in Asien bei gleichzeitiger Beschleunigung des Wachstums in Europa.

Bevölkerungsvermehrend wirkte zweierlei: die Hebung der Lebenshaltung und der gewaltige Fortschritt der Medizin. Von einem geradezu revolutionierenden Einfluß war Ignaz Semmelweis' Entdeckung des septischen Ursprungs des Kindbettfiebers und seiner Übertragbarkeit (1847). Der Anschaulichkeit halber sehe man sich doch die Stammbäume der regierenden Dynastien an, denen es weder an Wohlstand noch an ärztlicher Hilfe gemangelt hat: wie oft sind die achtzehn- oder neunzehnjährigen Landesmütter im Wochenbett gestorben, bis schließlich eine robust genug war, den Streptokokken Widerstand zu leisten und dem Land die erwarteten Prinzen und Prinzessinnen zu schenken! Und wie sehr hat Joseph Listers antiseptische Wundbehandlung überhaupt die Sterblichkeit reduziert und den heilenden Eingriff der Chirurgie ermöglicht! Daß die ungeheuren Verluste an Menschenleben, die epidemische Seuchen verursachten, durch Serumimmunisierung fast auf den Nullpunkt reduziert worden sind, braucht kaum noch im einzelnen dargestellt zu werden. Insgesamt ist im 19. Jahrhundert die Sterblichkeitsrate in den führenden europäischen Ländern erheblich zurückgegangen. Daß der Bevölkerungszuwachs nicht noch viel größer war, als ihn die angeführten Zahlen zeigen, lag an der Senkung der Geburtenziffer, aus der man vielleicht schließen kann, daß größerer Wohlstand größere »Rationalität« in der Fortpflanzung mit sich bringt.

Auch der Schwarzseher kann nicht bestreiten, daß das 19. Jahrhundert den Reichtum der Welt an materiellen Mitteln der Bedürfnisbefriedigung ungeheuer gesteigert hat. Allerdings mutet diese Zunahme im Vergleich zur Gütervermehrung in unserem Jahrhundert etwas bläßlich an, so daß man geneigt ist, die Produktionserfolge des vorigen doch eher als bescheidenen Anfang zu sehen. Die Weltförderung an Steinkohle – 1700 nur 3 und 1800 auch erst 13 Millionen Tonnen – stieg bis 1850 auf 80, bis 1870 auf 213 und bis 1900 auf 708 Millionen Tonnen. (Zum Vergleich 1950: 1394 Millionen Tonnen.) Die Weltgewinnung von Roheisen, 1800 nur wenige hunderttausend Tonnen, erreichte 1850 4,3 und 1900 bereits 41,2 Millionen Tonnen (und 1950 mehr als das Dreifache: 132 Millionen).

Dazu entdeckten Naturwissenschaft und Technik im Erdinnern neue Reichtümer, die der Energieproduktion dienen und damit zur Vermehrung der Menge verfügbarer materieller Güter beitragen. Noch ist hier nicht von der Produktion elektrischer Energie die Rede, die gegen Ende des Jahrhunderts beginnt, oder vom Einfangen der Sonnenstrahlen, das der Zukunft gehört; auch nicht von der Entfesselung der im Atomkern gebundenen Energie, die der zweite Weltkrieg zur industriell greifbaren Möglichkeit gemacht hat. Aber mit der Ausnutzung der Energiequelle Erdöl hat ganz gewiß schon das 19. Jahrhundert begonnen: von knapp 100000 Tonnen im Jahre 1860 wuchs die Erdölproduktion der Welt bis 1900 auf 20,6 Millionen Tonnen an (1956: 840 Millionen).

Es ist nicht anders mit agrarischen Rohstoffen. Der neue Rohstoff Baumwolle, um den politische und Handelskriege ausgefochten wurden, hat die Textilwirtschaft der Welt umgestaltet und dem Lebenszuschnitt des 19. Jahrhunderts manch neuen Zug aufgeprägt.

Die Baumwollproduktion und die maschinelle Ausrüstung der Baumwollindustrie zeigen einen relativ langsamen Anstieg in der ersten Hälfte des Jahrhunderts, dem eine stürmische Expansion wenige Jahrzehnte später folgt. Darin spiegelt sich eine zweite Welle der industriellen Revolution, deren Schwergewicht in den Produktionsgüterindustrien liegt. Hier deutet sich auch schon ein weiteres Kennzeichen der industriellen Entwicklung an: ihre geographische Verlagerung. Entfällt in der ersten Jahrhunderthälfte der weitaus größte Anteil an der industriellen Produktion der Welt auf Großbritannien, so tritt in den sechziger Jahren ein merklicher Wandel ein: der britische Anteil fällt auf ungefähr die Hälfte der für die Welt ausgewiesenen Ziffern. Die rückläufige Entwicklung setzt sich in dem Maße fort, wie die Industriewirtschaft der Welt von einem neuen, immer bedeutsameren Faktor geprägt wird: den Vereinigten Staaten, deren Industriepotential dann ihren rapid steigenden Anteil an der Weltbevölkerung mit Riesenschritten überflügelt.

Wie aber steht es mit der anfänglich so akut empfundenen Sorge um den Nahrungsspielraum der Welt? Kein Zweifel: die Erzeugung der menschlichen Nahrung wächst lange nicht in demselben Tempo an wie die Gewinnung von Bergbauerzeugnissen oder die Produktion der verarbeitenden Industrien. Die ersten drei bis vier Jahrzehnte des Jahrhunderts sind sogar durch eine schwere Agrarkrise gekennzeichnet, und die Sanierung und Stabilisierung nimmt geraume Zeit in Anspruch. Danach – etwa von den sechziger Jahren an – nimmt die landwirtschaftliche Erzeugung stetig und recht erheblich zu. Die Gründe sind unverkennbar: Verbesserung der Technik, Veränderung der Anbaumethoden unter dem Einfluß der Agrikulturchemie, gewaltige Zunahme des Kunstdüngerverbrauchs, größere Verwendung von Maschinen. Der Bodenertrag beginnt rapid zu steigen.

In den siebziger und achtziger Jahren setzt zudem eine neue Entwicklung ein: die überseeische Getreideproduktion bemächtigt sich des Weltmarkts. Das erschwert zwar den Existenzkampf der europäischen Landwirtschaft und ruft Abwehrmaßnahmen hervor, wirkt sich aber im Ergebnis dahin aus, daß die Getreideerzeugung der Welt beträchtlich anschwillt. Die Weltweizenernte steigt von 50 Millionen Tonnen im Durchschnitt der Jahre 1866–1870 auf 58 Millionen 1876–1880, 65 Millionen 1886–1890 und 106 Millionen 1913 (später: 143 Millionen 1950, 162 Millionen 1957). Die Weltproduktion von Roggen, der seinen Rang als Hauptgetreide bereits vorher eingebüßt hat, wächst immerhin von 30 Millionen Tonnen 1866–1870 auf 39 Millionen im letzten Jahrfünft des Jahrhunderts.

Einen enormen Aufschwung erlebt die Zuckerwirtschaft. Obgleich dem Rohrzucker seit Anfang des Jahrhunderts im Rübenzucker eine gefährliche Konkurrenz erstanden ist, geht die Rohrzuckerproduktion der Welt steil in die Höhe: von 0,2 Millionen Tonnen 1852/53 auf 2,5 Millionen 1880/81 und 9,2 Millionen 1912/13. In der gleichen Zeit nimmt die Weltproduktion von Rübenzucker von 1,2 auf 1,8 und dann 8,1 Millionen Tonnen zu.

Die Zunahme der Versorgung der Welt mit pflanzlicher Nahrung und ihr Tempo sind um so charakteristischer, als sich die Zusammensetzung der Ernährung wesentlich verändert, jedenfalls in den von der Industrialisierung ergriffenen Teilen der Welt. Fleisch, Milch und Molkereiprodukte erschüttern allmählich die überragende Position der Kohlehydrate als Hauptbestandteil der menschlichen Nahrung. Die Viehbestände der Welt sind von 1830 bis 1911 um das Vier- bis Sechsfache gestiegen.

Vermehrung der Erdbevölkerung, Ausweitung des Lebensraums durch massive Besiedlung der fast unbevölkerten Kontinente Amerika und Australien, Erschließung unermeßlicher Naturschätze, Umstellung der Gütererzeugung auf völlig neue technische Grundlagen, vorher unvorstellbare Erweiterung der industriellen Produktion: all diese neuen Erscheinungen des 19. Jahrhunderts, die in einem so auffallenden Kontrast zu den mindestens in seiner Frühzeit weithin akzeptierten pessimistischen Vorstellungen stehen, haben das Gesicht der Welt in vielem verändert. Sie haben die Welt nicht nur größer und geräumiger gemacht, sondern sie auch enger zusammenrücken lassen. Eisenbahn und Dampfschiff haben Entfernungen überbrückt. Die Länder, die zum Bereich der industriellen Zivilisation gehören, sind nicht nur enger miteinander verflochten, sondern auch dichter an den übrigen Teil der Welt herangeführt worden.

Am deutlichsten kommt das in der Entwicklung des Außenhandels der Welt zum Ausdruck. Zwar liegen für die Zeit vor 1850 zuverlässige statistische Angaben über den internationalen Handel nicht vor, und noch weniger gibt es eine exakte Erfassung des Auf und Ab der Warenpreise, mit deren Hilfe aus dem Geldwert der Ein- und Ausfuhr der einzelnen Länder das wirkliche Außenhandelsvolumen ermittelt werden könnte. Doch sind immerhin Schätzungen und Berechnungen verfügbar, aus denen sich folgendes Bild ergibt:

Welthandel, Wert und Volumen

Jahr	Außenhandelswerte, in Milliarden DM umgerechnet		Wertanteil Europas	Volumenindex 1936 = 100	
	Welt insgesamt	Davon Europa	(%)	Welt insgesamt	Davon Europa
1720	1,76	1,24	70,4	.	.
1750	2,80	2,06	73,6	.	.
1780	3,72	2,74	73,6	.	.
1800	6,04	4,56	75,5	.	.
1820	6,82	4,98	73,0	.	.
1830	8,14	6,02	73,9	.	.
1840	11,46	8,16	71,2	.	.
1850	17,5	12,2	70,0	15	20
1860	31,3	21,5	68,7	.	.
1870	46,1	33,1	71,8	.	.
1880	63,8	44,9	70,4	.	.
1890	70,6	47,2	66,8	.	.
1900	82,2	54,2	65,9	56,5	70,6
1910	131,4	82,7	62,9	77,2	92,1
Zum Vergleich:					
1920	290,1	142,9	49,3	73,3	68,5
1938	114,2	61,1	53,5	102,5	104,0
1956	789,6	346,1	43,8	200,0	164,5

Sieht man zunächst von allen Preisveränderungen ab, die sich im jeweiligen Zeitraum für die einzelnen Länder ausgleichen, so ist unverkennbar, daß von den frühesten erfaßbaren Anfängen bis zu den achtziger Jahren des 19. Jahrhunderts der Anteil Europas am Welthandel mit geringen Schwankungen bei rund sieben Zehnteln stabil blieb. Erst am Ausgang des Jahrhunderts begann – offensichtlich im Zusammenhang mit dem Aufrücken der Vereinigten Staaten in die Position einer industriellen Großmacht – das erst langsame, dann beschleunigte Absinken des Anteils der europäischen Länder: von rund 70 Prozent 1880 auf 66 Prozent 1900 und 63 Prozent 1910. Verstärkt macht sich dann die Verlagerung des industriellen Schwergewichts nach Übersee nach dem ersten Weltkrieg bemerkbar.

Seit es mehr oder minder sichere Angaben über die wirtschaftliche Verflechtung der Welt gibt, kann man von Jahr zu Jahr die Ausdehnung der internationalen Handelsbeziehungen beobachten. Offensichtlich folgt sie der Industrialisierung der europäisch-amerikanischen Welt. Wertmäßig hat sich zwischen 1850 und 1890 der Außenhandel der Welt um das 4,7fache, der Außenhandel Europas um das 4,4fache erhöht. Allerdings darf hier die im großen und ganzen steigende Tendenz der Preise nicht unberücksichtigt bleiben. Versucht man, sie auszuschalten, so zeigt sich eine etwas geringere Steigerung.

Auch in der Entfaltung des weltwirtschaftlichen Zusammenhangs stellt sich das Zeitalter zwischen den ersten Revolutionen Amerikas und Frankreichs und dem Ausbruch des ersten Weltkriegs gleichsam als Vorspiel dar. Es verliert etwas von seinem Glanz als »klassisches« Jahrhundert des Fortschritts. Um so einprägsamer präsentiert es sich als eine Zeit der Vorbereitung. Aber ohne den Prolog ist die spätere Handlung schwer zu verstehen. Auch der Prolog hat seine eigene Dynamik, die sich erst in zeitlicher Ferne enthüllt.

Das Erbe des Merkantilismus

Nach unserem aus dem 19. Jahrhundert stammenden Geschichtsbild ist mit dem Beginn der politischen Revolutionen Kontinentaleuropas und dem Anbruch der industriellen Revolution eine Scheidelinie gezogen, die das Ende des Feudalismus bezeichnet. Nur darf man dabei nicht vergessen, daß mächtige Überreste feudaler Strukturen noch bis ins 20. Jahrhundert hineinragen, daß aber anderseits die Herrschaftsordnung, die den Revolutionsstürmen zum Opfer fiel, nicht mehr im eigentlichen Sinne feudal war.

In der voraufgehenden Epoche hatte fast überall in Europa die Königsmacht (in den englischen Revolutionen des 17. Jahrhunderts sogar schon in gewissem Rahmen die Macht der bürgerlichen Städte) über die Feudalherren gesiegt und sie um die politische Herrschaft und die gesellschaftliche Alleinherrschaft gebracht. In der Zeit der merkantilistischen Wirtschaftspolitik, in England also seit der zweiten Hälfte des 16., auf dem Kontinent seit dem 17. Jahrhundert, veränderte sich grundlegend die Struktur der feudalen Gesellschaft. Der Sieg der absoluten Monarchie setzte einen unabhängigen Militär- und Regierungsapparat voraus. An die Stelle der privaten Waffenaufgebote der Feudalen traten als ständige Einrichtung Söldner-, zum Teil sogar schon Dienstpflichtheere; ihr Offizierkorps, vielfach mit den Feudalschichten verwandtschaftlich verbunden, wuchs im Laufe der Zeit in eigenständige Machtpositionen hinein. In noch höherem Maße galt das von den durchweg der feudalen Oberschicht entstammenden Hofkreisen, aber auch von der Bürokratie.

In den oberen Staatspositionen des absolutistischen Staates gab es ebenso Angehörige der feudalen Oberschicht wie Söhne des grundbesitzenden Kleinadels, der aus der Gefolgschaft der Feudalherren hervorgegangen war; ebenso bildungsbeflissene Sprößlinge des städtischen großbürgerlichen Patriziertums wie fachlich vorgebildete »Räte« aus Schichten des kleinen und kleinsten Besitzes in Stadt und Land; Kirchenmänner ebenso wie Nachkommen von städtischen Familien, die seit Generationen im Hof- oder Staatsdienst gestanden hatten. So buntscheckig die soziale Herkunft der Bürokratie sein mochte, so einheitlich gestalteten sich mit der Zeit ihre Vorstellungen von den Aufgaben des »Staatsdieners« als eines gegenüber allen Privat- und Sonderinteressen einzelner Schichten und Gruppen »neutralen« und »unparteiischen« Faktors.

Das merkantilistische Prinzip der wirtschaftlichen Abschließung der Staatsgebilde mit dem Ziel der Ansammlung materiellen (möglichst in Edelmetalle umgesetzten) Reichtums innerhalb der nationalstaatlichen Grenzen brachte überdies eine Organisation der wirtschaftlichen Betätigung mit sich, die sich mit der Autonomie der feudalen Wirtschaftsgebilde nicht mehr vertrug. Eine Wirtschaftspolitik, die sich auf nationale Vermögensbildung und Versorgungsautarkie richtete, mußte nicht nur zur staatlichen Förderung einer bis dahin nur rudimentär vorhandenen gewerblichen Wirtschaft führen, sondern vor allem auch für die Durchführung staatswirtschaftlicher und staatspolitischer Vorhaben monopolartige Institutionen schaffen oder vorhandene Institutionen mit Ausschließlichkeitsrechten ausstatten – alles auf Kosten der Autonomie feudaler Stände. Dem von der kameralistischen Bürokratie verwalteten absolutistischen Staat mußten die Steuerprivilegien der Feudalherren, ihr Gerichtsbarkeitsprivileg, ihr Anspruch auf bäuerliche Abgaben auf die Dauer äußerst störend erscheinen. Die Bürokratie durchlöcherte die feudale Ordnung.

Die neuen Armeen mit ihrer veränderten Waffentechnik bedürfen der ständigen Versorgung mit Waffen und Munition, der Speicherung von Lebensmittelreserven. Industrien, die für das Militär Waffen und Bekleidungsgegenstände herstellen, sind ebenso wichtig wie die, denen die Fundamentierung der nationalen Wirtschaftsmacht, das heißt die Ausnutzung der einheimischen Naturschätze obliegt (Bergbau, Erzaufbereitung, Metallgewinnung). Die Finanzierung des Heeresbedarfs ist immer eine kostspielige Sache.

Mit der Trennung der Verwaltung von der Feudalherrschaft wächst aber auch die Hofhaltung der monarchischen Spitze. Um den Hof gruppiert sich eine Hofgesellschaft mit einem neuen Lebensstil: Mehrverbrauch an Konsumgütern weitet sich zum Luxusverbrauch. Für den Kleidungs- und Wohnungsluxus arbeiten, staatlich gefördert, besondere Industriezweige, die Fertigwarenimporte einsparen, aber erhöhte Rohstoffzufuhr verlangen. Die merkantilistischen Autarkiegebote schreiben für die Beschaffung von fremden Rohstoffen und Kostbarkeiten eigenen Kolonialbesitz und eigene Schiffahrt vor. Das fördert die Bekanntschaft mit exotischen Kulturen, erweitert die Konsumsphäre, verwandelt Luxuswaren in Bedarfsartikel und führt wiederum zu verstärkter Handelsaktivität und zur Schaffung neuer Industrien (Beispiel: Porzellanmanufaktur). Solche Dinge kosten allerhand und zwingen zum Ausbau der Verwaltungsmaschine. Eine neue Konfliktsebene: die Bürokratie hat gewiß nichts gegen größere Aktivität, aber wo soll sie das Geld hernehmen?

Das Interesse an der Sicherung der staatlichen Unabhängigkeit, an wirtschaftlichem Vorsprung vor anderen Staaten und daher auch an reibungsloser Finanzierung der Staatsausgaben ist der Bürokratie wichtiger als die Verteidigung der Macht und der Privilegien der Feudalen. Nicht nur mit der Förderung der gewerblichen Wirtschaft vertritt die Bürokratie das fortschrittlichere Interesse der Staatsmaschine gegenüber den feudalen Gewalten.

Sie muß auch für gesunde Staatsfinanzen, für ergiebige Rekrutierungsmöglichkeiten und für eine Hebung des allgemeinen Bildungsniveaus eintreten. Sie wird damit zur Verbündeten der städtischen Kleinbürger, auf die sich die neuen Gewerbe stützen; sie muß dem Dorf helfen, denn sie braucht Bauern als Steuerzahler und Bauernsöhne als Soldaten.

Je mehr die staatliche Bürokratie an der Schaffung solider Grundlagen für eine gesunde bäuerliche Wirtschaft interessiert ist, um so mehr gerät sie in Konflikt mit den Feudalgewalten. Am Vorabend der Revolutionsära zeigen sich manche bürokratischen Schichten als Nährboden fortschrittlicher, reformerischer Ideen. Die Juristen der französischen Staatsverwaltung bremsen die Willkürherrschaft und höfische Korruption der monarchischen Staatsspitze; die Räte der preußischen Verwaltungskollegien entwerfen und propagieren weitgehende Staats- und Verwaltungsreformen. Von den Spitzen der Bürokratie gehen zersetzende Wirkungen aus, die auch Teile des grundbesitzenden Adels, der Geistlichkeit, der bürgerlichen Bildungsschichten ergreifen. Das *Ancien régime* ist innerlich ausgehöhlt, bevor es von außen berannt wird.

Die produktionstechnischen Grundlagen der merkantilistischen Gesellschaft verändern sich frühzeitig mit dem Vordringen maschineller Herstellungsverfahren in der gewerblichen Wirtschaft. Seit der Renaissance reißen Experimente in der Konstruktion von Maschinen und der Erarbeitung neuer Arbeitstechniken nicht mehr ab. Seit 1624 gibt es in England ein Patentrecht, das vor allem Erfindungen in der Eisengewinnung und der Glasindustrie schützt. Ende des 17. Jahrhunderts entdeckt Robert Boyle physikalische Eigenschaften der Gase, aus denen das Prinzip der Dampfmaschine abgeleitet werden wird. Aus den Kolonien kommen Rohstoffe, deren Verarbeitung neue Aufgaben stellt. Nach England verpflanzt, lösen die primitiven indischen Methoden der Baumwollverarbeitung endlose Konstruktionsbemühungen um Vorrichtungen und Werkzeuge aus, die Handarbeit durch mechanische Kraft ersetzen sollen. Der gewaltige Verbrauch von Holz für Heizungszwecke, für Wärmeentwicklung in der Produktion, für Bauwerke, Werkzeuge und Betriebsanlagen zehrt Englands Wälder so sehr auf, daß nur noch Einfuhr helfen kann, aber die Amerikanische Revolution stellt die bequeme und billige Kolonialeinfuhr in Frage. Als Ersatz für Holz muß mehr Kohle und Eisen gewonnen werden.

Bastille

Das sind noch Ausläufer des merkantilistischen Systems. Erst die politischen Umwälzungen am Ausgang des 18. Jahrhunderts schaffen einen neuen gesellschaftlichen Rahmen für die Entfaltung des technischen Potentials.

Mit der Aushöhlung der feudalen Ordnung durch die merkantilistische Gewerbeförderungs- und Metallhortungspolitik der absoluten Monarchien hatten sich gesellschaftliche Konflikte gehäuft, die das politische Gefüge erschütterten. Trotz sporadischer Förderung durch den Staat war eine gesunde Entwicklung der bäuerlichen Landwirtschaft im Rahmen des Feudalsystems nicht zu erreichen. Sie scheiterte am Recht des Grundherrn, für die Benutzung von Mühlen und Backöfen Abgaben zu erheben, am grundherrlichen Brauerei- und Ausschankmonopol und anderen Monopolrechten, die die Bauern auspreßten.

Zu einem erheblichen Teil wurden die Großgüter gar nicht mehr von ihren Besitzern bewirtschaftet, sondern von Zwischenpächtern verwaltet, die sich – in England nicht anders als in Frankreich – vorwiegend damit beschäftigten, die bäuerlichen Abgaben einzutreiben. Die kapitalarme Bauernwirtschaft war für die Beschaffung von Betriebsmitteln, Saatgut und Vieh auf Kredit angewiesen; davon profitierten verschiedene Typen von Wucherern: Großbauern, Händler, Gastwirte, Schlächter. Weiterhin zu Frondiensten oder Pachtabgaben verpflichtet und zur Benutzung des grundherrlichen Bodens nur gemeinschaftlich zugelassen (Flurzwang, Allmende), blieben die Bauern an eine kollektive Betriebsweise gebunden, die eine intensive Bodenbebauung verhinderte.

Stagnierende Landwirtschaft bei gleichzeitiger staatlicher Gewerbeförderung und wachsendem Hof- und Heeresaufwand bedeutete, daß Staatsausgaben stiegen und Staatseinnahmen sanken. Staat und Privatwirtschaft träumten von großen Gewinnen, die alle Probleme lösen würden; Luftprojekte aller Art verschlangen viel Geld und – platzten wie Seifenblasen. In gewerblich höherentwickelten Ländern, denen auch noch Reichtümer aus den Kolonien die Finanzierung der Staatsausgaben erleichterten, blieb es (so in England) bei privatwirtschaftlichen Fehlinvestitionen. In Frankreich, einem Land mit geringerer Kolonialausbeute und größeren Ansprüchen einer unproduktiven Oberschicht, ruinierten solche Abenteuer den Staat. Auf solchem Boden gedeihen Revolutionen.

Sein werdendes Kolonialreich in Kanada und Indien hatte Frankreich an England verloren. Ein 1786 abgeschlossener französisch-englischer Handelsvertrag, der der königlichen Privatkasse eine Anleihe einbrachte, hatte der englischen Industrie den französischen Markt erschlossen und der gewerblichen Wirtschaft der französischen Städte erheblichen Schaden zugefügt. Schließlich litt die Bevölkerung darunter, daß die knapp fließenden Steuern nicht vom Staat, sondern von skrupellosen Steuerpächtern erhoben wurden.

War es die Kombination all dieser Faktoren, die den Sturm auf die Bastille unausweichlich machte? Hatte die politische und intellektuelle Gärung in den Reihen der Bürokratie und der Aristokratie die Widerstandskraft des Regimes zunichte gemacht? War die englische Konkurrenz der entscheidende Anlaß, der das städtische Bürgertum zur Revolte trieb? Jedenfalls fegte der Sturm über Nacht die alte Ordnung hinweg. Was folgte, war eine katastrophale Inflation mit völligem Staatsbankrott, wirtschaftlicher Lähmung und allgemeiner Not. Einen Ausweg schienen nur revolutionäre Eroberungsfeldzüge zu bieten.

Die neue Staatsgewalt hatte inzwischen ihr Gesicht verändert. Der Sturm – mit aller Zerstörung und allem Schrecken – hatte nur fünf Jahre gedauert. Die Zerstörer des Alten waren gefallen. Die Konsolidierung des Neuen wurde von ihren Nachfolgern im Rahmen einer verschärften merkantilistischen Politik angestrebt: autarke Wirtschaftsführung im großen kontinentalen Raum, großzügige staatliche Förderung der Wissenschaft und Technik, Finanzierung neuer Industriegründungen, Stabilisierung einer von allen Hörigkeitsfesseln befreiten, finanziell entlasteten und durch Landkauf gefestigten Bauernschaft.

Die schon 1789 durchgeführte Aufhebung der Wuchergesetze hatte den Ausbau eines zwar reichlich spekulativen, aber dafür um so beweglicheren Kreditsystems ermöglicht.

Zwei Jahre später waren die Zünfte liquidiert und die volle Gewerbefreiheit hergestellt worden. Der industriellen Initiative waren die Behinderungen der ständischen Ordnung aus dem Wege geräumt. Die aufblühenden Naturwissenschaften kamen der Eisengewinnung, den Farbstoffindustrien und der Textilverarbeitung zugute. In der Eisengewinnung nahm Frankreich 1807 mit einer Jahresproduktion von 225000 Tonnen gleich die zweite Stelle nach England (250000 Tonnen) ein. Jacquards mechanischer Webstuhl gab namentlich der Seidenindustrie einen mächtigen Auftrieb. Auf die Entdeckungen von Berthollet und Chaptal folgte der Aufschwung einer pharmazeutischen Industrie. Neue Verfahren eröffneten allenthalben neue Möglichkeiten industrieller Betätigung.

Die industrielle Revolution war in Gang gekommen, energisch gefördert von einem Staatsapparat, der zwar radikal umgebaut worden, dessen tragender Pfeiler aber eine in ihrer Zusammensetzung wenig veränderte Bürokratie geblieben war. Sie hatte ihre merkantilistischen Wirtschaftsprinzipien in die nachrevolutionäre Ära hinübergerettet.

Industrielle Revolution

Trotz allen Fortschritten der gewerblichen Wirtschaft und trotz aller Schrumpfung der landwirtschaftlichen Produktion war England zu Beginn der revolutionären Ära noch ein Land des handwerklichen Betriebs. Als die Bibel der kapitalistischen Nationalökonomie, Adam Smith' »Reichtum der Nationen«, erschien, übrigens im selben Jahr, in dem die amerikanische Revolution die Unabhängigkeit der Kolonien verkündete, war die kapitalistische Fabrik noch eine Seltenheit, die Maschinentechnik in ihren Anfängen und das Zeitalter der Eisenbahnen noch nicht einmal ein Traum. Aus dem handwerklichen Kleinbetrieb war zwar schon die arbeitsteilige Manufaktur hervorgegangen, und große Massen strömten bereits in die später millionenköpfigen Industriezentren, aber weitgehend herrschte noch Handarbeit vor.

Seit anderthalb Jahrhunderten war indes die Landflucht nicht mehr zum Stillstand gekommen, und von neuem wurde seit Mitte des 18. Jahrhunderts das einst für Ackerbau und Gemeindeweide verfügbare Land eingehegt, nicht nur der Schafzucht zuliebe. Schritt für Schritt behauptete sich der rationalisierte Großbetrieb mit Fruchtwechselfolge und kapital- und arbeitsintensiverer Bodenbebauung. In der Zeit der Koalitionskriege (1793–1815) wurde der Ausfall des Importgetreides durch Erweiterung der Getreideanbaufläche wettgemacht; nach Aufhebung der Kontinentalsperre kam mit dem Zwang zu intensiverer Wirtschaft erneutes Bauernlegen.

Die ruinierte Bauernwirtschaft stellte ein Überangebot an Arbeitskräften, die vom Gewerbe absorbiert werden, auswandern oder der Armenpflege zur Last fallen mußten. Diese Masse billiger Arbeitskräfte ermöglichte die industrielle Expansion, die aber auch deswegen auf der Tagesordnung stand, weil das merkantilistische System mit dem Abfall der amerikanischen Kolonien in ernste Gefahr geraten war. Die einheimischen Produktionsgrundlagen mußten verbessert werden.

Der von James Watt 1764 entwickelten (allerdings erst ab 1786 industriell verwertbaren) Dampfmaschine folgte im selben Jahr Hargreaves' »Jenny«, das Spinnrad mit mehreren Spindeln, dann 1768 Arkwrights mit Wasserkraft betriebene Spinnmaschine, 1779 Cromptons »Mule« für Feinspinnerei, 1786 Cartwrights mechanischer Webstuhl, 1803 eine verbesserte Webmaschine, schließlich 1825 die automatische Selfaktor-Feinspinnmaschine. In Lancashire und Yorkshire entstand eine Textilindustrie, bereits in Großunternehmungen betrieben. Zur Verarbeitung wurden nach England 1780 nicht mehr als 8000 Tonnen Baumwolle eingeführt; bis 1830 stieg die Einfuhr auf 100000 und bis 1849 auf 340000 Tonnen. Was sich da vollzog, war nicht nur eine technische, sondern auch eine gesellschaftliche Revolution: die »Proletarisierung«, die Verwandlung unzähliger Männer, Frauen und Kinder in Fabriksklaven bei miserabler Bezahlung und faktisch ohne Begrenzung der Arbeitszeit. Ein Arbeitszeitgesetz von 1802 sah einen Normalarbeitstag von fünfzehn Stunden vor; erst 1833 verfügte der Staat die Begrenzung der Arbeitszeit von Kindern und Jugendlichen.

Nur im Maschinenbetrieb möglich, ging der steile Aufstieg der Textilindustrie Hand in Hand mit dem Vormarsch von Steinkohle und Eisen. In Hochöfen wurde nicht mehr Holzkohle, sondern Koks verbrannt, und damit begann die neuere Entwicklung der Kohleverwertung (Leuchtgas!) und der Eisenchemie. Die englische Steinkohlenproduktion, die 1780 nur 6,4 Millionen Tonnen betragen hatte, erhöhte sich bis 1826 auf 21 und bis 1846 auf 44 Millionen Tonnen. Der erhöhte Brennstoffbedarf ergab sich nicht lediglich aus der Ausdehnung der Textilwirtschaft und anderer verarbeitender Industrien, sondern vor allem auch aus der revolutionärsten Errungenschaft dieser industriellen Frühzeit: der Eisenbahn. Schon 1803 wurde die erste Lokomotive für den Bergbau gebaut; 1829 lief die erste Dampfeisenbahn zwischen Manchester und Liverpool.

Man brauchte Eisen, mehr und mehr Eisen. Das Puddelverfahren (1784) hatte die Gewinnung von schmiedbarem und walzbarem Roheisen möglich gemacht. Im Jahre 1788 belief sich Englands nun schnell zunehmende Eisengewinnung noch auf 68000 Tonnen. Bis 1806 stieg sie auf eine Viertelmillion, bis 1825 auf eine halbe Million Tonnen. Dann nahm die Produktion Jahrzehnt um Jahrzehnt in großen Sprüngen zu: eine Million Tonnen 1835, zwei Millionen 1846, drei Millionen 1855. Kohle und Eisen wirkten als Katalysator. Die vielgestaltigsten Zweige des Maschinenbaus kamen empor. Es gab hydraulische Pressen, es gab Dresch- und Schneidemaschinen für die Landwirtschaft. Es gab neue Baustoffe: ab 1796 Romanzement, ab 1824 Portlandzement.

Wer hier zwangsläufige Verkettungen von Ereignissen sehen will, darf sich fragen, warum dieselbe Automatik nicht fünfzig Jahre früher eingesetzt hat. Erst bei näherem Zusehen zeigt sich die nachhaltige Wirkung politischer Geschehnisse. Die Revolution der amerikanischen Engländer hatte die englische Oberschicht daheim, ein etwas schwerfälliges Mischgebilde aus verbürgerlichten Abkömmlingen feudaler Grundherren und geadelten Großkaufleuten, Seeräubern und Kolonisatoren, aus einer langen Lethargie aufgescheucht. Und die Französische Revolution mit ihrem großangelegten Versuch, die englische Wirtschaft vom Kontinent zu vertreiben, ja, England auszuhungern, gab den entscheidenden Anstoß zu einer Abwehrpolitik, die ein späteres Zeitalter mit dem Namen »wirtschaftliche Mobilmachung« bedacht hätte.

Schwarzwälder Glasbläserei
Aus dem Gemälde von Michael Dilger, um 1820. Freiburg i. Br., Augustinermuseum

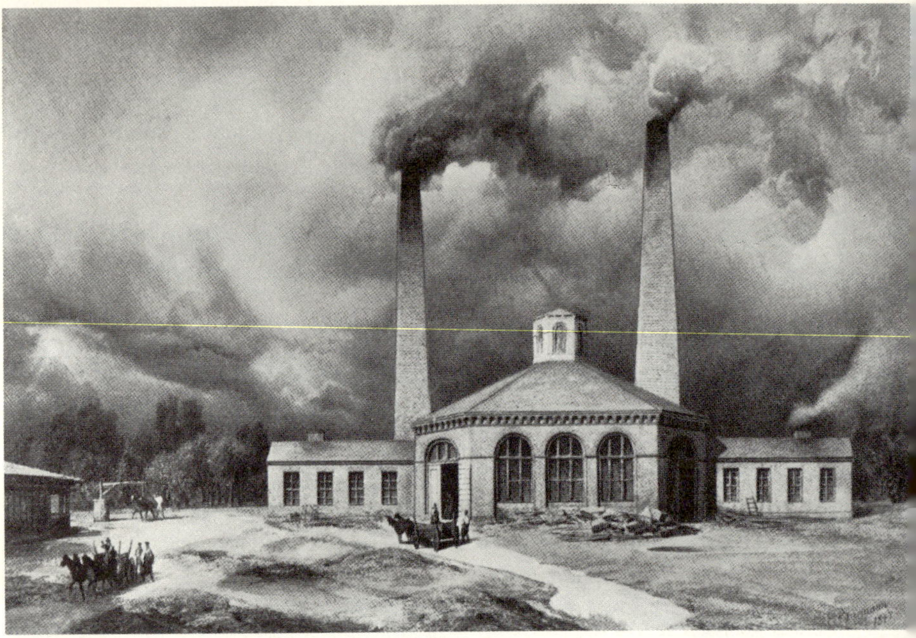

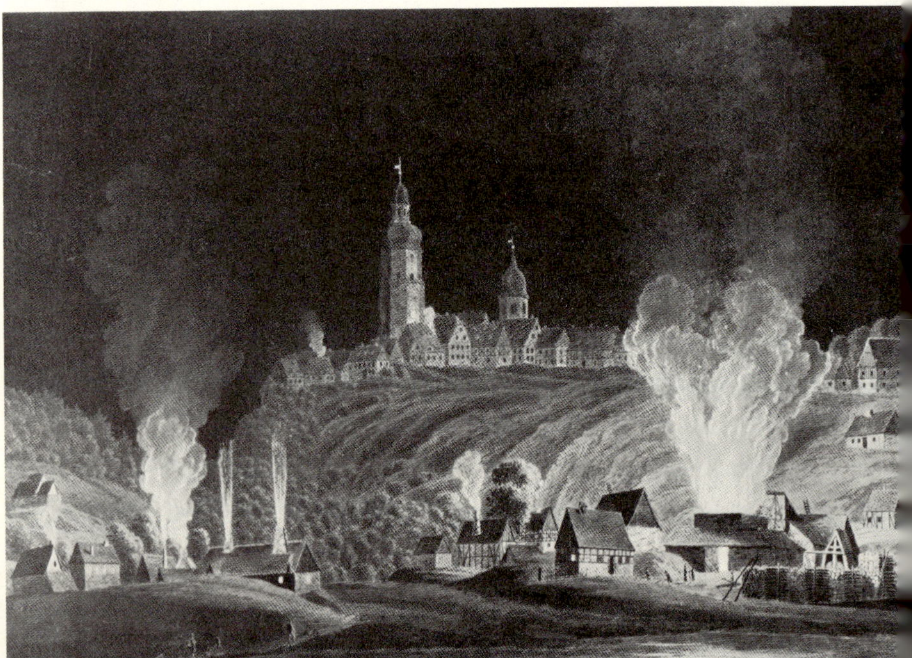

Die Abriegelung Kontinentaleuropas bewirkte das genaue Gegenteil dessen, was sie hatte bewirken sollen. Auch wenn die Kontinentalsperre eine völlige Verdrängung der englischen Industrie von den europäischen Märkten nicht zustande brachte, zwang sie die englische Wirtschaft zu gewaltigen Produktionsanstrengungen im Inland und zum intensivsten Ausbau ihrer kolonialen Versorgungsquellen und ihres überseeischen Handels. Englands Gesamteinfuhr, die 1793 18,7 Millionen Pfund betragen hatte, war bis zum Ende des Krieges auf jährlich über 60 Millionen gestiegen, ebenso die Ausfuhr von 20,3 Millionen Pfund im Jahre 1793 auf 65 Millionen 1815. Nur im Lichte dieses politisch bedingten Ausbaus der englischen Weltreichsposition ist das Galopptempo der Industrialisierung zu verstehen.

Einer Bauernbefreiung hatte es in England für den Erfolg der industriellen Revolution nicht bedurft. Die rechtliche Hörigkeit der Bauern gehörte der Vergangenheit an, und ihre wirtschaftliche Hörigkeit zerbrach, als das Vordringen des landwirtschaftlichen Großbetriebes sie in die Stadt trieb. Die entscheidende Voraussetzung der industriellen Entwicklung, die in großen Teilen Kontinentaleuropas erst erkämpft werden mußte: Verfügbarkeit freier Arbeitskräfte, war von vornherein gegeben. Die Bevölkerung Großbritanniens, die zwischen 1750 und 1800 von 7,9 auf 10,9 Millionen, also um nicht ganz 39 Prozent, angewachsen war, stieg bis 1850 auf fast 21 Millionen, um über 91 Prozent.

In keinem anderen Land hatte die Vernichtung der Landwirtschaft und die Freisetzung ländlicher Bevölkerungsüberschüsse so rapide Fortschritte gemacht. Die gleichzeitige Expansion der Textilindustrie, der Montanwirtschaft und des aufstrebenden Maschinenbaus führte zur Zusammenballung von Arbeitskräften in immer größeren Industriebetrieben. Die neue Unternehmerschaft rekrutierte sich aus verschiedenen Schichten, größtenteils aus Kreisen der städtischen und ländlichen Klein- und Kleinsteigentümer, der bessergestellten freien Bauern und der städtischen Handwerker. Ihr sprunghafter Aufstieg zu Reichtum und gesellschaftlicher Macht machte sie wagemutig, unternehmungslustig und skrupellos.

Der industrielle Aufbau vollzog sich unorganisiert, unkontrolliert und unreguliert. Mit auffallender Regelmäßigkeit brachen allumfassende Wirtschaftskrisen aus: mit schweren Zusammenbrüchen, Bankrotten, Betriebsstillegungen, Massenarbeitslosigkeit. In fast kalendermäßig vorgeschriebener Abfolge kamen die Kriseneinbrüche 1825/26, 1836/37, 1846/47, 1857 und 1866. Auch in den Prosperitätsjahren waren bis weit in die zweite Hälfte des Jahrhunderts die Löhne niedrig, Arbeitszeit und Arbeitsbedingungen unmenschlich. Gerade erst volljährig geworden, schien der Kapitalismus unfähig, die von ihm mobilisierten wirtschaftlichen Energien zu beherrschen und zu regulieren, die Menschen, deren Arbeitskraft sein Lebenselixier war, am Leben zu erhalten. So sahen es Marx und Engels 1847 im »Kommunistischen Manifest«. So sah es fast überall die erwachende Arbeiterbewegung.

Die Borsigsche Werkstatt am Oranienburger Tor in Berlin
Aquarell von Eduard Biermann, 1847. Berlin, Borsigscher Familienbesitz

Nächtliche Ansicht des Hochofenwerks in Johanngeorgenstadt im Erzgebirge
Stich von P. Skerl. Dresden, Graphische Sammlung

Klassischer Kapitalismus?

Die drückenden Lebensbedingungen der arbeitenden Massen lösten ständig soziale Gärung, wiederholte Unruhen, blutige Zusammenstöße aus. Die Verdrängung der menschlichen Arbeit durch die Maschine hatte im Anfang »Maschinenstürmer«-Aufstände, später organisierten Widerstand gegen die uneingeschränkte Kommandogewalt der industriellen Unternehmer zur Folge. Seit 1799 war jede Kampforganisation der in Fabriken Arbeitenden verboten; unter dem Druck zunehmender Unruhen und Gewalttätigkeiten wurde das Verbot 1824 aufgehoben. Eine gesetzliche Arbeitszeitregelung führte 1847 den zehnstündigen Maximalarbeitstag für Frauen und Jugendliche ein; 1850 folgten Bestimmungen, die längere Arbeitszeit auch für erwachsene männliche Arbeitskräfte außerordentlich erschwerten. Praktisch war der Zehnstundentag zur allgemeinen Regel geworden. »Das Zehnstundengesetz«, schrieb Marx in der »Inauguraladresse« der Ersten Internationale, »war der Sieg eines Prinzips; zum erstenmal hatte die politische Ökonomie der Arbeiterklasse einen Sieg erfochten über die politische Ökonomie der Bourgeoisie.«

Das war nicht ohne den Druck einer zutiefst verzweifelten, aufbegehrenden Masse geschehen. Aber keine organisierte Aktion der Arbeiter hatte das Unternehmertum in die Knie gezwungen. Trotz Aufhebung des Koalitionsverbots war in der Zeit des größten Arbeiterelends – in den dreißiger und vierziger Jahren – von einer echten gewerkschaftlichen Organisation keine Rede. Die in die Industrialisierung hineingezogenen Massen hatten weder eine Tradition fabrikmäßiger Arbeit noch organisatorische Gewohnheiten entwickelt. Ihr Protest gegen Daseinsnot und drückende Arbeitslast ergoß sich in unorganisierte Aktionen oder verstärkte bestenfalls das Echo der von anderen Kreisen ausgehenden Agitation für demokratische Rechte und staatsbürgerliche Freiheiten. Eine erste Wahlrechtsreform war 1832 zustande gekommen: sie sicherte den wachsenden Städten eine Vertretung im Parlament und erweiterte die Reihen der Wahlberechtigten, ließ jedoch die Masse der Kleinbürger und Arbeiter leer ausgehen. In der zweiten Hälfte der dreißiger Jahre wurde der Chartismus, unter dessen Fahnen sich weite Kreise des minderbemittelten Bürgertums im Kampf um ein besseres Wahlrecht zusammengefunden hatten, zum Auffangbecken für den sozialen Protest der Arbeitermassen.

In den folgenden Jahren verflocht sich die Agitation der Chartisten mit dem Kampf gegen den Getreidezoll, den die von Textilfabrikanten geführte Anti-Corn Law League entfacht hatte, und auch diese Bewegung fand Anklang unter den Arbeitermassen. Sie erfocht einen ansehnlichen Erfolg mit der 1842 vorgenommenen gewichtigen Zollsenkung und – versandete. Die schwere Wirtschaftskrise von 1846/47 verschärfte zwar die Unruhe, aber mit der wirtschaftlichen Belebung, den Auswirkungen des Zehnstundentages und der langsam beginnenden Hebung der Lebenshaltung der Arbeiterschaft flauten die Proteststimmungen ab, ohne von neuen Massenbewegungen der Arbeiter abgelöst zu werden. Wenn die Sozialgesetzgebung tatsächlich ein »Prinzip der Arbeiterklasse« in die Wirklichkeit einführte, so war dieser Sieg des Prinzips nicht von den Arbeitern erkämpft worden. Den Wahlrechtskämpfen waren echte Erfolge erst Jahrzehnte später beschieden. Das allgemeine Wahlrecht kam 1884, auch wieder nicht als Resultat einer Kampfaktion der Arbeiter.

Den Aufstieg der Gewerkschaften brachte die internationale Konjunktur, die auf den Krimkrieg und die Wirtschaftskrise von 1857 folgte. Erst seit den sechziger Jahren nahm die Gewerkschaftsbewegung eine beschleunigte Entwicklung. Sie erlangte 1871 die gesetzliche Anerkennung und wuchs am Ausgang des Jahrhunderts zu einer Millionenorganisation heran. Aber es dauerte noch Jahre, ehe aus ihrem Schoß eine Arbeiterpartei hervorging.

Welch krasser Gegensatz zur kontinentalen Entwicklung, die die Marxsche Voraussage von der revolutionären Mission einer aus den Klassengegensätzen des Kapitalismus geborenen Arbeiterbewegung viel eher zu bestätigen schien! War aber nicht gerade England das »klassische« Land des Kapitalismus, fast frei von der auf der kontinentalen Gesellschaft schwer lastenden Hinterlassenschaft der Feudalzeit und längst nicht mehr im Banne der erbitterten Auseinandersetzung mit dem Unterdrückungsapparat eines absolutistischen oder halbabsolutistischen Staates? Hatte nicht Marx selbst (im Vorwort zum ersten Band des »Kapital«) England als die »klassische Stätte« der kapitalistischen Produktionsweise bezeichnet und gesagt, »das industriell entwickeltere Land« zeige »dem minderentwickelten nur das Bild der eigenen Zukunft«? Ergab sich der betont revolutionäre, betont sozialistische Charakter der kontinentalen Arbeiterbewegung vielleicht nicht aus der »Entwicklung der kapitalistischen Produktion«, sondern aus dem, was Marx den »Mangel ihrer Entwicklung« nannte, aus der »Fortvegetation altertümlicher, überlebter Produktionsweisen mit ihrem Gefolg von zeitwidrigen gesellschaftlichen und politischen Verhältnissen«?

Das auffallende Auseinanderklaffen der englischen und der kontinentalen Entwicklung läßt es ratsam erscheinen, das, was am englischen Modell »klassisch« ist, aus landläufigen Mißverständnissen herauszulösen. Zu solchen Mißverständnissen gehört die Vorstellung, daß der englische Kapitalismus deswegen »das Bild der Zukunft« zeige, weil er sich in völliger Autonomie unbehinderter Konkurrenz auf dem Markt ohne jede verfälschende oder seine innere Gesetzlichkeit abbiegende Dazwischenkunft des Staates entwickelt habe.

Eine solche Deutung der Entwicklung vernachlässigt Entscheidendes. Von den Anfängen der industriellen Ära an, ja, schon seit der Frühphase des Merkantilismus beruht alle englische Handelspolitik auf dem fast vollständigen Seehandelsmonopol der englischen Flotte. Dies Monopol war nicht nur kein Hindernis, sondern umgekehrt der eigentliche Motor der Außenhandelsstrategie, die sich auf die Rohstoffeinfuhr aus überseeischen Kolonien und den Industrieexport überallhin orientierte. Selbstverständlich hatten politische, staatliche Maßnahmen dazu geführt, daß England die Meere beherrschte, und selbstverständlich lag in dieser Beherrschung der Meere ein gewichtiges protektionistisches Moment. Mochte diese politisch-militärische Monopolposition später durch rein ökonomische Mittel – etwa die monopolistische Belieferung fremder Flotten und fremder Industrien mit englischer Kohle – aufrechterhalten werden, so blieben doch auch die ökonomischen Machtmittel das Produkt früherer Staatsintervention: der Industrieförderung im merkantilistischen System.

Unverkennbar ist der Anteil der Politik an der Entstehung und Entwicklung des englischen Kapitalismus und des englischen Industriepotentials. Beides wäre ohne die lange Geschichte der britischen Kolonialpolitik gar nicht vorstellbar. Nachdem die nationale Industrie im politischen und ökonomischen Gefüge des Weltreichsystems verankert und in ihren Existenzgrundlagen geschützt war, konnten im Innern die Maximen des *Laisser-faire*, des Nichteingriffs des Staates in die Wirtschaftssphäre, propagiert werden.

Allerdings hat auch in der inneren Wirtschaftspolitik das *Laisser-faire*-Prinzip nie ohne erhebliche Einschränkungen gegolten. Auch vor der Arbeitszeitgesetzgebung von 1847 und 1850 existierten Fabrikgesetze. Vor allem existierte ein staatlicher Apparat, der über die Befolgung sozialpolitischer Gesetze zu wachen hatte: die Gewerbeaufsicht. Die sorgsam veröffentlichten detaillierten Berichte der Fabrikinspektoren (die Marx im ersten Band des »Kapital« zum großen Teil als Anklagematerial gegen die Ausbeutungspraxis des Kapitalismus dienten) hatten einen nicht geringen Anteil am Zustandekommen der Sozialgesetzgebung. Sie beeinflußten die öffentliche Meinung, das Parlament, die an der Gesetzgebung beteiligten Regierungsstellen. Offensichtlich waren die Fabrikinspektoren, diese »sachverständigen, unparteiischen und rücksichtslosen Männer«, wie Marx sie nennt, keine Sachwalter kapitalistischer Interessen, sondern vom Staat bestellte Kontrollbeamte, die auf diese Interessen keine Rücksicht nahmen. Von ihnen aber sind Reformen ausgegangen, die die Alltagswirklichkeit des kapitalistischen Betriebes umwälzten.

Gewiß hat nach der Krise von 1857 die Gunst der wirtschaftlichen Gesamtlage, die die Lebensbedingungen der Arbeiter verbesserte und gewerkschaftliche Erfolge erleichterte, England der Notwendigkeit enthoben, eine allumfassende Sozialgesetzgebung zu erlassen. Viele Eingriffe, die auf die Kostenkalkulation der Betriebe einwirken und die Konkurrenzbedingungen auf dem Markt entscheidend verschieben, wie etwa Sozialversicherung, progressiv gestaffelte Steuern, Subventionierung notleidender Wirtschaftszweige und dergleichen mehr, gehören zwar einer späteren Zeit an. Nichtsdestoweniger weist Englands »klassischer« Kapitalismus auch schon in seiner Werdeperiode eine weitgehende Mitwirkung des Staates, der Politik, der Staatsbürokratie an der Gestaltung der Bedingungen wirtschaftlicher Betätigung auf. Auch im »klassischen« Modell sind Elemente enthalten, die die Entscheidung des Unternehmers an politisch Vorgegebenes binden.

Politik mischt sich ein

Die entscheidenden Impulse zur breitspurig verlaufenden industriellen Revolution waren zu Beginn des Jahrhunderts von revolutionären Entwicklungen außerhalb Englands ausgegangen. Der politische Gesamtkomplex der Napoleonischen Kontinentalsperre diktierte die nächsten Etappen der Industrialisierung. Die Sperre kam einer turmhohen Schutzzollmauer gleich. Dazu wurden zwischen 1808 und 1816 direkte Subventionen in Höhe von 49 Millionen Pfund in die Industrie hineingepumpt. Umgekehrt dürften die Kosten der Industriebetriebe dadurch in die Höhe getrieben worden sein, daß die Tee-, Zucker- und Tabakabgaben in der Blockadezeit nicht weniger als siebenmal heraufgesetzt wurden. Ab 1799 gab es auch noch für Einkommen über 200 Pfund eine zehnprozentige Einkommensteuer. (Sie wurde erst 1816 abgeschafft und kam 1842 in einer anderen Form wieder.)

Ab 1816 trug dann die Industrie die Last des Schutzzolls auf Getreide, der endgültig erst 1846 verschwinden sollte. Für Industriewaren war das Bild etwas bunter: Einfuhrverbote,

Einfuhrzölle auf Rohstoffe, Halbzeug und Fertigfabrikate, bei manchen Waren sogar Ausfuhrzölle. Mitte der zwanziger Jahre fielen verschiedene Einfuhrverbote und prohibitive Zölle. Eine gründliche Zollreform wurde von 1842 bis 1846 etappenweise vorgenommen, und 1853 wurden schließlich die letzten englischen Zölle beseitigt.

Auch die neue Industrialisierungsphase, die nun im Zeichen des Freihandels stand und deren Dynamik Tempo und Richtung der industriellen Entwicklung bis zum Ende des Jahrhunderts bestimmen sollte, wäre ungeachtet all ihrer privatwirtschaftlichen Merkmale ohne staatliche Sanktionierung und Förderung nicht möglich gewesen. Kohlenbergbau, Eisen- und Stahlindustrie, Fahrzeug- und Maschinenbau, alle Zweige der Metallverarbeitung, auf lange Sicht auch die gerade erst im Keimansatz entstehende Elektrotechnik: sie alle empfingen den entscheidenden Antrieb vom fast epidemischen Eisenbahnbau. Nun wurde zwar der Bau der Eisenbahnen in England privat finanziert und von privaten Aktiengesellschaften durchgeführt, und der Eisenbahnbetrieb ist bis in die allerneueste Zeit in privaten Händen geblieben; aber die Errichtung der Bahnanlagen, die Festlegung der zu bauenden Strecken, die Freigabe des Bahngeländes, der Bau der Bahnhöfe, die Verkehrsvorschriften und später auch die Tarife bedurften der staatlichen Genehmigung. Der Bau der einzelnen Strecken mußte vom Parlament beschlossen werden. Aktienemissionen der Eisenbahngesellschaften wären gegen den Widerstand der Staatsgewalt kaum denkbar gewesen. Ihr Erfolg hing vom Wohlwollen der Banken und der Presse ab, das in England das Einverständnis der politisch maßgeblichen Kreise voraussetzte. Die öffentliche Hand spielte überall mit, und sei es auch nur als unentbehrlicher Kiebitz.

Von kaum geringerer Bedeutung für den ununterbrochenen industriellen Aufschwung des Landes waren das Gleichgewicht der Staatsfinanzen und die Stabilität der Währung. Zu Beginn des Jahrhunderts war die Staatsschuld gewaltig, aber als das einzige Land mit reiner Goldwährung und großen Goldreserven konnte sich England auch Schulden erlauben. Es konnte, ohne seine finanzielle Position zu gefährden, die Einlösung der Noten während der Kontinentalsperre einstellen; es konnte sie, ohne das Dahinschwinden des Goldbestandes zu befürchten, bald wiederaufnehmen. Es ist bis nach dem ersten Weltkrieg bei der Goldwährung geblieben. Natürlich war dabei wichtig, daß es im Kolonialreich genug ergiebige Goldgruben gab und daß sogar neue hinzukamen. Darauf ließ sich nicht nur der Schutz der Währung aufbauen, sondern auch die Position der Londoner City als Finanzzentrale der Welt begründen. Selbstverständlich ruhte die für die Wirtschaft so wesentliche Währungspolitik der Bank von England, der seit 1844 das ausschließliche Notenprivileg zustand, trotz ihrer weitgehenden Autonomie auf politisch-staatlichen Fundamenten. Die Kontinuität der Kolonial- und Weltreichspolitik blieb das Primäre.

Staatliche Beteiligung, Förderung, Finanzierung oder Kontrolle war, so wichtig sie sein mochte, kein öffentlicher Streitgegenstand, ja, noch nicht einmal Gegenstand öffentlichen Interesses, solange sie mit den Bedürfnissen der Privatwirtschaft nicht kollidierte. Nur wenn der Staatseingriff – wie etwa bei der Arbeitszeit- oder Arbeiterschutzgesetzgebung – private Interessen verletzte, war er umkämpft, wurde er als Verstoß gegen Brauch und Sitte angeprangert. In Wirklichkeit war in England, wo sich das merkantilistische System besonders früh etabliert, besonders lange gehalten, die Feudalordnung so gut wie völlig entthront und große Ruhmestaten von historischem Prestigewert vollbracht hatte, die Nichteinmischung des Staates eine Propagandafiktion, seine Einmischung bewährte Praxis. Historisch entscheidend war, daß die industrielle Revolution und die Allmacht der Maschine in England zu einer Zeit einzogen, da das Feudalsystem schon lange zerschlagen war. Die ökonomischen Grundlagen des Weltreichsystems hatten sich im Zeitalter des Merkantilismus herausgebildet. Den Übergang vom merkantilistisch geförderten Gewerbe zur modernen kapitalistischen Fabrik erleichterten nicht nur die Erträgnisse des Kolonialreichs, sondern auch ein festgefügtes System der staatlichen und gemeindlichen Verwaltung und ein schon in der merkantilistischen Zeit ausgebauter stabiler Banken- und Kreditapparat. Das neue industrielle Unternehmertum hatte keine zu großen Schwierigkeiten, mit einer verstädterten Großgrundbesitzer- und Hofwürdenträgerschicht ebenso wie mit der fest zementierten Oberschicht der Bürokratie zusammenzuwachsen. Zu diesem Wandel in der herrschenden Elite hatte es keines revolutionären Umsturzes bedurft. Das Parlament hatte langsam, schrittweise seine Zusammensetzung geändert: von der Mitte des Jahrhunderts an hatte sich das Schwergewicht immer mehr vom ländlichen zum städtischen Besitz verschoben.

Die schon in der merkantilistischen Zeit starke Bürokratie, in der die von Erbansprüchen ausgeschlossenen »jüngeren Söhne« des grundbesitzenden Adels die Tonart, städtischbürgerliche Berufsbeamte aber die nüchterne Büropraxis bestimmten, war in das Industriezeitalter mit einer eigenen Note hineingewachsen. Sie war dem industriellen und naturwissenschaftlichen Fortschritt ergeben, ohne sich die etwas parvenühafte Raffgier der allzu rasch emporsteigenden neuen Unternehmerschicht zu eigen zu machen. Sie war, ohne sich arbeiterfreundlichen Sentiments hinzugeben, für zivilisierte Lebensbedingungen, gediegene Leistungen und Hygiene; sozialpolitische Überlegungen und Rücksichten waren ihr nicht fremd, weil sie aus ihrer merkantilistischen Tradition Grundsätze zweckbedachter Bevölkerungspolitik und pfleglicher Behandlung einheimischer Arbeitskräfte ererbt hatte. Sofern sie machtgierig war und Unterdrückungsgelüsten frönte, sparte sie solche Neigungen für den kolonialen Herrschaftsbereich auf.

Das war nicht Produkt der kapitalistischen Industrie, eher nachwirkendes Erbe. Natürlich muß aber auch dieser geschichtliche Faktor im Modell des »klassischen« Kapitalismus Berücksichtigung finden. Er mildert die »rein wirtschaftlichen« Gesetzmäßigkeiten, die sich vom Modell ablesen lassen. Er wirkt eher retardierend als vorwärtstreibend, eher konservativ als demokratisierend. Aber er schwächt die im Modell angelegten Gegensätze ab und neutralisiert den sozialen Massenprotest. Für die Entfaltung revolutionären Umsturz- und Neuordnungswillens bietet dies beharrende Gerüst der staatlichen Ordnung auch in Zeiten wirtschaftlichen Umbruchs und gesellschaftlicher Gärung keine geeignete Angriffsfläche. Als Werbemittel für die Vorzüge des Kontinuierlichen keineswegs unwirksam, demonstriert es zugleich sogar einem so unnachsichtigen Beobachter wie Marx, »wie selbst in den herrschenden Klassen die Ahnung aufdämmert, daß die jetzige Gesellschaft kein fester Kristall, sondern ein umwandlungsfähiger und beständig im Prozeß der Umwandlung begriffener Organismus ist«. Organismen, die im Prozeß der Umwandlung begriffen sind, sind selten die Zielscheibe leidenschaftlicher Vernichtungswünsche.

Land der Bauern

Ohne den Zerfall feudal-ständischer Bindungen, der besitzlose Arbeitsuchende auf den Markt wirft, ist die moderne Fabrik nicht denkbar. Damit ist sie aber noch nicht zur vorherrschenden Organisationsform der Wirtschaft geworden. Für den Fortgang der industriellen Revolution und die Ausbreitung kapitalistischer Abhängigkeitsverhältnisse kommt es noch auf andere Dinge an und darauf, wie sie zusammentreffen. Halten die feudalen Bande noch oder sind sie bereits weitgehend zerrissen? Sind Gewerbe und Manufaktur im Treibhaus einer merkantilistischen Staatswirtschaft ausgebrütet worden? Welches Gewicht hat die landwirtschaftliche Produktion und welche Eigentums- und Betriebsformen hat sie entwickelt? Wie reich ist das Land an Naturschätzen? In welchem Maße kann es auf koloniale Hilfsquellen zurückgreifen? Wie mächtig ist sein Militärapparat?

Je nachdem wie diese Fragen beantwortet werden, treten die Konturen der Gesellschaftsmodelle hervor, die das Jahrhundert des Übergangs zur vollindustriellen Zivilisation in verschiedenen Ländern kennzeichnen. In mancher Hinsicht charakteristisch und aufschlußreich stellt sich dabei die französische Variante dar. Ist England das klassische Land der ersten industriellen Revolution, so ist Frankreich die Heimat der politischen. Im Revolutionsmythos des 19. Jahrhunderts erscheinen die Daten 1789 – 1830 – 1848 – 1871 als Entwicklungsetappen und zugleich als strategische Richtpunkte. Waren sie es wirklich?

Die Restauration der Bourbonen auf den Trümmern des napoleonischen Kontinentalreichs setzte einen Schlußstrich hinter den ersten Versuch, Europa als einheitliches und autarkes Wirtschaftsgebilde zu organisieren. Aber sie brachte keinen Bruch mit der merkantilistischen Methode der Wirtschaftspolitik, die die Revolution noch getreulicher befolgt hatte als das *Ancien régime*, und sie machte auch die von der Revolution geschaffene Eigentumsordnung nicht rückgängig. Die Neuverteilung des Grund und Bodens wurde vom Restaurationsregime nicht angetastet. Es zahlte zwar an die von der Revolution enteigneten Feudalherren Entschädigungssummen, die den Staat mehr kosteten als alle Kriegskontributionen an die Siegermächte, aber es wagte nicht, die von der Revolution gestrichenen Besitztitel wiederherzustellen. Nur ein geringer Teil der Entschädigungsgelder floß in den Rückerwerb oder Neuerwerb von Gütern; der Rückkauf galt vor allem forstwirtschaftlichem und bergbaulichem Besitz, der industrielle Bereicherungsmöglichkeiten verhieß. Immerhin bildete sich aus der Prominenz der Entschädigten und manchen Gutsherren von Napoleons Gnaden eine Aristokratie, die bis zur Revolution von 1830 regieren durfte.

Die landwirtschaftlichen Eigentumsverhältnisse, wie sie sich unter Napoleon herausgebildet hatten, blieben: als wichtigste Wirtschaftseinheit behauptete sich der bäuerliche Eigen- oder Pachtbetrieb. Die Betriebe waren klein, wurden im Laufe der Jahrzehnte durch Erbgang noch kleiner. Da sie kein Kapital hatten und produktive Betriebsmittelkredite nicht zu haben waren, verpfändeten sie den Boden an Hypothekenbanken. Die schwer verschuldeten Bauernhöfe, von denen die Mehrheit der französischen Bevölkerung lebte, trugen außerdem einen nicht unerheblichen Teil der nationalen Steuerlast.

Die einheimische Produktion war zwar seit 1826 durch hohe Zölle geschützt, und die Getreidepreise konnten auf einem nicht allzu niedrigen Niveau gehalten werden, aber nach

Abzug der Hypothekenzinsen, Steuern und schikanösen Stempelgebühren (die sich bis in die neueste Zeit vererben sollten) reichte der Ertrag des Parzellenbetriebes kaum zum Lebensunterhalt für den stolzen Grundeigentümer und seine Familie. An Betriebsrationalisierung und Verbesserung der Bodennutzung war nicht zu denken. Die konservative Einstellung zu allen Fragen der Produktion und Technik, die daraus erwuchs, blieb auch in späteren Zeiten das Hindernis, an dem jede Reorganisation scheitern mußte.

Die trotz allen Eigentumstiteln drückende Notlage machte die wirtschaftlich konservativen Bauern, die ihren Besitz der Revolution von 1789 verdankten, zu Feinden jeder Regierung, die die Steuern nicht abschaffte, die Banken und die Börse nicht bekämpfte und das unter dem ersten Napoleon begonnene Werk der umfassenden Bauernhilfe nicht fortführte. Namentlich in den vierziger Jahren verschärfte sich die Situation. Mehrere Mißernten waren einander gefolgt. Dann brach in England 1847 eine schwere Wirtschaftskrise aus, die die französische Exportindustrie lahmlegte und eine allgemeine Wirtschaftsstockung auslöste. Die Bauern waren am Rande der Verzweiflung. Dem »Bürgerkönigtum«, das Anfang 1848 zusammenbrach, weinten sie keine Träne nach. Unter Louis-Philippe hatten nicht mehr die Großgrundbesitzer, sondern die Kreise der Hochfinanz geherrscht; sie hatten den wachsenden Staatshaushalt mit Anleiheemissionen finanziert, die das städtische Bürgertum und die bessergestellte Bauernschicht schröpften und einen echten industriellen Fortschritt behinderten. Dieselben Finanzkreise waren aber auch – neben dem von ihnen beherrschten Staat – die Hauptgläubiger der Bauern.

Nun hatte die Revolution die verhaßte Hochfinanz aus dem Sattel gehoben, aber sie tat nichts für die Bauern, sondern vermehrte nur ihre Steuerlasten. Da erinnerten sie sich an die gute alte Zeit unter dem ersten Bonaparte und machten vom Geschenk des allgemeinen Wahlrechts Gebrauch, indem sie einen zweiten Bonaparte zum Staatschef wählten. Ihm verhalfen sie auch zu triumphalen Plebisziten. Für sie ging es nicht schlecht aus.

Ohne sein Zutun wurde das Kaiserreich von einer mächtigen internationalen Konjunkturwelle getragen. Der Export blühte auf: Frankreichs Außenhandel, der 1830 1211 und 1847 2319 Millionen Franc betragen hatte, stieg schon 1851 auf 2615 Millionen und erreichte 1869 mehr als das Dreifache: 8003 Millionen. Die erfolgreichen Kleinkriege Napoleons III. (Krimkrieg, Italien, China) brachten Frankreich in den Strahlungsbereich der britischen Empire-Sonne; den französischen Waren öffneten sich neue Märkte, die Industrie belebte sich, die Ära der Gründungen und großen Bauten begann. Vor allem aber nahm der Eisenbahnbau einen märchenhaften Aufschwung: von 1832 bis 1851 hatte Frankreich insgesamt nur 3541 Kilometer Eisenbahnstrecken gebaut, am Ausgang der Kaiserzeit – 1870 – waren es bereits fast 18000. (Bis 1910 sollten es nahezu 50000 Kilometer werden.)

Die rapide Erweiterung des Eisenbahnnetzes veränderte grundlegend die Marktlage der Landwirtschaft. Erzeugnisse, deren Verkauf bis dahin nur in einem Umkreis von wenigen Kilometern möglich war, konnten nunmehr mit Leichtigkeit entfernte Märkte – namentlich den großstädtischen Markt – erreichen. Die Bedarfs- und Naturalwirtschaft wich bald der Waren- und Geldwirtschaft. Die Bevölkerung differenzierte sich. Die Gewichte verschoben sich zu den etwas größeren, etwas bessergestellten Betrieben. Viele Kleinstbetriebe blieben auf der Strecke, aber der großen Masse der Landwirte gelang es in den folgenden

Bankenkrach in der Wall Street in New York am 13. Oktober 1857
Gemälde von James Cafferty und Charles Rosenberg
New York, Museum of the City of New York

Französische Arbeiterversammlung in der Salle Graffard zu Paris
Gemälde von Jean Béraud, 1884

Jahrzehnten, die Schuldenlast loszuwerden und sogar Überschüsse zu erarbeiten, die allerdings weniger in Betriebsverbesserungen als in zusätzlichen Grundbesitz (auch in der Stadt) und in festverzinsliche Anleihepapiere flossen.

Freilich produzierte die Bauernwirtschaft auch weiterhin keinen großen Warenüberschuß; was sie zu verkaufen hatte, nahm ihr der Inlandsmarkt ab, und der im letzten Viertel des Jahrhunderts einsetzende Zustrom überseeischen Getreides war ihr wenig gefährlich. Wichtiger blieb die ewige Auseinandersetzung um Steuern und Zinsen und der alte Protest gegen die Finanzmächte. Namentlich in Südfrankreich, wo die kombinierten Wein-, Obst-, Gemüse- und Ackerbaubetriebe wirtschaftlich beweglicher, aber auch kapitalintensiver und kreditbedürftiger waren, vollzog sich um die Jahrhundertwende eine sichtbare Linksschwenkung, die die Bauernschaft in die Reihen der Sozialisten oder mindestens der Radikalen, einer gegen Großkapital, Kirche und Militär ankämpfenden Partei der mittleren und kleinen Bürger und Intellektuellen, führte. Unter der Führung des großen Finanzorganisators Joseph Caillaux formierte sich eine Allianz von Radikalen und Sozialisten.

Caillaux, der als Finanzminister gegen die größten Interessentenwiderstände die Einführung der Einkommensteuer erfochten hatte, galt als der Mann der Reform und der Modernisierung. Er forderte eine Außenpolitik der Verständigung mit Deutschland, Abbau der Rüstungen, Ausbau einer modernen Industrie, Zurückziehung des Sparkapitals der Bauern und Kleinbürger aus Rußland-Anleihen und seine Investierung in agrarischen Industrialisierungsprojekten in Südamerika und im Nahen Osten (er selbst stand den Aufsichtsräten zweier Banken vor, die eine entsprechende Investitionspolitik in Argentinien und Ägypten betrieben). Am Vorabend des ersten Weltkriegs schien die Caillaux-Koalition auf dem Sprung, die Macht zu erobern. Eine neue Revolution war auf dem Marsch. Sie kam nicht ans Ziel: eine Gegenoffensive der bedrohten Interessen drängte Caillaux aus der politischen Arena. Als er wiederkam, war der Weltkrieg im Gange.

Das Jahrhundert der Revolutionen war zu Ende gegangen, ohne daß Frankreich den Durchbruch zur konsequenten Modernisierung gefunden hätte. Alle seine Revolutionen hatten mit schweren Rückschlägen geendet, im Ergebnis den Anschluß der Landwirtschaft an eine technisierte und industrialisierte Welt verbaut. Auch die Sanierung der bäuerlichen Wirtschaft unter dem zweiten Kaiserreich war in diese Sackgasse gemündet. Der stabilisierte Kleinbetrieb, der Extraeinkommen aus Anleihecoupons bezog, erwies sich als außerordentlich beharrlich in der Abwehr allen technischen Fortschritts. Intensiv wirtschaftende Großbetriebe gab es kaum; die allgemeine Ablehnung technischer Neuerungen verlangsamte das Aufstiegstempo der Industrie, die keinen stetig wachsenden Binnenmarkt vorfand.

Hinzu kam die absinkende Kurve des Bevölkerungswachstums. Am Vorabend der ersten Revolution war Frankreich mit seinen 25 Millionen Einwohnern das volkreichste Land Europas. Bis zum Ende der Napoleonischen Zeit wuchs die Bevölkerung nur um etwa 20 Prozent, zwischen 1821 und 1848 um 16 Prozent. In der Folgezeit schien sich das »Zweikindersystem« endgültig durchzusetzen; die Bevölkerungszunahme 1848 – 1870 betrug 5,6 Prozent, 1870 – 1910 nur noch 2,8 Prozent. Am Ende der Periode – 1910 – zählte Frankreich trotz erheblicher Einwanderung nicht ganz 39 Millionen Einwohner.

Gebremste Entwicklung

Das will nicht sagen, daß alles stagnierte. Mit eigenen Erzvorkommen versehen, konnte Frankreich seine Eisenerzeugung, die ebenso den Militärbedarf wie später den Bedarf der Eisenbahnen zu decken hatte, nicht unerheblich ausbauen. Ab 1826 durch Zölle geschützt, blieb die Eisenwirtschaft lange bei einer rückständigen Technik. Bis in die Mitte des Jahrhunderts hielten die Eisenhütten an der Holz- und Holzkohlefeuerung fest. Holzlieferanten waren die Großgrundbesitzer, die sich ihren vorrevolutionären Forstbesitz wiedergeholt hatten; ein schwerindustriell-agrarisches Bündnis hatte die Politik der Hochschutzzölle durchgesetzt und beide Bundesgenossen von dem Zwang befreit, ihre Betriebe technisch umzustellen und zu rationalisieren. Auch für die verarbeitende Industrie, die in der Ära der Kontinentalsperre groß geworden war und die nun von der englischen Konkurrenz arg bedrängt wurde, war der Zollschutz auf lange Sicht eher schleichendes Gift als Wohltat.

Auch im 19. Jahrhundert orientierte sich die verarbeitende Industrie überwiegend an den Zielen, die ihr die merkantilistische Politik im 17. und 18. Jahrhundert aufgenötigt hatte. Sie produzierte in der Hauptsache Luxuswaren und Fertigfabrikate für den gehobenen Qualitätsbedarf. Ihre wichtigsten Betriebe waren Woll-, Seiden- und Baumwollwebereien, Färbereien, Gold- und Silberschmiedewerkstätten, Glas-, Papier- und Metallwarenfabriken; am Rande der Textilindustrie hatten sich Farbstoff- und Chemikalienwerke entwickelt. Die Hauptausfuhrprodukte waren Luxuswaren, Farbstoffe, Chemikalien. Der Schutzzoll hielt den französischen Betrieben die englische Konkurrenz vom Leibe, erlaubte ihnen aber auch gleichzeitig, jeder technischen Umstellung auszuweichen. Die Mechanisierung der Produktionsvorgänge machte erst unter dem Bürgerkönigtum größere Fortschritte. Zur Zeit der Juli-Revolution von 1830 arbeiteten in der ganzen französischen Industrie nur 625 Dampfmaschinen; bis zur nächsten Revolution erhöhte sich die Zahl auf 5200.

Das Bild änderte sich unter dem Kaiserreich. Einerseits erhöhte die aktive, mit militärischen Expeditionen unterbaute Außenpolitik den Militärbedarf und gab der Rüstungsindustrie und damit auch der Schwerindustrie und dem Kohlenbergbau einen größeren Auftrieb, und in derselben Richtung wirkten umfangreiche Investitionen im Straßen- und Kanalbau. Anderseits nutzte das kaiserliche Regime die verbesserte außenpolitische Situation zum Ausbau der außenwirtschaftlichen Verflechtungen. Der 1860 mit England abgeschlossene Handelsvertrag führte zu einem radikalen Abbau der Einfuhrzölle und zu einer Reihe von Meistbegünstigungsverträgen mit anderen Ländern. Die Wendung zum Freihandel, aber auch der Ausbau der kolonialen Basis in Nordafrika und der Vorstoß nach China und Südostasien sicherten die Entfaltung der Exportkonjunktur. Staatlich gestützte Kreditinstitute finanzierten den Übergang von der Manufaktur zur Maschinenproduktion; bis zum Ende der Kaiserzeit erhöhte sich die Zahl der Dampfmaschinen in Industriebetrieben auf 26146, das Fünffache des 1848 registrierten Bestandes. Eine Eisenbahngesellschaft nach der anderen wurde gegründet. Der Staat stellte das Bahngelände zur Verfügung und kam für den Unterbau, die eigentliche Bahnanlage, auf.

Das alles kostete den Staat erhebliche Gelder. Der Deckung der Staatsausgaben dienten weiterhin die altbewährten Mittel: indirekte Steuern, Bodenabgaben und Gebühren mannigfacher Art. Die Hauptlast trugen die mittleren und unteren Bürgerschichten in der Stadt und die bessergestellten Bauern. Langfristige produktive Investitionen waren unter solchen Umständen wenig verlockend; es war vorteilhafter und weniger riskant, erspar021tes Kapital in festverzinslichen Staatsanleihen anzulegen und möglichst viel Familienangehörige in öffentlichen Ämtern unterzubringen. Die Finanzierung des schon unter Napoleon aufgeblähten Beamtenapparates, der immer größer wurde, blieb unter dem Kaiserreich wie auch später unter der Dritten Republik eines der unlösbaren Probleme aller französischen Regierungen. Die unzähligen Verwaltungssinekuren abzubauen war politisch unmöglich; demnach war es finanziell unmöglich, die Verbrauchsabgaben, die Binnenzölle, die Stempelgebühren durch ein wirtschaftlich sinnvolles Steuersystem zu ersetzen. Aber die Beibehaltung des überlieferten Finanzsystems machte ihrerseits eine expandierende, dynamische Industriewirtschaft unmöglich und vermehrte die Nachfrage nach Beamtenposten: eine Schraube ohne Ende, die der Bürokratie einen parasitären Charakter verlieh. Nach der Niederlage im deutsch-französischen Krieg kamen die Kosten eines übergroßen und wachsenden militärischen Apparats hinzu.

Schon zu Beginn der Kaiserzeit hatte die Ausgabe von Eisenbahnaktien den führenden Großbanken erhebliche Kapitalien zugeführt. Da der eigentliche Eisenbahnbau von der Staatskasse finanziert wurde, standen diese Kapitalien anderen Zwecken zur Verfügung: sie flossen in den Bau von Eisenbahnen im Ausland oder in Anleihen an ausländische Regierungen. Die Aktien und Obligationen der ausländischen Eisenbahnen und die ausländischen Anleihepapiere verschlang ein mit intensiver Propaganda narkotisiertes Publikum; immer mehr Bankmittel wurden für neue Auslandsgeschäfte frei gemacht. In der kurzen Entspannungsperiode von 1859 bis 1866, in der das Kaiserreich seine außenpolitischen Gewinne konsolidierte, wurde die Pariser Hochfinanz zum führenden Kapitalexporteur des Kontinents. Größere Investitionsbeträge flossen im Inland paradoxerweise nur der Wirtschaftssphäre zu, die das Risiko der Auslandsanlagen erhöhte: der Rüstungsindustrie. Auch dafür sorgten nicht nur die ansehnlichen Propagandafonds der Banken und der ausländischen Regierungen, sondern auch die »nationalen« Argumente der Bürokratie und des Militärs. Alle französischen Revolutionen hatten Bürokratie und Militär am Leben erhalten, ausgebaut und gestärkt. Um ihrer Selbsterhaltung willen bemühten sich diese Schichten nicht ohne Erfolg darum, Frankreich in der finanziellen und wirtschaftlichen Verstrickung einer Gesellschaftsstruktur zu halten, die das Land vom großen Strom des Industrialisierungsprozesses der Welt abschnitt.

Wie sehr die Entwicklung gebremst war, zeigt am deutlichsten die Verteilung der Bevölkerung auf Stadt und Land. Zu Beginn des Jahrhunderts war Frankreich das zweitwichtigste Industrieland der Welt. Wie schnell es diese Position einbüßte, ersieht man aus der Gegenüberstellung seiner Bevölkerungsverteilung und der Englands (ohne Irland). Im Jahre 1815 lebten in Gemeinden mit mehr als 5000 Einwohnern von der Gesamtbevölkerung Englands 28 Prozent, von der Gesamtbevölkerung Frankreichs 14 Prozent. Bis 1870 hatten sich in England bereits 57 Prozent der Bevölkerung in Gemeinden mit mehr als 10000 Einwohnern zusammengedrängt, in Frankreich erst 21 Prozent.

Bleigewichte der Revolutionen

Das langsame Tempo der Urbanisierung ist ein eindeutiges Indiz dafür, daß auch die Proletarisierung der Bevölkerung im Lande der Revolutionen, dem Geburtsland der sozialistischen Strömungen des 19. Jahrhunderts, keineswegs dem englischen Vorbild folgte. Auch noch bei der Bevölkerungszählung von 1908 waren über 42 Prozent der Erwerbstätigen in Frankreich in der Landwirtschaft, zum allergrößten Teil als Eigentümer und Familienangehörige von Eigentümern, beschäftigt, nur 30 Prozent dagegen in Industrie und Bergbau. Dennoch war die »soziale Frage« in Frankreich nicht weniger akut. Die Lebensverhältnisse und Arbeitsbedingungen der gewerblichen Arbeiter in der Frühzeit der französischen Industrie waren ebenso miserabel wie in England. In der nachrevolutionären Zeit häuften sich Perioden der Teuerung, der Krisen, der Arbeitslosigkeit, der Lebensmittelnot. Vor allem die Krise von 1847 hatte unzählige Industrie-, Handels- und Handwerksbetriebe zum Erliegen gebracht. In den Städten gab es keine Arbeit und keine Lebensmittel. Hungerrevolten der Handwerker und Arbeiter trugen nicht unerheblich zum Sturz des Bürgerkönigtums und zu den erbitterten Kämpfen des Revolutionsjahres 1848 bei. In den sogenannten »nationalen Werkstätten« unternommene öffentliche Notstandsarbeiten zur Linderung der Arbeitslosigkeit gaben den Arbeitslosen die Chance, sich zusammenzufinden und organisiert aufzutreten; auf die Auflösung der »nationalen Werkstätten« antwortete ein Arbeiteraufstand, der blutig unterdrückt wurde. Der organisierten Aktion der Arbeiter war damit das Rückgrat gebrochen.

Freilich gingen agitatorische Bemühungen und Sammlungsversuche verschiedener sozialistischer Richtungen, die auch schon über internationale Verbindungen verfügten, weiter, ohne jedoch in einen organisierten Kampf um Löhne, Arbeitszeit und Arbeitsbedingungen einzumünden. Organisierte Kämpfe um Fabrikgesetze waren in der Zeit leidenschaftlicher Auseinandersetzungen um Regierung und Verfassung nicht aufgekommen. Schon 1841 war ein Gesetz erlassen worden, das die tägliche Arbeitszeit für Acht- bis Zwölfjährige auf acht Stunden und für Zwölf- bis Sechzehnjährige auf zwölf Stunden beschränkte, aber diese Arbeitszeitregelung galt nur für einen schmalen Wirtschaftssektor: Betriebe mit mehr als 20 Beschäftigten oder solche mit mechanischem Antrieb. Wirkliche sozialpolitische und arbeitsrechtliche Eingriffe des Gesetzgebers ließen viele Jahrzehnte auf sich warten.

Der organisierte Zusammenschluß von Arbeitern zur Erringung besserer Arbeitsbedingungen war während der ersten Revolution durch das Gesetz Le Chapelier untersagt worden; das Gesetz wurde weder 1830 noch 1848 aufgehoben. Das vorkapitalistische Koalitionsverbot fiel erst 1864, und in den letzten Jahren des Kaiserreichs zeigte sich in einigen Gewerbezweigen offene gewerkschaftliche Aktivität, ab 1868 auch offiziell geduldet. Viel deutlicher ausgeprägt war das politische Interesse der Arbeiter. Die politische Agitation verschiedener sozialistischer Gruppierungen machte sich in den Großstädten bemerkbar, namentlich in der letzten Kampagne der liberalen Opposition gegen das kaiserliche Regime, die Anfang 1870 seine Teilliberalisierung erzwang. In der Propaganda gegen die plebiszitäre Zustimmung zu den ungenügenden Reformen traten sichtbar die französischen Sektionen der Internationalen Arbeiterassoziation (Erste Internationale) hervor.

Zum wirklichen Fanal der erwachenden sozialistischen Bewegung wurde eine neue Revolution, die Erhebung der Pariser Kommune, im März 1871 in der gerade von deutschen Truppen geräumten Hauptstadt als lokale Regierung errichtet und schon im Mai in einem militärischen Massaker niedergemetzelt. Ihr Untergang mehr als ihre Taten machte die Kommune zum Symbol einer Revolution der unterdrückten Klassen mit dem Ziel der Schaffung einer neuen Gesellschaft ohne Klassen, ohne Besitzmonopol, ohne wirtschaftliche Ungleichheit. Wenige Tage nach ihrem Sturz nannte Marx (im Namen der Ersten Internationale) die Kommune eine »Regierung der Arbeiterklasse«, und zwanzig Jahre später meinte Engels, sie sei das erste Beispiel einer »Diktatur des Proletariats« gewesen.

In Wirklichkeit war die Kommune lediglich die Erhebung der bewaffneten Bürgerwehr einer monatelang von feindlichen Armeen belagerten, ausgehungerten und schließlich militärisch besetzten Stadt gegen eine vor dem Feind kapitulierende Regierung. Gegenüber der Regierung vertrat die Kommune die Ehre der Nation. Ihre einzige sozialistische Maßnahme bestand darin, daß sie eine Registrierung der von ihren Besitzern stillgelegten Fabriken und die Ausarbeitung von Plänen für ihre Inbetriebnahme durch Produktionsgenossenschaften der entlassenen Arbeiter anordnete. Was das revolutionäre Regime sozialpolitisch für die Arbeiter tat, war dürftig: es verbot die Nachtarbeit in Bäckereien und löste private Arbeitsnachweise auf, deren Aufgaben es der Gemeindeverwaltung übertrug.

Radikaler waren allerdings die politischen Maßnahmen der Kommune: Einführung des allgemeinen und gleichen Wahlrechts, Wählbarkeit aller Verwaltungsposten, Herabsetzung aller im öffentlichen Dienst und für politische Ämter gezahlten Gehälter, die künftighin nicht höher sein durften als die höchsten Arbeiterlöhne, jederzeitige Abberufbarkeit aller gewählten Mandatsträger durch die Wähler, konsequente Trennung von Kirche und Staat, Schule und Kirche. Zum größten Teil wurden damit alte Forderungen der früheren Revolutionen von neuem aufgegriffen, zu einem geringen Teil (Abberufbarkeit der Gewählten) neue Wege der Sicherung einer demokratischen, jederzeit vom Volk kontrollierbaren Verwaltung beschritten. Gerade dies wenige Neue verrät Geist und Gehalt des Kommuneaufstands: er war der Protest aktiver und interessierter Gemeindebürger gegen das fast erbliche Verwaltungsmonopol einer weitgehend korrumpierten Bürokratie.

Die antibürokratische Revolte entsprang einer weitverbreiteten Stimmung. Aber nur in der Hauptstadt fanden sich Gruppen, die gewillt waren, dem alten Apparat die Macht zu entreißen. Ist es verwunderlich, daß die kleinen und mittleren Bürger, die Handwerker und die Akademiker der Hauptstadt die tätige Bekundung des Protestes auf sich nahmen? In allen Revolutionen der Vergangenheit waren sie auf die Straße gegangen, um der Nation die Freiheit zu erkämpfen, und jedesmal war die gerade erkämpfte Freiheit noch während der letzten Phasen des Kampfes ihren Händen entglitten. Jedesmal war die politische Vertretung des Volkes von Berufsparlamentariern usurpiert worden, die aus der Politik ein Geschäft machten und den herrschenden Gewalten nie auch nur ein Stückchen wirklicher Macht zu entreißen vermochten.

Bei diesen Nachkommen der ersten Revolutionäre war das Verlangen lebendig geblieben, ins politische Geschehen aktiv einzugreifen, an Entscheidungen teilzunehmen, eine echte Selbstverwaltung aufzubauen: ein typisch städtisches Anliegen, das Anliegen von Gemeindebürgern und Steuerzahlern, seßhaften, praktischen, rechnenden Menschen aus produktiven Berufen, die das Drohnendasein einer unproduktiven und kostspieligen Bürokratie unvernünftig und sittenwidrig anmutete. Die Akten der Kommune und die Lebensläufe ihrer Ratsmitglieder haben sich erhalten, und man kann ihnen entnehmen, wer diese Repräsentanten der vermeintlichen Diktatur des Proletariats in Wirklichkeit waren und wo sie herkamen: Handwerksmeister, Apotheker, Journalisten, Fabrikanten, Ingenieure, Kaufleute und kaufmännische Angestellte, ein paar Advokaten, ein Häuflein Handwerksgesellen, die sich nach dem Brauch der Zeit eines Tages als Meister hätten selbständig machen können. Keine Industriearbeiter, keine Handwerker und Werkmeister aus Industriebetrieben, keine Handarbeiter aus den bereits gewerkschaftlich durchsetzten größeren halbhandwerklichen Betrieben des Druckereigewerbes oder der Bekleidungsindustrie. Am allerwenigsten waren die Männer der Kommune Funktionäre oder Organisationsbeauftragte aus der Sphäre des kollektiven Kampfes gegen das Industriekapital.

Politisch lag die Führung der Kommune in den Händen von Wortführern zweier sozialistischer Richtungen: der Anhänger Auguste Blanquis, denen an der Technik der Verschwörung und Machtergreifung (vor der die Marxsche Internationale eindringlich gewarnt hatte) mehr lag als an gesellschaftlicher Umgestaltung, und der mit anarchistischem Öl gesalbten Jünger Pierre-Joseph Proudhons, die die uneingeschränkte Freiheit der Konkurrenz wollten, weder an eine genossenschaftliche noch an eine staatlich organisierte Wirtschaft glaubten und ihre Hauptfeinde in »Finanz- und Börsenjuden« und einem korrupten Parlamentarismus sahen. Im Rahmen dieser Konzeptionen war »Regierung der Arbeiterklasse« bestenfalls politische Deklamation ohne sozialen Gehalt.

Aus der geistigen und mehr noch aus der emotionalen Hinterlassenschaft der Kommune ist wenige Jahre später eine Massenbewegung der französischen Arbeiter hervorgegangen, der abgrundtiefes Mißtrauen gegenüber staatlichen Institutionen und parlamentarischer Politik zur verpflichtenden Tradition wurde. In die Industriearbeiterschaft drang zum erstenmal auf breiter Grundlage eine gewerkschaftliche Bewegung ein, die sich von Anfang an von aller politischen Aktivität abgrenzte und Teilnahme an Wahlen, Einflußnahme auf Staatsorgane und jegliche Sozialgesetzgebung ablehnte. So entschieden war die Abkehr von der Politik in diesem syndikalistischen System, daß auch die anarchistische Aktion gegen den bestehenden Staat verworfen wurde, obgleich sie doch dem proudhonistischen Erbe entsprochen hätte. Aber auch ohne anarchistische Konsequenzen hat der Mythos der Gewalt und der direkten Aktion, wie ihn Georges Sorel, der große soziologische Interpret und glühende Hasser der politisch-parlamentarischen Verhüllungen der Gesellschaft des 19. Jahrhunderts, glaubte in der syndikalistischen Gewerkschaftspraxis entziffern zu können, den französischen Gewerkschaften alle Sozialpolitik und Sozialversicherung verleidet und sie dann auch nach dem ersten Weltkrieg für sowjetkommunistische Vorstellungen von der Zerschlagung der parlamentarischen Demokratie empfänglich gemacht.

Die syndikalistische Ausrichtung der Gewerkschaften zerriß die französische Arbeiterbewegung in zwei getrennte, kaum miteinander kommunizierende, fast feindliche Lager. Dabei haftete aber auch dem Sozialismus als der politischen Vertretung der Arbeiter, ungeachtet aller Spaltungen in gemäßigte und radikale Richtungen, der Hang zu reiner Propaganda und politischer Abstinenz an. Eine Wandlung wurde erst in den letzten Jahren vor dem ersten Weltkrieg spürbar; die Kämpfe, die sie auslöste, ließen indes erkennen, daß der ebenfalls in der Kommunetradition wurzelnde Sozialismus den Begrenzungen seiner Herkunft nicht entwachsen war: seine Basis in der Industriearbeiterschaft blieb schwach, seine Anhängerschaft rekrutierte sich zum großen Teil aus dem Handwerk, dem südfranzösischen Weinbau und dem öffentlichen Dienst (Lehrer, Postbeamte, Angestellte der öffentlichen Betriebe). Bei allem Glanz seines Beitrags zur politischen, soziologischen und geschichtsphilosophischen Debatte hatte der französische Sozialismus keinen Einfluß auf die Gestaltung der entscheidenden Strukturelemente der französischen Gesellschaft, die damit auch dem Blickfeld der Öffentlichkeit entzogen blieb. Die ideologischen Nachwirkungen der Revolutionen konzentrierten alles Licht auf die politisch-weltanschauliche Auseinandersetzung und ließen die fatale Verknöcherung des gesellschaftlichen Gewebes hinter einem undurchdringlichen Nebelschleier unsichtbar werden.

Deutschland sucht Anschluß an die neue Zeit

Ein ganz anderes Bild als an den entgegengesetzten Polen England und Frankreich zeigte der Verlauf der industriellen Revolution in den staatlich zersplitterten deutschen Landen. Weder war hier die Umwandlung der feudalen Agrarverfassung in ein System kapitalistischer Abhängigkeitsverhältnisse auch nur entfernt so weit fortgeschritten wie in England, noch nahm die technisch-industrielle Umwälzung wie in Frankreich den Umweg über die politische Revolution und die Zerschlagung der alten agrarischen Eigentumsordnung.

Das Land zerfiel in Dutzende von staatlichen Gebilden mit eigener wirtschaftlicher und politischer Struktur und verschiedener Ordnung der Agrarverhältnisse. Wesentlich war auch, daß Süd- und Westdeutschland in der Napoleonischen Zeit unmittelbar zum französischen Wirtschaftsbereich gehört und unter dem Druck der Kontinentalsperre einzelne Gewerbe künstlich emporgezüchtet hatte; umgekehrt hatte Ostdeutschland, ein Getreide- und Holzausfuhrland, dank steigenden Getreide- und Bodenpreisen während der französischen Kontinentaloffensive gegen England einen vorübergehenden Aufschwung der Land- und Forstwirtschaft erlebt, der zur allgemeinen Erweiterung der Anbauflächen geführt hatte, aber nach der Wiederherstellung des normalen Handelsverkehrs schwere Rückschläge hervorrief. Dieselbe Überexpansion war in allen anderen europäischen Ländern eingetreten, und nach dem Kriege schützten Frankreich, Holland und England ihre Getreideproduzenten mit hohen Schutzzöllen. Für den ostdeutschen Agrarexport war das der sichere Ruin. Die Getreideausfuhr über Danzig und Elbing sank nach 1815 um über 80 Prozent.

Ganz allgemein erforderte der Übergang zur Industriewirtschaft eine radikale Überwindung der feudalen und feudal-merkantilistischen Struktur, vor allem die Ersetzung der unfreien Arbeit der Leibeigenen und an die Scholle gebundenen untertänigen Bauern durch die Arbeitsleistung freier Arbeitskräfte. In Süd- und Südwestdeutschland waren bereits im 18. Jahrhundert die Fronlasten der bäuerlichen Bevölkerung zumeist in Grundlasten umgewandelt worden. Das Untertänigkeitsverhältnis konnte auf dem Wege der Geldablösung der Grundlasten beseitigt werden. Die dazu nötigen Gesetze wurden in den einzelnen süddeutschen und südwestdeutschen Staaten zwischen 1806 und 1821 erlassen. Gewiß gab es auch hier erhebliche regionale Unterschiede. Im Rheinland und in den südwestlichen Staaten hatte die traditionelle Erbteilung des Bauernlandes zu ungeheurer Besitzzersplitterung geführt. Die Kleinbetriebe verschuldeten, brachen zusammen, und es begann eine große Auswanderungswelle. Günstiger war die Lage der Bauernwirtschaft dort, wo das Anerbenrecht vorherrschte: in Bayern, im Nordwesten. Zu den Grundlasten kam hier zwar die Aussteuerung der Anerben hinzu, aber bei günstiger Marktlage setzte sich wenigstens der großbäuerliche Betrieb durch, der den größten Teil seiner Erzeugnisse mit Gewinn verkaufen konnte.

Allgemein machte die Beseitigung der Grundherrschaft, die mit der Aufhebung des Flurzwangs und der Allmende Hand in Hand ging, wirksamere Betriebsmethoden möglich: zumeist verbesserte Dreifelderwirtschaft, oft aber auch freie Fruchtfolge mit rationeller Viehwirtschaft. Nur zu einem geringen Teil erfaßte die Rationalisierung allerdings die Güter der früheren Feudalherren. Obgleich ihnen aus der Ablösung der Grundlasten erhebliche Mittel zuflossen, fanden sie selten den Weg zum industrialisierten Großbetrieb. Viele verkauften ihre Güter. Riesiger privater Forstbesitz blieb bestehen, aber im eigentlich landwirtschaftlichen Bereich wurde der bäuerliche Mittel- oder Kleinbetrieb zur vorherrschenden Betriebsform. Noch gab es keine allgemeine Landflucht.

Grundsätzlich anders verlief die Bauernbefreiung dort, wo die gutsherrschaftliche Verfassung überwog: in Preußen, Mecklenburg, Vorpommern und Teilen von Schleswig-Holstein. Um die Befreiung der Bauern hatte sich die staatliche Bürokratie im Interesse einer rationelleren Betriebsführung schon früher bemüht. In den staatlichen Domänenbetrieben wurden die Domänenbauern zwischen 1799 und 1806 aus der Untertänigkeit entlassen; günstige Ablösung der Fronlasten wurde ihnen mit staatlicher Unterstützung ermöglicht, so daß hier am ehesten gesunde Bauernbetriebe errichtet werden konnten. Die vom Freiherrn vom Stein vorbereitete umfassende preußische Agrarreform wurde 1807 verkündet; für 1810 war die allgemeine Bauernbefreiung vorgesehen. Wie die Fronlasten abgelöst und die Eigentumsverhältnisse geordnet werden sollten, wurde allerdings erst 1811 im Regulierungsedikt Hardenberg festgelegt. Theoretisch sollte der Staat die Finanzierung der Ablösung überall dort übernehmen, wo sich Bauern und Grundherren nicht einigen konnten. Praktisch konnte der Staat in Kriegs- und Krisenjahren solche Lasten überhaupt nicht tragen. Den bis dahin gutsuntertänigen Bauern blieb nichts anderes übrig, als den anderen im Edikt vorgesehenen Weg zu wählen: Ablösung der Fronlasten durch Abtretung eines Drittels des von ihnen bewirtschafteten Bodens an den Gutsherrn. Für die Bauern war das in vielen Fällen eine wirtschaftliche Verschlechterung, und manch einer sah sich genötigt, auf seinen Boden ganz zu verzichten und sich als Knecht zu verdingen.

Die Gutsbetriebe mußten nun ohne die bäuerliche Fronarbeit eine nicht unwesentlich erweiterte Bodenfläche bewirtschaften, also Lohnarbeiter bezahlen, für sie Wohnhäuser errichten, zusätzliche Dienstgebäude bauen, mehr Zugvieh und Inventar verwenden und für Meliorationen Geld ausgeben. Nur vermehrter Anbau erlaubte die Deckung der wachsenden Betriebsausgaben, aber die Mehrerzeugung war sehr bald nicht mehr abzusetzen. Auf lange Sicht konnte nur eine radikale Betriebsumstellung helfen, für die es an Kapital mangelte. Privates Leihkapital war kaum zu haben. Hypothekenzinsen hatten sich stark erhöht. Die verschuldeten Güter mußten verkauft werden – oder es kam zur Zwangsversteigerung. Nach Feststellungen, die im preußischen Abgeordnetenhaus 1851 getroffen wurden, hatten während der großen Agrarkrise, die erst in den dreißiger Jahren zu Ende gegangen war, 80 Prozent der Güter in den östlichen Provinzen Preußens ihre Besitzer gewechselt. Die Zahl mag übertrieben sein, aber sie gibt jedenfalls eine ungefähre Vorstellung von den Auswirkungen der Krise. Nur die bestbewirtschafteten Betriebe konnten sich behaupten, und auch unter neuen Eigentümern war der großbetriebliche Getreidebau nur zu halten, wenn er Anschluß an die Industriewirtschaft durch Angliederung von Sägewerken, Holzbetrieben und Schnapsbrennereien und Anbau von Zuckerrüben fand.

Die Bauernbefreiung hatte die Freizügigkeit der ländlichen Bevölkerung hergestellt, aber zahllosen Bauern die Möglichkeit einer selbständigen Existenz versagt. Die lang anhaltende Agrarkrise hatte überdies die Chancen einer industriellen Erschließung der vor dem Eisenbahnbau verkehrsmäßig vom Westen abgeschnittenen östlichen Provinzen zunichte gemacht. Wer nicht Gutsknecht werden oder bleiben wollte, mußte weg. Gebraucht wurden zusätzliche Arbeitskräfte in den Anfängen der Industrialisierung fast ausschließlich am Standort der Kohle- und Eisenerzvorkommen in Westdeutschland, wo binnen wenigen Jahrzehnten eine neue Industrie entstand. Das immer stürmischer wachsende neue Industrierevier mußte mit Arbeitskräften aufgebaut werden, denen nicht nur jede Industrieerfahrung abging, sondern die dazu auch noch »landfremd« waren.

Als die Industrialisierung an Tempo gewann, war die in Süd- und Westdeutschland durch die Umwälzung der Feudalordnung freigesetzte Landbevölkerung zu einem erheblichen Teil ausgewandert, und es mußten Arbeitskräfte aus dem Osten geholt werden, denn dort gab es keine industrielle Entwicklung zu der Zeit, als die große Masse der auf dem Lande Existenzlosen untergebracht werden mußte. Als die Industrialisierung – in bescheidenem Umfang – den Osten erreichte, war sein gutsherrlich-agrarisches Gepräge bereits stabilisiert. So wurde Ostdeutschland zu einer agrarischen Kolonie, der schwerindustrielle Westen zu einer Industriemetropole mit Arbeitskräften aus dem Kolonialreich.

Die Industrialisierung lief nur langsam an. Bei aller Förderung der gewerblichen Wirtschaft in den zur Napoleonischen Zeit von Frankreich beherrschten Gebieten hatte die neumerkantilistische Kontinentalpolitik des napoleonischen Systems eine industrielle Neugestaltung nicht wirklich gefördert, sondern lediglich dem Kleingewerbe und der verlagsmäßig organisierten Produktion eine verbreiterte Basis gegeben. Auch in der Schwerindustrie blieb es in Westdeutschland beim Kleinbetrieb und reichlich primitiven Produktionsverfahren. Es mußte dabei bleiben, solange sich die ständischen Fesseln erhielten und ein einheitlicher Markt nicht vorhanden war. Nach dem Zusammenbruch des napoleonischen Systems wurde mit vielem Zögern an die ständisch-zünftlerischen Schranken die Axt gelegt. Unmittelbar nach den Freiheitskriegen kam die Gewerbefreiheit in Preußen, 1825 folgte Bayern, erst 1840 Sachsen; im Gesamtgebiet des späteren Norddeutschen Bundes dauerte es bis zum Vorabend der Reichsgründung. Was der Kleinstaaterei am aktivsten entgegenwirkte, waren die direkten Kriegsfolgen: englische Konkurrenz und hohe Zollmauern, die alle wichtigen Märkte abriegelten. Preußen reagierte 1818 mit einem Zollgesetz, das auf alle Industrieerzeugnisse Gewichtszölle legte, die einem etwa zehnprozentigen Wertzoll entsprachen. Für kleinere deutsche Staaten mit Exportinteressen gab es nicht viel andere Möglichkeiten, als sich dem preußischen Zollgebiet anzuschließen, um Zugang zum preußischen Markt zu erlangen. Es dauerte trotzdem Jahre, ehe die wichtigsten industriell orientierten deutschen Länder den Deutschen Zollverein (1830) gründeten und ihre Zollgebiete mit dem Preußens zusammenlegten. Zusammen bildeten sie einen Markt, für den sich intensiver industrieller Aufbau zu lohnen schien. Bis zur Mitte des Jahrhunderts schlossen sich dem Zollverein auch die meisten anderen deutschen Länder an.

Verspäteter Industriedurchbruch

Die Entwicklungschancen des vereinheitlichten Zollgebietes beruhten einerseits auf der rapiden Zunahme der Bevölkerung, anderseits auf dem im ganzen Zollbereich niedrigen Lebenshaltungsniveau. In dem Maße, wie freie Arbeitskräfte nach der Bauernbefreiung verfügbar waren, waren sie auch zu besonders niedrigen Lohnsätzen zu haben. Auch sonst hielten sich die expandierenden Industrien, was Arbeitsbedingungen betraf, an englische und französische Vorbilder. Auch in Deutschland war der Arbeitstag unmenschlich lang. In Preußen wurde 1839 die Beschäftigung von Kindern unter neun Jahren verboten und die Arbeitszeit für Neun- bis Sechzehnjährige auf zehn Stunden täglich beschränkt, aber diese Bestimmungen blieben zum Teil unwirksam, weil keine Aufsichtsbehörde ihre Einhaltung überwachte. Erst 1852 führte Preußen die staatliche Gewerbeaufsicht ein, wobei zugleich das Verbot der Kinderarbeit bis zum zwölften Lebensjahr ausgedehnt, für Zwölf- bis Vierzehnjährige dagegen zwölfstündige Arbeitszeit zugelassen wurde. Immerhin begann mit der Schaffung von Gewerbeaufsichtsbehörden die wirksame Begrenzung der Arbeitszeit und der systematische Ausbau von Unfallschutzvorkehrungen. Der Kinderarbeit wirkte übrigens auch die ziemlich streng eingehaltene allgemeine Schulpflicht entgegen.

Die neue Industrie verfügte nicht nur über eine auf unabsehbare Zeit unbeschränkte Kohlenbasis; auch die einheimische Eisenerzgrundlage reichte zunächst für eine beschleunigte Entwicklung aus. Weniger ausgiebig war die Rohstoffgrundlage des anderen großen Sektors der frühen industriellen Entwicklung, der Textilindustrie; dafür kamen ihr eine Arbeitstradition von Jahrhunderten und geschulte Arbeitskräfte zustatten. Mit dem Übergang vom Handbetrieb zur Maschinenproduktion wurden einige alte Zweige der Textilindustrie vernichtet, und wie in England wehrte sich die alteingesessene Arbeiterschaft verzweifelt gegen die Einführung der Maschine (Leineweberaufstände in Schlesien), aber die Möglichkeit, an eine alte Tradition anzuknüpfen und auf Arbeitsgewohnheiten aufzubauen, die sich in Generationen herausgebildet hatten, erleichterte Umstellungen.

Der für die allgemeine Dynamik der Industrialisierung symptomatische Ausbau der Kohlen- und Eisenwirtschaft kam nur langsam in Schwung. Von 1825 bis 1840 erhöhte sich die Kohlenförderung Preußens allmählich von 1,1 auf etwas unter 4 Millionen Tonnen. Im ganzen späteren Reichsgebiet wurden aus den über 4 Millionen von 1840 bis 1857 11,3 Millionen Tonnen; erst danach kam der große Aufstieg: 1865 waren es 21,8 Millionen. Bis 1900 stieg die Steinkohlenförderung auf 109, bis 1912 auf 175 Millionen Tonnen.

Der steile Aufstieg hing wie auch anderswo mit der Expansion der Eisenwirtschaft zusammen, die ihrerseits natürlich erst mit dem Eisenbahnbau zu ungeahnten Höhen zu klettern begann. Eine Eisenindustrie hatte es freilich schon lange vor dem 19. Jahrhundert gegeben, und namentlich in Oberschlesien war die Mechanisierung der Gewinnungsverfahren bereits gegen Ende des 18. Jahrhunderts weit fortgeschritten: Verwendung von Dampfmaschinen ab 1788, erster Hochofen mit Koksverbrennung 1796, Einführung des Puddelverfahrens 1802. Mengenmäßig hielt sich das alles jedoch in engen Grenzen. Trotz breiterer Rohstoffgrundlage hatten die westdeutschen Reviere keinen größeren Anlauf genommen. In Schlesien wurden 1807 rund 16100 Tonnen Roheisen, in allen Rheinbundstaaten zusammen 18850 Tonnen erzeugt.

Das entsprach dem schleichenden Rhythmus des gesamten Industrialisierungsprozesses. In der gewerblichen Wirtschaft Preußens waren 1837 nur 419 Dampfmaschinen in Betrieb, 1843 auch erst 863 und 1849 nicht mehr als 1444. Ein eigener Maschinen- und Fahrzeugbau hatte noch nicht einmal den inländischen Markt erobert. Von den 245 Lokomotiven, die 1842 im Verkehr waren, stammten nur 38 (15,5 Prozent) aus deutschen Werken, der Rest aus dem Ausland. Da mußte erst der Eisenbahnbau kommen, um die Entwicklung ins Rollen zu bringen: 1840 hatten die Eisenbahnen in Deutschland eine Streckenlänge von 549 Kilometern, 1850 waren es 6044, 1870 19575 (zum Vergleich: 61148 Kilometer 1910). Damit war der Eisenindustrie das Entwicklungstempo vorgeschrieben. Die Roheisengewinnung, die sich von 1837 bis 1842 in der Nähe von 100000 Tonnen jährlich gehalten und 1847 auch noch nicht 230000 Tonnen erreicht hatte, stieg bis 1860 auf eine halbe Million und bis 1876 auf 1,8 Millionen Tonnen. Langsamer Beginn, dann sprunghafter Aufstieg.

Zu einem erheblichen Teil verdankte die deutsche Schwerindustrie ihren Tempogewinn einer Kombination von standortmäßigen und organisatorischen Vorteilen, die ihr aus der engen Verbindung von Kohlenzechen und Eisenhütten zuflossen. Auf der engen räumlichen und unternehmensmäßigen Zusammenfügung von Kohle und Eisen beruhte die überstürzte Entwicklung des westdeutschen Industriegebiets an der Ruhr zur Konzentrationsstätte der industriellen Leistung und zum Sammelbecken der Industriebevölkerung. Auf demselben Hintergrund zeichneten sich schon in den Anfängen der Industrie die Konturen der späteren Großkonzerne ab. Um die Kohlenbergwerke und Eisenhüttenbetriebe rankte sich jeweils ein ganzes Netz von Unternehmungen der verschiedensten Art und Spezialisierung.

Das Tempo, in dem die deutsche Industrie das in der ersten Hälfte des Jahrhunderts Versäumte nachholte, bedingte die Sprunghaftigkeit der Veränderungen auch in der sozialen Struktur des Landes. Die Bevölkerung des gesamten späteren Reichsgebietes, die am Ausgang der Befreiungskriege weniger als 25 Millionen betragen hatte, wuchs bis 1870 auf 40 Millionen, bis 1910 auf 65 Millionen an. Aus Berufen der Land- und Forstwirtschaft bezogen ihren Lebensunterhalt in Preußen 1804 etwa 80 Prozent der Bevölkerung, 1849 64

Prozent, 1867 nur noch 48 Prozent. Die Bevölkerungszählungen des Deutschen Reiches zeigen in der Land- und Forstwirtschaft 1882 noch 42,5 Prozent der Erwerbspersonen, 1895 35,8 Prozent, 1907 nur noch 28,6 Prozent.

Arbeiterbewegung und bürokratisierte Gesellschaft

Der verspätete Durchbruch der industriellen Revolution hatte das Hinwegräumen der feudalen Ordnung in den Händen der kameralistischen Bürokratie der voraufgehenden Periode belassen. Solange keine Fabrikschmelztiegel bereitstanden, die aus feudaler Untertänigkeit entlassenen Bauern zu industriellen Lohnarbeitern umzuschmelzen, konnten sich auf altfeudalem Boden auch ohne die Rechtsformen der Hörigkeit Abhängigkeitsverhältnisse festigen, die der alten, nur wenig veränderten Herrenschicht eine Sonderstellung verschafften. Wie granitne Felsvorsprünge ragten in das Zeitalter der Industrie und Technik die Machtpositionen der ostelbischen »Junker« hinein.

Das Beharrungsvermögen dieser überaus lebendigen Residuen der feudalen Gesellschaft änderte indes nichts daran, daß sich außerhalb ihres engeren Herrschaftsbereichs die für die industrielle Zivilisation typische gesellschaftliche Differenzierung vollzog und die ureigenste »soziale Frage« einer kapitalistischen Ökonomie – das Problem der »Menschwerdung« einer besitzlosen, schwer arbeitenden, in drückender Not lebenden Masse »freier« Fabriksklaven – in den Vordergrund trat. Mit dem Wachstum der Industrieproduktion vermehrte sich von Jahr zu Jahr die Industriearbeiterschaft. War sie im ersten Stadium der Industrialisierung als selbständiger Faktor außer in Maschinenstürmeraufständen und Hungerrevolten überhaupt nicht in Erscheinung getreten, so begann um die Mitte des Jahrhunderts ihr politischer und organisatorischer Aufstieg.

Das große Heer der Industriearbeiter wurde im wesentlichen aus zwei Quellen gespeist. In den verarbeitenden Industrien, die sich aus den historischen Gewerben der mittelalterlichen Stadt entwickelt hatten, stammte bis zum Ende des Jahrhunderts auch das Gros der Arbeitskräfte aus der alteingesessenen Stadtbevölkerung, aus den Familien der Handwerker, Kaufleute, unteren Beamten, Berufssoldaten, Hof- und Adelsbediensteten. Hier gab es die ererbte Routine gewerblicher Arbeit. Anwärter auf Industriearbeiterberufe erhielten die traditionelle handwerkliche Ausbildung und hatten, bevor sie in die Fabrik kamen, die Gesellen-, häufig auch die Meisterprüfung bestanden. Nicht so in den Industrien der Urproduktion und den mit ihnen am engsten verbundenen Beschäftigungszweigen: im Bergbau, in der eisenschaffenden Industrie, in der Baustofferzeugung, in der Gewinnung chemischer Ausgangsprodukte. Diese Industrien waren gleichsam aus dem Nichts entstanden und hatten über Nacht einen gewaltigen Bedarf an Arbeitskräften entwickelt, bei denen Handhabung von Werkzeugen, Arbeitsdisziplin und Arbeitsgewohnheiten weniger wichtig waren als Muskelkraft und Ausdauer. Hierher strömten aus überwiegend agrarischen Gegenden Arbeitsuchende, die keine gewerblichen Berufe »erlernt« hatten, mit industrieller Technik nicht in Berührung gekommen waren und von einem städtischen Lebens- und Arbeitsrhythmus nicht viel wußten.

Für den handwerklich geschulten und der Handwerkstradition verhafteten städtischen Arbeiter war der Betrieb – vornehmlich der Kleinbetrieb, an den er gewöhnt war – nicht nur Hölle der Ausbeutung, sondern auch Stätte der Bewährung; er fühlte sich qualifiziert, zu Leistung und weiterer Qualifizierung fähig und berufen; er wollte den Betrieb, den Beruf, die Industrie, die Gesellschaft umgestalten und wußte sich einem nur am Gewinn interessierten Unternehmer oder dessen Vertretern überlegen. Er war als Geselle auf Wanderschaft gewesen, hatte fremde Länder kennengelernt und seinen Horizont erweitert; er war wißbegierig und wissenshungrig, glaubte an Fortschritt und daran, daß Wissen Macht sei, und wollte sich nichts vormachen lassen. In diesem Sinne war er revolutionär. Vernunft, Technik und Organisation waren ihm Lebenselement. Er wollte Vernünftiges, nicht Unmögliches; er wollte Stetigkeit im Fortschritt, greifbare Verbesserungen; es lag ihm, überlegt, umsichtig, allmählich vorzugehen. Der Revolutionär war der geborene Kompromißler, ein Fanatiker der Ordnung, besorgt um Produktion und Dinge des Betriebes.

Er zweifelte nicht daran, daß alles hinweggeräumt werden mußte, was eine vernünftige Entwicklung hemmte: Überreste der ständischen Privilegien, Zunftwesen, Kleinstaaterei, die politische Herrschaft eines Staatsapparates, der noch feudale Interessen vertrat und sich von wirtschaftlicher Vernunft nicht leiten ließ. Er wütete gegen den »Klassenstaat«, aber er meinte den Staat der Junker und Bürokraten, in dem sein »Klassenfeind«, der Kapitalist, noch nicht regieren durfte. Er brandmarkte mit Inbrunst die »Klassenherrschaft der Bourgeoisie«, aber er wußte, daß die Bourgeoisie vor den Mächten der Vergangenheit kapituliert und auf ihre Herrschaft verzichtet hatte. Er glaubte an eine sozialistische Revolution zum Sturz des Kapitalismus, aber was er wirklich wollte, war die Beseitigung von Standesvorrechten und eine demokratische Staatsordnung, in der er mitentscheiden könnte.

Die ersten Arbeiterorganisationen in der Revolutionsperiode von 1848 vereinten Handwerksmeister und Handwerksgesellen; ihr Interesse galt der Politik, und sie wollten alle eine neue Ordnung. Dann traten mit der wirtschaftlichen Belebung in den sechziger Jahren Arbeiterbildungsvereine, Selbsthilfevereine und die ersten Gewerkschaften auf die Bühne, in denen immer noch Handwerker das Wort führten. So war es vor allem in den Arbeiterbildungsvereinen, die dem radikalen Liberalismus folgten und aus denen 1869 unter der Führung des selbständigen Drechslermeisters August Bebel die Sozialdemokratische Partei Eisenacher Richtung entstand. Viel anders war es auch nicht in dem 1863 gegründeten Allgemeinen Deutschen Arbeiterverein, als dessen Präsidenten nacheinander der Privatgelehrte Ferdinand Lassalle, der Rechtsanwalt J. B. von Schweitzer und der Lohgerber Wilhelm Hasenclever fungierten; hier gab es zwar Verbindungen zu den neuen Riesenbetrieben der großen Industrie, aber die Verbindungsleute waren Handwerker, die in Kleinbetrieben gelernt hatten.

Im Gefolge der Wirtschaftskrise von 1873 zerriß endgültig die demokratische Allianz von 1848. Schon das Abschwenken der Haupttruppen des Liberalismus zur Bismarck-Front hatte das Kleinbürgertum ins Wanken gebracht. Das kleine Unternehmertum und das selbständige Handwerk, durch die Konzentration in der Industrie und die nach der Krise verschärfte Konkurrenz in ihrer Existenz bedroht, wechselten in der Hoffnung auf die helfende Hand des Staates ins konservative Lager hinüber und erlagen bald der Lawine nationalistischer, antisemitischer und imperialistischer Strömungen, die sich über das Land ergoß. Das mit der Arbeiterbewegung einst verbündete Handwerk wurde zu ihrem bösesten Feind. Dennoch blieb die Arbeiterbewegung der handwerklichen Tradition treu. Ihre auf graduelle Verbesserungen gerichtete Tagespraxis geriet allmählich in Widerstreit mit den Revolutionsträumen, die aus derselben handwerklichen Sicht erwachsen waren.

Für das politische und ideologische Gepräge der deutschen Arbeiterbewegung war dieser Konflikt wichtiger als die Lage und Gefühlshaltung der Arbeiter in den neuen Massenindustrien. Hier sammelten sich die gerade erst proletarisierten, gestern oder vorgestern noch landwirtschaftlich gebundenen Massen. Für diese Entwurzelten und Deklassierten war die kapitalistische Fabrik einerseits Lebensrettung, anderseits bis zum äußersten verschlimmerte Daseinsnot, Verbannung, Fremde, Hoffnungslosigkeit. Maschine und Technik waren nicht verbindende Gemeinsamkeit, sondern das eigentlich Drohende, undurchschaubare Übermacht. Der Großbetrieb, in den viele von ihnen gerieten, war die neue Obrigkeit: ohne Widerrede hingenommen von den einen, fanatisch verwünscht von den anderen.

Verschiedenes kann auf solchem Boden gedeihen: passives Dulden oder Maschinenstürmerei; Bereitschaft, in unbedingter Treue zu alten kirchlichen Bindungen nach religiösem Trost zu suchen, oder bekennerisches Sektierertum; disziplinierte Befolgung kirchlicher Weisungen in der politischen und gewerkschaftlichen Ebene oder wirklichkeitsabgewandter Radikalismus, der alles Bestehende zerstören will. Die meisten dieser stadt- und fabrikfremden, dazu noch landfremden Arbeiter kamen zur Industrie, als sie im Aufstieg war und desperaten Nihilismus kaum gedeihen ließ; sie wirkten darum weniger radikalisierend als hemmend. Der Pessimismus der Entwurzelten verstärkte das Element des Jenseitsgerichteten, Utopischen im sozialistischen Lager; ihre Zaghaftigkeit führte zur Entstehung von Organisationen, die sich ideologisch absonderten und religiöse oder weltanschauliche Bindungen an diese oder jene Wertsphäre der überlieferten Gesellschaftsstruktur (Christentum, Monarchismus, Nationalismus) zu zementieren suchten.

Es ist schwer zu beweisen, daß diese Eigenheiten, die mit dem langsamen Anlauf der Industrialisierung und ihrem eigenartigen Rhythmus zusammenhängen, die Aktionsfähigkeit der Arbeiterorganisationen wesentlich beeinträchtigt haben. Die Erfolge kamen verspätet, aber spürbar. Daß es eine Sozialdemokratie gab, die trotz allen Erschwerungen ihrer politischen Aktion von Wahl zu Wahl größer wurde, und daß disziplinierte Gewerkschaften ihrer Führung folgten, war für den Bismarckschen Staat Veranlassung genug, das große Experiment einer Sozialversicherung für Arbeiter zu wagen. Aber selbst wenn man die Leistungen der Sozialversicherung außer acht ließe, so blieben immer noch die grandiosen Errungenschaften, die die politischen und gewerkschaftlichen Kämpfe den Arbeitern und mit ihnen allen übrigen Arbeitnehmern seit den sechziger Jahren eingebracht haben: höhere Reallöhne; ausreichende Ernährung; größere Muße- und Erholungszeit; menschenwürdige Wohnverhältnisse; Angleichung der Kleidung an die Norm der städtisch-bürgerlichen Schichten; allgemeine Hebung des Bildungsniveaus der Arbeitermassen, in keinem anderen Lande erreicht, in den kühnsten Träumen der Pioniere nicht vorausgeahnt. Eine historische Leistung, die vollauf ausreicht, die Existenzberechtigung dieser sozialistischen Arbeiterbewegung zu erweisen. Wahrscheinlich wäre sie ohne revolutionäre Ideologie und revolutionäres Sendungsbewußtsein weniger erfolgreich gewesen: eine Bewegung, die die Welt erlösen will, erreicht mehr (weil sie von ihren Anhängern unendlich viel mehr verlangen kann) als eine, die nur nach materiellen Gütern greift.

Und doch ist der sozialistischen Bewegung, gemessen an ihren eigenen Zielsetzungen, in der Zeit von 1848 bis 1914 ein durchschlagender Erfolg versagt geblieben: sie hat weder den Kapitalismus gestürzt noch eine demokratische Staatsordnung erkämpft. In Wirklichkeit verfügte der Staat der Junker und Bürokraten zu Beginn des 20. Jahrhunderts über größere Machtmittel und eine breitere Herrschaftsbasis als seine preußische Vorgängerorganisation ein halbes Jahrhundert früher.

Aus einem handwerklichen Kleinbetrieb war der deutsche Staat zu einem mächtigen industriellen Großkonzern geworden, auch im wörtlichen Sinn als einer der größten Industrieeigentümer des Landes. Ein kleiner bürokratischer Verwaltungsapparat, der sich nach Möglichkeit bemühte, außer den engeren Interessen der monarchischen Spitze auch die Interessen der feudalen Oberschicht zu vertreten, hatte sich in ein mächtiges Gebilde mit vielfältigen Machtfunktionen verwandelt: es hatte – in einem der größten Industrieländer der Welt! – die wirtschaftliche Entwicklung im Interesse der industriellen Unternehmer zu sichern, durfte dabei aber auch die ökonomischen Interessen des Großgrundbesitzes nicht antasten; es mußte überdies die Interessen der Wirtschaft mit denen eines gewaltigen Kriegsapparates in Einklang bringen; schließlich mußte es dafür sorgen, daß die organisatorisch und finanziell gefährlich große Arbeiterbewegung nicht von revolutionären Programmerklärungen zu revolutionärer Praxis überging.

Die Erfüllung solcher Aufgaben erforderte die Dienste einer viel größeren Bürokratie, die auch größere Unabhängigkeit und mehr gesellschaftliche Macht beanspruchte. Sie hatte aber auch ihren Charakter verändert. Bei aller Aufrechterhaltung der Spitzenprivilegien des grundbesitzenden Adels hatte sie Teile des industriellen Bürgertums in sich aufgenommen und war zugleich mit einer neuen Schicht in enge Verbindung gekommen, die es fünfzig oder siebzig Jahre früher noch gar nicht gegeben hatte: der industriellen Unternehmens- und Verbandsbürokratie. Hatte die Verbürgerlichung des Staatsapparats die Macht des Besitzbürgertums auf Kosten des adligen Agrariertums gestärkt? Oder hatte sie nicht vielmehr zur völligen Entmachtung der eigentlichen »Bourgeoisie« zugunsten einer neuen, in den Spitzen des staatlichen Zivil- und Militärapparates mit dem privilegierten Agrariertum eng verbundenen Bürokratenschicht geführt? Ohne Zweifel war das Ausbleiben der institutionellen Demokratisierung der Staatsmaschine nur der negative Ausdruck des neuartigen bürokratischen Monopols.

Der Wandel des politischen Machtgefüges zeigt, wie weit die Arbeiterbewegung in ihrem ruhmreichen Aufstieg vom ursprünglichen Ziel einer radikal neuen Machtverteilung abgekommen war. Um ihrer inneren Integration willen hatte sie einer verpflichtenden Ideologie und einer ideologisch zementierten Politik bedurft. Nun hatte sie der immer akuter empfundene Widerstreit zwischen Tagespraxis und programmatischem Ziel, an das leidenschaftlich geglaubt wurde, in einen ideologischen Konflikt verstrickt, der eine große emotionale Spannkraft und viel intellektuelle Energie verbrauchte. Mit sich selbst und mit der Erkämpfung greifbarer Verbesserungen beschäftigt, war die Arbeiterbewegung innerlich unfähig, die politischen und gesellschaftlichen Veränderungen zu verarbeiten und in Verhaltensmaßstäbe zu übersetzen. Sie wich aus. Sie wehrte sich dagegen, sich über die Tragweite der neuen Dinge Rechenschaft abzulegen. Sie vermied es beharrlich, das Bewußtmachen des Neuen zum Inhalt ihrer täglichen ideologischen Integrationsarbeit zu machen. Sie hielt sich für die einzige zur Demokratisierung des gesellschaftlichen Lebens befähigte Kraft, aber sie wollte nicht sehen, daß die Konsolidierung des neuen Machtgefüges jede konkrete Demokratisierungsmöglichkeit verbaut hatte. Sie fand sich damit ab, daß die Gesellschaft im Gefolge der zweiten Industrialisierungswelle unsichtbaren, anonymen und unkontrollierten Machtbildungsprozessen preisgegeben war.

Weltverkehr – Freihandel – Weltwirtschaft

Mit dem Eisenbahnbau war eine neue Epoche angebrochen. Daß die Zugkraft einer Dampfmaschine, die aus mitgeführtem Brennstoff gespeist wurde, Menschen und Güter auf festen Schienen befördern konnte: das war in der Tat eine Revolution. Nicht nur die Transportgeschwindigkeit wurde vervielfacht, was die Beförderungszeiten verkürzte, sondern auch die gleichzeitige Beförderung vieler Menschen und Güter ermöglicht. Völlig neue Bedingungen waren entstanden für Produktion, Verkauf, Versorgung, Nachrichtenübermittlung und direkte Verständigung, aber auch für Kriegführung, Massenzusammenrottung, Polizeiaktion. Die Revolution des Verkehrs veränderte das Gesicht der Welt.

Der Bau von Eisenbahnen begann schon Ende der zwanziger Jahre, aber 1830 gab es in der ganzen Welt nicht mehr als 332 Kilometer Eisenbahnstrecken. Erst das nächste Jahrzehnt brachte eine umfangreiche Bautätigkeit, wenn zunächst auch nur Teilstrecken gebaut wurden, die später zu verzweigten Netzen zusammengefügt werden sollten. Die Höhepunkte der Bautätigkeit lagen, wenn man die Welt als Ganzes nimmt, in den achtziger Jahren und unmittelbar vor dem Ausbruch des ersten Weltkriegs. Das sah so aus:

Eisenbahnnetz der Welt (in 1000 km)

Jahr	Europa	Amerika	Davon USA	Asien	Afrika	Australien und Ozeanien	Welt insgesamt
1840	2,9	4,8	4,5	—	—	—	7,7
1850	23,5	15,1	14,5	—	—	—	38,6
1860	51,9	53,9	49,3	1,4	0,5	0,4	108,0
1870	104,9	93,1	85,1	8,2	1,8	1,8	209,8
1880	169,0	174,7	150,7	16,3	4,6	7,8	372,4
1890	223,9	331,4	268,4	33,7	9,8	18,9	617,3
1900	283,5	402,2	311,1	60,3	20,1	24,0	990,1
1910	333,8	526,4	388,2	101,9	36,9	31,0	1030,0
1913	346,2	570,1	410,9	108,1	44,3	35,4	1104,2

Mit dem ersten Jahrzehnt des 20. Jahrhunderts war die große Epoche des Eisenbahnbaus in den Industrieländern faktisch abgeschlossen. Solange die Industrialisierung der übrigen Welt nur langsam voranschritt, mußte sich das Tempo der Erweiterung des Eisenbahnnetzes fühlbar verlangsamen. Hatte sich das Eisenbahnnetz der Welt zwischen 1870 und 1913 mehr als verfünffacht, so kamen in den folgenden vier Jahrzehnten wenig mehr als 12 Prozent hinzu: 1956 erreichte das Welteisenbahnnetz 1,25 Millionen Kilometer.

Wie die Eisenbahnen den Rhythmus des Daseins abgewandelt haben, mag ein Zahlenbeispiel zeigen. Mit der Postkutsche wurden 1831 in Preußen rund 500000 Reisende, in ganz Deutschland schätzungsweise eine Million Reisende befördert. Aber 1912 beförderte die Eisenbahn im Deutschen Reich 1744 Millionen Menschen! Die Verlangsamung des Eisenbahnbaus gegen Ende des Jahrhunderts bedeutete keinen Stillstand in der Zunahme des Verkehrs. Mit der Eisenbahn reisten 1882 in Europa 1371 Millionen Menschen, in der ganzen Welt 2300 Millionen; bis zum ersten Jahrfünft des neuen Jahrhunderts hatte sich der Verkehr weit mehr als verdoppelt: im Jahresdurchschnitt 1901 bis 1905 lauteten die Zahlen für Europa 3623 Millionen, für die ganze Welt 4977 Millionen.

Im Gütertransport ist die Zunahme der effektiven Leistung noch augenfälliger. Zwischen 1880 und 1913, in einer Zeit, in der das deutsche Eisenbahnnetz von 33838 auf 61148 Kilometer, also auf nicht ganz das Doppelte anwuchs, stieg die Güterbeförderungsleistung der Eisenbahn auf mehr als das Fünffache: von 13,1 auf 67,5 Milliarden Tonnenkilometer. Ähnlich in den USA: zwischen 1890 und 1913 Ausdehnung des Eisenbahnnetzes von 268409 auf 388173 Kilometer, um nicht ganz 45 Prozent; Zunahme der Beförderungsleistung von 124 auf 485 Milliarden Tonnenkilometer, um 291 Prozent.

Die Leistungen der Eisenbahn deuten die Reichweite ihrer revolutionierenden Wirkungen an. Schon der Bau der Bahnanlagen, Gleise, Lokomotiven, Personen- und Güterwagen veränderte alle wirtschaftlichen Proportionen. Zur Deckung des Mehrbedarfs an Eisen und Stahl mußte die Produktionskapazität der Eisen- und Stahlindustrie stark erweitert werden, zuerst in England, dann aber auch auf dem Kontinent, vor allem in Deutschland und Frankreich, und schließlich, seit den achtziger Jahren, in Amerika, dort natürlich mit Siebenmeilenschritten. Das Zeitalter des Stahls war gekommen.

Seit der Mitte des Jahrhunderts war das Holz endgültig als Brenn-, Werk- und Baustoff verdrängt. Damit war Großbritannien von der Holzeinfuhr unabhängig geworden, und es ist kein Zufall, daß um diese Zeit die konsequente Freihandelspolitik des Inselreichs, zugleich aber auch ein neues Kapitel der Schiffahrt beginnt. Seit den fünfziger Jahren wurden auch Wasserfahrzeuge (einschließlich der Segelschiffe) überwiegend aus Eisen statt aus Holz gebaut. Nun konnte sich auch das Dampfschiff durchsetzen, allerdings erst gegen Ende des Jahrhunderts entscheidend auf Kosten des Segelschiffs: die Tonnage der Seglerflotte der Welt stieg noch bis 1880 auf 13,9 Millionen Bruttoregistertonnen und ging dann bis 1910 auf 4,6 Millionen zurück; die Tonnage der Dampfer- und Motorschiffflotte wuchs ununterbrochen von 279000 Bruttoregistertonnen 1850 auf 22,4 Millionen 1900 und 37,3 Millionen 1910 (1950: 84,6 Millionen).

Der wachsende Beförderungsradius und das erhöhte Beförderungstempo brachten automatisch eine Intensivierung des Geschäftsverkehrs, weil sie Entfernungen auch in persönlichen und geschäftlichen Beziehungen annullierten. Die bloße Tatsache, daß postalische Sendungen von Anfang an von der Eisenbahn (und selbstverständlich später auch von Überseedampfern) mitgenommen wurden, gab dem gesamten Geschäftsleben einen neuartig dynamischen Charakter. Der nächste Schritt war die Internationalisierung des Postverkehrs und der Abschluß internationaler Vereinbarungen über seine Regelung. Die Lawine der Briefsendungen schwoll fast unabsehbar an: 1875 wurden 144 Millionen abgesandte Briefsendungen gezählt, 1913 2,4 Milliarden.

Ohne die Entwicklung elektrischer Signalanlagen wäre die rasche Ausdehnung des Eisenbahnverkehrs kaum denkbar gewesen. Dennoch mag es einer jener glücklichen Zufälle des wissenschaftlichen Erfindens sein, daß die Telegraphie um dieselbe Zeit praktisch anwendbar wurde, zu der der Eisenbahnbau einen größeren Umfang annahm. Dann war es natürlich kein Zufall mehr, daß Telegraphenlinien beim Bau der Eisenbahnen den Schienen entlang am Bahngelände gelegt wurden und daß ein gewiß noch sehr weitmaschiges Telegraphennetz den europäischen Kontinent schon um 1850 umspannte. Dann war es wieder eine Lawine: 8,9 Millionen abgeschickte Telegramme 1860, über eine Milliarde 1910/11. Noch viel stürmischer entwickelte sich der Fernsprechverkehr: 1876 gab es in der ganzen Welt 580 Fernsprechteilnehmer, 1912 fast 12,5 Millionen.

Für die weltwirtschaftliche Verflechtung bedeutete der Ausbau der mündlichen und schriftlichen Drahtverbindungen etwas sehr Konkretes: er machte erst einen Weltmarkt möglich. Sofortige Verständigung und Unterrichtung über Verfügbarkeit von Warenvorräten, über Preise und Lieferungsbedingungen, die Sofortverrechnung von Außenständen und Verpflichtungen, die Herauskristallisierung und Feststellung von Weltpreisen für international gehandelte Rohstoffe, Nahrungsmittel, Stapelwaren, Devisen und Effekten: das alles läßt sich erst erreichen, wenn Produzenten, Händler und Bankiers miteinander ungeachtet der Entfernung ohne Zeitverlust telephonieren oder telegraphieren können.

Charakteristischerweise machten die revolutionären Neuerungen die althergebrachten Beförderungs- und Verkehrsmöglichkeiten in keiner Weise überflüssig. Während der ganzen Periode des Eisenbahn- und Dampferbaus wurden unzählige Landstraßen neugebaut oder mit technisch vollkommeneren Mitteln zu widerstandsfähigen Fahrwegen für schwere Fahrzeuge ausgebaut (das war noch vor der Zeit der Autobahnen!). Die Kanalschiffahrt wurde mit neuen Kanalverbindungen zwischen den großen Inlandsströmen erweitert, die großen Flüsse wurden mit planmäßiger Stromregulierung schiffbar gemacht, internationale Vereinbarungen über den Warenverkehr auf Flüssen und Kanälen getroffen. Zum erstenmal in der Geschichte des Weltverkehrs wurden auch international zugängliche Seeverbindungsstraßen künstlich geschaffen: 1869 Eröffnung des Suezkanals.

Das Ergebnis war die Beschleunigung des Umschlags, die erhöhte Frequenz der Warenumsätze, das heißt intensivierter Waren- und Geldumlauf und allgemeine Zunahme des Handelsvolumens bei gleichzeitigem Ausbau der internationalen Finanzverbindungen. Die Revolution im Verkehrs- und Nachrichtenwesen wirkte wie ein Sauerteig, der eine behäbige, auf die Einhaltung nationaler Grenzen bedachte Wirtschaft in ein dynamisches, international verzahntes, stürmisch expandierendes Hochdruckgetriebe verwandelte.

Was diese Verstärkung der zwischenstaatlichen Wirtschaftsverbindungen und Austauschbeziehungen wesentlich erleichterte, war die Niederreißung der Zollmauern und die Beseitigung sonstiger Absperrungsmaßnahmen, die mit den englischen Zollgesetzen Ende der vierziger Jahre eingeleitet wurde. Gerade England hatte in der merkantilistischen Zeit eine besondere Vorzugsposition genossen. Es hatte sein überseeisches Kolonialreich, aus dem es Rohstoffe und Edelmetalle beziehen konnte. Es hatte seine eigene Schiffahrt, mit der es den Überseehandel bewältigen konnte, und diese Schiffahrt beherrschte seit der Zerschlagung der spanischen Armada (1588) die Meere. Zwei Jahrhunderte lang wurde das Schiffahrtsmonopol durch strikte gesetzliche Vorschriften aus den Jahren 1651 und 1660 – die Navigationsakte und ein Ergänzungsgesetz dazu – aufrechterhalten. Im Laufe der Zeit waren noch andere Abriegelungsmaßnahmen hinzugekommen. Rohwolle durfte aus England nicht ausgeführt werden: es sollte der englischen Wollindustrie nicht mit englischen Rohstoffen Konkurrenz gemacht werden. Europäische Industriewaren, die mit englischen hätten konkurrieren können, wurden mit hohen Zöllen ferngehalten. Seit dem Ende der Napoleonischen Kriege wurde mit Zöllen auch die Getreideeinfuhr verhindert.

Inzwischen war aber die industrielle Revolution im Vormarsch, das Produktionsvolumen der englischen Industrie erweiterte sich sprunghaft. Die Hochöfen und die Baumwollfabriken produzierten mehr, als der einheimische Markt aufnehmen konnte. Man mußte exportieren, und es sah so aus, als würde man fremde Grenzen nur öffnen können, wenn man auf die Schließung der eigenen verzichtete. Zwischen 1821 und 1857 wurden nach und nach die binneneuropäischen Schiffahrtswege für den allgemeinen Verkehr geöffnet. Was nutzte aber die Freigabe der Wasserstraßen, wenn nach wie vor hohe Zölle auf allen Seiten den Warenverkehr behinderten? Ab 1823 hatte England endlich mit der Aufhebung verschiedener Einfuhrverbote begonnen, mehrere Industriezölle gesenkt und die Bestimmungen der Navigationsakte aufgelockert. Die Krise von 1836/37 brachte den Textilindustriellen die Überzeugung bei, daß ihr Auslandsgeschäft erst wieder florieren würde, wenn man den noch überwiegend agrarischen Ländern des Kontinents die Möglichkeit gäbe, ihre Agrarerzeugnisse in England zu verkaufen. Eine weitere Senkung der Industriezölle kam 1842, und 1846 wurde auch der Getreidezoll schließlich zu Fall gebracht. Es folgte der Entschluß, wenigstens die gesetzliche Verankerung des britischen Schiffahrtsmonopols aufzugeben und sich auf die faktische Überlegenheit der englischen Flotte zu verlassen. Zwei Jahre vor dem zweihundertsten Geburtstag der Navigationsakte wurden ihre Hauptbestimmungen aufgehoben; der Rest verschwand 1854. England hatte die große Ära des Freihandels eröffnet.

In Frankreich stieß die Freihandelsidee zunächst auf den Widerstand der Industriellen und Agrarier. Auf parlamentarischem Wege war eine Revision der Zollpolitik nicht zu erreichen. Nun wollte aber das kaiserliche Regime seine erfolgreichen Bemühungen um ein engeres wirtschaftliches Verhältnis zu England nicht aufs Spiel setzen, und außerdem lag es im Sinne der vom Kaiser selbst einst verkündeten *idées napoléoniennes*, die dem Kaiserreich feindlichen Arbeiter wenigstens mit der Aussicht auf blühenden Außenhandel und Verbilligung der Lebenshaltung zu ködern. Im Handelsvertrag mit England wurde 1860 der Abbau der Industriezölle konzediert; die in den Vertrag aufgenommene Meistbegünstigungsklausel sicherte England überdies den Genuß aller Zollsenkungen, die Frankreich anderen Mächten einräumen würde. Tatsächlich schloß Frankreich in den folgenden Jahren Handelsverträge, die allgemeine Zollsenkungen vorsahen, mit Preußen, Italien, der Schweiz, dem Deutschen Zollverein, den skandinavischen Ländern, Holland, Spanien,

Portugal und Österreich-Ungarn ab; ihre Bestimmungen kamen automatisch England zugute. Auch Frankreichs Kolonien wurden für den Handel geöffnet.

In der Handelspolitik des Deutschen Zollvereins hatten sich schutzzöllnerische Tendenzen von Anfang an kaum durchsetzen können. Innerhalb des Zollvereins war und blieb Preußen führend. Nach dem preußischen Zollgesetz von 1818 war die Einfuhr von Rohstoffen frei und die Getreideeinfuhr nur teilweise betroffen; als Preußen 1827 alle Agrarprodukte zollpflichtig machte, begnügte es sich mit relativ niedrigen Sätzen. Die Fertigwarenzölle, nach Gewicht berechnet und anfänglich um zehn Prozent des Warenwertes schwankend, erhöhten sich prozentual im Lauf der Jahre, da mit der Industrialisierung viele Industriepreise gesunken waren; dem Schutzbedürfnis der einheimischen Produzenten genügte das offenbar, Zollerhöhungen wurden auch später nicht beschlossen. Da die Fabrikanten zum größten Teil noch auf ausländisches Roheisen angewiesen waren, wurde erst in den vierziger Jahren ein mäßiger Zoll auf Roheisen eingeführt.

In den Niederlanden und in Skandinavien überwogen Exportinteressen, die jeder Zollabsperrung entgegenwirkten. Italien, wirtschaftlich im Schlepptau Englands, von dem es Kohle und sogar Getreide bezog, folgte der englischen Freihandelsmarschroute. Sogar Rußland, das eine Industrie mit Staatssubventionen und Sondervergünstigungen aufzubauen suchte, lockerte die Importdrosselung und senkte seine Hochschutzzölle.

Europa war zwar keine Freihandelszone geworden, hatte aber Zollmauern und andere Handelsbehinderungen so beträchtlich abgebaut, daß die durchgehende Einführung von Meistbegünstigungsklauseln beinahe der Schaffung eines einheitlichen Zollgebiets gleichkam. Außerhalb des Gürtels der liberalen Handelspolitik blieben fast nur noch die Vereinigten Staaten. Reich an Land und Naturschätzen, hatten sie alles Interesse an der Verringerung der Industriewareneinfuhr aus Europa an der Brechung des englischen Lieferungs- und Schiffahrtsmonopols. Vom Beginn ihrer staatlichen Existenz an hatten sie auf die Einfuhr von Industrieerzeugnissen hohe Zölle gelegt. Im Interesse des nach dem Bürgerkrieg fieberhaften Industrieaufbaus wurden noch höhere Zollmauern errichtet.

Nach Europa lieferten die Vereinigten Staaten weiterhin Baumwolle, ohne auf Konkurrenz zu stoßen. Seit Whitney 1793 die Baumwollentkernungsmaschine erfunden hatte, war die Massenproduktion sichergestellt. Die amerikanische Baumwollerzeugung, die 1810 noch keine 23000 Tonnen betragen hatte, stieg bis 1860 auf über 900000 Tonnen. Der Produktionsausfall nach dem Bürgerkrieg steigerte nur die europäische Nachfrage. Bis Ende des Jahrhunderts stieg die amerikanische Produktion weiter auf jährlich rund 2,3 Millionen Tonnen. Ihre protektionistische Politik verschloß den Amerikanern nicht den europäischen Markt. Als sie aber in den siebziger Jahren anfingen, Europa mit billigem Getreide zu überschwemmen, erfuhr die freundliche europäische Freihandelsatmosphäre mehrere Unwettereinbrüche. Die weltwirtschaftliche Entwicklung war inzwischen zu weit gediehen, als daß man mit Einfuhrsperren hätte antworten können. Jedoch bestanden die europäischen Getreideerzeuger wenigstens auf einem Preisausgleich durch Schutzzölle.

Strikt genommen, hat die Freihandelsära noch keine drei Jahrzehnte gedauert. Aber auch die Rückkehr zu Schutzzöllen bedeutete nicht, daß der weltwirtschaftliche Zusammenhang zerrissen wurde. England blieb beim Freihandel, es blieb aber auch nach wie vor die führende Seemacht mit gigantischem Kolonialbesitz, und selbstverständlich versuchten die europäischen Großmächte, sein Beispiel nachzuahmen und sich größeren Kolonialbesitz zuzulegen. Nur hatte England auch im kolonialen Bereich die Isolierung durchbrochen und die Möglichkeit der Einbeziehung der Kolonien in den weltwirtschaftlichen Verkehr auf die Tagesordnung gesetzt. Die Industrialisierung der kolonialen Länder im Rahmen eines internationalen Warenverkehrs hatte begonnen, und damit war ihre politische Verselbständigung nähergerückt.

Stahl und Elektrizität

Um die Mitte des 19. Jahrhunderts nimmt die industrielle Revolution einen zweiten Anlauf. Den Anfang machen wieder technische Vervollkommnungen. Am Ausgang des 18. Jahrhunderts hatte das Puddelverfahren die Möglichkeit geschaffen, das im Hochofen durch Entoxydierung des Erzes gewonnene kohlenstoffreiche, leicht schmelzbare und daher nicht schmiedbare Eisen zu entkohlen und ein dank dem geringeren Kohlenstoffgehalt (0,06 bis 1,5 Prozent) hartes und geschmeidiges Produkt zu erhalten, das bleibende Formveränderungen verbürgt. Indes ist der im Puddelverfahren erzeugte Puddel- oder Schweißstahl nicht frei von Phosphor- und Siliziumbeimengungen und deswegen für feinere Arbeit, so für Härtung auf einen meßbaren Festigkeitsgrad hin, nicht geeignet. Für die Verfeinerung der Stahlerzeugung mußte versucht werden, die chemische Beseitigung der Unreinheiten im flüssigen Eisen vor sich gehen zu lassen.

Dieser Vorgang gelang in Henry Bessemers Konverterbirne (1856) mit Hilfe eines Preßluftgebläses, das Kohlenstoff, Silizium und Mangan im flüssigen Eisen verbrennen läßt. Die Verwendung von Eisenabfällen (Schrott) bei der Gewinnung von Qualitätsstahl wurde dann mit dem Siemens-Martin-Verfahren (1864) möglich: kohlenstoffarmes Eisen wird im (mit Regenerativgas betriebenen) Herdflammofen mit Schrott verschmolzen, wobei ein in bezug auf Festigkeit besonders zuverlässiger Stahl gewonnen wird, der sich für Brückenkonstruktion, Zahnräder, Schiffsschrauben eignet. Für stark phosphorhaltige Erze (etwa die lothringische Minette) wurde mit der weiteren Entwicklung der Eisenchemie das Entphosphorungsverfahren von Thomas (1878) geschaffen, bei dem die Konverterbirne mit einer basischen Fütterung versehen wird und basischer Flußstahl entsteht; die anfallende Thomasschlacke liefert eines der wichtigsten Kunstdüngemittel.

Erst mit diesen Verfahren, die Gichtgase als Wärmequelle verwenden und den Stahlgewinnungsprozeß rationalisieren und verbilligen, wird die Erzeugung von Eisen und Stahl der Sphäre des Handwerklichen entzogen und als Massenproduktion auf eine rentable Basis gestellt. Jetzt erst kann der steigende Stahlbedarf der Eisenbahnen zuverlässig gedeckt werden. Daß nun bestimmte Materialqualitäten nach Bedarf und mit dem gewünschten

Exaktheitsgrad hergestellt werden können, ermöglicht aber auch erst die Entfaltung des Fahrzeug- und Maschinenbaus, namentlich die Mehrproduktion von Werkzeugmaschinen und Präzisionsinstrumenten. Weitere Fortschritte der Metallurgie und metallurgischen Chemie sichern eine wirtschaftlichere Verwertung des Rohmaterials.

Die Vervollkommnung technischer Verfahren bedeutet Steigerung der Produktivität. In der Hochofenindustrie betrug die Roheisenerzeugung je Arbeiter 1860 20,3 Tonnen, 1884 156, 1901/02 254 und 1913 400 Tonnen. Das Anwachsen der Gesamterzeugung in dieser Periode der technischen Entfaltung wurde bereits erwähnt: zwischen 1860 und 1910 stieg die Weltproduktion von Roheisen von 7,6 auf 66,3 Millionen Tonnen.

Die Produktionsziffern veranschaulichen auch die Wirkung des technischen Fortschritts auf die wirtschaftliche Entwicklung der einzelnen Länder. England, das eigentliche Eisenland der Welt in der ersten Hälfte des Jahrhunderts, konnte, durch die in der voraufgehenden Periode vorgenommenen ansehnlichen Investitionen belastet, seine Roheisengewinnung nach 1870 nur noch langsam ausdehnen: von 6,7 Millionen Tonnen 1870 auf 7,8 Millionen 1895 und 9,5 Millionen Tonnen 1899; danach trat sogar ein Produktionsrückgang ein. Umgekehrt zeigte sich in Deutschland, das 1870 erst 1,4 Millionen Tonnen Roheisen erzeugte, ein fast ununterbrochener Aufstieg: 4,7 Millionen 1890, 5,5 Millionen 1895, 8,5 Millionen 1900. Einen noch größeren Aufschwung erlebte die Roheisenproduktion der Vereinigten Staaten: sie belief sich 1880 auf 3,9, 1895 auf 9,4, 1903 auf 18,0 Millionen Tonnen. Im folgenden Jahrzehnt zeigte sich weitere Stagnation in England – 1912 nicht mehr als 9,0 Millionen Tonnen –, dagegen gewaltige Vermehrung der Produktion in Deutschland mit 17,2 und den USA mit 30,2 Millionen Tonnen. Nun erst steht der Stahl wirklich im Mittelpunkt. Zwischen 1890 und 1913 steigt die Rohstahlerzeugung der Welt von 12,6 auf 75,5 Millionen Tonnen.

Hat das Wachstum der Eisen- und Stahlindustrie, der Zwang, ihre Erzeugnisse abzusetzen, zu einer Vermehrung der Rüstungen geführt oder hat umgekehrt der wachsende Bedarf der Staaten an Rüstungsmaterial die gewaltige Produktionsvermehrung hervorgerufen? Zweifellos laufen die Entwicklungslinien parallel. In Millionen Mark ausgedrückt, stiegen die Heeres- und Kriegsmarineausgaben in Großbritannien von 533 1874 auf 1165 1907/08 und 1540 1913/14, in Frankreich von 550 1873 auf 975 1908 und 1109 1913/14, in Deutschland von 426 1881/82 auf 1162 1908 und 1411 1913/14.

Die Eisenerzeugung spornt nicht nur den Kohlenbergbau, sondern auch eine Reihe seiner Nebenzweige an: die Erzeugung von Leuchtgas und die Verarbeitung der Abfallprodukte der Kokserzeugung, vor allem des Steinkohlenteers. Von hier führt ein gerader Weg zur Herstellung synthetischer Farbstoffe und überhaupt zum umfangreichen und weitverästelten Gebiet der Kohlechemie. Mit dem Thomasmehl deckt die Eisenindustrie einen erheblichen Teil des Düngerbedarfs der Landwirtschaft. Auf der Chemie und ihrer Verbindung nicht nur mit dem Kohlen-, sondern auch mit dem Kalibergbau bauen sich weitere Industrien auf, die die Landwirtschaft beliefern: Kalichemie, Nitraterzeugung; mit der Stickstoffindustrie hängt wiederum die Rüstungsindustrie (Dynamit) zusammen.

Der rapide Aufstieg der Kunstdüngererzeugung förderte Technik und Ertrag der landwirtschaftlichen Produktion. Die durch den metallurgischen Fortschritt bedingte Ausdehnung des Maschinenbaus ermöglichte die Massenproduktion von Zug- und Arbeitsmaschinen für die Bodenbearbeitung und die Verarbeitung landwirtschaftlicher Produkte. Die landwirtschaftliche Produktion wurde intensiviert, rationalisiert, gesteigert. Menschliche Arbeitskraft wurde eingespart. Das war wesentlich für den Fortgang der Industrialisierung, die Menschen verdrängt und dennoch neue Arbeitsplätze schafft.

Die Vielfalt der neuen industriellen Techniken und Produktionsverfahren konnte hier nur angedeutet werden. Eine summarische Vorstellung vom Umfang der in der zweiten Industrialisierungsphase ins Leben gerufenen oder aktivierten Arbeitsgebiete und Fabrikationszweige vermittelt eine Produktionsberechnung für alle verarbeitenden Industrien: in Hundertsätzen des Durchschnittsproduktionsvolumens von 1925/29 betrug die Erzeugung der verarbeitenden Industrie der Welt 1870 14,4, 1890 30,4, 1910 63,8 (zum Vergleich 1956: 346 Prozent). Die Ausbreitung und Volumenerweiterung brachte wiederum geographische Verschiebungen mit sich:

Verarbeitende Industrie, Anteile der Hauptproduzenten
(in % der Weltproduktion)

Jahr bzw. JD	Großbritannien	Frankreich	Deutschland	USA	Rußland (UdSSR)	Sonstige
1870	31,8	10,3	13,2	23,3	3,7	17,7
1881/85	26,6	8,6	13,9	28,6	3,4	19,9
1896/1900	19,5	7,1	16,6	30,1	5,0	21,7
1906/10	19,7	6,4	15,9	35,3	5,0	17,7
1913	14,0	6,4	15,7	35,8	5,5	22,6
Zum Vergleich:						
1936/38	9,2	4,5	10,7	32,2	18,5	24,9

Die jüngeren Industrieländer sind Nachzügler, die, um sich einen Vorsprung zu verschaffen, von allen erfolgversprechenden technischen Neuerungen schneller Gebrauch machen als die Veteranen. Das wird vor allem dann wichtig, wenn die Energiewirtschaft entscheidende Fortschritte macht. Nun entdeckt die Menschheit gerade in den letzten Jahrzehnten des 19. Jahrhunderts die Elektrizität als Energiequelle, die auf absehbare Zeit unendlich vermehrt werden kann. Die Umstellung der Industrie auf elektrischen Antrieb geht in Deutschland und den Vereinigten Staaten am rapidesten vonstatten.

Telegraph und Telephon bewiesen in der zweiten Hälfte des Jahrhunderts die Fähigkeit der Menschen, mit Schwachstrom umzugehen. (Am Ende kam auch noch Marconis Entdeckung der drahtlosen Nachrichtenübermittlung.) Die industrielle Verwendung des Starkstroms begann erst eigentlich mit dem letzten Drittel des Jahrhunderts. Die erste praktisch verwendbare Dynamomaschine gab es seit 1866, die erste elektrische Bahn wurde 1879 gezeigt, die Kraftübertragung auf Entfernung zum erstenmal 1881 praktisch demonstriert. Dann überstürzte sich die Installierung elektrischer Beleuchtungsanlagen, elektrischer Kraftmaschinen und elektrischer Bahnen. Zugleich setzte auf breiter industrieller Grundlage die Verwendung elektrischen Stroms in chemisch-metallurgischen Verfahren ein: elektrolytische Gewinnung von Metallen, Elektrizität in der Analyse und Synthese.

Elektrische Kraft wurde in Deutschland 1895 von 2003 Industriebetrieben verwendet, 1907 dagegen schon von 71 000 Industriebetrieben. Von der in Preußen 1907 verfügbaren

Energie stehender krafterzeugender Maschinen von 9,86 Millionen PS entfielen bereits 3,15 Millionen PS oder fast 32 Prozent auf elektrische Maschinen. In den Vereinigten Staaten verfügte die sich rasch ausdehnende gewerbliche Wirtschaft 1899 über Kraftmaschinen mit einer Gesamtleistung von 10,1 Millionen PS, wovon auf elektrische Energie 493000 PS oder 4,9 Prozent entfielen; 1914 war die gesamte verfügbare Energie auf 22,4 Millionen PS gestiegen; auf elektrische Energie kamen 8,8 Millionen PS oder 39,4 Prozent.

Größere Entfernungen, größere Anlagen, größere Konzentration sind die hervorstechenden Merkmale der neuen industriellen und produktionstechnischen Expansion. Das für die Energiewirtschaft im Zeichen der Elektrizität erreichbare Entwicklungstempo läßt die tatsächliche Nutzung der elektrischen Energie vor dem ersten Weltkrieg als einen bescheidenen Anfang erscheinen. Am Vorabend des ersten Weltkrieges konnte man immerhin ahnen, daß man an der Schwelle einer elektrifizierten Welt stand. Noch war nicht sichtbar, daß es auch eine motorisierte Welt sein würde. Verbrennungsmotoren für den Kraftwagen waren zwar schon 1885 von Daimler und Benz entwickelt worden, aber bis zur Serienfabrikation des Kraftwagens war es noch ein langer Weg. Erst im letzten Vorkriegsjahrzehnt vollendete Henry Ford das organisatorische und technische Schema der Massenproduktion mit Fließband, Standardisierung der Teile und Werkzeuge und teilautomatisierten Arbeitsprozessen. Die neue industrielle Revolution warf ihren Schatten voraus.

Zölle und Rüstungen

Auch wenn die Gloriole der Freihandelsära das ganze 19. Jahrhundert im Schein liberaler Handelspolitik erstrahlen läßt, ist die Zeit des Freihandels in Kontinentaleuropa eine kurzlebige Episode gewesen. Im einzelnen hatte schon Frankreich nach dem verlorenen Krieg mit Zollerhöhungen begonnen. Ende der siebziger Jahre setzte nun allgemein eine neue Ära zollpolitischer Absperrungen ein, die allmählich den ganzen Kontinent ergreifen sollte. Der Anstoß kam vom Programm der Industrie- und Agrarzölle, das Bismarck 1878 dem Parlament unterbreitete und für das er 1879 eine parlamentarische Mehrheit fand. Die deutsche Initiative widersprach der Praxis und Tradition des Zollvereins und des neuen Reichs. Noch 1873 hatte der Reichstag gegen die Regierung mit großer Mehrheit beschlossen, den Roheisenzoll aufzuheben und Zölle auf verschiedene Fabrikate, Maschinen, Lokomotiven usw. bis zu ihrer für 1877 vorgesehenen (und tatsächlich vorgenommenen) Aufhebung wesentlich zu senken. Die Agrarier waren noch an »freiem Eisen« und an weiterem Getreideexport interessiert, und die Eisenindustrie fühlte sich vom Ausland nicht bedroht. In fünf Jahren vollzog sich eine radikale Schwenkung.

Die Sinnesänderung der Agrarier war verständlich. Mitte der siebziger Jahre begannen die Vereinigten Staaten und Argentinien, Europa mit billigem Getreide zu überschwemmen. Waren 1870 nur 8500 Tonnen Weizen nach Deutschland eingeführt worden, so waren es 1879 bereits 324000. Ebenso mit Mais: Einfuhr 1870 insgesamt 900 Tonnen, 1879 bereits 160000. Die deutschen Agrarier verfielen in Panik.

1865, 1865!
HO! FOR THE GOLD MINES!

THROUGH
BILLS LADING
GIVEN BY THE
MONTANA & IDAHO TRANSPORTATION LINE
TO
Virginia City, Bannock City, Deer Lodge
AND
ALL POINTS IN THE MINING DISTRICTS.

The Steamers of this Line leave St. Louis as follows:

DEER LODGE, Saturday, March 4th.
BERTRAND, Thursday, March 9th.
BENTON, Saturday, March 11th.
YELLOW STONE, Saturday, March 18th.
FANNY OGDEN, Saturday, April 15th.

The New Steamer DEER LODGE, built expressly for the Fort Benton trade, will remain between Fort Union and Fort Benton, until the cargoes of all the boats of this line are delivered at Fort Benton. We are also prepared to furnish Land Transportation to all of above points, and, having Trains of our own, Shippers can depend upon their goods being delivered according to contract.

For FREIGHT or PASSAGE, apply to

JOHN G. COPELIN at OFFICE OF UNITED STATES INSURANCE CO., south-east corner Main and Olive Streets, or

JOHN J. ROE & CO., Convent Street, between 2d and 3d Streets, or } ST. LOUIS.

JOS. McENTIRE, 72 Commercial Street,

J. EAGER,
41 Broad Street, N. Y.

Mit dem Dampfer zu den Goldminen von Montana und Idaho!
Dampferfahrplan auf einem Plakat, 1865
New York City, New York Historial Society

Preussische National Versicherungs Gesellschaft in STETTIN

Umgestellt auf Rbl. 1200

genehmigt durch Allerhöchste Cabinets Ordre vom 31ten October 1845.

Actie

No. 6981   über 400 Rbln. Pr. Court.

Nachdem Herr F. M. Abel in Stargard *[...] Dreihundert sage 300 Reichsthaler Pr. Court. [...]*

Preussische National-Versicherungs-Gesellschaft
Der Verwaltungsrath
Braun, Eickfeld, Bloschke, Zander   Die Direktion   Waller

Stettin, den 1ten Januar 1846.

Der Verwaltungs-Rath: **Die Direction:**

Ausgegeben anno 1853.

Außerdem strömte Weizen aus Osteuropa, vor allem aus Rußland, nach Deutschland ein. Konnte die überseeische Einfuhr kaum noch abgewehrt werden, so sollte wenigstens die Bedrohung aus dem benachbarten Rußland abgeschwächt werden. Daß das einen langwierigen Zollkrieg mit dem Zarenreich zur Folge haben, Bismarcks rußlandfreundliche Politik auch nach der Beilegung des Zollkriegs zum Erlahmen bringen und das russisch-französische Bündnis mit all seinen Konsequenzen zementieren würde, mag 1878 nicht vorausgesehen worden sein. Aber selbst wenn diese Folgen erkannt worden wären, ist es fraglich, ob man die neue Zollpolitik abgebremst hätte. Aus eigenen Kräften haben die Agrarier die Zollgesetzgebung von 1879 nicht zustande gebracht. Sie wäre gescheitert, hätte sich nicht inzwischen die Eisenindustrie zur aktiven Zollpolitik bekehrt und hätte nicht Bismarck die Einführung der Zölle zu einem unabdingbaren Bestandteil des Regierungsprogramms gemacht. Hier vermengt sich Politisches mit Ökonomischem auf eine eigentümliche Weise. Hätte die Eisenindustrie keine Zölle gewollt, so wäre es natürlich nicht zum »Bündnis der Krautjunker mit den Schlotbaronen« gekommen, das die Politik des Kaiserreichs bis an sein Ende bestimmt und dann auch noch die Weimarer Republik in den Abgrund gestürzt hat. Warum haben die Eisengewaltigen auf Industriezöllen bestanden und dafür Getreidezölle bewilligt, die die Lebenshaltung der Arbeiter und die Produktionskosten der Industrie verteuern mußten?

Konkurrenzmäßig befand sich die deutsche Schwerindustrie in einer keineswegs ungünstigen Lage. Die Annexion Elsaß-Lothringens nach dem Deutsch-Französischen Krieg hatte ihr einen beträchtlichen Teil der lothringischen Minetteerzvorkommen eingebracht und eine ausreichende einheimische Rohstoffgrundlage gesichert (die Eisenerzgewinnung im eroberten Lothringen stieg von 684600 Tonnen 1872 auf 20,1 Millionen Tonnen 1912). Die Wirtschaftskrise von 1873 hatte sie weniger getroffen als andere Industrien. Die Roheisenproduktion ging zwar von 2,2 Millionen Tonnen 1873 auf 1,8 Millionen 1875 zurück, überschritt aber 1880 mit 2,6 Millionen bereits den Vorkrisenstand. Daß die Inlandsnachfrage auf die Dauer nachlassen könnte, war nicht zu befürchten: der Bedarf der metallverarbeitenden Industrie, des Maschinenbaus, der Eisenbahnen, des Schiffsbaus, der Armee und Marine war weiter im Steigen. Der Wettbewerb des Auslands war in keiner Weise bedrohlich: Deutschland führte zwar 1877 für 72 und 1878 für 65 Millionen Mark rohe Metalle ein, aber es führte zugleich auch eine größere Menge an rohen Metallen aus: 1877 für 77, 1878 für 82 Millionen Mark.

Die Eisenindustrie brauchte keinen Zollschutz, um ihre Existenz zu verteidigen. Was sie zu verteidigen hatte, waren ihre überhöhten Gewinne und ihre Kartellorganisation. Weniger die Krise von 1873 als die mit dem Übergang zur Massenproduktion erreichte phantastische Erhöhung der Produktivität hatte das Preisgefüge der Eisenwirtschaft ins Wanken gebracht. Die Preiseinbrüche waren enorm: zwischen 1873 und Ende 1877 fielen

---

Aktie über 400 Reichstaler Preuß. Courant
der Preußischen National-Versicherungs-Gesellschaft in Stettin vom 1. Januar 1846
Berlin, Archiv der Berliner Bank

die Preise bei Schienen und Bessemerstahl von 366 auf 128 Mark je Tonne, bei Spiegeleisen von 234 auf 66, bei Gießereisen von 156 auf 60. Hätte der Preissturz nicht aufgehalten werden können, so wären eine Verschärfung der Konkurrenz und gegenseitige Preisunterbietung der Produzenten unausweichlich gewesen. Das gerade errichtete kunstvolle Gebilde der Kartelle und Verbände, das noch lange nicht die gesamte Industrie erfaßte, wäre zusammengebrochen. Die Einführung der Zölle sollte die Preise wieder in die Höhe bringen und die Unternehmer an ihre neuen Organisationen binden. Für die organisatorische Führung der Industrie war das Ziel wichtig genug: dafür lohnte es sich, auch die kostensteigernden Agrarzölle in Kauf zu nehmen.

Den Getreideproduzenten haben allerdings auch die Zölle nicht wesentlich helfen können. Die überseeische Getreideausfuhr wuchs weiter von Jahr zu Jahr: zwischen 1875 und 1880 stieg der amerikanische Weizenexport von 1,5 auf über 4,3 Millionen Tonnen an. Diese Sturzflut drückte fortwährend auf die Preise der europäischen Agrarmärkte. Auf Betreiben der Interessenten mußten die Getreidezölle mehrmals erhöht werden. Damit wurde das Existenzproblem des unrentablen Getreidebaus nicht gelöst, die Landwirtschaft aber immer stärker an die Wirtschaftspolitik des Staates und an die Interessen der Schwerindustrie gebunden. Von einer Aufhebung der Zölle mußte sie nunmehr das Schlimmste befürchten. Einmal in das Bündnis einbezogen, konnte sie auch nicht mehr abspringen, wenn ihr mit der Vermehrung der Staatsausgaben (Rüstungen, Sozialpolitik) eine Erhöhung der Lasten drohte. Für die wirtschaftlich weniger gefährdete Schwerindustrie galt das nicht minder, wenn auch in anderer Form: von ihrer Regierungstreue hing nicht nur die Beibehaltung der Zölle ab, sondern auch der Umfang der Staatsaufträge (Waffen und Munition, Flottenbau, Befestigungsanlagen, Eisenbahnbau).

Die Bindung mächtiger gesellschaftlicher Kräfte an den Staatsapparat war denn auch zweifellos der innenpolitische Beweggrund, der Bismarck vom Freihandel zum Protektionismus führte. Schon sein Versuch, durch die Verstaatlichung der Eisenbahnen den Staat finanziell zu stärken und militärisch manövrierfähiger zu machen, hatte zum Abbröckeln wichtiger Teile der Regierungsfront geführt. Das parlamentarische Bündnis mit dem Liberalismus war 1878 aufgegeben und ein Keil ins liberale Lager hineingetrieben worden. Es kam nun darauf an, den Zerfall der liberalen Kräfte zu fördern und zu beschleunigen; in diesem Sinne war es wichtig, zollfreudige liberale Industriekreise zu gewinnen. Der Kulturkampf gegen den Katholizismus war vorbei, und es schien nicht unmöglich, die Zentrumspartei aus der Opposition herauszulösen; dazu mochten zollpolitische Geschenke an den noch machtvollen agrarischen Flügel des Zentrums nicht unerheblich beitragen. Es war Bismarck 1878 gelungen, die auseinanderstrebenden Kräfte des bürgerlichen Parlamentarismus im gemeinsamen Vorgehen gegen das Schreckgespenst des sozialistischen Umsturzes zusammenzuschließen und die Ausnahmegesetzgebung gegen die Sozialdemokratie (»Sozialistengesetz«) durchzusetzen. Diese Front mußte aber auch noch für die geplanten weiteren Maßnahmen gegen die Revolutionsgefahr – die Neutralisierung der Arbeiter mit Hilfe der Sozialversicherung – Gewehr bei Fuß gehalten werden.

Über alle innenpolitischen Überlegungen hinaus diente jedoch die Einführung der Zölle dem konkreten Ziel der Stärkung der außenpolitischen Aktionsfähigkeit Deutschlands.

Freihandel bedeutete im Umgang mit allen Ländern gleiche ökonomische Voraussetzungen: keine Druckmittel, keine Nötigungsmöglichkeiten. Fühlte man sich stark und wollte man von seiner Machtposition Gebrauch machen, ohne zu kriegerischen Mitteln zu greifen, so brauchte man einen autonomen Zolltarif mit hohen Zollsätzen, um größere oder geringere vertragliche Milderungen als Mittel zur Erreichung politischer oder wirtschaftlicher Zugeständnisse benutzen zu können.

Der Grundsatz der Gleichheit der Staaten in den internationalen Handelsbeziehungen sollte verschwinden. Nur noch die Stärke der eigenen wirtschaftlichen Position sollte entscheiden. Gewiß wollte es Bismarck nach den gewonnenen Kriegen von 1864, 1866 und 1870/71 auf einen neuen Waffengang nicht ankommen lassen, aber eine Außenpolitik ohne Druckmittel erschien ihm als notwendigerweise schwächlich und wirkungslos. In der seit den fünfziger Jahren herrschenden Atmosphäre des Freihandels war jedoch die Wendung zum Schutzzoll eben deswegen gleichbedeutend mit einer wirtschaftlichen Kampfansage. Die starke Position, die ihr mit der Zollpolitik eingeräumt worden war, benutzte die Schwerindustrie, um Landrüstung und Schlachtflottenbau voranzutreiben. Die Vorkriegsperiode, die Zeit der potenzierten Hochspannung und der kaum verhüllten Aggression, hatte begonnen.

Zeitalter des Imperialismus?

Die Ära des Freihandels war vom intensiven Ausbau der wirtschaftlichen Verbindungen mit dem Ausland begleitet gewesen. Es stieg sowohl die Einfuhr als auch die Ausfuhr. Es wuchsen die internationalen Kapitalverflechtungen. Der mächtige Aufschwung der deutschen Industrie hatte Kapitalbildung und Spartätigkeit in großem Umfang gefördert. Die Frankreich auferlegte Kriegskontribution hatte erhebliche Kapitalien flüssig gemacht. Die Industrie finanzierte vielfältige Wirtschaftsvorhaben im Ausland; der inländische Kapitalmarkt erübrigte erhebliche Geldmittel für Anleihen ausländischer Regierungen. Das alles sprach eher für die Weiterführung der Politik internationaler wirtschaftlicher Verflechtung und politischer Zusammenarbeit als für nationale Isolierung oder gar für autarke Wirtschaftsführung. In der folgenden Schutzzollperiode weitete sich der Außenhandel trotz allen Erschwerungen erst recht aus, und die internationalen Verflechtungen der Wirtschaft wurden immer enger. Nichtsdestoweniger paarte sich die protektionistische Wirtschaftspolitik mit einer aktiv vorprellenden Außenpolitik, zu der nationalistische, chauvinistische, militaristisch-imperialistische Ideologien die nötige Folie lieferten.

Das blieb nicht auf Deutschland beschränkt, wenn auch die ideologische Umhüllung protektionistischer Wirtschafts- und aggressiver Außenpolitik in Deutschland vielleicht am deutlichsten ausgeprägt war. Gewiß hatte es seit Beginn des Jahrhunderts an imperialistischen Vorstößen, Kolonialeroberungen und internationalen Konflikten nicht gemangelt. Dennoch trägt gerade das letzte Viertel des Jahrhunderts die Bezeichnung »Ära des Imperialismus« insofern nicht zu Unrecht, als es die Zeit war, in der die imperialistischen Expansionsbemühungen intensiviert und neu organisiert wurden.

Die Ausweitung des französischen Wirtschaftsbereichs in Nordafrika und Frankreichs konzentrisches Eindringen in Indochina; Rußlands erfolgreiche Offensive gegen das Ottomanenreich mit der Errichtung schwacher Balkanstaaten, die dann zum Objekt des Wettstreits aller Großmächte wurden; Rußlands Vordringen bis über die Grenzen Persiens und Afghanistans und die Konsolidierung seines asiatischen Herrschaftsbereiches, namentlich der Ausbau Ostsibiriens und die Eingliederung des Amurgebietes als Ausbruchsposition am Pazifik; die restlose Aufteilung Afrikas mit der Eingliederung einerseits ganz Südafrikas, anderseits Ägyptens in den englischen Machtbereich; die Errichtung italienischer Sprungbrettpositionen in Tripolis und am Roten Meer und Deutschlands Erwerb eines umfangreichen Kolonialbesitzes in Ost- und Südwestafrika: das alles sind Symptome eines aggressiven Imperialismus.

Paradoxerweise führten alle diese Vorstöße weder zur hermetischen Abschließung der eroberten Einflußsphären noch zur Lockerung der wirtschaftlichen Verbundenheit der imperialistisch aktiven Mächte. Die Freihandelsära hatte, wie erwähnt, nicht nur den Ausbau der wirtschaftlichen Beziehungen aller Industrieländer mit den Kolonialreichen zur Folge; ihr Ergebnis war auch, daß die innere wirtschaftliche Entwicklung der kolonialen Gebiete angeregt und gefördert, ihre Industrialisierung begonnen und in der britischen Sphäre die Autonomie, zum Teil schon die politische Unabhängigkeit kolonialer Territorien in die Wege geleitet wurde. Die endgültige Aufteilung des afrikanischen Kontinents und die Vorbereitungen zur Aufteilung des Vorderen Orients leiteten die kapitalistische Durchdringung dieser unerschlossenen Gebiete ein, intensivierten aber auch zugleich die gegenseitigen wirtschaftlichen Bindungen der beteiligten Mächte. Mit der offensichtlichen Vermehrung der Konfliktsflächen wuchsen die Ebenen der Ergänzung, der wirtschaftlichen Abhängigkeit, des gemeinschaftlichen Konsortialvorgehens bei der finanziellen und kommerziellen Erschließung der »unterentwickelten« Länder, bei der Herstellung von Schiffahrts- und Bahnverbindungen und bei unzähligen verkehrstechnischen, hygienischen und kulturpolitischen Maßnahmen.

Die aggressive Außenpolitik und die verstärkte kolonialpolitische Aktivität kamen der Industrie der beteiligten Länder, namentlich ihrer Schwerindustrie, zugute: direkt in zunehmenden Rüstungsaufträgen und indirekt über die staatliche Förderung verschiedener in- und ausländischer Wirtschaftsvorhaben. Ist der verschärfte Kurs der Außen- und Kolonialpolitik von den führenden Industriekreisen um der zu erwartenden höheren Profite willen erzwungen worden? Oder hat erst dieser verschärfte politische Kurs mit dem durch ihn bedingten Wettrüsten die expansive Investitionspolitik der Industrie und der Banken verursacht? Beweisen läßt sich weder das eine noch das andere. Feststellbar ist nur die Parallelität eindeutiger Expansionstendenzen in Politik und Wirtschaft. Feststellbar ist ebenfalls eine beträchtliche Zunahme der internationalen Kapitalverflechtungen, also auch die Gemeinsamkeit der Interessen führender kapitalistischer Gruppierungen in verschiedenen Ländern. Feststellbar ist die internationale Verflechtung vor allem der Rüstungsindustrie, die über die politischen Frontlinien hinweg alle miteinander in Widerstreit stehenden Staaten mit Kriegsmaterial beliefert und ungeachtet aller nationalen Interessen für die Finanzierung der Kriegsausgaben auf allen Seiten gesorgt hat.

Besonders auffallend ist unter diesem Gesichtspunkt das Anwachsen der Auslandsinvestitionen gerade in der Periode der verstärkten imperialistischen Expansion. Auf Grund verschiedener Ermittlungen und Berechnungen läßt sich der Umfang dieser Auslandsinteressen etwa folgendermaßen bestimmen:

Kapitalanlage im Ausland (in Milliarden Mark)

Hauptgläubigerländer	1880	1913
Großbritannien	30	76 — 77
Frankreich	12 — 15	48 — 49
Deutschland	4 — 5	30 — 32
Belgien		2 — 3
Schweiz	3 — 4	6 — 7
Niederlande		4 — 5
Zusammen	49 — 54	166 —174

Etwa die Hälfte der britischen Auslandsinvestitionen entfiel auf Empire-Länder; dagegen war nur ein Bruchteil der für 1913 ermittelten deutschen Auslandsanlagen in dem mit viel Lärm und ideologischem Aufwand geschaffenen deutschen Kolonialreich investiert: nach maximalen Schätzungen 600 Millionen Mark, also nicht mehr als 2 Prozent. Forderungen europäischer Mächte aus Anleihen oder Direktinvestitionen in den Vereinigten Staaten wurden auf 6 Milliarden Dollar beziffert; umgekehrt waren amerikanische Investitionen in europäischen Industrieländern noch minimal, während sie in Kanada, Mittel- und Südamerika und Ostasien etwa 1 Milliarde Dollar erreichten. Umfangreicher amerikanischer Kapitalexport nach Europa kam erst nach dem ersten Weltkrieg.

Mit einer Deutung, die die widerspruchsvollen Erscheinungen auf eine einzige Ursache zurückführt, ist dem »Zeitalter des Imperialismus« schwer beizukommen. Ohne Zweifel stehen indes die politischen und wirtschaftspolitischen Entwicklungstendenzen der imperialistischen Periode im Zusammenhang mit der gesellschaftlichen Struktur der führenden Staatsgebilde und mit der strukturellen und organisatorischen Entwicklung der Industriewirtschaft seit der zweiten Welle der industriellen Revolution.

In keinem europäischen Industrieland war die soziale Struktur der staatlich-politischen Organisation vor dem ersten Weltkrieg ein ausschließliches Produkt der Industriegesellschaft oder eine Schöpfung der bürgerlichen Revolution. Die Staaten der merkantilistischen Zeit hatten ein Herrschaftssystem geschaffen, in dem die monarchische Spitze von einer mehr oder minder breiten bürokratischen Schicht getragen wurde. Das Rekrutierungsfeld dieser Schicht war in den einzelnen Ländern verschieden: in den einen der grundbesitzende Feudaladel, in den anderen der besitzlose Teil des Feudaladels, in den dritten ein Gemenge von zum Teil deklassierten Angehörigen verschiedener Schichten: des Feudaladels, der städtischen Bürgerschichten und des ländlichen Kleinbesitzes; in manchen Ländern, in denen sich die absolute Monarchie schon seit längerer Zeit von der Vormundschaft der feudalen Gewalten befreit hatte, waren die bürokratischen Träger der Staatsgewalt unabhängig von ihrem ursprünglichen sozialen Herkunftsort schon längst zu einer selbständigen, fast erblichen Schicht geworden. Hier gab es eine besondere Lebensweise und besondere Merkmale des »Staatsdiener«daseins. Was immer ihr Werdegang sein mochte: überall hatte sich die vorrevolutionäre Bürokratie gegen die alten feudalen Schichten durchsetzen und gegen sie ein neugeformtes Staatsinteresse vertreten müssen: Verteidigung der Fundamente staatlicher Macht, der wirtschaftlichen und finanziellen Staatserfordernisse, der staatlichen Sicherheitsbedürfnisse.

Sie war an bestimmte Sonderinteressen der privilegierten Schichten nicht mehr eindeutig gebunden, sie konnte sich auch einer veränderten Gesellschaftsordnung anpassen, ja sogar zu deren Exekutive werden, ohne sich mit den neuen herrschenden Schichten, deren Interessen sie nunmehr zu vertreten hatte, eins zu fühlen. Überhaupt hatte sie gelernt, gegenüber den Interessen einzelner sozialer Schichten den Standpunkt eines unabhängigen Gebildes, des »Staates«, herauszukehren, und als dies übergeordnete Staatsinteresse erschien ihr zumeist das Interesse des Staatsapparates, also der Verwaltung und der militärischen Organisation. In allen Ländern, die im 19. Jahrhundert einen Industrialisierungsprozeß durchmachten, hat sich diese Bürokratie erhalten und erweitert und auch Elemente der neuen bürgerlichen Schichten in sich aufgenommen. Sie hat dazu beigetragen, die Machtfundamente der staatlichen Ordnung durch Ausweitung der wirtschaftlichen Betätigung des Staates auszubauen. Mit der Verschärfung der Rekrutierungsbestimmungen für ihren Nachwuchs vermochte sie ihre automatische Selbstergänzung und Selbstverewigung zu sichern. Sie pflegte alte Herkunftsverbindungen zur Militärkaste auch in der Zeit der Modernisierung des Heereswesens. Durch den Ausbau der wirtschaftlichen Unternehmungen des Staates wußte sie sich gegenüber den besitzenden Schichten der Industriegesellschaft eine gewisse Unabhängigkeit zu verschaffen.

Das bedeutete in der Innenpolitik, daß hin und wieder dem Gesichtspunkt des sozialen Ausgleichs, der öffentlichen Wohlfahrt oder des technischen Fortschritts Rechnung getragen wurde, auch wenn Interessen mächtiger Wirtschaftsgruppen dadurch verletzt wurden. In der Außenpolitik hatte dieselbe Haltung zur Folge, daß private wirtschaftliche Interessen als »Interessen der nationalen Wirtschaft« gefördert und nach außen hin vertreten wurden, solange es der staatlichen Machtposition und dem Regierungsprestige zuträglich war; drohte dagegen eine Machteinbuße oder ein Prestigeverlust, so wurde das wirtschaftliche Interesse fallengelassen und seinen Exponenten bedeutet, sie handelten aus niederen materiellen Beweggründen, denen gegenüber ideelle Werte höherer Ordnung den Vorrang hätten. Man kann sich vorstellen, daß die Politik der führenden europäischen Industriemächte in manchen Situationen anders verlaufen wäre und zu anderen Ergebnissen geführt hätte, wenn die politische Macht des Staatsapparats direkt in den Händen der besitzenden Schichten der Industriegesellschaft gewesen wäre.

Vielleicht wäre manche sozialpolitische Maßnahme und Verstaatlichung unterblieben, aber auch mancher außenpolitische Konflikt. In mancher spannungsgeladenen Situation, in der gewissermaßen die Standesethik der bürokratischen Schichten die unnachgiebige Wahrung der »nationalen Ehre« und des »nationalen Prestiges« diktierte, hätte möglicherweise die Handhabung der Staatsgewalt durch direkte Sachwalter geschäftlicher Interessen die Aggression gedämpft und einen *casus belli* nicht aufkommen lassen. Die Geschichte der gewiß inkonsequenten und an Prestigeverlusten nicht armen Außenpolitik der Vereinigten Staaten liefert für beide Haltungsvarianten nicht wenig Illustrationen.

In der als »imperialistisch« gekennzeichneten Periode, in der das überragende Interesse der meisten kapitalistischen Unternehmer und Bankiers Expansion um der Geschäftserweiterung willen, das heißt Expansion ohne Unterbrechung des normalen Wirtschaftsablaufs verlangte, war die politische Vormachtstellung der Staatsbürokratie und ihrer Verbündeten in den Generalstäben und Kriegsministerien aus einem konkreten historischen Grunde besonders gefährlich. Die Ära des industriellen Aufschwungs, dem der Drang zur Expansion entsprang, hatte im Getriebe der Industriewirtschaft selbst organisatorische Veränderungen von großer Tragweite hervorgerufen. Nicht mehr direkte Träger geschäftlicher Interessen, sondern Organisationsbürokraten und Beauftragte überbetrieblicher Machtgruppierungen traten in zunehmendem Maße als Wortführer und politische Repräsentanten »der Wirtschaft« in den Vordergrund.

Organisiertes Verhängnis

Den Weg der Industrie im 19. Jahrhundert kennzeichnen ständige Verbesserungen der Produktionsverfahren und Produktionsanlagen. Aber viele der neuen Maschinen konnten in Kleinbetrieben weder untergebracht noch rentabel benutzt werden; viele Apparaturen lohnten sich erst, wenn man sie räumlich mit anderen kombinierte und mehrere Fabrikationsstufen aneinanderreihte. Zusammenlegung sparte Arbeit und Transportkosten und ermöglichte die volle Ausnutzung der Maschinerie. Der technische Fortschritt drängte zur Vergrößerung der Betriebe. Im deutschen Steinkohlenbergbau beschäftigte 1871/75 ein Bergwerk im Durchschnitt 308 Personen bei einer Jahresförderung von 61 800 Tonnen, 1913 dagegen 1868 Personen, die 543 000 Tonnen förderten; zwischen 1880 und 1910 wuchs je Hochofen die durchschnittliche Belegschaft von 151 auf 458, die jährliche Eisenerzeugung von 19 500 auf 149 800 Tonnen.

Wo die Technik nicht stillstand, vergrößerten sich die Betriebe. Von allen in der deutschen Industrie beschäftigten Personen arbeiteten 1882 erst 26,3 Prozent in Betrieben mit mehr als 50 Personen, 1907 bereits 45,5 Prozent; die Gesamtzahl der in der Industrie Beschäftigten hatte sich unterdes fast verdoppelt. Über 16 Industriezweige (darunter Bergbau, Metallverarbeitung, Maschinenbau, Elektrotechnik, Chemie), die 1882 34,9 Prozent, 1907 aber schon 58,3 Prozent aller in der Industrie Tätigen beschäftigten, weiß man mehr: hier entfielen auf Betriebe mit mehr als 50 Personen 1882 51,8, 1907 68,5 Prozent der Branchenangehörigen, und der Anteil der Betriebe mit mehr als 1000 Personen erhöhte sich von 7,2 auf 13,7 Prozent. Ähnlich in den Vereinigten Staaten: von je 100 in der Industrie (ohne Bergbau und ohne Steine und Erden) Beschäftigten arbeiteten 1914 in Betrieben mit mehr als 50 Personen 76,3, darunter in Betrieben mit mehr als 1000 Personen 17,8. Zwischen 1904 und 1914 hatte die Zahl der Industriebetriebe insgesamt um 64 Prozent, die der Betriebe mit einem Jahresproduktionswert von über einer Million Dollar um 108 Prozent zugenommen. Dieselbe Entwicklung – hier schneller, dort langsamer – ist in allen Industrieländern der Welt festzustellen.

Größere Betriebe verlangen größeres Kapital, das ein einzelner Unternehmer nicht aufbringen kann. Für Betriebserweiterungen, größere Betriebsanlagen, neue maschinelle Ausrüstung müssen fremde Mittel herangezogen werden. In manchen Wirtschaftszweigen ist wegen der Größe der Anlagen schon das kleinste Unternehmen ein Riese, der Kapitalaufwand enorm. Am frühesten zeigte sich das im Eisenbahnbau. Auch wenn sich in einigen Ländern der Staat direkt oder indirekt an der Finanzierung beteiligte, mußte das Kapital zum größeren Teil aus privaten Quellen beschafft werden. Es wurden Aktiengesellschaften gegründet und ihre Aktien dem Publikum zum Kauf angeboten. Hohe Gewinne und fortgesetzte Kapitalerhöhungen und Neugründungen machten die Eisenbahnwerte zur traumhaften Attraktion für Banken, Börse, Kapitalbesitzer (auch kleine). Trotz allen Nieten und Verlusten machte das Glücksspiel die auch vorher nicht unbekannte Aktiengesellschaft erst wirklich populär. Die Aktie, das über Banken und Börsenmakler überall absetzbare Inhaberpapier, wurde rasch zum beliebtesten Mittel der Kapitalbeschaffung auch dort, wo sich der Unternehmer mit der Rolle eines bloßen Dividendenbeziehers noch keineswegs begnügen wollte.

Indes erleichterte die Rechtsform des Aktienunternehmens zweifellos die Verdrängung des Unternehmers. Wo sich der Aktienbesitz zersplittert, kommt die Firmenleitung auch ohne die Mehrheit des Aktienkapitals aus, setzt sich dabei allerdings der Gefahr aus, von neuen Mehrheitskombinationen überrumpelt zu werden. Wem Konkurrenten im Wege sind oder wer die Kontrolle über Rohstofflieferung, Halbzeugbeschaffung, Verarbeitung oder Absatzkanäle an sich reißen will, findet genug Möglichkeiten, so viel Aktien der entsprechenden Firmen aufzukaufen, daß er an Entscheidungen teilnehmen oder die Firmen unter Druck setzen kann. Nun wird es wichtig, nicht nur die Betriebe zu vergrößern, sondern sie auch zu größeren Unternehmungen mit einer Kapitalkraft zusammenzulegen, die Risiken reduziert. Nötigenfalls erwirbt man neue Betriebe oder beteiligt sich an anderen Unternehmungen derselben oder verwandter Branchen. Die Ausweitung oder Verschachtelung des Aktienbesitzes entwickelt sich rasch zur Trust- oder Konzernbildung.

Auf allen Seiten wächst der Kapitalbedarf. Es wird aber auch auf längere Zeit disponiert; größerer Umsatz und Aktienverkäufe bringen Gelder herein, die nicht sofort ausgegeben werden müssen; langfristige Investitionsplanung führt zu Reservenbildung. Flüssige Mittel werden in Aktien oder Obligationen anderer Unternehmungen oder in Staatsanleihen angelegt oder zur Bank getragen. Die Bank ist nicht mehr bloßer Geldverleiher, sondern eine Zentrale, die ständig wechselnde Beträge an fremden Geldern verwaltet. Auch sie kauft Aktien und erwirbt Beteiligungen, organisiert Konsortien, vermittelt Verflechtungen, Zusammenschlüsse, Fusionen. Auch ihr Kapital ist Aktienkapital, das vielen gehört; oft ist es so zersplittert, daß Mehrheitseigentümer nicht mehr feststellbar sind. Je mehr Beteiligungen die Bank erwirbt oder verwaltet, um so mehr wird auch das Eigentum an Industrieunternehmungen anonym. Ob der Direktor, der Geschäftsführer, das Vorstandsmitglied einer Aktiengesellschaft Miteigentümer ist, wird unwichtig; die Leitungsfunktion haftet nicht mehr am Eigentumstitel. Die meisten Chefs sind kaufmännische, technische oder juristische Fachleute, die sich in der bürokratischen Hierarchie des Unternehmens hochgedient haben oder – seltener – aus dem öffentlichen Dienst oder einer freiberuflichen

An Bord eines Auswandererschiffes
Gemälde von Johann Conrad Zeller. Zürich, Privatbesitz

Kramladen mit Postamt in den USA. Gemälde von Thomas Waterman Wood, 1873
Cooperstown/N.Y., New York State Historical Association

oder akademischen Laufbahn wegengagiert worden sind. Ihre Vorstellungen, ihre Denkweise sind weniger durch unternehmerische Sorge um die Erhaltung und Mehrung des Besitzes oder um die Verzinsung des investierten Kapitals bestimmt als durch das fachliche Interesse am Gelingen dieses oder jenes spezialisierten Vorhabens, an einer Leistung, die auch auf Kosten des konkreten Eigentumsgebildes gehen kann, an der Verfolgung eines technischen, wirtschaftlichen oder organisatorischen Planes, der nicht unbedingt zum Vorteil der Eigentümer, der Aktionäre des Unternehmens auszuschlagen braucht.

In den wachsenden Unternehmenseinheiten wurde noch von einer anderen Seite her die individuelle unternehmerische Leistung und Initiative von organisatorischer Routine abgelöst. Mit größerem Kapital- und Kreditvolumen und vermehrtem Risiko drängte sich den Betrieben das Gebot der maximalen Ausnutzung der immer kostspieligeren Produktionsanlagen auf. Kalkulatorische Rationalität in der Gesamtorganisation der Produktion verlangte Zerlegung und Normung der einzelnen Arbeitsgänge, Austauschbarkeit und Ersetzbarkeit der Produktionselemente, das heißt Standardisierung des Erzeugnisses, des Werkzeugs, der Maschine, der Teile. Dasselbe im Absatz: einheitliche Verkaufs- und Abrechnungsbedingungen, gleichförmige Vertriebsverfahren, schematisierte Publizität und Nachfragestimulierung (Werbung). Alle Produktions- und Absatzvorgänge mußten in ein einheitliches Schema gebracht, routinemäßig vereinfacht werden. Das alles ging nicht ohne bürokratische Organisation und zusätzliches Personal für Planung, technische Konstruktion, Rechnungswesen, Aufsicht, Menschenauslese und Menschenführung. Nicht nur auf den obersten Sprossen ersetzten die Träger aufgegliederter unternehmerischer Funktionen den Eigentümer-Chef; auf allen Stufen der Unternehmenspyramide wurden Leitung, Organisation und Rechnungslegung in bürokratische Einzelaufgaben zerlegt. Als »neuer Mittelstand« prägten sich um die Jahrhundertwende ihre Träger dem allgemeinen Bewußtsein ein.

Für die Anfangsphase der Bürokratisierung der Wirtschaft, die mit der zweiten Industrialisierungswelle einsetzt, läßt sich diese bürokratisierte Mittelschicht der industriellen Hierarchie von der Masse der mit rein mechanischen Verrichtungen betrauten Gehaltsempfänger statistisch nicht absondern. Immerhin spiegelt sich ihr Anwachsen in der Zunahme der Gesamtzahl der »Angestellten«. Von den in der Industrie Beschäftigten waren Angestellte: in Deutschland 1882 2 Prozent, 1895 3,3 und 1907 5,7 Prozent; in den Vereinigten Staaten 1899 6,3, 1904 8,4 und 1914 13,8 Prozent. Die Zahl der Angestellten in der Wirtschaft stieg sogar schneller an als die Zahl der Angehörigen der Staatsbürokratie und der öffentlichen Dienste. Zwischen 1882 und 1907 nahm in Deutschland die Angestelltenschaft in der Industrie von 116 000 auf 615 000 oder um 430 Prozent zu, im Handel von 87 000 auf 379 000 oder um 338 Prozent, dagegen die Zahl der im Hof-, Reichs-, Staats- und Gemeindedienst Beschäftigten von 258 000 auf 491 000 oder um 51 Prozent, die Zahl der Angehörigen des Post-, Telegraphen- und Eisenbahndienstes von 247 000 auf 683 000 oder um 174 Prozent. Der Zuwachs der Gesamtbevölkerung des Deutschen Reiches betrug in derselben Zeit nur 35,7 Prozent.

Dieselben Erfordernisse der Betriebsrationalität, die zur Aussonderung und Verselbständigung bürokratischer Funktionen führten, mußten die Unternehmungen nach Mitteln suchen lassen, die Risiken zu verringern, die Unberechenbarkeit der Marktschwankungen und Wechselfälle der Konjunktur auszuschalten. War nach aller Betriebsvergrößerung und -zusammenlegung kein Unternehmen stark genug, die Konkurrenz aus dem Felde zu schlagen, so mußte versucht werden, die Konkurrenten zusammenzufassen und auf gemeinsame Preise, Verkaufs- und Lieferbedingungen festzulegen, gemeinschaftliche Verkaufsorganisationen zu errichten, Höchstgrenzen für Produktion und Verkauf und Anteile (»Quoten«) für die einzelnen Produktionseinheiten festzusetzen. Der Aufbau der Marktkontrolle durch Kartelle und Syndikate begann; Deutschland stand von Anfang an an der Spitze. Einige Kartelle hatte die deutsche Industrie schon in den sechziger Jahren, 1875 wurden ihrer 8 gezählt, 1885 90, 1890 210, 1906 315 und 1911 über 550. Am Vorabend des Krieges gab es auch bereits über 100 internationale Kartelle.

Die Krise von 1873 hatte in zahlreichen Bankrotten und schweren Preiseinbrüchen die Auswirkungen unbehindert freien Wettbewerbs gezeigt. In den siebziger Jahren kamen weitere Preisstürze als Folge der neuen Massenproduktionsverfahren in der Stahl- und Eisenindustrie. Das Verlangen nach festen Preisen und wirksamen Maßnahmen gegen Preisunterbietung siegte zunächst bei den industriellen Ausgangsprodukten: Kohle, Eisen, Zement, Kalk, Kali, Ziegel. Die Kartellbildung war hier am einfachsten, weil es sich um Massengüter aus ziemlich gleichförmigen Herstellungsprozessen handelte und volle Marktbeherrschung mit wenigen Preisbindungen zu erreichen war; Schutzzölle untermauerten die Marktkontrolle. War aber die Urproduktion einem durchgängigen Preisdiktat unterworfen, so konnten auch die von ihren Produkten abhängigen Verarbeiter bezwungen werden. Fusionen und Kartelle machten das Gros der verarbeitenden Betriebe, die mit freier Konkurrenz, Preisermäßigung und zollfreier Ein- und Ausfuhr sympathisiert hatten, zu Vasallen der Schwerindustrie. Überdies war es den Rohstoff- und Halbfabrikaterzeugern dank ihrer Preisdiktatur möglich, schwächere Verarbeitungsbetriebe aufzukaufen, wichtige Konzernbeteiligungen zu erwerben und mit Hilfe der Großbanken weitgestreckte Imperien in der Metallverarbeitung und im Maschinenbau aufzubauen.

Parallel, teilweise auch zusammen mit den Kartellen wurden die Industrieverbände mit ihren Spitzenorganisationen als wirtschaftspolitische Interessenvertretungen geschaffen. Schon 1873 entstand der Verein zur Wahrung der gemeinsamen Interessen der eisenschaffenden Industrie in Rheinland und Westfalen, als »Langnamverein« viele Jahrzehnte das Sprachrohr der Schwerindustrie; 1875 folgte der Zentralverband deutscher Industrieller, bis nach dem ersten Weltkrieg die Dachorganisation der Industrieinteressen (mit Hunderten von Fachverbänden). Daneben breiteten sich die Arbeitgeberverbände aus, denen die Regelung des Arbeitsverhältnisses oblag. Schon vorher hatten sich als öffentlich-rechtliche Vertretungen die Handels- und Gewerbekammern gebildet, seit 1861 zentral im Deutschen Handelstag zusammengefaßt. Ein dichtes Netz von Organisationen umspannte die gesamte Wirtschaft. Faktisch nur im Rahmen dieser Organisationen und nur durch ihre Vermittlung konnten sich Einzelunternehmer und Unternehmensleitungen als aktiver Faktor in das öffentliche Geschehen einschalten und politische Entscheidungen beeinflussen.

Die Organisationen präsentierten dem Staat und der Öffentlichkeit die Forderungen »der Wirtschaft«; sie bemühten sich, lange bevor das Wort Gleichschaltung erfunden wurde, ihre Mitglieder als geschlossenes Ganzes auftreten zu lassen; sie waren bestrebt, die Politik der Parteien zu bestimmen, die als politische Vertretungen wirtschaftlicher Interessen galten. Die Verantwortung der Industrieverbände für die Selbstentmannung des deutschen Liberalismus in den siebziger Jahren und für die Unterwerfung der Parteien unter wirtschaftliche Gruppeninteressen (»Sozialisierung der Politik«) wurde von einem so bedächtigen Historiker wie Karl Lamprecht schon vor über fünfzig Jahren nachgewiesen, ohne daß damit freilich der Einfluß der Verbände im geringsten erschüttert worden wäre.

Die Entscheidungsbefugnisse in den Organisationen der Industrie, formal den Mitgliederversammlungen vorbehalten, waren in der Regel an die Vorstände delegiert, in denen fast ausnahmslos die größten der angeschlossenen Unternehmungen dominierten. Faktisch jedoch wurde nicht nur die tägliche Organisationsarbeit einschließlich der Vorbereitung gesetzgeberischer Maßnahmen und der Fühlungnahme mit Behörden und Parlamentariern, sondern auch die ideologische Ausrichtung der Mitgliedschaft von den Geschäftsstellen der Organisationen, ihrer eigenen Bürokratie, besorgt. Die Verbandssyndizi, Kartellgeschäftsführer, Handelskammersekretäre nebst zahlreichen Dezernenten und wissenschaftlichen Hilfsarbeitern formulierten Entschließungen, entwarfen Reden, hielten Vorträge, verfaßten die vielen Berichte und Broschüren, in denen »die Auffassung der Wirtschaft« den Wirtschaftskreisen selbst, den Politikern und Beamten, dem akademischen Nachwuchs und der breiten Öffentlichkeit als wissenschaftlich unumstößlich und im nationalen Interesse unabweisbar eingeträufelt wurde.

Diese Organisationsbürokraten waren weder Unternehmer auf Urlaub noch Unternehmer a. D. Sie waren hauptberufliche Organisationsangestellte, fast durchweg Akademiker, sehr oft Juristen, nicht selten als Korpsstudenten durch Empfehlungen auf ihre Posten gebracht; viele von ihnen waren Söhne mittlerer oder kleiner Unternehmer, denen sich im väterlichen Betrieb keine Aussicht auf wirtschaftlichen Erfolg oder gesellschaftlichen Aufstieg bot, andere wieder Söhne von Beamten und Angestellten mit höheren Bildungsansprüchen oder von mäßig bezahlten Angehörigen akademischer Berufe; die meisten entstammten einem Mittelstand, der mit dem Industrialisierungstempo nicht ganz mitgekommen war und an Aufstieg durch unternehmerisches Wagnis nicht mehr so recht glaubte. Studierte Leute und Reserveoffiziere, sahen sie in der Organisationshierarchie einen Ersatz für das, was ihnen verschlossen blieb: müheloses Reichwerden und Aufrücken in die privilegierte Oberschicht. Sie, die kein Vermögen hatten und keine Verantwortung für geschäftliche Risiken trugen, mißtrauten dem »Krämergeist« der Unternehmer und Betriebsleiter, die ihre Entscheidungen unter Bilanzgesichtspunkten statt aus »nationalen« oder »gesamtwirtschaftlichen« Überlegungen zu treffen hatten.

Natürlich vertraten sie die Interessen »der Wirtschaft«, nur war die Wirtschaft für sie ein nach weltanschaulichen Gesichtspunkten zu lenkendes unpersönliches Getriebe, nicht die Summe der konkreten Unternehmungen mit ihren bescheidenen privaten Überlegungen und Wünschen und ihrem überragenden Interesse am Frieden und am internationalen Geschäft. Tägliche Rentabilitätsprobleme, Verbraucherbedürfnisse und Konsumsteigerung interessierten sie weniger als Zollschutz, »Lebensraum« und nationales Prestige.

Selbst das Produkt einer organisatorischen Versteifung des kapitalistischen Lebens- und Arbeitsprozesses, trugen die Verbandsbürokraten noch weniger als die Bürokraten in Betrieben und Regierungsbehörden dazu bei, die Starre aufzulockern. Nicht eine dynamische, sondern eine organisierte, leicht übersehbare, leicht dirigierbare Wirtschaft war ihr unmittelbares Ziel; was dieser Wirtschaft an materiellen Hilfsquellen fehlte, sollte durch territoriale Expansion, nötigenfalls durch Eroberung ausgeglichen werden. Statt im Interesse der Industrieunternehmungen, die sie zu vertreten hatte, den technischen Fortschritt voranzutreiben und von politischen und sozialen Fesseln zu befreien, förderte die Organisationsbürokratie der Wirtschaft Tendenzen, die die Weiterführung der Industrialisierung erschweren und das Land in kriegerische Auseinandersetzungen hineintreiben mußten. Ihre Machtposition wurde nicht einmal von der starken sozialistisch geführten Gewerkschaftsbewegung angetastet.

Unter diesem Aspekt erscheint die Bürokratie der Industrieverbände als getreues Spiegelbild der historischen Widersprüche der deutschen Gesellschaftsstruktur. Dennoch ist sie kein ausschließlich deutsches Phänomen. Die Bürokratisierung der Wirtschaft machte in den meisten Industrieländern Fortschritte; mit ihr breiteten sich überbetriebliche Organisationen der Kapitalisten und Manager aus. Aber nicht überall waren sie ein politisch entscheidender Faktor, und nicht überall vermochten sie Regierungsorgane und Parteien zu beeinflussen.

Wo die Wirtschaftsbürokratie etwas zu sagen hatte, war sie allerdings an die bestehenden organisatorischen und Machtstrukturen zu sehr gebunden, als daß sie den Übergang zu einer voll entfalteten industriellen Gesellschaft hätte radikal beschleunigen und zur Überwindung der Weltkonflikte beitragen können. Weder von ihr noch von ihrem Gegenspieler, der Arbeiterbewegung, wurde die Explosion abgewendet, in deren Gefolge sich das Schwergewicht der industriellen Welt nach den Vereinigten Staaten verlagert hat. Daß die amerikanische Gesellschaft die dadurch bedingte überstürzte Industrialisierung ohne schwere soziale Schäden verdauen konnte, verdankt sie nicht nur ihrem materiellen Reichtum, sondern vor allem auch dem Glücksumstand, daß sie an keinen feudalen Überresten zu tragen und von der vorindustriellen Zeit keine Staatsbürokratie vererbt bekommen hatte. Da sie aus diesem Grunde die Handhabung der Staatsgewalt häufig direkten Beauftragten kapitalistischer Interessen überließ, entwickelten die industriellen Unternehmungen kein Bedürfnis nach einer machtvollen Interessenvertretung, und es ist im Industriebereich keine politisch aktive überbetriebliche Verbandsbürokratie entstanden. Ob es sich gelohnt hat, dafür ein erkleckliches Maß an Planlosigkeit und sehr heftiges Ausschlagen des Konjunkturpendels in Kauf zu nehmen, mag die Gegenwart eher beantworten können als die Geschichte.

Max Rychner

DER ROMAN IM 19. JAHRHUNDERT

Das 19. Jahrhundert beginnt in Europa mit dem Völkerepos der Taten Napoleons. Der Erste Konsul hat an der Wende 1800 schon alle Macht seines Landes in Händen; es ist mehr, als er weiß, und ihre Grenzen wird er erst erfahren, wie er, antik noch bis in seine Vermessenheit, sie überschreitet. Die Revolution von 1789, Valmy, die Siegesreihe des Generals Bonaparte in Oberitalien haben eine Energie vorerst in Frankreich freigegeben, die das gesamte Volk durchströmte und durchwetterte und es über sich hinaustrieb. Goethe hat sie gespürt, als er nach der Kanonade von Valmy 1793 das berühmte Wort vom Beginn einer neuen Epoche am Biwakfeuer aussprach. Lange vorher schon war »die große Unruhe« durchs Land gegangen und hatte das Volk bald da, bald dort unerklärlich erregt, ein vages mythisches Wesen, welches bevorstehendes Unheil anzukünden schien, während doch die Aufklärung voll im Gange war und ihre entmythologisierenden Lichter in der Höhe anbrachte.

Die große Unruhe, die große Angst: es war Energie, die sich noch nicht wußte trotz aller enzyklopädischen Vernünftigungen, die scheinbar regellos, vorwiegend aber in notleidenden Landstrichen panisch umging, bis dann die Catone und Brutusse der Revolution ihr zu Sammlung und Richtung verhalfen. Maler und Redner griffen auf die Zeiten der römischen Republik zurück, auf Szenenbilder und Metaphern ihrer Eigenschaften, um ihre Gegenwart als Renaissance begreifen zu können: David hat Napoleon im gleichen Stil wie die schwörenden Horatier dargestellt, Prudhon 1801 als Triumphator auf einer römischen Quadriga, und Gros gab ihm auf dem Bild, das ihn mit dem Banner die Brücke von Arcole stürmend zeigt, die Schönheit eines strengen jugendlichen Halbgottes. Das vorderste Bewußtsein der Zeit sah sich selbst klassizistisch, die unter den befolgten, geglaubten Traditionen so heftig aufräumende modernistische Verständigkeit erzeugte Mythologie: eine Göttin der Vernunft war bereits auf dem Marsfeld auf einen blumengeschmückten Thron gesetzt worden, ein junges Mädchen, doch hatte diese déesse de la Raison nur ein kurzes Auftreten in einem Festakt, eigentlich einer Komödie, während die Staatsraison des mit harten Stößen aufstrebenden Halbgottes aus Korsika ihre Taten und Tragödien vorbereitete. Mit einem Menschen mythischen Maßes beginnt das Jahrhundert, das an seinem Ende nur noch das Volk kennen wird, auch wo dieses noch einen Thron duldet.

Thiers hatte geäußert – und Sainte-Beuve, der große Kritiker, unterstützte das Urteil –, Napoleon sei der erste Schriftsteller seiner Epoche gewesen. Doch nicht der Schriftsteller hat die Faszination auf die Dichter ausgeübt, die wir aus ungezählten Zeugnissen kennen; auch diese Person in ihm war nur dienend. Der Emporkömmling, der Sohn der Revolution, ihr Vollstrecker und Totengräber, der neue Alexander, nein, Cäsar, der neue Augustus, dessen Schöpfung eine Pax europaea sein würde: all das und von alledem das Gegenteil ließ sich aus seinem Schicksal ablesen, während es sich entfaltete und mit seinem Gang erkennen ließ, was an Schicksal dem einzelnen überhaupt möglich war, wieder möglich, so wie man es seit den römischen Imperatoren nicht mehr gesehen hatte. Kronen, nicht nur Marschallstäbe, lagen in den Tornistern, wenn das Glück es so wollte, wenn ein Genie es verstand, den Genius seines Volkes aufzurufen ... Jeder konnte teilhaben an einem neuen starken Gefühl der Größe, der Hoffnung, der Rechtfertigung aller Nichthochgeborenen, der nationalen Selbstliebe – und das bis zu jedem Grad der Verblendung. Wie hätte der Gegensatz, Ablehnung einer solchen Erscheinung und Feindschaft gegen sie, fehlen können! Das Ungeheuer, le monstre, so wird der Kaiser von den entschiedensten seiner Gegner genannt, und unter diesen sind die beiden angesehensten Verfasser von Romanen in der erzählerisch nicht sehr angeregten Zeit, die das Völkerepos entrollt: Mme. de Staël und Chateaubriand. Bald nach 1800 war der Roman »Delphine« der Germaine de Staël, geb. Necker, erschienen, ein Briefroman nach englischem Vorbild, in dem die Prüfungen und Leiden einer Frau dargestellt werden, die durch ihre Liebe mit der geltenden Gesellschaftsmoral in Konflikt gerät. Das Vorbild einer sich rasch entwickelnden Gattung lyrisch-prosaischer Gesellschaftskritik vom Frauenherzen aus war hier errichtet, in »Corinne« der Roman der genialen Frau und des »kosmopolitischen«, wir würden heute sagen des internationalen Lebens, wie es die Verfasserin in England, Italien, Deutschland – im Exil – führte. Ihre stürmische Hinwendung zu deutschem Leben und Geist war, französisch gesehen, auch etwas Illegitimes, auch eine neu erschlossene innere Möglichkeit, wobei neben der Großherzigkeit ihrer Neigung der Haß gegen Napoleon zu den treibenden Kräften gehörte. Die negative Faszination durch den erzmännischen Gegner war stark bei ihr, die für weiche Männer wie den geliebten Benjamin Constant, A. W. Schlegel und andere aus eigener Stärke weit eher geschaffen war, sie gern um sich heranzog und ihnen dann oft mit Ausbrüchen ihrer Launen aufs unbehaglichste zusetzte.

Dieselbe Faszination ist wahrzunehmen bei Chateaubriand, dessen »René« – tragische Passion einer Geschwisterliebe –, als französischer »Werther« bezeichnet, wie der deutsche über Jahrzehnte ein poetisches Fieber verbreitete. Mehr noch tat dies die Erscheinung des Dichters selbst: der Melancholiker mit den Anläufen zum Tatmenschen, der Revolutionsgegner und gefährlich rhetorische Verherrlicher des Christentums, Napoleonfeind mit der Schwäche, 1769, statt richtigerweise 1768, als sein Geburtsjahr zu bezeichnen, weil es das des Korsen war, der bourbonische Minister, der von den Substanzen des Lebens Enttäuschte, der befremdend großartige, mit Schatten und weitgespannten Rhythmen arbeitende Prosaiker der »Mémoires d'outre-tombe«, worin ein Thema des Jahrhunderts wiederkehrend ist: der Ennui, der offen als eine innerste Lebensäußerung einbekannte Lebensüberdruß. »Das Leben muß uns heilen von der Sucht, zu sein.« Es klingt wie Schopenhauer, wie Byron; bis zu den Symbolisten zieht sich dieser Grundklang durch die Lyrik, er ist aber ebenso vernehmbar in der Epik, wo diese dem lesenden Blick strotzend von Diesseitigkeit erscheint, wie bei Flaubert, bei Maupassant. Er ist bezogen auf den anderen, nicht abgelöst von ihm, aus dem sich Vollgesänge der Freude, der Lebensgier, der Kraft erheben – daß die Lebensverneinung alles andere als Schwäche sein kann, demonstriert Chateaubriand in seiner Biographie des gewaltigen Mannes Rancé, der den Trappistenorden gegründet hat, wo die Welt im Menschen total und noch im geistigen Abglanz des Wortes überwunden und ausgetilgt wird: durch Schweigen. Das kleine Meisterwerk ist mit einem Schwung geschrieben, der ausreicht für die Apologie Rancés wie für die mitgemeinte Polemik gegen ein im Religiösen angefaultes Zeitalter, welches den Sinn für Größe im Entsagen eingebüßt habe. Der im Gefühl seiner eigenen Größe sich manchmal verirrende Dichter, ein romantischer Exotiker auch darin, hat in sich und in der Welt nach dem Punkt gesucht, von dem aus diese poetisch-politisch noch einmal im Sinne von Thron und Altar zu bewegen wäre.

Bei verebbender Dramatik war die Zeit in ein episches Stadium übergetreten, in welchem neue Momente der geschichtlichen Entwicklung in der Anschauung und Erkenntnis großer Romanschriftsteller zutage kamen, trotz der restaurativen Gleichgewichtszwänge unter Druck und Temperatur von Energien, die von ihren Trägern als napoleonisch ihrer Herkunft nach erträumt und gewünscht wurden. Stendhal hat sich selbst als Franzose und Italiener gefühlt, wie Napoleon, der es war; der »Code civil« war ihm schriftstellerisches Vorbild: ein Mindestmaß an lyrischem Ich bei einem Höchstmaß an objektiver Kälte und Schärfe der Welterfassung, an satirischer Emanzipation von einer Gesellschaft, der er doch eine günstige Entwicklung zutraute, denn um 1880, nahm er an, würde sie ihn, den Romancier, entdecken und verstehen. Seine Helden, die jungen Franzosen, sind, bis auf einen, Polytechniker, adlig, reich, »modern«, das heißt jenseits aller Gefühligkeiten schöne, von Willen und Intelligenz gespannte Menschenexemplare, aus denen alles Romantische weggesengt ist. Und der andere, der Reichere, der ihn als erster in seinen Ausmaßen erkannt hatte: Balzac, von dem Albert Thibaudet sagt, er habe mit jenen Sorten von Willensmenschen, die Napoleon überall aufspürte und an sich zog, »die Große Armee seiner Romane zusammengestellt«, er hatte um den Degen seiner Napoleonstatuette auf dem Schreibtisch, an dem er die Nächte hindurch die Sturmgewalt seiner Arbeit zu entfesseln und auszuhalten vermochte, ein schmales Papierbandelier geschlungen, auf das er geschrieben hatte: »Was er mit dem Degen begann, werde ich mit der Feder vollenden.« Eine Mission, die er ererbt hatte, mußte durchgeführt werden – welche? Die politische Tat konnte nicht gemeint sein oder nur in dem Maß, als Balzac sich in vager Weise alles zutraute und vornahm, auch die politische Wiederherstellung; in erster Linie aber war gedacht an die laufende Offenbarung von Genie, die nicht unterbrochen werden durfte, weil in ihr eine oberste Vereinigung des Menschen mit dem Menschengeschlecht und des Menschen mit göttlichen Willenskräften stattfindet. Der Weltgeist, den Hegel im Kaiser verkörpert erschaut hatte, ergriff neue Sendboten, neue Formen, Ausdrucksmittel; dem Erzähler menschlichen Schicksals, dem Erdichter von Menschen wurde eine Leistung zugemutet, die das Äußerste an gehorsam wahrnehmender Hingabe und Weltsetzung durch freie Taten des Genies erforderte. Rodins Balzac-Statue enthält den Schauder, der den Dichter schlechthin unter den Zügen Balzacs im Augenblick der Erkenntnis seiner Berufung, seines Vermögens und der ergreifenden Fülle der Welt durchfuhr – sie ist eine herrliche »Verkündigung«.

Um 1830 beginnt eine Zeit, in der Europa durch die Eisenbahnen kleiner, durch den wachsenden Volkreichtum der Städte größer wird. Eine durch Jahrhunderte gleichbleibende Bevölkerungszahl schwillt auf mehr als das Dreifache an, und nie in aller Welt sind von Romanautoren so viele Menschen geschaffen und ausgesandt worden wie in der Epoche, in der Scott, nach ihm Dickens und Thackeray ihre Federn eilen ließen – alle drei auch unter dem Zwang, ihre persönliche Existenz aus finanziellem Ruin herauszuführen –, da auf dem Kontinent Balzac, Stendhal, Victor Hugo, Dumas und George Sand, drüben auf der Insel auch die Engländerin George Eliot, den Atem in die Nasen ihrer Geschöpfe bliesen, als Goethe, Jean Paul, Gotthelf, E. T. A. Hoffmann, Keller, Stifter, jeder seine und alle zusammen nochmals eine Welt aus Sprache erstehen ließen und sie mit denen der anderen verhängten, und als dann auf wunderhafte Weise Rußland die Gleichzeitigkeit mit dem Westen erlangte in einer epischen Schöpfung, die Riesen voraussetzte: Gogol, Gontscharow, Dostojewskij, Tolstoj, Leskow. Das sind überwiegend Namen von Dichtern, die in der Gegend der Jahrhundertmitte mit erzählenden Werken auftraten oder noch wirkend geblieben waren: Scott auf die Franzosen und, schon darum, ebensosehr auf die Russen. Der epische Aufbruch erfaßte, durch Induktionsströme ausgelöst, auch die nördlichen Gebiete über dem Atlantik: Cooper, Poe, Melville, das sind Erzähler, die in den großen Reigen der Abendländer traten. Dann Henry James! Cooper gehört zu den frühen; er ist noch im alten Jahrhundert geboren, 1789, wie Scott (1771) und Stendhal (1783), alle Vorläufer, die Vorbilder werden sollten. Innerhalb von zwanzig Jahren sind folgende Romanciers geboren, nur einige der großen Namen seien angeführt: Balzac 1799, Victor Hugo 1802, Merimée 1803, George Sand 1804, Stifter 1805, Gogol 1809, Poe 1809, Thackeray 1811, Dickens 1812, Gontscharow 1812, die Schwestern Brontë 1816 und 1818, George Eliot, Melville, Gottfried Keller, Fontane 1819, Flaubert und Dostojewskij 1821. Tolstoj, 1828, gehört auch altersmäßig noch in den Kreis, gleichwie Gotthelf 1797. So wie früher die nach unseren Begriffen notwendige Anzahl von großen Männern vorhanden war und hervortrat, wenn in einer Nation die Sterne zur Konstellation der Klassik sich zusammengeordnet hatten, so wurden zu Jahrhundertbeginn in vielen Ländern äußerst verschiedener Entwicklung jene Begabungen, in wachsender Zahl Frauen darunter, in die Welt gesetzt, welche die übernationale Schar der Klassiker des realistischen Romans ausmachen sollten. Der Roman: er tritt an Bedeutung auf eine höhere Stufe, wenn auch angezweifelt; das hohe Stilgebilde der nationalen Klassiken, die Verstragödie, die sich Napoleon auf Zügen durch die Länder noch von einer Pariser Truppe mit dem großen Talma vorspielen ließ, sie hatte damit ihr letztes Leben in hoher Repräsentation ausgeströmt, sie, die der Kaiser noch als »die Lehrschule der Könige und der Völker« bezeichnete, als er sich Goethe gegenüber in Erfurt als siebenmaliger Leser des »Werther« ausgab, den Roman kritisierte, das Trauerspiel dann grundsätzlich erhob, weil die eisige und feurige Sphäre staatlichen Lebens die seine sei. So, während er frühstückend bei Tisch saß, Goethe vor ihm stand und von ihm aufgefordert wurde, Weimar aufzugeben und nach Paris überzusiedeln, wo ihm Weltstoff in Fülle zu Gebote stehe, denn: »Die Politik ist das Schicksal.« Das Trauerspiel wurde durch die allerhöchste Fürsprache beim größten lebenden Dichter nicht gerettet. »Die natürliche Tochter«, fünf Jahre früher erschienen und nicht, wie geplant, fortgeführt, erhielt auch durch die Unterredung keine neue produktive Anziehungskraft für ihren Dichter. Im folgenden Jahr, 1809, erschienen »Die Wahlverwandtschaften«, an zart durchgeführter Geometrie in der Begegnung von Leidenschaft und Sitte, autonomer Reiche feindlicher Götter, an Transparenz des Stoffes und der Sprache von kristallhafter Schönheit, die von der anderssprachigen Welt nicht angemessen aufgenommen wurde, bis heute nicht und nicht von ihr allein.

Die Politik, einzig sie, war »das Schicksal«, eine neu aufkommende Art von Politik, neu in ihrer Bestimmtheit durch ihr scheinbar fremde Faktoren. Der steigende Bevölkerungsdruck mit noch verborgenen dynamischen Gewalten sollte sich auswirken, er selbst

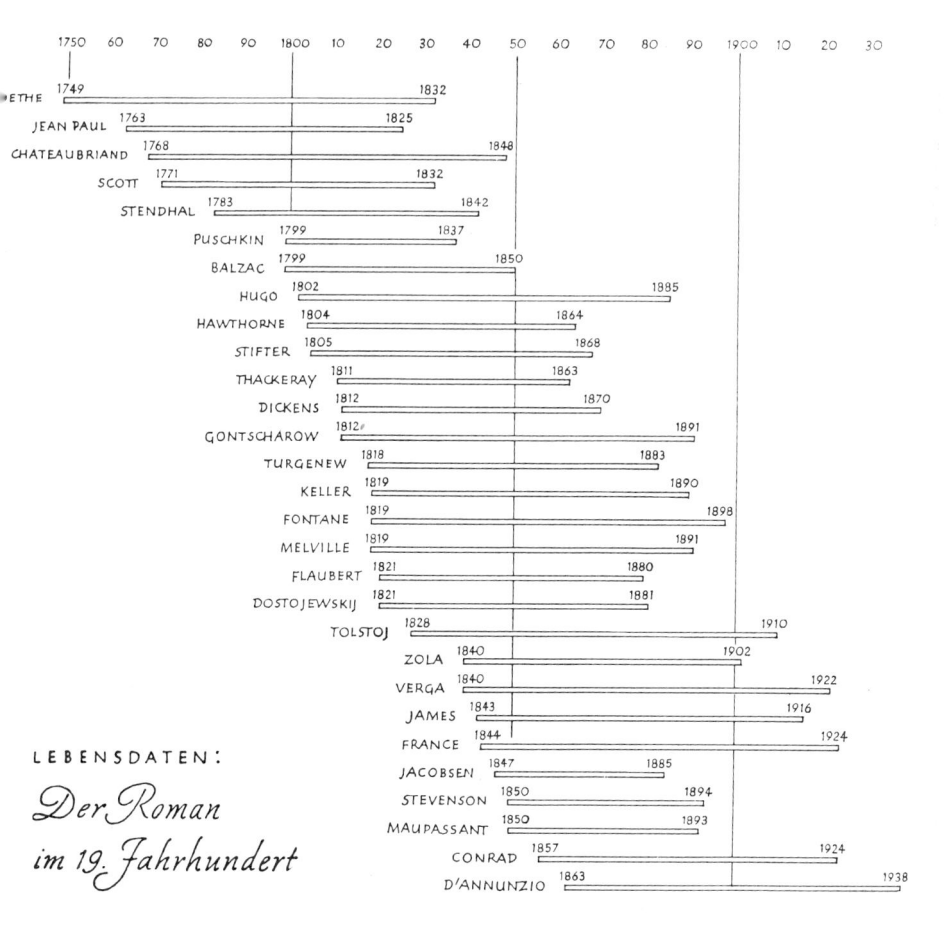

LEBENSDATEN:

Der Roman im 19. Jahrhundert

Autor	Geboren	Gestorben
GOETHE	1749	1832
JEAN PAUL	1763	1825
CHATEAUBRIAND	1768	1848
SCOTT	1771	1832
STENDHAL	1783	1842
PUSCHKIN	1799	1837
BALZAC	1799	1850
HUGO	1802	1885
HAWTHORNE	1804	1864
STIFTER	1805	1868
THACKERAY	1811	1863
DICKENS	1812	1870
GONTSCHAROW	1812	1891
TURGENEW	1818	1883
KELLER	1819	1890
FONTANE	1819	1898
MELVILLE	1819	1891
FLAUBERT	1821	1880
DOSTOJEWSKIJ	1821	1881
TOLSTOJ	1828	1910
ZOLA	1840	1902
VERGA	1840	1922
JAMES	1843	1916
FRANCE	1844	1924
JACOBSEN	1847	1885
STEVENSON	1850	1894
MAUPASSANT	1850	1893
CONRAD	1857	1924
D'ANNUNZIO	1863	1938

war bewirkt durch Erfindungen von seuchentötenden Mitteln. Die Bakteriologie war auch und bereitete Schicksal. Pasteur, Semmelweis, Koch und andere haben der Medizin, ohne es zu ahnen, vor allem ohne es zu wollen, politisches Gewicht verliehen durch Rettung und Vermehrung des wollenden, denkenden Lebens. Die Erkenntnis der Heilkräfte allein im Chinin war folgenreicher als alle Schlachten und Siege und Niederlagen von 1815 bis 1900; jährlich wurden Millionen von Menschen durch die Bitternis des weißen Pulvers dem Tod entzogen – in Indien etwa – : auf diese leise Umwälzung hat Paul Valéry hingewiesen. Eine weitere Hilfe für das abendländische Menschengeschlecht, welches im Beklagen des Menschenloses stets besondere Gaben an den Tag legte, war die aufkommende Verkehrstechnik, durch welche die strichweise würgenden Hungersnöte überwunden wurden, an denen zum Beispiel im Frankreich des 18. Jahrhunderts manchmal noch Provinzen litten, indessen ihre anstoßenden Nachbarprovinzen ihren Getreideüberfluß verfaulen ließen. Die Organisation der Güterverteilung mußte erfunden werden wie eine komplizierte Maschine. Dampf und in der Folge Elektrizität wurden genial in Dienst genommen, während noch um die Zeit des »Werther« Lessing und Lichtenberg in Göttingen vor dem Elektrophor der Universität standen und als Ästheten der Technik zum reinen Vergnügen Blitze daraus hervorzogen, im Gedanken daran, daß andere andere Möglichkeiten erkennen werden. Im alten Jahrhundert hatten nur wenige Räder Dienst getan, an Pferdewagen und Uhren vornehmlich, nun nahmen sie überhand, auf Straßen, Schienen, Meeren, in den Fabriken; die Bewegung nahm zu als eine neue Epidemie, auch nachts, denn Maschinen konnten vierundzwanzig Stunden arbeiten, und mit der Eisenbahn durchbrach der sich selbst nie genügende Mensch erstmals die Grenzen seiner natürlichen Schnelligkeit, die ihm im Sattel gewährt war. An den sich vermehrenden Universitäten konzentrierten sich Massen von Studenten, von denen jeder sich zur Einzigkeit des erkennenden, schöpferischen Geistes heranzubilden strebte; technische Hochschulen, neu entstanden, rangen vor den älteren vornehmen Bildungsinstituten und ihren Humaniora um ein gutes Gewissen. Neben den wachsenden Garnisonen der Wissenschaft die des Militärs; neben den Kasernen die Mietkasernen, darin die bleichen Soldaten der Industriearbeit. Es ist beklagt und gerühmt worden, daß der Mensch seit damals so in eine technische Landschaft hineingeboren wird wie in die der Natur, daß er als zweinaturiges Wesen aufwächst, denn alsbald ist ihm die technische Umwelt zur zweiten Natur geworden. Fernkabel und Zeitung erlaubten es dem einzelnen, an mehreren Orten und mit abgestufter Intensität gegenwärtig zu sein, auch in wechselnder Gestalt: die über hundertzwanzig Decknamen, unter denen Stendhal schrieb, verraten etwas von einem Darstellungs- und Wirkungswillen, dem die Identität mit Proteus so wichtig wurde wie die mit dem eigenen Namen. Der Katalog neuer Errungenschaften, bekannt und doch erst teilweise, auch dann erst phasenweise bewußt, soll nicht verlängert werden: er deutet auf einige Elemente der vielfältig zusammengesetzten Lebensluft, die das Leben der Romanciers mit ausmachte. Die zahllosen Elemente, welche die einzelnen als »objektivierten Geist« vorfanden, wirkten einzeln oder in wechselnden Gruppen zu verschiedenen Zeiten verschieden auf jeden unter ihnen, der seinerseits als Person aus der Vielfalt seiner seelischen und geistigen Prozesse, bewirkten und unableitbar persönlichen, auf sie zurückwirkte. Das Geld etwa und seine anwachsende Herrschgewalt ist für Balzac

Die Schriftsteller Balzac und Gautier und der Schauspieler Lemaître (Mitte) in Pierrefitte, 1840
Aus einem Aquarell von Théophile Gauier. Privatbesitz

Nataschas erster Ball
Illustration zu Tolstojs »Krieg und Frieden«
Aquarell von Leonid Pasternak, 1897. Moskau, Tolstoj-Museum

nicht ein Gegenstand wie andere, den er in freier Wahl ergreift und romanhaft ausformt: der Dichter ist, bevor er ergreift, der Ergriffene, der seine Überwältigung durch die Schicksalsprozesse der aggressiven Großmacht Geld erkennend und formend seinerseits überwältigt und als Kunstwerk grell zur mitleidenden Anschauung und zu deren Wirkungen bringt. Wie könnte es auf die dichterische Persönlichkeit bezuglose Phänomene in einer Epoche geben, wo noch das Nichtwissen, das Nicht-zur-Kenntnis-Nehmen, das bewußte Auslassen aktive Kräfte im bewegten gesamthistorischen Vorgang sind. Dichterische Kraft – bemessen wir sie nicht mit unseren innersten Ansprüchen danach, wieviel sie uns von der Beziehungsfülle offenbart, in die wir empfindend und aufmerkend hineinorganisiert sind; und dichterische Größe – gibt sie uns nicht in jenem Schauder erstmals ihr Zeichen, wo wir jedes auf alles und alles auf jedes einzelne und viele bezogen ahnen und uns an ein paar geordneten Worten, an einer Terzine Dantes, einer Strophe Goethes, einer Ode von Keats das Gefühl des Allzusammenhangs und seiner Schönheit mit zerreißender Innigkeit aufgeht?

Ein Augenblick solcher Berührung kann für einen Menschen die Bedeutung von »Schicksal« erhalten, mehr als die Verflechtung in die Übergewalten der politischen Materie, die ihn auf einen Typus zu vereinfachen streben. Große Prosaiker des beginnenden Jahrhunderts sind von Napoleons Schicksal berührt worden, nicht aber von dem, was er unter Politik verstand: so Stendhal, der Antiromantiker, der ihn liebte, der auf dem Rückzug der Großen Armee aus Rußland von dem vorbeireitenden Kaiser erkannt, begrüßt und mit einem Lob für sein frisch rasiertes Gesicht bedacht worden war, und so Chateaubriand, der Erzromantiker, der negativ Faszinierte; von beiden gibt es eine Schilderung der Schlacht von Waterloo – in der »Chartreuse de Parme« und in den »Mémoires d'outre-tombe«; die endgültige Schicksalswendung einer titanischen Politik zum Untergang, das Scheitern wurde das Motiv zu künstlerischen Leistungen, die dann 1869 in Tolstojs »Krieg und Frieden« ein olympisches Romanepos an die Seite erhielten, wo das Schicksal sozusagen mit seinen eigenen Augen reglos kalt angeschaut wurde und ebenso die geschehende Geschichte, welche als umfassende mythische Macht alle persönlichen Taten und Antriebe zu Taten unverzüglich von der Persönlichkeit ablöst, sie ihr wegnimmt, um sie im Anonymen untergehen zu lassen. In Napoleon, Kutusow und anderen wird der Menschenwille, der sich dazu erkühnt, Schicksal zu machen, zu lenken und zu bestimmen, vom Dichter mit höhnischer Abneigung gedemütigt – was vermögen die schon! »An den historischen Ereignissen sind die sogenannten großen Menschen nur Etiketten, die den Ereignissen die Namen geben«, hat Tolstoj in seinem klaren Antihumanismus bekannt. Es ist die Erkenntnis des verwundet auf dem Schlachtfeld von Austerlitz liegenden Andrej, an dem Napoleon vorüberreitet. »Wie kommt es nur, daß ich diesen hohen Himmel früher nie gesehen habe?« fragt sich Andrej. Vor diesem kosmischen Hintergrund scheint ihm menschliche Größe nichtig. Der Mensch als Erleidender hat in der russischen Literatur ja ohnehin einen anderen Rang als in der westeuropäischen; so hat denn in »Krieg und Frieden« der junge Bauer Karatajew, von innen gesehen, eine höchste Stelle inne, die in allen Erzählungen dem idealisierten Helden zusteht. Der Volkswille, den er versinnbildlicht – »die unfaßliche, runde, ewige Verkörperung des Geistes der Einfalt und der Wahrheit« –, er ist die treibende Macht der Geschichte und als solche zutiefst gegen alles persönliche Bezwecken. Kutusow, dem Feldherrn, dem Volksorgan, werden, sobald der Volkskrieg um Rußland sein Ziel erreicht hat, die Kräfte abgezogen: er hat seine Sendung erfüllt, genau das, was sein mußte, die Vertreibung des Usurpators vom Boden des Vaterlandes: verläßt er selbst diesen, so wird er kraftlos wie Antäos, den Herakles in die Luft hob, um ihn zu brechen. Politik des Zaren, die nicht mehr von der einen elementaren Notwendigkeit, der heiligend vaterländischen, befohlen wird, ist seine Sache nicht mehr; schon bei der Erörterung verwickelter taktischer Schachzüge in seinem Stabe war er leicht eingeschlafen, was seine Art von Flucht vor dem Vorwitz des Kalküls ist. Berechnung ist für eine so geartete Natur verminderte Realität. Er hängt in einer Tiefe mit seinem Land und Volk zusammen, unterhalb der Wortwelt, daß er unter Menschen von einer Zone der Einsamkeit umgürtet scheint. Der Dichter schreibt ihm die antike Gabe zu,»den Willen der Vorsehung zu erkennen und ihm den eigenen, persönlichen Willen unterzuordnen«. Sein Zaudern, Ausweichen, Abwarten, alles, was zu seinem Nichtwirken gehört, das er den ununterbrochenen Wirkungsstößen Napoleons entgegensetzt, läßt ihn unwirklich erscheinen wie einen zeitweise nicht vollständig in seiner irdischen Hülle anwesenden Ahnengeist.

Der passive Held, der mit einer ihrer geschichtlichen Ausbildung noch harrenden gestaltlosen Wirklichkeit rein vegetativ verbunden ist, träumend, lauschend, für die Ungeduld der Täter eine durch ihre scheinbare Außerweltlichkeit oft aufreizende Erscheinung, er war schon in Gogols Werk aufgetaucht und hatte dann, zehn Jahre vor »Krieg und Frieden«, 1858, in Gontscharows Roman »Oblomow« eine klassische Verkörperung gefunden. Oblomow, der Held, rauchend und träumend auf sein Sofa hingelagert, scheint einem Ideal der Reglosigkeit nachzuhängen, unfaustisch, ein Gegenfaust, jeden müßigen Augenblick zum Verweilen ladend. Er wünscht nichts, als daß das Leben ein Traum sei, und vermag doch nicht, es traumhaft zu bewahren: Liebe erfaßt ihn, doch die in Romanen so häufige endgültige Verwandlung eines Menschen durch Liebe geschieht an ihm nicht; sein Wesen überdauert, gebannt in schwebendes Gleichgewicht, alle Akzidenzien des Daseins. Sein so ganz anderer Freund Stolz, der Tatmensch, braucht keinen Vergleich so gern wie »Kristall«, wenn er von Oblomow spricht, er, der prometheisch Rührige mit seinem strammen Meliorismus in bezug auf die russische und die ganze menschliche Gesellschaft, mit seiner erobernden Sittlichkeit, die nach außen als Strenge und Sachlichkeit wirkt, in deren Namen Forderungen und abermals Forderungen an andere – aber auch an sich selbst! – mit dem Begleitgefühl voller Berechtigung erhoben werden. Die Arbeits- und Leistungswelt, in der er sich umtut, wird vom Dichter übergangen; Aufgaben dieser Gattung überließ der Flaubert-Verehrer. Gontscharow dem Flaubert-Verehrer Zola und seiner einer komplex zusammengesetzten Gesellschaft entsprechenden Widerspiegelung komplexer Interessen. Oblomow ist als Inbegriff eines russischen vegetativen Lebensversäumers bemängelt (und geliebt) worden; von westlichem Arbeitsethos aus beurteilt, von Freund Stolz aus, erscheint er als gesellschaftswidriger Nichtsnutz, der das Versumpfen wählt. Innerhalb einer Welt, in der nun die Arbeit das Schicksal wurde und war, gibt er auf russische Weise einem alten Menschheitstraum Gestalt und Farbe: dem Traum glücklicher Schicksalslosigkeit, der träumenden, betrachtenden Errettung von alledem, was das Lebensprinzip des Willens mit dem Menschen immer und immer wieder vorhatte und stets zu dessen Schmerz. Etwas von der

Verheißung des Wortes Christi von den Lilien auf dem Felde scheint sich in diesem liebenswerten Menschen erfüllt zu haben, in dem reiche und feine Arten des Fühlens wie in einem Schutzpark gedeihen dürfen, fast schon als exotische Gewächse in einer Umwelt, die sich zum Bauplatz machte. War hier die Selbstentfremdung des Menschen aufgehoben, die Marx als Zwangsgeschick des Arbeiters im kapitalistischen System beschrieben hatte, war mit dieser Gestalt ein Gegenbeispiel geschaffen: der von Verlusten an Menschlichkeit Verschonte, der innerweltlich Gerettete? Kaum. Selbstversponnenheit, liberales Genügen am eigenen Ich, das Zurückbleiben vieler Entwicklungen der Person, welche Weltkontakte, auch schmerzende, zur Voraussetzung haben, eine innere Verweichlichung, die sich in Form von Ansprüchen gegen die Mitwelt kehrt und, wenn ihnen nicht Genüge getan wird, in wehleidigem Grollen nicht Gegengroll, sondern süßes Mitgefühl zu erlangen hofft: was es an Gefährdungen für Oblomow gab, war dem Dichter wohlbewußt; jede ließ er ihm nahen, keine ihn überwältigen. Unter all den zeitgenössischen Romanhelden, die von den jugendlichen Rittern des mittelalterlichen Epos abstammen und wie sie ausziehen, um die Welt handelnd zu bestehen, ist dieser sich allem Tun und, wenn möglich, Leiden Entziehende wie eine mythische Urgestalt, ein Adam, der den Anfangspunkt einer Skala menschlicher Seins- und Verhaltungsweisen setzt, an einem Maßstab, der nie als wesenlos zu erklären sein wird. Der junge Goethe, ein bewegtes Gegenbild, wußte um diese Sphäre und reichte bis zu ihr hinüber – in Augenblicken des Leidens und Mitleidens –, wie aus seiner Vorliebe für das von ihm vielzitierte Prophetenwort hervorgeht: »So ihr stille bliebet, würde euch geholfen.«

Wenige Jahre nach »Oblomow« kam Dostojewskijs »Schuld und Sühne« heraus, 1866, dessen Held, Raskolnikow, der reflektierteste Täter, der Missetäter, bei der Überlegung, inwieweit es eine Hierarchie der menschlichen Leben gebe, und zwar so, daß höchstbegabtes Leben aus Gründen des Menschheitsnutzens zur Vernichtung von niedrigerem berechtigt sei, seinen Mord von der Ordnung napoleonischer Taten aus betrachtet und damit durchaus nicht etwas Extravagantes unternimmt. »Heutzutage hält sich doch bei uns in Rußland jeder für einen Napoleon«, dieses für das Klima jener Epoche bezeichnende Wort spricht nicht einmal er selbst, sondern einer seiner Bekannten zu ihm, zu dem Verbrecher, der sich abmüht, seiner Untat einen politischen Sinn abzugewinnen oder unterzulegen. Der Erfolg, so argumentiert er in sich hinein, entscheidet letzten Endes über die Sittlichkeit der Taten; die Blutbäder, die Mohammed oder Napoleon und andere veranlaßt haben (»allesamt Verbrecher«), werden ihnen nicht nachgetragen von einer Menschheit, die zugleich »Du sollst nicht töten« als Gebot anerkennt und Taten großer geschichtlicher Beweger in ihrer Sittlichkeit so wenig zu bestimmen versteht, daß sie diese Taten als in einem Jenseits sittlicher Schranken geschehend annimmt, dort, wo Genie oder Dämon und folglich wohl Notwendigkeit walten. Raskolnikow sieht ein, daß er »über die Schranke nicht hinweggekommen ist«. Er mißt sich an dem jungen Artilleriegeneral, der ohne Wimpernzucken einen Aufstand im revolutionären Paris zusammenkartätschte, und denkt sich dabei die Leichen der beiden alten Frauen, die er umgebracht hat. »Ja, ich bin wirklich eine Laus«, erkennt er mit selbstquälerischer Genugtuung, und gerade daß er dies erkenne, sagt er sich, bestätige die Richtigkeit der Einsicht. Das ist die andere Phase des Übermenschen mit den dämonischen

Tatträumen aus dämonisierter Unzulänglichkeit. Wie Kain zu Abel steht er zu dem schön entworfenen, vom Schicksal in den Tod zurückgenommenen Platon Karatajew bei Tolstoj, auf den die Stelle bei Georg Lukacs in der »Theorie des Romans« bezogen werden darf wie auf seine Brüder bei Balzac und Dickens: »Die Helden der Jugend werden auf ihren Wegen von den Göttern geleitet: ob Glanz des Unterganges, ob Glück des Gelingens am Ende des Weges winkt oder beides in einem, niemals gehen sie allein, sie sind immer geführt. Daher die tiefe Sicherheit ihres Ganges ...«

Aus dieser tiefen Sicherheit führt der Gang selbst den jungen Helden heraus in die Erfahrung dessen, was ist, was äußerlich so ist wie er innerlich, nur gewaltig groß: Balzac hat den Menschen noch im Sinne der spätmittelalterlichen Auffassung als Mundus minor angesehen, als kleines kosmisches Abbild. Neben ihm hat der konservative Theoretiker und Erforscher der gesellschaftlichen Grundlagen, Bonald, auf eine etwas extreme Weise formuliert, was immer schon zum Gesamtschatz französischer Erkenntnisse gehört und die ganze Denkerei der Moralisten so stark bestimmt hatte: »Die Gesellschaft ist die wahre und sogar die einzige Natur des Menschen.« Organischer als so kann wohl gar nicht gedacht werden. Diese Denkweise wurde mit dem Klebezettel »reaktionär« versehen, aber Bonalds Axiom deckt sich mit der Lehre des Sozialismus und der durch ihn zu starkem Auftrieb gebrachten Soziologie bis in unsere Tage. Der konservative Dostojewskij hat als Dichter nicht anders gedacht, wenn ihm auch das gesellschaftliche Naturgefühl ohne Bewußtsein der Übernatur, des christlichen Spiritualismus, als Abfall galt, als lichtloses Fortleben im Zustande der Verwesung. In Stawrogin – »Die Dämonen« – hat er den Täter dargestellt, der als menschlich verkörpertes nichtendes Nichts im geordneten Gemeinschaftsleben zu bezeichnen wäre. Alles, was er berührt, zerfällt, seine Macht über Menschen ist pure Dämonie, groß allein schon durch die Unberechenbarkeit seines Verhaltens, welches jäh den Modus des acte gratuit annimmt, des Handelns aus undurchsichtigem, frei bleibendem Antrieb. André Gide hat Stawrogin, wie seinen Schöpfer, mit mehr als Anteilnahme studiert: an dieser Figur erwiesen sich die Gesetze der psychologischen Kausalität durchbrochen, und zwar aus einer noch unerkannten, dämonisch allem naturwissenschaftlichen Gesetzesdenken entzogenen Region des Menschen, die dessen Natur ursprünglicher ausmacht als die Gesellschaft. Sich selbst gefallender und genießender Hohn auf die Systemtendenz aller Gesellschaftsordnungen und ihrer Psychologien spielt da mit und empfiehlt uns, das späthumanistische Menschenbild als allzu verengt zu durchschauen. Er wendet sich gegen die Idee als die eindeutige Charakterdominante, gegen den idealistischen Nenner, auf den der Mensch niemals zu bringen sei. Was als Amoral zur Erscheinung gelangte, schien einer noch unerschlossenen Region schöpferischer Kräfte zu entstammen: Dostojewskij und Nietzsche waren für Gide die bis weit ins 20. Jahrhundert überragend gebliebenen Entdecker.

Die »Dämonen« sind ein Jahrzehnt nach Turgenews Roman »Väter und Söhne« erschienen, in dem erstmals eine Gestalt, Bazaroff, als »Nihilist« bezeichnet wurde und Aufsehen erregte: von da an war es, als sei der Nihilismus auf das literarische Pflichtprogramm gesetzt worden. Der Begriff machte rückwirkend in Westeuropa sein Glück; der späte Nietzsche verkündete: »Ich beschreibe, was kommt, was nicht mehr anders kommen kann: die Heraufkunft des Nihilismus.« Berühmteste Worte. Aber Bazaroff, an satanischer Besessenheit geringer als Dostojewskijs Verneiner, wirkt in seinem redenden Hohn auf alle Konventionen, die er doch fügsam befolgt, als ein fast gemütlicher Nihilist, wäre nicht seine Kälte, die etwas Reptilisches hat. Gegen alles, was Autorität heißt, in prinzipienfester Auflehnung, behandelt er seine Eltern im Stile der schlimmsten Autorität. Der Nullpunkt: an ihm ist er in affektloser Reinheit wahrnehmbar, in der Art, wie er seine sich selbst auferlegte persönliche Erstorbenheit als sozialen Fortschritt und Sieg des wissenschaftlichen Geistes nimmt – bis zu den Augenblicken des Wunderglaubens an sich selbst. Die Haltung unerbittlichster Analyse, o Rache der Dinge, schlägt um in leeres Bramarbasieren; wie er mit allgemeiner Blutvergiftung auf den Tod liegt und als Arzt es weiß, ruft er aus: »Sterben, ich? Ah bah! Ich habe eine Mission! Ich bin ein Riese!« Erworben wurde das Riesengefühl, das beinahe das letzte Wort hat, durch Abtötungen, an erster Stelle der Liebe; dies ist es, was er, der neue Mensch, der Kraft- und Stoffmensch, an Unternehmung innerhalb der Gesellschaft gegen sie geleistet hat, als einzige Tat, ohne an irgend etwas zu glauben, auch an das Liebesopfer nicht.

Es ist, als würde in unheimlicher Umkehr des geschichtlichen Fortganges der Mensch hinunter- und zurückentwickelt, einer neutralen Ebene gleicher Möglichkeiten entgegen, von der aus unter Umständen eine neue Menschwerdung ausgehen könnte, denn gehaßt wird nicht so sehr die Staats- oder Gesellschaftsform als das Menschengeschlecht. Im Grundsatz geht das weiter, als was Revolutionäre oder Anarchisten zu wollen haben. Und ein Motiv tritt auch an dieser Verwerfungsstelle in den Tag, welches das ganze Jahrhundert durchzieht, den Westen und Osten, die absoluten und parlamentarischen Monarchien, die Demokratien, die literarischen Bewegungen von der Romantik über den Realismus bis zum Symbolismus: das Motiv des Ennui, des Überdrusses, der Langeweile, der Lebensöde. Der junge Goethe schon hatte den deutschen bürgerlichen Verhältnissen einen innewohnenden »Ennui« zugesprochen, gegen den er durch die beständig ausgreifende wohlgeordnete Vielfalt seiner Interessen im tiefsten Grunde und immer wieder beschützt wurde. Bei Chateaubriand gehört der Ennui zu seiner Konstitution, er wiegt sein ichüberhöhendes Selbstgefühl aus als Weltschmerz, das heißt Schmerzgefühl über Weltverlust. Die schlechte Unendlichkeit eines entnervenden Traumlandes ist zugänglich geworden, doch wer dorthin aufbricht, macht die melancholische Erfahrung der Leere, die Ich und Welt in sich zieht. Flaubert war von dieser Melancholie gezeichnet, deren schwarze Grundwasser den lyrischen Unterstrom seiner Prosa abgeben, noch seine Zynismen, diese ohnmächtigen Überwinder, bezeugen sie. Und am Ende des Jahrhunderts verbittet sich der zwanzigjährige Paul Valéry den Namen eines Dichters; er sei weiter nichts als »le monsieur qui s'ennuie«, jener Herr, der sich langweilt. – Das sind wenige Beispiele für viele. Der Zerrissene, der Melancholiker, der Europamüde, der Pessimist, das sind Gestalten, die nun als Typen durch die Literatur gehen, Geschöpfe und Schöpfer wie Byron, Büchner, Musset, Heine. Der vom *Taedium vitae* Beschwerte wird in einer total auf Arbeit sich einstellenden Welt eine Paria-Figur, verfemt von den täglich Tüchtigen, doch von vielerlei Anziehung für die differenzierter ins Dasein Hineinverflochtenen. Das Wort »Weltschmerz«, von Heine 1831 erfunden, machte Karriere, weil es für einen seelischen Zustand wenigstens die Erlösung der Benennung brachte, für ein Gefühl, das in Burtons »Anatomy of Melancholy« (1621) noch streng und ausschließlich den Motivkreisen der Liebe und der Religion zugeordnet worden war, das dann mit vordringender Verweltlichung zu einer scheinbar selbstgesetzlichen Größe heranwuchs. Die seit dem Mittelalter an den Mönchen fast klinisch umrissene, mit warmen Bädern und Diät behandelte Acedia, die barocke Vanitas, die pietistische Traurigkeit im irdischen Jammertal, sie lösen sich von ihren bisherigen erklärbaren Gründen und wachsen der ontologischen Kategorie Schmerz der Welt zu. Schmerz als Bestandteil der Welt – Virgils sunt lacrimae rerum –, er gehört zu den Erfahrungen des losgerissenen Menschen. Zu einer Metapher, die als solche bald nicht mehr bedacht wird, einem Topos, bei dem das Hauptwort das Beiwort schon automatisch herbeizieht, ist die stehende Formel »namenloser Schmerz« geworden, was ursprünglich nicht zuerst die Heftigkeit meinte, sondern die Nichterkennbarkeit der Ursache, das dunkel Verhängte. In seiner »Theorie des Romans« handelt Georg Lukacs von der veränderten Stellung des veränderten Menschen in einer veränderten Welt: »Die Welt hat einen Sinnzusammenhang und eine Kausalverknüpfung erhalten, die der lebendig wirkenden Kraft des zum Dämon gewordenen Gottes unverständlich ist und aus deren Augenpunkt gesehen sein Treiben als reine Sinnlosigkeit erscheint.« Das mit der Rückbildung des alten Glaubens zur Ungebundenheit entlassene Dämonische, von Goethe seinem Eckermann klassisch beschrieben, erscheint irrational, zufällig, dem Denken in Gesetzlichkeiten sinnlos, aber mächtig eingreifend, verwirrend: »Alles, was uns begrenzt, schien für dasselbe durchdringbar; es schien mit den notwendigen Elementen unseres Daseins willkürlich zu schalten; es zog die Zeit zusammen und dehnte den Raum aus. Nur im Unmöglichen schien es sich zu gefallen und das Mögliche mit Verachtung von sich zu stoßen.«

Das Dichterische des Daseins selbst ist mit diesen Worten andeutend bezeichnet, alles zunächst Überraschende, Unbegreifliche, Bewegende im Menschenschicksal, das im Verlauf sich als ein Kristallisationsgitter für »Sinn« erweist, wobei Sinnerkenntnis durch Lebenskontemplation und Sinngebung durch das kunstvolle Gefüge dichterischer Akte sich entsprechen. Sinnschöpfung und Sinnfindung erscheinen da als ein und dasselbe, so wie dem Helden, dem Abenteurer die Welt ebenso abenteuerlich begegnet wie er ihr, wobei denn Handeln und Erleiden in rhythmischer Bezogenheit zueinandergeordnet sind. Goethe und Schiller gelangten dazu, den epischen Helden passiv zu denken und zu fordern, als reine Welterwartung gleichsam, welche Kraft genug ist, um die ihm zukommenden Bewegungen der Welt – seine Weltverstrickung – in Gang zu bringen. Ihm begegnet, stößt zu, passiert, geschieht, widerfährt, droht, steht bevor, bietet sich dar: er ist dazu ersehen, in einer so aktiv andringenden Welt sich zu behaupten, wachsend und ausdehnend sich zu verwirklichen als »das prozeßhafte Wesen in einer prozeßhaften Welt«, welches, nach einer Formulierung Nicolai Hartmanns, der Mensch ist. Der jugendliche Mensch des Dichters ist als solcher eine Weltchiffre für sämtliche Möglichkeiten an Schicksal; er enthält sie, alles kann er haben und werden, alles kann ihm geschehen, er hat die Fülle einer unentwickelten Ganzheit, die dem Leser etwas verspricht, was auf der Ebene seiner ihr zugewandten Erwartung nicht zu verwirklichen ist, denn diese verlangt immer wieder, unbelehrt und unbelehrbar, mehr als das besondere, individuell abgesponnene Schicksal zu erfahren, mag dieses noch so befriedigend symbolisch und mithin stellvertretend für einen Typus von Mensch und Lebenslauf sein.

Ausgesprochene Begabung ist selten unter den Romanhelden, weil Analogien heraufrufend, die stören, und eine Entschiedenheit des Denkens, insbesondere des Willens, durch welche die Allempfänglichkeit eingeschränkt, von vornherein spezialisiert wird. Julien Sorel oder Lucien de Rubempré bei Stendhal und Balzac sind Grenzfälle, beides einzelne, deren Durchgang durch die Gesellschaft ein steiler sprühender Aufstieg ist, der zu Selbstverkennung und Verkennung der Umwelt führt und die den Wollenden beständig umlauernden feindlichen Dämonen heranlockt. Abgesehen von diesen beiden schönen, unheimlich umdunkelten jungen Männern, welche die Gesellschaft in vermessenen Momenten wie einen schwierigen, aber zu brechenden Gaul beherrschen zu können glauben, die dann wirklich im Sattel zu sitzen meinen, abgesehen von ihnen und ihrem direkten Ehrgeiz: Untergang oder Scheitern des Helden ist die Rettung seines intelligiblen Charakters, die Reinerhaltung eines beseelten Wesens, das als solches über allen objektiven Gegebenheiten der Gesellschaft steht, in welcher Ordnung oder Unordnung sich diese auch befinde. Im katholischen Alteuropa wie in dem zwischen Monarchie und Republik unruhig wechselnden Frankreich gilt dieses vorherrschende Schicksalsmodell wie im protestantischen, jungen und demokratischen Amerika oder im protestantischen monarchistischen Deutschland oder in dem griechisch-orthodoxen Zaren-Rußland, das kein Bürgertum und kein Industrieproletariat im Sinne des Westens kannte – es ist soziologisch schwierig zu erklären! Im englischen Roman wird ein tragisches Ende am ehesten vermieden; Dickens hat sich von seinem Verleger bereden lassen, für »Große Erwartungen« einen zweiten, glücklichen Schluß zu schreiben, der schwächer ist. Aber es bleibt dabei. Thackeray erwartete von den Lesern von »Jahrmarkt der Eitelkeit«, sie möchten am Ende der Geschichte »unzufrieden und unglücklich« sein, wie man es mit allen, auch der eigenen Geschichte sein müsse angesichts der Unzulänglichkeit, in der wir gehalten werden und in der auch der gute Wille verläuft. Der Held im »Grünen Heinrich« der ersten Fassung wird zum Tode gebracht; in den späteren Ausgaben lebt er als Amtmann beispielhaft weiter, eingeordnet, dem Staate nützlich, ausgeschöpft an allem Dichterischen. Das ihn Versuchende hat sich von ihm verzogen, er ist eingegangen in eine Sphäre, die mit oder ohne ihn gleicherweise besteht, wo das Persönliche, Einmalige, Mehrdeutige nicht vorkommen darf, kurz, er ist übergelaufen zum Feinde, weil dieser, wie er schließlich überzeugt ist, das Rechte vertritt. Ein Selbstopfer an den Gemeingeist, dargebracht von einem Künstler, der einzig in unbedachtem Gegensatz zu ihm gelebt hatte, in der schwindelhaften Autonomie eines Talents, das von der Gesellschaft einen Glauben an sich erwartet, den es selbst, mit Recht, nicht aufbringt, dabei wohlgeartet genug, um das Auseinanderklaffen von Wesen und Anspruch, ein Dasein mit dem Dorn im Gewissen nicht zu ertragen. Ein seltener, hochmoralischer Fall: der Staat als die sich ins Werk setzende Sittlichkeit genommen, der vor seiner Sendung resignierende Held sich in ihr bergend wie frühere Helden im Kloster ... Ihren vollen Sinn erhält diese Schlußwendung indessen erst, wenn man sich vergegenwärtigt, daß der Staat, den Gottfried Keller im Auge behält, die Schweiz von 1848 mit ihrer im ganzen geglückten liberalrevolutionären Erneuerung ist, ein kleines Land mit einer so freiheitlichen Verfassung, daß das Volk damals all jene Hoffnungen, die man zum Leben brauchte, an sie hängen konnte, und daß der Dichter diesen von Herzen bejahten Staat einem nahezu absoluten Guten, wenigstens für den Augenblick, gleichsetzen konnte. Er spürte Zug und Richtung der geschichtlichen Bewegungen seiner Zeit, in deren Gesamtspiel seine Gestalten eingeflochten sind, und zwar so, daß ihnen ein Höchstmaß an moralischer Einwirkung zugetraut und zugestanden wird – den Frauen mit ihrem Vorzug der Schönheit fast noch mehr als den Männern – durch eine dämonisierte Rechtlichkeit, die das Ethos der Person, des einzelnen, unmittelbar als Leben des Staates, der Gesellschaft, empfindet und die im Bewußtsein solcher Identität gründet. Bei welchem Autor wäre, wie bei ihm, der demokratisch im Großen geordnete, im Kleinen sich Tag für Tag genauer ordnende Staat als Dramatis persona zugegen, mitunter bis zur Beengtheit in seiner sittlichen Machtstellung über den Zweifeln. Arbeitsunlust, unschädliche Eigenbrötelei, Teilnahmslosigkeit am Leben der Polis, also am politischen Leben, werden da schon zu eigentlichen Vergehen in diesem eingespielten hochentwickelten System aus Systemen; für die Durcharticulierung des Bösen bis zum Genialen, wie etwa bei Dostojewskij, ist in solcher vom Christentum sacht abgehobener, darum doppelt achtsam humanisierter Welt kein Raum mehr. – Anders in Jeremias Gotthelfs bäuerlicher Elementarwelt, wo es gewaltsam, aber großartig zugeht, wenn Träger des liberalen, vom alten Glauben emanzipierten Selbstbewußtseins ihrem irdischen Gerichtstag entgegengeführt werden, mit einer Folgerichtigkeit, die der Gewalt ihrer Leidenschaften wunderbar genau entspricht und den Gang der Erzählung auf gerader Linie hält. Hingerissen von den Leidenschaften seiner Gestalten, auch den dunklen unter ihnen, erschaut sie der Dichter doch immer als Blendwerk der Hölle, ja, obwohl er reformierter Geistlicher war, in einer darin der katholischen angenäherten Sehweise, daß sie neben den göttlichen Tugenden – Glaube, Liebe, Hoffnung – eine verminderte Kraft des Seins haben, auch in den Augenblicken, in denen sie das Leben selbst weiterzubewegen scheinen und es vielleicht, einer sittlichen Vernunftlist folgend, auch tatsächlich tun müssen.

Zu den merkwürdigen Sachverhalten gehört es, daß gerade in der deutschen Literatur um die Jahrhundertmitte vier Dichter von Rang ihr Werk politisch orientieren, und dies mit unverhohlen pädagogischem Einschlag, als wollten sie ihren angesprochenen Völkern eine Lebenslehre auf schöne Weise faßbar machen. Neben den zwei genannten Schweizern sind es zwei Österreicher: Grillparzer, der Dramatiker, und Adalbert Stifter, der Erzähler. Auf dem Boden des bedenkenvoll zu seiner Einigung drängenden neuen Kaiserreiches wurde diese Art von Weisheit mit dem Überlegenheitsgefühl der mit glücklichem Auftrag geschichtlich Handelnden übergangen. Stifter hatte immer eine Gemeinde, die ihn freilich als den edlen Fürst einer »rein dichterischen« Enklave betrachtet wissen wollte, während er die Revolution von 1848 als Vorspiel einer Europa bedrohenden Katastrophe bis in den Grund erschüttert erlebte, mit der Vision – Bachofen und Tocqueville hatten sie auch –, daß unsere westlichen Zustände sich so weit auflösen könnten – Burckhardt sprach von der jederzeit möglichen drohenden »Schnellfäule« –, »bis ein wildes, zahlreiches und barbarisches Volk, das aber seine Kraft neben seiner Roheit bewahrt hat und das vielleicht jetzt noch im fernen Asien wohnt, über uns hereinfluten und uns und unsere Bildung auf viele Jahrhunderte hin verschlingen wird...« (1849). In dem geschichtlichen Roman »Witiko«, 1865, der den Aufstieg des böhmischen Grafengeschlechts der Rosenberg aus dem Nichts und den Böhmens zum Königreich als Gegenstand hat, wird das Geschehen aus einem

Titelseite von Adalbert Stifters »Der Nachsommer«, Band I, 1857

Aufbahrung Victor Hugos am Arc de Triomphe in Paris, 1885
Gemälde von Jean Béraud. Paris, Musée Carnavalet

Rechtsfall entwickelt: Beugung des Rechtes aus Gründen der Opportunität bei der Nachfolge des Herzogs, Politik gegen Recht, ein Greuel für Stifter, der ihm Gelegenheit gibt, mit subtiler Behutsamkeit und mit der Breite gewissenhaftester Genauigkeit die in den Handlungen der Menschen sich vollziehende Selbstbewegung des Rechtes aus der zeitlich-politischen Trübung zu seiner ewigen Reinheit zu entwickeln und mit ihr »die schreckliche Majestät des Sittengesetzes«, das auf göttlichem Grund aufruht und nie ermattende verinnerlichte Hinwendung jedes Gewissens verlangt. »Dem Größten fehlt Geschichte«, hat Stifter in einem Gedicht geschrieben, denn von dem Ewigen geht er aus, vom unbewegten Beweger. Die langsame Erdgeschichte scheint ihm sodann für die ins Überstürzte geratene abendländische Menschheit das Bedenkenswerteste. Doch auch ihrer Geschichte nimmt er sich an: der langsame, gewissensfeine, fromme Witiko ist der Held, das erstehende Böhmen der Ort, das christliche Mittelalter die Zeit: alle Dinge, die staatlichen und geistlichen, ihre Rangordnungen und Bezüge, die Lebenslagen, die Menschen, deren Verhalten, erscheinen paradigmatisch und normativ, in einem durchgeläuterten Einst, das ein zeitlos gültiges Vorbild darstellt, edel und etwas steif. Die Versammlung der Notabeln auf dem Wyschehrad ist ein pädagogisches Modell der politischen Auseinandersetzung, in welcher die Leidenschaft der Gegensätze überwunden wird in gemeinsamer Suche nach dem Gerechten, dem für das Gemeinleben Rechten, in dem erweckten Gefühl beider Parteien für die Menschenwürde des Gegners und ihre Zartheiten. Es ist, als habe Stifter etwas wie ein deutscher »Télémaque« vorgeschwebt, den er für ein seine politische Mündigkeit anmeldendes Volk in der sanften Rolle eines Gesetzgebers ohne Macht habe niederlegen müssen.

Zu gleicher Zeit wie »Witiko« erschien »Der Idiot«, den Dostojewskij selbst von seinen Romanen am liebsten hatte und in dem er »eine alte Lieblingsidee« zu verwirklichen unternahm, nämlich »die Darstellung eines vollkommen schönen Menschen«. Das war auch Stifters Absicht: wie aber diese Vollkommenheit erträumt und erwogen wurde, ist weit eher christlich als platonisch, ja bei dem Helden des Russen, dem Fürsten Myschkin, der mitten in die zeitgenössische Sankt-Petersburger Gesellschaft hineingestellt wird, geht es um die Aufrichtung einer Menschengestalt, an der diese – und alle – Gesellschaft zu messen wäre, ihr Unwesen an der Wesentlichkeit. Unser 20. Jahrhundert hat in der Kierkegaard-Nachfolge einen Gegensatz zwischen Ästhetizismus und Existentialismus möglichst weit aufgerissen; bei einem Existentialisten wie Dostojewskij, der die Dichte und Schwere der Lebensnot jeden Tag zu ermessen und zu überwinden hatte, sind Sätze zu lesen, die man bei Turgenew suchen würde: »Die Schönheit wird die Welt retten«, so im »Idiot«, und im »Tagebuch«: »Der heilige Geist ist das unmittelbare Verstehen der Schönheit, das prophetische Bewußtsein der Harmonie – folglich unablässiges Hinstreben zu ihr.« Das ist nicht die klassische Schönheit Weimars mit ihrem Idealbild eines allseitig gebildeten menschlichen Apolls von Belvedere, es ist auch nicht die vom Dichter im Stoff seiner Prosa herzustellende Schönheit, wie Flaubert sie als den kategorischen Imperativ seines Lebens verstand, und nur von ferne hat sie etwas zu schaffen mit dem zynisch-epikureischen Charmides einer Londoner Gesellschaft der neunziger Jahre, die um Oscar Wildes »Dorian Gray«, den verführerisch Schönen, tanzte – nur von ferne und in dem Bewußtsein, daß Schönheit und Heiligung nicht nur als Gegensatz zueinander geschaffen sind. In der Gestalt

DATENGERÜST

Der Roman im 19. Jahrhundert

1774 *Goethe*, Werther
1793 *Jean Paul*, Die unsichtbare Loge
1795 *Goethe*, Wilhelm Meisters Lehrjahre (1795/96), *Jean Paul*, Hesperus, Leben des Quintus Fixlein (1795/96)
1796 *Jean Paul*, Siebenkäs (1796/97)
1800 *Jean Paul*, Titan (1800/03)
1801 *Brentano*, Godwi
1802 *Chateaubriand*, René, *Foscolo*, Die letzten Briefe des Jacopo Ortis, *de Staël*, Delphine
1804 *Jean Paul*, Flegeljahre (1804/05)
1807 *de Staël*, Corinne ou l'Italie
1809 *Goethe*, Wahlverwandtschaften (1809/10), *Jean Paul*, Doktor Katzenbergers Badereise, Des Feldpredigers Schmelzle Reise nach Flätz
1810 *Arnim*, Gräfin Dolores, *Kleist*, Erzählungen (Michael Kohlhaas, Die Marquise von O.)
1811 *Austen*, Sense and Sensibility
1812 *Jean Paul*, Leben Fibels
1813 *Austen*, Pride and Prejudice
1814 *Chamisso*, Peter Schlemihl, *Scott*, Waverley
1815 *E. T. A. Hoffmann*, Elixiere des Teufels (1815/16), *Scott*, Guy Mannering
1816 *Constant*, Adolphe, *Scott*, The antiquary
1817 *Arnim*, Die Kronenwächter, Band I
1818 *Scott*, The heart of Midlothian, The bride of Lammermoor
1820 *E. T. A. Hoffmann*, Kater Murr (1820-22), *Jean Paul*, Der Komet (1820-22), *Scott*, Ivanhoe
1821 *Cooper*, The spy, *Goethe*, Wilhelm Meisters Wanderjahre (1821-29), *Scott*, Kenilworth
1823 *Cooper*, Leather-stocking tales (1823-41), *Scott*, Quentin Durward
1824 *Cooper*, The pilot
1825 *Manzoni*, Die Verlobten, *Puschkin*, Eugen Onjegin (1825-31), *Scott*, The Talisman
1826 *Scott*, Woodstock, *de Vigny*, Cinq-Mars
1827 *Stendhal*, Armance
1828 *Bulwer*, Pelham, *Scott*, The fair maid of Perth
1829 *Mérimée*, Chronique du temps de Charles IX.
1830 *Stendhal*, Le rouge et noir
1831 *Balzac*, La peau de chagrin, *Hugo*, Notre-Dame de Paris
1832 *Balzac*, Colonel Chabert, La femme de trente ans, *Mörike*, Maler Nolten, *George Sand*, Indiana
1833 *Balzac*, Eugénie Grandet, Le médecin de campagne
1834 *Balzac*, La Recherche de l'absolu, *Bulwer*, The last days of Pompeii, *Carlyle*, Sartor Resartus
1835 *Andersen*, Der Improvisator, *Balzac*, Le père Goriot, *Bulwer*, Rienzi, *Gutzkow*, Wally, die Zweiflerin
1836 *Balzac*, Le lys dans la vallée, *Dickens*, Barnaby Rudge (1836-41), Pickwick Papers (1836/37), *Gotthelf*, Bauernspiegel, *Immermann*, Die Epigonen, *de Musset*, Confession d'un enfant du siècle, *Puschkin*, Die Hauptmannstochter
1837 *Balzac*, Histoire de la grandeur et de la décadence de César Birotteau, Illusions perdues (1837-39), *Dickens*, Nicholas Nickelby (1837-39), Oliwer Twist (1837/38), *Puschkin*, Der Mohr Peters des Großen
1838 *Gotthelf*, Leiden und Freuden eines Schulmeisters (1838/39), *Immermann*, Münchhausen (1838/39), *Poe*, Gordon Pym
1839 *Balzac*, Splendeurs et misères des courtisanes (1839-47), *Stendhal*, La Chartreuse de Parme
1840 *Dickens*, The old curiosity shop (1840/41), *Gotthelf*, Uli der Knecht, *Lermontow*, Ein Held unserer Zeit
1841 *Poe*, The Murder in the Rue Morgue (unvollst.)
1842 *Bulwer*, Zanoni, *Gogol*, Die toten Seelen (1842, 1855), *Gotthelf*, Geld und Geist (1842-46), *Flaubert*, Novembre, *Sue*, Les mystères de Paris (1842/43)
1843 *Dickens*, Martin Chuzzlewit (1843/44), *Gotthelf*, Anne Bäbi Jowäger (1843/44), *Sand*, Melchior
1844 *Chateaubriand*, Vie de Rancé, *Disraeli*, Coningsby, *Dostojewskij*, Arme Leute, *Dumas (Vater)*, Les trois mousquetaires, *Sue*, Le juif errant (1844/45)
1845 *Dumas (Vater)*, Le comte de Monte-Christo
1846 *Alexis*, Die Hosen des Herrn von Bredow (1846-48), *Balzac*, La cousine Bette, *Dickens*, Dombey and son (1846-48), *Dostojewskij*, Der Doppelgänger, *Melville*, Typee, *George Sand*, La mare au diable
1847 *Balzac*, Le cousin Pons, *Ch. Brontë*, Jane Eyre *Gontscharow*, Eine alltägliche Geschichte, *Melville* Omoo, *Thackeray*, Vanity fair (1847/48)
1848 *Dickens*, David Copperfield (1848-50), *Duma (Sohn)*, La dame aux camélias, *George Sand* François le Champi, *Thackeray*, Pendenni (1848-50)
1849 *Dostojewskij*, Nettchen Neswanow, *Gotthelf*, Uli de Pächter, *Melville*, Redburn, *Chateaubriand*, Mé moires d'outre-tombe
1850 *Gotthelf*, Die Käserei in der Vehfreude, *Hawthorne* The scarlet letter
1851 *Beecher-Stowe*, Uncle Tom's cabin (1851/52) *Hawthorne*, The hous of the seven gables, *Melville* Moby Dick
1852 *Dickens*, Bleak House (1852/53), *Hawthorne*, A wonder book, *Thackeray*, Henry Esmond
1854 *Arnim*, Die Kronenwächter, Band II, *Dickens* Hard times, *Keller*, Der grüne Heinrich, 1. Fassun
1855 *Balzac*, Les paysans, *Dickens*, Little Dorrit (185 57), *Freytag*, Soll und Haben, *Thackeray*, Th Newcomes, *Turgenew*, Rudin
1856 *Raabe*, Chronik der Sperlingsgasse
1857 *Ch. Brontë*, Ihr Professor, *Flaubert*, Madam Bovary, *Stifter*, Nachsommer
1858 *Gontscharow*, Oblomow, *Thackeray*, The Virginia (1858/59), *Turgenew*, Adelsnest

1859	*Dickens*, A tale of two cities, *George Eliot*, Adam Bede
1860	*George Eliot*, The mill on the Floss, *Hawthorne*, The marble faun, *Turgenew*, Vorabend
1861	*Dickens*, Great expectations, *Dostojewskij*, Aufzeichnungen aus einem Totenhaus (1861/62), *George Eliot*, Silas Marner
1862	*Hugo*, Les misérables, *Turgenew*, Väter und Söhne
1863	*Flaubert*, Salammbô, *A. Tolstoi*, Iwan der Schreckliche
1864	*Dickens*, Our mutual friend (1864/65), *Freytag*, Die verlorene Handschrift, *Edmond et Jules de Goncourt*, Germinie Lacerteux, Renée Mauperin, *Raabe*, Hungerpastor, *Reuter*, Ut mine Stromtid, *L. Tolstoj*, Krieg und Frieden (1864-69)
1865	*Raabe*, Drei Federn, *Stifter*, Witiko (1865-67), *Thackeray*, Denis Duval (unvollendet)
1866	*Dostojewskij*, Schuld und Sühne, *George Eliot*, Felix Holt, *Hugo*, Les travailleurs de la mer
1867	*Dostojewskij*, Der Spieler, *Marlitt*, Das Geheimnis der alten Mamsell, *Turgenew*, Rauch, *Zola*, Thérèse Raquin
1868	*de Coster*, Tyll Ulenspiegel, *Daudet*, Le petit chose, *Dostojewskij*, Der Idiot, *Raabe*, Abu Telfan
1869	*Gontscharow*, Die Schlucht (1869/70)
1870	*Dickens*, The mystery of Edwin Drood, nachgel. Fragm., *Dostojewskij*, Der Hahnrei, *Flaubert*, L'éducation sentimentale, *Peréz Galdós*, La fontana de oro, *Raabe*, Schüdderump
1871	*Dostojewskij*, Die Dämonen (1871/72), *Zola*, La fortune des Rougon, La curée
1872	*George Eliot*, Middlemarch, *Freytag*, Die Ahnen (1872-81), *Leskow*, Die Domgeistlichen (Die Klerisei), *Raabe*, Dräumling
1873	*Leskow*, Der verzauberte Pilger, *Peréz Galdós*, Episodios nacionales (1873-1910), *L. Tolstoj*, Anna Karenina (1873-76), *Verga*, Geschichte einer Grasmücke, *Verne*, Le tour du monde en 80 jours, *Zola*, Le ventre de Paris
1874	*Hugo*, Quatre-vingt-treize
1875	*Dostojewskij*, Werdejahre, *de Queiróz*, Das Verbrechen des Paters Amaro
1876	*George Eliot*, Daniel Deronda, *Jacobsen*, Frau Marie Grubbe, *James*, Roderick Hudson, *Raabe*, Horacker, *Turgenew*, Neuland, *Mark Twain*, Tom Sawyer (1876/77)
1877	*Edmond de Goncourt*, La fille Elisa, *James*, The American
1878	*Fontane*, Vor dem Sturm, *James*, The Europeans, *Raabe*, Wunnigel, *Zola*, Une page d'amour
1879	*Dostojewskij*, Die Brüder Karamasow (1879/80), *Keller*, Der grüne Heinrich, 2. Fassung, *Strindberg*, Das rote Zimmer
1880	*de Alarcón*, Manuel Venegas, *Fontane*, L'Adultera, *Jacobsen*, Niels Lyhne, *de Queiróz*, Der Mandarin, *Raabe*, Alte Nester, *Lewis Wallace*, Ben Hur, *Zola*, Nana
1881	*de Alarcón*, Die Werbung des Richters (1881/82), *Flaubert*, Bouvard et Pécuchet, *Fogazzaro*, Malombra, *James*, The Portrait of a Lady, *Maupassant*, La maison Tellier, *Mark Twain*, The prince and the pauper, *Verga*, Die Malavoglia
1882	*de Alarcón*, Die Verschwenderin, *Verga*, Ihr Gatte
1883	*Fontane*, Graf Petöfy, *James*, The siege of London, *Maupassant*, Une vie, *Stevenson*, Treasure island, *Strindberg*, Die Leute auf Hemsö, *Zola*, Au bonheur des dames
1885	*Maupassant*, Bel-Ami, *Mark Twain*, Huckleberry Finn, *Zola*, Germinal
1886	*Bloy*, Le Désespéré, *James*, Princess Casamassima, *Keller*, Martin Salander, *Stevenson*, Dr. Jekyll and Mr. Hyde, Kidnapped, *Strindberg*, Der Sohn einer Magd
1887	*de Queiróz*, Die Reliquie, *Zola*, La terre
1888	*Fontane*, Irrungen, Wirrungen, *Zola*, Le rêve
1889	*d'Annunzio*, Lust, *Maupassant*, Fort comme la mort, *Peréz Galdós*, Torquemada (1889-1895), *Stevenson*, The master of Ballantrae, 1889, *Mark Twain*, A Connecticut Yankee in King Arthur's Court
1890	*Fontane*, Stine, *Hamsun*, Hunger, *Maupassant*, Notre cœur, *Strindberg*, An offener See, Die Beichte eines Toren, *Tolstoj*, Die Kreutzersonate, *Zola*, La bête humaine
1891	*Lagerlöf*, Gösta Berling, *Kipling*, The light that failed, *Wilde*, The picture of Dorian Gray, *Zola*, L'argent
1892	*d'Annunzio*, Der Unschuldige, *Fontane*, Frau Jenny Treibel, Unwiederbringlich, *Hamsun*, Mysterien, *Strindberg*, Die Entwicklung einer Seele, *Zola*, La débacle
1893	*France*, La rôtisserie de la reine Pédauque, *Hamsun*, Neue Erde, *Stevenson*, Catriona, *Zola*, Le docteur Pascal
1894	*France*, Le lys rouge, *Hamsun*, Pan, *Kipling*, Jungle book, *Sienkiewicz*, Quo vadis? (1894-96) *Stendhal*, Lucien Leuwen, *Verga*, Don Candeloro, *Zola*, Les trois villes (1894-98)
1895	*Conrad*, Almayer's folly, *Fogazzaro*, Die Kleinwelt unserer Väter, *Fontane*, Effi Briest, *Wells*, The time machine
1896	*Conrad*, An outcast of the islands, *Raabe*, Die Akten des Vogelsangs, *Shaw*, Byron's profession
1897	*Bloy*, La femme pauvre, *Conrad*, The nigger of the Narcissus, *James*, What Maisie knew, *Shaw*, The unsocial socialist, *Wells*, The island of Doctor Moreau, The invisible man
1898	*Fontane*, Der Stechlin, *Galsworthy*, Jocelyn, *Hamsun*, Victoria, *L. Tolstoj*, Auferstehung
1899	*James*, The awkward age, *Lagerlöf*, Eine Gutsgeschichte, *Wells*, When the sleeper wakes, *Zola*, Les quatre évangiles (1899-1903)
1900	*d'Annunzio*, Feuer, *Conrad*, Lord Jim, *Mann*, Buddenbrooks, *Shaw*, Love among artists

des jungen Aljoscha – »Die Brüder Karamasow« – hat Dostojewskij später wiederum ein Beispiel menschlicher Schönheit als Verheißung für die Mühseligen und Beladenen bilden wollen; von ihr umleuchtet ist auch der Staretz Sossima, eine franziskanische Seele unter den aufgerissenen, umgetriebenen Exzentriks, die den Roman und seine Höllenkreise bevölkern. Sie, am absichtsvollsten aber Fürst Myschkin, sind Versuche, etwas von der selten durchscheinenden, ewig bedrohten Gottebenbildlichkeit des Menschen in solche Sehnsuchtsbilder hineinzuretten: in einer Hitzewelt von Gier, Ichsucht, Hochmut, Grausamkeit, Bosheit, Tatlust ist Myschkin mit seiner Güte, Sanftmut, Teilnahme, Ruhe, Hilfsbereitschaft ein Idiot im Sinne der Weltkinder. Schön ist er fast einzig aus den Negativzügen zum Wesen seiner zur Hauptsache aufs Unschöne, Verzerrte hin angeschauten Umwelt, in die er passiv sich fügt, dadurch aber überall, wo er auftritt, zum unbewegten Mittelpunkt wird, mit tiefer strömendem Einfluß als die revolutionären Aktivisten zum Beispiel in den »Dämonen«: die Schönheit seiner Güte wirkt auf die ihm Nahenden. Diese erscheint von der Bergpredigt unmittelbarer bestimmt als von einem innerweltlichen Tugendsystem. Das »prophetische Bewußtsein der Harmonie« ist bei diesem Autor nicht die utopische Projektion von wünschenden Vorstellungen einer radikal neuen Sozialordnung, die nicht zu wollen von den aktivistischen Intellektuellen als Untat gewertet wurde; viel näher verwandt ist es mit jenem vom Apostel verheißenen Frieden, »der höher ist als alle Vernunft«.

Aus der gefährdetsten Schicht, dem Adel, läßt Dostojewskij sein schönes Menschenbild hervorgehen, indem er freilich das Herrenmäßige in ihm umkehrt und mit dem Heiligmäßigen durchfärbt. Die entsprechende Klasse in Frankreich hatte die Feuer mehrerer Revolutionen mit Verlusten und Machteinbußen überstanden und aus uraltem, bourbonischem, napoleonischem Adel in Verbindung mit aufgestiegenem Bürgertum die an Typen wohl reichste Oberschicht geschaffen, die nicht müde wurde, ihre eigenen Gegensätze klingend scharf herauszuarbeiten: in den sozialistischen Lehren der Saint-Simon, Fourier, Blanc, Proudhon und anderer. Das gesellschaftliche Material ist gehärteter als in Rußland, wo anarchische Unterspülungen manchmal alles mit weicher Auflösung oder mit Einsturz bedrohen, es ist schärfer durchgeformt, ausgekühlter, mehr Satire als Elegie enthaltend – Turgenew lebte gern in diesem Element, Dostojewskij litt darin und fühlte, wie überall in Westeuropa, nur das eine, daß »sie uns niemals liebten und auch beschlossen hatten, uns niemals zu lieben«. In achtzig Jahren vier Revolutionen, mehrere Republiken, Monarchien verschiedenen Stils, rote Fahnen auf den Barrikaden, Blut in Menge für Ideen des demokratisch-sozialen Fortschritts vergossen: Frankreich war das oft rauchende und knallende Laboratorium moderner Lebensformen, welche bei Stendhal und Balzac Widerstand hervorriefen, bei Flaubert Gelächter, bei Baudelaire Abscheu (nachdem er 1848 auf der Straße, den Zylinder auf dem Kopf, die behandschuhten Hände schmerzend vom heißen Gewehrlauf, unter den Revolutionären mitgeschossen hatte), bei Zola Billigung und Einsatz für sie.

Neben den gläubigen Katholiken tritt der konfessionell Gleichgültige und neben diesen der Freidenker genannte Atheist. Balzac ist überzeugter katholischer Monarchist, Stendhal kommt nicht los von einem spöttisch kühlen, intensiven Interesse für den Priesterstand, Flaubert vergöttert die Kunst, Zola die Wissenschaft und seine eigene Vorstellung einer auf ihren Wegen fortschreitenden, in stufenweisen Selbstbefreiungen sich vernünftigenden (auch verflachenden) Menschheit, Maupassant ein hartes, mit eisernen Händen novellistisch eingreifendes Fatum. Drei der Helden in Stendhals vier Hauptromanen sind Polytechniker, das heißt naturwissenschaftlich erzogene, geschichtsfeindliche Intelligenzen mit präzisem Willenseinsatz, vom Dichter so modern gewollt, daß er ihre sie verstehenden Zeitgenossen erst in einem halben Jahrhundert herangereift annahm, Offizierstypen, reich, adlig, hochstrebend, mit einem Einschlag von mathematisiertem Faust und von Machiavelli. Hochstrebend im Element der vorgefundenen Gesellschaft, herausfordernd bald wie Hochgeborene, bald wie selbstbewußte gescheite Plebejer; untergehend. Energie ist ein Wort, das zu Stendhal in einer besonderen Beziehung steht, namentlich Energie in der Form leidenschaftlicher Liebe, so wie Kraft zu Balzac, Schönheit zu Flaubert, Masse zu Zola. Stendhal spürt auch, was alles an Energien in den Bau von Staatsformen einging: »Es gibt kein Wort in unserer Verfassung, das Frankreich nicht tausend Leichen gekostet hätte.« Energie: auch als Selbstbehauptung will sie Ausdruck, in der Gegenstellung zu einer Umgebung, die immer wieder Verachtung verdient und jeweils nur in einer einzigen Person, der Geliebten, Höhe und Fülle des Daseins erreicht. Die Enklaven der Liebe innerhalb der Interessenwelt sind dem Dichter viel eigentlicher als diese, Passionen, in denen äußerste Verlorenheit mit Selbstgewinn eins ist und in die sich diese antiromantischen Helden werfen. Weltschmerz kennen sie nicht, aber zeitweilig die Selbstvergiftung durch Ekel vor sich selbst. »Dieser konnte gar nicht mehr weiter getrieben werden«, heißt es von Julien Sorel, und an anderer Stelle: »Er brauchte seine ganze Energie, um seine Verzweiflung niederzuhalten.« Beständige Grenzüberschreitungen gehören ja zum Romanhelden, die Vermenschlichung jener Einschläge in seinem Wesen, die er vom Erzengel oder von Luzifer haben könnte; die Grundtrauer der Schöpfung und ihre Lust bis zum Übermut sind in der organisierten Romanwelt und dem in sie hineinbewegten Helden an ihre Stelle gebracht. Aus unteren Zonen der Seele vermögen sie sich hoch zu erheben zu Erscheinungen, an denen das Irdische für Augenblicke Lichterspiele von Überirdischem widerspiegeln muß: Balzacs Lucien in den »Verlorenen Illusionen« hat durch die Anmut seiner anfänglichen Lebensbewältigung mit dem hohen Ziel – Dichter – Generationen entzückt, sein Leiden und Tod hat Dichter zum Weinen gebracht. Und in den Jünglingen bei Dickens, Edwin Drood im Roman, der seinen Namen trägt, Steerforth im »David Copperfield«, Wrayburn in »Our Mutual Friend«, Richard Carstone in »Bleak House« ist etwas von der Bezauberungskraft des Dichters Menschengestalt geworden, bei allen ethischen Fragwürdigkeiten, die durch die Helden ins Spiel gemischt werden. Die Natur sät Vorzugskinder in die Gesellschaft; wie reagiert diese, wie benehmen jene sich, da beide in wechselnden Phasen als Helfershelfer oder als Feinde zueinander stehen? Grenzfiguren gehören zum Salz der Erzählung, deren realistische Anlage von ihnen her verschoben, perspektivisch gestreckt oder zusammengedrückt erscheint, das heißt innerlich unausgekühlter »Wirklichkeit«.

Die konventionelle Wirklichkeit jedoch und ihre sittlichen Setzungen, sie werden durch eine eigene Gattung von Huldgöttinnen gesichert: diese sprechen nicht nur deutsch, es gibt auch englische Spielarten von ihnen, viktorianische, ebenfalls bei Dickens, junge Mädchen engelhaften Wesens, unberührt von allem, was nicht Seelenreinheit und entzückendes

Nichtwissen, Nichterfahrung des Bösen, Häßlichen, Gemeinen ist. Lieblich haben sie zu sein in einer nicht unbedingt lieblichen Welt, gut, gütig, in allen Nebenmenschen nur, was gut ist, gewahrend, anerkennend, ansprechend; wo sie auftreten, entsteht leicht ein Genrebildchen, so idealisch sind sie. Die jungen Männer mit den hervortretenden Schatten ihres Wesens wirken vollständiger menschlich, plastischer, wirklicher. Man hat Dickens, wie einst Schiller, so idealisierend erschaute weibliche Gestalten zum Vorwurf gemacht, Agnes und Esther und Nell und Lucie und Florence, weil ihre Unwahrscheinlichkeit das System der vom Realismus geglaubten Voraussetzungen und erhobenen Forderungen sprenge. Aber sie stehen in ihrer Epoche mit Zügen von präraffaelitischen Erscheinungen, Grenzfiguren, die in einem so gestaltenreichen Werk damals nicht ungeschaffen bleiben konnten, weil das Mögliche bei diesem ungeheuer vitalen, Ossa auf Pelion türmenden Autor bis ins Unmögliche sich überbieten mußte. Dickens folgte Aristoteles darin, daß er das Unmögliche wahrscheinlich oder nicht unwahrscheinlich zu machen verstand. Von seinen Menschen wurde gesagt, sie seien manchmal lebendiger als das Leben selbst; bei diesem alle Effekte experimentell erforschenden, steigernden, häufenden Dichter kein Wunder. Tränenströme tropften in England und in den Staaten nieder, als er Klein Nell – im »Raritätenladen« – sterben ließ, eine von ihm erweckte, vorher unruhig schlafende Herzfigur zahlloser Leser. Da wird der Realismus entwirklicht, wie in den hochdosierten Bösewichtern, auch den bösen Weibern; das Übertreibende, Karikierende bezeugt die an allem zerrende, alles überhöhende Stilkraft, die sich mit Exzessen der Natur zu messen liebt, etwa in der Sturm- und Schiffbruchszene in »David Copperfield«.

Die Originale, als Sauerteig im alltäglich Banalen, sind Menschen, in denen das Leben sich nicht aufs Gewöhnliche ausrichtet, sondern es fortlaufend desavouiert durch Verstöße, die menschlicher sind als die Regel. So werden die Querköpfe, Käuze, Eigenbrötler, die Humoristen zu Beispielfiguren der Menschlichkeit, etwa Dr. Jeddler, »der die ganze Welt als einen ungeheuren Spaß betrachtet, als etwas allzu Lächerliches, als daß ein vernünftiger Mensch ernsthaft daran und darüber denken könnte«. Das ist eine Sorte von Übertreibung, die zu nichts verpflichtet und bequemerweise jeden moralischen Indifferentismus begründen könnte. Eine harmlose, obschon totale Negation des Bestehenden. Sein weiches Herz jedoch handelt seiner harten Philosophie entgegen und bringt ihn in jedem Probefall unter die Menschen zurück – während Jean Pauls ihm verwandter Dr. Katzenberger seinen närrisch konsequenten Kopf gegen eine Welt ansetzt, in der ihm folgerichtig nichts dermaßen ehrenvoll vorkommt wie Verkennung. In knorrigen Käuzen wird wie in Eichenschränken die Wärme und Güte geborgen, die dann als Paradoxie in Situationen ausströmen darf, wo niemand es erwartet, wo das Leben sich vergletschert hat und aufgetaut werden soll. Immer häufiger werden von nun an Gleichgültigkeit, Verhärtung, Teilnahmslosigkeit, Kälte als klimatische Erscheinungen in der menschlichen Lebensluft dargestellt. Der Fühllose, der Harte, der Menschenverächter erscheint in mannigfaltigeren Nuancierungen als je auf den Romanbühnen und muß gerührt, bekehrt, eingemenschlicht werden. Plötzlich gibt es den Asozialen, den Kranken, den Unverstandenen, den, lockend oder ärgernd, Volksfremden, den Exoten von schwererem Wirklichkeitsgehalt als die fröhlich polemisch entworfenen Perser oder Chinesen des 18. Jahrhunderts, die nur in unserem

Sinne konsequenter als wir vernünftig zu sein hatten. Ein Reich der Häßlichkeit ist im Entstehen, wie es noch nie bestand, und es etabliert sich gegen verblüffend wenig Widerstand. Nach der Jahrhundertmitte entstehen Bauten von einer in der Geschichte noch nicht gesehenen Scheußlichkeit, Mietskasernen, Vorstädte, Fabriken, Bahnhöfe, Amtshäuser: Gebäude, die von der Trostlosigkeit selbst aufgerichtet scheinen in einer und für eine Regenwelt. Hochgetriebene Schnelligkeit der Arbeitsprozesse, des Geld- und Warenumsatzes, Ausdehnung der Kolonien, der Geschäfte, der Forschungsgebiete, Auftauchen der minderen Qualitäten in Möbeln, Kleidern, Geräten, Gesinnungen – das Gefühl des Kurzdauernden, Provisorischen greift um sich, die Gewöhnung an Notlösungen für den Moment unter Belastung einer vage vorgestellten besseren Zukunft mit fester gegründeten Lösungen. All diese Vorgänge spielen sich auch innerhalb der Literatur ab, wo Romanfabrikanten, die im Höllentempo mit einer Schar von »Negern« (Gehilfen) arbeiten (Dumas, Sue, Ohnet und andere), um das in den dreißiger Jahren geschaffene Zeitungsfeuilleton mit fesselnd zugerichtetem erzählendem Stoff zu beliefern, für eine großstädtische Masse, deren Geschmack und Bedürfnisse erst durch die gierige Abnahme der versuchsweisen Angebote erkennbar werden. Auch ein so großer Autor wie Dickens hat in Fühlung mit der riesigen Lesermasse oftmals den Gang der Erzählung nach dem steigenden oder nachlassenden Absatz der Zeitschriftenhefte mit seinem entstehenden Roman, das heißt nach dem Leserinteresse, gelenkt: die in den »Pickwickiern« spät eingeführte Gestalt des Dieners Sam Weller brachte ungesäumt eine Neubelebung des erscheinenden Werkes und des Verlangens nach ihm hervor, indem sie an eine archetypische Figur im kollektiven Unbewußten rührte. Der Bühnendichter, der aus angeschauter Erfahrung mit seinen Zuschauern Effekte herausarbeitet, wenn er obendrein, wie Shakespeare, Molière und andere, Schauspieler ist, er kennt am schärfsten solche Gesetzmäßigkeiten im Hin- und Herspiel zwischen der tätig hervorbringenden Phantasie des Dichters und der passiven, aber unruhig brütend ihre Erweckung fordernden Phantasie eines Publikums, das über sich hinaus will zu Vorstellungen glücklicherer Lebensverhältnisse, in denen alles Unverstandene in freundlichem Lichte sich aufklärt, wo die Maßstäbe von Gut und Böse geradezu ehern fest sind, Liebe und Gegenliebe zu symmetrischer Entsprechung gelangen, die Identifizierung des Lesers mit Romangestalten sich leicht anbietet, welche nach mancherlei Verkennung und Leiden Erfolg haben, sozial aufsteigen, ihr Schicksal »meistern«, weil die Gerechtigkeit selbst sie nie aus den Augen läßt und darauf brennt, für sie ordnend einzugreifen. Es entstehen da einfache Charakter- und Schicksalsmodelle, die von den Wunschkonstellationen kleinbürgerlicher Gewerbler-, Angestellten- und Beamtenschichten den Romanschriftstellern abgefordert werden; im deutschen Schrifttum hat die Marlitt – »Das Geheimnis der alten Mamsell« – für diese Gattung ihren Namen als Begriff hergeben müssen; es sei nicht verschwiegen, daß Gottfried Keller von seinem anderen Ufer aus über die Anlage und spannende Durchführung ihrer Geschichten, also über die Handgriffe des Talents, mit Respekt gesprochen hat. Erzählt gelangt auf dieser Stufe unbefochtenes feudales und bürgerliches Dasein in angenehmem Konnubium zur Erscheinung, Graf Botho und Geheimrat Doktor Krause und Förster Knast und die treuherzigen Bauern ..., eine intakte Welt, die den Eindruck macht: so könnte – und sollte! – es ewig weitergehen. Schon ihre Begrenztheit gibt dem Leser Sicherheit, die wenigen Faktoren, die da Schicksale bestimmen, die zu wenigen Elemente in Charakteren, Zuständen, Vorgängen, die aber diese in vereinfachten Reinzuständen wiederzugeben erlauben. Die Unwirklichkeit von Öldrucken nimmt auch da realistische Masken an, die der Surrealismus dann als Groteskschöpfungen triumphierend vorzeigen wird.

Die neuen Wirklichkeiten entspringen der Großstadt, wo die intensivsten Unternehmungen auf die einzelnen Bewegungen der Gesellschaft einwirken und wo diese als eine Ganzheit – Lebewesen oder Bau – erkannt wird. Das London Dickens', Gogols und Dostojewskijs Sankt Petersburg werden zu Hauptstädten im Reiche der Epik – »Wir alle kommen aus Gogols Mantel«, meinte Turgenew –, in besonders überlegter und gewollter Weise Paris durch Balzac. Auf dem Boden der deutschen Kleinstaaterei zieht der junge nationalstaatliche Einigungsgedanke die Kräfte an sich; das historisch-politische Denken leitet das gesellschaftliche immer entschiedener auf das eine, fällige Ziel hin. Wien verwaltet produktiv ein musikalisches Erbe sondergleichen und ein theatralisches; der Roman schlägt dort nicht aus. Berlin, das nach protestantisch sauberer, unscheinbarer Vorzeit erst in der Aufklärung und durch sie mit der Blässe mittelständischer Gedanken zu leben begann, an Geschichte mit geringer gesamtdeutscher Substanz ausgerüstet, gelehrt, philosophisch und für Theaterkünste empfänglicher als für die langsamen, mit umfassend sinnenhaftem Repertoire arbeitenden Entwicklungen der Epik: das sich selbst erzählende Berlin kam erst spät zu sich, in gut fritzischer Weise durch einen Refugianten-Abkömmling, durch Theodor Fontane, der mit konservativen und sozialistischen, jedenfalls unbürgerlichen Neigungen zwischen und über den Ständen, empfindlich für die Spannungen in ihrem Stromkreis, die Gefährdungen des späten Reiches voraussagte. Seine jungen Offiziere, anmutig im Plaudern, haben als preußische Landjunker, auch wenn sie zeitweilig in Berlin wohnen, ihre Wurzeln in unstädtischen Traditionen, die es ihnen verwehren, sich selbst als individuell einbezogen in die Auseinandersetzungen, in denen überindividuelle Gegenwart entsteht, zu wissen und zu wollen. In geistreich gebrochenem Lichte treten in den Werken des alten Dichters alte Herren in den Vordergrund, die jungen Helden in fast allem überwiegend, der alte Briest, der alte Stechlin, in denen ein gealterter Zustand süß und weise wird. In zärtlich getönter Heiterkeit werben sie um die Jugend und deren Bereitwilligkeit, von ihnen eine Menschlichkeit als Erbe anzunehmen, die in langen Zeiten reifte und in einer Sphäre über allen Glaubenssätzen und ausformulierten Willenszielen in Religion und Politik unantastbar bewahrt werden sollte. Ein Jenseits der Leidenschaft, des noch verletzend interessierten Willens wird hier betreten, der Dialog wird zu auseinandergesetzter Einigkeit im Tiefsten, zu erkennender Duldung dessen, was nur als Gegensatz zur Welt gelangt, zum Übereinklang von persönlicher Intelligenz, alter Sippenweisheit, religiös unterbauter Moralität und zweiflerischer Verschämtheit oder Vorsicht im Religiösen. Wie die junge Hauptstadt durch den alten Fontane ihre feinsten Eigenschaften zur Darstellung brachte, ist umso mehr zu bewundern, als ihr rapider Aufstieg sehr robuste Energien brauchte, entfesselte und einsetzte. Jugendgefühl und Zukunftswille mußten auch für die geringe geschichtliche Mitgift entschädigen.

Es sind Energien, die das London Dickens' in ähnlicher Weise erfüllen und auch jenes Paris, das Balzac noch einmal geschaffen hat als die vollständigste Stadt seines Jahrhunderts. Diese beiden Erzähler waren Ausnahmefälle an Vitalität und schöpferischem Schwung, jeder der Lebenskern seiner Stadt in Menschengestalt. Das Leben von Paris ist ein Fieber; wen es aus den Provinzen heranzieht, steckt es an mit Fieberbränden, die alle Kräfte des Willens, des Geistes, der Herzenspassionen vervielfacht. Ein Inferno: »Nehmt dieses Wort als wahr«, schreibt Balzac. »Da raucht, brennt, glänzt, siedet, flammt, verdunstet, erlischt, entzündet sich, sprüht, glitzert und verzehrt sich alles.« In keinem Romanwerk noch war das Bewußtsein der Stadt als eines Wesens, das Willen und Intelligenz eines Landes, eines Zeitalters, einer Kultur repräsentiert, dermaßen ausgebildet vorhanden wie bei Balzac. Das Ganze mit unabsehbarer Vielfalt innerer Bewegungen ist vor dem einzelnen da, dessen Seele es in sich reißt. Balzac ist durchschauert, entrückt in den Anblick der Stadt, in die Schau ihres Genius. Sie ist ihm »ein Gehirn, das vor Genie platzt«. Im Mittelalter schon groß mit Hunderttausenden von Einwohnern, ist sie seither noch gewachsen. Alles, was dem Jahrhundert an Aufgaben zu erdenken möglich ist, wird hier in höchster Intensität geplant und entworfen. Selbst in den Heimlichkeiten der Dachkammern, der Hinterhofateliers sind junge Genies oder in den Wahnwitz verstiegene Künstler daran, ihre Gedanken bis in letzte Folgerungen vorzutreiben, ins Neuland der Erfindungen, Entdeckungen, in die Unsterblichkeit. Emporkommen: die Stadt bietet Maßstäbe für das Einzelschicksal, man ist wichtig oder nichtig in bezug auf sie. »Einen Doktor vom Sozialen« hat Balzac sich genannt; er war ein Schwelger in gesellschaftlicher Erkenntnis und Phantasie in dem Element, in dem sich, wie er mit jeder Fiber spürte, die Gesamtheit des Lebens erfassen ließ wie noch niemals und von jedem Punkt aus.

Die Politik, die Religion, die Wissenschaften: ihre Zusammenhänge gingen ihm auf und rauschhaft die Schnelligkeit großer Entwicklungen, für deren Gang und Richtung sein Wort von innerster Bedeutung sein würde. »Oh, diese Zivilisation ist wunderbar!« ruft der junge Dichter aus: es ist das Lebensgefühl seiner Valentin, Rubempré und Rastignac bei der Berührung mit der fieberheißen Stadt. Er weiß, welche Anziehungskraft Geld und Genuß ausüben, aber er führt ein wunderschönes Motiv ein: seine jungen Helden streben nach Paris, um in den Umkreis großer Männer zu gelangen. Sie sind empfänglich für die Ausstrahlungen von bedeutenden Menschen. Er selbst ist trunken im Gedanken, was beständig Neues und Großes geschaffen wird dicht neben ihm, aber noch geringere Leistungen erblickt er generös in ihrer Einmaligkeit: der Erfolgsmann César Birotteau bringt ein wissenschaftlich hergestelltes Haarmittel auf den Markt; der Koch Giardini geht an seinen Erfindungen zugrunde; der Hutfabrikant Vital hat nur das eine Ziel: die Hutform zu reformieren und dann abzutreten. Jeder wirft sich mit ganzer Wucht in seinen größten Wunsch, seinen liebsten Gedanken, seine Leitvorstellung vom Dasein und der eigenen Rolle darin; er ist in einem Grade Willen, ja Besessenheit, daß er sein Wesen charaktervoll bis ins Zerrbild auslebt, oft unter dem furchtbaren Zwang, der er sich selber ist. Dadurch gewinnt auch der kleine Mann, wenn es das gibt bei Balzac, Gebärden, die etwas Monumentales haben. Louis Lambert, dem Dichter sehr ähnlich entworfen, hat mit vierzehn Jahren einen Traktat vom Willen verfaßt. Auf seine Weise hat Balzac die Welt als Wille erschaut und hat diesen zu der gleichen Zeit, als Schopenhauers Willensverneinung zu ihren wichtigsten Einwirkungen ansetzte, mit feurigem Einverständnis bejaht. In diesem Zeichen fühlte er sich Napoleon brüderlich verwandt, empfand er die Symmetrie von Napoleons Willen zur Macht und dem eigenen Willen zum Ruhm. Ruhm: er ist nur ein Aspekt seines geplanten Wirkens; dessen innerster Antrieb ist die Überzeugung, daß er das Glück der Gesellschaft erhöhen, erweitern könne. Er wußte sein Schreiben als Ausgießung eines Heils.

»Tiefe Originalität« hat schon sein erster Lehrer von dem Kinde bemerkt. Zweitausend Menschen hat der Dichter in der »Menschlichen Komödie« erschaffen; er hat die Grundtypen der Großstadt, namentlich der seinen, herausgegriffen und so überdeutlich charakterisiert, daß man sie noch heute in den Straßen, Läden, Restaurants, Salons von Paris erkennt. Den Geiz verkörpert Grandet, Goriot die Vaterliebe, Hulot die Sinnlichkeit, Cousine Bette den Neid, Rastignac das Emporkommen, Vetter Pons die Sammlergier, Gaubertin den Betrug, César Birotteau die Rechtlichkeit, Dr. Benassis das soziale Wohltun ... Jeder lebt seine dominante Eigenheit mit einer Leidenschaft, die ihn vereinsamt. Lamartine sah als Balzacs Grundzug: die Güte. Die zweitausend bilden eine Menschheit in nuce, das der Wirklichkeit einer total erfaßten Gesellschaft übergeordnete, ja aufgeprägte Inbild ihrer selbst. »Sprechen wir von wirklichen Dingen!« sagte Balzac zu Sandeau, als dieser ihm von seiner kranken Schwester erzählen wollte, und dann sprudelte er los von seiner Eugénie Grandet. Über der statistischen Wirklichkeit ist die von der dichterischen Phantasie gesetzte – Emile Zola, der die Form des Romanzyklus übernimmt, fühlte sich durch Balzacs Phantasie, wie er schrieb, »irritiert«: sein Verhältnis zur Wirklichkeit war unpersönlicher, zählender, mehr entdeckend als erfindend. Er belädt sich mit Dokumentationen im wissenschaftlichen Willen zu einer Genauigkeit, die ihm als Lebenswahrheit schlechthin gilt. Er selbst sagt: »Wenn der Romancier seine Dokumentation beisammen hat, wird sich sein Roman von selbst schreiben. Der Schriftsteller muß nur die Tatsachen logisch anordnen ... Das Interesse konzentriert sich nicht mehr auf die Eigenart der Fabel, im Gegenteil: je banaler und allgemeiner sie ist, desto typischer wird sie.« Es gibt Beschreibungen bei ihm, die groß entworfen sind – die Kavallerieattacke oder das überfüllte Militärspital im »Zusammenbruch« (La débâcle), die Markthallen von Paris, das Bergwerk in »Germinal« ... –, doch oft schwache Sinnträger bleiben, in sich beschlossen wie vertauschbare Glanzstücke eines Berichterstatters. Der damals letzte wissenschaftliche Schrei, die Theorie von der Bedingtheit des Menschen durch Zeit, Milieu, Erbmasse, hat im Werk Zolas Züge der Vorherbestimmung, ja der verhängten Ausweglosigkeit angenommen, trotz seines Glaubens an den wissenschaftlichen Meliorismus und seine unausbleiblichen Wohltaten für die Menschheit. Doktrinärer, schon dadurch freudloser Gesellschaftsoptimismus im großen ganzen ist verkoppelt mit Trostlosigkeit von Einzelschicksalen, an denen keine Stelle mehr ist, wo ein Strahl der Freiheit, der Überwindung einbrechen könnte. Die oberen offenen, wirkenden Regionen des Geistes, bei Balzac wie lautloses Gewitterleuchten noch über dem alltäglichsten Geschehen in Aufruhr, sind bei Zola, wo die Vision einer allgemeinen ungenialen Verständigkeit zu dienen hat, mit Wolken verhängt, während das schwere Diesseits, Mensch und Umwelt, sich nach Gesetzen einer allzusehr durchschauten Kausalität fordernd gegeneinander bewegt. Neben Balzacs Phantastik nimmt sich die mittlere Verständigkeit Zolas absurd aus, da sie den Banausen etwas beweisen will. Wie rasch wurde die aufregend gemeinte Kokotte Nana langweilig! Welcher seiner jungen Männer packt den Willen der lesenden Jünglinge? Noch eine so groß geschaute Szene wie die vom führerlos dahinrasenden Zug voll betrunkener Soldaten – »La bête humaine« – wird durch ihre allegorische Lehrhaftigkeit künstlerisch beeinträchtigt.

Während in den dreißiger Jahren Balzacs »Physiologie der Ehe«, auch seine Absicht, eine Physiologie der Krawatte zu schreiben, damaliger Mode der Ergründung von Erscheinungen der Natur und Kultur entsprach, die noch ein halbes Jahrhundert später in russischen Romanen herumspukt, bringt Zola aus einer Pedanterie der rücksichtslosen Wahrhaftigkeit die Lebensvorgänge des Körpers bis zu den peinlichen zur Darstellung: der metaphysischen Abwertung des Menschen entspricht in der Zeit, da Nietzsche unter seinen Verkündungen auch Eßvorschriften als ihnen gleichberechtigt aussendet, eine fast ärztliche Aufmerksamkeit auf den Leib, seine Schicksale, seine verborgenen unsteten Bündnisse mit Regionen der Seele, Feindschaften gegen andere, oder dieselben, kurz: auf den so verschiedenartigen Contrat social zwischen den beiden und den unterschiedlichen Vereinbarungen zwischen einzelnen Organen, oder Gruppen, mit seelischen Funktionsbereichen. (Das 20. Jahrhundert – Proust, Thomas Mann – wird durch minuziöse Beobachtung und bis auf Zehntelquanten differenzierenden Stil das verlangsamte und beschleunigte Leben des Kranken auf nie geschehene Weise im Medium einer säkularisierten fragevollen Teilnahme am Leiden darstellen.)

Der leidende, darum nicht weniger lebendige Mensch wird von der Epik schließlich vorgezogen als die Walstatt sich bekämpfender Energien, die sein Wesen, indem sie es doch ausmachen, dennoch bedrohen und auseinanderreißen, schließlich aber es herausformen, läutern, erhöhen: Hans Castorp – Zauberberg – im Opfer des Lebens auf dem Schlachtfeld; das erzählende Ich bei Proust im Erschaffen des dem Leser vorliegenden erzählten Werkes. Leidend ist das Verhältnis zur Epoche, zur Gesellschaft, zu sich selbst, auch aus dem Grunde, weil selbst die Dichter nicht ahnten, daß und in welchem Maß die als schlimm empfundene Lage noch der Verschlechterung fähig sei – was das 20. Jahrhundert dann vor Augen führte. Eine seltsame Verblendung verführte zur Annahme, ein Unterstes und Äußerstes an Leiden sei nunmehr erreicht, jede Entwicklung müsse zwangsläufig zu glücklicheren Zuständen führen. In eine aus Brutalität und Verzärtelung zusammengesetzte Bürgerwelt werden Nervenbündel künstlerisch hineingefügt, deren Leiden an der Umwelt und seine Formulierung die gedämpfteste Empörung, die mit Sordine, darstellen. Die aus napoleonischem Holz geschnittenen Helden Stendhals und Balzacs, die Sorel und Rastignac, sind von Gestalten abgelöst worden, denen Ludwig von Bayern und Richard Wagner zu leitenden Traumbildern einer Welt als Kunst wurden. Goethe hatte seinen Wilhelm Meister durch die Kunst hindurch über sie hinaus zur helfenden Teilnahme am Leiden des Nächsten und in die Regionen offenbarer wie geheimer Gesellschaftsweisheit und Menschenkunde geführt; das Gesunde ist in ihm und außerhalb. Balzac hat Genies geschaffen, die noch im Wahnsinn den frenetischen Glauben an ihre Kunst, mithin an sich, ohne Riß bewahren. Mögen sie als Person krank sein – daß sich Genie offenbart, gehört zur Gesundheit, zur Lebensnotwendigkeit der Gesellschaft, der Epoche; Frenhofer, Schmucke, Gambara, Sarrasine, Louis Lambert: Maler, Musiker, Dichter, sie kennen keine Skepsis, die ihr Leben in der Fülle und ihrer Herrlichkeit fragbar machte. Ihr Schöpfer gedachte den unvergleichbaren Bau der »Menschlichen Komödie« am Ende zu krönen mit einem »Philosophisch-politischen Dialog über die Vollkommenheiten des 19. Jahrhunderts«. Es wäre eine Überwölbung geworden, die von Platons Begründung der ewigen Ideen bis zu der eigenen, zu Balzacs Schau derselben gereicht hätte, von Athen über zweieinhalb Jahrtausende nach Paris, in sich bewegt und in bewegenden Bezügen zu aller, auch der schrecklich geschehenen Geschichte des Abendlandes. Welchen Mut hätte es gebraucht, das Zeitalter, das sich modern nannte, auf Vollkommenheiten hin zu untersuchen, bei allem Wissen um seine Mängel und der Erfahrung, daß und wie die Optik der Zeitgenossen sich immer verengter auf diese einstellte. Flauberts erlesene Kunstprosa war die mit einer sich selbst feiernden Mühsal erreichte Ausgleichung für ein Leben, das sonst, wie alles vorgefundene Leben für den Schöpfer von »Bouvard und Pécuchet«, einzig Misere und Dummheit gewesen wäre. Und Zola, der ihn hoch verehrte, überblickte von seinen aufgehäuften Tatsachentürmen aus von monotonen Verhängnissen durchwaltete Reiche, deren Glanzlosigkeit in seiner nicht mehr erlösenden Anschauung beruht. Balzac als letzter besaß die Kraft, Vollkommenheiten rings um sich zu entdecken, mitten in einer Welt, die doch in manchem Betracht im argen lag – oder wollte Ranke, als er jede Epoche »unmittelbar zu Gott« erklärte, etwas Ähnliches ausdrücken? Wollte auch er darauf hinweisen, wie sein Zeitgenosse in Paris, der sich Historiker seiner Zeit wußte und fühlte, daß das Arge nie alles zu sein vermag, wollte er mit dieser Formel hindeuten auf jene niemals ganz vom Menschen zurückgezogene Ebenbildlichkeit, die in Epochen herabdunkelnder Selbstentfremdung vom Dichter als die Möglichkeit aller Möglichkeiten stets wiederzuentdecken und nachzuschaffen ist aus dem Traumstoff, der allein verlorene Lichter vom Abglanz der Vollkommenheit widerspiegelt?

Ursprünglich wollte Thackeray seinem Hauptwerk »Jahrmarkt der Eitelkeit« den Titel »Roman ohne Held« geben. Das Element Gesellschaft, später auch Klasse, wird im Laufe des 19. Jahrhunderts an sich so differenziert, daß der einzelne immer schwerer als einzelner aus ihr sich herausentwickelt. Ein Schöpfer so zahlreicher, so origineller Menschengestalten wie Balzac hat in der »Menschlichen Komödie« dem Individualismus, der Emanzipation der Einzelvernunft, wie die Aufklärung sie gefordert hatte, den Kampf angesagt und hat für die Rückbindung des einzelnen an die Autoritäten der römischen Kirche und des monarchischen Staates gesprochen. Sein Werk ist umfassender als seine von Bonald und de Maistre mitgeformte politische Theorie, es enthält auch die Elemente der Empörung, zusammengefaßt wie in einem Sprengkörper in der Persönlichkeit des Vautrin, und die der Utopie, die ihn von der »großen Familie unseres Kontinents« sprechen lassen, die in all ihren Unternehmungen auf einen, wie er schrieb, noch nicht abzusehenden wunderbaren Kulturzustand hinarbeite... Solcher Zukunftsglaube hatte in diesem Dichter Raum neben seiner wachsenden schweren Besorgnis über das bedrohte Leben der Seele in einer

Welt kapitalistischer, noch ungebundener Dämonen. Solche Motive werden im großen russischen Roman aufgenommen: Dostojewskij hat auf seinen Reisen in Westeuropa mehrfach den Eindruck aufgezeichnet, man liebe »uns«, das heißt die Russen, hier nicht. Immer wieder litt er an Demütigungen durch ihm bezeigte »Verachtung«, die, wie er annahm, dem Russen galt, und kam nicht los von dieser Entdeckung. Jedoch diese Lieblosigkeit dem Empfindlichen gegenüber galt ihm nur als Anzeichen dafür, daß die Seele im Westen überhaupt erstorben sei. »Ich will nach Europa fahren, Aljoscha ...«, sagt Iwan Karamasow zu seinem jungen Bruder. »Ich weiß es ja, daß ich nur auf einen Friedhof fahre, doch auf den teuersten, den allerteuersten Friedhof der Erde ...« Diesem Friedhof sollte eine Auferstehung warten: nationalistische Gedanken und solche eines johanneischen Christentums verbinden sich in Dostojewskij zu glühendem russischem Messianismus. Aus diesem wandte er sich gegen die Staat, Kultur, Kirche, Ehe mit verengendem Eifer befehdenden Theorien des alten Tolstoj, der in seiner Weise Auferstehung von dem einzelnen forderte und an einem Beispiel predigend ins Werk setzte – im Roman dieses Titels –, wie Dostojewskij es ja auch tat, der von einer im Osten beginnenden, nach dem Westen sich ausbreitenden Wiedergeburt träumte, mit auffahrendem Stolz, mit gewundener Demut: »In diesen kranken und bleichen Gesichtern leuchtete schon die Morgenröte einer neuen Zukunft der völligen Auferstehung zu neuem Leben ...«

An diesem Punkte, an einer eschatologischen Wende war der Roman schließlich angelangt, der mit Scott in homerischer Gesundheit die Gestaltenfülle einer die Gegenwart befremdend und dennoch fühlbar konstituierenden Vergangenheit in diese hereinnahm und ihren Verlust an menschlicher Ganzheit damit aufwog. Keine Geschichte bei ihm, deren Verlauf nicht etwas vom Wunderbaren und Selbstverständlichen der Natur hätte, die ihre Anstrengungen genau bemißt. Zu Stendhals »Rot und Schwarz« hat der kritische Entdecker dieses Dichters – Balzac – erklärt, Machiavelli könnte ihn geschrieben haben. Mit Schlangenklugheit und Verblendung wird vom Helden der ihm zufallende Erdenraum ausgeschritten, doch nicht transzendiert. Von Gottfried Keller stammt das Wort, das die Grundsituation der Menschen zueinander kennzeichnen sollte: »Alles ist Politik.« Auch damit ist ein äußerster Punkt bezeichnet, der nämlich einer sich selbst strikt überwachenden Daseinsvernunft, die sich alle Wagnisse von Ausbrüchen in die Transzendenz verbietet. Von dieser aus jedoch war einzig ein Seelenbild wie Fürst Myschkin im »Idiot« mit menschlichen Zügen darzustellen, ein vollkommen schön erträumter Mensch, an dem durch die Nacht seiner quälenden Umwelt in den Augenblicken seiner Erniedrigung die Bruderähnlichkeit mit Christus aufleuchten sollte. Der junge Mensch, der schöne Mensch, der sich erfüllend lebendige Mensch – wie viele Gestalten, Seelenbilder ins Licht gehobener Träume von dem, was der Sterbliche ist, sein könnte, sein sollte, hat allein der Roman des 19. Jahrhunderts hervorgebracht! Höchste Energie des Diesseits, mythische Verkörperung derselben in Napoleon, so begann es; am Ende stehen Myschkin und Emanuel Quint, »der Narr in Christo«, Fogazzaros Heiliger und die Kunst als solche oder ihre soziale Sendung anbetende Dichter, die an die Stelle von erdichteten Helden treten. Mereschkowski hat von Dostojewskij und Tolstoj gesagt, sie seien beide wie noch kein Westeuropäer »vom ersten Strahl einer schrecklichen Sonne« getroffen worden, vom Gedanken an das bevorstehende

Ende der Weltgeschichte. Enderwartung und Geist der Apokalypse: die russische Literatur hatte die kürzeste, nicht immer ganz legitime Verbindung zu ihnen. Aber doch. Ende und Auferstehung: Gesichte der Verzweiflung, Frühfiguren neuer Hoffnungen, beides zusammen, schreckliche Sonne und Sonne, von Liebe bewegt – wie fern voneinander diese Systeme liegen, und doch im selben Dichter, wie breit die Gefilde des Lebens dazwischen!

Ob die Bewegung unserer Westwelt zu einer Auferstehung oder Renaissance hinführt, wer wollte es klären; aber zu dem Ganzen, das uns als Wahrheit auferlegt ist, gehören die erzählenden und erzählten Genien – Dichter und ihre Geschöpfe –, Zeugen eines Jahrhunderts, das uns vorausbedacht hat wie kein früheres seine Nachfolger und dem wir noch Gerechtigkeiten schulden, Zeugen auch dessen, was farbig in Gestalten der Zeit erscheinend über diese hinaus auf ihren – und unseren – unfaßlichen Grund verweist.

Deutsche Geschichte im Ullstein Taschenbuch

Ein Gesamtbild deutscher Geschichte vom Mittelalter bis in unsere Zeit in Einzeldarstellungen und thematischen Ergänzungsbänden

Herausgegeben von Walther Hubatsch

Georg Droege
Deutsche Wirtschafts- und Sozialgeschichte

Deutsche Geschichte Band 13

Ältere Grundlagen und räumliche Differenzierung / Bevölkerung und Siedlung Altdeutschlands / Die Grundherrschaft / Soziale Gliederung / Gewerbliche Wirtschaft und Handel vor 1200 / Veränderungen der Agrarverhältnisse seit dem 12. Jh. / Ostsiedlung / Sozialer Aufstieg / Die mittelalterliche Stadt / »Staatliche« Wirtschaftspolitik

Spätmittelalter und Reformationszeit: Der schwarze Tod / Grundherrschaft und Gutsherrschaft / Bauernkriege / Die spätmittelalterliche Stadt / Soziale Unruhen / Banken, Börsen, Monopole

Der frühneuzeitliche Staat: Der Dreißigjährige Krieg / Merkantilismus und Kameralismus / Die Agrarverhältnisse der frühen Neuzeit / Gewerbe und Handel

Das Industriezeitalter: Stand und Klasse / Liberalismus und Sozialismus / Technik / Bevölkerungsentwicklung / Bauernbefreiung und ihre Folgen / Industrialisierungsphasen / Die soziale Frage / Die Zeit des 1. Weltkriegs / Weimarer Republik und Drittes Reich / Der 2. Weltkrieg / Die Nachkriegszeit

Politik- und Sozialwissenschaft im Ullstein Taschenbuch

Geschichte des Sozialismus
Herausgegeben von Jacques Droz

Band I
Das utopische Denken bis zur industriellen Revolution
Ullstein Buch 3093

Band II
Der utopische Sozialismus bis 1848
Ullstein Buch 3107

Band III
Sozialismus und Arbeiterbewegung bis zum Ende der I. Internationale
Ullstein Buch 3122

Band IV
Die sozialistischen Parteien Europas:
Deutschland, Österreich-Ungarn, Skandinavien, Niederlande
Ullstein Buch 3143

Band V
Die sozialistischen Parteien Europas:
Frankreich
Ullstein Buch 3169

Politik- und Sozialwissenschaft im Ullstein Taschenbuch

Geschichte des Sozialismus

Herausgegeben von Jacques Droz

Band VI
Die sozialistischen Parteien Europas:
Italien, Spanien, Belgien, Schweiz
Ullstein Buch 3190

Band VII
Die sozialistischen Parteien Europas:
Großbritannien, Rußland, Balkanländer
Ullstein Buch 3206

Band VIII
Der Sozialismus in Amerika, Asien, Afrika
Ullstein Buch 3226

Band IX
Sozialismus, Zweite Internationale und Erster Weltkrieg
Ullstein Buch 3245

Weitere Bände
sind in Vorbereitung

Kulturgeschichte im Ullstein Taschenbuch

Christopher Caudwell
Bürgerliche Illusion und Wirklichkeit

Beiträge zur materialistischen Ästhetik

Ullstein Buch 3144

Inhalt: Einführung / Die Entstehung der Poesie / Der Untergang der Mythologie / Die Entwicklung der modernen Poesie / Englische Dichter (Die Periode der ursprünglichen Akkumulation) / Englische Dichter (Die industrielle Revolution) / Englische Dichter (Der Niedergang des Kapitalismus) / Die Kennzeichen der Poesie / Die Welt und das »Ich« / Psyche und Phantasie / Die Traumarbeit der Poesie / Die Organisation der Künste / Die Zukunft der Poesie / Peter Hamm: Nachwort

Heinrich Heine
Beiträge zur deutschen Ideologie

Mit einer Einleitung von Hans Mayer

Ullstein Buch 2822

Aus dem Inhalt: Zur Geschichte der Religion und Philosophie in Deutschland (1834) / Die romantische Schule (1832 bis 1835) / Der Schwabenspiegel (1838) / Ludwig Börne: Eine Denkschrift (1839) / Einleitung zu »Kahldorf über den Adel in Briefen an den Grafen M. von Moltke« (1831) / Zeitgenössische Rezensionen und Stellungnahmen

Literaturwissenschaft im Ullstein Taschenbuch

Peter Demetz
Formen des Realismus: Theodor Fontane
Kritische Untersuchungen

Ullstein Buch 2983

»Peter Demetz versetzt Fontane aus den engumgrenzten Gärten der deutschen Literaturgeschichte in die Weiten der Weltliteratur. Hier soll es eine neue Bewährung des bei uns altbewährten Autors geben; und in dieser Sicht kann die Untersuchung des Werkes von Fontane etwas Wichtiges und Neues beisteuern zur Kenntnis des ›Realismus‹.«   Walter Höllerer

Helmuth Nürnberger
Der frühe Fontane
Politik – Poesie – Geschichte
1840 bis 1860

Ullstein Buch 4601

Eine ebenso sorgfältige wie aufschlußreiche Darstellung der in ihren Folgen und Wirkungen so wichtigen »Lehr- und Wanderjahre« Fontanes. »Es gab bisher nur Arbeiten zu einzelnen Aspekten der frühen Entwicklung Fontanes, keine umfassende Monographie für die Zeit bis etwa 1860. Hier ist sie – mit eindrucksvollem Reichtum des Materials und akribistischer Gründlichkeit.«   Germanistik

Philosophie im Ullstein Taschenbuch

Saül Karsz
Theorie und Politik: Louis Althusser

Ullstein Buch 3218

Die Monographie gibt einen systematischen Aufriß von Althussers kritischer Arbeit: Was heißt vom marxistischen Standpunkt aus Denken? Welche Beziehung besteht zwischen Theorie und Praxis? Wie läßt sich von der idealistischen zur materialistischen Dialektik übergehen? In welchem Verhältnis stehen Ideologie und Produktionsweise?

Lawrence Krader
Ethnologie und Anthropologie bei Marx

Anthropologie
Herausgegeben von Wolf Lepenies und Henning Ritter

Ullstein Buch 3268

Lawrence Krader, der an der FU Berlin Ethnologie lehrt, gibt eine neue Darstellung der Verhältnisse von ethnologischer Forschung und philosophischer Anthropologie bei Marx, die durch die erstmalige Veröffentlichung umfangreicher Marxscher Exzerpthefte über Morgan, Phear, Maine und Lubbock möglich geworden ist.